JN067448

MARK FISHER

K-PUNK

MARK FISHER

マーク・フィッシャー評論選集

自分の武器を選べ——音楽・政治

著 マーク・フィッシャー

訳 坂本麻里子＋髙橋勇人＋五井健太郎

K-PUNK

The Collected and Unpublished
Writings of Mark Fisher 2004 – 2016
Edited by Darren Ambrose

ele-king books

k-punk

This edition published in the UK and USA in 2018 by Repeater Books,
an imprint of Watkins Media Limited
www.repeaterbooks.com
Japanese translation rights arranged with Watkins Media Limited, London, through Tuttle-Mori Agency, Inc., Tokyo

マーク・フィッシャー評論選集
自分の武器を選べ――音楽・政治

目次

日本語版編者序文　011

第三部

自分の武器を選べ：音楽関連の著述（坂本麻里子＋高橋勇人訳）　015

今や恒例、グラストンベリーに対する暴言　016
アート・ポップ、いや、これは本物のそれの話　021
k－パンク、あるいはグラムパンクなアート・ポップの非連続体　028
反資本としてのノイズ──『アズ・ザ・ヴィニア・オブ・デモクラシー・スターツ・トゥ・フェイド（民主主義の虚飾が消え薄れはじめるにつれて）』　054
うたた寝から目覚めたライオン、あるいは今日における昇華とは？　066
今におけるすべての外部　077
あなたの不快楽のために──ゴスの尊大なオートクチュール　088
僕たちみんな死んでしまおうが構わない──ザ・キュアーの不浄なる三位一体　101
光を眺めてごらん　112
ポップは不死身なのか？　118

クラーケンのメモレックス――ザ・フォールのパルプ・モダニズム　パート1〜3　124
スクリッティの甘美な病い　162
病理としてのポストモダン主義、パート2　173
自分の武器を選べ　176
あるテーマの変奏　188
ランニング・オン・エンプティ　193
ユー・リマインド・ミー・オブ・ゴールド――マーク・フィッシャーとサイモン・レイノルズとの対話　197
戦闘的傾向は音楽を養う　223
オートノミー・イン・ザ・UK　231
二一世紀の隠れた悲しみ――ジェイムス・ブレイクの『オーヴァーグロウン』　240
デイヴィッド・ボウイ、『ザ・ネクスト・デイ』評　246
すべてを持っている男――ドレイクの『ナッシング・ワズ・ザ・セイム』　251
ブレイク・イット・ダウン――DJラシャドの『ダブル・カップ』　257
自分のナンセンスを始めろ！――イーエムエムプレックスズとドリー・ドリーについて　263
スリーフォード・モッズの『ディヴァイド・アンド・イグジット』と『チャブド・アップ：ザ・シングルズ・コレクション』評　268
テスト・デパートメント――左派理想主義と大衆モダニズムが出会う場　274

融資なしじゃロマンスはあり得ない　279

第四部
今のところ、我々の欲望には名前がない：政治に関する文章（五井健太郎訳）　291

投票するな、奴らをその気にさせるな　292
一九七九年十月六日——資本主義と双極性障害　298
彼らが抗議して、皆が参加したからといって、いったいそれで何になるというのか　306
ヒドラを退治すること　313
テロリズムの顔なき顔　322
衒示的武力と害虫化　326
私の人生、私のカード——アメックス・レッド・キャンペーンについての注解　331
グレート・ブリンドン・クラブ・スウィンドル　336
ストレスの民営化　344
囲い込み(ケトル)の論理　361

不満の冬2・0——戦闘性の一ヶ月に関するメモ 370
フットボール／資本主義リアリズム／ユートピア 386
ゲームは変化した 391
創造的資本主義 395
現実の管理経営(マネジメント) 399
UKタブロイド 406
未来はいまだ我々のもの——オートノミーとポスト資本主義 411
美学的な貧困 417
確実なのは死と資本だけ 421
メンタル・ヘルスはなぜ政治の問題なのか 425
ロンドン版ハンガー・ゲーム 429
時間戦争——新資本主義時代のオルタナティヴに向けて 436
上手く負けるのではなく、勝つために戦うこと 445
マーガレット・サッチャーの幸福 464
微笑みとともに苦しむこと 473
ゾンビの殺し方——新自由主義の終わりを戦略化する 479

殺人罪を逃れ切ること 490
誰も退屈していない、すべてが退屈させる 496
影のための時間 500
未決状態は終わった 505
コミュニスト・リアリズム 516
今こそ痛みを 532
希望を棄てろ（夏がやって来る） 542
今のところ、我々の欲望には名前がない 568
アンチ・セラピー 573
民主主義とは喜びである 592
サイバーゴシック対スチームパンク 617
マネキン・チャレンジ 624

凡例

・本書はMark Fisher, *k-punk: The Collected and Unpublished Writings of Mark Fisher (2004–2016)*, Repeater Books, 2018のうち、第三部および第四部を訳出し、日本語版編者序文を付したものである。第二部までは『K-PUNK　夢想のメソッド――本・映画・ドラマ』として刊行中。第五部以降は別巻にて続刊。

・翻訳は、第三部を坂本麻里子と髙橋勇人が、第四部を五井健太郎が担当したのち、全体を坂本が校閲している。

・原文の太字の箇所および大文字で記されている箇所（略語を除く）はゴシックで、原文のイタリックで記されている箇所（作品名を除く）は傍点で示した。

・原注は【 】で示し、各文章の最後にまとめて掲載。

・訳注は〔 〕で示し、本文中に挿入。

・作品名に関して、書籍・劇場映画・ドラマは、邦訳のあるもの・日本でも公開／放送されているものは邦題を優先し、未訳のもの・日本未公開／未放送のものは原題のまま掲げている。ただし、原題とかけ離れている場合は原題も追記。その他のテレビ番組は原則原題のままとした。音楽作品については、読者の便を考慮し日本盤のあるものでも原題のママとしているが、一部意味を訳出している場合がある。

・音楽作品に関して、〝 〟は曲名を、『 』はアルバム名を指す。

日本版編者序文

「マーク・フィッシャーはつねに、ラディカルな思想がポップ・カルチャーを通じて大衆意識を突き抜けた瞬間に惹かれていた」――『ガーディアン』に掲載された追悼文でこのように書いたのは、本書『k-punk』の原書における序文（日本版『K-PUNK　夢想のメソッド』に収録）を担当した、音楽評論家のサイモン・レイノルズだった。フィッシャーの代表作『資本主義リアリズム』はここ日本でも大きな反響を呼び、いまだに広く読まれているが、彼の思想や文章への情熱の原点にあるのが音楽、ひいては七〇年代末から八〇年代にかけてのイギリスの音楽ジャーナリズムにあることは見過ごされがちである。音楽は、ハイカルチャーとの繋がりをもてなかった思春期の彼に、文学や哲学を叩き込んだ知の源泉だった。

読者を増やし、彼が影響力ある書き手となったのも、フィッシャーが自ら二〇〇三年に始めたブログ「k-punk」への投稿が発端であり、そこで読めるエッセイや論考があってのことだった。ウォーリック大学の博士課程を修了したフィッシャーが、音楽や映画、ＴＶドラマや政治、思想などの関心の対象を好きなように書ける、アカデミズムの格式張った記述から解放された敷居の低いブログを作ったことは、音楽からの影響をもって思索を続け、自身が労働者階級出身であることを決しておざなりにはしなかったこの思想家らしい発想だったといえる。

フィッシャー死後の二〇一八年に刊行された『k-punk』はブログに投稿された文章を中心とし、

雑誌や新聞、その他ウェブサイトへの寄稿、対談や未発表メモなどからのセレクションで構成された八百ページを超える大著で、すべて日本語翻訳したものを一冊にするとなると二千ページは超えるであろう、重く分厚い、決して読みやすいとは言えない書物になってしまう。そもそもテーマごとに章分けされた選集なので、必ずしも最初から通して読む必要もなく、読者は好きなようにどこからでも読むことができる。「k-punk」本来の親しみやすさ、気軽さを考慮し、日本版は三冊に分けての刊行にした。本書はその二回目の刊行にあたり、テーマは「音楽と政治」である。

フィッシャーのもっとも初期の影響に音楽と音楽ジャーナリズムがあったことは先に書いた。とくに重要なのは、一九七七年から八〇年代なかばまでの『NME』で書いていたポール・モーリー、そしてなんといってもイアン・ペンマンだ。それまで『NME』では、アメリカのビート文学やニュー・ジャーナリズムの影響を受けた看板ライターのニック・ケントがセックス・ピストルズを取り上げ、しばらくすると『サウンズ』／『メロディー・メイカー』では、のちにパンクの史学者として名を馳せるジョン・サヴェージ、あるいは女性ライターのジェーン・サック、のちに『ワイアー』の編集長になるクリス・ボーンらがパンク／ポスト・パンクについての重要な原稿を寄稿している。こうしたなか、モーリーやペンマンが他のUKロック・ジャーナリズムと一線を画していた点は、彼らが音楽を語るうえで哲学と文学を巧妙に援用したことだ。やがて〈ZTT〉とアート・オブ・ノイズのコンセプトを練り上げたモーリーが、その際にテオドール・アドルノの言葉を引用した話はよく知られているが、ペンマンに関して言えば、トム・ウェイツへのインタヴュー記事をサルトルの『嘔吐』の引用で締めるような人で、彼の独壇場となったポスト・パンクを記述するうえでは、ジョルジュ・バタイユをはじめ、ジャック・デリダ、ミシェル・フーコー、ジル・ドゥルーズなどといったフランス現代思想および文学諸作品を大いに活用している。彼らのハイブローな文章が大衆音楽メディアにおいて全面的に支持されていたわけではないが、当時は、それらは週刊紙として駅の売店で売られていた『NME』で読めたのだ。ちなみにモーリーもペンマンも博識のライターだがすべては独学によるもので、ともにアカデミアやエリートを嫌悪する、労働者階級出身の書き手だった。かくしてブログ「k-punk」は、かつての「ロック・メディアが持っていた多趣味で独学の精神を蘇らせた」(レイノルズ)のである。

『K-PUNK 自分の武器を選べ』の前半三部「自分の武器を選べ」が音楽についての文章で、後半四部の「今のところ、我々の欲望には名前がない」は政治に対する批評である。後者は、フィッシャーの主著『資本主義リアリズム』についての補完的論考でもあり、また、彼の政治思考の発露となっているが、それらテキストは書かれた時代と無関係ではいられない。つまり、二〇〇五年に労働党初の三期連続の政権を成し遂げたトニー・ブレアの時代、九・一一以降のジョージ・ブッシュとの関係強化、それに紐づく反テロ法の成立や監視社会化の強制、そして保守党デイヴィッド・キャメロン時代の右傾化と緊縮政策、と同時にブレアやゴードン・ブラウンの「新しい労働党(ニュー・レイバー)」への反動と批判をもって二〇一五年にジェレミー・コービンが労働党首に選ばれていった時代、そしてブレグジットとトランプの時代という、かいつまんでいえば二一世紀最初の混乱期に書かれた文章になる。しなしながら、これら政治についての原稿から抽出されるのは時事ネタ的な情報ではなく、フィッシャーが生涯をかけて闘った、こんにちの「リアル」の正体である。その論説にはいまも有効な、フィッシャーの切り口と思考法が息づいている。

本書の翻訳は、三部を坂本麻里子氏と髙橋勇人氏、四部を五井健太郎氏が担当しているが、全体を通して坂本氏が校閲をおこなっている。ことに日本からは見えづらい英国政治事情に関しては氏からのサジェスチョンに大いに助けられている。

フィッシャーの思想は時代のなかで変化している。加速主義（レイノルズの要約によれば「とことん悪くならないと良くはならないのだから、もっと悪くしよう」）は、CCRUの活動においてニック・ランドを中心に創案された、労働組合やデモのような古風な左翼活動を嘲笑するかのような突飛な概念だが、「k-punk」以降の彼は、ランドからの影響を認めつつも組合や過去の政治運動の可能性を再訪している。日本版『k-punk』の三巻目には、階級（貧困）問題には目もくれず、環境とアイデンティティばかりに奔走する「高級化し、道徳化する左翼」を批判した、彼のもっとも有名な（そして大いに反論を呼んだ悪名高き）エッセイ「ヴァンパイア城からの脱出」があり、晩年のフィッシャーが六〇年代のカウンター・カルチャーにおける失われた可能性を再評価し、その更新を試みる「アシッド・コミュニズム」（彼が自死する前に取り組んでいた、『資本主義リアリズム』の続編となるはずだった『アシッド・コミュニズム』の序文）が収録される。

第三部

自分の武器を選べ：音楽関連の著述

坂本麻里子＋髙橋勇人　訳

k-punk

PART THREE
CHOOSE YOUR WEAPONS: WRITING ON MUSIC

今や恒例、グラストンベリーに対する暴言

──k-punk, (28 June 2004),
http://k-punk.abstractdynamics.org/archives/003459.html

学生起業家を早いうちから商業面に関する無関心へ追い込むのは、実は彼らのオーディエンスだ。学生連合のエンタメ企画を担当する新人役員の誰もが、最初の学期の結果でそれを思い知る──ブラック・ミュージックは学生に人気がない。無名バンドより名の知れたバンドの方が好まれる。学生連合内の誰ひとり、今もっとも批評家筋で評価の高いカルトなアクトが誰かを気にかけてもいない。ブリティッシュ・ロックの偉大なる、中流階級の、中庸な要塞が学生であり、二十年経った今、彼らの趣味は揺るぎそうにない。

──サイモン・フリス、「Afterthoughts」【註1】

サイモン・フリス〔※英ロック批評家。フレッド・フリスの兄〕がこう書いたのは一九八五年のことだった。まあ、そこからさらに二十年経ったわけだが、フリスのこの意見を翻す必要を僕は感じない。

こうした省察のきっかけとなったのは、もちろんグラストンベリー・フェスティヴァルで、これは今やイギリスの学生（および卒業生）人口にとっては学年終了を祝う、ほぼ公式に近いプロム行事になっている。

自分のここでの発言の前置きとして、イアン・ペンマン〔※英批評家。七〇年代末から『ＮＭＥ』で執筆しサイモン・

レイノルズら後続に影響を与えた〕が昨年ほぼ同じ時期に残したコメント【註2】を参照しておくべきだろう――イアン・ペンマンにもっと執筆の場がないことがどれだけ大きな損失か、ちょっとでも疑う人間がいたとしたら――そんな人間はいないだろうが――とにかく、彼の二〇〇三年版グラスト埋葬（Glastonburial）のブログ・ポスト【註3】を読んでみればいい。ペンマンと同じように、僕もついこんなことを気にしてしまう自分自身に苛立ちを感じる。ポーボーイ（Pawboy／ペンマンのハンドルネーム）はその思いを完璧に表現してくれる――「私はいまだに動揺し、困惑させられる――『憂鬱になる』とまでは言わないのは、それは本当ではないからだが――それでも、グラストンベリーの類いのあれこれはやはり、そんなことを気にするのは絶対ごめんだと思ってはいてもつい自分を立腹させイライラさせる。本当に心の底から、そんなことに気分を害されたくないんだが。どうかお・願・い・し・ま・す、ほんのしばらくの間だけでも、びっくりさせてもらえます？　どうか、お・願・い・で・す・か・ら、しばしの間でいいからびっくりさせてくださいよ……なぜなら、今宵面前に広がるのは**銀河級の空虚さ**なので」

　とは言うものの、もちろん僕はグラストンベリーなんぞに**実際行きはしなかった**し――まったくもう、そもそも僕が行く姿なんて、君にも**絶対に**想像できっこないだろ？――言うまでもなく、自宅でテレビ放映を眺めるのは本物の体験とは較べようがないんだそうだ。ほら、実際の会場には泥だとかがあるんだし（ジョー・ワイリーがえんえん繰り返す泥関係の逸話の数々って、もう完全に、悲鳴をあげたくなるくらい大笑いいさせてくれたよね、じゃなかった？）〔※ワイリーはBBCキャスターでほぼ毎年グラストンベリー中継アンカーのひとりを担当。六月開催の同フェスは本来農地であり、降雨の開催年は泥沼と化すので有名〕、それに**火喰い芸人**だの**ジャグラー芸人**にだってお目にかかれるわけで……（その百マイル圏内にジャグラーがいるような場で起きた文化イヴェントに、いくらかでも重要性があったためしなんてある?・)。ペンマンを再び引用させてもらう――「いやだから、野っ原で音楽を聴くって――しかも昼日中に？　なんじゃそれ？　それってもう、ほぼ意図的にこっちを萎えさせるものなんだが……」

だが実はそれこそが、今や誰からも反対されない、UKロック文化のブルジョワ化の秘密の使命、そのアジェンダだったりする。現グラストンベリーに関する積極的に陰険なところは、単にうっかり間違ってクソなのではなく、組織立ったクソである点だ――隠されたメッセージはこう叫ぶ――もう何もかもおしまいですよ、死体性愛的な見世物に寄ってらっしゃい見てらっしゃい、もうすべては終わってます。

すべての者に告ぐ――ここから先はあらゆる文化的生命力を放棄せよ。

過去しか思い出さない者はそれを繰り返す定めにある。

永遠に。

ラインナップはほぼパロディと言えるほど**大型テレビ対応のMOR**〔※MOR＝中道な大衆向けロック・ポップ〕で、あまりに安全かつオーガニックで健康的、弾劾しようもなく物議を醸しようもない無難さだった――マッカ（ポール・マッカートニーの愛称）だ！　オアシスだ！　フランツ・フェルディナンドも！

もちろん、とっくに六十代を越えていない限り黒人アクトは登場しないし（ジェームス・ブラウンやトゥーツ&ザ・メイタルズ）、**それどころか**白人アクトであっても六十代に入った者（マッカ）、あるいは六十代でもおかしくなさそうな音楽をやっている面々（フランツ・フェルディナンド、シザー・シスターズ）じゃない限り、出演しない……。

パパとママにくっついてグラストンベリーへ行き、『ガーディアン』紙を読み、ハッパもちょびっと吸ってみよう――ロックの歴史全体が、味気なく慈善事業的に運営される死したフォルムの博物館へと醜く姿を変える。

すべての割れ目・不連続性・破裂は編集でカット／もしくは（『ダンス』・ステージへ）再編入され、それらの勢力と新奇さは抑制されるかエアブラシ修正された上で、「最後に残った者たち」にマヒした無感覚な歓喜をもたらすための、お下がりの歴史から成る喜びに欠けたカーニヴァルになっていく……（しかも、観客はみんなものすごく**退屈そう**に見えたんだけど？　っていうか、仕方ないよね？）

世代間のギャップが重要だったのは、えんえん回り続ける使い古されたエディプス・コンプレックスの回転木馬というよりも、それが絶え間なく刷新するカルチャーを指し示したからだ――ひとつのジェネレーションが続く長さはどれくらい？　生命力を備えたいかなるカルチャーにおいても、その寿命は数週間か数ヶ月間の話だが、ここイギリスじゃどうだろう？　そりゃまあ、グラストンベリーではもはや世代間のギャップなどまったく意味を成さなくなっている――禿げかかった計理士はベースメント・ジャックスにノって踊り、サセックス大でファイン・アートを専攻しているジェマイマちゃんはマッカに「ぶっ飛ばされた」と語る（「彼、すごく良いじゃん！」）――わけで、その事実からしても、ここにおける「カルチャー」がダミアン・ハーストの水槽の中身と同じくらいエネルギッシュなものであるのは間違いない。

リスペクトを、誰に対しても尊敬の念を抱きましょう……（カルチャーが尊敬を求め、カルチャーに対する適切な反応が尊敬になるとき、そのカルチャーは眠ったまま息絶えたか何者かの手で殺されたのが分かる）。彼らがシェイクスピアを殺した手口も敬意であって、そのすべては「国家遺産」の一部になっていく……。

あそこに戦術的核攻撃が一発お見舞いされていたら、物事を弱体化させ、鈍らせ、反動的にしている英カルチャー産業のあらゆる面（現『ＮＭＥ』スタッフも一掃できるんだから、お安い買い物だ！）、現支配階級の大半、そしてかなりの数の我々の未来の主君連中（大志を抱いたトニー・ブレア候補生諸君）を、実質取り除けていたことだろう。
爆撃手がグラストにひとつ投下したら、そのまま座標をイビサに向けよう。そうすれば、ここでも事態がマシになりはじめるかもしれない……。

（坂本）

【註1】サイモン・フリス、「Afterthoughts」（一九八五）、『Taking Popular Music Seriously: Selected Essays』（Routledge, 2017）所収

【註2】イアン・ペンマン（The Pill Box）、「Include Me Out」（10 July 2003）、
http://apawboy.blogspot.co.uk/2003_07_06_apawboy_archive.html#105783432477159439

【註3】ペンマンの（The Pill Box）上のコメント（28 June 2003）、
http://apawboy.blogspot.co.uk/2003_06_22_apawboy_archive.html#105679442481295648

アート・ポップ、いや、これは本物のそれの話

――k-punk, (5 July 2004), http://k-punk.abstractdynamics.org/archives/003519.html

我々がアート・ポップを論じようとするのなら、本当のところフランツ・フェルディナンドだのシザー・シスターズは頭から追い払い、モロコについて語るべきだ。

僕は昨晩、モロコを除くと散漫な、クラッパムで開催されたコモン・グラウンド・フェスティヴァル、その退屈な名称〔※クラッパム・コモンという元共有地／公園で開催されたのにちなんだ名称〕が喚起するのと同じくらいラインナップもくたびれたイヴェントで彼らを観た。

ところで、コモン・グラウンドは僕がフェスティヴァル（と、その他にも色々あるが）に対して抱くあらゆる偏見をあっという間に裏づけてくれて大変愉快だった――ステージに立つ連中は可哀想なことに、ポップ・ミュージックの神秘性に反する燦々と照る太陽のもと、ストロングボウ〔※ポピュラーなりんご酒の商品名〕のカップ片手に子供を肩車し大儀そうに場内をうろうろする観客のなかにいくらかでも熱意を掻き立てようと努力していた。腰を下ろし、時間つぶしにしばらく新聞を読んでいたのは僕たちだけではなかった。

出演者の顔ぶれはショッキングに悲惨だった。地元自治体が企画する無料イヴェントのノリだったし、主催者側にしても、鬱陶しいくらいさもしく退屈なフリースタイラーズ（実際、こいつらは僕にとって史上最悪なバンド候補のひとつだ。いやだから、ステレオフォニックスは、少なくとも関連性によってラップとダンスホールを

汚してはいないんだし）とダブ・ピストルズを「ダンス」アクトとしてブッキングすることで「トレンド通」っぽく見えるだろう、との嘆かわしい誤解を抱えていた。これらヒップホップ、ドラムンベース、ダンスホールの白人による不格好な盗用は、がっくりさせられるほど見当外れでファンクさに欠けた、かつ陰気に男性的なものだった（女性ヴォーカルが参加するときですらそうだ）。彼らの極悪非道な意図が、近年もっともエキサイティングかつ最先端な音楽のいくつかを退屈で頭痛をもよおすドタンバタンうるさい騒音へと周到に作り替えることにあるとしたら、あれ以上容赦なく首尾のいい仕事はできなかったはずだ。

そしてそんなところにモロコが登場し、ロイシン・マーフィはとんでもないことに、しかし素晴らしくも、ロンドンを奪回しに来たブーディカ〔※伝説のケルト系女王で英国の文化的シンボルのひとつ。ローマ帝国に対して反乱を起こし現ロンドンに当たる都市ロンディニウムを攻め落としたとされる〕のごとくヘルメットを被っていた。

ロイシンはどこから見てもポップ・スターだ。いちばん良いときでもポップ・スターはレアな種だが、今やあまりに数が少なく絶滅寸前に追い込まれている（もちろん、ポップな歌手と「セレブ」は掃いて捨てるほどいるが……）。問題は部分的にはスタイルであり、またグラマラスさでもあるが、何より大きく関わるのがカリスマだ。

その本来の意味において、カリスマは「神からの授かり物」を指す言葉だった。これはふさわしい。なぜならカリスマは運命の不公平な気まぐれによって分配されるからだ。ロイシンにはそれが備わっているが、フリースタイラーズのような輩はどれだけ虚勢を張り汗だくになって青筋を立てても、手に入れることは許されない――たとえ恨みがましい、平等を求める時代精神がそうはさせじと頑張るとしても。

というわけで、ロイシンが現れるや場の空気が一変するのが肌で感じられる。それまでリビドーを枯渇させる渦巻き（舞台に立つＤＪたち――ひとつだけ訊かせて欲しい疑問：なぜに？）だったステージは、今やエネルギー、興奮、電気を放っている。カリスマは、ほぼ物理的なものに等しい。

ロイシンは性的な魅力も含むグラマラスさを備えているとはいえ、そのグラマーはそこだけに集約されない。グラマーはもともと、男性をうっとりさせるために女性のかけるまじないを意味した――ロイシンはたしかに心を奪う存在だが、その魅力は男性にしか通じないものではない。

仮に（つまりフーコーということだが）セックスは遍在し義務づけられているとしたら、目下のところグラマーはさりげなく禁止されている。グラム・ロックのバイブルとして機能しうる本『誘惑の戦略』（一九七九）のボードリヤールをもってすれば、我々はセックス――その直接性、そうであるはずの隠蔽性の欠如のすべてにおいて――をグラマーの両面的矛盾を回避するための手段と看做すことすらできる。

クロイドン〔※ロンドン南部の郊外タウン〕の駐車場並みに退屈だった、ありがたいことにもはや忘れられているスウェードのように独創性のないとんまな連中よりもはるかに見事に、モロコは八〇年代後期アシッド・ハウスの「公正なカルチャー」によって終止符を打たれたかに見えたグラムの非連続体と再結合を果たす。グラムを根絶やしにした敵には、それとはまったく性質の異なるものもあった――ヒップホップの誇示型なブリングによる不公平なカルチャーのことであり、そのもっとも残念な副作用がスポーツウェアの台頭だ（現在もっとも憂鬱にさせられる光景のひとつと言えば、そこにほのめかされた敵意ももちろんだが、トラックスーツとフード付きパーカに身を包んだ十代男性の一団であるのは間違いない）。

その凡庸な機能主義は、七〇年代グラムが反旗を掲げスタイルへ転じるきっかけになった農地主義の有機自然志向、その今日版に当たる。グラムは人工性の名のもとにヒッピーの「自然」を否定した。ニーチェ主義の貴族的ヒエラルキーへの固執をもって、その混濁しぼんやりとしたヴィジョンを軽蔑した。そのきちんと洗わないむさ苦しいヒゲっぽさを、「イメージ」を育むために拒絶した（「イメージ」と偉大なポップ・ミュージックの結びつきは不変だ。ことによると「イメージ」の果たす不可欠な役割がポップをフォークと分かつものかもしれない。もちろんロキシー・ミュージックからグレイス・ジョーンズ、ニュー・ロマンティックまで、アート・ポップはファッション抜きに考えられない）。

マドンナは八〇年代にグラム美学の痕跡をポップの主流にまで持ち越したとはいえ、ロイシンのより明白な先達に当たる存在と言えばグレイス・ジョーンズだ（彼女について、k-punkは近いうちに大々的に書かなくてはなるまい）。ブライアン・フェリー（彼の〝ラヴ・イズ・ザ・ドラッグ〟〈一九七五〉を彼女がカヴァーし作り替えたのは周知の通り）のようなアート・ポップ勢と同様に、ジョーンズのポップ解釈も本質的にコンセプチュアルなものだった。と同時に、彼女は官能的な実体化を欠いたコンセプト群は、アートにおいてそうであるのと同じくらいポップ界でも無価値であると承知していた（この教訓は、我らが誇る近年の「芸術家」の何人かもしかと胸に刻んでおくべきだろう）。ついでに言わせてもらえば、コンセプトを評価するという点は、フランツ・フェルディナンドがインスピレーション源に挙げる様々なものには備わっていたものの、彼ら自身からはすっぽり抜け落ちている数多くの要素のひとつだ（実際の話、フランツというのはオリジナルの表層的な特徴はすべて維持しているもののその本質は完全にミスっている、そんな、エイリアン種族が作り出した複製のようなバンドだ）。

ロイシンには、抗いがたい魅力をもつパフォーマーにとって第二の天性である、あの逆説的な二重性が備わっている——彼女は自身のイメージに細心の注意を払うと同時に、しかし自分が人の目にどう映るかはお構い無しだ。この点は彼女の踊りぶりに現れる。『ポップ・アイドル』に登場する操り人形の、過度にリハーサルされた振付けは一切なし。ミック・ジャガーやフェリーのように、ロイシンの動作もたまに不格好でぎこちなく映る。ときに我々は、彼女が鏡を相手に練り歩いている姿をうっかり目にしてしまったように感じる。

部分的にはこれゆえに彼女は自らのイメージと距離をとれているし、それはキャンプ、少なくともカイリー・ミノーグ的な意味でのキャンプさではない。そこには愉快さがある（ロイシンとカイリーを分かつ多くの点のひとつがここだ。カイリーのスチュワーデス並みのプロ根性は断固たる決意を放つものであって、決して愉快ではない）。とはいえこの愉快さは、もちろん独占的にではないものの大雑把に言えばロイシン当人のものであり、それは衆人の注目を集める対象であることにも起因するとはいえ、それ以上の何かでもある。すべての偉大なパフォーマーと同じように、ステージ上のロイシンもある種のパフォーマンスのトランス状態に入っていき、素敵な響きを備えたニーチェのフレーズを引用させてもらうと、遊びに夢中な子供の無垢さを獲得していく。彼女のコスチューム・チェンジの数々――〝ピュア・プレジャー・シーカー〟（二〇〇〇）でのフェティッシュなブーツと軍帽ルックも含む――には、仮装用衣装箱を引っ掻き回す女の子のトチ狂った遊び心がある。

ダンス・ミュージックはパーカ姿の有象無象な連中によって送り出されなくてはならない、との一般通念が虚偽であるのを明かすと同時に、モロコはまたフランツ・フェルディナンドがインディ界の保守性のために提示した口実、すなわちアート・ポップはレトロである必要がある、との発想の薄弱さも暴露する。ハウスとテクノへのモロコの関与は、ロキシーのファンクとの戯れや、ジョーンズがスライ＆ロビーの助力を得て構築した驚異的にしなやかなダブファンクを想起させる。フランツにいくらかでもあるファンクさはお古のお古、盗用をさらに盗用したものだ。

モロコが撃滅してみせる三つ目の時代遅れな慣習は、ダンス・ミュージックはライヴで演奏し得ないとの概念だ。彼らがステージに上がる前に君があのフェスを後にしていたとしたら、そう確信して帰宅していても仕方がない——その前に登場したグループはいずれも、ラップやドラムンベースの精密に組み立てられたスタジオ・プロダクションのスリルを生で捕まえることができないままとぼとぼ去って行ったのだから。モロコは違った。

パフォーマンスの大半において、スポットライトを浴び歓びに浸っているロイシンに遠慮してか、バックのバンドの面々は地味だ。しかしおそらくこれゆえに、バンドは信じられないくらい有能な突然変異的音響機械と化していて、秀逸なプロデューサーがスタジオでエクステンデッド・ヴァージョンをシークエンスする際に用いるのと同じスキルでもって、おいそれとは絶頂に達さない淡々と続く安定状態へと楽曲群をふくらませていく。安定状態に入ったことは、その曲がえんえん果てしなく続く、もしくは不意に終わるかもしれない、聴き手がそう感じることで察しがつく。この状況は昨晩披露されたどの曲でも起きた。これが可能なのは、インプロをやれる実に強固な基盤を楽曲が提供しているからに違いない。〝シング・イット・バック〟(一九九九)から昨年の〝フォーエヴァー・モア〟に至るモロコの一連の上質なシングル群に匹敵するものを発表している連中は、現時点ではおそらくデスティニーズ・チャイルドを除いてポップ界に他にいないんじゃないか? ジュニア・ボーイズと同じようにモロコの全存在もまた、リズム面での革新と背筋にぞくっと寒気が走るソングライティングとは両立するものであるのを如実に示してくれる(どうして僕たちは、そのふたつは相容れないなんて思ったりしたんだろう?)。

ということは、昨晩のハイライト場面を「ここ」と抜き出す行為は誤解を招くことになるだろう。だが、あれは巧みに構築されたセットだったし、やはり最後の三曲がもっともインパクトが大きかった——共感を引き起こすハウス調のベースを伴う〝フォーエヴァー〜〟で、ロイシンは巨大な薔薇の花束から花びらをちぎり引き裂きつつ麗しいブルースの嘆きを歌い上げた。〝シング・イット〜〟を、彼らは異なる可能性を備えたシークエンスの集まった歌として、デラックスな組曲へ拡張してみせた。そしてラストの謎めいた〝インディゴ〟（二〇〇三）は、ロイシン、ドラム・マシン一台、エレクトリックな脈動だけという完全にジョルジオ・モローダー的なミニマルさではじまり、そこから、それこそもっとも苛酷な鳴りを響かせているときのザ・フォールばりに獰猛なベースを重く利かせた、強力にシンプルなリフへビルドアップしていった。

唯一残念だった点？　それは、モロコが再びロンドンでプレイするまでかなり時間が空くだろう、とロイシンが言ったことだった。

あーあ、クソッ。

（坂本）

〔※モロコは二〇〇三〜〇四年ツアーをもって解散。ロイシン・マーフィは二〇〇五年にマシュー・ハーバートを共同プロデュースに迎えアルバム『Ruby Blue』でソロ・デビューし、現在も活動中〕

k－パンク、あるいはグラムパンクなアート・ポップの非連続体

——k-punk, (11 November 2004), http://k-punk.abstractdynamics.org/archives/004115.html

【Glamour／グラマー】、名詞。（語源はスコットランド語のglamourもしくはglamer。アイスランド語のglámeggdr＝おそらく緑内障〈glaucoma〉で苦しむ者、glámsýni＝視力の弱さ、glámr＝月の呼び名、およびおそらく英語での幽霊を見ることに近い言葉も参照。ただし、英語のgramaryeが転訛した可能性あり）

1　目に影響する魅力で、その対象を実物とは異なるものに見せる。

2　魔術、魔法、まじない——テニスン参照。

3　空気中にかかるもやの一種で、その対象を実物とは異なるものに見せる。

4　ある対象に抱くあらゆる類いの不自然な興味、もしくはそこに働く不自然な連想のことで、それを通じるとその対象は錯覚を起こしたごとく拡大され実物以上に良く見える。

Glamour gift、Glamour mightは、グラマーを生み出す天賦の才もしくは力のこと。前者は、何かを魅了する女性特有の天性として比喩的な意味で用いられる。

いかなる女性も、彼女のもつ魅力を最大限に活かす本能と能力を備えている。愛や快楽を抜きに自らを与えるのは素晴らしい——セルフ・コントロールを維持することで、その人間は状況から生じる利益をすべて獲

得するのだから。

――レーオポルト・フォン・ザッハー＝マゾッホ、『毛皮を着たヴィーナス』（一八七〇）【註1】

グラム・ロックこそパンクである――歴史的にもコンセプトにおいても。

サイモン・レイノルズが（たしか今から一年前に）唱えたように、パンクの発生を可能にした決裂を生み出したのはグラムだった。

本質的に、グラムはヒッピーの怠惰な不道徳さに嫌悪感を抱かされ、そこに背を向けた労働者階級オーディエンスにポップ・ミュージックを取り戻した。

「アンドロジナス」なイメージを振りまいた割に、ヒッピーは基本的に中流階級男性の現象だった。それは男たちが王陛下様のエゴ丸出しな享楽主義的幼稚症状態に退行する許可を得たことに尽きるし、女性は彼らのあらゆるニーズをかいがいしくお世話する羽目になった（僕のこの意見は眉唾だと思う方は――正直、僕はヒッピーに関してはとてもじゃないが客観的なコメンテーターでもなんでもないからね：笑――マーガレット・アトウッドの「冷ややかな合理主義」の古典『浮かびあがる』〈一九七二〉を読んで、当時を生きた女性にとってあれがどれだけ「解放的」だったか知ればいい話だ）。

「したがってツァラトゥストラ／またも懲りないルーザーですら／君を信じることができる……」〔※ロキシー・ミュージック、〝マザー・オブ・パール〟／一九七三〕

七〇年代のグラムは、『善悪の彼岸』（一八八六）と『道徳の系譜』（一八八七）のニーチェ（貴族、高貴な身分、支配権を賛美したニーチェ）にディオニュソス主義者だった若き日のニーチェを対峙させた。サイモンはこう述べる――

（音響ではなく視覚へ、ノイズと大観衆の群れのロジックではなくスペクタクルへ、というその力点の置き方の推移を通じての）グラムの、ロマン主義ではなく古典主義に向かう傾向。反ディオニュソス主義としてのグラム。ディオニュソス主義は基本的に民主的で野卑な、平等化と階級の根絶を目指すものだ――ポイントは群衆、動乱、無作法な騒乱、荒っぽいコミュニオンを作り出すことにある。対してグラムにとって重要なのは不滅の記念碑、自らを彫像に、石に彫られた偶像に変えることだ【註2】。

しかし、グラムはニーチェの思考に取り憑いて離れなかった遺伝的誤謬を修正してみせた。『善悪の彼岸』と『道徳の系譜』のなかで、奴隷道徳の「平等主義的」な公平化がもたらす力を弱める効果、それこそが生を嫌悪し死にたくなるくらい激化を避ける地味な状態に西洋文化を閉じ込めている精神を蝕むウィルスである、とニーチェが分析したのは間違いない。その一方で奴隷を所有する貴族の文化に対する彼の賛美は、高貴さは社会的出自によって保証されると思い込む、との間違いをおかしている。

高貴さとはまさしく価値観の問題だ――すなわちそれは倫理的なスタンスであり、いわば身の処し方／振る舞い方のことだ。そのようなものであるがゆえに、獲得したいとの意志と欲望を備えた誰にとってもそれは入手可能になる――ということはおそらくブルジョワ階級にすら手に入れられるのだろうが、生憎、ブルジョワの社会化の過程そのものが高貴さに抗い嫌悪するよう彼らに教え込んでいる。欧州ブルジョワジーが「優越感」に対して抱く根深い敵意とは、悪意と敵愾心に満ちた精神病理学を隠蔽するものであったことをニーチェは誰よりもよく理解していた。

ニーチェ派の無神学が「我々は神にならなければならない」と告げるとしたら、ブルジョワの世俗主義は「なんびとも私以上に大いなる存在になってはならない」と言うだろう――神ですら私を越えてはならない、と。

労働者階級と貴族階級との間に常に深い親近感が存在してきたことは周知の事実だ。本質的に向上心が強い労働者階級文化は、平等を求めるブルジョワ文化の衝動にとって異質だ――そしてもちろんこの点が政治的に相反しかねないのは、向上心のポイントが地位と権威の追求にあるとしたら、それそのものがブルジョワ世界を肯定しその正当性を立証することになるからだ。自らの階級から脱出したいとの欲望が政治的にポジティヴになるのは、プロレタリア的共同体および新たな地球に向かう逃走線をとることを鼓舞する場合に限られる。

六〇年代後期の長ったらしく退屈なヒッピー快楽主義によって勢いを殺がれた、モッドなモーメントの帰還がグラムだった。サブカルチャー集団に与えられた名称の大半と同様に「モッド」のタームもそもそもは侮辱として使われたもので、モッズの永遠の敵「ロッカーズ」が使った蔑称に由来する。ジェフ・ナットール〔※六〇年代英カウンター・カルチャー界で影響を誇った芸術家／作家／社会批評家〕の説明によれば、ロッカーズにとって『モッド』は女々しく、うぬぼれが強く、中流階級を手本にし、洗練さを競い合おうと野心を燃やすスノッブでまがいものな連中を意味した【註3】」

「だが、どんな芸術愛好家も／精巧な金線細工も／プラスティックな君にはかなわない」〔※ロキシー・ミュージック、〝マザー・オブ・パール〟〕

六〇年代のモッズは、八〇年代にソウル系社会主義者（soul-cialist）によって懐古的に神格化された、こじゃれたカプチーノのミルクの泡に浮かぶそれとはかなり別物だった〔※八〇年代ネオ・モッズ・ブームの象徴だったザ・

ジャム解散後、ポール・ウェラーが結成したザ・スタイル・カウンシル作品のライナーノーツは「カプチーノ・キッド」が執筆した。この人物は後にオアシスの評伝他を上梓する音楽ジャーナリストのパオロ・ヒューイット〕。「本物」で「自然」なものに訴えかけたのはロッカーズだった——彼らの反乱は、文明と大量（生産）型カルチャーに対するルソー主義的抵抗活動として提示された。対してモッズは、ハイパーな人工性を享受した——ナットールは「彼らにとって疎外は意図的なスタンスになっていった」と書いている。モッズにとって高貴さは先天的ではなかった。それは飾り立てることとケミカルな変容とを通じ、身体を容赦なく脱自然化することによって獲得されるべきものだった。

モッズはあらゆる意味でスピードに病みつきだった。彼らがベニーズ〔※ベンゼドリンの俗称。イギリスでは「スピード」と呼ばれる覚醒剤、アンフェタミンの商品名のひとつ〕やコーヒーと共に貪ったアップテンポなアメリカの黒人音楽は、同じ精神のもとに同じ理由から消費されていた——加速器、強化材、エクスタシーを生む人工的な源泉として。すなわち、それは「今」に向けてのケミカルな疾走であって、時代を超越した何らかの誇りや尊厳の表現としてではない。

その欲望－快楽の関係性において（ちなみにこれに関する現在の僕の公式なスタンスは「欲望」の代わりに「リビドー」を使うべきだ、というものなのだが）、第三の、遮られていて見えにくいタームが存在する——官能性だ。

だらしなくサイズの合っていないヒッピーの衣服、むさ苦しい見た目、どんよりサイケデリックでファシストなドラッグで濁った口ぶり（「ヘイ、マ〜ン。すべては精神に尽きるんだよ」）は、西洋支配階級の特徴である官能性の蔑視を呈する。

ヒッピーがその不精な快楽主義のもやから起き上がって権力の座に就いたとき（その移行はあっという間だっ

た）、彼らは官能性に対する軽蔑の念もそこに持ち込んだ。野蛮で機能的な功利主義、加えて美学面でのだらしなさと自らの権利に対する何物にも動じない感覚はブルジョワ感性の特徴だ（ストーク・ニューイントンに居並ぶ「開店時間？　そうねぇ、十時頃かな」とのたまうショップの数々を眺めれば、どの階級を相手にしているかたちどころに分かる）〔※ストーク・ニューイントンはボヘミアン系中流が多く暮らす東ロンドンのエリア〕。

ヒッピーの権力階級はわざわざパワー・ドレッシングする努力は省いてパワーを求めた。案の定、中産階級ヒッピーの「フェミニスト」は、そうであったはずの平等主義から傲慢な決めつけ型の断罪主義に躊躇無く鞍替えした。化粧品と衣服を見下すその姿勢は、労働者階級に対する攻撃以外の何物でもないではないか？　ブルジョワの、いわゆるフェミニストとされる者の前提は、ノイローゼ気味に色んな相手と寝る「自由」、そして果てしなく続く思春期の曖昧さをキャリー・ブラッドショー〔※一九九八年放映開始の米人気ロムコム『セックス・アンド・ザ・シティ』フランチャイズの主人公。ファッション／ショッピング／セックスを謳歌するモダンな「自立した女」像を打ち出した〕的に消化することから成る彼女たちの生き様の方が、労働者階級女性のたどる（かつては）若くして結婚する／（今では）若くして子供を産むパターンよりマシだ、になる。しかし、それもまた別の罠に過ぎないのは明白であるばかりか、必ずしも女たちのニーズにより適したものでもない。

そして今やブルジョワの蛮人どもはグラムを破壊し、我々を彼らのお好みの美学様式、すなわちロマン主義に引き戻した。当世ブルジョワのロマン主義者はかつてないほど凝縮された形でロマン主義を実現してみせた。一八世紀後期から一九世紀初期にかけてのいわゆる「ロマン派」詩人や音楽家や画家は、なんだかんだいっても官能主義者だった。対して我らの時代のロマン主義者は官能性とはせいぜい良くて重要性に欠けた何か、主観性の表現という重大な仕事を妨害するもの、との見解で定義される。

ロマン主義とは美学的宇宙論を装った「十代の存在論」だ。「十代の存在論」は、内面性こそ真に重要であるとの確信に支配されている——あなたの内面はどう感じるか、そしてあなたの経験と意見は何か、そこが大事。この意味で、だらしない飲んだくれのラデット（Ladette）であるトレイシー・エミンは、これまでもっともロマン主義な芸術家のひとりになる。ヒッピー遺産の真の継承者であるラッズ（Lads）と同じように、エミンのぼんやりした、輪郭の定まらない、ビールまみれの、疑い深く粗野なアンチ官能主義の感性は彼女自身の好みの空虚さを広く知らしめるものだ〔※New Lad／Laddism は九〇年代から〇〇年代にかけて英メディアが喧伝したユース・カルチャーの一種。ビール、セックス、フットボールを愛し野卑に享楽的に振る舞う主にヘテロ白人の若者＝「新種の野郎連中」を指し、ブリットアートやブリットポップの盛り上がりともシンクロした。Ladette はその女性形〕。

エミンにハースト、レイチェル・ホワイトリード、そして誰だか名前は忘れたが、テート・ブリテンに父親の家のレプリカをそっくり再現したあのアホ〔※前述の三者と同じく「ヤング・ブリティッシュ・アーティスツ」に数えられたマイケル・ランディの二〇〇四年のインスタレーション『Semi-detached』のこと〕といった連中のなかに我々が見出すのは、前ウォーホル／前デュシャン／前カント的な剥き出しで飾らぬ「リアル」の（再）提示を目指そうという絶望的にナイーヴな思いから発する、人工的なものに対する侮蔑の念だ。我々のPOROMO（ポスト・ロマンティック・モダン）文化全体が「もう二度とだまされない」と決意を固めているのと同様に、彼らはグラマーの魔法をかけられるのを何よりも恐れる。グラマーが意味するのは「ある対象に抱くあらゆる類いの不自然な興味、もしくはそこに働く不自然な連想のことで、それを通じるとその対象は錯覚を起こしたごとく拡大され実物以上に良く見える」であるのを思い出そう。

だが我々の主張を論証すべく、まずいくつかの人工遺物を突っ込んで検証してみようじゃないか。

証拠物件1：ロキシー・ミュージックの『フォー・ユア・プレジャー』（一九七三）のジャケット。

このイメージはアンビヴァレンスの女性傑作〔※原文はmistresspiece表記。伝統的に男性の「名人」による名作を意味したmasterpieceではなく、女性による傑作という意味〕だ。

この物件には、もっとも腕の立つロキシー観察者であるイアン・ペンマンの視線を通じてアプローチしようと思う（僕と同じようにペンマンも、フェリーに幾度となく引き戻されているのは間違いない。なぜなら彼も、労働者階級から出発し英支配階級に受け入れられるという、フェリーと同じ道のりをたどってきたからだ）。（ここでペンマンのテクスト「The Shattered Glass: Notes on Bryan Ferry〈粉々に砕かれたガラス：ブライアン・フェリーについての覚書〉」を割りと長く引用させてもらうことについて、僕は弁解しなくていいと思っている。理論的なエレガンスを華麗に誇示したこの文章を、とっくの昔に忘れ去られ埃をかぶった「カルトないい男」特集本のなかでカビを生やして腐るままにしておくのはあまりにもったいなく、ほぼ犯罪行為に匹敵するからだ）【註4】

『フォー・ユア・プレジャー』のジャケットの遠景に写る海岸線、その下にある湾岸通りに、この後も登場する数々の新たなモデルたち、その二人目に当たるモデル嬢が立つ。一見したところ、おなじみのフェリー／ロキシー的女性のインスタレーション第二弾だ。

しかし、このイメージの全貌を知るには観音開きのスリーヴを広げる必要がある。そうすれば裏ジャケットに写る、その様子を眺めるフェリーの姿が目に入ってくる……。

ペンマンは続ける——

フェリーの役回りは彼女のお抱え運転手という設定（地に足を着けた渡し守＝ferryman。時代のしるしだ）。愉快げに感嘆しながら彼女を待つ彼は、その視覚面でのシャレ——モデルが、彼女の飼い猫を「〝キャット〟ウォーク」に連れ出す——の見事なまとまり具合を見渡す。彼女は彼女の黒豹と共にユニフォーム、そして均質（uniformly）に捕食型な同盟関係を形成し、その目と口は見る者に向けられている。尊大に、彼女は外気を吸い、豹の優雅さを巧みにさばき、彼女のアニマ／アニマルを徘徊させその身体を伸ばさせる。フェリーは——確実に——見えないままの存在であり、彼女の背後で男らしく笑みを浮かべつつ、折り畳まれたアルバムのスリーヴによって巧妙に守られている。彼は、メイン・フレームの内と外の双方に向けて自身のルックスをアレンジしていたことになる。

カット。

（「メイン・フレームの内と外の双方」——これって近頃の僕たちが本当によく感じる、迷子になった、どこかの浜に打ち上げられた、という感覚のことじゃないだろうか——？）

なるほど、彼女はモデルの女性だ——抽象と高度なコード化に押し入りつつあるファッションであり、なんらかのプロダクトのために存在するわけでも、アートの名のもとに存在するわけでもない。では、彼女は何に見えるというのか？　彼女は、一切の属性をもたないという条件つきで現れる／こちらの目に映る。ある種の想像上の領域の富、フェティッシュとしての富、ヘルムート・ニュートンの身体法則以外に、我々は彼女になんの属性も付与できない。彼女はもっとも純粋な、鋭く青い無だ（クールにブルーなポスト・デュシャンなアーティストにとって、美が偽装されたハサミの形をとるのはまったくふさわしく思える）。

これは別の議論に関わってくるので、余談として添えると――フェリーの書く歌が――少なくともこの時点では――「単に良い歌」であることはまずなかった。何より、それらは疑問の数々であり、そこには良い歌とは何を意味するかについての疑問も含まれていた……。

そして、フェリーの歌は――この段階では――マグリットの『人間の条件』（一九三三〜三五）が風景画ではないのと同じように、「ラヴ・ソング」ではなかった。マグリット同様、フェリーの徹底した冷たさ、そして対象と距離を置く異化ぶりは、彼の歌い上げる感情を可能にする枠組みのメカニズムへと我々の関心を惹きつけずにいられない。

またもここでカットし、「ある種のナルシシスティックなエロティシズムの領域、彼のヘテロセクシャルな感受性を疑問視しない限りそこに入ることの許されない領域」へ向かおう。

彼の歌に登場する女性はすべて声無きサイレンであり（そして、この傾向は次作『ストランデッド』〈一九七三〉およびそれに続く嘆きの歌の数々で特に強くなっていく）――このアーティストの人生および感受性に圧倒的な力をふるうにもかかわらず――なんの含みももたないらしい（すなわち、脱実存し永遠化させられている）。去勢された時間と場所（「ファッション」の途切れなく続くスパンの数々）は当然、女性の姿形へとひとつにまとまる。フィギュアとしての、あるいは場面としての女性――戦時中に兵士が壁に貼ったピンナップ・ガール、豹女、アマゾネス、サイレン、リーフェンシュタール的な乙女たち〔※いずれもロキシー・ミュージックのアルバム・ジャケットを飾った女性イメージ〕。

「アーティストの人生および感受性に圧倒的な力をふるう」。圧倒的な、最大限の威力……彼、このアーティストは、ではマゾッホの『毛皮を着たヴィーナス』の主人公セヴェリンなのか？　それともバルザックの物語に登場する、知らず知らずのうちにカストラートに恋してしまう不運な主人公／だまされやすいカモであるサラジーヌ？〔※バルザックの『人間喜劇』（一八二九〜四八）収録のノヴェラ「サラジーヌ」〕

というのも、ここでの皮肉なオチは――彼女は（完全に）女ではない、だったのだから。『フォー・ユア〜』のジャケットを飾るモデルのアマンダ・リアは、トランスセクシュアル（トランスジェンダー）だった（とはいえさらに話をややこしくすることに、後に彼女はこの噂を否定したのだが）。しかも、かのサルヴァドール・ダリが性別適合手術費用を払ったのではないかとされる、そんなトランスセクシュアルだった。

いずれにせよフェリーは明らかに、グラマラスであると共にグラマーに魅せられてもしまう男性、という七〇年代の基調のひとつを定めた。自らも華麗に様式化されたフォトジェニックなオブジェである彼は、と同時に、自身を魅了し誘惑する表面上の美に触れたいと部分的には欲する――だがほとんどの場合、彼はそれを決して手の届かないものへ、「冷たき牧歌」〔※Cold Pastoral＝ジョン・キーツの一八一九年の詩『ギリシャ壷のオード（Ode on a Grecian Urn）』の一節〕に変えることを求める。〝マザー・オブ・パール〟――ペンマンがブログ〈The Pill Box〉で述べたように、七分間でラカンをほぼ網羅する曲と言える――はフェリーが彼のメタな憂いのために書いたマニフェスト、「理想の」対象を我がものにすることの不可能性――および不快さ――についてのメタなラヴ・ソングにもっとも近い。

もっとも、この憂鬱は分かりやすく「悲劇的」ではない（仮にそうだとしても、それはいかなるブルジョワ感性ともほぼ関係がない。なぜならシェイクスピアからジョージ・スタイナーの『悲劇の死』〈一九六一〉、ニーチェ、バタイユに至る誰もが示すように、ブルジョワの世俗主義は内在的に、あらゆる類いの悲劇的なものの概念と反目するからだ）。

しかし、フェリーの感性は確実にマゾだ（それは、たとえばナットールが示唆するように、サド的だった六〇年代のそれとは違う。このふたつの感性の差異を捉えたものとして、六〇年代に育まれたジョン・レノンの〝ジェラス・ガイ〟〈一九七一〉――サディストの謝罪――と、フェリーによるカヴァー解釈〈一九八一〉――自身の苦痛を絢爛たる調子で楽しむマゾヒスト――とを比較してみて欲しい）。

マゾヒストの倒錯は、独占的あるいは第一義的にですら、性器もしくは極めて堕落した意味においてのみ倒錯したサド的多形態セクシャリティに重点を置くのを拒絶することから成り立つ。

有機生命体に備わった貫通できる開口部／穴の数には限りがあるという事実に突き当たった途端、サド的想像力は限界に達する。だがマゾヒストは――そしてこの点において、他の多くの者と同様にニュートン、そしてJ・G・バラードはとことんマゾだ――リビドーを場面全体に行き渡らせる。エロティックなものはマシンの全部品――それは生きた存在、肉体の柔らかな圧力かもしれないし、死んだ動物の皮、すなわち毛皮のコートかもしれないし、テクニカルなものかもしれない――に割り当てられる。マゾヒズムがサイバロティック(cyberotic/サイバー－エロティック)なのはまさしく、それが動く物体と無生物との間に差異を見出さないからだ。どのつまり、愛する人の髪を指で梳くとき、あなたは死せる何かを愛撫しているのだから。

フェリーはいかにしてここへ、七〇年代初期に座礁(ストランデッド)した、アーティスト兼窃視者であるマゾヒストなアート・ディレクターの地点に至ったのか?

ニューカッスル大学在籍時のフェリーが、俗に「ブリティッシュ・ポップ・アートのゴッドファーザー」と呼ばれるリチャード・ハミルトンに師事し、絵画を学んだことはよく知られている。ハミルトンの芸術が英文化に与えた衝撃の大きさを、果たして現在の我々が頭のなかで再現することなんて可能だろうか?〔※ハミルトンは六〇年代イギリスのアイコニックなイメージ、たとえば写真シリーズ『Swingeing London』やビートルズの『ホワイト・アルバム』のデザインでも知られる〕

まあ、その印象程度であれば、一九九〇年代初期にチャンネル4が制作したハミルトンに関するドキュメンタリー番組のなかで、サイエンス・フィクション作家になるのを可能にした文化的事件のひとつとして、バラードが彼の一九五六年の作品『今日の家庭をこれほどまでに変え、魅力的にしているものは一体何か?(Just What Is It That Makes Today's Homes so Different, so Appealing?)』を挙げている事実から窺い知れるだろう。ハミルトンこそバラードのサイエンス・フィクションからの超越を、k-punkの発見を彼に可能にした、と言った方がいいかもしれない。

一九五六年はもちろん、エルヴィス・プレスリーがヒットを放ちブレイクした年だった。とはいえハミルトンのこのコラージュ作品もまた独自に、少なくともブリティッシュ・ポップの発展にとってはプレスリーと同じくらい重要だった。

五〇年代を経て以降、アメリカでは起きないような形で、英国文化においてポップ・ミュージックとアートは常に入れ替え可能で相互関与してきた。ナットールを引用しよう――「学生とモッズの異種交配が起こった。（中略）パープル・ハーツ〔※覚醒剤デクサミルの俗称。モッズ文化と関連が強いドラッグ〕が異様におびただしく出回った。ベルボトムのズボンは派手な色彩へ花開いた。靴にはウールワース〔※ディスカウント百貨店チェーン〕の安ペンキが塗られた。男も女も化粧し、髪を染めた。（中略）ストリートは新たな熱狂でうずいていた」【註5】

そのどこにも帰すことのできない人工性ゆえに、ブリティッシュ・ポップはグリール・マーカスやレスター・バングス〔※いずれも米ロック評論家〕がアメリカン・ロックにおいて達成した、ロマンティックな自然化を受けつけない。英国産アート・ポップはひとつの風景のなかに据えようがないのだ。

いずれにせよ、ナチュラルな景観には据えようがない。

アート・ポップに風景があるとすれば、それはフェリーがロキシー・ミュージックの一九七二年のデビュー・シングル〝ヴァージニア・プレイン（ヴァージニア州の平野）〟でコラージュしまとめた、攻撃的に反自然主義な景観だろう（曲名はフェリーの絵画の一枚にちなんでおり、その絵自体も煙草の銘柄にちなむ）。これは内なる景観、心の目が眺める景色なのか？　おそらくそうだろう。ただしそれは――ハミルトンのコラージュとバラードのフィクションが強調するように――二〇世紀後半における内面心理学的な「空間／スペース」とは、バラードがメディアの景観と呼んだものが徹底的に浸透したものだった点を認識した上でのみ成り立つ話だ。

英国のポップ・スターが歌うとき、そこで大きく物を言うのは「大地」（マーカスが『ミステリー・トレイン』

〈一九七五〉で神格化したアメリカン・ロックに彼が聴き取ったのは、アメリカの大地にほかならないではないか?)ではなく、アメリカ由来の消費者文化による脱領土化だ。したがってロキシー初期作品で、フェリーの歌声はロバのいななきのごとくグロテスクなものになる(それは、感情たっぷりに歌い上げるふりをする今日のポップ・アイドルとはまた異なる類いのグロテスクさだ)。

言いたいことを述べるために生来の声をなくす(自らに教養を施す――あるいは教育される――ことで労働者階級の出自から抜け出すにはそうするしかないからだ)必要のあった者として、実体験に基づく見解があるペンマンは訛りの問題――ジョーディー(ニューカッスル人)訛りを消し、アメリカ訛りは身につけない――がフェリーのキャリアにとってどれだけ肝要だったかを実に見事に明かしてみせる。

学生時代のフェリーの生活は、日中はアート界を徘徊し夜になるとソウル曲のカヴァー・バンドでフロントを張る、という具合に二手に分かれていた。ふたつの声、ふたつの生活。「僕はまだ、自分のすべてを統合するものを見つけていなかった」〔※チャールズ・ニコルのインタヴュー「Bryan Ferry: Dandy of the Bizarre」、『ローリング・ストーン』一九七五年四月二四日号〕

ロキシーの初期作品は、昼と夜に分かれた自己をひとつにまとめてくれる空間を手動で作り出そうとする、フェリーのウォーホル-フランケンシュタイン的な試みだ――接合部はまだスリリングに、かつ恐ろしげに顔をのぞかせている。つまりあれらのレコードは一貫した主観的表現というよりはむしろ一種の現在進行形の脱地層化のプロセス、そこにいても彼にはくつろげないポップ・アートの存立平面の臨機応変な創出、になる。

というわけで、驚くべきことにボー・ディドリーよりもデュシャンに形作られた、そんなポップ・ミュージックがここに誕生した。フェリーがソロとして発表したカヴァー・ヴァージョン集の数々(そして、このようなアルバムは当時のロック・ミュージックにおいて前代未聞に近かったことを思い出して欲しい）で用いた方法論は露骨にデュシャン的だった〔※なお、一九七三年のフェリーのソロ第一弾カヴァー集『愚かなり、わが恋』リリースのほぼ直後に、デイヴィッド・ボウイも全曲カヴァーの「ポストモダン」なアルバム『ピンナップス』を発表している〕。〝煙が目にしみる〟、〝ジーズ・フーリッシュ・シングス〟といったスタンダード曲の自己流の翻案を、彼はデュシャン的「レディメイド（既製品）」であると述べた――どこかで見つけてきた、そこに彼自身の刻印を記せるオブジェである、と。

初期ロキシーのサウンドをあれほど冷たくしていたもの――アメリカン・ロックの熱い本物っぽさと較べると、特にそう感じる――のひとつに、明らかに彼らは自然発生的でクリエイティヴな主体の集まりではなく、周到に遂行されたデュシャン型の「コンセプト」だった、という事実がある。彼らはその一挙一動まで細密にデザインされた、アルバムのジャケットに彼らのスタイリストであるファッション・デザイナーのアンソニー・プライスまでクレジット表記する、そんなグループだった。

フェリーにとっては常に、フレームの内側に滑り込んでしまうのは大いなる誘惑だ。理想の家で暮らす心痛を抱えた独身男〔※『フォー・ユア〜』収録の〝イン・エヴリ・ドリーム・ホーム・ア・ハートエイク〟は風船型ダッチワイフを愛する孤独な男性の歌〕に、本当になってしまうこと。その目的はサイモンが呼ぶところの以下のファンタジーの達成にある――

卑しい生産の世界から抜け出し、一切しがらみのない純然たる表現と官能的な耽溺の至高な領域へ、想像上の架空の貴族的概念（地所管理や投資運営、武器取引への軽い関与といった月並みな仕事もこなさなくてはならない現実の支配階級より、もっとユイスマンスに近いそれ）へ足を踏み入れる、そんなファンタジー。

〔※ジョリス＝カルル・ユイスマンスは一九世紀末のフランス人作家。デカダン文学の古典『さかしま』（一八八四）が有名〕

――この時点までは模倣し／そのふりをしていただけの流儀作法、その完全なるシミュレーションを成し遂げるために。

かつ、サイモンが指摘する通り、フェリーの後期作品はいずれも超裕福な貴族的生活を実際に獲得してしまった失望感について――今や展覧会の初日、ファッション・ショウ、これから先に開かれるすべてのパーティ（オール・トゥモローズ・パーティーズ）の数々のなかを、倦怠を抱えながら永遠にさまようことを宣告されたフェリーについて（目的地を目指す旅路の方がそこに到着するのに勝る、との昔ながらの物言い）に尽きるのではないか？

フェリーはそこに置き去りにしよう。座礁し、フレームに収まったままの姿で。

再び、カット。

そこから話は一九八二年、ナッソーのコンパス・ポイントへ飛ぶ。

グレイス・ジョーンズによる、ジョイ・ディヴィジョンの〝シーズ・ロスト・コントロール〟の驚異的なカヴァー音源へ。〔※なお、同曲は一九八〇年にシングル〝プライヴェート・ライフ〟のB面として発表された。以下のコジュオ・エシュンの表記をフィッシャーがそのまま引用したと思われる〕

マゾッホ――「十のお説教よりも一発の平手打ちの方がはるかに効果的なのだ、とりわけ、それが淑女の手で下されたのであれば」

コジュオ・エシュン――

女性機械であるグレイス・ジョーンズが八二年に改作したジョイ・ディヴィジョンの七九年の曲〝シーズ・ロスト〜〟は、五〇年代の機械の花嫁をアップデートする〔※マーシャル・マクルーハンが一九五一年に出版した大衆文化／メディア論が『The Mechanical Bride』。題名はデュシャンの『彼女の独身者たちによって裸にされた花嫁、さえも』（一九一五〜二三／通称『大ガラス』に想を得ている）〕。後者の「彼女は抑制を失った」が意味するのは電気的なてんかん発作であり、ヴォイスはフィードバックに吸い尽くされている。ジョーンズ版では、この抑制を失った女性モデルが引き起こすのは自動制御機能が停止していき、大きく開いた機械の口に人間が捕まれ動けなくなる感覚だ。そのモデル――女の子としての、車の型としての、シンセサイザーの機種としての――は世代のアセンブル時間を、何かが時代遅れになることを、三年間のライフスパンを、人の形をとって具体化する。

そのモデルはポスト冷戦期のサイボーグの、軍事／医療／娯楽複合企業により強化・変容された女性機械の青写真だ。したがってクラフトワークの〝ザ・モデル〟（一九七八）で、女性機械の誇るはるかに秀逸な生殖能力に独身者機械は脅かされることになる。〝ザ・モデル〟は戦後の機械繁殖戦争の図からの抜粋だ【註6】。

ジョーンズは、フェリー自身もその前にひれ伏した崇高なオブジェであり――かつ、言い返すオブジェだった。歯列を備えたヴァギナの口を通じて。

女動物-機械にはくれぐれもご注意を。噛まれます。

ジョーンズはサイボーグではなく、それは彼女がいかなる類いの有機体でもないゆえだ（そして「サイバネティックな」の修飾語は、いずれにせよ無用の長物になる。なぜなら有機体はすべて、作動／機能するものがいずれもそうであるように、そもそもサイバネティックなのだから）。

彼女はニューロロボティックなフェムマシン。

彼女の独身者たちを裸にしてしまう機械の花嫁。

ジョーンズ自身もかつてファッション・モデルだったが、「自己表現」の機会を得ると、彼女は自らの身体とイメージを他のいかなる（男性）写真家も畏れ多くてやれないくらい容赦なく搾取してみせる。音楽ジャーナリストのブライアン・チンによれば「先だって『メンズ・ヘルス』誌のおこなったアンケートで、男性読者はグレイス・ジョーンズを（中略）彼らをもっともビビらせる女性のひとりに挙げた」そうだ。

狩人に転じた獲物。〔※ジョーンズの一九八〇年のカヴァー曲に〝ザ・ハンター・ゲッツ・キャプチャード・バイ・ザ・ゲーム（獲物に捕らえられた狩人）〟がある〕

フェリーの〝ラヴ・イズ・ザ・ドラッグ〟を、フェムマシンに吸収される偶然見つけた人工物として発見（discover）／カヴァー（cover）した彼女は、フェリーをしのぐデュシャンぶりを発揮する。

ジョーンズは彼女の身体をスピノザ主義的に、影響を受けると共に他に対して作用を生み出せる機械として理解している。この身体は決して有機体に限定されるものではなく、写真やサウンドやヴィデオに流布する——こうした媒体のいずれも、原初は有機的な身体の表象を成してはいない。それらひとつひとつが、ジョーンズなる単一性のユニークで表現に富む構成部品だ。

それは完全なる内在だ。

サウンドとイメージのなかで彼女の主観を表現する、主体としてのグレイス・ジョーンズは存在しない。抽象的なハイパー身体としての、自らを遮二無二カットアップしていく、ハサミ機械としてのジョーンズだけがいる。ジョーンズの身体もまた内在的であり、『More Brilliant Than the Sun』(一九九八)を通じてコジュオが音響によるフィクションという点を強調しているように、つまり彼女の身体はそれ独自の論理を生み出す。もちろん、ダナ・ハラウェイのエッセイ『サイボーグ宣言』(一九八五)がようやくシーンに登場する頃までには、それは再領土化を経由して誤解を招くだけの結果になるのだが。

再び、カット。

一九八二年、ロンドンへ。

(ブロガーとしてのk-punk初期の文章から再録)

無機物の放つセックス・アピール。

ポール・ティッケルが書いたヴィサージの『ジ・アンヴィル』のアルバム評、『NME』(一九八二年三月二七日号)——

ニュートンのサド–エロティシズムに適した音楽は〝コントート・ユアセルフ〟〔※ジェームズ・チャンス・アンド・ザ・コントーションズ/一九七九年〕だとばかり思っていた——が、もっとそれに近いのが『ジ・アンヴィル』だ。君はモダンなダンスを求めてきた——そう、(中略)そんな一枚が遂に現れた。マリオネット——ダミー人形――パペット――道化師――の密かな夜間のうごめきと架空の映画がはじまる。そのすべて――日用品がファックしているサウンド――はやや死を思わせるが、遊び好きの健康的な生き物がセックスしながら立てるよりもずっと痛快で刺激的な騒音だ（「無機物の放つセックス・アピール」／ヴァルター・ベンヤミン）。概して言えば――ヴィサージはかなり魅惑的な病いであり――化粧を施した皮膚の下に潜む頭蓋骨だ。

初期のk-punk素材からもう少し引っ張ってこよう。

ロキシー対ヴィサージ――主体から「オブジェ」へ（すなわち、ボードリヤールの『誘惑の戦略』のロジックに倣えばマスキュリンからフェミニンへの転換）。女性的（フェム）なグラムとはいえ、フェリーは見る者という男性の役割を自らに維持してきた。フェリーにとっての問題は（男性の）まなざしだ――どれだけ眺めればいいのか？　どれだけ長く見つめればいいのか？　「そして私は目を逸らす／今日はこれで充分」〔※ロキシー・ミュージック、〝ビューティ・クィーン〟／一九七三〕。一方、スティーヴ・ストレンジは常に見られる側だ。彼は〝マインド・オブ・ア・トイ〟（なんとも本質を突いたタイトルではないか）では棄てられたおもちゃであり、『ジ・アンヴィル』収録の感傷的な〝ルック・ホワット・ゼイヴ・ダン〟と〝ヴィスパーズ〟では陰口の対象だ。ここにおけるモデル――不安感としてのモデル――は、自分はどう見られているのだろう？　と悩む。

ところで、ウィリアム・ギブスンの『ニューロマンサー（Neuromancer）』（一九八四）の名の元ネタは「ニュー・ロマンティック」だった、我々はそう仮定できるだろうか？　だとしたらギブスンによる転置は、小説に出てくる新たに接続された電子飛行士たちがおこなう神経中枢の魔術に、もっと興味深く、より適した名称を示唆することになる。深み／感情／真実にとことん興味のないカルチャーにとって、「ロマンティック」は僕には常にどうにも見当違いな言葉として響いてきた。

ヴィサージに対する批判は常に、ロッキスト（rockist＝ロック至上主義者）の偏見に基づいていたように僕は思う——連中はライヴをやらない、「歌が下手な」着道楽な人間の表現媒体に過ぎない、プログレの復活を体現している、云々。ファッションとクラブ通いの「中身のない表面性」を暗に拒絶するところには、男性主義的なアジェンダも含まれちゃいないだろうか？

ヴィサージはそのサウンドからロックンロールの印をことごとく剥ぎ取り、「非アメリカン」な血統をおおっぴらに見せびらかした。テーマおよび音響面で、ヴィサージはうっとりするような都会的な疎外感（〝ブロックス・オン・ブロックス〟のモンドリアン調に果てしなく続く高層ビル群のヴィジョンを参照）と華麗なグラマー（バンド名および楽曲の〝ヴィサージ〟、〝フェイド・トゥ・グレイ〟に響くフランス人の声を参照）という頽廃的な欧州を、ヴォコーダーをかけた声やシンセサイザーやビリー・カリーのえせクラシック音楽調な楽句を通じて喚起してみせた。アメリカの影響はモローダーのディスコ、モリコーネといった具合に欧州経由／それを通じて屈折した形で登場した（『ヴィサージ』〈一九八〇〉収録のマカロニ・ウェスタン／クリント・イーストウッドへのトリビュート〝マルパソ・マン〟でジョン・マッギオークが聴かせる、映画『ウェスタン（Once Upon a Time in the West）』〈一九六八〉なノリを参照）。主要な結節点はシネマだった——ヴィサージのサウンドの大半は、後に「ヴァーチャルなサウンドトラック」と呼ばれるものに属する（このジャンルの立役者のひとりであるバリー・アダムソンは、もちろん一時ヴィサージのメンバーだった)。愛想が尽きたというそのムードは、クラフトワークのロボット的な機能性でもジョン・フォックスやゲイリー・ニューマンのスキゾな混乱でもなく、欧州耽美主義者の「生きることからくる疲労感」だ。それは『夜明けのヴァンパイア』(アン・ライス/一九七六)を思わせる〝ダムド・ドント・クライ〟にもっともよく表れている。ヴィサージは、クラフトワーク、ニューマン、ウルトラヴォックスのように機械を主題化しなかった——イエロと同様に、彼らは過去としての未来のきらびやかなミラー・ハウスのなかで活動しているように思えた。そこではシンセサイザーやエレクトロニクスは新たな発明ではなく、むしろあって当然の支柱的存在だった。

ヴィサージの「サイバーパンクなバロック」はロキシー・ミュージック、ヴァンゲリス、ディスコ、そして後にダンス・カルチャーになっていくものを橋渡ししている。嘘だと思う方は、〝フリーケンシー・7〟(一九八一)か〝プレジャー・ボーイズ〟のダンス・ミックス(一九八二)をチェックしてみればいい。〝プレジャー〜〟リミックスのインスト・ブレイクは純粋にアシッド・ハウスであり、ブレイクダウンだけから成り立つ〝フリーケンシー〟はスリリングに時代錯誤なマシン-テクノの一例だ。ストレンジとラスティ・イーガンがブリッツ/キャムデン・パレスで果たした役割は、両者のダンス・ミュージックへの移行を確実に促した〔※ヴィサージ結成以前からストレンジとイーガンはロンドン各所でボウイやロキシー・ミュージックの音楽を中心とするイヴェントを主宰。「クラブ・ブリッツ」はニュー・ロマンティック勢の温床となり、ストレンジは服装で客の入場の是非を決めるドア・ポリシーを敷いた〕。ライヴのギグではなく、クラブ通いとダンスを中心に据えたのは決定的なステップだった(具体的にはヴィサージにとってという意味だが、概してニュー・ロマンティック・シーン全体に当てはまる)。ストレンジは「フロントマン」というよりも純粋なイメージとして重要だったのであり、ヴォーカルとしての彼の遠慮ぶりと受動性はまさに、やがてダンス・ミュージックがシンガーをすっかり払拭していく展開を予期していた。

だが、シンガーはダンスによって完全に払拭されはしない、という但し書きがつく。フェムマシンのロイシンとして、シンガーは帰還を果たす。

カットして、「現在」へ。

アート・ポップの物語への最新の寄与例——それが最後にならないことを祈っているが——として、モロコとロイシン・マーフィについて少し前に本ブログで述べたこと【註7】に付け加える点はほとんどない。しかし、最近ジョンがコメント欄で言及したふたりのアーティスト——マドンナとカイリー・ミノーグ——とマーフィとを区別する価値はある。

ミノーグはもっとも陳腐かつ下劣な意味でのセックス・ワーカーだ。なぜなら媚びを含んだ笑顔を浮かべながらの彼女の「野郎連中のまなざし」への従属が、キャリア（主義）のための最初の指し手／策術にほかならないのは明白だからだ。対照的にマーフィは、本人が楽しんでいる、ひとりでいるときも彼女はきっとこういうことをやっているんだろう、との印象を与える（たまたまそれを観に来る客がいるだけのことだ）。明らかに注視（男性のそれであれそれ以外であれ）をエンジョイしているとはいえ、すべての偉大なパフォーマーがそうであるように彼女の悦びも本質的に自体愛的に思える。オーディエンスは受け身の消費者／オナニー好きな見物人としてではなく、ロイシン－マシンのフィードバック部品として機能する。

そしてマドンナとは違って、マーフィはパフォーマンスの継ぎ目や切れ目をフォトショップ加工で完全に消去しない。マドンナの繰り広げる超プロフェッショナルなショウのポイントは、企業用プロモ映画のCGを駆使した滑らかさの達成に尽きる。対してマーフィは——ステージ上でフェティッシュな長い革ブーツを引っ張りあげ、履いてみせたように——常に遊んでいる——ただし、彼女はそれを真剣にやっている。

質問：あなたはかなりのスタイル・アイコンになりつつありますが、その領域に興味はありますか？

ロイシン：まあ、私は自分自身のために装っているんだと思う。だから、どっちにせよずっと着飾ってきたし、とにかく装うのが楽しくて。もしかしたら人々も、ああしろこうしろ、これを着ろ、と指図されるポップ・スターにうんざりしちゃってるのかも。

（坂本）

【註1】レーオポルト・フォン・ザッハー＝マゾッホ、『毛皮を着たヴィーナス』

【註2】サイモン・レイノルズ、Blissblog,（20 June 2003）, http://blissout.blogspot.co.uk/2003_06_15_blissout_archive.html#95865180

【註3】ジェフ・ナットール、『Bomb Culture』(Paladin, 1968)

【註4】イアン・ペンマン、「The Shattered Glass: Notes on Bryan Ferry」、『Zoot Suits and Second-Hand Dres ses: An Anthology of Fashion and Music』（マクロビー編／Macmillan, 1989）所収

【註5】ナットール、『Bomb Culture』

【註6】コジュオ・エシュン、『More Brilliant than the Sun: Adventures in Sonic Fiction』（Quartet, 1998）

【註7】k-punk, "Art Pop, No, Really", (5 July 2004), http://k-punk.abstractdynamics.org/archives/003519.html〔本書二一頁参照〕

反資本としてのノイズ——『アズ・ザ・ヴィニア・オブ・デモクラシー・スターツ・トゥ・フェイド（民主主義の虚飾が消え薄れはじめるにつれて）』

——k-punk, (21 November 2004), http://k-punk.abstractdynamics.org/archives/004441.html

（二〇〇四年十一月二十日にミドルセックス大学で開催されたアンディ・マクゲッティガンとレイ・ブラシエが企画した『NOISETHEORYNOISE #2』への寄稿）

オーウェルは忘れろ

オーウェルの認識は何についても間違っているが、特に一九八四年の捉えぶりはひどい。無気力なゾンビめいたコンセンサスが強制支配する年どころか、一九八四年のグレート・ブリテン（GB84）の現実は、多国籍「資本」の準軍事的警察勢力がオーガニックな労働者主義の痕跡をぶっつぶす様をヴィデオドロームで生中継する階級闘争ゾーンだった。

こうした仕組まれた敵対の図式は、最終的には勝ち誇った「資本」の「歴史の終わり」へ達する、和平工作プログラム内の必須のフェーズだ。

時間の終わりにそびえるノイズの存在しない都市国家、そのなんとも安心させてくれる無音ぶり。

トニー・ブレアの笑い。

ブレアは、サッチャーとマグレガー〔※一九八四～八五年の英炭鉱スト時の英石炭庁総裁イアン・マグレガー〕には無理だったくらい、はるかに高い効力を発揮できる階級闘争者だ。

サッチャー／マグレガーの場合、階級闘争をやっているように見えて欲しいとの「あの当時の資本」からの要請によって、両者の効率の良さは限定されていた。

トニーには闘う必要がない。

闘わないのは勝利したことを意味する。

今やすべては管理下。

組織的な敵対の図は不快な記憶に過ぎない。

テレビの音量を上げろ。

自分の巣穴にこもれ。

ギターをチューニングし直せ。

調和に戻れ。

「自由都市」へようこそ。

忙殺されればされるほど、目にするものも減る。

〔※最後の二行はマーク・スチュワート＋ザ・マフィアの〝リバティ・シティ〟の引用〕

サウンド・エフェクト

マーク・スチュワートの『アズ・ザ・ヴィニア・オブ・デモクラシー・スターツ・トゥ・フェイド』（一九八五）は、「資本」とその敵である八四〜八五年頃のグレート・ブリテンとの間で争われた「人民の心と精神をつかむ」心理戦、そのポリティカルにリビドー的で熾烈なサウンドトラックだった。

ザ・ポップ・グループで十代のニーチェ／アルトー／ドゥボール的共産主義者にしてシャーマンを思わせる扇動型のヒステリックな金切り声をあげ、スチュワートが自身の反キャリアをスタートさせてから七年が経過していた。

このブリストル発のf－パンク〔※Pファンクとの語呂合わせで「Fuck Punk」を意味するとされる〕集団の解散以降、スチュワートの旅路はエイドリアン・シャーウッドのすさまじく混ざり合ったハイパーダブを通過して、USヒップホップとの遭遇に達する。

彼は即座に、ヒップホップはストリート・ミュージックではなく非音楽の抽象体であると正しく理解する——音楽プロトコルを一切参照せずに非人間的な構成主義の音のマンガを産出できる、純粋な音響の可能性の場として。

すべてはサウンド・エフェクト、ノイズを操作する手法のひとつ。

ハイパーなモダニズム。バロウズ－ガイジンのカットアップ手法の音響版。

シャーウッドの音世界との接触が、まさかの出会いにつながる。非シンガーにしてサウンドの撹乱者であるイギリス人のスチュワートは、〈トミーボーイ〉や〈シュガーヒル〉が発表した先駆者的なヒップホップ45回転のグルーヴ造成に暗躍した、ニューヨークの超絶技巧なPファンク・マシンにプラグインする。

構成部品は以下の通り――

キース・ルブラン。〝マルコム・X：ノー・セル・アウト〟〔※一九八三。マルコム・Xの演説を用いた、サンプリングを基盤とする楽曲の最初期例のひとつ〕を生み出したビート・マシン。ドラム・マシンをプログラムし犬の群れのように響かせることができる人。

ダグ・ウィンビッシュ。ビンビンに張り詰めた、ハイパーな技巧を誇るベース・ギター界のヘンドリックス。

スキップ・マクドナルド。シンセサイザーのマニピュレーターにして、サイケデリック・ファンクの戦斧をふるう死神／嵐の騎者。

既に人間ばなれした彼らのグルーヴを、シャーウッドとスチュワートは耳ざわりな反音楽的エディットの層にさらにさらしていく。『ノヴァ急報』（一九六四）のバロウズのヴォーカル・サンプルをはじめとする意図的に暗号化されたメディアの背景音を挿入し、「リアルな」ニュースにアクセスすべく君をスクリーンの舞台裏に連れて行ってくれる、反コミュニケーション的なリビドー本能のシグナルを機械的に発しながら。

今こそ、黙示録を（Apocalypse Now）。

人民の心と精神をつかむ闘い

民主主義の虚飾が消え薄れはじめるにしたがい、捕虜収容所はもう建設済みだと言う者もいる。

市民的社会の仮面が外されバイザーが被られるや、「新たな社会秩序」の輪郭があらわになる。

炭坑夫の壊滅――そして彼らに伴い錬鉄の廃墟と化した戦後コンセンサス――は、「資本」が採用した数々の和平工作戦略のなかでもメディアでもっとも見えやすかったひとつに過ぎず、多くの意味で重要性はわずかだった。

肝心なのは、国家を越えた「今こそ、資本を」のサイバースペースに至るレールを敷くことだった。そのナウにおいて、すべての異議／反論は病気と看做される、さもなくば想像すらできないものになる。

「精神衛生法」〔※一九八三年に英国で公布されたMental Health Act 1983と思われる。同法により、精神障害と診断された人物を本人の意思に反し警察に勾留したり病院に非自発入院／行政入院できるようになった。二〇〇七年に大幅に修正〕のもとに「ステレジン、ソラジン、ラーガクティル」〔※後者ふたつは抗精神病薬／ドーパミン遮断系鎮静剤クロルプロマジンの商品名〕を投与された政治犯はおとなしくなり、精神科病棟に移される。

麻痺－ノイローゼ化が進む。「世界的な統合失調症」のなか、再び強制されたまがいものの「現実原則」は事実上の限界にまで「資本」を押し上げる。

ここで働くために怒り狂う必要はない。

要求は可能なレヴェルに抑えておけ。

大部屋に引き返すルートを見つけろ。

苦難には自分ひとりで対処しろ。

家賃の支払いに悪戦苦闘し、何より不安なのは職の確保。

たまに、ちょっとばかり贅沢も許される。

静寂主義。

不協和音／意見不一致

情報の拡散が目的だとしたら、なぜこんなに騒々しいのか？

なぜ、ディストーションや故意にサウンドのなかに埋められたヴォイス、聞こえるか聞こえないかぐらいの当てこすりの文句、音響幻覚を引き起こす断片化、過敏にいきり立った悲鳴を使うのか？

明快にコミュニケーションをとればいいではないか？

なぜなら明快なコミュニケーション——およびそれが前提とするすべて——はシステムがその正当性の主張として醸し出す幻影であり、ゆえに必然的に常に先送りされるゴールだからだ。

「大いなる『他者』は常識の領域を表しており、人は自由審議を重ねた上でその領域に達することができる。つまり哲学的な観点から言えば、この最後の偉大なるヴァージョンはユルゲン・ハーバーマスの唱えた、統制的な合意の理念を備えたコミュニケーション型共同体になる」【註1】

ノイズなき都市国家。

我々はこう教えられる——

敵愾心のノイズが静まらない限り我々はお互いの声を聞くことができない。
背景に鳴る雑音を取り除いたときにやっと人間の発言は可能になる。
自主的に自らを取り締まってくれれば警棒は使われずに済む。
自ら酒やクスリで酔ってくれれば我々は君を鎮静剤で押さえつけはしない。

スチュワートがおこなうノイズを通じての自己分解は、フーコーの生政治の警官どもとバロウズのコントロール中毒者どもの拒絶だ。連中は第一に皮膚／中枢神経系レヴェルで活動し、内面では一貫したエゴの衝動として自らを構成せよと君をそそのかし、煽る。

スチュワートは自らのヴォイスを純然たる主観的内面性の表現としてではなく実験用動物の咆哮、怒りに満ちた金切り声、非個人的な熾烈さの連なりとして扱う。その声は切り刻まれ、ノイズ－ハイパーダブな音の景観に改めて配布し直され、デュシャン的なファウンド・サウンドやかつて楽器だったものを凶悪にねじ曲げることで作り出されたノイズと混ぜ合わされる。

すべてのレヴェル――サイキックな、社会的な、コズミックな――における調和からの爆発的逃走行為としての、ノイズの増幅を通じてのアイデンティティの崩壊。

意見不一致。

私は愛に屈従しない

ウィンストン・スミスとジュリアではなく、常にオブライエンの側をとれ〔※いずれもオーウェル『1984』の登場人物〕。

自然なものなど皆無であり、人間の生物社会的な規定値は常に疑ってかかること。

脱出したいのであれば、ほ乳動物的なカップルのたわごとはすべて捨て去ること。

スチュワートはもっとも熱心なバロウズ読者のひとりだ。

問題は模倣云々ではなく、異なる媒体において抽象的な工学図を展開する、ということ。

『アズ・ザ・ヴィニア・オブ〜』を、ジェフ・ナットールが『ボム・カルチャー』で描写した、バロウズで充満した英国地下世界の行き着いた終着点として据えてみよう。

同作収録の〝ヒプノタイズド〟は、『爆発した切符』の「アイ・ラヴ・ユー」のくだりでバロウズがもっとも無慈悲かつ愉快におこなった、生体心理学的なセックス－愛による支配ウィルスの解剖／分析のように響く。そのウィルスはプログラム済みの生物学的映画やセンチメンタルでうっとりさせられる優しい歌をハードコア・ポルノに接合した上で、君の中枢神経系内のヴィデオドロームのごとく再生し、絶え間ない渇望感を確実なものにし、募らせる。

レコーダーが吐き出す「愛」の歌とサウンド・エフェクトはすべて、悲しき映画の惑星が漏らすセックスのすすり泣きに置き換わっていく。あなたは私を愛してる？——だが私はコズミックな笑いで爆発してしまった——旧友も忘れ去られていくものなのか？〔※〝蛍の光〟の原曲〝Auld Lang Syne〟の冒頭の一節〕
ああダーリン、写真だけなの？【註2】

天国の天使にひとり欠員が出たに違いない。

魅せられた、い、い、い（*hypnotized*）。

魅せられた。
彼女に魔法をかけられた。

構成主義－ブルータリズム的ファンクに甘ったるいラヴ・ソングを混ぜ込んだ、スチュワートによるカットアップ群。それらは既にこの時点で、「資本」の炭化タングステン製の胃袋がヒップホップのハイパーな抽象性を代謝変成させ、九〇年代から現在に至るまで主流を占める、消費者にとっての誘惑のサウンドトラックとして利用していく様を予見している。

データをコントロールせよ

スチュワートがわめき立てる報告に含まれるデータ－コンテントは驚くに値しない。

人口の七パーセントが富の八十四パーセントを所有している。
寄生虫ども……世界が誇る大財閥の数々……クソッタレども……
地球の全権を握る取締役連中やシンジケートの吐く言葉がこれか？

重要なのは新たな知識の伝授ではなく君の神経組織の再プログラム化だ。
コントロールは、組織立った確執の現実をたかが信念に過ぎないものにおとしめることで機能する。

〝バスターズ（クソッタレども）〟のようなトラックは非常に的確な対「コントロール」兵器だ。それは信念を感情に訴えるものにすべくデザインされた激怒の誘発因子であり、対して「コントロール」のPRは和解と正常化を求める。

「コントロール」のPRは隙間を埋め、物事を潤滑にし、穏やかになだめ、対立と搾取の現実を否定することなしにそれらを想像不可能にしてしまう。

ジョン・ハートフィールド〔※ドイツ人アーティスト。反ナチ／反ファシストのメッセージを込めたフォトモンタージュ技法の作風で知られる〕のコラージュと同様に、スチュワートの粗悪な音響の継ぎ接ぎはディストーションと暴力を増幅する。

状況は「コントロール」されてはいない
彼らが守っているのは君たちではない
これは戦争

そして君も闘っている

尊厳はない

労働者階級とプロレタリアートを混同するなかれ。

サッチャーは報酬資本および各人がオイディポッド〔※Oed-I-Pod／フィッシャーの造語。父を殺したオイディプス王とiPodの引っかけと思われる〕を所有できる見込みを提示することで、労働者階級を買収しプロレタリアートの発生を妨害する。奴隷制度がもたらす安寧。

彼女はレプリカントにスクリーン上の記憶と家族写真を与える。

そうすることで、彼らが自分たちは人工的な存在、「資本なるもの」の自己複製型な人材プール要員として機能すべく工場で養殖されたに過ぎないことを忘れ、自らを本物の人間主体だと信じはじめるように。

プロレタリアートはそのような主観性の連合ではなく、グローバル化したk─スペースに融解する。

新たな地球のヴァーチャルな住民。

すべてのノイズの記憶は完全に回復される。

リオタールは、「産業‐資本」の繁殖が生む前代未聞の騒音にさらされ、労働者の耳がヒステリーを起こす様を描写する──二万ヘルツの交流発電機によるひっきりなしの音響暴力。

プロレタリアートのとる勇敢な行動は、工業化プロセスの無生物的‐非人間的な面──「リビドー的尊厳もリビドー的友愛の情も存在せず、ただ、コミュニケーションを欠いたリビドー的接触があるだけ」【註3】──に誇りをもって堂々抵抗することではなく、その身体を非人間的で無生物的な構造主義的マシンへと変える、突然変異なデュシャン的変容のなかにある。

『アズ・ザ・ヴィニア・オブ～』は、そのプロセスを加速させるための音響マシンだ。反エディプス・コンプレックス、反ノイローゼ、反静寂主義な、プロレタリアート化を支援するノイズ兵器。反ヴィデオドロームの信号。

中枢神経系にこの作品をジャック・インし、プレイせよ。

（坂本）

【註1】スラヴォィ・ジジェク、「The Matrix: Or, The Two Sides of Perversion」、The Matrix and Philosophy: Welcome to the Desert of the Real, ed. William Irwin, (Open Court, 2002)〔※日本版は『「テロル」と戦争――〈現実界〉の砂漠へようこそ』〕

【註2】ウィリアム・バロウズ、『爆発した切符』（一九六二～六七）

【註3】ジャン＝フランソワ・リオタール、『リビドー経済』（一九七四）

うたた寝から目覚めたライオン、あるいは今日における昇華とは？

——k-punk, (25 March 2005),
http://k-punk.org/lions-after-slumber-or-what-is-sublimation-today/

〔※〝ライオンズ・アフター・スランバー〟はスクリッティ・ポリッティの一九八一年の曲。タイトルはパーシー・ビッシュ・シェリーの一八一九年の詩『The Masque Of Anarchy』の一節にちなむ〕

ポスト・リベラルな社会において（中略）社会的抑圧の作用はもはや内面化された「法」、あるいは断念や自制が求められる「禁止」の外見を装って作動しない。そうではなく、抑圧は「誘惑に負ける」という姿勢を課す催眠効果の形をとる——つまり、その禁止令は「楽しみましょう！」の命令に等しいことになる。このように愚かしい楽しみを命ずる社会環境には、患者が「正常」で「健全」な快楽を得られるようにするのを主な目標に掲げるアングロ・サクソン系精神分析医も含まれる。社会は我々に、眠りに落ちて催眠型のトランスに入ることを要求する……。

——スラヴォイ・ジジェク、「The Deadlock of Repressive Desublimation」【註1】

退屈でわびしい加入戦術の夢から醒めるにしたがい、自分たちを過去二十五年間まどろませていたのは抑圧的とまでは言わないものの管理された脱昇華プログラムにほかならなかった、と我々は気づきはじめる。もちろん、いかなる覚醒の兆候もまだ断続的だ。ポップ・ミュージックにおいてはおそらく、それらの兆候は手探りの後退、モダニズムへの逆説的な回帰にもっとも顕著だ。ひょっとしてフランツ・フェルディナンドやザ・ラプチャーといった連中が、彼ら自身がまさにその症状であるポストモダンな復興主義からの自己超克を促すなんて事態が起きるのか？　今まさに、引き裂いて一からやり直そうは不気味なほどタイムリーな指令と響く。〔※「Rip it up and Start Again」はオレンジ・ジュースの一九八三年の曲〝リップ・イット・アップ〟の一節。二〇〇五年四月刊行のサイモン・レイノルズの『ポストパンク・ジェネレーション 1978—1984』のタイトルにも引用されている〕

　スクリッティ・ポリッティのコンピLP『アーリー』に寄せられた歓待（『アンカット』誌にサイモンが書いた記事も含む）が示すように、何かが（再び）まとまりつつあるらしい。内情を知る者——もちろん、ほかならぬグリーン（・ガートサイド）【註2】当人も含む——からすれば、これらの音源は技量に欠けた前衛ないたずら書き、気恥ずかしい若気の至りとして却下すべきものだ。スクリッティ初期作品に対するグリーンのちっとも気乗りしない評価は、彼の謙虚さでも、それはおろか「成熟ぶり」でもなく、一度は成功したものの今やその使命を全うした戦略に対する防御型な執着に帰す方が妥当と思える。スクリッティの前作アルバムが受けた無関心な対応と『アーリー』に向けて募ってきた熱い期待感とを辛辣に比較しつつ、マーセロがトゲトゲしく以下に述べるように——

　今度、君が高速のサーヴィス・エリアに立ち寄る機会があったら、彼の一九九九年のアルバム、九九年の時点では最新でモス・デフも参加した『アノミー＆ボノミー』がわんさか見つかるＣＤの山をどうぞ気軽にブラウズいただきたい。お値段はたった一ポンド九十九ペンス——対して、彼が二十年も前に作ったザラついた、支離滅裂なポスト・パンク即興音源の新アンソロジーには既に一万部もの予約注文が入っているとか【註3】。

加入戦術をとったポスト・ポスト・パンク勢のうち、もっとも成功を収めた——美学的にも商業的にも——のがスクリッティだった（もちろんU2のような面々は、常に最初からあちら側に組み込まれていた）。ご自慢の脱構築型な逸脱はさりげなくなり過ぎて、名残りはほとんどなかったかもしれない。それでも八〇年代中期～後期にかけてのポップ・ミュージックの荒涼たるツヤのなかにあって、スクリッティのハイパーに甘ったるいスウィートさは、ややくどいものの物悲しいゴージャスさを維持していた。だが、蛍光灯が煌々と照らすごとき例の八〇年代プロダクションの神経質なまでの精確さは、彼らの初期レコードの混沌の美学よりもはるかに致命的に時代遅れなものになった（八〇年代後期のヒット曲は史上もっとも時代に縛られたポップ・ミュージックである——議論してみよう）。八〇年代の加入戦術型ポップのこれみよがしな完成度が魅惑を寄せつけないのに対し、ポスト・パンク・ポップの落ち着きのない不安定な未完成ぶり——ひとつの集団が自らを発見していくふらふらした「手探りビート」——は奇妙なほどこちらを惹きつけてやまない。パンクのカット＆ペーストにおいて、継ぎ接ぎや切り取られた箇所（すなわちそれ自体とは一切合致しない世界の在り方）は堂々と誇示され前面に押し出された。加入戦術はカット＆ペーストした部分を捕まえ、フォトショップ加工されたシームレスさに変える。

今日のポスト・パンク・リヴァイヴァル勢から必然的に失われているのは、このサウンドに宿る文字通りの激しさ——キルケゴール－ジジェクのタームを用いれば、成り立ちつつあるものの響き方だ。それは何も知らないいのだ（フランツ・フェルディナンドのように、自分たちは「古典的なインディ・ロックのサウンド」を鳴らしていると確信しようがないのは間違いない）。ロックの「可能性の条件」から逃走を図るなかで、この自らを元に戻す／取り消そうとするポップ・ミュージックは可能性の条件すべてに疑問を呈し、そこには可能性の条件というコンセプトそのものも含まれる。これがアラン・バディウの「出来事」のサウンド、すなわちパンクの啓示そのものでなければ何だと言うのだろう――これは、今、まさに起こっているが、それはあり得ないはず、不可能じゃないのか……？

スクリッティはおそらく、これまででもっともディオニュソス的な面の薄いポップ・グループだった。初期段階ではその方法論はアドリブだったかもしれない。だが彼らは（彼ら自身は言うまでもなく）誰に対しても、これは生気論的なクリエイティヴィティの源泉か何かから発生したグループである、との思い違いを起こさないよう求めた。それは物理的な制約のもとでおこなわれた、集団が（自らを実在に持ち込もうと）思考しているサウンドだった。レコーディングにかかった全費用の明細を彼らがジャケットに印刷したのは有名な話だが、それはいかなる神秘性を取り除いたものの脱昇華的ではなかった。実際、重要さを備えたパンクのいずれに関しても頻繁に見落とされているのは、神秘的なまやかしを必要とするどころか、それが昇華と無縁である点だ。

アレンカ・ジュパンチッチが論じるように、まやかしは現実原則に完全に味方している（かつ、精神分析が政治に対しておこなった最大の貢献のひとつは「現実主義」を厳密に現実原則と同一視することであり、したがって「常識」と看做されるものもイデオロギー的決断であると暴くことが可能になる）――

重要な点を指摘しておくと（中略）現実原則とは物事の実際の有り様から連想されるある種の自然な在り方、

それに対してなんらかの「イデア」の名のもとに昇華がそれ自体と対立するもののことではない。現実原則そのものが観念的に仲介されている。ゆえにそれを最上の形のイデオロギー、経験主義的（あるいは生物学的、経済的etc）な事実そして必然性（を、我々は非イデオロギー的と認識しがちだ）として自らを提示するイデオロギーを構成するものである、と主張することすら可能だ。これこそ、我々がイデオロギーの働きに対してもっとも警戒しなくてはならない場面だ【註4】。

マーセロが「バカげた常套句もどきの羅列」と呼ぶスクリッティの〝ヘゲモニー〟のチャント（「まっとうな労働に見合うまっとうな報酬を！　人間の本質を変えることはできない！　恩を仇で返すなかれ！」）に耳を傾ければ、このメッセージが突破を果たしたのは明らかだ。パンクに関して思い出されがちなのはイデオロギー面における大ペテン（swindle）の糾弾と暴露とはいえ、この破壊衝動（受け身のニヒリズム）はその積極的な補完——新たな空間の創出——がない限り空疎だ。たぶらかす類いの現実主義は我々に前者を思い出させてきたが、後者がそういかなかったのは偶然ではない。なぜならたかがイデオロギー的前提の解体に過ぎないことですら、干涸びて生気のない、憂鬱で気の滅入る左派（連中は君の手から楽しみを取り上げたいのだ……）から連想される、退屈そのもののアカデミックな室内ゲームにたちまち変わってしまったからだ。

ジュパンチッチはこの新たな空間の創出を「昇華」と分類する。彼女がなぜこの措置を講じるかを理解するには、昇華（sublimation）を崇高なるもの（the sublime）と区別する作業を伴う。ポストモダンが崇高性に置く重点は、崇高なるものを決して手の届かない彼方の存在として、あらゆる人間主体のなかに有限性からくる哀感を引き起こす思索として強調しがちだ。昇華という、それによってとある客体が『もの』としての尊厳を獲得する」プ、ロ、セ、スに思いをめぐらせることは、また異なる重点を生み出す。ジュパンチッチはこのように続ける――

ラカン派の昇華理論は、昇華はなんらかの「イデア」の名のもとに「現実界」から背を向けるものである、とはしていない。むしろ、現実原則以上に昇華は「現実界」に近づけると示唆する。「現実界」が現実に集約しきれなくなる、そのぎりぎりのポイントで「現実界」に狙いを定めている。まさに「現実界」の名において、昇華はそれ自体を現実に対抗させる、あるいは現実から背を向ける、と言うこともできるだろう。ひとつの客体を「もの」の尊厳にまで高めるのは、その理想化（idealise）ではなく「具体化（realise）」、すなわちそれを「現実界」の代役として機能させることにある。したがって昇華は、現実原則に完全に従属していないという意味では倫理に関わるとはいえ、「公益」と認識され確立しているもの以外の何かに一定の価値を付与できる、そんな空間を解放あるいは創出してみせる。（中略）問題になるのは、ひとつの「益」（あるいは価値）を現実原則と同じ惑星系にすげ替える行為ではない。創造的な昇華行為は、新たな益の創出に留まらず、また（かつ主に）、我々に与えられた現存のリアリティには居場所がまったくない客体、「存在し得ない」と看做されている客体のための一定の空間の創出と維持でもある【註5】。

スクリッティ、ギャング・オブ・フォー、ザ・ポップ・グループ、ザ・レインコーツらの奏でた「善悪の彼岸」〔※ザ・ポップ・グループの一九七九年のシングルに『She is Beyond Good and Evil』がある〕は、まさにそのような空間の創出ではなかったか？（ラカンが皮肉っぽく述べるように、漠然と「善し悪しを越えた」者を考えるとき、我々は得てしてその人間は「善」を越えたに過ぎないと思いがちだ）。これに必然的に伴うのは厳しい禁欲主義ではなく、新たな形態の悦びの画策だ。初期スクリッティの「難解さ」が、快楽原則を越えた地点に彼らを据えたのは間違いない。しかし、それによって彼らは悦びの手も届かない場所に行ってしまうと考えてしまったら、我々はイデオロギーの誘惑に屈することになる。サヴォナローラが何週間か前に僕に言ったように、今現在名前を挙げてもいいかと思えるヒットを出したアクトのほとんどよりもギャング・オブ・フォーの方が、聴かずにはいられないポップ・ソングを送り出すのにはるかに長けていた。それと同じことは、おなじみのポイントを刺激するのを拒否するがゆえにキャッチーである、そんな歌の数々を収録した『アーリー』に二重に当てはまる。

　加入戦術は崇高な空間を二重否定することで成り立つ。第一に、崇高な空間は背を向けられ、続いてその存在の可能性自体が否定される。今から振り返ると、加入戦術は精神を蝕むとりわけ毒性の高い資本主義の疫病を産出した、そう見られるに違いない。さもなくば初期スクリッティの前衛マルクス主義と、チャートを賑わすようになったスクリッティのシャンペンをガブ呑みするメタなボーイ・バンド兼企業型ヤッピー調な「ハンマーとアイスキャンディ〔※hammer and popsicle／共産主義のシンボルであるハンマーと鎚＝hammer and sickleとの引っかけ〕」のキザな気取り（サイモンの記事に添えられた写真のいくつかで確認して欲しい）――そのふたつの間になんらかの政治的な連続性がある、との肯定的前提を敷くことをグリーンに許した不条理な紛糾を説明しようがないではないか？　サイモンが様々な場で明かしてきたように、グリーンはこの段階までに、せいぜい自らをマーケットに順応させる以上のことをやってきた。つまり、『キューピッド＆サイケ85』の「〝フェアライトを駆使した未来的ファンク〟はとてつもなく先駆的で、事実、黒人ポップ界に影響を与えたほどだった」ゆえに、彼は起業家として活躍していた。そこでは「〝ソウル〟と内面性は無効になり」、「欲望が平坦な地平を、えんえん続くシニフィエの連鎖、語彙的な迷宮としての恋人の語らい（恋愛のディスクール）の上をひたすら通過していく」『キューピッド～』の「まばゆい、深みのない表面性」――それぞまさしく八〇年代資本のサウンド、ジェイムソンの『Postmodernism, or, the Cultural Logic of Late Capitalism』（一九九一）の完璧なサントラ、ハイパーマーケットの鏡張りの高原で迷子になる感覚のサウンドだった、と述べるに足る論拠は充分にある。

現実主義は常に成熟を決め込む。若者らしい他愛ない夢を抱くのは、もちろん結構だし理解できるし、かつ避けようのないことだが、そんな子供じみた夢は脇に押しやって現実を直視せざるを得ない日がいつか訪れる。そして現実は常に、再生産型未来主義が課す責務という意味では「生体学的に」、そして資本主義の反市場的な「制約」という意味では「経済的に」定義される。

惜しまれる、しかし決して忘れられてはいないブログ〈The Pill Box〉【註6】の読者諸氏は、ブログ主イアン・ペンマンがネオコン雑誌『シティ・ジャーナル』〔※米保守派シンクタンクのマンハッタン政策研究所が刊行する公共政策を扱う季刊誌/ウェブ・メディア〕のブライアン・アンダーソンから受け取った手紙を憶えているかもしれない。アンダーソンが述べるところの新保守主義の知的な起源――ネオコン連中の多くが「現実からひったくりに遭い」失望し幻滅した左派、と形容されているのは多くを物語る――は、以下に引用するニュー・ポップの加入戦術と彼自身の新保守主義への転向との間に起きた収束の描写で締めくくられる――

> しかも――これを知って君はおそらくゾッとするだろうが――私の右派への転向には『NME』で読んだイアン・ペンマンとポール・モーリーの文章も一役買っていた！　七〇年代末に、君たちが過度に政治色の濃いアジプロ音楽を退けたのは直観的に納得できた――私はビリー・ブラッグやクラスのお説教っぽいところ

が苦手だったし、革命家etcのふりをする音楽批評家はそれ以上に耐えられなかった。たとえばギャング・オブ・フォーやロバート・クリストガウ〔※米国人ロック批評家〕といった面々の社会主義者ぶったポーズをすべて合わせたより、オーガスト・ダーネル〔※キッド・クレオール&ザ・ココナッツのヴォーカル〕のバラード一曲の方がはるかに多くの真実を含む、私はそう信じるようになった。

はい、お出ましです。**例のあの対立図式**――ブラッグVSダーネル――こそ、八〇年代中～後期の問題だった。問題がいかめしく質実剛健な経験主義(左)か、あるいはネアカでやりたい放題の享楽主義(右)か、という話になった途端、もはや実際の選択肢はなくなってしまった。崇高さは除去され、後に残ったのはショッピング・モールの曇りひとつなく磨き上げられたツヤに対して平々凡々たる難癖をつけることだけだった。スクリッティの〝コンフィデンス〟(歌詞の一節:〝少年時代のクラブを出て/一夫一婦制の世界へ〟)が、「一人前の男になること」とそれにまつわる問題の数々にすっかり気を取られざるを得なかったのは多くを物語る。

青年(ラッズ)向け雑誌が作り出した主体とは、社会的な礼儀正しさという見せかけの下に潜む「リアルな誰か」(=隷属型の、本能的欲動(イド)に駆られただらしないアンドロイド)のことだ。青年誌はこの「本物のイド」に対し、超自我的な「楽しめ」の命令を色目混じりに告げる。「ほらほら、認めちゃえよ、お前は料理なんて面倒くさいし、フィッシュフィンガーのサンドイッチ〔※フィッシュフィンガーは白身魚フライの冷凍加工食品。子供に人気がある〕さえ食ってりゃ幸せなんだろ……ほらほら、認めちゃえよ、わざわざ女の子に話しかける手間なんてお前はごめんなんだし、代わりにマスを掻きゃいいさ……」。ここまでの格下げ/矮小化が可能であること自体、男根的な悦楽には「本物の」パートナーとのマスターベーションが関わる、とのラカン派概念を今どきの青年は暗黙のうちに受け入れているのを意味する。それはまた、粗野な野郎っぽさというのは、好色さよりもむしろ憂鬱な怠惰さに向かう傾向によって定義されることも示す。野郎主義（ラッディズム）が試みるのは、煩わしい欲望を簡略化することだ（うん、欲望の「人間にあらざるパートナー」が手に入らないものなのは承知だってば、だからとにかく代わりに、どこにでもいそうな可愛いギャルたちの写真を見せてくれよ）。

〝スカンク・ブロック・ボローニャ〟（「ジャマイカからボローニャの無政府主義スクウォッター圏にまで伸びる、想像上の反体制ネットワーク」）から、ザ・ストリーツ（涙もろい怠惰さに祝杯をあげるべく結集した世界中の野郎連中）へ〔※ザ・ストリーツは〇〇年代初期にデビューした白人MCマイク・スキナーの音楽ユニット。当時のイギリスの若者の日常を活写したリリックで人気を博した〕。そして、〝ザ・スウィーテスト・ガール〟から、アビー・ティトマス〔※本ポスト投稿時に男性誌で大人気を誇った英グラビア・アイドル〕へ……。

もうとっくに、僕たちはこのうたた寝から目を覚ます頃合いなのだ……とりわけ、人身保護令状は一時保留になり、主流政党はジプシーのキャンプを焼き払うのに躍起、そんな時代状況下で初期スクリッティを実にふさわしいものにしているのが、「それ（ファシズム）はここで起きるだろう」という彼らの抱いた予想／危機感、「非常に一九七九年的なパラノイア」が、突如として、不安になるくらい、非常に二〇〇五年的になっているときたら――

立ち上がれ、うたた寝から目覚めた獅子のように、
抑えることなどできないほどの多勢をなし、
君を縛る鎖を大地に振り落とせ、

惰眠を貪っていた間に君の上に降りた夜露を払い落とすごとく
〔※パーシー・ビッシュ・シェリー、『The Masque Of Anarchy』〕

（坂本）

【註1】スラヴォイ・ジジェク、「The Deadlock of Repressive Desublimation」、『The Metastases of Enjoyment: Six Essays on Women and Causality』（Verso, 2005）

【註2】グリーン・ガートサイドはウェールズ人シンガー／ソングライターでスクリッティ・ポリッティのフロントマン。〔※初期の通り名はファースト・ネームの「グリーン」だけだった。結成から現在までスクリッティ・ポリッティの一貫したメンバーは彼のみ〕

【註3】マーセロ・カーリン、「Scritti Politti: Early」（12 January 2005）、http://hemingwoid.blogspot.co.uk/2005/01/scritti-politti-early.html

【註4&5】アレンカ・ジュパンチッチ、『The Shortest Shadow: Nietzsche's Philosophy of the Two』（MIT, 2003）

【註6】イアン・ペンマン、「The Pill Box」（13 May 2003）、http://apawboy.blogspot.co.uk/2003_05_11_apawboy_archive.html#94280226

今におけるすべての外部

――k-punk, (01 May 2005), http://k- punk.abstractdynamics.org/archives/005449.html

あらゆる面においてサイモン・レイノルズの『ポストパンク・ジェネレーション　1978-1984』に支配された一週間で、そうあって然るべきだった【註1】。

おそらく、この本に対して向けられる最大の賛辞は、その本のお陰で電車やバスの遅延を前向きに楽しみにできるようになったり、知識欲を満たし、満足感を得る行為に戻れる瞬間が待ち遠しくなることだろう……。

水曜日のブーガルー〔※ロンドン北部にあるパブ〕でのイベント来場者の規模、しかしそれ以上に、その雰囲気における発酵のある種の感覚が、これが単なる本以上の何かであるという事実を証言していた。ポスト・パンクの幽霊をかき回すことは、文化政治における行動や介入以外の何でもないのだ。なぜならポスト・パンクは現代のポップ・カルチャーを（手厳しく）判断するだけではなく、頭から決めてかかることの、そして楽しみの（非音楽的、非快楽主義的な）基準を持つことの正当性と必要性を連れ戻すからだ。そのような立場は現代のポップ・カルチャー（＝後期資本主義の文化的ロジック）によって抑圧されるのではなく、考えることすらできなくされてしまう。

ポール・モーリーのなかで何かが、水曜日に確実に起き上がったようだった（そして我々のなかの何かも……？）

さて、このモーリーなる人物はポスト・パンクの終結に故意に加担していた。モーリーがポップ・レコードの価値はその人気で決まるとする軽薄な考えを非難したあと、サイモンは彼にこう尋ね、皮肉混じりにモーリーにあることを思い出させた。「でも、その考えの出自はあなたですよね？」。グロテスクであるけれども当然のことなのだが、モーリーによる八〇年代初期のポップ主義（／ポピュリズム）的姿勢が、『ＮＭＥ』の一定数の読者たちを新保守主義へと向かわせたのは偶然の話ではない。振り返ってみると、（政治犯受刑者がそうであるように）ポスト・パンクのほぼ何もかもが、その痕跡も含めて消し去られてしまうまでの期間に、ゆっくりと、知らず知らずのうちに、けれども着実に広がっていった陰湿な失望が明確になることの始まりとして、ポップ主義への転向を認めることができる。この消失のトリックは、アイポッドゾンビの複製、〈資本〉によって大量生産された形式的に完璧なコピーが数年前にやってきたときにほぼ完成した。

ポスト・パンク黎明期に生産された文化的産物が――そしてそれを取り巻く言説が――、再起する〈資本〉によってどの程度プログラムされていたかは、その当時よりも今の方がより容易に見て取ることができる。リアリズムのある種の観念は、今起こり得ることを規定するだけではなく、実際に起こっていたことを消去し始めていた。ポップが安易な消費可能な商品形式をまとった心地よい気晴らし以上のものになりえるという考え、あるいは、大衆文化が難解で努力を要する概念の宿主になるという考え。これらの可能性を否認するだけでは十分ではなかったし、それらは否定されなければならないのだ。記憶喪失作戦、鎮圧計画。そんなもの、結局起こらなかったじゃないか。あれは妄想、若気の至りに過ぎなかった。それに今や、我々ももう立派な大人になってしまった……。

当然のように、八〇年代当時にモーリーの掲げたアマチュア主義に対する不満、そして野心と豪華さの唱道が、二〇〇五年の現在、かなり異なる響きを持つのは当然の話だ。彼の自律芸術宣言は、時間を超越した美学哲学としてではなく、戦略的な扇動として生産されたものだったからだ。がっかりした『Words and Music: A History of Music in the Shape of a City』（二〇〇三）でのモーリーは二〇〇〇年代のウェブにはびこるポップ主義者は彼の子孫である、と主張しているものの、その遺産がポップの脱概念化と脱政治化——つまり消費化——になってしまうという予想によって喜ぶ一九八一年のモーリーとペンマンの姿を想像するのは難しい。ということは、ポップが次の二十年において速度を落とす過程と、彼らの加入戦術の信奉が、当時は永遠に続くものであるかのように思えた荒々しい理論的対話の最後の言葉になるだろうとは、ふたりには想像することはほとんどできなかっただろう。

『ポストパンク・ジェネレーション』を読むと、若い頃の自分のポップ・ライフを再び生きているような気分になる。しかし、いまこうしてそこから離れてみると、クローネンバーグ映画『スパイダー／少年は蜘蛛にキスをする』（二〇〇二）の主人公スパイダーのように、画面の端で子供の自分を見つめる大人になった感じもする。失楽園を導く僕のウェルギリウスとしてのサイモンのおかげで、いま、僕にとってのポップはポスト・パンクだったのだと認識することができる。アダム＆ジ・アンツの『キングス・オブ・ザ・ワイルド・フロンティア』（一九八〇）が僕の買った最初のＬＰだったし、ＡＢＣは僕が生で観た最初のグループだった。けれども、『ポストパンク・ジェネレーション』は、ポスト・パンクへと不条理にハマっていくなか、僕が当時は理解できなかったものにも気づかせる。ポップの豊穣さは——音的にだけではなく、コンセプト、服、イメージ的にも——比較的短い期間しか続かず、具体的な歴史的偶然性によって可能になっていた、ということだ。

それにもかかわらず、期待感は僕のなかで高まっていたし、自分が書いたり参加したりしてきたすべては、多かれ少なかれ、ある意味、ポスト・パンクの出来事への忠誠を保つための試みだった。サイバーパンクは——限られた文芸の一般的な意味でも、CCRUで我々が付与した幅広い意味でも——、ポスト・パンクと密接に結びついていた。ギブスンのスティーリー・ダンとヴェルヴェット・アンダーグラウンドへの借りは昔から知られているが、『ニューロマンサー』の主たる調子は、ポスト・パンクから来ている。ギブスンは彼の作品に登場するハイテクな売春婦の「肉人形」という呼び名を、アリゾナ出身の米ポスト・パンク・バンドであるミート・パペッツから採っているが、『ニューロマンサー』のテックニヒリズムな雰囲気、ダブ黙示録、アンフェタミンで燃え尽きたケイスのようなキャラたち、慌ただしく、引き攣りながら早送りボタンを押す指のごとく、意識が朦朧としたナラティヴなどは、イギリスのポスト・パンク・シーンから直送されてきたようである。

ポスト・パンクに関して最も特筆すべきことのひとつは、実のところ、そのアメリカとアメリカ性のほぼ完全な消去だ。僕が十代最初の頃、ディスコ以外で唯一耳にしたアメリカのポップは、土曜日の昼下がりに店を重い足取りで歩き回っていたときに出会ったものだ。ラジオDJポール・ガンバッチーニの「ホット一〇〇」が店内放送で放送されていて、それはほぼ想像不可能な陳腐さの、恐ろしいほど困窮した世界へと開いた窓だった。

この時期の何か意義のある数少ないアメリカのグループのなかで、ひょっとしたらディーヴォとミート・パペッツのみが、アメリカの風景から多くのインスピレーションを得ていた（ディーヴォの場合、もちろん、ポスト・インダストリアルの残骸のフィリップ・K・ディック－アメリカ－ゴミの完全に人工的な堆積物としてアメリカは処理されていた）。ノー・ウェイヴはニューヨークのルーツを欠いたコスモポリタニズムと伝統的なニヒリズムから現れた一方で、タキシードムーンやザ・レジデンツなどの最も興味深いアメリカのグループは多くの意味でヨーロッパに入れ込んでいた。ポスト・パンクではアメリカはますます、民族誌的な痕跡の連続として取り上げられた。白人至上主義アメリカ（Amerikkkan）のテレビとメディアの錯綜とした情報の恍惚とした、ヒステリカルで権威的な幽霊の喋り声が、キャバレー・ヴォルテールの『ザ・ヴォイス・オブ・アメリカ』（一九八〇）、あるいはバーンとイーノの『マイ・ライフ・イン・ザ・ブッシュ・オブ・ゴースツ』（一九八一）を経由していたように。

今となっては思い出すのが難しいのだが、ヴェトナム戦争を終え、東側諸国崩壊を迎えるまでのアメリカは偏執病的で衰えた国家であり、ニクソンにうんざりし、内省的で、自らの影を恐れていた。ポスト・パンクはそこで、アメリカの自信に活気を注入するために担がれたバカな俳優、レーガンの上辺だけの滑稽さを、目撃し――そして嘲笑した――ものの、レーガンが権力に上り詰めたことさえも、当初は不吉なポスト・パンク的な悪ふざけに思えた。何故ならポスト・パンクの最も重要な影響のひとつかもしれないバラードによって予言されていたものを、それは不気味にも実現させたからだ。（アメリカでは、バラードの『残虐行為展覧会（Atrocity Exhibition）』は『Love and Napalm: Export USA（愛とナパーム：アメリカの輸出）』にタイトルが差し替えられた。そしてあの小説――ポスト・パンクの生産のあちこちに、実に遍在していた――は、至る所に看板広告があるロサンゼルスへとイギリスが変化していく様子とイギリスのアメリカに対する見方を同時に観察しているようでもあった）。MTVの皮肉で汚れた栄光のネオンの業火にポスト・パンクが消えるまでに、そのジョークは少なくとも飽きられていた。ポップは青いジーンズを履いたアメリカのロックに再びなってしまった（『NME』がTシャツとジーンズ姿のスプリングスティーンを表紙にするようになったときに感じた理解し難い恐怖を僕はいまだに覚えている。もっと酷いのは、ザ・ロング・ライダーズのような連中がそこに続いたことだ）。退屈が舞い戻ったのだが、今回は、それを否定するパンクたちはいなかった。歴史の終わりの不毛なショッピング・モールは、唯一の可能な未来としてオープンした。決して訪れることのなかったキャリアのチャンスよりも、実際に起きたことの方が酷かった。蛍光灯で隅々まで照らされ、時間の蝶番が外れたアメリカのマーケットでは、誰でも仕事にありつけるし、時間は永遠に一九五五年で止まっている……。ひとが隠れる影もない……。移動する場所もなく、疑う余地もない……。

サイモンの本のタイトルが、オレンジ・ジュースの曲〝リップ・イット・アップ〟にちなむことになったのは、ある意味で皮肉だ。オレンジ・ジュースと〈ポストカード〉は多くの意味で、イギリスにおけるスプリングスティーンのアメリカのルーツへの回帰に匹敵するもの、その要因になっていたからだ。この比較が不自然に思えるのなら、スプリングスティーンとオレンジ・ジュースがともに、自意識的に、人工性の拒絶によって定義される、地域に根を張ったある種の真正性を主張したその手法を考えてみてほしい。スプリングスティーンのデニムの帝国的な制服の代わりは、『回想のブライズヘッド』（一九四五）に出てくるようなオレンジ・ジュースのセーターだ。ザ・スミスのように、〈ポストカード〉時代のオレンジ・ジュースは、決して存在しなかったイギリスのポップを懐古的に想像していた。アメリカ流の騒がしいヴォーカル、イギリスでそれに当たるのは、前髪がボサボサで、言葉に詰まり、グズグズしたもので、それはスプリングスティーンの情熱的で張り詰めた労働者のポーズがそうであったように、国家アイデンティティのシニフィエを自意識的に取り戻すものだった（初期のオレンジ・ジュースに、その後登場するヒュー・グラントの耐え難いほどのにやけた痴れ者ぶりとうろたえが聞こえる、というのは想像が飛躍し過ぎだろうか?）。

僕が大学に入った一九八六年までには、オレンジ・ジュースもザ・スミスも学部生の「想像力」の支配的なコントロールを成し遂げていた。マーケティングのキャリアを運命づけられているものの、自分自身を「敏感」であると考えたかった若者にとっては完璧なポップだったのだ。オレンジ・ジュースもラヴ・ソングを復帰させる面で、大きな役割を果たした。恋愛がポスト・パンクで取り上げられたとするならば、それは嘲笑され、脱神秘化されるべき何か（ザ・スリッツの〝ラヴ・ウント・ロマンス〟一九七九）、あるいはギャング・オブ・フォーの〝ラヴ・ライク・アンスラックス〟〈一九七八〉にあるように）、もしくは、スクリッティ・ポリッティやハワード・ディヴォートのように政治的にも理論的にも仲裁されるべき何かだった。更新された愛への没頭は、「普通なもの」の再-占領であり、「同じように続いていく物事」という脱歴史化された連続性に対する、復活した人間主義的自信の再-声明文だった。

パンクは、一九六八年の出来事がイギリスで起きたものとしばしば言われるが、それでは多くの意味で、パンクがいかにあのときパリで起きたことを上回っていたか、その点を分析し損なうことになる。六八年は特定の理論的立場の拒絶であったのと同じくらい、近代リベラル社会の機関の拒否でもあった。したがって六〇年代の「欲望革命」の突発において、アルチュセールの構造分析という冷たいスピノザ主義は建物とともに焼き払われてしまった。しかし、パンクとポスト・パンクは、余暇、快楽、陶酔の浮れ騒いだ三頭政治に大いに懐疑的だったため、求められた態度は、用心深い超合理主義というある種の大衆化されたアルチュセール主義だった。そこで、内部はイデオロギー的なはったりとして暴露され、感情は「真正の主観性の真なる表現」としてではなく構造的に操作された反応的な回路構成として理解された。そのような認識が要求した姿勢は――そしてこれは意図的に、かつ、臆することなく要求の激しい文化だった――、「プロレタリア的な規律」のひとつであり、気の緩んだ道楽ではなく、そのピューリタニズムは、本来のピューリタンが持つ平等主義的で社会的な野心を呼び戻していた。この意味において、快楽を拒否するマルクス主義から、「遊び心に溢れた」脱構築へのスクリッティの移行は、音楽チャートだけではなく大学内においても、あのディケイドがどう発展していったかを象徴している。『キューピッド&サイケ85』（一九八五）の贅沢な表層の数々は、内面性を避けたのかもしれないが、同時に、メインストリームに存在する、もっと物事を真に受けやすくてアイロニーを欠いた発信元が伝えていた内面性の様々なヴァージョン、それらに負けず劣らず、スクリッティの内面性のシミュレーションも真正かつソウルフルだった。ここで騙されていた人物は、自らの知性が完全にシステムに取り込まれることを防ぐと想像していたグリーン（・ガートサイド）本人だった。

しかし、グリーンが既に従事していた勝ち誇る資本主義は、そこへの入り口を探す者たちを何の問題もなく消費した。七〇年代において、資本が内在的に消化することができない「反体制的な領域」があるとする考えを払い除けようとし、リオタールは資本主義を、その過程においてなんでも消費しうる「炭化タングステン製の胃袋」に例えた。八〇年代までに、ジェイムソンが分析したように、資本はいかなる外部をも持たない巨大な内部になっていた。七〇年代のSFで想像されたすべてを包括する泡状環境を思わせる、ある種の冷めた快楽のドームだ。しかし、万人の目には、それは馴染みのある家庭環境のように見えた。ジェイミー・リード〔※セックス・ピストルズの一連のデザインで知られるアーティスト〕が嘲笑った素敵な家、素敵なファミリーという設定は、加えられた皮肉な疎外でリフォームされ、二十四時間放送のMTVに繋がっていた。失われてしまったものは、最初はポップ・アートを経由してポップに入ってきた「グラムな知識」だった。それは、社会の光景を安っぽい夢で肥やされ、あらゆる類の麻薬で落ち着いた人形で溢れたステージ・セットとして捉えていた。パンクはそれらがレプリカントであると知っていた。内側であるように見えるすべては、再プログラムされ、化けの皮を剥がされるべき生物－精神－社会機械なのだと。パンクの終焉は、記憶は間違いであり、家庭的な光景は単なる偽りであり、イメージのウィルスであることの忘却だった。

ポスト・パンクの時代には、ポップはまだカウンター・カルチャーの研究所になることができた（資本に絶え間なく襲撃されていたが、その支配に従属することはなかった）。ポップがそのようにまたなり得るかは本当に定かではない。水曜日のパネル・ディスカッションで、ポスト・パンクを掘り起こすのは、ノスタルジアにおける演習ではないのかと訊く者がいた。しかし、これはジェイムソンのノスタルジア・モードの批評の要点を見逃している。ジェイムソンによれば、ノスタルジア・モードは、過去への借りのすべてを否定する、あるいは、よりラディカルな意味では、その借りに気づかない文化的産物によって例を示される。言い換えれば、特にその時間性が過度に引用的であり記念的であるポストモダン文化においては、現代的であることは、近代的であることを保証しないのだ。今日、文化の門番における最も馬鹿げた反射反応のひとつは、現在の観点から過去を正当化する必要性だ。それはあたかも、特徴に欠け、今はちやほやされているものの明日はフリーマーケットにかけられるような、ブロック・パーティやフランツ・フェルディナンドらクローンたちに「影響を与えた」から、ギャング・オブ・フォーは意義深いに過ぎないとするようなものだ。あたかも今、ここにあるだけで、「新しく重要な」何かが起こりつつあることを意味するように……。

ポスト・パンクにおいてポップは違った形で機能しえた。なぜなら、当時、それは反合意的集合性の生産へと自らを躊躇なく向けさせる空間だったからだ。ポスト・パンクは〈資本〉の「合意的幻想」からの覚醒であり、不安と相違にチャネリングし、外部化し、普及させる手段だったのだ。それは社会的なものが自身を表象する方法にもヒビをいれた。それかむしろ、そのヒビを露呈させたのだ。社会的なものが我々に信じ込ませたであろうことは、機能不全的で時折ぼやく失敗が突如として「すべての外側」の音になったことだ。レコード、インタヴュー、音楽誌は、かつては私有空間に閉じ込められていた情動、概念、献身の間に接触を作り出すことができる手段だったのだ。

先週水曜日のパネリストのいくつかが、当事者たちの何人かは、自分が本当に何かを達成したのか分からない、また単純に娯楽を提供する以上のことをやりたいという自らの抱えたあの夢は、当時は無理もなかった、しかし今や気恥ずかしく思える若気の至りに過ぎなかったのか、定かではない、としていた。だが、今の文化に何が欠けているのかという逆の意味で、ポスト・パンクの達成を評価することはできる。ティーンエイジャーでいっぱいの部屋に入れれば、自分で傷つけた腕が見え、抗うつ剤が彼らをなだめ、静かな自暴自棄が目に浮かんでいる。彼らは自分たちに欠けているものが何なのかを文字通り知らない。彼らにないもの、それはかつてポスト・パンクが与えたものだ……。出口……そして出ていく理由……。

では、これは絶望の助言なのだろうか。

いや、まったくそうじゃない。

反合意的集合性の新たな生産手段はある。

このブログのように。

ウェブには分散的範囲、グローバルな即時性があり、その前例のない規模を「ごく当たり前」と捉えるのは簡単だ。しかし、その膨大な可能性はファンジンやレコードが七〇年代に成し遂げえたすべてを大きく凌駕している。起こるべきものは、ある種の「実存的組み直し」だ。それは、ここで起きていることを、〈資本〉が我々に見せたがっている姿——明るく照らされた内部では「成功」できないがゆえに、憤慨を抱えた「しくじった」ライターたちが自ら切り開いた、重要性に欠けるニッチな場——として捉えないことだ。〈資本〉の論理は、それを再生産しないもの、あるいはそのような再生産に従事しないものは時間の無駄であると譲らない。しかし、起きつつあることを組み直すことは、この馬鹿げた優先事項をラディカルに反転させることだろう。そしてポスト・パンクの絶え間なき関連性は、そのような反転は可能であると我々に想起させ、現在を奪還する（パンクの）意思の発展の推進力をもたらすことなのだ……。

（髙橋）

【註1】サイモン・レイノルズ『ポストパンク・ジェネレーション1978－1984（Rip it Up Start Again: Postpunk 1978-1984)』（二〇〇五、フェイバー・アンド・フェイバー）

あなたの不快楽のために——ゴスの尊大なオートクチュール

——k-punk, (01 June 2005), http://k-punk.abstractdynamics.org/archives/005622. html

嘲笑され、忘れ去られ、それでもアンダーグラウンドでは揺るぎない勢力を誇るゴスは、大衆文化におけるグラムの最後の残滓だ。

ゴスはまた、女性とフィクション文学にもっとも関連の強い若者カルトでもある。これは驚くに値しない。僕も以前指摘したことがあるが【註1】、周知の通り小説の起源は「ゴシック・ロマンス」にあり、そうした物語の主たる読み手にして書き手は女性だった。少なくとも一九七七年にエレン・モアーズが古典的なエッセイ「Female Gothic」を執筆して以来、ゴシックなものと女性との共謀は文学批評においてごく当たり前な意見になっている〔※モアーズのエッセイはメアリ・シェリーの『フランケンシュタイン』(一八一八)を取り上げた。一九七六年出版の『Literary Women: The Great Writers』所収〕。

なぜ今、ゴスについて考えるのか?

ひとつには、ゴスの安物貴族趣味なばかげた過剰さほど、ヒップホップに支配された当世カルチャーのスポーツウェア姿の野蛮な実用主義と相反するものはないからだ。だがそれと同時に、現時点の大衆文化のなかでゴスの影は常以上に目立つものになっているように思われる。何せ、『コロネーション・ストリート』(「あんたはれっきとしたゴスですらないじゃないの!」)と『ビッグ・ブラザー』(「ゴスって何? 私もそれに仕立ててくれない？」）の双方で引き合いに出されたくらいだ〔※『コロネーション～』は英最長寿連ドラ。『ビッグ・ブラザー』はリアリティ番組〕。

また、『ポストパンク・ジェネレーション』刊行によってポスト・パンク全般に対して強い興味が再燃したという要素もある。現存する、ポスト・パンク最後のカルトはゴスだ。これらふたつの事実が合わさった結果、I・T【註2】と僕は抑圧的で男性主義的なクラブ界のクールさから離反し、ゴスのたまり場に備わったもっと心地好い寒さへ向かうことになった。

ゴスにも、おおよそほとんどの若者文化の亜流ヴァージョンが存在する（ゆえにテクノ・ゴス、インダストリアル・ゴス、ヒッピー・ゴス等がある）。しかし、ここでいったんゴス男性のおぞましさ（abjects）（ザ・クランプス、ザ・バースデー・パーティ）、堅苦しさ（バウハウスの張り詰め過ぎな白人ダブ）、ポストモダンさ（ハナから自意識過剰なメタ・ゴスを売りにしていたザ・シスターズ・オブ・マーシー）は脇に置いて、スージー・スーから話をはじめようではないか。

未来のスージーとスティーヴン・セヴェリンが一九七四年にロキシー・ミュージック公演で出会い、そこからスージー・アンド・ザ・バンシーズ結成に至ったのは周知の通りだ（この事実は、先週金曜に『ガーディアン』に掲載された実に奇妙なロキシーについての記事【註3】でも繰り返されている。「重要性」と「影響」を同一視する、ポストモダンなロック批評の風潮に追従したその記事は自己パロディの域すら越えていて、ロキシー作品そのものに関する実際の議論は一、二パラグラフ程度とおざなりに済ませ、ロキシーがインスパイアした数々のグループの検証をはじめる内容だった）。したがって、はるばる豪州からロンドンに到着したところ、シーンがニュー・ロマンティックの気取り屋ポップに占領されていると知ってウンザリさせられたことで知られるバースデー・パーティとは異なり、バンシーズは皮肉っぽく距離を置くわけでも逆に直接的でもない、そんな関係を音楽と結ぶアート・ポップの系統に属していたことになる。その独創性のすべて、そしてロックのフォルムに与えた打撃のすべてをもってしても、バースデー・パーティはやはりロマン派のままであり、表現力に富んだ印象派的な力をロックに再興しようと必死だった。それを追求した結果、彼らはブルースの魔の心臓部へ回帰することになった（男性のセクシャリティに苦しめられる対象になるのはどんなものか知りたい、という女性がいたら——そうすることを僕は決してお勧めしないが——「男の子の中身」を知るのに、バースデー・パーティの〝ズー・ミュージック・ガール〟と〝リリース・ザ・バッツ〟〈共に一九八一〉を聴くのがもっとも手っ取り早い手段だろう）。この肉欲の熱に対し、初期バンシーズは意図的な——かつ慎重に考えた上での——冷たさと人工性を気取った。

スージーはイギリスのアート・ロックの首都——デイヴィッド・ボウイ（ベケナム）とジャパン（キャットフォードとベケナム）が育ったあの南ロンドン圏——出身だった〔※ボウイが主に十代を過ごしたのは南ロンドンのブロムリーで、ベケナムに移ったのは成人後。ザ・セックス・ピストルズの取り巻きファン、俗に言う「ブロムリー親衛隊」はスージー、セヴェリン、ビリー・アイドルらを含むが彼らの出身地は南ロンドンに限らない〕。スージーは最初期からパンクに関わったし、かつパンクの主だった人物はすべて（シド・ヴィシャスすら）ロキシーにインスパイアされたにもかかわらず、グラム・ロックからの借りをおおっぴらに認めた最初のパンク・グループはバンシーズだった。グラムは英国郊外に特別な親近感を抱く。そのこれみよがしな反因習性は、スージーが〝サバーバン・リラプス〟（一九七八）で歌ってみせた丁寧に刈り込まれた芝生の庭とこっそり看病される精神疾患という、郊外生活のエキセントリックな順応主義にネガな形でインスパイアされたものだった。

しかし、グラムは男性欲望の領域だった――その女装（ドラァグ）を女性が身にまとったらどんな風に見えるだろう？　スージーにとってのもっとも重要なリソースが、アイデンティティとセクシャリティを次々変えるボウイの両義性ではなくロキシーによる男性欲望のステージングだった点を考慮に入れると、これはとりわけ強く興味をそそる反転の図だった。スージーは「ボウイ好きな男の子たち」とつるんでいたかもしれない。だが彼女は、シン・ホワイト・デューク〔※「痩せた青白い公爵」は『ステイション・トゥ・ステイション』を中心とする一九七五〜七六年頃のボウイのペルソナ〕の持ち衣装のどれよりも、『フォー・ユア・プレジャー』のつややかな塩化ビニールから多く拝借してきたように思えた。『フォー・ユア〜』収録の〝ビューティ・クィーン〟や〝エディションズ・オブ・ユー〟は男性的な病いの自己診断であり、決して満たされないと分かっていても女性対象に執着してしまう、反射型の欲望を歌った曲だった。彼女は「夢想で輝く彼の目をわななかせる」ものの、フェリーは「その思いは決して成就しないだろう」（〝ビューティ〜〟）と承知している。これこそラカン派の欲望のロジックであり、アレンカ・ジュパンチッチはこう説明する――「欲望が持ち込む隔たりもしくはギャップとは常に想像的他者、ラカンが言う小文字の対象aであり、一方で欲望の現実界（大他者）は手に入れることができないままだ。欲望の現実界は享楽を指す――その欲望が狙いを定める（ラカンの言う）『人間にあらざるパートナー』はその対象を越えたところにあり、したがってアクセス不可能なままでなくてはならない」【註4】

ロキシーの〝イン・エヴリ・ドリームホーム・ア・ハートエイク〟はこの行き詰まりを打開するための、幻滅しシニカルであると同時に、欲望に我を忘れた試みについての歌だ。あたかもフェリーもラカンと共に、ファルス的欲望は本質的に自慰行為的であると悟ったかのようだ。なぜなら、つまりいかなる性的関係も亡霊めいたスクリーンに遮断されていて、彼の欲望は常に「人間にあらざるパートナー」に向けられることになるわけで、だったらフェリーはいっそのこと、文字通り「非人間」なパートナー――ダッチワイフ――を得れば済むのだから。この筋書きには先例がいくつもある。おそらくもっとも有名なのはホフマンの短編『砂男』（一八一七）（言うまでもなく、この物語はフロイトの「不気味なもの」に関するエッセイの主要な関心事のひとつだ）だろうが、それより知名度は低いものの、実ははるかにゾッとさせられるデカダンSFの傑作であるヴィリエ・ド・リラダンの『未来のイヴ』（一八八六）、そしてその末裔に当たるアイラ・レヴィンの『ステップフォードの妻たち』（一九七二）もある。

　ポップ・カルチャーにおいて、男性が伝統的に取り組んできた難問が手に入れられないものに対して抱く欲望だとしたら――ラカンにとってすべての欲望は入手不可能なものが掻き立てる欲望であるのを思い出そう――、そこで女性の抱える相補的な困難は、自分はその男性の求めるものではないという事実に折り合いをつけることだった。「対象」は、彼女に備わったものは主体に欠けているものと一致しないと知っている。

　それはほとんどもう、このジレンマに対するゴス女性の反応とは、ファルスの欲望のために「冷たく、相手を突き放す、人間にあらざるパートナー」（ジジェク）の役割を自覚的に引き受けることであるのに近い。グラム男性は、亡霊めいたもの言わぬお人形がひしめく、彼の構える完璧なペントハウスに閉じ込められたままだ。対してゴス女性は、妖婦（vamp）兼吸血鬼（vampire）、サッキュバス、自動人形と様々な役回りをさまよっていく。グラム男性の病気は主体の抱えるそれであり、ゴス女性の問題は客体のそれだ。本来の意味でのグラマー（glamour）――魅了すること――は、自ら欲望の客体と化したものが主体に対して及ぼす力をほのめかすものであった点を思い出そう。『誘惑の戦略』で、ボードリヤールは「神が男性的だとしたら、偶像は常に女性的だ」と述べる。そしてスージーは、ファンの崇拝によって「女性化」されイコンの域に達した男性アーティストでも、スヴェンガーリ的男性に操られる女マリオネットでも、また疎外された主体性を主張すべくヒロイックに葛藤する女性でもなかった点において、それまでのポップ・アイコンと異なっていた。そうではなく、スージーは彼女自身の対象化／擬物化からアートを作り出すところが天の邪鬼だった。サイモンとジョイが『The Sex Revolts』で書いたように、スージーの「芸術的オブジェの、氷のように冷淡な外面性を指向する強い願望」は「有機生命体のしっとりと濡れ、ドクドク脈打つ肥沃さを撥ねつける」ところに表れていた【註5】。この内面性の否定――リディア・ランチとは違い、スージーは「彼女の内面を洗いざらいぶちまけること」、傷ついた内面の粘液とはらわたにまみれた告白調な自己耽溺に興味はない――は、「あたたかで、心優しく、こちらを理解してくれる同胞の生き物」（ジジェク）になるのをわざとらしく拒絶することとも呼応する。自身の対象化をアートに変えたもうひとりの女性であるグレイス・ジョーンズのように、スージーは彼女に求愛する独身男たちからのR.E.S.P.E.C.T（および、それが示唆する相互共感の上に成り立つ健全な恋愛関係の見込み）ではなく、彼らの服従と嘆願を要求した〔※この「R-E-S-P-E-C-T」はアリーサ・フランクリンの一九六七年の代表曲〝リスペクト〟で曲名のスペルを歌うコーラスの参照と思われる。原曲はオーティス・レディングだが、フランクリンのヴァージョンは歌詞を変えたことでジェンダーが反転し「強い女性がパートナーに対等を主張し敬意を求める」フェミニズム・アンセムとしても愛された〕。

（ゴス男性はその要求にいそいそと従う――それは、強迫観念のごとく同じことを繰り返し続けるニック・ケイヴのキャリアが雄弁に物語っている――ものの、その哀れな平伏ぶりは殺人的な破壊行為の前奏曲に過ぎないというのもまた然りだ。「氷の女王」の前ではいつくばる――「俺は彼女のスカートの裾にくちづける」（〝ズー・ミュージック～〟）――ゴス男性は、対象／客体（object）でも主体（subject）でもなく――周知の通り――さもしい（abject）。この愚かな肉欲をもっとも見事に捉えたイメージが、バースデー・パーティの『ジャンクヤード』〈一九八二〉のジャケットに描かれたよだれを垂らす吹き出物だらけの醜い怪物だ。そして彼らの〝リリース〜〟――この曲のせいで一般的なゴス・バンドに分類されるかもしれないと考え、同グループが軽蔑するようになった曲――は今なお、震えが止まらぬほどの欲情を注ぐ「対象」の前にひれ伏すゴスの浅ましさ（abject）を描き出した、もっとも激しく脈打つような強迫観念のドラマだ。この曲でケイヴは、彼のレディの女性機械的な傲慢さ――「俺のベイビーは冷酷なマシン」、「彼女は発電機のパルスに合わせて動く」――の崇拝と、彼女の肉体の「不浄さ」――「彼女はちょっとばかり汚れても気にしない」――にみだらによだれを垂らすこと、そのふたつの間を行き来する。これはラカンによる、その冷たい抽象化は悪臭を放つ肉体性への抵抗で定義されはしない、宮廷風に上品な淑女の描写とほぼ完全に合致する。己の浅ましさ（abject）ゆえにケイヴは欲望を断念することができないし、結果はご承知の通り――その女性を欲望し続けるために、彼は彼女が確実に自分のものにならないようにするしかなく、「だからあの可愛い娘は消えなくちゃならない」。フェリーの「完璧な伴侶」（〝イン・エヴリ・ドリームホーム〜〟）、もしくはポーの美しい屍体の数々と同じくらい冷たく硬直したものに彼女を変えたところでやっと、彼の欲望は「永遠へ」〔※ニック・ケイヴ＆ザ・バッド・シーズの〝フロム・ハー・トゥ・エタニティ〟の参照と思われる〕延長され得る。なぜなら、この時点で欲望は永久に満たすことのできないものになるからだ）。

　コスチュームと化粧の下に潜んでいるとされる「真正な主体性」なる架空のコンセプトを主張するのではなく、スージーとグレイス・ジョーンズはまなざしの対象になる悦びに浸った。両者は間違いなく、外見を暴こうとする戦略に対してボードリヤールが『誘惑の戦略』で向けた嘲笑を理解したはずだ――「様々なイメージの背後に神は存在せず、それらが覆い隠している無そのものは秘密のまま保たれなくてはならない」【註6】。スージーとジョーンズによる自らの物体性の受け入れは、「対象におとしめられる」と愚痴をこぼす文化研究論が常に無視してきた、凝視型の衝動が存在する事実を証明してみせる――すなわち、自己顕示欲の強い者の抱く見られたいという欲動だ。

〝ペインテッド・バード〟（バンシーズの傑作『ア・キッス・イン・ザ・ドリームハウス』〈一九八二〉収録）およびほぼ同時期のシングル『ファイアワークス』は「ゴスにとって事実上のマニフェスト」だった、とのサイモンの意見は正しい。だが、これら二曲がメッセージとムードの面でゴス文化の陳腐なイメージからいかにかけ離れているかは熟考に値する。〝ペインテッド～〟と〝ファイアワークス〟は感傷的でも漆黒でも自己陶酔的でもなく、（「グラムなジェスチャーとしての自己美化が、くすんだ平凡さのただ中できらめく勝ち誇ったイメージ」でもって）カラフルなものと集団的なものとを祝福する。「私たちは花火」とスージーは歌い、「様々なシェイプを夜空に向けて燃やす」と続ける。これほどの歓喜ではぜる歌は、他になかなか見つからないだろう。イエジー・コシンスキの小説『異端の鳥（ザ・ペインテッド・バード）』（一九六五）のバンシーズ解釈も、迫害され、孤立し、個別化された主体性に勝る、集団型の喜悦についての歌だ。コシンスキの小説では、登場人物によって色を塗られた一羽の鳥を主人公が鳥の群れに向けて放つと、仲間を識別できずに混乱した群れはその虹色の鳥を殺してしまう。だがスージーのゴスたちは、他者の手で色を塗られてはいない――彼らは「自ら意図して着飾った鳥たち」だ。それは、負けると分かっていても順応主義的な群れ相手に孤軍奮闘するアウトサイダー、というよくある悲劇的でヒロイックな筋書きではない。「さえない色をした鳥たちの群れ」は、個人ではなくカラフルな他の群れによって「まごつかされ」、その結果は挫折感ではなく、ここでもやはり享楽だ――曲の終わりまでに「もう悲しむことは何もない」ことになる。

これが、ジョイ・ディヴィジョンの作り出した孤立の集合体とどれだけ隔たっているか考えてみて欲しい。彼らの実用的な装いと「非イメージ」は、外側より中身／表面より深層に特権を付与する伝統的な男性主観論者の立ち位置を示唆していた。そこにはひとつのタイプの「ブラック・ホール」が、すなわちドゥルーズ＆ガタリが「ミクロ政治学と切片性」のなかで「破滅の線」と形容した【註7】、完全なる自己破壊に向かう欲動が存在した。対してバンシーズはむしろ、ノイバウテンが喚起した「冷たい星々」〔※『Kälte Stern（ケルテ・シュテルン）』はノイバウテンの一九八一年のシングル〕に似ていた——近づきがたくよそよそしいにもかかわらず、そこへの仲間入りを保証するのは出自でも美しさでもなく自己装飾である、そんな逆説的に平等主義な貴族界に君臨する女王たちでもある存在。スージーの過度に白いドーランは、ボードリヤールが『誘惑の戦略』で引き合いに出したスターダムの「冷たい光」を発した。スターは「自らの無意味さ、そして自らの冷たさでキラキラと輝く——メイキャップと儀式的な神官文字性〔※ヒエラティックは古代エジプトの三種の文字のひとつ。宗教的文章の筆記に用いられた〕の冷たさのなかで（マクルーハンによれば、儀式は冷ややかなのだそうだ）」【註8】

「偶像の不毛さはよく知られる」とボードリヤールは続け、「彼らは再生産／繁殖（reproduce）をおこなわず、しかし不死鳥のごとく灰のなかから、あるいは誘惑する女性のごとく鏡のなかから立ち現れる」とする。ゴシックなるものは常に、再生産／生殖（reproduction）とは対照的な複製（replication）を志向してきた。女吸血鬼がよくレズビアニズムと関連づけられてきたのは偶然ではなく（その図はゴス映画の決定版と言える『ハンガー』〈一九八三〉でもっとも華麗に描かれている）、なぜなら吸血鬼とレズビアンは（マシンと同様に）男性のタネをまったく必要としない無性繁殖のパワー、その（ファルス的な一者〈One〉の視点から見た）怖さを提示するからだ。逆に「女性のゴシック譚」はしばしば妊娠を病気と看做し、ぞっとするほどなじみがあると同時に限りなく違和感のある存在に身体を徐々にのっとられる様を形容するのに、ホラー言語を用いる。バンシーズの『ハイエナ』（一九八四）収録の「乳飲み子の怖さ」を描いた〝ヴィ・ハンガー〟は、妊娠を「昆虫界のおぞましい貪欲さ」、「寄生型の伝染病」と捉えてきた女性ホラーの系譜にフィットする【註9】。

繁殖のためのゴスの主要ベクトルは、もちろん記号と衣服だ（かつ——記号としての衣服も）。スージー・ルックは事実、複製可能な扮装の仮面だ——顔のもつ有機的な表情を幾何学模様で文字通り消し去った、硬質な角度と白と黒のきついコントラストだけでできたマスク。白人の部族主義。

『ポストパンク～』で、サイモンは初期バンシーズを「バラードの『クラッシュ』（一九七三）はセクシーだ、という意味においてセクシーなバンド」だったと述べている。バラードの抽象的なフィクション－理論は、数多のポスト・パンク勢と同じくバンシーズにおいても明白かつ巨大な位置を占める（初期バンシーズ・サウンドの角ばったドライさから後期の湿潤で肥沃なサウンドへの転向が、セヴェリンが『夢幻会社』〈一九七九〉を読んだことで正当化されたという話は多くを物語る）。しかしバンシーズがバラードからいただいてきた（引っ張り出した）ものは、記号論的で、精神病的で、エロティックで、野蛮なものと等価だった。精神分析（バラードは熱心なフロイト読者の典型だ）のおかげで、バラードは文明の「孤立した層の重なり」の下に「生物学的な」セクシャリティなど待機していないと悟った。バラードが取り憑かれたように繰り返す蛮性への逆行のテーマが提示するのは、象徴化されていないのどかな「自然」への回帰ではなく、強烈に記号化され儀式化された象徴空間への後退だ（前象徴的な「自然」を信じるのはポストモダン勢だけだ）。エロティシズムは——媒介されるに過ぎないどころか——記号とテクニカルな装置によって達成可能となり、したがって身体・記号・マシンは入れ替え可能になるほどだ。

ポスト・パンク期にしたためた『クラッシュ』についてのエッセイで、ボードリヤールはこの点を非常によく理解していた——

身体に残されたあざ、痕跡、傷。そのひとつひとつはまるで人工的な陥入、蛮族のスカリフィケーション（身体装飾）のようだ（中略）。傷つけられた肉体だけが——それ自身と他者のために——象徴的に存在する。「性的な欲望」は、身体がもつ、記号を統合し交換する身体の可能性にほかならない。さてここでは、人間が一般にセックスと性的活動に結びつけるわずかな数の天然の開口部は無に等しい存在だ——統合／交換の可能性をもつ傷口、人工的に穿たれた開口部（だが、なぜ「人工的」なのか？）、位相幾何学空間か何かのごとく内／外の区別がつかなくなる、それを通じて肉体を裏返すのが可能になる裂け目、それらすべての前では。（中略）セックスは（中略）概して、ある意味身体の全長のアナグラム化と言える、象徴的な傷の扇状地に乗っ取られている——だが今や、まさにそれゆえに、それはもはやセックス以外の何かになっている（中略）。野蛮人は、この目的のために全身を用いる方法、タトゥー、拷問、イニシエーション儀式を心得ていた——彼らにとってセクシャリティは象徴的交換のメタファーになり得るもの、そのほんのひとつに過ぎず、かつもっとも重要でも、もっとも権威あるもの——そのオブセッシヴで現実的な関連性、有機的かつ機能的な性質（オルガズムも含む）のせいで我々には重要で権威を誇るものになったが——でもなかった。

周知の通り、資本主義において女性の病弊／居心地悪さは、しばしば人工性への反発としての「自然さ」の主張ではなく、摂食障害や自傷行為といった反有機的な抗議の形で表現される。これは——ジジェクに続き、I・

Tもそう見ているように――「現実的な関連性」への「オブセッション」の一部として、記号と儀式をすべて取り払うことによって、剥き出しの「物自体」に達しようとする企てと看做さざるを得ない。多くの意味で、ゴスはポストモダン文化のこの象徴面での不足を補うための試み――再儀式化としてのドレスアップ行為、スカリフィケーションと装飾の場としての身体の表面の奪回だ（すなわち、身体とは内面を収める容器もしくは封筒に過ぎない、という概念の拒絶）。ゴス御用達の靴を例にとってみよう。芳しい反有機的な鋭角さを備え、快適さ&機能性という実用的なクライテリアをあざ笑うゴスの靴とブーツは、履く者の身体を折り曲げ、縛り、ねじり、引き伸ばす。被服は、身体に対するそのサイバネティックかつ象徴的な誇張の増強剤の役割を、有機的な統一性とプロポーションの幻想を破壊する役割を挽回している。

（坂本）

【註1】k-punk「Continuous Contact」（23 January 2005）、http://k-punk.abstractdynamics.org/archives/004826.html
【註2】I・T＝ブロガー仲間で友人である〈Infinite Thought〉（ニーナ・パワー）
【註3】ティム・デ・ライル、「Roxy is the Drug」、The Guardian（20 May 2005）、https://www.theguardian.com/music/2005/may/20/roxymusic.popandrock
【註4】アレンカ・ジュパンチッチ、『The Shortest Shadow: Nietzsche's Philosophy of the Two』
【註5】サイモン・レイノルズ&ジョイ・プレス、『The Sex Revolts: Gender, Rebellion, and Rock 'n' Roll』

(Harvard UP, 1996)

【註6】ジャン・ボードリヤール、『誘惑の戦略』

【註7】ジル・ドゥルーズ／フェリックス・ガタリ、「一九三三年——ミクロ政治学と切片性」(『千のプラトー 資本主義と分裂症』所収)

【註8】ボードリヤール、『誘惑の戦略』

【註9】レイノルズ&プレス、『The Sex Revolts』

【註10】ジャン・ボードリヤール、『シミュラークルとシミュレーション』(一九八一)

僕たちみんな死んでしまおうが構わない——ザ・キュアーの不浄なる三位一体

——k-punk, (3 August 2005)
http://k-punk.abstractdynamics.org/archives/006087. html

ゴスは都市郊外と地方圏双方におけるカルトとして根付いた。こうして顔に白粉を思い切り盛り、喪服のような黒装束姿の、ロバート・スミスの髪型を真似た若い男女がくつろぐ姿が、リトルハンプトンやイプスウィッチといった町でも見受けられるようになった。

——マイケル・ブレイスウェル、『England is Mine: Pop Life in Albion from Wilde to Goldie』【註1】

いかなるゴス論議も、ザ・キュアーを抜きにしてはお話にならない。

ゴスと郊外は一風変わった親密な関係を結んでいるし（この点を誰より熟知しているのがティム・バートンで、『シザーハンズ』〈一九九〇〉は郊外に漂うエイボン化粧品の匂いをゴスのロマンスの華の香りで見事に風味づけた）、そしてキュアー以上に郊外型なグループがいるだろうか？　著書『England is Mine』のなかで、マイケル・ブレイスウェルは地味なクロウリー出身という彼らの起源を重視する。「閑静で立派で、それでも近隣のヘイワード・ヒース（スウェードのメンバーが生まれた町）のブルジョワな優越感は欠いている、そんな町であるクロウリーは、まったく意外性のないイングランド、そのほぼ完璧に近い典型だ」【註2】。ブレイスウェルにとって同グループこそ英国文化のどっちつかずな空間、そう、すなわち郊外のサウンドであり、かつ魂の郊外、すなわち思春期のサウンドでもある。キュアーはなんとも言い切れないもの、今ひとつの状態を体現する——忌み嫌われるほどではないが決して尊敬されはしないし、古参パンクではないが標準的ゴスでもない。偽物ではないかとの疑惑が彼らにつきまとってきた。だが、不確実さ——実存的な状態としてのそれ——はキュアーの常套手段だった。そのすべてはロバート・スミスの声の肌理に聴き取ることができる。再び、ブレイスウェルを引用する——

スミスが歌うとき、そのうっとりするような単調さをキュアーに与えたのは彼の書く破滅感に打ちひしがれた歌詞ではなく、むしろ彼の声の響きそのものだった。それはスモールタウンのベッドルームで、息苦しくなるほど何層も重なった倦怠感に押し殺された神経質な退屈さの声だった。イライラしているかと思えば不機嫌になり、苦悩で息が詰まりそうかと思えばろれつが回らないほどの怒りでまくしたてる、そんなスミスの声は、単調さを自在に伸縮させる意味でユニークだった。【註2】

音楽グループが彼ら本来の姿を実現する、そんな時期あるいは瞬間というのがある。そこに至るまでに起きた何もかもは準備でありリハーサルであり、それ以降の何もかもは衰退もしくは言い逃れになる。ロキシーは瞬時に自己を達成した——このバンド兼ブランドは〝リメイク/リモデル〟(一九七二)の一音が鳴った途端に確立したが(結果、それに続くフェリーのキャリアは失望と保留された帰還に彩られた長い取り組みになった)、バンドが自らを探り当てるのに普通はしばらく時間がかかるもので、ほのめかし、オマージュ、盗作の繭のなかから徐々に姿を現してくる。キュアーの場合はそうと言い切れず、彼らのベストな作品は毎回、受けた影響との折衝から生み出されてきた。

彼らの初期モード——蜘蛛の脚のように細くくねくねした、パンク混じりのパブ調な半サイケデリア——は、今となっては一連の希薄な素描のごとく響く。キュアーが自分たちらしさを獲得したのは『スリー・イマジナリー・ボーイズ』（一九七九）の怒りっぽい風変わりなノリを脱ぎ捨てた後、しかし「それ」と認識できるブランドの快適ゾーンに足を踏み入れる前の、あの瞬間——と言ってもアルバム三枚続いたが——だった。ブランド化した頃までに、スミスの笑劇じみたペルソナ——こすれた口紅、生ぬるいビール、エドワード・リア〔※英ナンセンス詩人／画家〕——は学生ディスコの記号論的な墓場に生息する原型キャラとなり、キュアーのスタイルのパラメータもすっかり確立していた——それはすぐに、ポスト『サージェント・ペパー』（一九六七）な陽気さと足にぴったりフィットするスリッパのごとく居心地の好い絶望、そのふたつの間を定期的に行き来するようになった。極めて重要な三部作『セヴンティーン・セコンズ』（一九八〇）、『フェイス』（八一）、『ポルノグラフィー』（八二）をあれほどまで聴かずにいられないものにしていた、つまずきながらの自己発見と実存的な実験主義のドラマは、跡形もなくすべて消えていた。

キュアーのこの決定的なアルバム三枚は、彼らを上回る評価を得ていた他の二組のバンド、すなわちバンシーズとジョイ・ディヴィジョンの落とした影から浮上した。スミスはバンシーズへの執着を公言した（後に彼はギタリストとしてゲスト参加する）。初代ベーシストのマイケル・デンプシーがキュアーを脱退したのは、彼は「自分たちが第二のXTCになるのを求めていた」のに対し、スミスは「第二のバンシーズになりたがっていた」からだった。

ロバート・スミスのルックス――例の、カリガリ博士のピエロ顔のぬいぐるみ〔※映画『カリガリ博士』（一九二〇）で博士にあやつられる夢遊病患者チェザーレ〕――は、スージー・ルックの男性的補足だった。そしてスージーのルックスと同様に、鳥の巣のように逆立てた髪型、雪花石膏めいた白粉、古代エジプト人的な黒いアイライナー、稚拙に塗ったハミ出した口紅というスミスのルックスも真似しやすい――どこの郊外のベッドルームでもたやすく組み立てられるキットだ。それは病いや死への病的な関心を表すマスクであり、そのマスクを被る者は「バランスのとれた人格」よりも強迫観念と執着を好むことのしるしだった。

ゴスの病的な不健全嗜好は部分的に、有機生命体に対するショーペンハウアー的な蔑みの念から発していた――ゴスの視点からすれば、死こそセクシャリティの真実だった。セクシャリティは、（『～ドリームハウス』収録の〝サークル・ライン〟でスージーが冷ややかに見渡した）誕生－生殖－死の絶え間ないサイクルがそれ自体を永続させるために必要としたものだった。死はこの回路から外れていると同時に、その真のポイントでもあった。セクシャリティの肯定は世界の肯定を意味したが、ウェルベックの素晴らしいフレーズを借りれば、ゴスは世界と生に自らを対峙させた〔※ミシェル・ウエルベック処女作のタイトルは『H・P・ラヴクラフト：世界と人生に抗って』〕。八〇年代初期までに、それと同等の関係を形成していたロックの反伝統主義、不感症的で反活力な系統を前提として受け止めることは可能になっていた。それはストーンズ――〝悪魔を憐れむ歌〟（一九六八）の山羊の蹄をもつ魔物めいたディオニュソスとしてのジャガーではなく、〝黒くぬれ！〟（一九六六）の神経衰弱めいたジャガーの形をとって――からはじまり、ストゥージズとピストルズへ受け継がれ、ジョイ・ディヴィジョンにおいてその頂点としてのどん底に達した。だがゴスは、ロックは常に、そして本質的にデス・トリップだったと推察した。その先手を打ったのがバースデー・パーティで、彼らは悪臭を放つ、ヴードゥーにつきまとわれたデルタ・ブルースの十字路と沼地までロック神話を追っていった。とどのつまり、欲望と悦びとの間に生じる食い違いをおそらくもっとも明快に実演するのがブルースであり、したがって死の欲動理論の正当性を証明しているのではないか？　ブルースのジュジュ（juju）――あるいはジュージュー（jou-jou）――は、満たされようのない欲望を楽しむことに依拠するのだから〔※ジュジュはアフリカの土着魔術／信念体系／呪物。jou-jouはそのフランス語綴りで「なぐさみもの／遊び道具」も意味し、ラカンの「jouissance／享楽」も想起させる。なお、スージー・アンド・ザ・バンシーズの一九八一年のアルバムのタイトルは『呪々（Juju）』〕。

バースデー・パーティが文字通りのブルース回帰――ペル・ウブ／ポップ・グループのモダニズムからはじまり、ブルースの熱狂的な捉え直しに達した彼らのキャリアは、ある意味ロック史の慌ただしい巻き戻しと言える――を果たす一方で、キュアーはバンシーズと同様に、その対極に向かった。ポスト・パンクのモダニストとしての必須事項（妥協なき斬新さ）を維持する彼らは、土臭く粗野ではなく霊妙な、はらわたに響く本能的なものではなく人工的なサウンドを好んだ。この点は、フェージングとフランジャーに包まれ、脱実体化され骨抜きにされ、ロックの攻撃性を一切もぎ取られた純粋な音響効果になることを目指すスミスのギター・サウンドに聴いて取れる（マイ・ブラッディ・ヴァレンタインの甘美な無定形さへ向かう最初の一歩がこれなのか？）。キュアー版の「欲望の挫折に悦びを見出す」ブルースは、〝ア・フォレスト〟で試演される。この曲で彼らは自らを発見するが、皮肉なことに、この曲は喪失についての歌――というよりむしろ、決して手に入れられない何かとの遭遇についての歌だ。スミスの歌う「そもそも、その女の子は存在しなかった」の一節は、スクリッティ――またはラカンにふさわしい。「無を目指し走る／何度も何度も何度も……」と、マデリーンを捜し回る郊外のスコッティー〔※ヒッチコックの一九五八年作『めまい』の主人公〕であるスミスは、夢のようなシンセサイザー、ドラム・マシン、自身の弾くエフェクトまみれなギターが音の絵の具で鮮明に描き出す幻想景観のなかで、欲望のキメラ、小文字の他者を追いかける。『セヴンティーン〜』の予告編だった〝ア・フォレスト〟は、同アルバムの目玉になった。飾り気がなくせわしい『スリー・イマジナリー〜』に欠けていたモダンな光沢を、シンセとドラム・マシンがもたらしている。制作時にヴァン・モリソンの『アストラル・ウィークス』(一九六八)、ヘンドリックスの『ワイト島のジミ・ヘンドリックス』(一九七一)、ニック・ドレイクの『ファイヴ・リーヴズ・レフト』(一九六九)、ボウイの『ロウ』(一九七七)を聴いていたスミスは、その四枚を合成したアルバムを目指した。結果は、それ以下であると同時にそれ以上のものだった。後のザ・スミスと同じくらい英国的であるものの、しかし当然のごとくもっとモダニストで六〇年代調社会派リアリズムの面が薄かった『セヴンティーン〜』は、聴き手を廃屋と化した田舎の大邸宅のマインドへ、スミスの華麗なギターが張りめぐらせる蜘蛛の巣で飾られた、だだっ広い白塗り空間と何も置かれていない剥き出しの床板の世界に据える。感情面ではファーストの泡立つように元気なすねた表情は押し流され、今や支配的なムードは落ち込みであるとはいえ、この時点ではまだゴスの病的な陰鬱さではない。だが、そこには一種洗練された超然とした態度があり、「これみよがしの常習的な欠勤症」を決め込むスミスは、人形(ひとがた)の繰り広げるドラマツルギーとして理解された日常生活から自らを切り離している——「それは君の役柄に過ぎない/今日打たれる/お芝居のなかの……」(〝プレイ・フォー・トゥデイ〟)

「僕はあのとき二十一歳だった」とスミスは二〇〇〇年に『アンカット』の取材で語った。「でもものすごく老けていると感じていた。実際、今の自分より年寄りな気分だった。未来に対してまったく、一切希望を抱けなかった。人生なんて無意味だと思っていた。何に関しても信念がなかった。人生を続けていくことに、とにかくほとんど意味を見出せなかった。続く二年の間、自分の先は長くないだろうと心底感じていた。確実に長引かないように、僕はとりわけ努力した」。そのはじまりの瞬間から、『フェイス』はこの虚ろな目をしたわびしさにぴたりと貼り付き、最後までそこから離れない。このアルバムは、情緒面において『アンノウン・プレジャーズ』（一九七九）と『クローサー』（一九八〇）に匹敵するあり得ないほどの揺るぎなさを誇り、かつジョイ・ディヴィジョン（の不安）の影響――そもそもそれを可能にしたと同時に、それを亡霊の立場へおとしめることになる、矛盾したエントロピー的エネルギーの漆黒の源泉――はどんよりした霧のように『フェイス』の上にたれ込めている。同じ『アンカット』の取材で、スミスは「イアン・カーティスが自ら命を絶った事実によってすべてが強められた」と述懐し、ただ単に生き続けてしまったという事実ゆえに自分たちを「本物ではない」と看做すようになっていく、ポスト・ジョイ・ディヴィジョン世代（もちろんニュー・オーダーも含む）を代弁する。

「あれに較べたらキュアーはニセモノだと思われるのは承知していたし、このアルバムを説得力あるものにするには自分は自殺しなくちゃならない、そう、はたと気づいた。僕たちのやっていることを人々に受け入れてもらいたいのなら、僕は究極の一歩を踏み出すしかないだろう、と」【註4】

　にもかかわらず、感情面でのその抑揚のない一本調子をもっと執拗に追求し、まだいくらかでも残っていたアドレナリンがすっかり抜き去られ、アップ・テンポな二曲（〝プライマリー〟と〝ダウト〟）を削除していたら、『フェイス』というアルバムにとってプラスになっていたことだろう。その二曲以外の全曲にわたり、『フェイス』はポップをフラットライン状態に陥れる――もっとずっと速く駆け足していた、以前の段階のこのバンドが歌った「急停止」〔※Grinding Halt。ファースト収録曲〝グラインディング・ホルト〟〕を起こすことなく、それでも可能な限り完全な静止寸前のところまでポップを平坦で動きのないものにする。『フェイス』の静止状態に平穏な落ち着きは存在しない。それは穏やか（tranquil）ではなく神経が鈍らされた状態（tranquilized）であり、ダウナーに重たい。大海の静けさというよりむしろ水浸しになった、沼地にはまった感じだ（実際には、『フェイス』は精神安定剤ではなく覚醒系のコカインを摂りながら作られた）。このアルバムは重力がはるかに強力な、どこか他の惑星からやってきた感じがする。この粘っこい重量感の効果を生む役目を主に担うのは、これまでになく前面に押し出されたシンセサイザーだ。それは、血流に流れ込んでくるヴァリウムのごとくサウンドを埋め尽くす冷たいぬくもりを備えている。鎮静剤と同様に『フェイス』も、角が取り払われているかのようだ。角度なき世界、むっとこもった空気、輪郭のぼやけた荒涼たる霧。ジョイ・ディヴィジョンにあった冷静沈着な資質は欠けている——これは鬱のサウンドでも、あるいは（『ムーヴメント』〈一九八一〉のような）心的外傷を負った後のストレスのサウンドでもない。ある種の完膚無きまでの運命論のサウンドであり、そこでは何もかもほとんど意味がなく、「猫はみんな灰色（All Cats Are Grey）」になる。『フェイス』はすべての希望を明け渡すことに、ゾンビのふりをしながら死者を気取り、「溺れる人間のように呼吸する」ことに奇妙な高揚感を見出す。ブレイスウェルのキュアー・サウンドの描写は、『フェイス』にもっともよく当てはまる——

> 洞察も論争のタネも、メッセージも決起のアンセムもない。むしろ、キュアーは郊外そのものの音楽的な表現だ。密度が濃く反復型のサウンド、うっとりするような哀歌を伝える無限に移し替え可能なサウンドであり、そのすべてがあたかも未来永劫続くかのように響く——郊外にえんえんと伸びる街路、三日月路、車道のごとく【註5】。

『フェイス』収録曲は膨張させられた、その反復性においてヒプノティック（あるいはヒプナゴジック）なものであり、大概九十秒から二分は続くイントロ部を経てスミスの意気消沈が生霊のように漂ってくる。スミスと共にその鏡を通り抜ければ、初体験者の耳には方向性の定まらない哀歌の数々と聞こえるものがやがて病みつきになる安定した高原（plateau）へ、そのなかで自らを忘れてしまうのが楽しい穏やかな大吹雪に変わる。

これを経た後には、普通なら回復と回帰を、代償としての高揚を期待するものだ。だが結果的にキュアーの地獄の季節はまだ終わりからほど遠く、続く『ポルノグラフィー』は病的な衰弱化という意味で『フェイス』をもしのいだ。ただし、『フェイス』の無定形さは、新たに削られたギザギザした擦り傷とリズム面での苛立った緊迫感、当時流行っていたトライバル・サウンドのキュアー流解釈に取って代わられている。そのひな形はどうやら、『クローサー』収録曲でもあまりシンセサイザーを重用していない、もっとメタリックで荒削りなブルータリズム調なトラック（〝アトロシティ・エキシビション〟、〝コロニー〟）、P．I．L．の洞窟めいたがらんどうな音空間、「廃墟で踊る」型のキリング・ジョークの都会的な無規範らしい。結果このアルバムは、ヒステリーを起こした者ではなく神経衰弱者が歌った〝フラワーズ・オブ・ロマンス〟（一九八一）、バッドなトリップを引き起こすアシッドと精神安定剤を食らわされたキリング・ジョーク、ファンクさを奪われた23スキドゥー、それらが一堂に会し一斉に鳴っているように聞こえる。

一曲目、〝ワン・ハンドレッド・イヤーズ〟こそキュアーの傑作だ。この曲のはじまりは見事で、出だしの「僕たちみんな死んでしまおうが構わない」というスミスの抑揚のない詠唱は、サーカスの呼び込みを気取るカーティスが〝アトロシティ〜〟で悪意混じりに歌う「こちらから、どうぞお入りください（This is the way step inside）」以上に禍々しい招待状だ。ジョイ・ディヴィジョンの〝ディスオーダー〟と同様に、〝ワン・ハンドレッド〜〟も死に取り憑かれた自己埋没からふと顔を上げ、世界をじっくり見渡しているように思える——歌詞は、神経衰弱のまっただ中にある思春期の神経系を通過して吐き出される冷戦のティッカーテープだ——が、実のところこの曲が検討の対象に選ぶのは、唯一正当化できる姿勢は宇宙的な絶望だけであるとの仮説を裏づける物事ばかりだ。「黒塗りの車の後部で抱く野心……屠殺された豚と世界を共有する……近づいてくる兵士たち……」。スミスはまるで、『地球に落ちて来た男』（一九七六）のもっとも有名な場面、悪いニュースばかり流れるテレビ画面の山に釘づけとなり茫然自失状態の、ボウイ演じるニュートンのように聞こえる。これを悲惨ではなくエキサイティングなものにしているのは、デス・ディスコ〔※PILの一九七九年のシングルのタイトル〕なドラム・マシンの壊死しかかった切迫感と、光害で照る夜空に発射された炎火ロケットの遭難信号のごとく輝くスミスのギター・リフだ。

『ポルノグラフィー』でのスミスのギターがしばしば東洋風に響くとしたら、それは「精神を解放せよ」型な異国趣味のヒッピー夢想がナパーム弾で木っ端みじんに消し飛ばされた後の、そんな幻影の「東」を呼び覚ます。『ポルノグラフィー』がLSDをアルコールで流し込みながら録音されたのは有名な話だが（バンドはパブに潜伏し、アシッドの効果が薄まるのを待ってスタジオ入りしたものだった）、それは『地獄の黙示録』（一九七九）と同じ意味でサイケデリックな作品だ（『地獄の黙示録』こそ——そこに描かれる戦争をポルノ化する過剰なメディア、スキゾな精神錯乱、一寸先は〟ジ・エンド〟〔※ザ・ドアーズ／一九六七〕の感覚でもって——ポスト・パンク映画だった、と主張するに足る根拠はある。たとえば23スキドゥーは、そのヴィジョンを完全に成形して浮上したバンドのように思えた）。『ポルノグラフィー』の錯乱は映画『ジェイコブス・ラダー』（一九九〇）のバッド・トリップであり、クロウリーのベッドルームで熱にうなされながら夢想したサイキックなインドシナ半島、郊外の心の闇が喚起する不安を膨張し歪んだ形状に変える幻覚剤だ。
スミスの歌詞は、イメージがもたらすインパクトを優先すべく意味性をずたずたに引き裂く。彼は常に「映画的なアンビエンスの調達人」（ブレイスウェル）だったし、『ポルノグラフィー』収録曲にしても、決して明解に意味を成さない印象的なイメージの数々（「ヴードゥーな笑み……シャム双生児」）でムードを伝えてくる。このアルバムは、ゴス版の箱詰めチョコレートだ――楽しさに欠けフラットな、ひたすらチョコレートをむさぼる病的な耽溺行為。
ジョイ・ディヴィジョンの〝アトロシティ～〟にシュトックハウゼンの〝ヒュムネン〟（一九六七）を継ぎ足したごとき、咆哮しギシギシ軋りを立てるタイトル曲のフィナーレで、スミスは救済を求める。「僕はこの病気から回復しなくちゃならない……治療（cure）を見つけるんだ」。だがその病気、それこそが、キュアーのもっとも興味深い点だった。

（坂本）

【註1～3】マイケル・ブレイスウェル、『England is Mine: Pop Life in Albion from Wilde to Goldie』（Flamingo, 1998）
【註4】ジェイムズ・オールダム、「Bad Medicine」、Uncut（2 January 2000）
【註5】ブレイスウェル、『England is Mine』

光を眺めてごらん

——k-punk, (16 November 2005), http://k-punk.org/look-at-the-light/

クロウタドリの歌声の波形を岩の堆積層の図に置き換えたイメージ。そんなジャケットに包まれたケイト・ブッシュの『エアリアル』は、ドゥルーズ的なイージー・リスニング音楽だ。神がかった、動物に生成変化する女性のさえずりが響き渡る輝く空間、光と軽やかさとに捧げる聖歌。

既に固まりつつある批評家内のコンセンサスに、僕も同意する。つまり〝キング・オブ・ザ・マウンテン〟を除き、ディスク1——「ア・シー・オブ・ハニー」と題されている——は、壮麗な組曲「ア・スカイ・オブ・ハニー」を収めたディスク2の前菜に過ぎない、と。

表向きは、この十二年ぶりの帰還となった新作で、ブッシュにはボウイやマドンナのように「今日性」の追求を繰り広げることも、あるいはブライアン・フェリーのようにセッション・ミュージシャンが寄ってたかってエアブラシをかけた「時を越えた音楽」に穏やかに横たわることもできた。実際、彼女が選んだのは後者の方向性に近いが、それでもフェリーが過去二十年間に発表してきたどのアルバムよりもはるかに成功している。『エアリアル』を構築するのにブッシュが用いた音のパレットに含まれる異分子はわずかであり、八〇年代半ばのリスナーが聴いてもまずたじろがないだろう。

にもかかわらず……特に「ア・スカイ〜」には、器楽編成こそ違うものの、もっと後に登場したジャンルのフい、レ、イ、ヴァー、が備わっている。現れては消える鳥のさえずり、抑制されたストリングスとシンセの淡い輝き、大気の変化——穏やかかと思えば荒れ、湿度を上げたかと思えば温暖になる——は、アンビエント・ジャングル（僕は何度かゴールディーの〝マザー〟〈一九九八〉を思い浮かべた）、阿片系な穏やかさを伴うマイクロハウスの青々と繁った広大さ、ウルトラマリンといった英国産田園テクノを想起させる。

ドゥルーズ＆ガタリが鳥の歌について述べるのは、『千のプラトー』の「環境とリズム」〔※原文表記「Of the Refrain」。同書十一章「リトルネロについて」参照〕の箇所だ。ひとつに、リトルネロは領土的な目印であり、内面性をたどる。また一方で、リトルネロは宇宙に向けて開かれてもいる。『エアリアル』も同様に二重構造だ——「ア・シー〜」は慣れ親しんだ／家庭的なもの（ハイムリッヒ／heimlich）を探り、「ア・スカイ〜」はコズミックなものを夢見る。

〝キング・オブ〜〟は今年のベスト・シングルの一枚だ——即効というより潜行型で徐々に入り込んできて、気がつくといつの間にかクセになっている、こちらの死角をつく誘惑の歌だ。吹雪にさらされた高い山の頂に立つその家のなかには、「ア・シー〜」の主柱を成す二大テーマ——家庭性と孤立——のもっとも崇高かつ根元的な解釈が含まれる。ザナドゥ城にこもったケーンにグレイスランドのエルヴィスがだぶり、彼らの無人の大邸宅のメランコリックな絢爛さの周りを寒風が吹きすさぶ。

「ア・シー〜」のそれ以外の楽曲は、こうしたメディアの神話的景観から引き下がり、もっとくつろげる領域に落ち着く。息子に歌いかける曲〝バーティー〟でブッシュは軽く感傷に浸り、〝ハウ・トゥ・ビー・インヴィジブル〟や〝ミセス・バルトロッツィ〟ではアノラック、ニオイアラセイトウの花、洗濯機といったイメージを通じ、家庭的な幸せと陳腐さ、ペーソス（悲哀）とベイソス（意図せぬユーモア）を分かつ一線に思いをめぐらす。

「ア・シー〜」が実に興味深く魅力的なのは、その「母親の悦び」の探究ゆえだ。エプロンのひも＝母／妻の支配を断ち切ること、母性の拒絶を際限なく演じてきた性質上、ロックの歴史はこの面を切除してきた。ここでの家庭空間はどこか抑圧的で甘ったるくてくどく、ブッシュの作り出す保護された内面性には息を詰まらされる、飽くことを知らぬ貪欲さめいたものが備わっている。その「家庭生活ののどかさ」は文字通り閉所恐怖症的で、ののどかさが侵入を食い止めようとしている「外部」に悩まされる。〝ハウ・トゥ〜〟はおまじないであり、そこでは極めてありふれた物体が防御用の魔除けとして、一般社会の世界から撤退した家庭生活の保護剤として力強くかざされる。だがハイムリッヒ／家庭的でありふれたもの（homely）は、また常に、ウンハイムリッヒ／なじみのない（unhomely）、不気味なもの（uncanny）でもある。〝ミセス〜〟で、未亡人の孤独感は物干にかかった洗濯物をシュヴァンクマイエルのエロティックなダンスに変容させる――閉じ込められた精神の抱える退屈、寂寥、悲哀が、着る者のいないもぬけの殻となった服をアニミズムめいた記憶の劇場へ変貌させる。このように狭まった視界では、床の掃除は守られるべき宗教行事、弔いとメランコリーの行為になる。

「ア・シー〜」が台所を舞台にした、カーペットで覆われ四方を壁で囲まれた日常空間で起きる幻覚だとしたら、「ア・スカイ〜」はワイドスクリーン、白眉の一曲〝ノクターン〟の歌詞にあるようにパノラマ調だ。何もかも外に開けている。我々は家という人工的な繭を脱ぎ捨て庭に足を踏み入れるかのようで、その庭はエルンストの描くうっそうとしたジャングルに変わっていく……。

「ア・スカイ〜」でもっとも感銘を受けるのは、そのコンポジションの荘重さだ。過去にブッシュのやってきたもののように聞こえるが、彼女の全作品を見渡してもこれだけ持続性のあるものは他にない。ここで言う「コンポジション」は少なくとも音楽家的な意味でのそれ（作曲）と同じくらい画家的な意味（構図）でもあり、なぜなら「ア・スカイ～」はブッシュのもっとも画家的なレコードだからだ。音のひとつひとつが、デリケートに構築され詳細に創案された一枚の絵に加えられる繊細なひと筆だ。ジェイムズ・ジョイスやエミリー・ブロンテと同じくらい、ヴァン・ゴッホ（「花が陽に溶けている！」／〝エアリアル〟）、シャガール、エルンストも彼女のガイド役らしい〔※ブッシュは〝ザ・センシュアル・ワールド〟（一九八九）でジョイスの『ユリシーズ』（一九二二）、〝嵐が丘〟（一九七八）でブロンテの『嵐が丘』（一八四七）からインスピレーションを引いた〕。画家のメディア――光――は、「ア・スカイ～」における最大の関心事と言えそうだ。街頭画家が舗道にチョークで描いた絵が雨で台無しになるイメージは、「ア・スカイ～」の要だ――「どの色も流れ落ちていく」。だが悔いや物悲しいムードはここでは長続きしない――ブッシュはたちどころに、流れ出した色から生まれた「素晴らしい日没」を祝福してみせる。皮肉なことに、これほど技巧を凝らし丹念にデザインされた、ロックとジャズの即興性とは実に無縁なレコードである割に、ここでのメッセージは「偶然」こそ創造の卓越したフォルムである、だ。生成の無垢を大いに楽しもうよと、「光を眺めてごらん……それは絶え間なく変化しているから……」と、我々は優しく促される。このレコードは「とある瞬間」の蝶の羽根のような儚さを、「自然」が狂ったような勢いで作成すると同時にそれを構成してもいる絶えず変化する「此のもの性（Haecceity）」の数々を、我々がいつもそこで迷子になる「どこかとどこかの間（あわい）」が放つつかの間の玉虫色の輝きを祝福する。覚醒状態と眠り、陸と海、空と塵、昼と夜の狭間で、「ア・スカイ～」は最後を飾る〝サムウェア・イン・ビトウィーン〟、〝ノクターン〟、〝エアリアル〟の三曲で落ち着いた、大げさな盛り上がりを回避した高原（plateau）に達する。〝サムウェア～〟までに我々は何もかもが脱実体化していく夕暮れどきを迎え、薄れゆく光のダンスであるこの歌は魔法にかかったような、どっちつかずな夕刻の状態をじっくり味わう。〝ノクターン〟はこれまでの彼女の作品のどれとも引けを取らない——その夢のように大海を漂うディスコ調は、ある意味パティ・スミスの〝ランド〟（一九七五）への穏やかな回答と言える。スミスの不安と情熱で白く泡立つ海水はなだめられ、静止した滑らかな湖水面に変わり、その下で両生類的な欲望が泳ぎ混じり合う。〝ノクターン〟は、セリーヌのとった『夜の果てへの旅』（一九三二）とはまったく異なる夜の終わりへの旅路だ。ヴァン・ゴッホ的な幻視者は身体をストレッチし、空の高みと海の底へ同時に達しようとする。

私たちの髪に絡まるいくつもの星
私たちの指にまとわりつく星々
それはダイヤモンドの塵でできたヴェール
とにかく手を伸ばして触れてごらん
私たちの頭上には大空が広がり
私たちの脚は海に浸っている
ミルクのような、絹のように滑らかな水のなかを
私たちはどんどん泳いでいく
潜る……深く潜っていく……

ここにはジョイスのアナ・リヴィア・プルーラベル〔※『フィネガンズ・ウェイク』（一九三九）の登場人物〕を思わせるふしがあり、川は海を目指し流れていき、夢見る心が目覚めた瞬間、大海に飲み込まれる。続く〝エアリア

ル〟で、水面にチラチラ明滅するまだら模様の姿をとって陽光が戻ってくる。「鳥たちはみんな笑ってる」と歌いながらブッシュもそこに混じっていく。

堂々たる、聴くたびに良さが増す作品だ。

（坂本）

ポップは不死身なのか？

——k-punk, (31 January 2006), http://kpunk.abstractdynamics.org/archives/007289.html

憑在論をめぐる魅力の連なりが現在にあるとすれば、ポップの死、欠乏、終焉に対する積み重なる不安もある。いくつかの例を挙げてみよう。「ブラック・ミュージックの死」に関する残虐な記事（引用されている統計のみが重要）【註1】、サイモンが『フリーズ』に書いた二〇〇五年のまとめ【註2】、それから『Dissensus』の数多くの最近の投稿などである。ある疑念を避けることはできない。憑在論が現在我々にとって、とても魅力的に映る理由のひとつは、無意識的に、かつますます意識的に、我々は何かが死んだと疑っているからだ。

永遠に続くものなど何もない、そんなことはわかっている。

もちろん、ポップの終焉の知らせは何も新しいことではない。そして、「死」と病的状態の言語に懐疑的になる理由はいくつでもある（特に、それが生の生気論的価値化にあまりにも譲歩しているからだ）。実のところ、文化的な観点においては、何も本当には死にはしない。ある点において——たいていは懐古的にのみ見分けられる点だ——文化は側線へと流れ込み、自身を更新するのをやめ、トラッドへと硬化する。それらは死ぬことはなく、不死身となり、古いエネルギーで生き残り、動き続ける。ボードリヤールの亡くなった自転車選手のように、惰性の重さのみによって。文化には活気や痛快さがしばらくの間だけある。抒情的な詩、小説、オペラ、ジャズにはそれぞれの時代があった。これらの文化が死にゆくものであることに疑問の余地はなく、生き残っているものの、力への意志は減退しており、時代を定義づける能力は失われている。歴史的に重要でも実存的でももはやなく、特定の歴史を示すものであり美学的なものになっている――ライフスタイルの選択肢であり、生き方ではないのだ。

我々は、ポップはこの過程から影響を受けるべきではないとする信条へと、どんな文化や文明も陥る幻想によって騙されて導かれる(ことによると、それは必要な幻想なのだろうか?)。それは、我々の文化は永遠に続いていくであろうという幻想でもある。したがって、我々が問わなければいけない問題とは「ポップは死ぬのか?」ではなく、ポップはすでに不死の境地に達しているのか、ということである。それら我々をエントロピーのタンゴへと誘惑し、ゾンビの指で我々を握り締め、永遠の無関係性へとゆっくりと下降していくのだろうか。問題がもはや提起されなくなった瞬間に、ポップが本当に末期に達したと我々が確信できるのだとしても、それを問う価値はある。

僕を警戒させるのは、ポップの現在の状況に関する警戒の欠如だ。アークティック・モンキーズのようなグループに対する非難や不安はどこにあるのだろう? たしかに、アークティック・モンキーズがそのレトロの先祖たちよりも恐ろしく劣っているわけではない(とはいえ、もし何か警報ベルを鳴らすものを設定しなければならないとすれば、それはありふれた先駆けよりも「悪くはないこと」が、無音の祝辞よりも、コメントするに値するという状況である)。新しいのは、アークティック・モンキーズの謙虚な「達成」と彼らの成功のスケールの不一致だ。重要な成功は、もちろん、今まで以上に買いやすい(そのため、『NME』がイギリスの産んだ五番目に重要なオールタイム・アルバムとしてアークティック・モンキーズを評価したことに驚くべきではない。実際のところ、それに対する反感の方がもっともな反応だろう)。けれども、アークティック・モンキーズの成功の量的なスケールという、もっと不安にさせるような流行がなかったとしたら――発売週に過去最高の売り上げを記録したＵＫデビュー・アルバム！　これが暗示するのは、ポップのオーディエンスと同様にオールド・メディアの評論家におけるリビドー的欠損である――、そのような主観的で、プロフェッショナルに都合のいい過大評価は些細なものだろう。

　アークティック・モンキーズの成功は、ポップ主義者や、ポップのモダニスト的傾向にいまだに忠誠を誓う我々にとっても同様に暗いニュースである（ここで触れておくべきなのは、Ｒ＆Ｂとヒップホップが行き詰まりぎくしゃくするなか、ポップ主義が認めたポップは、モダニズムの燃え盛る炎が持続する最後の場所のひとつになっている）。マーセロが最近『Church of Me』で提案しているように、新しいポップ（レイチェル・スティーヴンスやガールズ・アラウド）はかろうじて安定しており、決して成功しているとは言えず、その（比較的）がっかりするようなセールスは、レトロ・インディと新たな正当性（ジェイムス・ブラント！　ジャック・ジョンソン！）の飽きることを知らない栄光と比べると不吉に映る。そこにはある種の逆転があり、ポピュラー・エクスペリメンタルの昨今のインディ以前のインディペンデントな立場を新たなポップが占領し、インディがメインストリームを牛耳っている（なので、『フリーズ』記事のサイモンとは対照的に、「グライムとインディ・ロックの」ある種の一般的で酷く不快なフュージョンではなく、新たなポップが、今日においてポスト・パンクに最も近い同等物なのだと僕は主張する）。『ＮＭＥ』がブラントをその授賞式からこれ見よがしに追放するまでになった事実から、この時代の様子が窺える（なぜならブラントの感傷的なつぶやきと『ＮＭＥ』を愛するものたちのそれには、**想像を絶する**距離がある）。ジェイムス・ブラント対コールドプレイ――これはポップの敵対感のなれの果てなのだろうか？　ジョナサン・スウィフト的な嘲笑のみを刺激する擬似紛争である。

嫌悪はお前の敵ではない、愛が敵なのだ。

こうしたプラスティックのような敵対感が（そして『NME』／企業インディは、自分たちの消費者に対して何かのオルタナティヴであり、なんらかの常識や彼らがまだ占有していない自己満足的で中道的で凡庸な領域があるのだと彼らを説得しないでは生き残ることができないのだ）、ポップをかつて持続させた真の敵対感と置き換わる。最も熱心なファンですら何かが欠けていると感じているに違いない――ピート・ドハーティの子犬のようなジャンキーの目が、彼が仮に死んだとしても、茶番は止まらないであろうという悲しい事実を彼さえも認識していることをほのめかしている（現在における不調の大部分が「欠けているもの」は気づかれもしないという事実によって説明することができるとは疑わしいのだが、それが嘆かれたり渇望されることもほとんどない）。

インディはイギリスのチャートからブラック・ミュージックをほとんど追い出してしまったのかもしれないし、ハイブリッド性は議題から外れているのかもしれないが、そういったインディ・バンドたちがヒップホップとR&Bをただ愛しているのは間違いない。今はもう枯渇してしまった重大でネガティヴなエネルギーによって、ポップは最高潮にあった――もしくは、今日の音楽の寄せ集め、あるいは、インディやR&Bがあちこちで少しずつ選べるようなポーモ的なビュッフェにとって、そのエネルギーはあまりにも礼儀を欠いているため追放されてしまった。そこで矛盾や特異な存在はフォトショップによって消され、しっかりと調整された一個の消費者向け買い物カゴに幸せそうにフィットしている。もし、ポスト・パンク時代の革命的興奮が、絶え間なき不満、不安、不確かさ、怒り、激しさ、不公正さによって特徴付けられるのなら――つまり、絶え間なき批判の雰囲気によって――、今日のポップのシーンは、緩さ、面白みのない容認、静止した快楽主義、肥大した自己満足（あれら**山ほどの授賞式ときたら！**）、つまりPRによって満たされているのだ。

いまポップに欠けているものとは、虚無化とすでに存在しているものの否定によって新しい可能性を生み出す能力である。多くの可能性のうちのひとつの例を挙げてみよう。ザ・バースデー・パーティとニュー・ポップの両方は、お互いを虚無化した。相互容認や相互無知の関係から遠くはなれ、バースデー・パーティはニュー・ポップではなく、ニュー・ポップはバースデー・パーティではないことによって、たいていの場合、お互いは自身を定義していた。テーゼ－アンチテーゼのような単純な弁証法的観点としてこれを早急に捉えてしまうべきではない。なぜなら、その関係は対当的であるだけではなく、虚無化にはつねに一通り以上の方法があり、いかなる個別のものは、ひとつ以上の〈他者〉を常に虚無化できるからだ。少なくとも、更新された虚無化の能力は、ポップを駆動させたものであるとするのはもっともなことだろう。なので、ポップを隣接しつつも調和した選択肢の諸島や、幸福な混成性、あるいは青ざめた通約不可能性としてではなく、虚無化する渦巻きの螺旋としてあえて捉えてみよう。そのようなポップのモデルはポストモダンの一般理念にとっては完全に異質である。しかしポップはモダニストであるか、何ものでもないかのどちらかだ。

単純に、現在的な何かは、それが新しいものであるとは意味しないからだ。ポップは二十五年前のほうが良かったと言うのはノスタルジックになることで**はない**。反対に、インディのレトロを反芻するランニングマシンにおける最近の繰り返しを容認するだけでなく、喜ぶことができる雰囲気だけの、密閉した完全なノスタルジアに抗うことなのだ。

ポップ主義的ドゥルーズ主義／ドゥルーズ主義的ポップ主義の義務的な肯定性とはきっぱりと手を切ろう。私たちがいまをたまたま生きている事実は、これが**いままでのなかで**生きるのに最高な時間であるという信条に献身しなければならないとは意味しない。娯楽を探し出し、向かうあらゆる場所で少しの興奮を拡散する義務は我々にはないのだ（今日の厳然とした砂漠と比べると、紛れも無い豊穣のただなかにあった、七〇年代中期にオーディエンスを楽しませるのがどれほど大変だったか、そしてその不満が何を生み出したかについても考えてみてほしい）。なので、「どんな年であったとしても、いつだって良いレコードを見つけられる」という事実についての消費主義的小言はやめてもらいたい。もちろん、たしかにそうであるのだが、ポップが良いレコードに還元された途端、すべては一巻の終わりなのだ。ポップがもはや世界の虚無化、可能なものの虚無化を求めることができなくなったとき、ポップは我々の時代にふさわしい幽霊に過ぎないものへと堕すだろう。

（髙橋）

【註1】ハンナ・プール、「Whiteout」、『ガーディアン』（28 January 2006）、https://www.theguardian.com/music/2006/jan/28/popandrock

【註2】サイモン・レイノルズ、「Music 2005」、『Frieze』（九十六号／二〇〇六年一月－二月）、https://frieze.com/article/music-2005?language=en

クラーケンのメモレックックス——ザ・フォールのパルプ・モダニズム パート1

——k-punk, (8 May 2006), http://k-punk.abstractdynamics.org/archives/007759.html

(この文章の別版は先にマイケル・ゴダードとベンジャミン・ハリガンによる『Mark E. Smith and The Fall』(二〇一〇、アッシュゲイト)に掲載されている)

おそらく産業の幽霊が亡霊を解雇しているのだろう

——ザ・フォール『ドラグネット』(一九七九年)ライナーノーツ【註1】

M・R・ジェイムズよ、誕生せよ、誕生せよ
ヨグ・ソトースよ、我をレイプしたまえ
泥ハイ・チョイ
ヴァン・グリーンウェイ
アー・コーマン

——ザ・フォール〝スペクター・ヴァーサス・レクター（亡霊対牧師）〟【註2】

やせこけ、ねじれ、やつれている——スミスは幽霊とワルツを踊るのではない。彼は幽霊を物質化するのだ
——マーク・シンカー「ルック・バック・イン・アングイッシュ」【註3】

誰が奇妙なもの（weird）を理解できるというのだろうか？

この解読を試みるのに僕には二十年以上かかってしまった。当時、ザ・フォールは僕に何かをした。でも何を、どのように？

それを「事件」ということにしよう。そして同時に、すべての事件には不気味なもの（uncanny）の側面があることを指摘しておこう。もし何かが異質すぎると、それは理解されることはない。もしあまりにも容易に認識されると、もしくは容易に認識可能だと、既知のものの反復以上になることはない。ザ・フォールが僕の神経系に突っ込んできたのは、一九八三年頃のことで、それはあたかも馴染みある世界が——自分にはあ、ま、り、に、も馴染みがありすぎ、あまりにもありふれていたため、ロックとはゆかりもなかった、と僕は思っていた——表現主義的に変容され、あたかも永遠に変化してしまったようだった。

一九八三年、ザ・フォールの偉大な作品がもう世に出ていることを僕は知らなかった。それ以降のアルバムにも素晴らしい点があるのは間違いないけれど、『グロテスク（アフター・ザ・グラム）』（一九八〇）、『スレイト』（一九八一）、そして『ヘックス・エンダクション・アワー』（一九八二）で、グループは自身が——そして数少ない他のグループにも——超えることのできない持続的な抽象的発明の域に達した。この三部作は、その野心、

言語の創意と形式的革新において、二〇世紀の高尚な文学的モダニズム（ジョイス、エリオット、ルイス）の偉大な作品との比較にも耐えうる。ザ・フォールは、たとえばエリオットが『荒野』（一九二二）でおこなったように、労働者階級のアクセント、方言、言葉遣いの模倣を逆転させることで、高尚なモダニズムの様態を拡張し、パフォーマティヴに批評した。スミスの戦略では――想定しうる大衆エンターテイメント形式の領域で――、攻撃的なまでにアクセントを保持しながら、高度に不可解な文学的実践がおこなわれた。それによって、彼は知性、文学的洗練、そして芸術的実験主義が特権的で公式な教育を受けたものに限定されているという考えを荒廃させた。けれどもスミスは上流たちの風習の猿真似はその他の危険を提示することを知っていた。ホワイト・トラッシュ〔※white trash（白人のゴミ）は白人の低所得階級を指す蔑称〕が文明化されうることの（上流たちへの）証明であっては決してならないのだ。もしかすると、彼の執筆のすべては、その始まりから、すべての労働者階級の大志を抱く者たちが直面するパラドックスからの脱出の試みだったのかもしれない――それは労働者階級の成就の不可能性である。今いる場所に留まれ、親父の言葉を話せ、何者でもないままでいろ。出世し、主人たちの言葉を話し、何かしらの存在になったとしても、それは自分の出自を消し去ることによってのみ可能なのだ。成就とはまさにこの消去のことではないのか？（「君はちゃんとセンテンスを繋げられるんだから、労働者階級のはずがないじゃないかね？」）

スミスにとっての誘惑とは常に、所与の社会的世界に割り当てられた場所から話す、労働者階級の代弁者としての容易な役割にはまってしまうことだった。スミスはその役と戯れながら（「言い返すホワイト・トラッシュ」、〝プロール・アート・スレット（プロレアートの脅迫）〟、〝ヒップ・プリースト〟）、それを実際に演じることを拒んでいた。表象が罠だということを彼は知っていたのだ。社会的リアリズムは敵だった。なぜなら想定される

「単なる」社会秩序の表象が、実はそれを構成していたからだ。公式の左翼の社会リアリズムに抗い、よく知られているようにバフチンが『フランソワ・ラブレーの作品と中世』(一九六五)で記した「グロテスク・リアリズム」の二〇世紀後半の都市的イギリス版をスミスは発展させた。このグロテスク・リアリズムに必要不可欠なのは、文化(そして大衆)が洗練されたものか粗雑なものかを判断する分類システムについての議論である。ピーター・スタリブラスとアロン・ホワイト〔※共著『境界侵犯』〕が主張したように、「グロテスクには、すでに高低の基準を設定し、割り振る支配的イデオロギーの批判として機能する傾向がある」【註4】

労働者階級の話法と文化の高尚なモダニスト的盗用ではなく、スミスのパルプ・モダニズムは、モダニズムとその否定されたパルプのドッペルゲンガーとを再び出会わせるのだ。

ラヴクラフトはここで重要な人物だ。彼のテクストは――『ウィアード・テイルズ』のようなパルプ雑誌に当初は掲載された――パルプ・ホラーとモダニズムのオカルト的な交易によって現れたからだ。ラヴクラフトの短編小説を辿ると、ロード・ダンセイニ、M・R・ジェイムズを経由してポーに至る。けれどもポーもまたモダニズムの発展において決定的な役割を果たしている――ボードレールやマラルメ、ヴァレリー、そしてそれらを愛読していたT・S・エリオットへの影響を通してだ。『荒野』の『吸血鬼ドラキュラ』(一八九七)からの影響はよく知られている【註5】。ラヴクラフトの『クトゥルフの呼び声』(一九二八)のような断片的で引用的な構造は、一方で『荒野』を想起させる。それ以上に、ベンジャミン・ノイズが彼の論文「ラヴクラフトというサントーム(特異性としての症状)」(サセックスでの「ゴシック・リメインズ」会議で最近発表)で主張したように、ラヴクラフトの真面目な研究者たちが敬遠する忌まわしいものは、キュビズムと未来派のアートと比べられる。つまり、ラヴクラフトはモダニズムをホラーの対象に変えたのだ。

けれども、ラヴクラフトのテクストは奇妙なフィクション（weird fiction）の典型であり、直球のゴシックというわけではない。奇妙なフィクションには独自の一貫性があり、ファンタジーと不気味なもの（uncanny）というふたつの隣接したモデルに例えられることによって最も明確にその姿を捉えることができる。ファンタジー（トールキンが好例だ）は、完成された世界を前提としており、一見「我々のもの」とは異なる世界だが（異なる種族や超自然的力は存在しているかもしれない）、政治的にはあまりにも酷似している（封建的階級の秩序付けに対するある種の郷愁がしばしば見られる）。一方で、不気味なものは「我々」の世界に設定されている――その世界はもはや「我々」のものではなく、自身と一致しなくなり、離反した状態になっている。しかし、奇妙なものはふたつの（またはそれ以上の）世界の違いに依拠している――ここで「世界」は存在論的な意味を持っている。これは経験的な差異の問題ではない――エイリアンたちは別の惑星から到来するのではなく、他の現実システムからの侵略者なのだ。したがって、決定的なイメージは、境界、あるいはこの世界から別の世界の扉であり、主要人物は「境界に潜む者」なのだ――ラヴクラフトの神話においてヨグ・ソトースと呼ばれるものである。その政治的で哲学的な意味は明確だ。世界は存在しない。我々がこの世界と呼ぶものは、局地的な同意に基づく幻覚であり、共有された夢なのだ。

そこに誰かいないのか?

「パート1：亡霊対牧師

牧師はハンプシャーに住んでいた

亡霊はコラジーナ出身だった）……」

——ザ・フォール、〝スペクター・ヴァーサス・レクター〟

〝スペクター・ヴァーサス・レクター（以下、亡霊対牧師）〟は一九七九年の『ドラグネット』に収録されている。いまだに聴くと寒気が走る。ザ・フォールがパルプ・モダニスト的手法を明らかにし実行した初めての瞬間だ。〝亡霊対牧師〟は幽霊話であるばかりでなく、幽霊話の批評でもある。そのコーラス（とでも呼べるもの）は、パルプの先祖たちの祈りであり——「M・R・ジェイムズよ、誕生せよ、誕生せよ／ヨグ・ソトースよ、我をレイプしたまえ……」——そこで言語は意味をなさない合唱、言語的エクトプラズムへと移行していく。「泥ハイ・チョイ／ヴァン・グリーンウェイ／アー・コーマン」

偶然の一致ではなく、〝亡霊対牧師〟はザ・フォールが彼ら自身のような音になり始めた瞬間だった。それ以前、ザ・フォールのサウンドは顔色が悪い、目立つほど消耗し切ったガレージ系のギラギラとしたパンクで、アンフェタミンの摂りすぎで痩せ細り、ピリピリしていて、マリファナのような宿命を背負い、同時に傲慢で自分に自信がなく、その安っぽい意地の悪さを挑戦として提示していた。スミスの後年の（周辺的な）ヴィジョンのすべての要素は、『ライヴ・アット・ザ・ウィッチ・トライアルズ』（一九七九年）と『ドラグネット』のその他の楽曲にある——涙目で霞んだ網膜の隅に潜む姿、向精神薬的昏迷に映る工業団地。けれどもそれらはまだ、凝縮され、スミスの一貫した次元を構成する魔女の毒薬へとパルプ化されてはいない。

〝亡霊対牧師〟では、あらゆる退化したロックの現前（*presence*）は憑在論へと沈んでいく。元の楽曲は、そういった類のものではない——それはすでにパリンプセスト〔※書かれては消された痕跡を持った羊皮紙のこと〕であり、自身によって震え上がっている。少なくともふたつのヴァージョンが演奏されていて、それらは同期していない。楽曲（track）は——間違いなく楽曲（track）であり、けっして歌（song）ではない——そのテクストとテクスチュアの性質を前景化している。カセットのハム・ノイズで始まるのだが、スリーヴノートでそれが部分的に「マンチェスターのジメジメした倉庫で録音された」と知っても、全く驚きはない。スティーヴ・ハンリーのベースは、錯乱した地下種族によって発明された、宥めようがない大地を揺るがす機械のように騒音をがなり立て、地下から湧き上がってくるというよりもむしろ、一般的な音の価値が反転する穴居人的なゴブリンの王国へとサウンドを引き込んでいる。これ以降、重要なすべてのレコードにおいて、ハンリーのベースはリード楽器、つまりザ・フォールの上下真逆のサウンドが組み立てられる怪物的基礎になるのだ。マンチェスターのモダニスト仲間であるジョイ・ディヴィジョンのように、メロディよりもリズムに特権を与え、ザ・フォールは白人ロックの文法をかき乱す。

彼らはモダニスト仲間であったのかもしれないが、ザ・フォールとジョイ・ディヴィジョンのモダニズムに対する考えは全く異なる。ハネットとサヴィルはジョイ・ディヴィジョンにミニマリストでメタリックな厳格さを与えた。対照的に、ザ・フォールのサウンドとカヴァー・アートは、ねじれて、コラージュのカットアップで、意図的に未完成である。両バンドとも近寄りがたいほど強烈な先見的ヴォーカリストに率いられていた。だが、カーティスがうつ病的な神経質、つまりヨーロッパ的ロマン主義系統の終焉だったのに対して、スミスは精神病的で、自称ロマン主義の破壊者だった。

「ロマン主義には不適切」とスミスは『ヘックス・エンダクション・アワー』のスリーヴに書き残し〔※実際にはこの言葉はアルバムの広告に書かれている〕、〝亡霊対牧師〟は、ザ・フォールの最も重要なリリースで彼が展開する反ロマン主義的方法論のテンプレートになった。〝亡霊対牧師〟の後、ロマン主義的主体のマーク・E・スミスはもういない。スミスのアプローチの斬新さは、小説や物語の形式（「パート1：亡霊対牧師……」〜「パート4：刑事対牧師」〜）を、ロックンロール歌のロマンティックな歌詞の形式へと押し付けることによって、著者‐機能がリリカルなバラードの歌い手と取って代わるのだ（スミスがロックにすることと、エリオットが自身の初期の著作で描くロマン主義的な表現的主体の麻酔をかけられた患者に施したカットアップの手術との間には類似点がある）。スミスは〝亡霊対牧師〟を歌うのではなく、詠唱‐物語るのである。

物語は非常にシンプルで、表面的には意図的に型にはまっている。典型的なイギリスの幽霊話の、ポスト『エクソシスト』（一九七三）的な再訪だ（別の次元においては、ナラティヴはルーセル的に類似した言葉遊びをしている。牧師（rector）／亡霊〈spectre〉／警部補〈inspector〉／悪魔祓い師〈exorcist〉／疲弊した〈exhausted〉）。牧師は悪霊に取り憑かれていて（「亡霊はコラジーナからやってきた」――スリーヴノートはその場所を「負のエルサレム」と説明している）、警部補は仲裁しようとするが気が狂っていく（これは本当にラヴクラフト的である。なぜならラヴクラフトの登場人物につきまとう恐怖の運命は、複数の触手を持つ異形にではなく、その見た目が引き起こす分裂症に飲み込まれることだからだ）。牧師も警部補も、第三の人物であるシャーマン‐英雄、アウトサイダーの救済を得る。そして彼は悪魔祓いが完了すると「山々へ帰っていく」。

牧師が表すのは誠実性と直線性と同様に伝統的な宗教的権威を意味している（ラヴクラフトの怪物たちが生み出す存在論的衝撃は、ラヴクラフトの読者なら誰でも想起するように、直線的幾何学のねじれによっていつも描写される）。一方、警部補はというと、一九八〇年のザ・フォールのインタヴューでイアン・ペンマンが推測したように、「調査的で実証的な世界観を意味している」【註6】。それら誠実性と実証的調査の行為者たちよりも、英雄は（「彼の魂は数千回取り憑かれている」）自身が吸収し生成変化する亡霊とより近しい関係にある（「亡霊は英雄に取り憑いている／けれどその憑依は効果を持たない」）。英雄は利他的な動機によってというよりも、憑依されることへの依存によって突き動かされているようである。いうなれば彼のアイデンティティは奪われている（「それは彼の人生の喜びだった」）。彼は自身が救う社会秩序を愛してなどおらず（「私は千の魂を救ってきた／彼らは自分自身を救うことなどできないのだ」）、むしろそこに居場所などないのである。「その花を取り去ってゆけ」と彼は言った。

それはただの葬式の装飾に過ぎない
これはくたびれた国
想像力を欠いた国
愚かな死人がやつらの理想
やつらは俺を避け不浄だと思っている
不浄だと……

『狂気の歴史』（一九六一）のなかで、フーコーはハンセン病患者が立ち退かされた構造的立場を精神障害者が占めていると主張したが、一方で「コミュニケーションの恍惚」（一九八三）でボードリヤールはこう説明している。「分裂症に固有の恐怖の状態——あらゆるものへの過度の近接。接触し、包囲し、貫くあらゆるものとの不浄な乱行状態。そこに抵抗はなく、自身を防御するための個人的な投影の光輪も射さない【註7】。もちろん、ボードリヤールが説明しているのはすべての内面性を覆い尽くすメディア・システムの分裂症だ。テレビは私たちに遠くから声を運んでくる（そしてあちら側には常に何かがある……）。ボードリヤールによると、メディアと分裂症的錯乱の間ではますます平坦化が進んでいる。精神病者はしばしば自身を送信電波の受信機だと説明する。では、〝亡霊対牧師〟の英雄とは、スミスが〝サイキック・ダンスホール〟で歌う「不調和のESP霊媒（ミディウム）の別ヴァージョンに他ならないのではないか。

書き手－怒鳴り屋－連呼者としてのスミス自身の方法論は、英雄－叛逆分子のそれと似ている。彼は迷い込んだサイキック電波が認識される（他でもない）神秘的な受け皿、互いに話し相反する声の敵対する多様性が話される喉になる。これはスミスには「マルチチュードが含まれている」という馴染みのある考えの問題だけではない。声の分裂症的騒動はすべての媒介の対象だ。我々が耳にする声は、報道されるスピーチであり、スミスが『ブラスト』誌のウィンダム・ルイスから借りた圧縮された「電報的」なヘッドライン形式に記録される。

ザ・フォールを今聴くと、ルイスの別のファンであるマーシャル・マクルーハンをよく思い出す。『機械の花嫁――産業社会のフォークロア』（一九六八）のマクルーハンは、マスメディアとモダニズム、パルプの共犯関係を非常によく理解していた。モダニスト・コラージュは、新聞の一面という完璧な分裂症的レイアウトへの応答であるとマクルーハンは主張した（そしてポーは、〈奇妙な〉フィクションの先祖でもあるわけだが、探偵ジャンルの発明もしており、『機械の花嫁』でも重要な役割を果たしている）。

（髙橋）

【註1】ザ・フォール、『ドラグネット（Dragnet）』（一九七九）

【註2】ザ・フォール、〝亡霊対牧師（Spector Vs. Rector）〟、『ドラグネット』（一九七九）

【註3】マーク・シンカー、「苦悩のうちに振り返る（Look Back In Anguish）」、『NME』（2 January 1988）

【註4】ピーター・スタリブラス／アロン・ホワイト共著、「祭と豚、そして作者の権威」、『境界侵犯――その詩学と政治学』、（一九八六）所収。

【註5】彼が認めるところによると、T・S・エリオットの『荒地（The Waste Land）』はストーカーの小説に影響された。

そして紫外線を飛ぶ赤子の顔をしたコウモリ
口笛を吹きその羽を撃ちつける
そして真っ黒な壁を下に頭を下方に向けてのそのそと進む。

【註6】イアン・ペンマン、「All Fall Down」、『NME』（5 January 1980）、http://thefall.org/gigography/80jan05.html

【註7】ジャン・ボードリヤール、「コミュニケーションの恍惚（The Ecstasy of Communication）」、『The Anti-Aesthetic』、（二〇〇二）所収。

パート2

——k-punk, (04 February 2007), http://k-punk.abstractdynamics.org/archives/008993.html

M・R・ジェイムズよ、誕生せよ、誕生せよ

俺の歳の十倍、俺の身長の十分の一

——ザ・フォール、〝シティ・ホブゴブリンズ〟【註1】

そして彼は黄昏の世界へと、そして魔法とデーモンの観点から秩序立てられた政治的な言説へと飛び込む。一度考えてみれば、その理由を理解するのは難しくない。教会と勝利した理性が、散在する賢明な女性と助産婦という、長く受け継がれた民間知識の実践者たちに行った戦争は、まずカトリックが、そして次にピューリタンたちが自らの敵対者を貶めるために悪魔崇拝の増加を喚起したように、政治的で知的支配の巨大な闘争のために強力で人気なイメージを提示した。幽霊作家で古物研究家であるM・R・ジェイムズ（スミスがその麻薬に囲まれた特異な青年期に読みあさったとされる作家のひとり）は、民間伝承的記憶を権威的な科学と法と、不安定で復讐心に溢れ、財産や声、あるいは信用されるという単純な尊厳を奪われた不当な仕打ちを受けた霊の容赦なき不死の世界の間の痛烈な階級闘争へと変容させた。

――マーク・シンカー、「シティ・ホブゴブリンを見て」【註2】

スミスが初めてジェイムズに触れたきっかけがテレビ経由だったにせよ、その他のルートだったにせよ、ジェイムズの物語は強力で長引く影響を彼の熱烈な執筆に及ぼした。ラヴクラフトはジェイムズの物語の愛好家であり、その構造を援用するほどで（経験主義的一般常識にあふれた学者／研究者が、深淵の異者との接触によって発狂していく、というものだ）、ジェイムズの物語の新奇さが何たるかをとてもよく理解していた。「新たな幽霊の発明に際して」、ラヴクラフトはジェイムズについて記している。

彼は従来のゴシックの伝統から随分と距離をとっていた。旧来の幽霊は色白で品位があり、視覚から感知される一方で、平均的なジェイムズの幽霊は痩せていて、小人のようで毛深く――のろまで、恐ろしい、獣と人間の中間にある夜の忌まわしき存在――、たいていは目撃される前に触れられる【註3】。

この小人のような姿（「俺の歳の十倍、俺の身長の十分の一」）がはたして「幽霊」として表せるかどうか疑問に思う者もいるだろう。しばしば、ジェイムズは幽霊話ではなく悪魔を書いていたように思われる。ラヴクラフトのホラーのリビドー的原動力が人種であるならば、ジェイムズの場合、それは階級だ。ジェイムズの研究者によると、異常な存在との接触はたいていは「下層階級」によって媒介される。彼は下層階級のことを、知性に欠けてはいるものの、しかし奇妙な民間伝承への深い知識を備えた者たちとして描写する。ラヴクラフトとジェイムズの研究家であるS・T・ジョシはこう考察する。

［引用者註：ジェイムズの下層階級の登場人物たちが］読み書きする崩れた方言的な英語は、ある意味では、ジェイムズのよく知られた模倣への偏愛の反映である。けれども、下層階級の面々の知的欠点のジェイムズによる容赦なき陳列にはある種の悪意があることは否定できない。（中略）それにもかかわらず、彼らは物語の重要な位置を占めている。学者的な主人公と攻撃なまでに野蛮な幽霊たちとの中間層を象徴し、彼らは、彼らよりはるかに物知りで優れた者たちには思い切ってやれないくらい、迅速かつ直感的に超自然的存在を頻繁に察知するのだ【註4】。

ジェイムズはオックスフォードの学部生たちのためのクリスマスの娯楽として彼の物語を書き、スミスがその数々の物語に怒りを覚えると共に魅了されたのは間違いない。その部分的な理由としては、それらの物語には、スミスが自己同一化できるこれといった接点が皆無だったからだ。「俺が二〇世紀の魔女裁判に出席したところ、彼らは『お前はホワイト・トラッシュだ』と言った」（〝ライヴ・アット・ウィッチ・トライアルズ（魔女裁判の実況）〟〈一九七九〉――魔女裁判は終わってはいない、または〈奇妙なもの〉を常に除外し中傷する反復的構造に我々は存在しているのだろうか）

スミスのような労働者階級の独学者はジェイムズには考えられもしなかった。それは硬直的に階層化された世界だ。そのような存在は、存在するという極度の傲慢さのために罰せられてしまうような怪物だったのだ。（「好事家への警告」におけるアマチュア考古学者パクストンを見てみよう。パクストンは失業中の事務員であり、労働者階級では決してないが、彼のおぞましい運命は神聖なるアングロサクソンの遺物を乱したことと同様に「身の程を知らない」ことの帰結だった。スミスはジェイムズのお高く教育された主人公たちにも、学のない迷信に惑わされる下層階級にも自己同一視することができなかった。マーク・シンカーが言うように、「ジェイムズという啓蒙されたヴィクトリア時代の知識人は、かつて潰され新たに台頭してきた労働者階級たちの亡霊を粗野で非合理的なイドの怪物として夢見た。スミスは労働者階級であり、このイメージを自身に適用することと、それと暴力的に戦うことの間で引き裂かれる。それによって、彼はリベラルなヒューマニスト的謙遜を嫌悪するに至ったのだ」【註5】

けれども、もしスミスがジェイムズの世界にまったく居場所を見つけられなかったのだとしたら、彼はブレイクのモットーのひとつからヒントを得て(『ドラグネット』の〝ビフォア・ザ・ムーン・フォールズ(月が落ちる前に)〟で援用されている)、他の人間が作ったものの奴隷になるのではなく、自らの手で自分のフィクションのシステムを作り上げるだろう(ところで、ブレイクはパルプ・モダニストのオリジナルの候補のひとりではないだろうか)。ジェイムズの物語では、厳密に言えば、労働者階級は全く存在しない。彼の話に出てくる下層階級は、概ね、田舎の農民の名残であり、超自然現象は田舎と関連している。ジェイムズの学者たちは通常、オックスフォード、もしくはロンドンからサフォークの魔女が住む平地へと旅に出て、ここでのみ鬼のような存在に邂逅することになる。スミスのフィクションは、幽霊をいま、ここにある都市に存在させるだろうし、その敵対が過去のものではないと設定するだろう。

シンカー――「イギリスのホラー・ストーリーにおける脅威の感覚をこれほど完璧に研究してきた者はいなかった。不当に扱われた死者が、自らの土地の財産を、アイデンティティを、そして自身の声を要求しに戻ってくるかもしれないと考えることによる不安の痛みだ」【註6】

土地に蔓延るグロテスクな農民たち

探偵対亡霊に取り憑かれた牧師
亡霊は彼を壁に向かって吹き飛ばし、言う
「これがお前の終わりだ
カエサルのときからずっとこれを待っていた
最高に忌々しいデブめ
俺の嫌悪は鮮烈だ！
お前の太った体を切り裂いてやる！」

――ザ・フォール、〝亡霊対牧師〟

グ、ロ、テ、ス、ク（*grotesque*）という言葉は、ティトス浴場の採掘中の一五世紀に最初に発見されたローマ式装飾デザインのひとつから派生している。「グロットーズ（grottoes）」というそれが見つかった洞窟に由来しており、人間と動物の形から成り立つ新しい形状で、木の葉や花、果実と混じり、古典的芸術の論理的カテゴリーとは何の関係もない空想的なデザインをしている。これらの形式の現代的記述については、ラテン語の作家、ウィトルウィスが参考になる。ウィトルウィスは、アウグストゥスの下でローマの再建を担当した役人であり、その論文「建築について」はアウグストゥスに向けられている。当然のことながら、そこにはグロテスクなものを指す「不適切な嗜好」に関する厳しい言葉が見受けられる。「そのようなものは存在せず、存在することもできず、また存在したこともない」と、著者は混合人間、動物、植物の形状を説明する際に述べている――

どのように葦が屋根を実際に支えることができるというのか。また蝋燭立てが破風の装飾になるとでもいうのか。柔らかく細い茎が座っている像を支えられるのだろうか。また、花や半身像が根や茎から交互に伸びうるのだろうか。人々がこれらの虚偽を見ると、それを非難するのではなく認めてしまう。それが実際に起こりうるのか否かが考えられることはないのだ。

――パトリック・パーリンダー『ジェイムズ・ジョイス』【註7】

『グロテスク（アフター・ザ・グラム）』のときまでに、ザ・フォールのパルプ・モダニズムは完全な政治的美学プログラムになっていた。ある次元では、『グロテスク』は、パブリック・スクール的プログレの抒情的でアンティークな英国性に対する鋭いプロレタリア芸術の皮肉な応答として位置付けられる。たとえば、「シティ・ホブゴブリンズ」のスリーヴ（『グロテスク』期に出たシングルのひとつ）を、ジェネシスの『怪奇骨董音楽箱（Nursery Cryme）』（一九七一年）のような一枚と比べてみよう。『怪奇骨董音楽箱』は、穏やかに腐敗したイギリスのシュルレアリズム的牧歌を提示している。「シティ・ホブゴブリンズ」のスリーヴでは、都市の光景が「古い緑の湿地からの移民」によって侵略されている。ほくそ笑む邪悪なコボルトが、荒れ果てた安アパートの上にぼうっと現れる。けれども、撮影された光景にスムーズに組み込まれているというよりは、ナイジェル・

クック〔※イギリスの画家〕風に、雑にあしらわれたホブゴブリンが背景に刻まれている。これはふたつの世界の戦争であり、または存在論的闘争、あるいは表象手段を巡る闘争なのである。

『グロテスク』の〝イングリッシュ・スキーム〟は、その戦争がおこなわれていた領域の簡潔なスケッチだった。スミスはのちに以下のように分析していた。〝イングリッシュ・スキーム〟によって、「俺はイングランドの『階級』制度をさらに調べることになった。確かに、イングランドの貧しい準アート・グループに在籍することの少ない利点のひとつは、注意深くなれば社会の異なるすべての階層を見ることができることだ。しかも無料で」【註8】。敵は古めかしい右翼であるイングランドの国家遺産的イメージ（「ケンブリッジの狭苦しい古風な通り」）の管理人だが、中流階級左翼である、「黒人にえらい態度をとる」、「ハスリンドンを運転しながらチリについて話す」その時代のシャベール支持者〔※バルザックの『シャベール大佐』への言及と思われる〕たちも加えて重大である。実際、敵はどこにでもいた。ルンペンなパンクの方が、プログレ以上に問題だった。そのすり減っていく直写主義と上辺だけの政治は（真んなかに「A」がある円）、先見の明があり野心がある者たちを非難し検閲する社会的リアリズムと結託していた。

『グロテスク』は謎ではあるが、その名前はヒントを示している。パトリック・パーリンダーの説明にあるように、グロテスクなものは元々「人間と動物の形から成り立つ新しい形状で、木の葉や花、果実と混じり、古典的芸術の論理的カテゴリーとは何の関係もない空想的なデザイン」を指していた。そのことを認識すると、「ハックルベリーの仮面」、「顔に蝶がとまった男」、トターレの「ダチョウの装飾帽」や「淡いブルーの植物頭」といったさもなければ理解し難い参照が意味を持ち始める。

したがって、『グロテスク』はパルプ・アンダーグラウンド（スキャンダラスなグロットーズ）と公式文化、あるいはフィリップ・K・ディックが「黒き鉄の牢獄」と呼んだものの間の終わりなく反復する闘争におけるもうひとつの瞬間なのかもしれなかった。ディックの直感は、「帝国は決して終わりを見ることはなかった」という意味であり、ローマとグノーシス主義勢力間に続くオカルト的（とされた）争いによって歴史は作られるということだった。「亡霊対牧師」（「カエサルのときからこれを待っていた」）は、激しいムルナウ的白黒でこの衝突を作り出していた。『グロテスク』では、その闘争は、アルバムの派手なスリーヴ（スミスの妹の作品）で使われているけばけばしい色で塗られている。

「グロテスク」と「奇妙（weird）」という言葉が互いに関連しているのは偶然ではない。両方とも場違いな何かを、両方とも決して、もしくはここに存在しているべきではないことを含意しているからだ。グロテスクな物体という奇怪現象への反応には、嫌悪感と同じくらい笑いも関わってくる。フィリップ・トンプソンが一九七二年の研究「グロテスクなもの」で書いているように、「一般的に同意されているのは、『グロテスク』は、他の事柄のなかにおいて、笑えるものと笑えるものと相容れない何かの共存を含む」【註9】。ザ・フォールにおける笑いの役割は、解釈を惑わせ、誤解させてきた。抑圧されていたものは、まさに、笑えるものと、笑えるものと相容れないものの共存なのだ。その共存を思い描くのは難しい。特に、ユーモアが常識を承認し、盛り上がりが急降下していく頓降法の希望を挫くような重さによって出る杭を打つようにユーモアがしばしば機能してきたイギリスにおいては。

しかし、ザ・フォールによって、風刺がグロテスクの起源へと舞い戻っていくようである。ザ・フォールの笑いは常識的な主流ではなく、精神病的な外側から現れる。これはジェイムズ・ギルレイの夢幻精神病的様態における風刺であり、そこで毒舌や風刺がせん妄的、あるいは関連と反目の（精神病的で）比喩的な噴出になる。その真の目的とは、誠実性の破綻ではけっしてなく、人間の尊厳が可能であるという幻想だ。スミスがアルフレッド・ジャリの『ユビュ王』(一八八八)に「シティ・ホブゴブリンズ」のほとんど聴き取れない一節で、それとなく言及しているのを発見してもなんら驚きはない(「ユビュ王は家にいるホブゴブリンだ」)。ジャリにとって、またスミスにとっても、卑猥さ滑稽さの非一貫性と不完全性は、良識の偽りの対称性と対抗すべきものだった。

しかし、平静や節度、自己抑制を嘲笑し、スラングの饒舌な噴出、乱雑性と非一貫性の賞賛において、ときとして、ザ・フォールはファンカデリックの白人系イングランド人的類似物に思えることがある。スミスとジョージ・クリントンの両者にとって、グロテスクから逃れることはできない。なぜなら装飾し、誇張する者はグロテスクになるだけだからだ。グロテスクになることは人間の条件であるとさえ言えるだろう。というのも人間動物は周囲に溶け込まない存在であり、そんな自然界の変わり種には自然のなかに居場所などなく、自然の産物を醜悪な新たな形へと再結合させることができるからだ。

『グロテスク』において、スミスは反抒情的な方法論を習得している。歌は物語だが未完成のままだ。言葉は断片的であり、まるで途切れ途切れの当てにならない伝送を経由して届けられるようである。視点は混乱し、(著者、テクスト、登場人物間の)存在論的区別は不明瞭になり、ひび割れている。語り手の言葉と直接話法とを断定的に分けるのは不可能だ。これらのトラックはパリンプセストであり、暗号的なスリーヴノートでスミスが嘲笑する「コーヒー・テーブル」的美学の意図的な拒否において克明に録音されている。レコーディングの過程は消去されているのではなく前景化しており、表面のヒスノイズと判読できないカセット・ノイズは、ある種のハマー映画のフランケンシュタイン的怪物に即興的に縫合されるように振り回される。

〝インプレッション・オブ・J・テンパランス〟は典型的だった。ラヴクラフト的な物語で、ドッグ・ブリーダーの「酷いレプリカ」（「茶色のソケット……紫の目……処分用荷船からのゴミで食い繋いでいる」）がマンチェスターに取り憑いている。これは〈奇妙な〉物語ではあるが、圧縮とコラージュというモダニズム的テクニックの対象である。その結果はとてもあいまいなために、テクストは——部分的に泥やカビ、藻で覆われ——マンチェスターの運河から引っ張り出されたようである（ハンリーのベースが運河を浚渫しているように響く）。『『もしもし、私だが』と獣医のキャメロンは電話する。『このバケモノには、J・テンパランス氏の面影が残っている』』

『グロテスク』のサウンドは、乱雑性と規律されたものの、知的文芸作品と滑稽な身体的なものの、一見は不可能な組み合わせである。はっきりと類似しているのはザ・バースデー・パーティだった。両方のグループにおいて、不快に見つめ、動揺した、分裂症的身体を執拗なベースがまとめ、その身体の要素は、膿疱とあばただらけの肌に対して膨れ上がった病んだ内臓のように張り詰めている。ザ・フォールとザ・バースデー・パーティの両者は、それをロックンロールへの倒錯した「回帰」として、ホワイト・トラッシュから救い出されたパルプ・ホラーのイメージへと到達した（たとえばザ・クランプスもだ）。彼らの起爆剤となった虚無化とは、自意識過剰なまでに洗練され、著しくコスモポリタンなものだと彼らが考えたポップ、アート的なものは冷酷な物質的衝撃を犠牲にすることでしか達成し得ないとほのめかすポップの拒絶である。大袈裟に荒削りな先祖帰りを強調し、未教育と原始主義を讃えるというのが彼らの反応だった。

ザ・バースデー・パーティはアメリカの「ジャンク意識」に魅了されていた。それは、おぞましさ（abjection）と全能性というアメリカの神話にハマった世界人口の後頭部に潜む、記号論的／麻酔的なゴミの山である。ザ・バースデー・パーティはこの幻想的なアメリカーナに夢中になり、とにかく空虚で、際立った特徴を欠いたものとして彼らが経験したオーストラリア人のアイデンティティを捨て去る方法としてそれを使ったのだ。

スミスのロックンロールの引用は、それとは異なり、まさに自身のイギリス性とそれに対する相反する態度を強化する手段として機能した。ロカビリーの参照は、ほぼ「もし〜だったら？」の演習のようなものだ。もしもロックンロールがミシシッピ・デルタではなく、イングランドの産業的中心地から現れていたとしたら？〝ザ・コンテナ・ドライヴァーズ〟または〝ファイアリー・ジャック〟のロカビリーは、ミート・パイとグレイビー・ソースによって減速し、逃亡の夢はビター・エールと安食堂の紅茶によって致命的に毒されている。労働者クラブ・キャバレーとしてのロックンロールであり、プレストウィッチ〔※マンチェスター北部の街。マーク・E・スミスの故郷〕のジーン・ヴィンセントのひどい模倣者によって演奏される。「もし〜だったら？」的思索は失敗する。ロックンロールには終わりなきハイウェイが必要だった。イギリスの混雑した環状道路と閉所恐怖症的な集合都市では決して始まることなどありえなかったのである。

『グロテスク』のスミスにとって、ホームシックは病理だ（一九八三年『パーヴァーテッド・バイ・ランゲージ』のインタヴューの映像で、イングランドから離れたせいで文字通り彼は病気になったと主張している）。彼が一生離れることができない国をお勧めできる理由は数少ない。その関係は、疲弊した依存症の一種のようである。〝イングリッシュ・スキーム〟における偽りの陽気さは（ジョン・シャットルワース〔※俳優兼ミュージシャン。ジルテッド・ジョンのキャラクターで知られる〕の前身的な）安っぽいキャバレー・キーボードが入っている）、誰もが行きたがらない場所から届いた小汚いハガキである。これと〝C・n・Cズ・ミザリング〟で、アメリカは代替物として現れるものの（「六十時間の週労働と裏庭の石製トイレ」という階級支配的なイギリスに絶望し、「賢い者たちは」「アメリカを指差す」）、どれほど遠くまで旅しようともスミスは、最終的には荒廃した祖国への帰還の衝動に打ち負かされてしまうだろう——そんな感覚がある。イギリスは彼のファルマコンとして、すなわち毒であると同時に薬として、病であると同時に治癒として機能するのだ。終わりには、彼はジョイスのダブリンの人々のように、麻痺に苦しめられる。

〝C・n・Cズ・ミザリング〟では、死後硬直したスネア・ドラムが、この麻痺に音の形を与える。〝C・n・Cズ・ミザリング〟は最も辛辣で絶望したトニー・ハンコック〔※コメディアン兼俳優〕に値する不満と苛立ちの豊富な在庫であり、「山のように積み重なった」団地の陰気な調査、さらに悪いことには、退屈な労働からの想定される逃避経路のひとつの嘲笑的な放棄でもある——音楽ビジネスは腐敗し、ダルく、馬鹿げたものとして貶される。意図的にかもしれないが、トラックはラップの白人のイギリス人ヴァージョンのように鳴っている（ここでも、ザ・フォールは、アメリカ黒人の形式の軽薄な模倣ではなく、同等物を生産している点で顕著である）。

身体、触手の散らかり

だからR・トターレは地下に暮らしている
うんざりする仕事から離れて
ダチョウの装飾帽をつけて
羽根に覆われた、顔、散らかり
オレンジ－赤と青－黒のラインが
胸の辺りまで垂れ下がっている

身体、触手の散らかり
そして水色の植物頭

——ザ・フォール、〝ザ・N・W・R・A〟〔※the north will rise again〕【註10】

しかし、傑作は他の長いトラックである〝ザ・N・W・R・A〟だ。このLPのテーマのすべては、このトラックで結合している。T・S・エリオット、ウィンダム・ルイス、H・G・ウェルズ、ディック、ラヴクラフト、ル・カレの有り得なさそうな組み合わせのようにプレイされる文化政治的陰謀の物語だ。これは、身体が触手で覆われた超能力者で元キャバレー・パフォーマーのローマン・トタールの物語である。ローマン・トタールはスミスの「オルターエゴ」のひとつだとよく言われる。実際、ラヴクラフトのランドルフ・カーターのような人物に対するものと同じ関係がスミスとトタールにはある。トタールはペルソナというよりもキャラクターである。言うまでもなく、彼は「バランスのとれた」E・M・フォースター的な意味でのキャラクターではなく、パルプの断片の間の間テクスト的繋がりである神話の担い手だ。

間テクスト的方法論はパルプ・モダニズムにとって極めて重要だ。パルプ・モダニズムが第一に、創造的表現の主体よりも作者‐機能を主張するのだとすれば、第二に、作者‐神に対するフィクションのシステムを主張する。異なるテクストを横断する一貫性のフィクション的平面を生産することによって、パルプ・モダニストは世界が出現する導管になる。ここでもまた、ラヴクラフトがその模範である。彼の物語や中編小説は、最終的にはもはや個別のテクストとしてではなく、他の作家も探索し拡張できる神話‐空間を形成する部分‐対象（part-objects）として捉えることができる。

〝ザ・N・W・R・A〟の形式はトターレの忌まわしい触手の身体と同様に有機的な全体性とは異質な存在である。それはグロテスクな調合物であり、互いに属さない部分のコラージュだ。モデルは物語ではなく中編小説であり、ストーリーは様々なスタイルとトーン（喜劇的、ジャーナリズム的、風刺的、小説的）のヘテログロシア（異質）な乱舞を駆使し、多様な視点からエピソード的に語られる。『ユリシーズ』のジョイスによって書き換えられ、十分の長さに圧縮された「クトゥルフの呼び声」のように。

収集できる情報によると、トターレはプロットの中心であり――最初から潜入され、裏切られる――その目的は北部に栄光を再びもたらすことだ（おそらくヴィクトリア時代の経済的、産業的優位、またはもっと以前の古代の卓越性、これまでのすべてを覆すほどの偉大さだ）。スミスの視野では、首都に対する地域の垣根の問題以上に、北部は都会的な良い趣向によって抑圧されたあらゆるもの、つまり難解なもの、異常なもの、下品で崇高なもの、つまり奇妙でグロテスクなものそのものを表すものとなる。「ダチョウの装飾帽……羽根／オレンジ－赤と青－黒のライン／……そして水色の植物頭」の調和しないグロテスクな衣装に身を包んだトターレは、この奇妙な反乱の自称妖精の王であり、最終的にはボロボロのフィッシャー・キングの伝説となり、決して起こらないカーニバルの残骸に囲まれたパルプ・モダニストのミス・ハヴィシャム〔※ディケンズ小説のキャラクター〕のように見捨てられた、社会的リアリズムで敗北し傾く、よだれを垂れ流すトーテムであり、向精神薬が切れ熱が冷めると、人気のなくなったキャバレーの演芸者へと再び戻る、先見性に富んだリーダーなのである。

（髙橋）

【註1】ザ・フォール、〝シティ・ホブゴブリンズ（City Hobgoblins）〟、『グロテスク（アフター・ザ・グラム）』、（一九八〇）収録。

【註2】マーク・シンカー「シティ・ホブゴブリンを見て（Watching the City Hobgoblins）」、『ワイアー』、一九八六年八月

【註3】H・Pラヴクラフト、「Supernatural Horror in Literature」、http://www.hplovecraft.com/writings/texts/essays/shil.aspx

【註4】S・T・ジョシ、M・R・ジェイムズ『Count Magnus and Other Ghost Stories: The Complete Ghost Stories of M.R. James』第一巻の「序文」（二〇〇四）

【註5&6】マーク・シンカー、「苦悩のうちに振り返る（England: Look Back In Anguish）」、『NME』（2 January 1988）

【註7】パトリック・パーリンダー、『James Joyce』、（一九八四）

【註8】マーク・E・スミス、『The Fall: Lyrics』（一九八五）

【註9】フィリップ・トンプソン、『グロテスクなもの（The Grotesque）』、（一九七二）

【註10】ザ・フォール、〝ザ・N・W・R・A〟、『グロテスク（アフター・ザ・グラム）』（一九八〇）収録

パート3

——k-punk, (16 February 2007), http://k- punk.abstractdynamics.org/archives/009039.html

即興すんなよ、くそったれ

この時期のザ・フォールの作品について書く際の誘惑とは、あまりにも早くそれを扱いやすいものとしてしまう、ということだ。もちろん、僕も他の解説者と同様にこの誘惑に陥りやすいので、免責事項と告白としてこれを記しておく。あたかも定着したテーマ「について」の曲であるかのように自信を持ってそれを説明したり、曲に明確な目的や方向性（たいていは風刺的な目的）があると考えることは、曲のめまいのするような体験や、それを聴くことによって喚起される独自の享楽には常に不十分だ。この楽しみにはフラストレーションも含まれる——正確には、曲を理解するのにつきまとうフラストレーションだ。けれど、この享楽は——後期のジョイス、ピンチョン、バロウズにも喚起される何かであり——ザ・フォールのモダニスト的詩学の還元不可能な次元である。もし曲を理解するのが不可能だったら、理解するのを止めることもまた不可能だ——あるいは、少なくとも、理解するのを止めるのを試みることは不可能である。一方で、曲を無意味なものとして否定するのも可能ではない。それらは意味不明でも、非論理の途切れた糸でもない。もう一方では、歌を意味の定着した伝達者として構成しようとする試みは、その不完全性と一貫性のなさで、暗礁に乗り上げてしまう。

曲が回復された主な方法は、スミスがインタヴューで確立したカリスマ的なペルソナを経由することだった。スミスは自分の曲の解釈を裏付けることも拒否することも念入りに拒否したが、その強い見解と冷笑的だが少なくともわかりやすいユーモアで悪名高いこのテクスト外のペルソナを喚起し、リスナーと解説者は曲そのものの奇妙さを封じ込め、さらには消し去ることさえできた。

グループ内の民主主義の見せかけはとうの昔に消え去っていたので、スミスのペルソナを曲の鍵として使用する誘惑は特に差し迫ったものだった。『グロテスク』の時点で、ジェームス・ブラウンと同じくらい独裁者で、バンドはそのヴィジョンのゾンビ奴隷だったことは明らかだった。彼はシャーマン－著者であり、あらゆる自発性が容赦なく一掃されてしまう、せん妄を誘発する反復を生み出すのがグループである。「即興すんなよ、くそったれ」という一説は、『グロテスク』の続編の10インチEP「スレイツ」（一九八一年）のものであり、ライヴLP『トターレズ・ターンズ』（一九八〇年）で「ひけらかす」バンド・メンバーを非難する彼を反映したものだ。

「スレイツ」収録の〝プロール・アート・スレット（プロレアートの脅迫）〟はスミスのペルソナと評価、イメージを謎と陰謀へと変えた。この曲は「労働者階級」の代弁者としてのスミスの観念を、複雑で、突き詰めても理解しがたい形でもじったものだ。その「脅迫」は、支配階級そのものに対するものであると同時に、プロレタリア・ポップ・カルチャー（よくてザ・ジャム、ひどいときは劣悪なオイ！を意味していた）の他の表現にも向けられている。ザ・フォールのパルプ・モダニズムという「芸術」――その扱いにくさと困難さ――は、社会的リアリズムの誤った素直さと対置される。

ザ・フォールの直感は、実証的考察という「脱神秘化」の観点からは社会関係は理解できないということだ

（「住宅統計」と「社会学的記憶」は後に〝ザ・マン・フーズ・ヘッド・エクスパデッド（頭でっかちの男）〟〈一九八三年〉という曲で嘲笑された）。社会的権力は、劣等感を生み出し、階級の運命を強制する制限された言語、身振り、行動のコードという「呪い」に依存している。「ネクタイと家紋に対してどんなチャンスがあるんだ？」とポール・ウェラーは〝イートン・ライフルズ〟〔※イートン校は多くの政治家を輩出する名門校。同曲でウェラーは階級制度批判をしている〕で問うたが、それはまるでザ・フォールがそのようなシンボルや印が持つ権力を文字通りに受け止め、作り出したものに送り返さなければならない一連の呪いとして社会分野を理解していたようだった。

〝プロール・アート・スレット〟のパルプ形式は、スパイ小説であり、そのシナリオは『ティンカー、テイラー、ソルジャー、スパイ』（一九七四）に似ていて、階級文化的スパイ活動の物語として作り変えられているが、作者ル・カレのすでに婉曲な語り口における登場人物と文脈よりも、それらがもっと難解になるほど、物語は圧縮され、カットアップされている。欺きと欺き返しの迷宮世界に我々はいるのだ。スミス自身の捉えにくく、比喩に富んだテクスト戦略にとっては完璧の類似点である。テクストは我々に監視テープの書き起こしとして提示され、送信内容が判別できないと思われる部分に省略記号（＊）が付けられている——「**セイフ・ハウスの男**——ピンクのプレス脅迫ファイルを取り出して、対象をプルツァっっぷ＊しろ」

〝プロール・アート・スレット〟は風刺のように思われるが、けれども空白の風刺、つまり、何も明確な目的のない風刺である。もし要点があるとすれば、固定化されたアイデンティティと意味を打ち立てる「求心的」努力を混乱させることだ。それらの求心力は、〝ミドル・マス〟（「余波におけるハゲタカのような」）と「ヴィクトリア朝の吸血鬼のような」ロンドンそのものの文化によって代表される。〝リーヴ・ザ・キャピタル（首都を離れろ）〟にあるようにだ。

ビールまみれのテーブル
ショービジネスの泣き言、細かい話
レスター・スクエアで肩に置かれた手
演芸パブの裏部屋
白いドレスの少女たちと音楽教師の埃まみれの写真
綺麗すぎるベッド
水は制度にとっては毒だ
頭ではわかっている
首都を離れろ！
ローマ帝国の囲いから出ろ！

この退屈で服従する意見のない街としてのロンドンの恐ろしい像（「ホテルのメイドたちは揃いも揃って笑顔だ」）は、アーサー・マッケンの『パンの大神』（一八九四）の予期せぬ登場で終わる（「パンの大神」がこれ以前に最後に登場したのはザ・フォールのごく初期の曲〝セカンド・ダーク・エイジ〟であり、それはザ・フォールの〝ヴィアード〟への帰還の前触れを記していた）。

『ヘックス』というテクスト的喀痰

彼は、昔は面白かったセレブになるところだった。魔法学校でいい時間を過ごす必要があったんだ……

――『ヘックス・エンダクション・アワー』のプレスリリース

『グロテスク』よりも『ヘックス・エンダクション・アワー』はさらに広範囲にわたる。ディティールに溢れ、難解でありながら幻覚的に鮮明。『ヘックス』は、一九八二年のイングランドの一連のパルプ・モダニズムのペンによるポートレイトだった。このLPでは、プログレの自信過剰な野心と攻撃性が組み合わさっており、その攻撃性の潰瘍を生じているような強襲と暴行は、強烈な残忍性においてポスト・パンクの同僚たちのほとんどを上回っていた。のそのそと進んでいくような〝ヴィンター〟でさえ、冷徹な緊急性で駆動しているため、サイド1では、重苦しい〝ヒップ・プリースト〟の静かなパッセージの数々のみが――ジャマイカのレコーディング・スタジオというよりも、雨が降り頻る高速のサービスエリアで開発されたダブのようである――、暴力からの小休止になっていた。

しかし、その暴力は力だけの問題ではなかった。レコードでふたりのドラマーによる攻撃が最も激しく悪質なときでさえ、暴力は物理的であると同時に形式的なものでもあった。ロックの形式は耳の前で解体される。ビーフハートから学んだ痙攣や揺れのシステムに従って拍子を合わせているようである。〝ディア・パーク〟のようなものは――〝シスター・レイ〟風のホワイト・ノイズの砂吹き機で吹き付けられた八二年頃のロンドンの小旅行である――、いつでもバラバラになってもおかしくないほど叫び、金切り声を上げる。「酷いプロダクション」

とかそういった類のものではない。そのサウンドはときとして粒子レヴェルで鮮明になりうる。〝ウィンター〟冒頭の不穏な空気からベースとドラムが突如としてぼうっと現れる瞬間には息を吞むし、〝ブー・メイクス・ザ・ナチ?（誰がナチスを作る?）〟のダブル・ドラムの軍楽行進がスピーカーから飛んで来るばかりである。これは日常の垢と湿地で汚れたカンやノイ!のスペース・ロックであり、『原子人間』〔※一九五五年イギリスのホラーSF映画〕の、宇宙ロケットが郊外の家の屋根に不時着する最も衝撃的なイメージが思い出される。

けれども、最も示唆に富んだ類似物は黒人ポップにある。『ヘックス』のスミスに最も近い同等物は、黒い音のフィクションの錯乱した暴君たちだろう。リー・ペリー、サン・ラー、ジョージ・クリントンといった、サウンドで世界を組み立てる（そして破壊する）ことができる先見の明を持つ者たちだ。

これまでのように、アルバムのスリーヴは（当時のスリーヴ・デザインの慣習からすると非常に異質だったため、HMVは今作の裏面を表に向けて陳列していたほどだった）、その内容の完璧な視覚の相似だ。実のところ、スリーヴはそれ以上のものになっている。スローガン、殴り書きされたノートと写真の乱雑な羅列は、アルバムが内包されている単なるイラストの施された包みであるというよりは、アルバムの一部である。

この時期のザ・フォールによって、ジェラール・ジュネットが「パラテクスト」【註1】と呼ぶものが――テクストと読者の間を媒介する、序文、前書き、推薦文といった境界的な手法――特別な意義を帯びることになる。スミスのパラテクストは手がかりであり、多くの謎を提示しつつも、その解決もした。彼のメモとプレスリリースは、名目上それが説明するはずである曲と同じくらいわかりやすいものではなかった。すべてのパラテクストは相反する立場にあり、テクストの内側でも外側でもない。スミスは、明確な境界が曲の周囲に置かれることができないことを確証するためにそれらを使っている。スリーヴに含まれ、定義されるというよりも、『ヘックス』

はスリーヴを通って流出するのだ。

曲がそれ自体において完成しているのではなく、リスナーには部分的にしかアクセスが許可されていない、より大きなフィクションのシステムの一部であることは明らかだった。「俺は折に触れて、散文を山ほど書いたことがあったもんでね」とスミスは後に言っている。「俺たちが『ヘックス』をやっていたとき、俺は物語をいつもやっていて、曲は僅かな残り物のような感じだった」。スミスの歌詞の提示や曲の説明の拒否は、部分的には、バルトによるところのライタリー(*writerly*)なものにそれらが留まるようにする試みだった(バルトは、読者の能動的な参加を要請するそういったテクストを、すでに存在している全体性の消費者の受動的な役割へと読者を減少してしまう「リーダリー(readerly)」なテクストと対比させた)。

彼の言葉が判読可能になってしまう前に、それらはまず最初に聞かれる必要があった。そしてそれはとても難しいものだった。なぜなら、スミスの声は——しばしばそれはメガホンの歪みの餌食になっていた——、『ヘックス』のサウンドの腐葉土と大渦に少なくとも部分的に常に飲み込まれていたからだ。インターネットがスミスの歌詞(もしくはその言葉が何であるかに関するファンたちの推測)の貯蔵庫を供給する前の時代、それらは何年もの間、実によく誤聴されていた。

たとえ言葉が聞こえたときでも、それらに自信を持って意味、もしくは存在論的な「場所」を与えるのは不可能だった。それらはスミス自身の見解、キャラクターたちの考え、あるいは単なる彷徨う記号論的な信号だったのだろうか? より重要なことに、これらの各次元はそれぞれからどれほど明確に分けることができたのだろうか? 『ヘックス』のテクスト的喀痰は意識の流れほど優雅なものではなかった。それらは、あらゆる類の再帰的主観性によって濾過されることはない、メディア化された無意識から直接発射された言語の残骸の塊に思えた。

広告、タブロイドの見出し、スローガン、前意識な早口、偶然耳にされるスピーチは、咀嚼されて濃密な分裂的言語（schizoglossic）のもつれになったのだ。

「そもそもホービスの広告に出たいやつなんかいるのか？」

「そもそもホービス〔※英国のパンと小麦粉を製造・販売をするメーカー〕の広告に出たいやつなんているのか？」と〝ジャスト・ステップ・Sウェイズ〟でスミスは問うが、この愛想がよい地方のクリシェの拒絶は（ホービスの広告は過ぎ去りし産業的北部を感傷化して表現することで有名だった）、メディア化された無意識が広告のように構造化されるという暗黙的な認識に逆らうものだ。広告のなかに生きたいとは思わないかもしれないが、広告は人々のなかに住んでいる。『ヘックス』はあらゆる言語的内容を――それが論争的、内面的対話、詩的な洞察であろうとも――、広告コピーの威圧的な形式や、見出し文の叫ぶような省略記号へと変換する。〝ヒップ・プリースト〟と〝ミア・スード・マグ、エド（単なる擬似雑誌編集）〟のタイトルは最新の新聞印刷と同様の緊急性を持ち、心のヴォーティシズム〔※未来派やキュビズムに影響されたイギリスのアート運動〕の巻頭ページで叫んでいる。

広告に関して、〝ジャスト・ステップ・Sウェイズ〟の戦闘の開始の呼びかけを考えてみよう――「以前は興奮したものがそうでなくなったとき／経験の許容をすべて使い果たしてしまったかのように」。これは、広告宣伝主義に変装した自己の再発明、もしくはその逆の実存主義的呼びかけなのだろうか。もしくは怒りに満ちたオープニング・トラック〝ザ・クラシカル〟を例にとってみよう。この曲は広告の義務的肯定感の当たり障りのない虚無感（「この新しいプロフィールのカミソリ・ユニット」）を、喚き散らす冒涜（「おい、そこのクソ野郎！」）と身体の醜悪な物質性（「腹のガス」）に対比させているように見える。しかし、「俺は人生でこんなに良い気分になったことはない」はどうだろうか？　これもまた広告のスローガンなのか、もしくはキャラクターの気分の表明なのだろうか？

〝ザ・クラシカル〟の悪名高い一節である「お決まりのニガーはどこにいるんだ？」に対する非難からスミスが逃げることができた原因は、『ヘックス』のあらゆる発話の特定不可能性にあったのかもしれない。その意図を読み取ることはできなかった。すべてが引用、埋め込まれた言説、使用しているというよりも言及しているように聞こえた。

〝ジョーボーン・アンド・エアー・ライフル（顎の骨とエアー・ライフル）〟でスミスは〈奇妙な〉物語へと戻る。密猟者が誤って墓に損害を与え、「ブロークン・ブラザーズ・ペンタクル教会の／呪いの芽が宿る」顎の骨を掘り出す。この歌は引喩の連続で――ジェイムズ（「好事家への警告」、「若者よ、笛吹けばわれ行かん」）、ラヴクラフト（「インスマウスの影」）、ハマー・ホラー、『ウィッカーマン』（一九七三）――、サイケデリック／精神病的（サイコティック）な崩壊へと達する（松明を握る村人の群衆で完結する）。

彼は通りで顎の骨を見る
広告は肉食動物になる
そして道路工事労働者が顎の骨に豹変する
そして彼は島々のヴィジョンを得る、

スライムにべったりと覆われている
村人たちはプレハブの周りで踊る
そしてねじれた口で笑う

「顎の骨」は『リーグ・オブ・ジェントルメン』〔※イギリスのブラック・コメディ番組、日本では『奇人同盟!』で知られる〕の寸劇以外の何ものにも似ておらず、ザ・フォールは、ペイヴメントのような愚かな模倣者よりも、『リーグ・オブ・ジェントルメン』の熱狂的なお祭り騒ぎとの共通がはるかに多い。笑えるものと笑えないものの共存。ザ・フォールと『リーグ・オブ・ジェントルメン』のグロテスクなユーモア、両方の本質を捉える説明である。

「ホワイトフェイスはルーツを見つける」

目下、雪を縫う黒い傷が幹線道路を示していた。凍った大きな川と雪が積もった森が全方位に広がっていた。前方に見えるのは古い、古い山々だ。一年のこの時期、お終わりなき夜のこと、さらに北へ進むほど、さらに暗くなっていった。白い大地には誰も住んでいる気配はなく、トロールの伝説、ヨトゥンヘイム、悲劇の神々が――暗く、冷たく、荒涼とした北の伝説――、スカンジナビアからどうやって生まれたのか、ジェリーには容易に理解できた。それは彼を不思議な、時代錯誤な気分にさえした。自分のいる時代から氷河期に舞い戻ってしまったようだった。

――マイケル・ムアコック、『ファイナル・プログラム』【註2】

『ヘックス』のサイド2で、ミュータント・ロックンロールは、曲がどんどんせん妄的で抽象的になっていくにつれ、ロックアンドアルトーになっていく。〝誰がナチスを作る?〟は――『タゴ・マゴ』のように月面的、最も空洞的だったときのキング・タビーのように宇宙的－荒廃的――、ジャリ的なパントマイムのように表現されたテレビのトーク番組の議論であり、流し目のバッキング・ヴォーカルと夢幻－暗号めいた言語の断片から成り立っている――「ロングホーン種……警察としてビルマに駐留していたジョージ・オーウェル……嫌悪はお前の敵ではない、愛がお前の敵だ、ブッシュモンキーを皆殺しにしろ……」

レイキャヴィークの溶岩が並ぶスタジオで録音された〝アイスランド〟は、北欧文化の起源となった凍てついた領域で消えつつあるその文化の神話との幻想的な邂逅である。「ホワイトフェイスはルーツを見つける」とスミスはスリーヴノートで語っている。曲は催眠的でうねり、瞑想的で嘆かわしく、その北極的雰囲気は、ニコの『ザ・マーブル・インデックス』(一九六八)の白骨のごとく乾き切ったステップ地帯を思い出させる。スミスが「自分の魂に呪文をかけろ(cast the runes against your own soul)」(もうひとつのジェイムズへの言及であり、今回は「人を呪わば(Casting the Runes)」)と我々に誘うにつれ、(スミスが作ったカセット録音の)鋭い風がトラックを激しく打つ。

〝アイスランド〟はラグナロクとしてのロックであり、北欧の「神々の運命」の意味での〈終末〉の予感だ(もしくはその要約)。ヨーロッパの消えゆく〈奇妙な〉文化の後退するホブゴブリン、小悪魔、トロールたちのためのニーチェの『偶像の黄昏』(一八八八)であり、その死にゆく息がテープに捉えられた怪物と神話への嘆きである。

最後の神人たちを目撃せよ……
クラーケンたちのメモレックス〔※メモレックスはコンピュータ機器メーカー。同社はカセットテープの製造でも知られ、ここでメモレックスはカセットテープを指している〕

（髙橋）

【註1】ジェラール・ジュネット、『パラテクスト（Paratexts）』、（一九九七）
【註2】マイケル・ムアコック、『ファイナル・プログラム（The Final Programme）』、（一九七一）

スクリッティの甘美な病い

――k-punk, (5 July 2006),

http://k-punk.abstractdynamics.org/archives/008010.html

彼の新作は『ホワイト・ブレッド、ブラック・ビア』という題名だ（中略）。「どうしてかって？　それは、僕の食生活はほぼあのふたつで成り立っているからだよ――ギネスと、近所のトルコ人のパン屋の焼く素敵な、柔らかくて歯にくっつきそうな、ものすごく身体に悪そうな白パン。それに、八〇年代にニューヨークのR&B系ミュージシャンのみんなと仕事した時期も参照している――何か彼らのお気に召さないものを演奏すると、向こうは顔をしかめて『マ〜ン！　それってかなり白パンだな』と返す。要するにそれは『白人の』ポップ・カルチャー由来のものであって、ほとんどの場合養分、実質、良いところ、あるいはそれこそ『ソウル』に欠けると見られるわけ。で、そこには間違いなくアンテナがピピッと立ったね、というのも僕は『ソウル』に不信を抱いているし、白人による、加工されたポップ・ミュージックがとても好きだから。ある意味、このアルバムが祝福するのもそれなんだ」

――グリーン・ガートサイドのインタヴュー、『タイム・アウト』【註1】

スクリッティの音楽が届けるのはいかなる達成でも解決でもなく、恋する者の語らい（ディスクール）の悦びだ――その楕円曲線と矛盾と反復、獲得不可能な対象を手に入れようとの飽くなき追求すべてがそこに含まれる。解体され深みのない非線形エフェクト群、そしてポップ・ミュージックのお決まりの愛の言葉の借用は、一貫した欲動と安定したアイデンティティを明瞭に打ち出したいという通常の欲望を打ち消そうとし、と同時に、今日のポップにおいて自己完結のために使われる「ソウル」の言語そのものを刻印し直す、あるいは繰り返す――セックスによる癒しのなかで、おまけに聞こえてくる甘い愛の戯れ言を。

――ポール・オールドフィールド、「After Subversion: Pop Culture and Power」【註2】

〔※オールドフィールドはサイモン・レイノルズらが一九八四年に立ち上げたファンジン『Monitor』の元編集長〕

実に興味深い偶然が重なったもので、スクリッティ・ポリッティの控えめながらも驚異的な新作アルバムを聴きながら――というか誘惑され、うっとりさせられていると言った方がいいかもしれない――、僕はムラデン・ドラーの『A Voice and Nothing More』を読んでいる。仮に、サイモン・レイノルズが主張するように【註3】『ホワイト・ブレッド～』が「音響コンセプト」抜きのアルバムだとしたら、我々はこれらをグリーン版の「本心（ソウル）を告白する」楽曲と結論づけなくてはならないのだろうか？　さんざん繰り延べ、覆い隠し、脱線してきた末に、ついに訪れた啓示――これが僕なのか？　アルバム・タイトルもそうした解釈を招くようで、崇高なアガルマ〔※関心／欲望の対象。プラトンの『饗宴』に登場する概念〕をありふれた食品に還元する逆方向の錬金術を感じる。音響面でのコンセプトがないと、我々が向き合うのはあのハチミツのようにピュアで、ポップ界でもっとも特徴的な声のひとつのみ――そして声とは純粋な現存の保有者、真正性と誠実さの保証人である、我々は常にそう教わってきた……。

これぞまさにドラーが反論する点だ。ドラーの主張は、ある種の形而上学では声に特権が付与されてきたとするデリダが間違っていた云々ではなく、それでは決して全体像を語ることにならない、だ。「それとは異なる形而上学的な声の歴史は存在し、そこでの声は現存の守り主どころか、危険で脅威的な、場合によっては破滅をもたらしかねないものとされてきた」【註4】。形而上学のオルタナな歴史を、ドラーが音楽の扱いを通じて論じているのは重要だ（ついでに言えば、ドラーが引用したプラトンの訓戒、「新しいタイプの音楽への変遷は、我々の運命すべてを危険にさらすものとして注意しなくてはならない。（中略）なぜなら音楽のモードが乱されると、もっとも基本的な政治および社会のしきたりも不穏にならざるを得ないからだ」はどうしても、ポストモダンなポップ至上主義と懐古的なロック至上主義双方に対する批判と読めてしまう）。ドラーの論点は、「法秩序―ロゴス」は常に、女性的でカオティックなものと捉えられてきた声と自らとを区別しようとしてきたが、「ロゴス」は声を根絶やしにできないし、実はそれに依拠している、だ――「法秩序」の根元的な表現とは、「父」の発する声にほかならないではないか？

君の戯れ言はどうしてこんなに甘く響くのだろう？

では、グリーンの声はどう考えればいいのか？　あるいは、同じ疑問を逆から発すると――スクリッティの脱構築の数々とリアルなものとを常に分け隔ててきた、そのミニマルな差異は何か？　彼の転覆行為はすべて言葉遊びに関わるもので、彼の声は自然な表現性の発揮の場に過ぎなかったとばかりに、グリーンの取り消し行為や落ち着きのなさをシニフィアンのレヴェルに位置づける傾向はたしかにある。しかしドラーが立証するように、「対象としての声」はシニフィアンの中立的な発信器になるべく官能性をすべて取り払われた声でもなければ、かといって純粋に美的な快楽だけ生み出す源泉になるべくシニフィカシオンをすべて取り払われた声でもない。

グリーンの声の場合、我々はふたつの種類の無意味さの間をひっきりなしに滑っていくことになる。ひとつは「恋人の語らい」のナンセンスさ、意味のない赤ちゃん言葉のフレーズの子守唄めいた繰り返しであり、にもかかわらずそれらは人間がおこなう／耳にする発話でもっとも重要だ。そしてサウンドとしての声のナンセンスさ、また別の類いの甘い無意味がある。グリーンの歌詞を読んでみると、ずいぶん違って映るのはこれゆえだ——ほとんどもう、あの声のせいで歌詞は意味を成さない音を発するブロック、機械的に繰り返される反復の集合にしか聞こえなくなるのに近い。

あれ以前に作られたニュー・ポップ勢に較べて『キューピッド＆サイケ85』が不穏な点とはまさに、いかなる自意識的でメタな存在もそこに欠けているところだ。僕がサイモンの意見にやや同意しかねるのもここで、彼は『キューピッド〜』は「誰かを愛するというよりも、愛についてのアルバムである」とする。僕からすると、『キューピッド〜』を不安になるくらい実に深みのないものにしているのは歌のフォルムと主体との間にあるべき空間の欠如、まさにそこだと思える。つまりあれらの歌は恋人の語らいの実体化であり、それに対するコメントを述べはしない。『キューピッド〜』収録曲は気味の悪いことに、何についてでもない——愛そのものがそうであるように。例として、『キューピッド〜』をABCの『ルック・オブ・ラヴ（The Lexicon of Love）』（一九八二）と比較してみよう（ラヴ・ソングについてのラヴ・ソングを集めたアルバムなんてものがあるとしたら、これはまさにそんな一枚だ）。眉をひそめた表情や括弧で括られた引用符まで、マーティン・フライの存在感そのものは『ルック〜』の至るところに感じられる。だが『キューピッド〜』を聴いても、我々は「リアルなもの」の感覚、レコードの背後あるいはそれを越えたところに存在する生身の人物としてのグリーンをほとんど感じない——自己意識とは対照的に、我々が受け取るのは「自己なき再帰性」【註5】（主体の呼び方としては悪くない）だ。虚空、声、シニフィアンの連鎖だけが存在し、こちらを映し返す鏡張りのショッピング・モール、甘いささやきの回廊のなかで、その鎖は永遠に解きほぐれていく……。しかし『キューピッド～』が不穏なのは、これこそ本当の愛である、この没個性な、バカげた韻を踏む文句が愛のすべてである、との示唆ゆえだ。したがって『キューピッド～』の方が、八〇年代後期にサイモンが賞賛した「前言語状態への先祖返り」とされる「クリステヴァ的」サイケデリック・ロック〔※例としてはコクトー・ツインズ、マイ・ブラッディ・ヴァレンタイン、A・R・ケイン等〕よりはるかに心をかき乱すことになる（この手のサイケデリック・ロックは、冒頭に引用したポール・オールドフィールドのエッセイでもスクリッティとの比較参照点として言及されている）――そこで想定される「大海のごとき自己の溶解」は、そのような溶解が達成可能であるばかりか、溶かすことのできる「本物の自己」が存在する、とも仮定している。ロキシーの最初のアルバム二枚と同様に、『キューピッド～』のメッセージはもっとずっとラディカルだ――エモーショナルな核を備えた、あるはずの「リアル」、「本来的」自己は構造的な幻想である。我々がもっとも大切にする「内面の」フィーリングは陳腐な反復に過ぎない。内なる親密さ（intimate）なんてものはなく、外に現れた親しさ（extimate）だけしかない、と。
たぶん病いなんだろう／求め続けてしまうのは……（〝ア・リトル・ナレッジ〟）

グリーンの声の過剰さはその甘美さに宿る。それは不健康で吐き気を催させる甘さに思えるし、ゆえにいくら魅惑的でも我々聴く側はガードを上げることになる。グリーンの声は真正で健康的というより、人工的で砂糖漬けだ。既に非人間的な声だということで、したがって、レイヴ曲のチッチッという鳥のさえずりに似たピッチを上げたヴォーカルをはじめて聴いたとき、比較対象としてすぐ思い浮かんだのはスクリッティの中性的で舌足らずなささやきだった。こうしたすべては、僕が今『キューピッド～』を聴くともっとも心をつかまれる、マシンが歌うバラッド〝ア・リトル・ナレッジ〟で予見されていた。この曲でグリーンは女性とおぼしきシンガーとデュエットするが、これは実はフェアライトが生み出した妖精、グリーン自身の声のピッチを上げて構築された人工的なサッキュバスだ（人工合成された亡霊とのこのデュエットは、「本物の女性」、セッション・シンガーのB・J・ネルソンが登場し歌い出す前に起きる……）。

この時点でのグリーンがまさに、同時代のブラック・ポップ・ミュージックと肩を並べる白人のゴーストだったことを思い出しておく価値はある。少なくとも『More Brilliant～』出版以降、ディスコ、テクノ、ハウスに白人の人工性の（非）ルーツがある点は明らかになってきた――モローダーはドナ・サマーをシンセサイザーの迷宮に誘導し、シックはロキシー・ミュージックを目指し、サイボトロンはウルトラヴォックスのアクセントとサウンドをパクる――とはいえ、コンテンポラリーR&Bのテンプレートとしての『キューピッド～』の機能は、試演された度合いがはるかに低い。具体的にはジャネット・ジャクソンの画期的な『コントロール』（一九八六）でのジャム&ルイスのプロダクションにもたらした影響を経由して、ということになるが、一般にはそれ以上に、（当時の呼び方では）「ソウル」の血肉をヒップホップの人工性と抽象化マシンに縫合するのは可能である、とした直観――もしくは起業家的な跳躍――を通じ、『キューピッド～』はグローバル化したポップの「新たなパラダイム」を立ち上げた。「スカンク・ブロック・ボローニャ」は、資本のグローバルな小口取引市場と化した。『キューピッド～』は冷ややかに非個人的だが、それは八〇年代初期にアメリカのヒップホップ勢やテクノとハウスの先駆者を魅了したクラフトワークやゲイリー・ニューマン、ヴィサージらの演出された非個人性とはかなり違う。スクリッティによるソウルの消去は、ハイパーにアメリカナイズされた「愛の言語」を神経質なまでに完璧に、超詳細にシミュレーションすることを通じておこなわれる。重要なのはもはや「テクニカルな機械VS感情をもつリアルな存在」ではなく、それ自体が表意の反復にして音を出すマシンとしての「本物の感情」だ（ゆえに、これまたソウルの破壊者だったマイルス・デイヴィスがスクリッティ楽曲をカヴァーし、グリーンとコラボするに至ったのも不思議はない）。

こうした点はすべて、新作のタイトルの説明にいくらか役立つ。収録曲のスフレのごとき軽さは、肉感的で胃もたれする炭水化物とも、ビールのガスで腹が張るのともあまりにかけ離れているように最初は思える。だが、これらふたつの物質が「基本的」でも「体力を作り出す」ものでもなく、それなしには人生が無に帰してしまう、必須ではない不摂生だとしたら？「白い」パンはノーマルで栄養価のあるものではなく人工的な何かを示し、「黒い」ビールは家庭的で重たい何かではなく中毒性のあるものを指すとしたら？

アルバムの一曲目、ファースト・シングルとしてカットされた〝ザ・ブーム・ブーム・バップ〟には見せかけの平坦さが存在する。思慕の念と中毒についての歌であり、それ自体が心奪われる、見事なほど病みつきにさせられる曲だ。ぶっちゃけ、グリーンが曲名を歌う出だしを耳にした瞬間、僕は虜になった。〝〜バップ〟は実に崇高で痛いほど落ち着き払っている——ゆえにこの歌の変化しない平坦域、ポップの常習癖である性急さを保留する肩すかしな安定状態のなかに留まり聞き惚れるべく、リワインド・ボタンを押し続ける誘惑に駆られてしまう。

繰り返し再生し続ける／何度も何度も（〝〜バップ〟）

グリーンがサイモンに語ったように、〝〜バップ〟は一見したところ「何かを愛することと、その何かに不健康に病みつきになってしまうこと」の間の微妙な境界線についての歌だ。そこで取り上げられる三つの中毒は飲酒、ヒップホップ——「曲名自体、ヒップホップの低音のブーンというなりとシンコペートするブレイクビーツにちなんでいる」――、そして恋愛。中毒こそ人生の病的なモーター部だ。「我が人生最愛のビート」は自然で生体学的な拍動でもなんでもない、（死の）欲動の非有機的なパルス音。「キャッチーなフックで引っかけて仕留められるだろうか」とグリーンは思いを馳せるが、もちろん、それが可能と承知の上で彼は歌っている――フックにかかり虜になるのは命取りかもしれないが、何にもハマらずにいることはそれ以上に致命的で衰弱させられるものである、と。

いずれ君は〝～バップ〟の甘美な抱擁から身を引き剥がすことになるが、そのとき、何重にも折り畳まれ、数々の断片、いくつもの層、素描群から成るこのアルバム――そこでは何もかもが予想を裏切り、思いがけないところで停止する（それによって、もっと何度も聴きたいという願望も増幅される）――の誘惑に負けているのに気づく。ありがたいことに、ヒップホップにグリーンが抱く執着はラップの粗野な存在感（そもそも、ラップ以上に存在を主張するものなんてあるだろうか？）を通じてではなく、プロダクションが一定の要素を欠くゆえに楽曲群が有機的な統一体へ閉じるのを防ぐ、という形で現れる。

僕とオーウェンは前の週に、八〇年代中期のテクノロジーはいかにほぼすべてのポップ・ミュージックを無味乾燥で、時代遅れな、超ツヤツヤな没個性に引きずり込んだかを議論した。この風潮の例外としてもっとも傑出した二枚が『キューピッド～』（時代とテクノロジーに完全に自己同一化してみせた、まさにそれゆえに成功した作品）、そしてケイト・ブッシュの『愛のかたち（Hounds of Love）』（一九八五）だった。『ホワイト・ブレッド～』はグリーンにとっての遅まきながらの『愛のかたち』のようなアルバムで、そこでは繰り返しに陥ることなくポップ（と彼自身）の歴史を再訪し、一貫性を欠いた折衷性を問題視されずに様々なスタイルを横断できる。同時代性を求めて全力を尽くすことの拒絶、その点こそが、ストリート的なクールさをみっともなく追求していたら生まれていたであろう結果よりもはるかに、このアルバムを「今っぽく」している。

本作で参照されるロンドン、ブリティッシュ・ホーム・ストア〔※庶民向け英百貨店。二〇一六年に倒産〕、グリーンの学生時代の教師の名前等は、スターバックスに先んじる「（家庭でも職場でもない）第三の居心地の好い場」的な、英米風味の入り混じった『キューピッド〜』の光沢が容赦なく剥ぎ取ったローカル色をいくぶん回復している。これはどうやら、人物伝的な具体性も若干回復するらしい――収録曲はもはや誰でもさまよい込める恋する者の迷宮ではなく、グリーン当人にしか見分けのつかないランドマークもいくつか並ぶ、記憶の小径になっている。アルバム全体を通して痕跡をたどれる影響源すべてのなかで、もっとも執拗に繰り返し現れるのはアポロン的な古典美を求めるあのふたり、ブライアン・ウィルソンとポール・マッカートニーだ。ということは、この作品はメロディを通じてのあがないなのだろうか？　回復――病いからの？　回復――自身の？

ベイビー、君と一緒にいると
自分という人間がはっきり分かるんだ
どうして君がそれをやれるのか誰も理解できない
ダーリン

このような歌詞をグリーンが歌うのを耳にするのは、奇妙に心にこびりつく、不安を掻き立てられる経験だ。なぜならグリーンの声は、「本気の思い」や「本当に何かであること」を指向するいかなるジェスチャーも皮肉めかし、揚げ足を取った、『キューピッド〜』の痕跡をすべて伝えてくるからだ。ともあれ、上記の歌詞が登場する〝ロックド〟にもっとよく耳を傾けると、すべては見かけ通りと限らないのが分かる。「人々は僕を欲しがる」とグリーンは歌い、「でも、彼らが手に入れるのは思っていた通りの彼女じゃない」と続ける。いずれにせよ、自伝もやはり執筆の（しかももっとも当てにならない類いの）一形式なわけで、ラヴ・ソングがお約束で歌いかける「あなた」にしても表向きのパートナー、「生身の人間」であったためしはなく、やはり「大他者」だ。ゆえに、パトリシア・ハイスミスの『愛しすぎた男（The Sweet Sickness）』（一九六〇）――「甘美な病い」とは、なんともスクリッティ的なタイトルではないか――の主人公デイヴィッド・ケルシー、妄想上の「他者」に宛てて書いた手紙を主に通じて病的な恋愛を繰り広げる男（しかもそれらの手紙は、受取手である生身の対象からは無視され誤解される）は、恋人としてもっとも純粋な状態にあることになる……。『ホワイト・ブレッド〜』が恋愛と中毒との間に引くパラレルはいずれも、書き手としてのグリーンには今なお、愛とは本質的に病理であると同時に治癒である、との認識があることを示唆する。ゆえにスクリッティの甘美さは依然として病的なままであり、その病いは甘美なままなのだ……。

（坂本）

【註1】ジョン・ルイス、「Scritti Politti: Interview」、Time Out (30 May 2006)，https://www.timeout.com/london/music/scritti-politti-interview
【註2】ポール・オールドフィールド、「After Subversion: Pop Culture and Power」、『Zoot Suits and Second-Hand Dresses: An Anthology of Fashion and Music』所収

【註3】グリーン・ガートサイドとのインタヴュー／サイモン・レイノルズ取材、http://bibbly-o-tek.com/2006/06/16/green/

【註4＆5】ムラデン・ドラー、『A Voice and Nothing More』、(MIT Press, 2006)

病理としてのポストモダン主義、パート2

——k-punk, (17 February 2007),
http://k-punk.abstractdynamics.org/archives/009043.html

だからさ、ロビー、ポストモダンからのリハビリなんてどだい無理なんだよ。

ロビー・ウィリアムズを苦しめる病気はポストモダン性そのもの、それ以外の何物でもない。見るがいい。反射的なチックにさいなまれたウィリアムズの全身は、彼のどんな行為もその場で否定するべくデザインされたしかめっ面、グロテスクな表情、にやにや笑いでできたエゴのよろいだ。彼こそ「なんちゃって」ポップ・スターだ——彼はダンスするかのようにダンスし、感情表現するかのように感情を表し、そうしながら常に入念に——ひそめっぱなしの眉と共に——自分は本気じゃない、どれも芝居に過ぎないんだよ、のシグナルを発する。彼は〝ルードボックス〟（二〇〇六）で愛されたいのに、お生憎さま、聴き手が求めるのは〝エンジェルズ〟（一九九七）の吐き気を催すセンチさの方だ。ロビーが今や、屈辱的な従属（ウィリアムズのキャリアが頂点に達したのは〝エンジェルズ〟の大ヒットのおかげだった）と失った成功とを思い出させるあの曲をどれだけ嫌悪しているに違いないことか……。

俺に君たちをエンタテインさせてくれ／私にあなたたちをリードさせてください〔※ウィリアムズの初期のヒットに〝レット・ミー・エンタテイン・ユー〟がある〕

ウィリアムズとトニー・ブレアの相似性に関して、ロビン・カーモディ〔※英ブロガー／ライター〕風の分析がおこなわれていいはずだ。ウィリアムズのソロ第一作、多くを語るタイトルの『ライフ・スルー・ア・レンズ（カメラ越しの人生）』が発表されたのは一九九七年、ブレアが選挙で初勝利を収めた年だった。それに続いた両者の完膚無きまでの成功期、その圧勝ぶりに、彼らの抱く途方もない全能性の妄想も裏付けられたに違いない（ブレアは二度の選挙で難攻不落を見せつけ、ウィリアムズはブリット・アウォード最多受賞アーティストになった）。そして最初の成功から十年後、誰も顧みない存在への不名誉な凋落が起きた（イラク侵攻後のブレアは役立たずなリーダーとしてよろよろ官邸を去りつつあり、悲惨なアルバムを発表したウィリアムズは、雀の涙な一部門のみのノミネートとなった今年のブリット・アウォーズ授賞式前日にリハビリ施設に入院）。もちろん、両者の類似点には限界もある。ブレアはアメリカ合衆国で人気者なのに較べ、かたやロビーときたら……。

ウィリアムズとブレアは、同じヒステリックなジョーカー顔〔※ザ・フォールの『ルーム・トゥ・リヴ』（一九八二）収録曲に〝Joker Hysterical Face〟がある〕の表と裏だ――ふたりとも気の触れた役者であり、一方は誠実さのパフォーマンスに身を委ね、もう一方はアイロニーのパフォーマンスに自らを捧げる。だが両者は、基本的に演じている――骨の髄までとことん役者である彼らは、フィリップ・K・ディックのシミュラクラ、いかなる内面生活も説得力をもって帰すことのできない殻・仮面に見えてくるほどだ。ブレアとウィリアムズは他者のまなざしのためだけに存在しているように思える。それゆえ、彼らが私的な疑念や懸念に苦しみ耐える姿、というか、他者からのリアクションを狙って表現されないいかなる感情を味わう姿も、思い浮かべることができない。周知の通り、公的に打ち出された救世主的ペルソナとのブレアの完全な自己同一ぶりは、私的であろうとされるどんな感情も一瞬にしてＰＲのジェスチャーに変えてしまう――これぞ、メディア向けの誠実さの効果だ（たとえ本心から出た発言だとしても、その公的な文脈の力によって彼の吐く言葉はフェイクになってしまう)。ひとりぼっちで部屋にいるブレアあるいはウィリアムズ、お払い箱になったアンドロイドがかつて彼らを熱愛した公衆からつきつけられた絶縁状を熟考するイメージは、マジに気持ち悪い。

もちろん、ロビーは公的な疑念を提示しているのだ、と想像するのは大いに可能だ——実際、かつて誇った反射的な威力が衰えて反射的なインポテンツに変わるにつれ、彼はやたらと自らの欠点と失敗をあげつらうようになっている。抗うつ剤とカフェインへの「中毒」を告白したウィリアムズの声明が話半分に受け止められたのは、間違いなくこのせいだ(敢えてブリット授賞式前日に公表するというタイミングも、ある程度疑念を掻き立てているが)。しかしこの懐疑論は的外れだ。ウィリアムズの病いとはまさにそれ、他者の関心を煽るものでない限り、彼には何もやれないし何も経験できない、そんな能力欠如のことなのだから。

あるいは——ミスター・アグリーアブル〔※英ジャーナリスト、デイヴィッド・スタッブスが『メロディ・メイカー』紙コラムで用いたペンネーム。四文字言葉満載の毒舌で人気者をこき下ろすスタイルで知られる。音楽サイト「The Quietus」にも時おり復活する〕のもっとも思いやりある表現に匹敵する、リアム・ギャラガーのもっと簡潔な言葉を借りれば——

お前がファッキン問題を抱えてんのなら、なんで全世界にそれを触れ回ろうと思うんだ? 俺なら自分でカタをつけろや、と言うね。ファッキン・クズなアルバムを作った挙げ句、みんなにお情けを乞うってか。とんでもねえファッキン大馬鹿野郎め。

(坂本)

自分の武器を選べ

——k-punk,（12 August 2007）,
http://k-punk.abstractdynamics.org/archives/009633.html

フランク・コーガンの著述を読むべきだと人からよく言われるが、どうにもそこまで手が回らない（これはある程度までは、グリール・マーカスを除いて、正直僕はアメリカのポップ・ミュージック評論と波長が合ったためしがほとんどないせいだ。何も分かっちゃいない人間の確実に軽率な判断に過ぎないだろうが、アメリカのポップ論というのは、僕は決して魅力的と感じたことのない、ハイパーに様式化された猫かぶりにゴンゾなモードのなかで、にっちもさっちもいかなくなっているように思える）。僕の受ける印象——これまた、おそらくフェアな意見ではないだろう——では、コーガンが争い続ける戦闘は、ブリテンにおいてはもうずいぶん前に、労働者階級出身の独学知識人に勝利されている。サイモンがリンクを貼ってくれたコーガンの最近の文章二本は、きっと、彼の仕事全体を代弁するものとしてははなはだしく役不足なものに違いない（本当にそう願いたい。そうでもない限り、これだけの数の知的な人々が彼の文章を真剣に受け止めているのは理解に苦しむので）。だがこれらのテクストは、今や僕がそう呼ぶのを躊躇してしまう「ポッピズム（popism）／ポップ主義」の行き詰まりと倦怠感だけではなく、それよりはるかに広く蔓延し深く凝り固まった、そのいわゆる「ポップ主義」も本質的に絡んだ文化的保守主義の症状を呈したものと読まざるを得ない。〔※ここで使われる「ポップ主義」は「ロック至上主義（rockism）」をそのまま置き換えた八〇年代イギリスの音楽メディア用語。これと主旨を同じくする、コーガンも含む〇〇年代初期アメリカ音楽批評における「ロックが最上なわけではなくポップも真剣な批評・論考に値する」とのイデオロギー論争においては「ポプティミズム（poptimism）／ポップ楽観主義」の造語の方が一般的だが、本稿では原文の「ポッピズム」表記に従う」

9／11直後に盛んに叫ばれた、ツイン・タワーが焼け落ちた後のアメリカ大衆文化に「もはや些事の居場所はないだろう」とする、生真面目でアドルノ的な物言いを憶えているだろうか？　ツイン・タワーの残骸がまだくすぶり煙を吐いていた時点ですら、九月十一日を境にアメリカのポップ・カルチャーは思慮深く、厳粛で、シリアスな新たなフェーズに入るなどと本気で信じた者はほとんどいなかったはずだ——かつ現時点においては、実際それに続いたのが、不当な扱いに憤慨する犠牲者の役目を引き受けた、傷ついたリヴァイアサンにしか奮い起こせない敬虔さでソフト・フォーカスがかかった、新たに残忍さを増したシニシズムであったのを思い出しても無駄に違いない。しかし、そうであってもそのたった六年後に、真面目な批評家とされる人物が「パリス（・ヒルトン）は我々にとってのヴェトナム戦争である」【註1】なんて題された文章を書く図を、誰が信じることができただろう……特に、ほら、その六年の間に、また別のヴェトナムが起きていいたわけで。「パリスは我々にとってのヴェトナム戦争である」といった言い回しにおいて我々が相手にしているのは、瑣末な事柄——これは世界政治に疎い有閑階級の集団型ナルシシズムとは違う——ではなく自意識的な矮小化、受け身でニヒルな再評価行為だ。つまらぬ女相続人を評価する／しないの議論が政治闘争のステイタスにまで高められ——しかも、それをやるのはワイルド／ウォーホル的に表面性を祝福するどこぞの洒落者な審美家ですらなく、歴史の終わりに据えられた安楽椅子にどっかと腰掛け傍観者を決め込み、ずぼらにチャンネルを切り替えていくスウェットパンツ姿の中年オヤジときた。

歴史の終わりこそ、私がそこから目覚めようとしている悪夢だ。

〔※ジョイスの『ユリシーズ』第二挿話でのスティーヴン・ディーダラスの台詞に「History is a nightmare from which I am trying to awake」がある〕

「パリスはヴェトナム戦争である」は少なくとも、以前に僕が述べた、「ポッピズム」の真のリビドー的動力部は憤慨に対する憤慨——「他の連中はみんなパリスを嫌う、だからこそますます我々はパリスを愛する（だが幸いなことに、我々はいずれにせよずっとパリスが好きだったんだ、マジに！）」——である、という点をあらわにしてみせた。だがこの、サイモンがリンクを貼ってきた彼の最新の文章ときたら、それどころかさらに異様なほど要領を得ない、かつ示唆的な内容になっている。気分を害さない程度に可もなく不可もないＬＰ『パリス』（二〇〇六）とは違い、この文章が取り上げる表面上の題材であるバックストリート・ボーイズのシングル〝エヴリバディ〟（一九九七）は、実際、かなり良い曲だ。実質、僕の知り合い誰もが気に入っていた。問題は、そう述べることが、どういうわけか二〇〇七年においても目新しいニュースねたである、という発想だ。嘘でもなんでもないが、僕は最初、てっきりあのポストは十年前に書かれたに違いないと思い込んでいて、投稿日を後から再確認しなくちゃならないほどだった。

あの記事を読み、英国人ポップ主義者の動機要因が圧倒的に階級由来であるとしたら、アメリカ人のそれは年齢かもな、と考えさせられた。僕より少々年季の入った中年族はおそらくまだ、リーヴィス派ハイカルチャー〔※英文芸批評家Ｆ・Ｒ・リーヴィスは高尚な文学を重視し、彼が一九四八年に出版した文芸論『The Great Tradition』はかつて大きな影響を誇った〕の禁止事項や処方箋の影響に支配されていたのだろう。だが僕からすると、現在のポップ主義者たちはパンクに直面した一九七六年のミック・ジャガーのように思える——連中は、この世に支配的な体制があるとしたら、彼ら自身がその側であることに気づいていないらしい。たとえこの記事のコーガンの議論相手である友人「ネイサン」が実際に存在する――正直言って、彼が実在の人物とは僕には到底信じられないが――としても、ここでネイサンの果たす役割は幻想上のそれだ（病的に嫉妬深い夫が妻の不貞を証明できても、彼の嫉妬は病気のままである、のラカンの論と同様に）。なぜなら、自分のスタンスはいくらかでも挑戦的もしくは新奇だと信じるために、ポップ主義者はその意見に反論してくれる「ネイサンたち」を常に掘り起こしてくる必要があるからだ。だが、二〇〇七年の段階で、曲を自作するグループしか正当と認められないとするネイサンの陳腐でカビ臭い信条は、これまでにもう何度となく反証されてきただけに、それこそ今の時代に奴隷制度を擁護しようとする者のように思える――もちろん、そうした見方をもつ人間は今も存在するが、その立ち位置は様々に入り混じった現状においてはあまりに重要性に乏しく、政治的な脅威というよりもケッタイに古めかしい骨董品だ。ポップ・ミュージック好きのなかにも、ネイサンの意見を支持するひとにぎりの少数派は存在するかもしれない――だが、シナトラにザ・シュープリームスにエルヴィス・プレスリー、そしてまさにここで俎上に上がっている、再評価するのはかなりヤバい違反行為だとポップ主義者が考えるボーイ・バンド群の成功ぶりを踏まえるに、そうした意見はほとんどの場合、ポップ・ファンの実際の好みによって否認されるだろう（コーガンはたしかに、問題はファンの好み云々ではなく、ファンがその音楽を好きな理由にあるとしてはいる――しかしそこでの暗黙の前提は、男性ロック・ファンの音楽趣味にはケチをつけても構わない、というかそれは必須な行為だが、対してポップ主義者コーガンの思い描くポップ・ファン、彼がキモく「十代の女の子」と呼ぶ人物の下す美学的判断は決して反駁されるべきではない、だ）（もうひとつ皮肉なのは、そこらを歩いている今どきのティーンエイジャーと実際に話してみれば、彼らはバックストリート・ボーイズよりもニルヴァーナの方が好きだし、聴いたこともある可能性がはるかに高いところだ）。

バックストリート・ボーイズ（のような面々）も、一部のリスナーにとってはニルヴァーナ（のような面々）と同じくらいパワフルな存在になり得る、とのかつて挑発的だった主張は、受け身なニヒルさでもって反転させられてしまった。そして今や、より広義なカルチャーによって拡散される――ポップ主義者そのものが拡散するとは限らないかもしれない――メッセージは、バックストリート・ボーイズに勝るものなど何もない、だ。過去のハイカルチャーが大衆的文化財に対して抱いた侮蔑の念は維持される。つまり打ち壊されたのは、それらの文化財以外に、もっと価値ある何かが存在するという概念だ。ポップのもつ重要性が享楽的な刺激に過ぎないとしたら、同じことはシェイクスピアにもドストエフスキーにも当てはまる。ミルトンを読むのも、あるいはジョイ・ディヴィジョンを聴くのも、単なる消費者選択、どの菓子メーカーの菓子が好きか程度の重要性しかないものとしてイメチェンを施された。今の僕が「ポッピズム」は役立たずなタームだと思う理由の一部として、そのタームは僕なら「デフレ型享楽的相対主義」と呼ぶものと、ポール・モーリーとイアン・ペンマンが八〇年代初期にやっていた仕事との間に何らかのつながりをほのめかすから、というのがある。しかし、あのふたりの取り組んだプロジェクトはまさにこれの逆――彼らの主張は、他のどの分野で見つかるのと同じだけの洗練、知性、感動がポップ・ソングのなかに込められている、だった。重要なのは、当時の音楽と大衆文化が彼らにその論を展開させた点だ。その評価は、何もどんな時代にも万能に通用するア・プリオリな立場ではなく、とある時期に向けて、一定の効果をもたらすべくデザインされた介入行為だった。モーリーとペンマンはやはり、生産面に影響をもたらすことを期待する批評家だった――商品を五つ星で評価する消費者ガイド役でもなければ、ヒマさえあればライヴジャーナルのコミュニティ（これはサイバースペース版のパブリック・スクール寄宿舎に当たる）

で「シュガー」の単語を含むあらゆる曲に順位をつける書き込みをして時間つぶしする企業重役でもなかった。

モーリーとペンマン（いずれも労働者階級出身の独学知識人）が、一般常識に異議を唱える文章――その内容はもちろん、形式的性質、文体、博識もひっくるめて――を通じ理論と大衆文化の関係を複雑にしてみせたのに対し、「デフレ型享楽的相対主義」は消費者主義の土台を支える経験論者のドグマを承認するのが関の山だ。そればかりか、オーウェン・ハザリー〔※英ジャーナリスト。『Militant Modernism』他を〈ゼロ・ブックス〉／〈リピーター〉から出版〕が鋭く見抜いたように、英米では当たり前な、形而上学のぶっきらぼうな却下を繰り返すだけでなく、「デフレ型享楽的相対主義」による理論の否認（「単に自分たちの好きなものが好きなだけだし、理屈なんかない」）は不気味なくらい、平均的『NME』系インディ・バンドの唱える地味なお念仏――「自分たちのやりたいことをやるだけだし、それ以外はどれもボーナス」、「唯一重要なのは音楽」――を思わせる。イギリスにおける「ポップ主義者」とインディ勢の間の修辞上の論争は、デイヴィッド・キャメロンの保守党とゴードン・ブラウンの新労働党が繰り広げるパンチとジュディのドタバタ議会政治劇と同じくらい、でっちあげの闘争だ――支配階級のティーカップのなかで起こる嵐、些細なことを大騒ぎしているに過ぎない。どちらのケースも、社会的な現実としては、パブリック・スクール卒のエリート連中が校内派閥間の競い合いを別の手段で継続するのと同じだ。インディとポッピズムに関して言えば、そのどちらにもポピュリズム（大衆主義）とポピュラーなものに対する奇妙に反転した関係が存在する。大衆主義をかざすにもかかわらず、実のところ「ポップ主義者」が支援するのはセールス面で落ち込む一方の音楽であり、インディ族はオルタナティヴの祝福を主張するものの、彼らのお好みの音楽（伝統的なスキッフル）は「全方位的支配」を獲得している（レディオ2を聴いていると、十五分おきに流れてくるカイザー・チーフスを避けて通れないくらいだ）〔※BBCレディオ2はイギリスでもっとも人気のある局〕。サイモンの書いたアークティック・モンキーズ擁護論、あれは真にポピュラーな現象を分析する試みだったがゆえに、ほとんど誰も買わなかったパリス・ヒルトンのLPにポップ主義者連中が捧げた冗長な文章をすべて合わせたより、多くの意味ではるかに本物のポップ主義だった——とはいえもちろん、ああした言説の背後に潜む衝動の多くは、批評的コンセンサスをあざ笑うように見られたいという超ロック主義的欲望なわけだが。たとえばケリー・クラークソンの職人気質な退屈さについて論争を巻き起こそうとする、心底救いようのない——間違いなく、読んでいて僕は哀愁を感じる——試みを読んでみても分かる。掲載先のブログのヒステリックなまでの暑苦しさとうざったい誠実さとの組み合わせは、つまらないと同時に症状を露呈してもいる——とはいえ正直に明かすと、僕はまだ一本の投稿すら最後まで読み通すことができていない。これは「ポップ主義者」の書く文章の実に多くに関して僕が抱える問題で、そこにはこれぞポッピズムの大作、ポール・モーリーの著書『Words and Music』も含まれる。

折に触れてポップ主義者の陳腐な意見を叩き、反論するとはいえ(たとえば彼が少し前に展開した——僕からすれば不当と思える——ガールズ・アラウドに対する攻撃を参照)、モーリーが「デフレ型享楽的相対主義」の常識に深々と組み込まれているのと同じくらい、ペンマンはそこからすっかりはじき出されている〔※ガールズ・アラウドは英タレント発掘番組経由で二〇〇二年に結成され〇〇年代に大人気を誇った五人組ガール・グループ〕。奇妙なほど感情に訴えてこない『Words and ～』が、オイディポッドの内側からの描写以外の何だというのか? 摩擦や衝突と無縁なフリーウェイの数々、実存的な選択の代用として据えられた、矛盾した消費者オプションのあれこれ……。にもかかわらず、モーリーはやはり歴史の終わりと音楽の終わりを思考する理論家であり、明らかにいまだに知性を深く愛し過ぎで、それゆえ反理論型なオイディポット回路に完全にプラグインされてはいない。たとえそうだとしても、モーリーの饒舌よりもペンマンの沈黙の方がはるかに多くを物語るし、ごくわずかながら「旧メディア」に対応した体験の後では、僕もますますペンマンのメディアからの撤退を悲劇的な落伍ではなく、高貴な退却として捉えつつある。

すべてのUKカルチャーがヴィデオ・クリップを集めたダイジェスト番組の面倒をみるのに従事し、そこでは誰もがとっくに観たことのある映像が流れ、ぼんぼん育ちの頭の悪いプロデューサーが「視聴者はこう思っている」と判断した内容を、金を払って語り手/解説者——もちろんモーリーも含む——にコメントしてもらう。僕は最近、非常に「旧いメディア」で働く、党の手先の官僚めいた人物と関わったことがあった。「非常に旧いメディア」を代表する担当者から頂戴するのは毎回、同じ必要事項のくどくどしい説明だ——文章は「軽く」、「元気でノリが良く」、「重要性のない」ものでなくてはならない。おそらくこの最後の言葉がキーワードで、なぜならそれは「非常に旧いメディア」所属の若い工作員を支配する現状維持のファンタジーが、ポップ主義者が耽るそれとずばりまったく同じであることを示すからだ。つまり、彼らはどこぞの頭の固い、口やかましい「大他者」に「重要性」を提示するのを拒否している。だがこの「重要性」は、うっとうしいくらい明るく、カジュアルなノリの、皮肉っぽく怒りっぽいポストモダン文化のアーケードのどこにある? ポストモダンの「大他者」とは、この「重要性のなさ」そのものじゃないか? (厳しく監視され、保たれた「ハイカルチャーの古典」なるものの存在を本気で信じることができたのは、大学の人文学科に四半世紀も在籍したことのない人々——すなわち、オックスフォード&ケンブリッジ卒の平均的メディア業界人/ヒマなポップ主義者とはまったく違う連中——だけだ。米国人文学研究家ハロルド・ブルームが『The Western Canon』(一九九四)を書いたのは、英語研究において覇権を誇った支配的な相対主義への挑戦としてだった)。僕はすぐに「軽い」、「元気でノリが良い」、「重要性のない」はすべて、「考えが足りない」と「平凡主義」を意味する暗号であると理解した。これらの価値観、そしてそれらを代弁する者——ご想像の通り、僕よりはるかにお上品な連中——に直面すると、僕はしばしば認知的不協和、というか影響の作用と認識との不一致に見舞われる。メディア人員の実に多くを占める「頭の鈍いお上品な人々」を前にすると、僕は劣等感を感じる——彼らのアクセントはもちろん、彼らの名前ですらそうした感覚を引き起こす——が、頭のなかではこいつらは絶対間違っていると考える。この類いの不一致こそ、深刻な心の病いを生み出し——もしくは、条件がそろえば——激怒を生む。

反知性主義は支配階級の反射神経であり、それによって支配階級の愚かさは大多数の人民の側に帰される（以前も本ブログで論じたと思うが、これゆえ「頭の鈍いお上品な人」のめぐらす計略は、その人間は実際頭が悪いという事実を隠すために、バカであるふりをする様を誇示する、になる）。世襲制の特権が愚鈍さを生み出しがちなのはほとんど驚くに値しない話で、なぜなら知性を必要としない立場にいれば、わざわざそれを獲得しようと苦労しなくていいではないか？　メディアがレヴェルを下げて物事を分かりやすくしようとするのは、いちばん退屈な類いの自己成就的な予言だ。

サイモン・フリスとジョン・サヴェージがずいぶん以前に『ニュー・レフト・レヴュー』に寄せたエッセイ「The Intellectuals and the Mass Media」、これは最近オーウェン・ハザリーの指摘で僕も久々に読み返したのだが、そこで両者が述べた通り、パブリック・スクールおよびオックスブリッジ系名門大学教育を受けた典型的なメディア論説人がとる「率直な一般人」ポーズは、彼らのような解説者の方が理論系の人間よりはるかに「現実」に通じている、との憶測につけこむ。さりげなく示唆されるのは、メディア（善き、堅実な常識を備えた、世界をありのまま見せてくれる発信器）と教育（現実離れした、無用な、エリート主義な難解さのバラまき手）

の敵対図だ。かつて、メディアは争点であり、人々を教育したいとの衝動と人々をエンタテインせよの訓令は緊張状態にあった〔※一九二二年のBBC設立時の基本理念は「情報を伝え、教育し、娯楽を与える（Inform, Educate, Entertain）」〕。さて、今や——これに関して、それ以外の多くについても欠かすことのできない声であるローレンス・マイルズ〔※英SF作家。『ドクター・フー』シリーズの創作や批評で知られる〕が最新の洞察撰集で鋭く指摘するように——「旧メディア」はほぼ完全に、ダルくつまらないエンタテインメントの概念に座を譲り——そして、教育もますますそうなりつつある【註3】。

十代の僕が、正規教育の大半の平凡な退屈さよりも、モーリーとペンマン、および彼らの後継者の文章を読むことからはるかに恩恵を受けたのは間違いない。彼ら、そして後にはサイモンとコジュオをはじめとする面々のおかげで、僕は理論に興味をもつようになり、わざわざ大学院で理論研究の道を進むに至った。モーリーとペンマンのやったことが、低級文化への高度理論の単なる「応用」ではなかった点を指摘しておくのは非常に重要だ。反転しただけではなく、ヒエラルキー構造はごた混ぜになったわけで、この文脈における理論の使用は、「大陸哲学」に中流階級が抱く前提に対するのと同じくらい、英主流大衆文化の反理論的経験主義への挑戦でもあった。だが、今や教える行為自体にサーヴィス産業化（試験の成績という形で測定可能な成果を出すこと）の圧力がかかり、教師は子供の世話役兼エンターテイナーであることを求められる。それでもなお、快楽原則を越え、難解さや一般前提と反する何かに出会うことから派生する複雑な悦びに学生たちを誘い込みたい、そう願いつつ教育制度内で働く者たちは、気がつけば四面楚歌の状況にある少数派になっている。さあさあ、俺たちを楽しませていい、いい、い、い、くれよ。〔※「Here we are now, entertain us」はニルヴァーナ〝スメルズ・ライク・ティーン・スピリット〟（一九九一）のフレーズ〕

「旧メディア」で働くプロ連中が内面化することを強要される支配階級の反知性主義の信条は、かつてないほど単調な大衆文化を作り出すことにおいて、シュタージ〔※旧東独国家保安省〕よりはるかに効果的だ。言い方を変えれば——ローレンス・マイルズのような人物がメンタル・ヘルスの限界まで押しやられて苦しみ、家から出ることすらままならない一方で、ロッド・リドル〔※英保守右派系ジャーナリスト／ブロードキャスター〕のような輩がメディア景観で大手を振る状況は、美学的見地から言って忌み嫌うべきものであるばかりか、本質的に不公平で間違っている。スティーケルマン的〔※軽いアフォリズムで〇〇年代初期にブログから出版界に進出した英ライター／イラストレーター、グレッグ・スティーケルマンのことか?〕な連中とポップ主義者の双方が共有する「享楽的な刺激に過ぎない」のデフレ動向に反して、大衆文化はいまだに非常に重要だ——たとえそれが、境遇に由来する略奪行為・心の病いの蔓延・階級間の行き来がゼロに近い、硬化した社会状況を当然なものに変えてしまう資本主義リアリズムの背景音として、イデオロギー的な必須機能しか果たさないとしても。

階級闘争が挑まれているが、闘っているのは一方の側だけだ。
自分の立場を選べ。自分の武器を選べ。

（坂本）

【註1】フランク・コーガン、「Rules of the Game Follow Up #2: Paris Is Our Vietnam」、Las Vegas Weekly (29 June 2007), https://lasvegasweekly.com/news/archive/2007/jun/29/rules-of-the-game-followup-2-paris-is-our-vietnam/

【註2】フランク・コーガン、「What's Wrong with Pretty Girls?」、Las Vegas Weekly（04 July 2007), https://lasvegasweekly.com/news/archive/2007/jul/04/whats-wrong-with-pretty-girls/

【註3】ローレンス・マイルズのブログ、http://beasthouse-lm.blogspot.co.uk/

あるテーマの変奏

――『フリーズ』、(19 March 2008)、https://frieze.com/article/variations-theme-0

音楽批評家ポール・モーリーは、少し前にアメリカ人芸術家コーリー・アークエンジェルのインスタレーション『A Couple Of Thousand Short Films About Glen Gould』(二〇〇七) の展覧図録にエッセイを書いた。というかモーリーは、アークエンジェルが自身のヴィデオ・モンタージュ作品を組み立てたのと同じやり方――同作はネットで見つかる映像の断片から成り立っている――でその文章の大半をアセンブルした、と言った方がいいかもしれない。アークエンジェルのインスタレーションは、YouTubeから拾ってきた素人の弾く独立した一音をサンプリングし、それらを使い緻密に構築したバッハの『ゴルトベルク変奏曲』(一七四一) のヴァージョンから出来ている。YouTubeとグールドを結びつけることで、このブリコラージュはユーザー生成コンテンツと、モダニストなクリエイターの生産手法との比較を促す。

グールド自身の録音スタジオへのアプローチや、ウェンディ・カルロスのシンセサイザーでのバッハ解釈が予期したように、ユーザー生成コンテンツは芸術性の新たな様式を可能にするのか? それともグールドとカルロスは、匿名のデジタル・ネットワークにおける個のアーティストの消滅を予見するものと位置づけられているのか?

これらの疑問に対する、モーリー当人の立ち位置は意図的に曖昧だ。一九七〇年代末に『NME』のジャーナリストとして出発したモーリーは、徐々にいつの間にか、一過性の軽いトークから成る一九九〇年代流のダイジェスト番組文化に吸収されていた。八〇年代初期に彼のおこなった浅薄さとうわべの輝きの享受〔※モーリーはトレヴァー・ホーンらと一九八三年に〈ZTT〉を立ち上げ、フランキー・ゴーズ・トゥ・ハリウッドらをヒットさせた〕は、その文化の到来を告げるのに少なからぬ役目を果たした。とはいえ、本来ポスト・パンクの厳格さへの反発として思い描かれたその動きは、今日あまねく普及する大衆主義風潮のなかでは非常に違う展開を見せる。先述した展覧図録向けエッセイの導入部――どうやらモーリーが「書いた」のは唯一この箇所だけらしいが――のテクストは、彼が二〇〇三年に出版した『Words and Music: A History Of Pop in the Shape Of a City』の続編と位置づけられている。モーリーは明確な主張を嫌う書き手だが、『Words and ~』では高度なモダニズムと見るからに使い捨てなポップ・ミュージックとの間に連続性を確立しようとしたらしい。その連続性は、同書の冒頭に登場するカイリー・ミノーグと実験的作曲家アルヴィン・ルシエの対照的な並置で例示される。だがモーリーの究極の動機は、複雑でもたつく文章が絡まり合い、立体交差するインターチェンジで巧妙に覆い隠されていた――果たして彼は、大衆文化に与えたインパクトを通じて前衛の汚名をそそごうとしたのか、それとも前衛を編入したがゆえにポップは高尚であるとしたいのか、そのどちらもやろうとしているのか、そのどちらでもないのか、はっきりしなかった。

アークエンジェルに関する彼のエッセイもこの両義性をある程度保っているが、謎めいた格言を思わせる簡潔な文章ゆえに、読んでいてしょっちゅうウンザリさせられ、連綿と続くiPodプレイリストに閉じ込められた気がすることもあった『Words and ~』よりはるかに示唆に富む。グールド、カルロス、BBCレディオフォニック・ワークショップのディーリア・ダービシャー、ジェネシス・P－オリッジ、ロバート・モーグらの短いプロフィールを通じ、このモンタージュは音楽・性別移行・エレクトロニクスを結ぶ連想線をいくつかたどっていく。アークエンジェルの方法論とパラレルを描くことで、六〇年代、七〇年代、八〇年代のエレクトロニック・ミュージックは、YouTubeもその一部であるユーザー生成コンテンツのネットワーク化した世界への道を開いた、とモーリーはほのめかしたかったのかもしれない。しかし、このテクストでもっとも執拗に目を引くポップの具体例――ゲイリー・ニューマン、ザ・ヒューマン・リーグ――は、現ディケイドではなく三十年前、ポスト・パンクのとある瞬間に属している。たぶん知らず知らずのうちに、このテクストは二一世紀大衆文化とその消費モードの正当化というより、むしろ過去に起きた大衆的モダニズムの瞬間、ポップ・新たな技術発展・前衛の間に存在した今や失われた回路への鎮魂歌と読める結果になっている。

　モーリーのテクストは、『フィロソフィー・ナウ』誌に寄せたエッセイでアラン・カービーがはっきり提示した疑問のいくつかをさりげなく投げかける【註1】。カービーが論じるのは新たなタイプの「テクスト」――我々には今や非常におなじみのテクスト――で、彼はそれを「その内容と力学は、参加するヴューワーもしくはリスナーによって発明、もしくは指示される」とする（もっとも、これらヴューワー／リスナーのタームは、その受動性と「受信」に置かれた力点ゆえに時代遅れだ。『ビッグ・ブラザー』の視聴者投票ラインに電話をかける者であれ『6-0-6』〔※ラジオのフットボール番組〕に生電話参加するサッカー・ファンであれ、彼らがやっているのは単に「見る」「聞く」ではないのだから）。奇妙なことに、カービーはこれらのテクストを「えせモダニスト」と称し、この「えせモダニズム」が今やポストモダニズムに取って代わったと主張する。カービーのポストモダニズム理解は文学研究から派生したものに限定されているのが弱点で、それはたとえばウラジーミル・ナボコフの『淡い焔』（一九六二）のような、いわゆる「メタ・フィクション」を中心に設定された一群の再帰戦略の観点からポストモダニズムを狭義に定義してきた。しかし、ポストモダニズムを越えた動向、作り手から受け手へ、生産者から消費者へのシフトを記すどころか、カービーが描写するのはまさに、もっとも鋭いポストモダニズムの理論家――ジャン・ボードリヤールとフレドリック・ジェイムソン――がはるか昔に取っ組み合った問題だった。ボードリヤールが一九七〇年代に書いたリアリティTVと「国民投票モード」を詳細に論議する文章を読んでいると、不思議なくらい現在に即したものに思える分析の数々に向き合わされる。時代遅れになってしまったのは、ボードリヤールとジェイムソンが辛辣に予想した視聴者と消費者の「関与」の名のもとに続く単調さではなく、作家と芸術家の特権を損なうのは破壊的な罪である、と主張した立場／見解の数々の方だった。

カービーが「押し黙った自閉症の、どこでもない新たな無重力の場」と呼ぶものは、伝統的なモダニズムの高度文化的リソースを除去したのと同じくらい、かつてモーリーが属した大衆的モダニズムも蝕んだ。カービーが示すように、新たなフォルムを導き出すどころか、ユーザー生成コンテンツは節減と統合に向かいがちだ――たとえば、YouTubeは（ほとんどの場合）過去の素材をリサイクルするか、スターにあこがれる無数の連中にアイドル――昔ながらの流通と評価のシステムによって確立された、そのステイタスは安泰なままだ――を物真似する場を与える。視聴者参加を求める熾烈な声におびえる代わりに、文化の作り手もさんざん笑い者にされる「文化の守り手」も、消費より生産の方が優位であると主張する、新たな方法を見出す必要がある。彼らは、「誰も彼もみんな」巻き込まれているものの、誰ひとり自らの欲するものを手にしていない、そんなシームレスな回路の外に踏み出す手段を見つけなくてはならない。『A Couple Of Thousand〜』図録に寄せられた別のエッセイのなかで、キュレーターのスティーヴン・ボードはアークエンジェルのインスタレーションは「ネットワーク化した参加型文化の宣伝というより、ますます進行する人々の微粒子化の目録に近い」と論じる。ポストモダン文化が一種のネットワーク化された唯我論を提示するとしたら、おそらく今の我々にグールドが教えてくれるもっとも大きなものは、しきりに我々のイメージを捜し求めるスクリーンから姿を消すことだろう。よく知られるように早期にコンサート活動から引退したグールドは、コネクトするためのより良い手段を見出すには、ときに撤退も必要であると示していた。

（坂本）

【註1】アラン・カービー、「The Death of Postmodernism and Beyond」、『フィロソフィー・ナウ』（第五十八号、二〇〇六）、https://philosophynow.org/issues/58/The_Death_of_Postmodernism_And_Beyond

ランニング・オン・エンプティ

——『ニュー・ステイツマン』、(二〇〇九年四月三十日号)

二〇〇六年、〈V/Vm〉レコード・レーベルとザ・ケアテイカーの背後にいる男、ジェイムズ・カービーは『ザ・デス・オブ・レイヴ』というダウンロードできるプロジェクトを始めた。それらのトラックには薄くて、ほぼ半透明な性質があり、まるでレイヴ元来の生き生きとしたサウンドの想像や幻影のようである。最近僕がカービーをインタヴューした時、ダンス・ミュージックから消えてしまったと彼が信じているある種のエネルギー(energy)を記念するために、このプロジェクトは始動したと説明していた(『Energy Flash』(一九九八)は、もちろん、批評家のサイモン・レイノルズによるレイヴ・ミュージックとその後継者の簡にして要を得た研究につけられたタイトルだ)。その問いとは、レイヴとその流れをくむジャングルやガラージは、単なる突発的なエネルギーの閃光であり、それ以来消え去ってしまったのか、というものだ。もっと気がかりなのは、レイヴの死とは文化における全体的なエネルギー危機の兆候のひとつに過ぎないのだろうか。自然資源と同じように、文化資源も枯渇しようとしているのだろうか。

一九六〇年代と一九九〇年代の間の数十年に育った我々は、大衆文化の急速な変化に慣れている。アルヴィン・トフラーやマーシャル・マクルーハンのような未来の衝撃の理論家たちは、技術の発展と普及によって駆動されたこれらの発展によって、我々の神経システムは加速したのだと、もっともらしく主張した。大衆産物にはその年代を極めて正確に特定する技術的筆跡が付けられていた。新たな技術は明確に可聴的で可視的だったので、例えば、一九六〇年代前半の映画やレコードと、その五年後に出たものとさえ混同することは事実上不可能だった。

しかし現在のディケイドは、減速という思いがけない感覚によって特徴づけられている。ある思考実験がその要点をついている。時間を十五年遡り、最新のダンス・ジャンルのレコード——例えばダブステップ、もしくはファンキー——をジャングルのファンに聴かせてみる。どれだけ物事が変わってしまったのではなく、ほんの少ししか物事が進歩していないことに、彼らは呆然としてしまうだろうとしか思いつくことができない。ジャングルのような何かは一九八九年の時点ではほぼ想像するのは不可能だったが、ダブステップやファンキーは、決してパスティーシュではない一方で、十五年前に確立されたサウンドの基盤から外挿されたように響く。

言うまでもなく、テクノロジーが発展するのをやめたわけでは決してない。けれども、何が起こったのかというと、テクノロジーは文化形式において調整の役割をしなくなったということだ。事実、現在の瞬間は、テクノロジーの前進と文化の失速と停滞、遅延との間の不一致によって最もよく特徴付けられるのかもしれない。もうテクノロジーを聴くことはできない。ロキシー・ミュージックの〝ヴァージニア・プレイン〟の中盤におけるブライアン・イーノのアナログ・シンセの侵略や、初期レイヴのカット・アンド・ペイスト的な角ばったエイリアン性のような、ポップ・ミュージックがかつて我々に予見するように教えた技術的破裂のサウンドの緩やかな消失が生じている。もしかしたら、例えば、映画館でCGIなどのテクノロジーを眼にすることはできるかもしれないが、CGIの役割はいくらか逆説的だ。その目的は簡潔に自身を不可視にすることであり、現実のすでに確立されたモデルを巧妙に処理するために使われる。高解像度のテレビは同じ症候群の別の一例だ。私たちは同じ古い物事を見ている、ただしそれはより明るく輝いて映る。

現在、技術が文化内で自身を感じさせる主要な手法は、もちろん、分配と消費の領域にある。ダウンロードとウェブ2・0はよく知られているように文化にアクセスする新たな手法になっている。ウェブ2・0の法則は、すべてが戻ってくるということだ。それが広告にせよ、公共情報映像にせよ、長く忘れられていたテレビ・シリーズにせよ、である。まず歴史は悲劇として、そしてYouTubeとして起こる。ネットの騒ぎによって成功したとされるポップ・アーティストたち（サンディ・トム、アークティック・モンキーズ）は形式においては実は古風だった。いずれにせよ、大きなレコード企業とＰＲ会社のお馴染みのプロモーション機械を経由して彼らは後押しされたのだ。ピア・トゥ・ピアの文化の分配も存在しているものの、ピア・トゥ・ピアの生産のきざしは僅かしかない。

最良なブログは例外のひとつである。ニック・デイヴィーズが去年の『Flat Earth News』（二〇〇八）で説明している理由によると、ますます保守的になりプレスリリースとＰＲによって独占されているメインストリーム・メディアをブログは迂回している。しかし一般的には、ウェブ2・0は我々に観衆のように振る舞うことを促している。これは急成長しているオンライン・アーカイヴが提供する終わりなき振り返りの誘惑によるだけではなく、記録装置の遍在性によって、我々自身が自らの生活のアーキヴィストになっていることを理解しているからでもある。ライヴ・イベントを体験することはできない。なぜなら我々はそれを記録するのにあまりにも忙しいからだ。

とはいえ、即時の露出は文化からそれが成長できる時間と空間を奪う。ダブプレート、海賊ラジオ、新たなサウンドの発展の研究所としての役を演じたダンスフロアの集合体（アンセンブレージ）である、一九九〇年代にＵＫダンス・ミュージックを持続させた回路のウェブ２・０の同等物はまだない。この回路は依然として特定の瞬間（クラブの夜間イベント、ラジオ放送）によって強調されていたが、ウェブ２・０に存在するいかなるものはいかなる時間においても再生できるため、その時間性はより拡散している。一種のネットワーク化された唯我論、またはコンピュータ・スクリーンやiPodヘッドフォンに接続してますます均一化する文化をひとりで消費する個人たちのグローバル・システムにこの傾向はあるようである。

これらすべてが、ポストモダン文化は現在をイメージすることができないことに関するフレドリック・ジェイムソンの諸理論を今までに以上に説得力のあるものにしている。文化の割れ目の溝がより長くなり、その割れ目自身が一層謙虚でわずかになるにつれ、状況は末期であるかのように見え始めている。『Splintering Bone Ashes』ブログを運営するアレックス・ウィリアムズは以下のようにまで主張するに至っている。「我々が経験したことは、単に一瞬の変動であり、ともすると二度と繰り返されることはない。壮大なアンフェタミン集会に相当するような百五十年ほどに及ぶ極端な資源の貪り喰いである。我々がすでに経験しているのは大きな減速の疑う余地なく悲惨な「カムダウン」となんら変わらないのだ」。これは荒涼とし過ぎているかもしれない。けれども間違いなく明確なのは、技術は、それ自身では文化の新たな形式をもたらすことはないということだ。

（髙橋）

ユー・リマインド・ミー・オブ・ゴールド
――マーク・フィッシャーとサイモン・レイノルズとの対話

――『カレイドスコープ・マガジン』、2010、http://markfisherreblog.tumblr.com/post/32185314385/you-remind- me-of-gold-dialogue-with-simon

カレイドスコープ・マガジン（Kaleidoscope Magazine、以下ＫＭ）：最初の質問は、私が九〇年代のＵＫダンス・ミュージックを、輸入盤やイギリスの音楽メディアを通じて、異国に住む人間として体験したことに関連しているのですが、興味深いのは、シーンに浸透しているように見えた「未来主義」という考え方でした。つまり、音楽誌が「機械」で作られたという理由からその音楽を先進的なジャンルとして紹介した点です。九〇年代のＵＫダンス・ミュージックやカルチャーに未来的な要素や側面があるとすれば、それはどのようなものだったのでしょうか？

サイモン・レイノルズ（Simon Reynolds、以下ＳＲ）：現代のダンス・ミュージックの言説では、音楽を取り巻く会話でも、トラック・タイトルやアーティスト名においても、九〇年代のような頻度で「未来」という言葉が登場することはありません。フューチャー（Phuture）〔※これは八〇年代のシカゴ発〕、ザ・フューチャー・サウンド・オブ・ロンドン、フューチャー・アサシンズ（Phuture Assassins）といった名前のアーティストたちから、

〝フューチャロイド（Futuroid）〟、〝リヴィング・フォー・ザ・フューチャー〟、〝ウィ・アー・ザ・フューチャー〟といったタイトルで溢れていたＵＫレイヴ／初期ジャングルにいたるまで、文化全体が前方へと傾いているようでした。誰もが、誰よりも早く明日のサウンドに到達しようと躍起になっていました。そのエートスが、ＦＷＤ＞＞というクラブ・イベントの名前でダブステップの黎明期に続いています。しかし、ここ五年ほどのＵＫダンス・ミュージックを見てみると、それと同等の例が本当に思い浮かばないんです。〈ソウル・ジャズ〉は『Future Bass』というポスト・ダブステップのコンピレーションをちょうど出しましたし、「フューチャー・ガラージ」というサブ・ジャンルもあります。でも、ここにはアイロニーがあって、一九九八年から二〇〇〇年あたりの2ステップ・リズムへとこの方向は戻っているんです。一般的に言えば、エレクトロニック・ミュージックのプロデューサーにとっても、ファンにとっても、未来というアイディア全体がリビドー的な魅力を失っているように思えます。これは、ＵＫダンス・ミュージックが、そして世界的なダンス・ミュージックが、もはや拡張軸（夜空に放たれた矢のように未知の世界へと突き進む）に沿って組織化されているのではなく、集約的であるという事実を反映しているように思えます。それは、超高速な九〇年代に描かれた広大な地形内を縦横に移行しているだけです。

ダークスターのデビュー・アルバムからシングル・カットされた〝ゴールド〟はその象徴でしょう。この曲が、ほぼ三十年前のヒューマン・リーグのＢ面のカヴァーであることが、私にはその兆候となっているように思えます。彼らの以前の音楽が、また、彼らがやってきたシーンがダブステップであることを考えると、ダークスターがこのように動くのは極めて興味深いことです。しかし、美学的な行為としては、伝統的でモダニズム的な意味での革新性よりも、むしろキュレーター的な創造性が関係しています。つまり忘れ去られた曲を探し出し、英国の電子音楽の歴史物語の範疇にそれを再配置することです。カヴァー・ヴァージョンをやるというアイディア全体は、ロックにおける芸術的な動きとしてはとても馴染みがあるものですが、電子音楽文化においてはいまだにかなり珍しいことです。リメイクと（以前、自分は聴いたこともなかった）オリジナルを隣り合わせて聴いてみて思ったのが、両方のヴァージョンとも多かれ少なかれ「未来的（フューチャリスティック）」に聴こえる、ということです。まぁ、ダークスターの再解釈は明らかに技術的に多くの意味でより進歩しています。ヒューマン・リーグと彼らのプロデューサーであるマーティン・ラシェントには音的に使えなかったことが、そこではなされていますから。

けれども生み出された全体の美学的感覚においては、どちらかのヴァージョンがどちらかよりも「未来へと」もっと進んでいるようには思えないのです。両者の間に三十年の差があるように感じられないのは間違いありません。そして、まさにそれは、ヒューマン・リーグが私たちとともに現代的であるという感覚であり、とてもミステリアスで説明するのが難しいものです。五〇年代初期の作品（ジョニー・レイや、例えばルイス・ジョーダン）が、一九八一年にヒューマン・リーグの〝ラヴ・アクション〟と並んで聴かれたときにそうであったように、彼らも私たちには古臭く聴こえるはずなのです。

マーク・フィッシャー（Mark Fisher）、以下ＭＦ）：問題なのは、「未来的」という言葉が、もはや誰もが期待するような未来と結びついていないことなんです。七〇年代には「未来的」とはシンセサイザーを意味しました。八〇年代に意味したのは、シーケンサーとカット・アンド・ペイストのモンタージュです。九〇年代、それはサンプラーとタイム・ストレッチングのようなその機能が切り開いた抽象的なデジタル・サウンドを意味しました。いずれも、音を通して、それまで経験してきたものとはまったく異なる世界を、小さいながらも力強く味わっているという感覚がありました。なので『ターミネーター』（一九八四）のような未来が現在を侵略しているというアイディアを持った映画が、九〇年代のダンス・ミュージックにとって極めて重大だったんです。現在、「未来的」が何かしらの意味を持っているかといえば、それは曖昧ですが、かなり固定的なもので、タイポグラフィーのフォントのようなものに少し似ています。音楽の「未来的」とは、フォントの「ゴシック」みたいなものです。すでに存在するものの連想の集合を指しています。六〇年代と七〇年代にそうであったように、「未来的」が意味するのは電子的な何かです。サイモンが説明するように、我々は平にされた時間性へと入り込んでいます。九〇年代は一九八〇年に感じられた六〇年代のように遠く感じられるべきですが、現在、六〇年代、八〇年代、そして九〇年代は、ある種のポストモダンキュレーション的な同時性に属しているのです。

サイモンの例を見てみましょう。ダークスターの〝ゴールド〟のカヴァーをヒューマン・リーグのオリジナル・ヴァージョンと比べてみると、どちらかが片方よりも未来的ではない、ということだけではありません。その両方が未来的ではないのです。ヒューマン・リーグのトラックは先取りした未来主義である一方で、ダークスターのトラックはその未来の後にやってきたように思えます。この際言っておきますが、ダークスターのアルバムは今年の私のフェイヴァリットだと言わざるを得ないでしょう――私はこの作品に夢中です（二〇〇〇年から起こっていることのひとつに、アルバムの勃興があるということにここで注意を払う意味があるかもしれません。九〇年代はシーンとシングルが重要で、重要なアルバムはまったくありませんでした。でも二〇〇〇年以来、ディジー・ラスカルのデビュー作、ジュニア・ボーイズのレコード、ベリアルの二枚のアルバム、そしてダークスターのアルバムがあります。私が話している現代的な倦怠感は、良い作品がないということではないのです――それはまったく問題ではありません）。私がダークスターのアルバムを楽しんでいる部分的な理由は、過去六、七年の最も興味深いレコードの多くのように、それが未来の失敗についてであるように思われるからです。この失われた未来を嘆く感覚は、ベリアルのレコードがそうであったように明確ではありませんが、ある次元でダークスターにもあると信じています。失われた未来が死滅した現在に取り憑いているような、廃虚と妖怪めいた感覚をベリアルに見出せる一方で、ダークスターには電子的腐敗、デジタル・インターフェイスの問題があります。

九〇年代のダンス・ミュージックの背後から聞こえてきたのは、「未来的」という意味を音で再定義しようという競争心でした。ノー・ユー・ターン（No U Turn）のトラック〝アムトラック（Amtrak）〟のこんなサンプル・フレーズが特徴的です。「ここにひとつのことを成し遂げようとする集団がいて、その目的は未来に入り込むことだ」。しかし、実際に到来した未来に誰も入り込もうとはしていなかったと言っても論争にはならないでしょう。もしジャングリストが九〇年代中期から現在へと放り込まれたら、彼らが落胆し困惑しないとは考えにくい。コジュウォ・エシュンの『More Brilliant Than the Sun』（一九九八）の付記として私が著者に行ったインタヴューで、彼はポストモダニズムのテクスト的消耗と組み換えという遺伝学的概念を対比しています。コジュウォは我々の多くが当時感じていた組み換え的多幸感をとてもよく捉えていると思います——無限の可能性があり、新しく、以前は想像もできなかったジャンルが現れ続け、我々を驚かせ続けるであろうという感覚です。しかし、悲しいことに、九〇年代の視点から驚かせるものは、過去十年の間、ほんの少ししか変わっていません。サイモンが言ったように、今聞くことができる変化は未来のとてつもない突進ではなく、わずかな漸進的な変化でしかありません。この減速は、期待感の大幅な減退をもたらし、どんなに生ぬるい推進主義（ブースタリズム）ですら、それを覆い隠すことはできません。友人のアレックス・ウィリアムズは、自然資源がそうであったのと同じように文化資源も枯渇しているという考えを述べています。ひょっとしたら、九〇年代の概念がその十年間の高揚感の表現だったのと同じように、これは今日の文化的憂鬱の反映なのかもしれません。

これは、ある十年間へのノスタルジアだけにとどまりません——九〇年代は第二次世界大戦以降のレコード産業の急成長と共に始まった過程の末期にありました。音楽が文化の中心となったのは、音楽が一貫して新しいものに手に取るような形を与えることができたからです。音楽は、新しいものにはっきりとした形を継続的に与えることができたので、文化の中心になりました。それは、文化が経験していた共進化に焦点を当て、増大させた研究所のようなものでした。現在、新しさの感覚はどこにもありません。また、それは政治的で技術的な問題であり、音楽文化内だけの問題ではないのです。

SR：ダークスターのアルバムはほとんどもう、私を満足させるためにデザインされた内容に近いですね。ハードコアの連続体(コンティニウム)〔※UKレイヴ・カルチャーから生まれたジャングルに端を発するダンス・ミュージックの系譜〕、憑在論、ポスト・パンク、さらにはニュー・ポップの集合なのですから！　この一枚は私のなかで大きくなっていますが、最初は疲れ果てて無気力なように感じました。マークの読みはいつものように示唆的ですね。ポスト・ダブステップ・シーンの渦中、あるいはFWD\>\>世代で活動する集団が、オーケストラル・マヌーヴァーズ・イン・ザ・ダーク（特に彼らの最初のLPが、どうもこのアルバムの制作時に頻繁に聴かれたようです）、ニュー・オーダー、その他の八〇年代初期のシンセポップの残響に影響を受けたレコードを作ったことは意義のあることだと本当に思います。おまけに、ダンス・カルチャーから生まれたレコードが、孤独、後悔、自閉、憐れみに関して何かを意味しているのですから。

ダークスターのレコードは、UKダンスにおける感情性への自意識の転換の一例です。アルバムのほとんどで人間の声と歌が特徴的で、その役割のために選抜されたグループの新たなメンバーによって、それは歌われます。ちょうど今週、同じシーン出身のふたりが——ジェイムス・ブレイクとサビーナ（Subeena）——自分の声を使った初めての楽曲をリリースするというのを読んだところです。けれども、この表現性への転換は、実際に音楽で起こっていることと同じくらいレトリカルなものに思えます。結局のところ、ハードコア、ジャングル、UKガラージ、グライム、ベースライン・ハウスは、全部がそれぞれのやり方で感情を吐き出していました。「感情的」という言葉で人々が意味するのは、ハードコア連続体の音楽にはなかなか見つからなかった形で、内省的ではかないものです（最初期に遡るIDMのなかにその例があるのは確かです——グローバル・コミュニケーションとカジノ・イン・ジャパンは実際に家族の死にインスパイアされたレコードを作りました）。完全に言い表すことなく、アーティストとコメンテイターが手探りで求めているそのアイディアとは、ダンス・ミュージックは、かつて行っていた、集団的カタルシスを経由したある種の感情的発散の供給をもはやしていないということです。なので、この内部へと向かう転換、そして、ある種の公に展示された内部性の幻想もあるのです。これは、多くに表現された「ダンスフロアで人々を自分の曲で泣かせたい」という芸術的理想です。仮に人々が（集団的多幸感という）古いやり方で発散するようになったとしたら、どうして涙など必要になるのでしょうか？

MF：私がダークスターのレコードがとても好きな理由のひとつには、これがダンス・レコードに聴こえないというのがあると思うんです。私の見解では、ダンス的テクスチャーに補強された主流ポップとほぼ同じくらいよく聴こえます。〝エイディーズ・ガール・イズ・ア・コンピュータ〟は別として、歴史を知らずにこのレコードを聴けば、ダブステップとのいかなる関連性も疑わないでしょう。同時に『ノース』は、ダンス以前のサウンドへの単純な回帰でもありません。シンセポップ的類似物から多くは出来上がっていますが——ヒューマン・リーグのカヴァーがこれを明らかにしているように——八〇年代のシンセポップのようには実際はまったく聴こえないのです。それよりも、八〇年代中期のどこかで途切れたエレクトロニック・ポップの特定のモードの継続に近いでしょう。

SR：九〇年代、ドラッグは——特にエクスタシーですが——、この共同体的な解放に絶対に欠かせないものだった。ハードコア・レイヴがとても超感情的だった理由のひとつは、オーディエンスの脳が人工的に刺激された感情で溢れかえっていたからで、それは有頂点だったり興奮だったりするんですが、あるときには暗くて、感情的な脆さにもなりえました（エクスタシーを取ったあとの気分の落ち込みは、失恋しているようなものです）。二〇〇〇年代のダンス・カルチャーについて非常に私が興味深く思うのは、その言説におけるトピックとしてのドラッグがほぼ完全に消失したことです。人々がまだドラッグをやっているのは明らかで、大量に、そして複数のドラッグを組み合わせているのは、まるで九〇年代のようです。何年か前のケタミンや、もっと最近のメフェドロンに関する議論のように、権威と主流メディアによる公共の恐怖心も少なからずあります。けれども、これらがダンス・シーンそのものにおける、いかなる類の文化的対話の触媒となることもありませんでした。あたかも、化学物質が文化的反響や音楽の進化に及ぼす効果を持ちえたという考えが完璧に消え去ってしまったようでした。ダンスの言説の主な要素のひとつがドラッグの変化力に関するものだった九〇年代と比較してみましょう。マシュー・コリンがレイヴ史について著したその書名を『変容状態＝Altered States（邦題：レイヴ・カルチャー)』(一九九七)と、そして私が自分の本を『エナジー・フラッシュ＝Energy Flash』などとした理由がそこにありました。〝エナジー・フラッシュ〟とは、最も偉大でドラッギーなテクノ・アンセムのひとつで――ジョイ・ベルトラムのその曲には(「エクスタシー」という声のサンプリングが組み込まれています)――、またその言葉は、サイケデリックスが誘発した啓示の閃光、または刺激ドラッグによる「身体への閃光」に関する言及でもありました。

現在における感情性への転換は、ドラッグの悪影響が明らかになり、クラブ仲間がスピリチュアライズドやレディオヘッドを聴いていると耳にしはじめた九〇年代後期の似た時期がこだましているようです。けれども、それが感情性からの飛翔であった一方で(今となっては誤り、あるいはネガティヴな副作用が多くあり、もっと内省的で、ヒーリング・ミュージック的だと考えられている、集団的ハイからの飛翔です)、ポスト・ダブステップ・シーンにおける新しい感情性は、異なった文脈に表れています。私はただ推測しているだけですが、インターネット文化への不満と何か関係があるのではないかと思っています。それはある種不安定で、注意力を欠いた麻痺性で、永続的な接続状態へと編み込まれることによって生じるものの、そこには一対一の交流や、集団に由来するいかなるリアルな繋がりもありません。ポッドキャストとオンラインのDJミックスの勃興は、「新しいレイヴ」としてもてはやされていますが、それはここに当てはまるように思えます。

KM：文化形式は時代精神を捉え、来るべき時代のヴィジョンを促進／変調し、黙示的に過去の文化的実践に反抗することができる、という考えも未来主義という概念には含まれています。九〇年代のUKダンス・ミュージックで非常にありふれた雰囲気だった「現在のサウンド」という考えと、さらには、微細なシーンそのものに組み込まれた古めかしさを生み出した新たなネットワークとサブ・ジャンルにおけるレーベル、クラブ、プロモーター、ＤＪの継続的な再編成とともに、この場合、これは理解されるかもしれません。ある種の自発的な短期記憶的不均衡は、後続する二〇〇〇年代の十年において理解し難いものです。そこで最もオリジナルで人気なアーティストはベリアルであり、それはインディ・ロックにおいて以前は同様のレヴェルに達した過去への拘泥のはっきりとした表明です。『ウェア・ウァー・ユー・イン・92？』（二〇〇八）を出したゾンビーのような非常に興味深いアーティストによる文字通りのアプローチは言うまでもありませんよね。

ＳＲ：私は九〇年代のレイヴ・カルチャーに完全にのめり込んでいたので、目的論的な感覚、あるいは音楽を経由して何かが展開していく明らかな感覚があったと証言できます。今となっては、これが幻想であったとするのは容易いことでしょうが、当時それがいかに感じられたかに関する真実を私はむしろ誇りに思っています。毎月のペースで変わっていく音楽を目の当たりにし、その変異と増大にロジックがあるように思えました。ハードコアからダークコア、ジャングル、ドラムンベース、テックステップに至るまで、一九九一年から一九九六年のタイムスパンにわたった音楽の弛みなき推進力から、そこには目的地、あるいは運命までもがあるように感じられました。私がシーンに足を踏み入れたのは一九九一年の終わり頃で、「旅」はすでに始まっていました。その軌跡は少なくとも、アシッド・ハウスが最初にＵＫに衝撃を与えた一九八八年には始まっていたと言えるでしょう。

私の視点はロンドン中心的ですが、ガバやトランス、あるいはミニマル・テクノの進化と共に、同様の軌跡はヨーロッパでも展開していました。増大化の中心にそって、直線的で拡張的な発展があったのです。その音楽の各段階は、先立つものにとって変わりました。地球の大気圏を抜け出すにつれ、部品を切り離していくロケットが踏む段階のようにです。そして、そこには忘却があったというのも正しいです。つまり直前の過去への関心の欠落です。だって私たちの耳は常に未来、現れつつある次のフェーズで鍛錬されていたのですから。

ある時点において、ロンドン中心的なハードコア／ジャングルのナラティヴは方向転換し、テンポの速度が落ち、ハウス・ミュージックの官能性を受け入れるようになりました。最初は一九九七年のスピード・ガラージ、そして次はもっと遅くてセクシーな2ステップと共にです。でもそれは単に、近づいてくる行き止まり（ドラムンベースが一丸となってずっとぶつかっていたものですが！）を避けるための懸命な動きであるように思えました。ドラムンベースを経由して発達したリズム的な複雑化は、スピード・ガラージと2ステップと共に、あまり批判に晒されずに続きました。

二〇〇〇年代、特にここ五年間は、ダンス・カルチャーとそのなかの果てしないミクロの変化から受ける感覚がまったく違います。目的とは対極になってしまったのかどうか、とにかく、そうなってしまった！ 前衛と断定できるようなエネルギーの中心を特定するのは難しい。近年でひとつ例を挙げるならダブステップにおけるピュリスト的な「ウォブル（揺れ）」の部分でしょう。そこにはある種のウォブル性が増大しているからというだけのことですが。ウォブルステップには、極限まで突き進むハードコア精神があります。皮肉なことに、ダブステップの目利きとシーンの守護者はウォブルに耐えられず、それとは別の、ソフトコアで「音楽的」な方向へと分岐していきました。ウォブルは極めて男性的なサウンドでガバを思わせます。しかし、九〇年代がこの種の極限を追求する猥雑なものであったことを思い出してください。ビートと低音はリスナーたちへの試練であり、楽しむと同時に耐えるものでもあった（もしくはそれを克服するためにドラッグをやらなければいけませんでした)。この音楽の進化は、体験的、あるいは身体的な方法で推し量ることができました。ビートはよりタフになり、複雑化し、テクスチャーは辛辣に響くようになり、雰囲気とムードは暗くなり、よりパラノイド的になっていきました。

グライム、それからダブステップのいくつかを除いて、九〇年代のポスト・テクノ・ミュージックは全体的に(言葉の従来的な意味で)「音楽性」と「心地よさ」へと後退したように思えます。つまり、未来に向かって前進するという戦闘的なモダニズム感覚の代わりに、この文化の時間性の感覚は多義的で再帰的であるように見えるのです。そして、そして、これはミクロレベルでもマクロレベルでも当てはまります。個々のトラックには推進力と衝動があまりなく、複雑性と後退的なディテールに重点を置いているように見えます。

レイヴ・ノスタルジアの問いに戻れば、ゾンビーが投げかけた「九二年にお前はどこにいた?」という問いは多くの次元において興味深いものです。おそらくは意図していないものでしょうが、世代的なノスタルジアを動員し活用したジョージ・ルーカスの画期的な手法である『アメリカン・グラフィティ』(一九七四)の宣伝文句の反復が見られます(「六二年にあなたはどこにいましたか?(Where were you in 62?)」)。そして、意外なバイオグラフィー的事実ですが、ゾンビーは彼自身が九二年にどこにいたのか明確に答えることができます。なぜなら、彼は当時十二歳でハードコア・レイヴの早熟なファンだったからです(そこから察するに、彼はおそらく私やマークのように、ジャングルやスピード・ガラージからダブステップまでの音楽の軌跡を追って来たのでしょう。彼は私たちよりも随分と若いですが)。このアルバムがオールドスクールなハードコアの愛されるパスティーシュを差し出す一方で、歳を重ねたレイヴァーたちを(スプリングスティーンの言葉を借りれば)「光栄の日々の退屈な話」で嘲笑する要素があるように思われます。ゾンビーとは違い、参加者としてレイヴを経験していなくて、ハードコアの連続体の遺産を邪魔で重荷に捉える若いダブステップのファンたちには、それが魅力的に映ったのかもしれません。最後に、興味深いのは、ゾンビーがこのパスティーシュ・レコードを、〈ハイパーダブ〉の「ゾンビーEP」)(二〇〇八)などのより先鋭的なダブステップ・レコードの合間に、一回限りのスタイルの演習として制作したことです。これは、ゾンビーの世代が、一般的に音楽の懐古主義で見られる失われた時代への狂信的な同一化なしに、ヴィンテージ・スタイルを遊び尽くすことができることを示唆しています。それは単なる時代のスタイルであり、再訪するものなのです。

MF：重要な点は、「九二年にどこにいた?」という問いには意味があり、一方で「〇二年に(あるいは〇八年にも)どこにいた?」という問いは意味をなさないということです。過去十年で起こったことのひとつは、年や時代ごとの非常に特徴的な「感じ(feels)」の消失です。それは音楽だけではなく、文化全般においてもそうです。私は二〇〇三年がどうであったかということよりも、一九七三年がどうであったかということの方がよくわかっています。これは自分が注意を払うのをやめてしまったからではありません。むしろこの十年間、他のどんな時代よりも、私は音楽により細心の注意を払ってきました。でも、かつてそうであった形では、文化的時代にはほんのわずかな「味」しかなく、ある一年をその翌年と区別するものも少ししかありません。これは部分的には、サイモンが説明するモダニズムの軌跡が衰退した結果でしょう。サイモンと多少異なり、私は「目的論」という言葉よりも「軌跡」という用語を好みます。私が九〇年代に──そして六〇年代から九〇年代にかけての大衆文化に──興奮を覚えるのは、前進的な運動の感覚です。それはすべてがひとつのゴールに向かって必然的にひとつの方向に進むような、直線的な感覚ではありません。そうではなく、そこにあったのは溢れかえり、増大していく感覚でした。もし時代が今特徴づけられるとしたら、それは新しい文化形態や特色ではなく、技術的なアップグレードです。けれど、技術的アップグレードはますます、生産という観点ではなく、文化の流通や消費という観点で現れているようになっています。劇的な形式的革新は聴こえも見えもしませんが、高画質の画像や、より大きな容量を持ったMP3プレイヤーが手に入るわけです。最も興味深い若い批評家のひとりであるアダム・ハーパーは、新しいマイクロ・イノベーションの文化を支持しています。今サイモンと私が話している類いの——共通する方式に沿って組織されるシーンによって定義される——音楽文化は歴史の遺物であり、幾千もの微少な逸脱の文化、あるいは「無限の音楽」がそれと入れ替わりました。そこでは、サイモンが言及している時間的再帰は問題ではなく資源です。でも、これは私には、ハードコア連続体が到来する前に人々が称賛していたインテリジェント・ダンス・ミュージックのように疑わしく聞こえます。サイモンとコジュウォがダンス・ミュージックにおける「シーニアス（scenius）」〔※ブライアン・イーノが著書『A YEAR』（一九九六）で発案した概念、シーンにおける匿名的で集団的な創造性の形態を指す〕を提唱するまでは、現場のミュージックの下品さや反復性を軽蔑することが批評の常識であったことを忘れがちです。

けれども、私たちがここで話している現象、時間的味気なさは、より広範なポストモダンの倦怠感の症状であるように思えるのです。八〇年代から九〇年代初期にかけて書かれたフレドリック・ジェイムソンのテクストを読み返すたびに、その先見性に驚きます。彼は、近代的時間がポストモダン性のパスティーシュ的時間へと平にされていく様をいち早く把握していました。九〇年代のそれらのいくつかのテクストを読むと、文化におけるある種の傾向を描写しているように思えるのですが、同時に、これが唯一の物語であることからはほど遠いようにも思えました。今となっては、ポストモダン的な歴史の終焉への代替物が存在するという感覚はほとんどありません。問題は、これはすべて一時的なものなのか、それとも不治なものなのか、ということです。

SR：九〇年代に直線的進歩が身体的に感じられた主な理由のひとつは、一九九〇年から一九九七年にかけて、テクノが速くなったことにあると付け加えるべきでしたね。BPMの急激な上昇があり、それは音楽がさらにハードに、よりリズム的に密集するようになるなど、あらゆる方法にそれは付随していました。ダンサーとしては猛スピードで突進していくような感覚もありました。

マークは技術的アップグレードという観念を、過去十年における進歩の感覚の計測値として述べていますね。そこで思い出したのは、イタリアのDJでありジャーナリストのガブリエル・サッキとの談話です。約十五分の間に、サッキは、ドラムンベース以降ダンス・ミュージックには重要な形式的な進歩は本当になかったという不満を述べかと思えば（彼はダブステップを軽視していた覚えがあります）、それに加え、十年前と比較して今のレコードがどれだけ進歩的に聴こえるかについて肯定的なコメントをしていました。彼が言わんとしていたのは、プロダクションの質の観点からレコードがより良く聴こえていたということです。テクノロジーやデジタル・ソフトウェアなどの観点から、今日の、例えば、ハウスのトラックの作り手に利用可能なものによって、より良い音のレコードの制作が可能になりました（ドラムのサウンド、テクスチャー、音の配置、ミックスのレイヤーにおいてです）。それは完全に理にかなっているように思えたし、二〇〇〇年代のエレクトロニック・ダンス・ミュージックの定義的な質なのでしょう。様々なジャンルの基本的な構造的特徴は九〇年代に確立されたのかもしれませんが、改善されたのは、ディテールの解像度、洗練度、そして音楽に対する一般的なプロダクションの光沢のようなものです。たとえるなら、建築的革新（九〇年代）からインテリアの装飾（〇〇年代）へのシフトかもしれません。それからマークはフレドリック・ジェイムソンにも言及していますね。彼の著作は──一九九一年からポストモダニズムの大著がありますが、とりわけ『近代(モダン)という不思議──現在の存在論についての試論（原題：A Singular Modernity）』（二〇〇二）──、一般的なレイヴと特にＵＫハードコア連続体が、徐々にポストモダニズムに屈していった大衆文化におけるある種のモダニズムの飛び地であったことを理解する私の手助けになりました。ストリートのビート・カルチャーに出自を持ち、アート・スクールからのインプットもほとんどなく、音楽の進歩という曖昧でフィルターにかけられた概念しかなかったにもかかわらず、二〇世紀初頭のモダニズムの冒険へのフラッシュバックのようなものを自ら作り出していったんです。特にハードコア連続体は、絶え間ない破裂という内部の時間的枠組によって、自らを前進させました。自身と断絶し続け、初期段階に後続するものを捨て去ったのです。『近代(モダン)という不思議』のなかでジェイムソンが、モダニストたちが「何が本当に新しいものなのか？　どうやって判断するのか？」という評価に執着していたと語るくだりは、真実であると同時に滑稽でもあります。九〇年代を批評家として通過した者の特徴的な心構えを感じたんです。でも、新世代の電子音楽ライターたちは（そしておそらくは音楽家たちも）、こんな風には音楽に反応していないでしょう。もはや前例のないものへの渇望や直線的進化、あるいは未知への殺到も問題ではありません。重要なのは、ダンス・ミュージック史という未知なる大地を横切る、これらの終わりなき革新的な経路の追跡であり、受け継いだ形式を修繕することなのです。

ＫＭ：他に興味深く思うトピックは、ハードコア連続体と呼ばれるダンス・ミュージックは、メディアを通じた国際的な共鳴があったとしても、ローカルな強いコノテーション〔※記号論の用語で、ある記号が特定の文化的文脈で象徴する意味を指す。例えば、この文章で後に触れられるトラックスーツは、イギリスの大衆文化では単なるスポーツ用品としてではなく、グライムなどの音楽・文化スタイルを象徴するファッション・アイテムとしてのコノテーションを持っている」といくぶん島国根性的な発展を保ち続けている点です（テクノやハウスのような他の近しいジャンルでは、局在化はそこまで顕著には感じられませんでした。それは、例えば、ベースメント・ジャックスのずば抜けたファーストが、他のポスト・レイヴの作品群と大きくは変わらない影響下にあったとしても、です）。連続体におけるいくつかの音楽は、とても具体的な文脈と反応し繋がっているロンドンの音の地図作成（カルトグラフィ）のようです。地理的側面は、このジャンルの受容において関係があるものなのでしょうか？

SR：ハードコア連続体の音楽のオーディエンスは世界中にいます。初期ブレイクビーツ・ハードコアは九〇年代初期の数年において普遍的なレイヴ・ミュージックでした。ジャングルはトロント、ニューヨーク、サンパウロといった都市でシーンを確立し、後のドラムンベースという生まれ変わりは、真の国際的サブカルチャーになりました。ダブステップにも同じことが当てはまります。よりロンドン中心的なスタイルである2ステップとグライムでさえも、世界中の国々で熱心なファンを獲得し、イギリス以外の特定の都市では小さな分派シーンが生まれています。とは言いつつも、ハードコア連続体ジャンルの音楽的創造性のエンジンが常にロンドンにあったことに議論の余地はなく、強い多人種的構成を持ったUKのその他の都市エリアにはその前哨基地がありました。特にブリストル、そしてミッドランド地域、シェフィールドやリーズといった北部都市、そしてレスターなどです。音楽の次なるステージは常にロンドンで開花してきました。

これは海賊ラジオにおける、ひとつのラジオ局内での、さらには異なる局同士でのDJとMCクルーたちの競合にも関係しています。ロンドンの都市のランドスケープ、ラジオが放送される高層公団の数、人口の密集、その音楽テイストが国営ラジオや商業ラジオ局（商業的ダンス局であるキスＦＭも含まれます）によってはカヴァーされない（人種的で美学的な両方の意味での）多くのマイノリティの存在。それらによって、かなりの数の海賊ラジオ局が成り立っています。この競合は、オーディエンスのシェアを増やそうとする海賊局を、さらにはダンサーたち巡るレイヴとクラブを経由して表現され、部分的には経済的であり、または純粋に名声や美学的卓越を重要視している面もあります。これによって革新性の溶鉱炉は燃え上がっていきました。

違法ラジオ局に集中したロンドン中心的システムは、徐々に崩壊していっているように思われます。ラジオによってファンキー・ハウスのシーンは元気にやっていて、その主要オーディエンスはまだ海賊電波に「ロックド・オン〔※be locked on、海賊ラジオ放送の電波を傍受して放送を聴取すること。転じて現在でも違法／合法を含むネット／ラジオ文化においても番組を聴取する意味で使用されることがある〕」しています。実際、聞いたところでは、ファンキーのレイヴやクラブ・イベントはごく僅かで、レコードやコンピレーションのリリースもほとんどないため、ファンキーを聴く唯一の方法は海賊放送なんだそうです。でも以前のドラムンベースのように、ダブステップには英国的シーンがあり、同時に国際的なシーンもあります。シーンを率いるジャーナリストであり、ブラックダウン名義でＤＪや録音アーティストとしても活躍するマーティン・クラークから興味深いことを訊きました。彼とダスクがやっている折衷的なポスト・ダブステップの方向性で知られるリンスＦＭの番組は、オーディエンスの反応、メッセージ、リクエストがインターネットを経由してフィンランド、もしくはニュージーランドに及ぶ遠方からたくさん届くようです（リンスＦＭは電波放送のみならず、インターネットでも聴けます）。しかし、純粋なファンキー・ハウスの番組は、海賊局の地上波放送範囲に住む携帯電話利用者からリクエスト、電話、メッセージを受信しています。なので、ファンキーはまだ伝統的なハードコア連続体の意味でローカルなシーンであり、東ロンドンに深く根付いているのです。

でもロンドン中心主義は衰退しつつあるように思います。ダブステップは完全にインターネットに組み込まれていますし、ネットを循環するポッドキャストとDJミックス、それから掲示板での議論も盛んです。私が思うに、UKファンキーはハードコア連続体の「矮星」的段階です。その規模は縮小しつつも、ヴァイブや音楽的創造性の意味ではまだ熱を発していますが、ジャングルやグライムがそうであったようにはすでに熱心なファンたち以外の注意を集めるに至ってはいません。ファンキーは、UKチャートでのヒットがまったくない最初のハードコア連続体サウンドです〔※ドラムンベースやグライムに比べるとファンキーの評価は分かれるかもしれないが、この対談が行われた二〇一〇年前後、K・I・G〝ヘッド・ショルダーズ・ニーズ&トーズ〟（二〇〇九）やケイティ・B&ミス・ダイナマイト〝ライツ・オン〟（二〇一一）など、UK国内でかなりのヒットがあった〕。外国でもその分派的なシーンが巻き起こってはいません。非ダンス専門のジャーナリストたちの注目に値するほどの重要な質量もありません。ジャングルとグライムがメインストリームで報道されたのは、それが単純に無視することができず、攻撃的なまでに新しく過激だったからです。けれども、ハードコア連続体を細部まで追っていない者にとって、ファンキーは、若干、変わったビートとロンドン風味がある「トラッキー」な〔※「tracky」はトラックスーツを指す。UKのストリート・カルチャーではトラックスーツは重要なファッション・アイテム〕なハウス・ミュージックです。2ステップ・ガラージとは違い、ポップであるほどアンセム的ではないし、ジャングルのように先駆的であるわけでもありません。ハードコアの連続体について興味深いのは、その全盛期において、九〇年代のインターネットや情報文化が主張する「脱領土化」というレトリックに反論していたことです。この音楽文化はローカルな特性から、領土化された状態から、その強さと豊穣さを生み出しました。たしかにジャングルとグライムの黎明期において、そこには一種の要塞精神があり、その点は前衛主義、もしくは戦闘的モダニストの心構えと繋がりそうですね。

また、ハードコア連続体のジャンルは、インターネットに組み込まれるまでにとても時間がかかりました。私が2ステップ・ガラージとグライムについて書き始めたとき、レーベルやアーティストはほとんどネットに存在していませんでした。私が行ったインタヴューのほとんどでは、メールをするよりも、電話をするか実際に会う必要がありました。マイスペース上でグライムを見るようになったのは、ようやく二〇〇五年頃になってからです。その頃になってやっとウェブにたくさんのDJセットがアップロードされるようになりました。それ以前はロンドンに住んでいないと音楽を手に入れるのはほんとうに難しく、高価な12インチやCDミックステープを郵送注文する必要がありました。現在はどこに住んでいても音楽の最新情報を手に入れるのは非常に簡単です。でも、その結果、シーンのロマンスや神秘感はいくらか失われてしまいました。

MF：都市と関連しているのは九〇年代のUKダンス・ミュージックだけではありません。大衆音楽の歴史すべてにおいて都市のシーンは重要です。モータウンがデトロイトで始まったこと、ハウスがシカゴで、ヒップホップがニューヨークで始まったこと、そのすべては偶然ではありません。都市は、集団的かつ特異的に影響を迅速に合成する圧力調理器具です。街のシーンは、サイバースペースが脅かす空間と時間の特定の構成に依存します。ハードコア連続体は、相関したインフラストラクチャーと文化的要素――海賊ラジオ、ダブプレート、クラブなど――のエコロジーによって成り立っていましたが、同時に依拠していたそれらの要素はいくらか分離もしていました。たとえば、ダブプレートはクラブで機能するような検出機のような役割をしていました。でも、サイバースペースは、曲を家で作ることと、それをリリースし流通させることの違いを崩壊させました。今となってはサイバースペースに曲をすぐにアップロードすることができますし、レコードをリリースする機会の感覚は弱くなっています。つまり、時間が崩壊しているのです。でもこれに伴い、空間の重要性も崩壊しています。クラブの空間は、「出来事がある」時間のために重要でした。曲を初めて聴く場所だったのですから……。でも今は、DJセットの新しい曲は、YouTubeですぐに聴くことができます。クラブでの経験が集団的経験であることは言わずもがなです――同じ空間で同じことを経験している人間からパワーが生まれます。サイバースペースはもっと個人化しています。それは物理的空間と同じような「空間」ではないため、一緒になる感覚が生まれることはありません。集団に身を置くというよりも、会話に加わることに近いです。手軽なメッセージにさえ遅れがあるのですから。

レコーディング・スタジオの費用や、配信方法などを気にせず音楽を制作しリリースできることに、肯定的な側面があるのは明らかです。しかし、これが個人の音楽制作の障壁を取り去るかもしれない一方で、サイバースペースが音楽文化に良いものであるかは明確ではありません。都市シーンは物事を圧縮し集中させました。一方でサイバースペースとデジタル性は文化をあまりにも即時的なものに（今すぐ曲をダウンロードできる）、またあまりに先延ばしにする（何も本当に完了しない）危険性があります。都市を拠点にした音楽シーンは、ロンドンへの多くの参照点があるベリアルのレコードで嘆かれているもののひとつなのかもしれません。ベリアルのレコードから聴こえるロンドンの「音の地図作成」は、多くの点で海賊ラジオの地図作成です。

KM：連続体のいくつかのサウンドの国際的な受容は、ハウス・ミュージックの純粋な娯楽的快楽主義として認知されていたものへの音楽的なオルタナティヴでした。例えば、イタリアではジャングルはセントリ・ソチアリ（centri sociali：空き家占拠）で大歓迎されました。ジャングルは、非クラバーたちの間でのダンス・ミュージックへの抵抗を無くすのに一役買ったジャンルだったのかもしれません。おそらく、これはジャマイカ音楽との持続する繋がりによるものかもしれないし、ディストピアな雰囲気／管理社会への参照によるものなのかもしれません。でも、これを別としてお聞きしたいのですが、おふたりの考えでは、これらのジャンルの最も政治的な意義とは何なのでしょうか？

SR：ハードコア連続体の主な政治的意義は、ポスト人種的イギリスの出現において果たした役割にあります。まだ完全には現れてはいません。明らかにイギリスにはまだ多くの人種差別がありますが、ジャングルやUKガラージを特にポスト人種的「人々」をUK国内に作り出したものとして語ることもできるはずです——それらがロンドンやバーミンガム、コベントリーといった主な都市の力であったことははっきりとしていますが、この部族には国全体に散らばった構成員がいます。単なる黒人と白人のミックスであるばかりではなく、あらゆる人種が混ざっています。関わっている民族性の幅に私は常に驚かされます。インド亜大陸出身の両親を持つ者、キプロス人やマルタ人、想像しうるあらゆる混血の組み合わせが存在します。「黒い英国」について話すだけでも、ジャマイカ系の人々だけではなく、ソカなどの独自の音楽的伝統を持ったカリブのその他の島々も触れることになりますし、最近ではアフリカ系の移民も増え、その影響はファンキー・ハウスで聴くことができるアフロの雰囲気に感じられます。

つまりそれはとても豊かな混合なのです。しかし、連続体の全体を流れる顕著な音楽的風味にあるのは、ブリティッシュ・アートポップの伝統（ポスト・パンク、インダストリアル、シンセポップ）とジャマイカ（レゲエ、ダブ、ダンスホール）、そしてブラック・アメリカ（ヒップホップ、ハウス、デトロイト・テクノ）の衝突です。そして、それは決して一方通行なわけではありません。ベースの音圧にハマりジャマイカのパトワで話す白人のイギリス人だけではなく、激しいユーロ・テクノに衝撃を受けたカリブ系イギリス人の第二世代の若者が、ベルギーからやってきた九〇年代初期の音楽に心を吹き飛ばされることだってあるのです。もしくはゴールディーのように、レゲエとジャズ・ファンクと同時に、PiLやストラングラーズといったグループも聴きながら育ったような人もいるわけです。

ハードコア連続体の音楽がこのUKのポスト人種的「人々」を作り出したというよりも、その反映であるとも言えるかもしれません。でも、私が思うに、それがとても魅力的で、英国大衆文化の最先端であるために、このプロセスを加速させてきたのです。人々はこの部族に参加するように能動的に巻き込まれていきました。それは多くが望んだアイデンティティです。なぜならその時代のもっともクールな音楽であり、誇りに思われるべきものだからです。それがポスト人種的な観点から英国性を肯定する方法なのです。

なので、これが私の考えるハードコア連続体の主な政治的達成です。音楽理論家のジェレミー・ギルバートのような評論家たちは、それがなぜ直接的な政治化に至らなかったのかと問うています。様々な点において、特にジャングルとグライムには、その音楽が社会やイギリスの下層階級の生活がどんなものなのかについて我々に語っているような感覚があります。ジャングルの暗さとパラノイアは（同様にある程度までこれらはダブステップに受け継がれています）、そしてグライムの攻撃性と自己主張は、都市的存在の冷酷な現実を反映しています。けれども、ある意味において、単にリアリティを反映するだけでは不十分だという思いが私の側にも確かにあります。ジャングルとグライムは「ギャングスタ・レイヴ」、言うなればギャングスタ・ラップのイギリスでの同等物以上になろうとしてもできなかった。なので、その歴史的間隔において、それは暗さ（ゲットー・ライフの反映）と明るさ（服を着こなし高級感を出し、パーティをし、セクシーでグルーヴィな音楽に身を任せ、異性を追いかける――それがスピード・ガラージ、2ステップ、ファンキー・ハウスを生み出したハードコア連続体の側面です）の間を揺れ動いてきました。ポスト人種的な側面を除いて、ハードコア連続体のその他の主たる達成とは、自身のメディア（海賊ラジオ）と経済インフラストラクチャー（インディペンデント・レーベルとレコード店）に依拠した自律的文化空間の創造にあります。海賊ラジオは特に意義深いものでしょう。それはコミュニティ・ラジオであり、音楽を無料で提供し、アマチュアによるものであり、DJとMCたちは実際にプレイするためにお金を払っています（彼らは自分たちの放送時間のためにサブスクリプション料金がかかり、当局が放送機器を押収したりして機材が失われると、そのためにも支払いが必要になります）。また、それが公共であるということからも、海賊ラジオは重要です。その文化はアンダーグラウンドですが、これは聴くことができるアンダーグラウンドであり、地上波放送であり、電波はロンドンや他のイギリスの都市にも飛んでいきます。コミュニティがFMラジオのスペクトラム上で存在を主張しているのです。つまり、それが表す音楽や社会集団が嫌いな人々もそれに偶然出くわすことになりますが、その音楽を知らない者、ムーヴメントへの潜在的な転向者とも出会うことになります。もし海賊ラジオが完全にオンラインになったら、アンダーグラウンドではなくなり、多くは転向以前の段階へと向けられた周縁的音楽の単なるニッチな市場へと成り下がるでしょう。音楽アンダーグラウンドのパラドックスとは、その考えは完全にアンダーグラウンドでも、メインストリームや文化的エスタブリッシュメントに不可視であるわけでもないということです。無視されたいわけではなく、迷惑者になりたいのです！　そして、アンダーグラウンドとメインストリームの相互作用もあり、そこで下方からのアイディアがメインストリームへと押し上げられ、豊かになり、活気づきます。それによってアンダーグラウンドは新しいアイディアを生み出してくことになります。そのプロセスがハードコア連続体で長い間機能していました。それにより新しいアイディアが発展し、先進的で魅力だったため、メジャーのレーベルはアーティストと契約し、BBCやキスFMといったラジオ局はDJをレギュラー番組のホストとして雇っていました。ファンキー・ハウスではこれが起こってはいないようですが、これはゲットーに留まった初めてのハードコア連続体のジャンルなのです。

MF：私の著書『資本主義リアリズム』（二〇〇九）で、サイモンが『ワイアー』でジャングルについて書いた記事を引用しています〔※本書三七六頁参照〕。サイモンはそこで、ジャングルとUSラップの両方にとって、「現実性」と「リアルさを維持しろ」のコンセプトがどれほど重要であったかを強調していました。サイモンはジャングルに暗示された政治的立場について書いています。それがどれだけ反資本主義であり、しかし社会主義ではなかったのか、という点です。それは常に示唆に富んでいるように私には思えましたが、これらの政治は決して発展しませんでした。私はジェレミー・ギルバートの意見に賛同してしまいます。ジャングルと政治の出会いが実際に起こることはありませんでした。しかし、これは音楽の失敗であるだけではありませんでした。これは政治の失敗でもあったのです。九〇年代の間、イギリス労働党はブリットポップの反動的ロッカーを取り込んでいました。でも、ジャングルが呼び起こしたサイエンス・フィクションのテクスチュアに連動する政治はどこにあったのでしょうか？

なので、サイモンは正しいです。もしハードコア連続体が政治に何らかの影響を与えたとすれば、それはポスト人種的なイギリスを確立する過程に一役買ったことでしょう。ジャングルは既存の人種的な物語には収まりきらず、「白人」あるいは「黒人」音楽にようには響きませんでした。そして、ハードコア連続体がこのポスト人種の感覚を強化するのにどの程度役立ったかは、最近『ヴァイス』誌に掲載された「BNPのベイブ〔※右翼の可愛い子ちゃんたち、といった意味〕たち」というかなり面白い記事によって明らかになりました。ここで、極右政党のイギリス国民党（British National Party）の女性支持者がインタヴューされています。質問のひとつはこうです。「BNPの移民の本国送還政策の観点から、もし選ばなければならないとするならば、ディジー・ラスカル、もしくはティンチー・ストライダーのどちらを最初に送還しますか？」

（髙橋）

戦闘的傾向（militant tendency）は音楽を養う

――『ニュー・ステイツマン』（二〇一〇年三月二十九日号）

〔※Militant tendencyは六〇年代に発足し七〇年代に英労働党に加入戦術を仕掛けたトロツキスト集団、ミリタント派の名称でもある。同グループは人頭税反対運動で活躍し一九九七年に社会党となった〕

音楽は世界を変えられるとの発想は、今やどうしようもなくナイーヴなものに思える。三十年にわたる新自由主義は、これ以外に道はないと我々に納得させた――もう何も変わりようがないのだ、と。政治的停滞は音楽にその立場をわきまえさせた――音楽は「意識を高め」たり大義に貢献する気を我々に起こさせるかもしれないが、やはり娯楽のままである、と。だが、この地位に甘んじない音楽はどうなのか？　政治的に急進的であるために、音楽は様式面で実験的でなければならない、との古い前衛思想はどうだろう？

アーティストのマイケル・ウィルキンスンがおこなったショウ『Lions After Slumber』（昨年、グラスゴーのモダン・インスティテュートで展示された）は、これらの疑問を静かな迫力と共に投げかける。あのショウはある種、遠い過去の戦闘性の遺物を収めた聖骨箱のようだった。展示を大きく占めていたのは、マルコム・マクラーレンとヴィヴィアン・ウェストウッドのショップ、セディショナリーズの店内に――上下逆さに――飾られていたピカデリー・サーカスの風景写真の巨大なモノクロ・プリント〔※この店内写真をさらに上下逆転させて展示したため、風景はノーマルで店員が逆さに見えることになる」。リネンのキャンヴァスのなかには、ヴァンドーム広場の倒された円柱の脇でポーズをとる一八七一年のパリ・コミューン支持者（Communards）の写真もあった――だが、その横向きの図像を縦向きに配置したことでコミューンのメンバーは屍体の山のようになり、復活し立ち上がった皇帝が再び彼らを支配しているかのように見えた〔※パリ・コミューンは普仏戦争後に起きた革命で発足し、約二ヶ月間パリを統治したプロレタリアートの自治政府。帝国主義の象徴であるナポレオン像が据えられたヴァンドームの円柱はコミューン委員会の決定で破壊された〕。

音楽は流れていなかったが、それでも展示全体を通じて音楽はあちこちで参照されていた。ドイツ赤軍派メンバー、アイリーン・ゲルゲンスの顔がスクリーン・プリントされた鏡が一枚あった――が、この画像はテクノ・アーティストのファルベン（ヤン・イェリネック）のアルバム『Raw Marco』（二〇〇〇）のジャケットを用いている。それ以上に重要だったのは、この展覧会のタイトルがスクリッティ・ポリッティの一九八一年の楽曲〝ライオンズ・アフター・スランバー〟を引用している点だ。当のスクリッティも、このタイトルをシェリーの一八一九年の詩『The Masque Of Anarchy』――「立ち上がれ、うたた寝から目覚めた獅子のように／抑えることなどできないほどの多勢をなし」て、ピータールー虐殺〔※一八一九年にマンチェスターの聖ピーターズ・フィールズで起きた普通選挙を求めるデモで起きた民衆弾圧事件〕の犠牲者の無念を晴らすことを思い描いた詩から拝借してきた。

スクリッティ・ポリッティの引喩によって、ウィルキンスンのショウが追悼を捧げたと同時に呼び起こした政治のヴィジョンは、ポスト・パンク――多くの意味でイギリス版パリ五月革命（一九六八）だった、一九七〇年代末から一九八〇年代初頭にかけて起こったあの音楽的なクリエイティヴィティのほとばしり――から派生したものであるが明らかになる。手段として利用し参照したマルクス主義とシチュアシオニスト理論に沿い、ポスト・パンクは文化を本質的に政治的なものと捉え、議会政治主義を大きく越えたヴァージョンの政治を要求した。

いかなる政治的な音楽にとっても、大衆文化のなかに既に密かに仕込まれた鎮静化のメカニズムを暴くことは最大の緊急課題のひとつだった――ラヴ・ソングの歌う安っぽい夢に何より顕著なその仕組みを、ギャング・オブ・フォーやザ・スリッツのようなグループは〝ラヴ・ライク・アンスラックス〟（一九七八）、〝ラヴ・ウント・ロマンス〟（一九七九）といった楽曲で脱構築してみせた。広告のなかで生きているような感覚を人々が募らせる一方だった――そしてギャング・オブ・フォーいわく、「人々は自宅にいるときも旅行者のごとく感じた」〔※〝アット・ホーム・ヒーズ・ア・ツーリスト〟／一九七九〕――世界において、文化がエンタテインメント性を主張することほどイデオロギー度の高いものはなかった。ゆえにこの単語はギャング・オブ・フォーの一九七九年のデビュー・アルバムの皮肉で反語的なタイトルとなり、またザ・ジャムのもっとも苦々しく風刺調な曲のひとつ、〝ザッツ・エンタテインメント〟（一九八〇）の題名に用いられた。

ウィルキンスンのショウ開催が格好のタイミングだったのは、ポスト・パンクは前ディケイドを漂っていた亡霊のひとつだったからだ。その歴史はサイモン・レイノルズの『ポストパンク・ジェネレーション』で詳細にカタログ化された。そして、その音楽はフランツ・フェルディナンドやカイザー・チーフスといった意識が低く勤勉でおもしろくない連中に模倣され、またギャング・オブ・フォー、マガジン、スクリッティら本家勢（三組はすべて再結成した）によって再び提供された。そのポスト・パンク・サウンドの復活はふたつの効果をもたらした。ひとつのレヴェルでは、それによって音楽の最後の敗北は成立した――これらのグループが当時から三十年も後にカムバックを果たすことが可能で、しかもとりたてて時代遅れにも聞こえない、そんな状態にあるとすれば、ではポスト・パンクの焦土作戦的な「音楽は常に自らを刷新し続けるべきである」の訓令も、その「再活性化した政治を」の希望と同じくらい終わっているに違いないのだから。とはいえポスト・パンク・スタイルのもっとも悪質なシミュレーションですら、一定の亡霊じみた残滓を、音楽を慰撫や治癒や余興以上の何かにしようとの要求——もっとも、そうしたシミュラクラ自体はそこを裏切っているが——を伝えてくる。

歴史の終わりにおいて、政治の停滞はポピュラー音楽の停滞に完璧に反映される。政治闘争が「資本主義を切り盛りしていくのは誰か」というケチくさい口論に座を譲ったのに伴い、ポピュラー音楽の革新も懐古に取って代わられてきた。どちらの場合も、世界を変えるという途方もない野望は実利主義とキャリア主義へ退化したことになる。ある種の気が滅入るような「知恵」が幅を利かせる。かつて、色々なことが起こりそうに思えたときもあった——だが、我々はもう二度とだまされやしない。ウィルキンスンの『Lions After～』で展示された図像のように、世界は再び正しい向きに戻された。皇帝は地に足を着け、権力と特権は復元され、支配階級が倒されたいくつかの時期のどれもが、お遊びの季節だったように思える——新自由主義のショッピング・モールの情け容赦ない蛍光灯にしおらされた、脆い、半ば忘れられた夢の数々。

ザ・セックス・ピストルズを考察した書籍『Lipstick Traces: A Secret History of the 20th Century』——政治的に共振する一九八九年に出版された——で、著者グリール・マーカスはこの滅入らされる「知恵」を真似てみせた。彼は、「戦争と革命の基準に照らし合わせれば」——

世界は変わらなかったのだ。ドワイト・D・アイゼンハワーが言うところの「現在の事態は、かつてあった状態よりも、今の状態に近い〔※過去を振り返っても現状は変わらないのだから今やれることをやる、という意味合い〕」時点から振り返って、我々はそう言う。実にわずかな間にセックス・ピストルズによって生み出された絶対的な要求に反して、何も変わりはしなかった（中略）音楽は人生を変えようとし、しかし人生は続き、音楽は置き去りにされる。後に残った話題はそれだけだ。

——としぶしぶ認める。だが実のところ、ピストルズと彼らに続いた者たちは、戦争や革命をはじめることではなく日常生活への介入によってたしかに世界を変えた、マーカスはそう主張する。当然の存在にして永遠に続くと思われていたもの——そして、それは今またもやその様相を呈しているように見える——は、イデオロギー的前提の組織細胞であったことが突如暴露された。これは、タイヤに穴を穿ちパンクさせるような、容認された現実構造を破裂させる行為としての政治のヴィジョンだ。そのパンク（puncture）はポータルを生み出すだろう——深く身についた日常習慣から抜け出し、政治が思いがけない形でアートと理論に結合する、そんな連想と連携の新たな迷路へ入っていくための脱出路を。娯楽であることをやめた歌の数々は、何にだってなれた。これら穿たれたパンク穴は、内から外へ引っ張り出される外転のように思えた。

パブリック・エネミーを聴いたときの第一印象も外転だった。ポスト・パンク勢と同様にパブリック・エネミーも、安心できる確立したフォルムをまとった政治は彼らの意図に反する自滅的なものである、との発想を暗に認めていた。その表現手段こそがメッセージだった。パブリック・エネミーの驚嘆すべき武闘派モンタージュは、その煽動的なスローガン散布と質感における実験性の双方で卓越していた。ボム・スクワッドがプロデュースした同グループの音楽がファンクとサイケデリック・ソウルの断片をループさせ、抽象的なノイズに変えるとき、あたかも米国史——今やサイエンス・フィクションな大惨事へ、恒久的緊急事態へとカットアップされたそれ――は自在に打ち延ばせる状態になり、ポスト・ブラック・パンサー党の黒人戦闘性の視点から速射砲に乗って語り直される機が熟したかのようだった。

あるいはデトロイトのアンダーグラウンド・レジスタンスのとった、非常に異なるアプローチもあった。パブリック・エネミーのチャック・Dによるデータ満載なラップとは対照的に、主にヴォイスなしのテクノの解釈を提供した彼らは姿を見せない隠密戦術を追求し、トラック名（たとえば〝インストール・「ホーチミン」・チップ〟／一九九六）および反政府性にアフロフューチャリスト的サイエンス・フィクションを組み合わせたジャケットが作り出す、示唆的な記号論の霧のなかへリスナーを引き込んだ。

パブリック・エネミーとアンダーグラウンド・レジスタンスに共通していたのは、エンタテインメントとしての音楽という概念の拒絶だった。ミンストレル・ショウの代わりに、彼らは先ごろ出たスティーヴ・グッドマン（コード9）の本『Sonic Warfare: Sound, Affect, and the Ecology of Fear』（二〇〇九）でも探究されていた、ミリタリーな観点から音楽を考案した。このモデルにおいて、住民鎮圧への音楽使用――パナマの独裁者マヌエル・ノリエガに対し米国軍が指揮した「音響心理学的な懲らしめ」〔※一八八九～九〇年のパナマ侵攻に際し、バチカン大使館に避難したノリエガを投降させるべく、米軍は大音量でロックを流す、装甲車のエンジンを全開する等の戦意喪失心理作戦を講じた〕、ガザ地区上空に発された「爆音の爆弾」――はごく当たり前だ。すべての音楽は、習慣化した行動パターンを埋め込む、もしくは中断する機能を果たす。したがって、政治的な音楽が、文字で書かれたメッセージの伝達だけに限定されるはずがない――それは神経系統上で展開される、知覚の手段をめぐる攻防戦になって然るべきだ。

アンダーグラウンド・レジスタンスは、彼らの使命を「凡庸な視聴覚プログラミング」との闘いと見ていた。

だが問題は、コントロールする側がこの凡庸さを広めるのにあまりに成功し過ぎてきた点だ。パブリック・エネミーとアンダーグラウンド・レジスタンスが音楽を教育と考えたのに対し、支配的文化はティン・パン・アレー系大衆主義に奪回され、音楽は再び娯楽のレヴェルへ引き下げられた。インターネットとiPodは音楽消費の新経済の一部であり、これまでのところ、その経済下で音楽に外転させせられる可能性は弱まっているように思える。数々のニッチから成る世界のなかで、我々は自分自身の消費者嗜好に束縛される。

マイスペース時代に欠けているのは、我々の自己理解に驚きや混乱をもたらす公共スペースだ。予想だにしなかったものに突如侵略されることもあった『トップ・オブ・ザ・ポップス』〔※英BBCの老舗チャート音楽番組。二〇〇六年に毎週放映のフォーマットは終了し現在は特番が制作される程度〕のステージ、今日、あれに当たるものはどこにあるのか？　皮肉なことに、それはたとえばタレント発掘番組『Xファクター』だったりする。レイジ・アゲインスト・ザ・マシーンをクリスマスのチャート一位に送り込もうというキャンペーンは、単なる娯楽に留まらない音楽に対する飢餓感の証明だった〔※当時の人気番組『Xファクター』優勝者のデビュー曲が五年連続でクリスマスに英チャート一位獲得するのを阻止すべく、ソーシャル・メディアを通じ二〇〇九年に起きた抗議キャンペーン。大反響を呼び、結果RATMの一九九二年の曲〝キリング・イン・ザ・ネーム〟はダウンロード売上のみで首位を記録〕。

我々は過渡期にいる。ジャック・アタリはかつて、社会の経済機構の根本的な変化は常に音楽に予示されてきたと論じた。ダウンロードによって、録音された音楽は今や脱商品化に向かっているらしい。では、この変化はそれ以外の文化について何を示唆するのか？　また、世界金融危機とその余波が音楽生産に及ぼす影響を、我々はまだ耳にしていない。新自由主義の崩壊は既に、大学キャンパスをはじめとする様々な場に今にも沸騰しそうな、新たな戦闘性を引き起こしてきた――この状況はサウンドにどう翻訳されるのか？　もしかしたら、世界の転覆を目指す新たな音楽を我々が再び耳にする日は近いかもしれない。

（坂本）

オートノミー・イン・ザ・UK

——二〇一一年の音楽と政治を振り返ったエッセイ、『ザ・ワイアー』第335号／二〇一二年一月号初出

「リアル」がドッと押し寄せてくると、何もかも一本の映画に思えてくる——観客として観ている映画ではなく、あなたが登場人物である映画に。後期資本主義の傍観者である我々を「リアル」の敵意と暴力から絶縁していたスクリーンの数々は、突如剥がれ落ちる。二〇一〇年暮れの学生暴動〔※学費値上げと高等教育予算削減案への抗議デモ〕以来、金融危機後のロンドンの見かけ倒しの平和はヘリコプター、サイレン、拡声器に断続的に破られてきた。首都全体に広まる動乱がどこで起きているか知りたければ、ウォルター・マーチ〔※米音響・編集技師。『カンバセーション…盗聴…』（一九七四）をはじめコッポラ映画のコラボで有名。『地獄の黙示録』で先駆的な多重録音をおこない、「サウンド・デザイナー」の名称ではじめて映画作品にクレジットされた〕を思わせるヘリのローターの低いうなりを追いさえすれば済む……。二〇一一年の間、あなたは本当に何度も、世界滅亡を描く映画の場面設定に用いられるムードに似たニュース報道に釘づけになった——独裁者は倒され、経済はクラッシュし、ファシストの連続殺人鬼はティーンエイジャーを殺害する。今やニュースの方が、フィクションの大半以上に目を離さずにいられない、かつ信じがたいものになっている——プロットの展開があまりに速く、嘘のようだった。しかしそれが生み出した非現実の光沢は、スクリーンに遮断されない「リアル」そのものの特徴にほかならなかった。

「音」は今年の重要なストーリーのひとつ、特ダネをつかむために全国紙記者が著名人や犯罪犠牲者遺族の携

帯電話に侵入し、留守電メッセージを盗聴したという、今も全貌が明らかになりつつある「ハックゲート（hack gate）」の物語の核にあった。ハックゲートの後では、英権力エリート層はデイヴィッド・ピースの「ヨークシャー四部作」（一九九九～二〇〇二）、あるいはテレビ・シリーズ『ザ・ワイヤー』（このドラマ自体、電話通話を密かに録音することのモラル面での問題を提起した）から登場した存在のごとく映った〔※『ザ・ワイヤー』（二〇〇二～〇八）は米社会派犯罪ドラマ。電話盗聴が犯罪捜査のキーになる〕。電話ハッキング事件の暴いた、利害と共通の恐怖とに基づく結託は、チャンネル4によるピースの小説のドラマ化『一九七四年』篇（二〇〇九）に登場するパーティ場面を思い起こさせた。そこで繰り広げられる反道徳的な享楽主義と警官・新聞記者・金権企業家・私立探偵――表向きには敵だが実際は仲間同士――らの不正は、デイヴィッド・キャメロンの悪名高いフレーズ、「我々全員がこの状況を共にしている（we're all in this together）」の真の意味を描き出した〔※二〇〇八年世界金融危機に際し当時野党の保守党党首キャメロンは「国民全員で取り組もう」と呼びかけ、その後も演説でこのキャッチフレーズを繰り返した。二〇一〇年に連立内閣を組織し英首相になったキャメロンの緊縮財政策は上述の学生デモにつながった〕。二〇一一年、我々は映画を生きていた。そのサントラだけが欠けていた。

二〇一〇年末に、ＢＢＣの経済部編集者ポール・メイソンは十二月九日の学生デモで目撃した決定的瞬間を描写した「ダブステップの反乱」と題されたブログを投稿した――「政治的にどんぴしゃなレゲエ」を流していたサウンドシステムの「命綱であるプラグ」は「最年長は十七歳くらいの、新手の連中」の手で引き抜かれ、代わって、メイソンがダブステップと勘違いした音楽が流れ出した。この文章は、抗議デモで耳にしたトラックのプレイリストを自身のブログに投稿していた、『ガーディアン』寄稿者で『Kettled Youth』（二〇一一）の著者でもあるジャーナリスト、ダン・ハンコックスの指摘で修正された。楽曲の大半はグライムとダンスホール

（リーサル・ビズル、エレファント・マン、ヴァイブズ・カーテル）、そしてリアーナやニッキー・ミナージュらのラップとR&Bヒットだったと判明したが、そのどれひとつ明白に政治的なコンテンツを含んでいないのは印象的だ。にもかかわらず、グライム、ダンスホール、R&Bは、自意識過剰に政治的な古いフォルムの音楽ではやれない形で現在の停滞を掌握しているわけで、ここに行き詰まりが生じる。まるで、我々に残された選択肢は古臭さが増す一方の「政治に積極関与する」音楽か現在のサウンドか、そのどちらかしかないかのようだ。『ガーディアン』は「プロテスト」音楽不足を嘆く記事を過去一年だけでも数回掲載したほどだが、我々の多くにとって「プロテスト」は常に、ポリティカルな音楽にとれる形／モデルとしては、かなり面白みに欠けるものだった。しかも、プロテスト音楽は消えていない——セント・ポール大聖堂そばに張られたオキュパイ運動キャンプに行けば、アコギはいくらでも目に入ってくる。欠けているのは、二一世紀固有の政治的音楽のフォルムだ。政治的なメッセージを含むと解釈できるグライムのトラックもいくつかあるとはいえ、多くの場合、このジャンルの政治面での重要性は影響作用——激怒、フラストレーション、憤慨——にあり、グライムはそれを代弁するヴォイスを提供する。USヒップホップに較べ、グライムという様式はいまだに、つかみ損ねた成功に縛られた状態にある。グライムの置かれた状況は、階級のたどる宿命の寓話だ。労働者階級から成り上がってその出自を棄てる者がいるように、グライムを卒業しトップに浮上するのは可能だ（プロフェッサー・グリーンやタイニー・テンパーといったアーティストの放ったクロスオーヴァー・ヒットの数々がそれを証明している）。だが、グライム・アーティストとして成功を手にできる者は今のところ存在しない。

ポール・メイソンは新著『Why It's Kicking Off Everywhere: The New Global Revolutions』（二〇一一）のなかで、二〇一〇年抗議デモで流れた音楽を正確に聞き分けられなかった自身の間違いを認めている。だが、アーバンなダンス・ミュージックの変化を正しくたどれなかったのはさておき、彼のオリジナル投稿は予言的だった。十二月九日を境に、学生デモは勢いを失った。二〇一一年のどでかい異議申し立て――それはまた、一九八〇年代初期のいくつもの暴動以来、イギリスで起きたもっとも熾烈な労働者階級の怒りの爆発だったはずだ――は、メイソンが「クロイドンやペッカムといった地区、あるいはキャムデン、イズリントン、ハックニーの公団からやって来たバンリュー型の若者」と分析した面々から発された。八〇年代の暴動の一部がそうであったように、二〇一一年のイギリスで起きた最初の大型蜂起の直接要因もひとりの黒人、トッテナム地区で警察に射殺されたマーク・ダガンの死（二〇一一年八月四日）だった。「二十五年前に警察は俺の祖母を彼女のトッテナムの自宅で殺し、あたり一帯が暴動を起こした。二十五年経っても連中はまだアホを繰り返す」と、トッテナム出身のMCであるスコーチャーはツィートした。彼の祖母シンシア・ジャレットの死は、一九八五年のブロードウォーター・ファーム暴動の引き金になった。英アーバン・ミュージックと暴動に関する『ガーディアン』向けの記事で、ダン・ハンコックスはこのツィートに言及した――これは、ほんの一週間前には受け入れがたかった言説を蒸し返す口実として、この社会不安を権威主義で人種差別主義な右派が利用する、めまいのするほど恐ろしい瞬間にとって非常に重要なジャーナリスト的介入行為だった。BBC時事番組『Newsnight』出演時に、テレビ御用達の歴史家デイヴィッド・スターキー〔※英中世史研究を本分とする保守系文化人。二〇二〇年にはBLM運動と奴隷制度に関する発言で大批判を浴びた〕は呆れるほど突飛な、しかしいかにも彼らしい支離滅裂な暴言のなかでこの暴動の非は「ブラック・カルチャー」にある、とのトンデモ説――多彩な黒人文化全体をつぶして音楽だけに集約し、しかも黒人音楽はすべて、いい加減に理解されたギャングスタ・ラップに要約されていた――を述べた。二〇一一年に起こった事件のほとんどと同じように、精神錯乱としか言い様のないスターキーの罵倒も、症状として理解するに限る——この場合は、支配階級のパニックと無知を露呈する症例として。暴動は政治的なものだったとの意見を、公共施設がまったく破壊されなかったのを根拠にスターキーは一蹴した——だが、イデオロギー面で執拗な攻撃にさらされた結果、まさに「公共」のコンセプトそのものが完全に消滅した社会景観に生まれ落ちた若者にとって、公共施設がなんの意味をもつというのか？　暴動者が小売業チェーン店を略奪の標的にした事実は、彼らの「消費者主義」のせいであると片づけられた——あたかも、そのような「消費者主義」は後期資本主義メディア文化への耽溺から生じた必然の結果ではなく、集団型な道徳的欠陥の一種であるかのごとく。

オーウェン・ジョーンズが著書『チャヴ　弱者を敵視する社会』（二〇一一）で指摘したように、かつての労働者階級の規律の源泉は失われた道徳観念なんぞではなく、労働だった。だが、職に就くことも、それどころか何かしら意義ある未来も期待できない人々はどうなるのか？「一九七七年の転換期にパンクスが『未来はない（No Future）』と叫んだとき、それは真剣に受け取りようのないパラドックスのように思えた」と、イタリア人理論家フランコ・〝ビフォ〟・ベラルディはもっかの最新作『After The Future』（二〇〇九）に記す。彼は続ける——

実は、それは相当に重要なこと——未来の認識は変化しつつある、との声明だった。（中略）現代人（Moderns）とは、完璧さを目指す、あるいは少なくとも改善、充実、公正を目標に前進する場としての時間を生きる者のことだ。そしてあの世紀の転換点——私はそれを一九七七年に据えたい——以来、人類はこの幻想を放棄してきた【註1】。

未来の挫折を非難するのからほど遠く、音楽はますます、この慣性的な一時性の一部になりつつある。主流音楽の政治との関係の象徴として、今年のグラストンベリーでのU2のセットのBBC中継に勝るものはない。ここで重要なのは音楽そのもの——案の定瀕死状態で精彩に欠け、かつての全体主義的な虚栄を奮い起こすことすらできなくなっていた——ではなく、このテレビ放映がいかにアート・アンカットのプロテストを無視したかだ〔※直接行動集団アート・アンカットはU2演奏時に同グループの税金対策を批判する気球型バナーを掲げた。主催者の事前承認を取った平和的抗議だったが、観客の視界を遮るとの理由から二曲演奏後に警備陣営が気球を無理矢理引き下ろした〕。U2は中国政府要人のごとく扱われ、ロックの皇帝の執りおこなう空疎な儀式を邪魔しようとする反対者は言語道断、と言わんばかり。かつては、もっとも体制に組み込まれたロックですら時代の緊張感と温度について何かしら印象を残したものだったが、今や我々は、現在から遮断してもらうためにロックに向かう。U2とビヨンセのヘッドライナー二組はいずれも、セットのなかで「政治」を示唆するジェスチャーをおこなった——過去の闘争の数々は、今や広告主に優しい「希望があるっぽい、変化っぽい」感傷主義に縮小され、重要なことは何ひとつ変わりやしない、とのより深く、より広く浸透した感覚を覆い隠している。とはいえ、主流派ポップが新しい時代を遮るバブルになったとしても、それは実験的なカルチャーが現在を的確に表現できるフォルムをまだ見出していない、という意味ではない。アート・アゲインスト・カッツをはじめとするグループが組織するアート界における政治的動員の方が、敬虔だが得てして取るに足らず、質感面で貧困なモードに縛られたままの、政治に実際に関与している芸術作品そのものの大半よりもずっと見事だ。

失われてきたのは、今より以前の時代を特徴づけていた、実験的なカルチャーからポピュラーなカルチャーへの移行だ。しかし学生運動が食い止めようとしてきたのは、この交換作用を可能にしたインフラの、最後に残った要素の解体にほかならなかった——とどのつまり、無料で受けられる高等教育は、英音楽文化に間接的な資金供給をおこなう手段のひとつだったのだから。ギャング・オブ・フォーの〝ヒード・センド・イン・ジ・アーミー〟(一九八〇)やマーク・スチュワート・アンド・ザ・マフィアの『アズ・ザ・ヴィニア・オブ・デモクラシー・スターツ・トゥ・フェイド』、テスト・デパートメントの『ジ・アンアクセプタブル・フェイス・オブ・フリーダム』(一九八六)——四半世紀以上も前に制作されたレコード群——の方がいまだに、二〇一一年に白人ミュージシャンが作り出したどの音楽よりもこの年のトラウマ的で激動な出来事の数々を把握しているのは、おそらくこれゆえだ。二月に、『ワイアー』が主宰する音楽関連の文章に関するフェス「オフ・ザ・ページ」で僕がグリーン・ガートサイドと交わした対談を思い返すに、音楽と政治の新たな関係を明確に述べたい、という当時グリーンが抱いたポスト・パンク的な不安に匹敵するものは今日存在しないという話は多くを物語る。それでもこの断絶が文化にとってマイナスであれば、政治にとってはプラスかもしれない。なぜならコントロールされた脱昇華、すなわち不満を文化に変換し、そしてそれが娯楽——ジャン＝フランソワ・リオタールの印象的な形容を借りれば、何でも食らう雑食性を誇り、それらを有用品として排泄する資本の「炭化タングステン製の胃袋」を養いつつ——にも変容する、そんな効果的なメカニズムとしてもはや音楽とサブカルチャーが機能しなくなったら、不満はもっと生々しい形をとって現れ得るのだから。超反動的なジェレミー・クラークソン〔※英ジャーナリスト/放送人。BBCの人気自動車番組『トップ・ギア』司会として知られたが、二〇一五年に暴力不祥事を起こし降板。人種差別他の不適切な発言や右派新聞でのコラムで物議を醸し続けている〕が、セント・ポール大聖堂で陣営を張っている面々に対して「キャンプするよりプロテスト・ソングを書きはじめろ」と促しているのは、これゆえかもしれない。

だが、もしかしたら、問題に対する我々の考え方が間違っているかもしれない。音楽が政治に後れをとっているのではなく、政治そのものが行方不明なのではないか。今年イギリスで起きた重大な政治的事件はあの暴動の数々だったが、それらはネガティヴな意味で政治的だった。保守反動系コメンテーターは、突如噴出した犯罪性として分類することで、暴動から一切の政治的な内容を追い出そうと企てた。だが、この明らかに不条理な試みをそれそのもの、バカげたものと却下したとしても、暴動は症状を示していると看做すことは可能だ――まさしく、政治の失敗の病状として。「自分の暮らすコミュニティを傷つけるなんて、マジに頭がいかれてる。でもさ、そもそも自分をケアしてくれないコミュニティを、誰が気遣うと思う？」と、プロフェッサー・グリーンはン・ハンコックスに問うた。「連中はこれを蜂起だと思ってるかもしれないけど、怒りの矛先が間違ってる上に、ポジティヴな効果を全然生みそうにないやり方で怒りを伝えてる」。ワイリーも、暴動を不能のしるしと受け止めた――「あいつらは『俺たちゃやりたいことをやるぜ！』と言う――で、俺は思うんだ、『いや、お前らにそれは無理だろ、警察が事態を掌握したらブタ箱行き、ヘタしたら死んじまうんだから』って」。暴動参加者の多く、ごく些細な役割を果たした程度の者にすら刑務所送りの厳格な判決が下されたのを思えば、ワイリーの予想は的中したことになる。症状であるのをやめることは、政治的な行為主体を獲得したことのひとつの定義であり、そして――プロの政治屋が、差し迫るいくつものカタストロフを防ぐ能力に欠けた、怠慢なマネキン集団に見える世界では――これ以上緊急な課題はない。

この行為主体が、空洞化した頽廃的な議会政治空間を通じて獲得されるものでないのはまず明らかだ。フランコ・ベラルディともっとも関連の強い政治運動であるオートノミズムは、イギリスやそれ以外の各地でひとつにまとまりつつある政治闘争のなかで中心的な重要性を担うようになってきた。たとえば、運営するブログがイギリスにおける新たな政治思考にとって重大なハブになった、デテリトリアル・サポート・グループ（Deterritorial Support Group）という、オートノミズムに影響された「超左派プロパガンダ・マシン」を考えてみよう〔※この名称は、治安維持・テロ対策を主に扱う日本の機動隊に近いロンドン警視庁配下の専門活動部署「Territorial Support Group／地域支援グループ」にちなむと思われる〕。エレクトロニック・ミュージック文化がしみ込んだDSGは、彼らが代弁する実際の政治的立ち位置と同じくらい、その政治美学においても重要だ。彼らは「プロテスト・ミュージック」のフォークっぽさをはるかに越え、サイバー空間を基盤とするメディア由来な、ブランド性の高い同時代カルチャー領域の津々浦々で活動可能な新たなフォルムの政治対立を提案する。これはアンダーグラウンド・レジスタンスの「電子戦争」としての政治だ〔※『Electronic Warfare』はURの一九九五年のシングル〕。ラルズセック、アノニマス、ウィキリークスといったハッカー集団が暗躍する時代に、DSGはサイバーな反乱は新たな類いの反政治のドアを開くことができる、と認識している。ダイヤモンド・ジュビリー〔※故英女王エリザベス二世の即位六十周年記念式典〕にロンドン・オリンピック、そしてマヤ神話の「人類滅亡説」は言うまでもないが、二〇一二年はイギリスにとって、象徴的な意味で一九七七年以来もっとも緊迫した一年になりつつある。「未来はない」が遂に終わりを迎えるのは、この年なのだろうか？

（坂本）

【註1】フランコ・ベラルディ、『After the Future』（AK Press, 2011）

二一世紀の隠れた悲しみ――ジェイムス・ブレイクの『オーヴァーグロウン』

――『エレクトロニック・ビーツ』、(18 April 2013)

ジェイムス・ブレイクのニュー・アルバム『オーヴァーグロウン』(二〇一三)によって、とある軌跡が終わりに達したようだ。自分の声のデジタル操作からシンガーになる過程をブレイクは進んだ。トラックの構築から作曲への過程でもある。ブレイクの初期作品における当初の動機は間違いなくベリアルから来たもので、その神経質な2ステップ・ビートとR&Bヴォーカル・サンプルの組合せは二一世紀ポップの道標だった。

時系列に沿って順番にブレイクを聴き返してみると、まるで幽霊が物質的形状を徐々に得ていくのを、もしくは、デジタルのエーテルから楽曲形式が(再)結合していくのを耳にしているようである。EP「クラヴィエウェルケ」(二〇一〇)に収録された〝アイ・オンリー・ノウ(ワット・アイ・ノウ・ナウ)〟のような楽曲は華やかに実体を欠いている――それは痛みにすぎなく、ため息とピッチシフトされたフレーズの連なりからなるブレイクのヴォーカル、斑状で冠水したプロダクション、複雑で脆いアレンジ、モンタージュの要素をなめらかにする意図などまったくないという意味で著しく非有機的である。その声はわずかな痕跡と癖であり、幽霊のような特殊エフェクトがミックス全体に散りばめられている。しかしブレイクのセルフタイトルのデビュー・アルバムでは、伝統的な音の優位性が復旧された。彼の初期リリースが約束したポップの再発明はもはや断念されたようであり、ブレイクの脱一断片化された声はミックスの正面にやってきて、暗示された、もしくは部分的に分解された楽曲は「まっとうな」な楽曲になり、それらは非―脱構築ピアノとオルガンによって完成していた。エレクトロニクスと特定のヴォーカル操作は残っているものの、それらには装飾的な機能が割り当てられている。ブレイクのブルーアイドソウルのヴォーカル、そして彼の楽曲がオルガン（もしくはオルガンのようなサウンド）とエレクトロニカを組み合わせる手法は、ハーフスピードのスティーヴ・ウィンウッドを彷彿とさせた。

初期ＥＰに夢中になっていた者の多くは、『ジェイムス・ブレイク』（二〇一〇）には失望、もしくは幾分うろたえることになった。対象をヴェールで覆い、それを暗示するのは、崇高性の印象を生み出す確実な方法だ。そのヴェールを撤去し、対象を前方に持ってくるのは、脱―崇高化を犯す危険性があり、ブレイクの現勢的な（actual）楽曲は、彼の初期レコードが誘発し幻覚的に映った潜勢的な（virtual）ものと同様のものではない、と指摘する声もあった。その結果は震え慄く曖昧さであり、同様に比喩に富み捉えにくい歌詞によっても、決して明らかにされるものでもなかった。アルバムは、あたかも我々に何かを感じさるべく真摯に懇願するかのようにやってきた。その何かが何であるかを告げることがないままに。ひょっとしたら、この感情的曖昧さこそが、『Fact』〔※ＵＫのオンライン・マガジン〕のアンガス・フィンレイソンによる『オーヴァーグロウン』レヴューで彼が特徴づける『ジェイムス・ブレイク』の楽曲の強さに貢献するものなのだろう【註1】。フィンレイソンによれば、それらは「曲の半分、もしくはこれらか来るべき完成したアレンジメントを指し示す骸骨のような座標」のように思えたのだった。「まっとうな」楽曲への旅は、それが最初に現れたときほど完璧ではなかった。それはまるで、ブレイクがダブ・ヴァージョン、もしくはダンス・ミックスを道標に、楽曲形式の再構築を試みているかのようだった。その結果は、ごちゃごちゃで、不明瞭で、自己中心的な何かで、もどかしく、かつ魅力的な楽曲形式のかすんだヴァージョンだった。初期ＥＰの繊細な非実体性は、あふれんばかりに感じられる何かに道を譲ることになった。それらはまるであたたかい風呂に溺れるようなものだった（もしかしたら手首を切った状態で）。

『オーヴァーグロウン』では、ポストーレイヴ的な技法はさらに影を潜め、ダンスフロアと軽く接するとき、アルバムの最も劣っている部分が露呈する。ピアノはまだリード楽器ではあるが、そのコードは伴奏に存続しているものの、わざとらしくその素性がほとんど掴めない。とはいえ『ジェイムス・ブレイク』と同じく『オーヴァーグロウン』はリピートするのに値する。ファースト・アルバムと同様に、楽曲はぎっしりと作り込まれ、未完成な部分も感じさせる。そして不完全さが――漠然としたメロディ、未成熟なフック、歌中では明かされない感情的な出来事の手がかりとなるように演奏される繰り返される一節――最終的にアルバムが心へと溶け込んでいく理由なのかもしれない。ブレイクが説明するところによると、デビュー作とは対照的に、『オーヴァーグロウン』は愛を経験した男性の作品のように響いている。僕にとっては、今作は前作と同様に感情的に謎めいている。奇妙に漠然とした――判然とせず未解決な――ブレイクによる音楽の性格が、自らの信条を完膚なきまでに喪失したために、それをかつて自分に宿っていたことさえ忘れてしまった者のためのゴスペル音楽の質を本作に与えている。震えるような願いのみが残っており、目的や文脈を欠いたまま、自身が回復することができない人生やナラティヴのイメージにしがみつく記憶喪失者のような印象をブレイクは残している。この「否定的な能力」は、まるで『オーヴァーグロウン』が、自身が何を感じていることについて確固たる確信を常に持つ、チャートやリアリティ番組の飽和した煌びやかで感情的な耳障りさが反転したものであることを意味している。

けれども『オーヴァーグロウン』が喪失した信条とは何なのだろうか。ブレイクの発展はダークスターのそれと並行している。彼らも同様に、〝エイディーズ・ガール・イズ・ア・コンピュータ〟の作り込まれ痙攣しているかのようなヴォーカルの科学から、ファースト・アルバム『ノース』（二〇一〇）のぞくぞくするようなメランコリアへと移行した。彼らの新作『ニュース・フロム・ノーウェア』（二〇一三）には、より明るく、よりドリーミーなフィーリングがあるのだが、『オーヴァーグロウン』に関してはダンスフロアにおける意匠の欠如が重要である。UKダンス・ミュージックについてのサイモン・レイノルズと私が行った議論において、ブレイクとダークスターに代表される「感情的転換」は、「ダンス・ミュージックは、かつてそうしていたように、集合的カタルシスを経由した感情の解放をもはや与えはしない」とレイノルズは主張した【註2】。これが事実である場合、音楽があからさまに悲しいというわけではない——他ならぬ内向的な転換に固有のメランコリアがあるのだ。レイノルズが指摘するように、九〇年代のダンス・ミュージックが感情的ではなかったという考えは誤謬だ。それは情動で飽和した音楽だったが、そこに関わる情動は、恋愛や内省とは結びついてはいなかった。恋愛と内省、愛とその落胆の結びつきは、二〇世紀ポップを貫いている。対照的に、ディスコ以来ダンス・ミュージックは、個人的自我というみじめさからの逃避の異なるモデルに基づき、別種の感情的パレットを提示した。

二一世紀のポップ・カルチャーの快楽主義には、増していく悲しみと絶望する性質がある。おかしなことに、それはおそらくR&Bがクラブ・ミュージックに道を譲ったことに最も顕著に表れている。以前のR&Bプロデューサーとパフォーマーがダンス・ミュージックを迎え入れたとき、増大する幸福感や恍惚感の到来が期待されたかもしれない。けれどもフロー・ライダー（Flo-Rida）、ピットブル、ウィル・アイ・アム（will.i.am）といったプロデューサーたちのレコードが持つ、デジタルに強化された高揚には奇妙な説得力のなさがある。それはまるで、下手にフォトショップで加工されたイメージ、あるいは使いすぎてしまったために、その効果が出なくなってしまったドラッグのようだ。これらのレコードが我々に要求する「楽しもう」という言葉は、憂鬱な気分を紛らわすための薄っぺらい試みであり、それをマスクで覆い隠すことはできても、消散させることはできないのだ。

隠れた悲しみが二一世紀の強要された笑顔の後ろに潜んでいる。この悲しみは快楽主義に関わり、ひょっとしたらそれはヒップホップ——過去二十年の奇妙な年月において最も喜びに向けられたジャンル——のなかにあるのかもしれない。そこにこのメランコリーは深く記録されている。ドレイクとカニエ・ウェストの両者は、超裕福な快楽主義の中核にある惨めな空洞の探究に病的なまでに固着している。ドレイクとウェストはもはや、ヒップホップ的な消費意欲に突き動かされることなく——その昔、自らが欲しえたすべてを彼らは求めたが——その代わりに容易に手に入る快楽を循環させ、苛立ち、怒り、自己嫌悪を感じながら、何かが欠けていることに気がついているものの、それが何なのか正確にはわからない。この快楽主義者の悲しみは——普及し、同時に否認されている悲しみ——、ドレイクが『テイク・ケア』(二〇一一)の〝マーヴィンズ・ルーム〟での「俺たちはパーティをした/Yeah、俺たちはパーティをした」という物悲しい歌い方に、最もよく捉えられている。

カニエ・ウェストがジェイムス・ブレイクのファンであることを知っても何の驚きもない。一方で、何年か前に流行ったミックスは、ブレイクとドレイクの類似点を浮かび上がらせる【註3】。部分的にカニエの『808s・アンド・ハートブレイク』(二〇〇八)と『マイ・ビューティフル・ダーク・ツイステッド・ファンタジー』(二〇一〇)、そしてブレイクのふたつのアルバムには情動的で音的な親和性がある。ブレイクの特技のすべては、カニエが『808s』で取り入れたデジタルに操作されたメランコリーの部分的な再-自然化だと言われるかもしれない。それはオートチューン・サイボーグ以後のソウル・ミュージックである。けれども、ウェストのエゴであるペントハウスの牢獄から解き放たれ、その不満は無気力に停滞し、それ自身が悲しみであると認識することさえできない。自らに不確かで、あらゆる袋小路に囚われつつも、断片的に魅力的。『オーヴァーグロウン』は二一世紀におけるアイデンティティの危機を示すもうひとつの症状なのだ。

（髙橋）

【註1】アンガス・フィンレイソン「Review of Overgrown」、『Fact』（4 April 2013）、http://www.factmag.com/2013/04/04/james-blake-overgrown-fact- review/

【註2】マーク・フィッシャー＋サイモン・レイノルズ「You remind me of gold」、『Kaleidoscope Magazine』、http://markfisherreblog.tumblr.com/post/32185314385/you-remind-me-of-gold-dialogue-with-simon、〔※本書一九七頁にも収録〕

【註3】http://www.futurebombe.com/james-drake.htmlを参照。

デイヴィッド・ボウイ、『ザ・ネクスト・デイ』評

——『ザ・ワイアー』第351号、二〇一三年五月号掲載

あなたが『ザ・ネクスト・デイ』に興味を抱いていたら——あるいは興味がないとしても——おそらく、もう聴いたことはあるはずだ。聴き、失望させられ、どうでもよくなっている。『ザ・ネクスト〜』の真に二一世紀的な面は唯一、現在のコミュニケーション網のハイプを広める速度の格好の実例になっているかだけ。絶妙なタイミングで流されたPR用の噂、ヒント、誇張は、それらが届く範疇のあらゆる人間のなかにヴェールに隠された崇高なオブジェの幻想を引き起こすものの、そのオブジェは、ダウンロードした途端にありふれた凡庸さへと退化してしまう。

幻覚を見たいとの積極的な意欲は確実に存在する。本作に関する報道量のすさまじさだけでも、背後に潜むその必死さが感じられる。「ボウイ帰還」の見込みが一定の年齢層のリスナーの食指を動かすのは確実だが、その展望が誘発した欲望は、今のポピュラー音楽に欠ける何かへの欲求でもあった。近頃では、ボウイはアート・ポップの概念とその失われた可能性すべてを表象する存在だ。ここでのアート・ポップは、ポップ音楽にアートを足したもの、あるいはアートとしてのポップだけではなく、ファッション、視覚芸術、実験的な文化が接続され、予想外の形で互いを刷新し合う回路も指す。彼の不在は口直しになった——一九八〇年代から九〇年代にかけて発表した影の薄い一連のレコードの記憶も消えたところで、彼は再び、ファンタジーを投影するための痩せ

た白い空間（thin white space）になることができた。あの不在はほとんどもう、興行主兼戦略家ボウイがでっちあげた策略のように思えた。結局のところ、ボウイの新作レコードを事件にするただひとつの方法は、もしかしたら彼は永遠に――今度こそ、本当に――消えてしまうのではないかと思えるくらい長く、スポットライトから身を退くことだったのだから。

『ザ・ネクスト～』からカットされた一枚目のシングル〝ホァア・アー・ウィ・ナウ？〟は、西ベルリン時代のポツダム広場やニュルンベルガー通りを参照した歌詞も合わせ、ボウイの熱狂的ファンに限らず、ポップの歴史と神話に通り一遍な興味を抱く者の興味もそそるべく、慎重にデザインされたオブジェのように響いた。ベルリン！　トニー・ヴィスコンティ！　この曲の沈痛なメランコリーゆえに、『ザ・ネクスト～』はシナトラの『ノー・ワン・ケアズ』（一九五九）のボウイ版ではないか、との妄想がただちに巻き起こった――年老いたクルーナー歌手、とうの昔に彼の手を逃れてしまった「現在性」の悲しき追求を諦めたことで今に通用する価値を逆説的に取り戻した、時間のなかで迷子になった男。だがそれは、気を逸らすおとりだった。『ザ・ネクスト～』には、死する運命をほのめかすあらゆる類いの単語がちらばる――そして、このレコードを救おうとする評者は歌詞カードに逃げがちだった――が、音楽的なフォルムとしてはロック、しかも不安になるほどダサい、ファンク（およびエレクトロニクス）を欠いたロックだ。全体を通じ、アルバムは「現在」と〝ホェア～〟が描く「かつて」（ベルリン時代）との距離の開きを痛々しいほど明らかにしていく。その痛みは、腕の立つセッション・ミュージシャンの習練の数々を集めたこの音源をいくらかでも印象的な作品へと変換し損ねた、ヴィスコンティの不首尾のせいで一層増す。『ザ・ネクスト～』は、ほとんどプロデュースされていない作品のように聞こえる――デモ・テープの平坦さがある。『ザ・ネクスト～』に寄せられた比較的あたたかな評価そのものが、二〇一三年のポップ・ミュージックの現状を語る悲しいストーリーになっている。

二〇一二年にヴィスコンティとボウイのふたりを漫然とスタジオに放り込み、『ロウ』や〝ヒーローズ〟(一九七七)、『ロジャー』(一九七九)に匹敵する結果を期待するのは無理な話だ〔※なお、『ザ・ネクスト〜』セッションは二〇一一年から一二年にかけ数回にわたっておこなわれた〕。アーティストが当然の権利として備えているかに思えるマジカルなパワーは、彼ら本人のものであったためしがない。ボウイ——おそらく、誰よりもポップ・スターの内面性の欠如を演じてきたアーティスト——はこの点を常に承知していたし、創造性はひとりのミュージシャンの神秘的な内奥から発するものである、とのロマン派のうぬぼれを、彼とイーノはさんざんガス抜きしてきた。ペルソナ、コンセプト、コラボレーターを次々通過しながらボウイがたどった道筋は、不動の真理を発信していたに過ぎない——すなわち、アーティストとは人間のもつ力とアイディアを統合するシンセサイザーであり、キュレーターである、と。シンセーシスとシナジーが機能し、アイディアをもらい、誉め讃えることのできる新たなコラボ相手の供給が安定して続いている間は、これは実に結構な話だ。だがタフなのは、長時間詰めても古い魔法が一向に訪れず、楽しい時間は終わったのに、それでも何かやっているふりをしなくてはならない、そんな容赦ない現実にスタジオで向き合うことになったときだ。

ボウイのパワーが、七〇年代——これからも常に彼と同義視されるディケイド——が終わったのとほぼ同時に彼から去ったというのは、残酷なくらいふさわしい。僕が音楽的な自覚に目覚めたのは一九八〇年の『スケアリー・モンスターズ』の頃で、ボウイをごく当たり前に受け止めた。『ジギー・スターダスト』(一九七二)は既に陳腐で古臭いロックンロール遺物に聞こえたし、『スケアリー〜』の大半すら、子分筋に当たるゲイリー・ニューマン、ジ・アソシエイツ、ヴィサージらのやっていたことに較べれば反動的に響いた。とはいえ、自らの衰退状況を作り出すのに助力したのはボウイだった。ボウイの後継者たちは、彼の据えた「ポップ・スターはかくあるべき」のテンプレート——コンセプチュアリストにしてデザイナー、性的指向と性別は不確定、エイリアンにして（もしくは）アンドロイド、すべては外面で内面は一切ない、変わり続ける「ストレンジ」の顔——に従っていた。この時点以降、ボウイ自身はマスクとメイキャップを失う——あるのは彼本人、音楽、八〇年代スーツだけ。そこから徐々に低くなっていく期待値、はなはだしい不発の数々とたまに顔を出す見過ごされた秀作の歳月が続いていったが、おしなべて言えば予想を裏切らない凡庸さ——新作レコードが出るたび「原点回帰」の鳴り物入りで宣伝されるものの、あっという間に時代遅れになり消え去るという、失墜したスターのたどるおなじみのパターンがあった。

この多くは、『ザ・ネクスト～』で何よりもっともギョッとさせられる、ジャケットのイメージ上に凝縮されている。驚かされるのは、その冒涜行為ゆえではない——そうではなく、その冒涜の気まぐれな性質ゆえだ。『ヒーローズ』（一九七七）のジャケットに白い正方形を被せる——これ以上、やる気のないデタラメがあるだろうか？　最初に見たとき、これはいたずらに違いないと僕は思った——実際のジャケットはどうなるんだろう？と。ジャケットをデザインしたジョナサン・バーンブルックによれば、あのデザインの根拠はこうなる——「白い四角形で隠された『ヒーローズ』のジャケットとは、偉大なポップあるいはロック・ミュージックの精神、すなわち『今まさに重要』であること、過去を忘れる／消し去ることに当たります。それでも私たちは皆、それが必ずしも本当ではないと承知しています。いくら努力しても、私たちは過去から逃れることはできないのです」

そのイメージは、ボウイに関するコメント——かつては過去から脱出する能力を売りにしたものの、今や過去に捕まってしまった男——以上のものになる。それは、より広義な一時的倦怠症状の診断結果としても機能する。

この白い空間、この空白は何なのか？　楽観的な見立ては、まだ定まっていない現在のオープンさと解釈するだろう。もっと寒々とした解釈——ここに収録された音楽の使い古しなクオリティにマッチするもの——はその白い空間を、過去から逃れると共に過去を取り戻そうという失敗に終わるしかない試み以外は何もない、現在の欠如を表すものと見るだろう。それこそ二〇一三年の我々のポップ・ミュージックが陥っている窮地、どう考えても『ザ・ネクスト〜』には解決しようのなかった苦境だ。

（坂本）

すべてを持っている男――ドレイクの『ナッシング・ワズ・ザ・セイム』

――『エレクトロニック・ビーツ』、(24 September 2013)

そしてまた我々はここにいる――虹の終わりの人生。買うことができるすべて、実際にすぐに手に入る、二十四時間七日間――女、食事、車、思いつくすべて、それをクリックする。あらゆるホテルのスイートルームは具体的な要望にそって用意される。異なる唯一のものはシャワーの制御だけ。すべてはトップ・クオリティ。でも望めば格を落としてファストフードで汚れることができる。そしてたいていは（当然だろう？）こうする。

すべてを手に入れた、俺はすべてを手に入れた……不満は言えない、言えない（気は確かか、ドレイク？）どれだけ本当に稼いだかさえもわからない、忘れた、まぁ随分とだ……クソどうでもいい、俺が手にしたものなんて気にすんな【註1】

オーケー、じゃあはなから明らかな質問をしてみよう。すべてを手に入れたのなら、なんでそんなに悲しいいいいいいのだろうか？

もちろん、金で愛は買えないなんて聞き飽きた文句のように単純でも感傷的でもあるはずがない。勘弁してくれ。これが本当にラップの運命付けられた終わりなのだろうか。恋愛コメディの登場人物のようなラッパーを装い、でまかせの自慢話と超目立つ消費であまりに大袈裟に男性的な欠如を覆い隠せば、救世主の女性が最後の場面で助けてくれるとでもいうのだろうか。そんな古い話を繰り返すのか。「次にファックするとき、俺はもうやりたくない、俺は愛したい……俺は信用したい」。ドレイクはこのルーティンを信じることなんてできないし、我々にそれを信じさせることもできない。このセンシティヴさが、またナンパ師の策略として機能することをドレイクは完全に理解している……。あまりにも長い間、騙し、その欺瞞を明らかにしてきたため、いつ我々をからかっているのか、率直に話しているのか、その違いが何なのか、彼にはそれがもはや定かではないのだ。片目で本当の涙を流す一方で、最近征服した者の肩越しにカメラに向かってもう片目でウィンクをしている。彼は、自分はもう別人だと我々に信じ込ませるが、それは仕掛けであり、他人もそれに気づいている。今自分の気持ちについて語ることは勇敢なことでもユニークなことでもなく、「ビッチたちよりもニガーがよく話す」のである。これはより正直な気持ちなのか、それとも単に新しいセールス・ポイントを必要としているだけなのだろうか。俺には九十九の問題があり、金持ちになることはそこに含まれないいいいいいいいいいいい。

『ナッシング・ワズ・ザ・セイム』（二〇一三）を聴いていると、ジャド・アパトーの『素敵な人生の終わり方(Funny People)』（二〇〇九）を思い出す。アパトーの映画は一連のためらいと拒否によって定義される。まず、映画はあたかも疲弊してはいるが金持ちで成功したコメディアン、ジョージ・シモンズ（アダム・サンドラー）についてのものであるかのように思われる。彼は自分が深刻な病に侵されていると診断を受けると、人生の価値について知る。そして、映画は愛と家族の価値を受け入れる男についてのものであるように思われる。けれども、映画がよくあるオチへと向かっているように思われる度に、アパトーは引き返す。シモンズの快楽主義的ニヒリズムは、その自己主張を再び繰り返すのだ。死の恐怖が人生の悪癖を打ち砕くことはない。随分と前に失った愛は実際になくなってよかった、という具合に。彼は自分自身であることに幸せを感じてはいないが、他の誰にもなりたくはない。この実存的なジレンマの解放から遠く離れ、素晴らしい富は、彼にはそれから隠れる場所がどこにもないことを意味している。

『ナッシング・ワズ・ザ・セイム』は同じ相反する感情に特徴付けられる。愛し信用できる新たな人間になりたいという願望に加え（当然、この変化のエージェントとしての任務を果たす女性と共に）、自分は決して変われず、酒に溺れ、煙を燻らせ、ファックし、完璧からはほど遠いが誰しもがそうではないだろう、という認識もある。彼がギャングスタ・ミンストレルの変装を決して脱ぎ捨てることはなかった。そうではなく、彼はそれを脇に置き、点検し、それを再び身につける前に距離をとっている。彼は自分をどうすることもできない（または、彼はそう我々に言い続ける）。しかし、この迷いは、ラップの苦境に立たされた男性性全般について教えてくれるという意味で価値がある。「快適なベッドでブロージョブが欲しいだけ」のストリートを気取って歩くバッド・ボーイは、母親の代わりに向かって泣く孤独な小さな迷った少年の別の顔であることをドレイクは認めている。その自慢げで野蛮な男は、常に内側の無力な赤子から逃げているが、そのために、感情的に崩壊した男性はエゴで武装した態度のオルタナティヴではなく、むしろそれを可能にしている条件なのだ。女性は公然と軽蔑され、ホモソーシャルな自慢経済の通貨として扱われる。プライヴェートでは、彼女たちは傷ついた男たちを再び回復するように求められる。〝マーヴィンズ・ルーム〟よりも、男性から女性への愛の歌の本質を露わにしたトラックが他にあるだろうか。酔ったドレイクが昔悪く扱ったが今はよりを戻したいと思っている昔の恋人に電話のメッセージを残すという策略。想像の女性という他者を通して、彼が自分自身に向かって話しているのは明らかだ。

ギャングスタが持つ全知全能的な大げさに演出されたファンタジーは、常にブリングのような成金の景品だった。それが歌っていたのは、労働者階級のブラック・アメリカンたちが世界で容易な道とされる、富と権力を持って生まれた者の生得権というありふれた自信をいまだに手中にしていないことだった。(金の)鎖はジェイコブ・マーリー〔※ディケンズの『クリスマス・キャロル』の登場人物〕のそれと同じくらい常にうるさい音を立て、隷属状態から逃れる闘争は頓挫し、ごく少数のための莫大な富は惰性、貧困、投獄のうちに閉じ込められた多数のための慰めであることを訴えていた。〝スターテッド・フロム・ザ・ボトム(底辺から始まった)〟は――「ドレイク、お前は底辺から始まってないだろ!」のところで笑ってしまった――これらに関するドレイクの考えなのだろうか。ドレイクは、偽造された自叙伝としてではなく、自分が味わったことのない、どん底から奮闘しなければならなかった者たちの立場に自身を重ね合わせ、想像力を働かせているのだ。しかし、そのトラックを圧迫する強い疲労感に耳を傾けて欲しい：追跡のスリルに変わるものはないことに気づくような、塔のてっぺんに達した瞬間に始まる深い悲しみ。成功者になることをドレイクは常に期待されていたので、倦怠とパラノイアが始まる前のわずかな満足感を味わうわずかな瞬間さえも彼から奪われてしまったのだ。

『ナッシング・ワズ・ザ・セイム』は、矛盾する義務に直面した男たちの世代が抱える困惑でもつれ合っている――女性をクソのように扱うことはクールではないというポストフェミニズム的な気づきと、常に手に入るポルノグラフィーというバロウズ的攻撃が一緒くたになっている。ドレイクにとっても、我々にとっても、その善悪を問う意味はないのだ。ドレイクの弱い部分は、彼が愛を肯定するようなキッチュな手紙に中途半端に挑戦する時に出る。これらの行き詰まりや縛りが自分にはキツすぎることを認める時、彼は最も啓示的になる。彼はこの結び目から逃げることができない。なぜなら彼がその結び目だからだ。男が今何であるべきかについての彼の戸惑いは、父権的なゲームが終わったことに気づいた現代のヘテロセクシャルの男性性のまさに特徴であるが、それらを手放すことができないほど快楽と特権に固執しているのだ（ポルノをもう一回クリックすれば、自分はまた永遠にミスター・センシティヴになる）。

『ナッシング・ワズ・ザ・セイム』で、ドレイクはしばしば『スカーフェイス』（一九八三）のトニー・モンタナのように聴こえる――ファックし、食べ、鼻でドラッグをキめて、それがあるもののすべてなのだろうか。しかし、この調子は、パチーノの八〇年代のコカイン芝居とはだいぶ異なる。氷河のような宿命論がすべての底を流れている。すべてのトゥワークとツイートの、すべてのツイッターと二一世紀文化の騒音の底で静かに息をする希望のなさの感覚。おそらく他の誰よりも上手に、ドレイクはそれらと接触しているため、彼は重要なのだ。アルバムを満たし、他のどんなビートよりもそのトーンを確立している豪華なエレクトロ‐ダウナーな薄煙を聴いてみて欲しい。そこには運命論を超えたものもある。それはドレイクの特徴的な動きに聴くことができる――ラップから歌唱への移行、エゴの表明から感傷的な唸り声への滑落、局所化されたリビドーと男根的セクシュアリティの愚かなオートマティズムとは関係のない好色性への弛緩。ここに、アイデンティティの圧力からの栄光の解放があるのだ。レイヴのようなピッチが上がったヴォーカルは、シンセのおとなしい流れに伸びていく。声は人間であることをやめ、主観性が悪夢のように置き去りにされた空間のアバターになる。冒頭曲、〝ダスカン・レザー〟では、ホイットニー・ヒューストンの幽霊がホテルのバスルーム〔※ヒューストンが死んだ場所〕から召喚され、標本瓶のなかで歌う蝶のようにもろい、鳴き声を発する生物へと突然変異する。僕が頻繁に思い出すのは、バラム・アカブの『ワンダー／ワンダー（Wander/Wonder）』（二〇一一）の屈折した建築と水の妖精だ。このエレクトロ‐海洋の深層へ飛び込むと、『ナッシング・ワズ・ザ・セイム』は現在の障壁の魅力的な兆候であることをやめ、新しい、奇妙で愛らしい何かへの憧れになる。

（髙橋）

【註1】ドレイク、〝All Me〟、『Nothing Was the Same』（二〇一三）

ブレイク・イット・ダウン——DJラシャドの『ダブル・カップ』

——『エレクトロニック・ビーツ』、(22 October 2013)

タイムストレッチされたアーメン・ブレイク、レイヴ–多幸的ヴォーカル。『ダブル・カップ』(二〇一三)でラシャドはハードコア連続体の義務を果たしつつも、ジャングルとレイヴの爪痕は、九〇年代のイギリスのダンス・ミュージックとフットワークがどれほど異なるのかを際立たせているに過ぎない。

前衛的なダンス・ミュージックの到来が伴うファンファーレにフットワークは歓迎されてきた。フットワークは踊ることができないものとして見なされる一方で、機能的な音楽、つまり、それで踊ることができる者たちによってしか適切に楽しむことができないものとして軽視されている。これら相反する反応は、後発的聴取のデフォルトをかき乱す何かの存在を我々が目の当たりにしているという確かな兆候である。

けれどもフットワークは奇妙な意味で新しい。起源が九〇年代に遡るので、それは歴史的には新しくない。そしてフットワークについて不気味(uncanny)、あるいは「*unheimlich*」なのは、その音のパレットにあるすべてが実際には馴染み深いものであるということだ。『ダブル・カップ』のサウンドのほとんどは、それらが二〇世紀から到来しえたかもしれないと感じさせる。たとえそれらが二一世紀に作られたものであったとしてもだ。

では、フットワークの新しさはどこにあるのだろう? 魅力的なブログ・ポスト【註1】で、トリスタム・アダムスはフットワークを一体何が新しくしているかを明確に指摘している。それは構成上の革新性だ。それを明らかにするために、アダムスはフットワークとジャングルを対比させている。ジャングルの新しさの大部分は、デジタル・サンプリング技術が広範囲で利用可能になった結果にあり、タイムストレッチされたブレイクビーツとヴォーカルという、新たなサウンドとサウンドの新たな扱い方の両方が容易になったことにある。けれども、これ以上の点においては、ジャングルとフットワークの比較を打ち立てるアダムスの手法が正しいかどうかは僕にはわからない。アダムスはジャングルがフットワークよりも「機械的（machinic）」であると考えている。けれども、我々の多くがジャングルに興奮したのは、同時に機械論（マシニズム）とは何であるかということにまったく新しい感覚を与えてくれた点にあった。ジャングルの機械論（マシニズム）はせん妄的だった。コジュウォ・エシュンによる不滅のフレーズにあるように、それはリズミック・サイケデリアであり、サウンドの螺旋、ひねり、渦巻きから紡がれたもので、テクノの厳格なメカノイド的直線などありはしなかったのだ。ジャングルは暗黒だったが、同時に湿っていて、粘着的で、包み込むようなものだった。

　フットワークとの対比（コントラスト）が最も聴かれ、感じられるのはここだ。九〇年代にジャングルによって耳と神経系が突然変異した者たちにとって、フットワークは当初、奇妙に乾いて聴こえうる。ジャングルのデジタルの海が後退したあとに残された干からびた骨のように。「UKベース・ミュージック」はほぼ故意に当たり障りのない用語ではあるが、ジャングルからUKガラージ、ダブステップにいたるすべてのジャンルに一貫性する要素を言いえている――粘着的で、光沢のあるベース・サウンドだ。これがラシャドのサウンドからは顕著なほど抜け落ちている。ラシャドのベースは、他のサウンドをその上で（あるいはそのなかで）宙づりにするようなダークな液体状の要素として機能するのではなく、決して解放されることのないテンションを上下する突き刺しとジャブの連続なのだ。

これは、ジャングルや九〇年代のデジタル文化における広範囲の傾向とのまた別の差異にも繋がる。ジャングルが九〇年代のCGIと同様、デジタル・テクノロジーを駆使し、初期コンピュータ・サウンドや画像を特徴付ける硬直した直線を滑らかにしたのに対して、フットワークは意図的に角張ったものを選んでいる。チャーリー・フレイムはラシャドを聴くことを「繰り返される度にいっそう滑稽になっていくアニメGIFの凝視」に例えており、これはかなり正確にフットワークのぎこちない反復を捉えている。ひょっとしたらGIFアニメもフットワークの魅力も、デジタル文化の支配的な美学を否定するところにあるのかもしれない。九〇年代のアニマトロニクスの伸縮性のある構造が、現代アニメーションの退屈な写実主義に道を譲ったことを思い浮かべてほしい。今、新しさは、コミュニケーション資本主義が約束する滑らかさの偽りを拒否することにある。もし九〇年代がループ（ゴールディーの『タイムレス』（一九九五）のようなシームレスにループするブレイクビートの「良い」無限性）によって定義されるなら、二一世紀はひょっとするとアニメGIFの「悪い」無限性に最もよく表れているのかもしれない。まごつき、フラストレーションが溜まった時間性、タイムトラップに落ちる奇妙な感覚と共に。

そのフラストレーションに溢れた角ばった時間が——そしてその楽しみが——フットワークの核心にある。もしフットワークの最たる独自性に抗ってしまうと、このジャンルは不可解なリズムの茂みのように聴こえてしまうかもしれない。超乾燥したスネアのトグロを巻いた痙攣のような。しかし、浮遊するシンセパッドとヴォーカルに意識を向けると、フットワークは不思議とメロウになる。従ってこの点に関しては、フットワークは九〇年代のGファンクの要素の探究としても聴くことができる。初期の〈ハイパーダブ〉サウンドは——ジョーカーの蛍光色のウォンキーな感覚——、Gファンクからその不条理にピッチベントされたシンセを掘り当てていた。

フットワークが取り出したのは、特定のヴォーカルの形式化でありつつも（ギクシャクした反復の標的になるラップ）、ある種のムードでもある。Gファンクは、大麻の雲（クロニック）へとラッパーのハードなエゴを溶解することによって標準的なギャングスタ的態度から差異化した。資本主義リアリズムの喧騒——そして自分自身を売り続けるのを決してやめないその要請——の下方部に存在の別の容態があったのであり、そこで時間は吹き出される煙のように拡散した。男根的マチズモの向こう側には、ビジネスの緊急性からは解放された、深い憧憬と太陽光に飽和した瞬間に絶対的に止まりたいという欲望の、表面上は相反する組み合わせによって定義される別のリビドー経済があった。これは感傷的でもある。なぜならギャングスタの仕事はどこまでも続き、その敵は眠ることはなく、またチルアウトの至福は銃声によっていかなるときでも終わりえたからだ。Gファンクの一服の祝賀に、ラシャドはまた他の情動的な調色を加える。レイヴァーの時間に迷うような陽気さ、そしてR&Bの切ない後悔／性的なうなりを。その全体的な帰結は、ムードと情動に関しては、奇妙にもクール時代のジャズを彷彿とさせる——同様なアンビヴァレンス、厳しくも魅惑的な都市環境の同様な喚起、悲しみと自信の同様な組み合わせ、願いと至福の同様な表明。

　そして声そのものは時計のカチカチ音となる。言葉をつまらせ、自らのまわりを周回するのだ。それは機械に対する交差汚染、人間－機械（精神的）異常行動、グリッチによる機械の人間音声への感染、フロイト的失言を伝える人間たち、錯誤行為であるかのようだ。ラシャドの悲哀を帯びた機械論（マシニズム）から、ウィリアム・バロウズの『爆発した切符』の「愛している」の箇所の幻覚的な激しさを僕ははっきりと思い出す。

　ひざまずいて、君も私を愛していたと願った。ずいぶん昔のスリルを味わうまで私は走るだろう。もはや私のインスピレーションは、けれども続くことはなく、私たちは写真のようになるだろう。それで私は君を忘れていたって？　眠れない、青い目、もし私に君がいなければ。私は彼女を愛している？　君を愛している君を愛しているたくさんの素晴らしいものたち。食事も喉を通らない。家に戻った心のゼリー。それは、真実の愛に刻まれたさよなら。もう二度と会うことはない、ダーリン、自分のやり方で。【註2】

バロウズの初期のテクストのカットアップとフォールドインは、メディアと支配装置としてのポルノグラフィーの理解、感情操作の分析と解析など、今となってはこの瞬間の驚くほど先見的な予測行為として読める。バロウズと同様に、ラシャドの作品には二重のペーソスがある。まず第一に、声そのものの情動の次元におけるペーソスがある。そして声がその起源であるはずのものから孤児になっているということは、表向きは喜びに満ちた感情であっても、そこには圧倒的な悲しみがあることを意味している。ずっと昔の見知らぬ人物の休暇の失われた写真に我々が出くわす時に感じるであろう、没個性的な悲しみと同種のものである。そして、声が反復され、吃音めいた手法から生じるのがもうひとつのペーソスだ。オートマティズム、反復、衝動の支配のなかに話す動物（我々自身）を見出す悲しみ。ラシャドは、他の追随を許さない正確さと同情をもって、我々の二一世紀という時代の行き詰まりを明瞭に表現してみせる。そしてさらに重要なことは、彼が示唆するのは――大きな困難にもよらず――、私たちが閉じ込められているタイムトラップとアイデンティティの牢獄から躍り出ることがまだ可能かもしれない、ということだ。

（髙橋）

【註1】トリスタム・ヴィヴィアン・アダムス、「Analemmic V01CES（Distracted from the Darkness）」、『The Vomitorium』からのノート、（September 2013）、http://notesfromthevomitorium.blogspot.co.uk/2013/09/analemmic-v01ces-distracted-from.html

【註2】ウィリアム・S・バロウズ、『爆発した切符（The Ticket that Exploded）』（一九六八）

自分のナンセンスを始めろ！
——イーエムエムプレックスとドリー・ドリーについて

——『エレクトロニック・ビーツ』、(28 November 2013)

声とサウンドを新たな手法で組み合わせる可能性にはいまだにたくさんの種類がある。歌わない声の使用を普及させる最後のメジャーな形式がラップだったが、その領域は大きく開いている。イーエムエムプレックズ(eMMplekz) とドリー・ドリー (Dolly Dolly) のふたつの新しいアルバムがそれを証明している。

これらのレコードの最初の誘惑は、それらを文学的で会話的で喜劇的な声に従属する「スポークン・ワード」として聴くことにある。しかし、これらふたつのアルバムをとても独自にしているのは、音楽性が声に蔓延りそれを屈折させ、サウンドが背景のままであること（あるいは背景のなかにとどまること）を拒否する手法である。両方のアルバムは、ナンセンスにおけるとてもイギリス的な伝統からそのインスピレーションの多くを得ている。そこに含まれるのは、エドワード・リア、ルイス・キャロル、モンティ・パイソン、そしてもっと最近の例ではクリス・モリスである。アンドレ・ブルトンが言うところによると、英語にシュルレアリズムが必要なかったのはキャロルのおかげだった。ここで、イーエムエムプレックズとドリー・ドリーは、二一世紀のイギリスの音のシュルレアリズムの異なったヴァージョンを示している。

エコープレックズとモーダント・ミュージックのバロン・モーダントによるコラボレーションであるイーエム

エムプレックスズが僕にまず想起させる先駆者たちは、ポスト・パンクにおけるある瞬間ではあったのだが——キャバレー・ヴォルテールの〝フォトフォビア〟、スロッビング・グリッスル、ザ・フォール——、イーエムエムプレックスズはその誰とも同じようには鳴っていない。『ユア・クレイト・ハズ・チェンジド（お前のレコード・コレクションは変わった）』（二〇一三）のタイトルには、バロンのダジャレ的無意識の言葉遊びの非常に現代的な焦点がある。

もしドレイクとカニエ・ウェストが、サイバー的快楽のドームの奥深くにある悲しみと狂気を表出させているのだとすれば——超商品としての抑うつ的なスーパースターのサウンドだ——、イーエムエムプレックスズは資本主義のサイバースペースの不調と病理を、デジタル的基盤の外側から観察している。常にオンのデジタル性が我々を順応させるシームレスななめらかさを持ち、深みのないピクセル化ではなく、エコープレックスのアナログ・エレクトロニクスは泡立ってヒスノイズを出し、蒸気と霧のように密集し分散する。シンセサイザーのスケッチは、イギリスの作家ケン・ホリングスが「デジタルな制度」と呼んだものの印象派的サウンド絵画のように機能している。それはあたかも、向精神薬から覚めつつある使用者のように、それが何であるかをついに目の当たりにしているようである。

「この電話、とらなくちゃいけないんで……」。バロン・モーダントは、デジタル・レジームが自然に発話させるフレーズを通して、その様子を分裂分析的に捉える耳を持っている。とてもよく繰り返されるが、ほとんど考えられていないこのフレーズは、コミュニケーション資本主義の側面における我々の運命論をあまりにも的確に捉えてはいないだろうか。「この電話、とらなくちゃいけないんで……」——それを受け入れなきゃ、認めなきゃ、それから逃れなれない、自分にできることは何もない……。出口はなく、このサイバー空間的緊急性とアラートからの狂気の惰性からの解放はありえない。「自分のホットスポットに繋がって、自分のホットスポットに繋がって……」。接続されたままであることに対して常にある不安、我々を接続されたままにする機器にしがみつくことに対して常にある心配。「私のラップトップを見ておいてくれる?」。今、我々全員がこれにウンザリしている……、今我々はみんなこれのせいで調子が悪い……。「悪化した圧縮データでごめんなさい……」。このデジタル圧縮が我々にどれだけ負担をかけているのか、そしてその負担を数えることがいつかできるのだろうか。(朝一番にスマートフォンを手探りする――睡眠から直接、資本主義サイバースペースの夢遊病状態へ。「ソヴィエト時間からの配信停止」――もしかしたらそれを早くし過ぎたのかもしれない。今はビジネスの時代だ、永遠に……)

『ユア・クレイト・ハズ・チェンジド』は、フランコ・〝ビフォ〟・ベラルディの『プレカリアートの詩――記号資本主義の精神病理学』(二〇〇九)に関するイギリス版のようである。ベラルディは、不安定な仕事と資本主義のコミュニケーション・テクノロジーの連結は、神経システムが刺激で過負荷になった人たちを産みだしていると、説得力を持って主張している。モーデントは、中年特有の肉体たるみや白髪の、化粧直しもできないような、疲れ果て年老いたデジタル移民たちの声を代弁する――保障を奪われ、このゲームには年をとり過ぎているのに必死になり続けることを強制され、疲弊した人々である。不安定な人たちに休みはなく、ビジネスの義務を除いて心を傾ける機会はない。「頭のなかの請求書、頭のなかの請求書……」

頭のなかの請求書、そして他が聴こえなくなるほど過剰なスパムとランダムなサイバーノイズ。七〇年代後期/八〇年代前期のテレパシー的な絶頂期にあったマーク・E・スミス以来、このバロンほど、イングランドの分裂病的バブルの変異した周波数にチューン・インすることができた者はいなかったと思う。モーダントは、ジングルと分類された広告に隠された秘密の信号をすべて見つけ出す。彼は孤独、絶望、すべての変わり者、哀れな者たちの声にチャネリングする。ひょっとしたら、それは我々なのだが、フェイスブックの壁の背後に詰め続けている秘密の自己だ。けれども、脱出の方法はまだある――いくつかのトラックで、幼児の喋る声が資本主義の幼稚化された宣伝文句に対する代替的なナンセンスを示している。

表面的な陽気が――異なる種類のユーモアで、辛辣なもの（*mordant*）ではない――、ドリー・ドリーとイーエムエムプレックスを分けている。軽いパスティーシュから死の暗示へと向かう、トーンとジャンルの横滑り。落ちぶれた話し手から慈善リサイクル・ショップの神秘主義者へと向かう、ペルソナのスライド。これらが『アンティマカッサー』（二〇一三）をとても奇妙なレコードの宝石にし、ドリーを特異なパフォーマーにしている。

ポジション・ノーマルとのコラボレーションである冒頭の〝ワトル・アンド・ドーブ〟、この曲だけでも入場料を払う価値はあり、リセルグ酸に滲んだ調子はずれのピアノ（もしくはギターかもしれない）の上で、ドリー・ドリーはナンセンスなシェイクスピア的国家演説を物悲しく熱弁する。「イングランド……私のイングランド……繊維状のトロリーバスの冷たい霧が太陽を抑える……ポテトチップスで詰まった半分締まったおじたち……膨らんだ更紗のクッションでいっぱいの空……」。これはトニー・ハンコックの憂鬱が、その演劇と脚本の虚勢の嘲りと夢とを合成しているようである。しかしこのナンセンスは恐怖心を取り除くようである。〝ワトル・アンド・ドーブ〟は、サイケデリアとシュルレアリズムを奪われた国のサイケデリックでシュルレアリズム的な肖像画以上の何ものでもないものを見せてくれる。驚きのない世界、すべてが飼い慣らされた宇宙、宇宙論としての陳腐さ。「他の惑星を植民地化して、ビター・エールとドライ・ローストしたピーナツ。鳩とオーヴンで温めるだけのフライドポテトで満たそう」。中年イギリス人のリヴィング・ルームの死んだ世界。広告の笑い続けるキラキラした顔の家族の陽気なうわべの内側と外側が入れ替わる。「人間であることにウンザリだ」、と最後のトラックをナレートするキャラクターが嘆く。我々全員がそうではないのだろうか？　けれども『アンティマカッサー』は使用されなくなり、一時的に見捨てられた他の世界へのあらゆる種類の入り口を見つける。それは悲しい人間動物である状態から逃避できるあらゆる種類のうさぎの穴だ。古いニュー・イングリッシュ・ライブラリー〔※六〇年代に創設された出版社で、ホラーやSF、サブカルチャーのペーパーバックなどを出版、カルト的な人気をほこった〕のペーパーバックは、難解な哲学で詰まったオカルトのマニュアルになる。我々自身を変形させ、移動させることはまだ可能なのだ。そしてドリー・ドリーは、我々にそのやり方を見せてくれる。

（髙橋）

スリーフォード・モッズの『ディヴァイド・アンド・イグジット』と『チャブド・アップ：ザ・シングルズ・コレクション』評

——『ザ・ワイアー』第362号、二〇一四年四月号掲載

東ミッドランズ〔※イングランド中央部にある地方〕のアクセントは都会的な華やかさ、抑揚のある抒情性や素朴なロマンティシズムに欠けていて、UKで最も愛されないもののひとつである。このアクセントが大衆メディアで聞かれることはほとんどないので、軽蔑されるほど認知されてもいない。これに僕は首を突っ込みたいということを白状しなければならない。僕は東ミッドランズで育ち、僕が大学を出た時、同情的な講師から「スピーチとアクセントの問題がある」と言われた。だらけたレスターシャーの子音を抑え込み、いわゆる一般的な発音に近いスピーチをするようになると、そのアクセントは徐々に消えていった。それを成しえる上では、アンビヴァレントな気持ちと屈辱が入り混じったものだ。

スリーフォード・モッズのジェイソン・ウィリアムソンは都会のマナーに配慮などせず、偽物のアクセントで話す者たち、東ロンドン出身者や「ルー・リードやG・G・アリン……」をマネする者に辟易としている。政治や文化における地元へのアピールは、たいていは独善的で反動的なものだ。職人的でオーガニックなものに高値をつけることによって、より多くの文化的資本や実際の資本を得ようとするプチブルの策略である（ウィリアムソンはこの詐欺にも賢明で、「ご当地アートであふれたバカ高いコーヒー・ショップ／ファック・オフ」と吠

えている）。けれども、アクセントの話となると、地域性の政治は違ったふうに作用する。イギリスのブルジョワジーはどこ出身であろうとも多かれ少なかれ同じアクセントで話す。したがって、地域的アクセントを保持するこだわりは、階級的従属体制への挑戦、劣等者として烙印されることへの拒否なのである。

ウィリアムソンはリンカーンシャーのグランサムに生まれた。スリーフォードから約二十マイル離れている。何年もの間、音楽シーンに関わり、地方ではおなじみの軌跡をたどった。うまくいかず、諦めかけたところでまた引き戻される。地元のグループに出入りし、夢を追ってサンフランシスコやロンドンに行った時期もあったが、結局うまくいかずに故郷に戻った。自力で出て行こうとしたものの、新しいものを何も見つけることができず、レコーディング・スタジオで、退屈でやきもきした日々を送り、ついにはメタルのトラックに合わせて喚き立てるようになった。文字通り、彼は自分の声を見つけたのである。彼はウータン・クランにインスパイアされたものの、彼らのサウンドを真似たというより、彼らの方法論を踏襲したのだ。リスナーのほうが、彼のアクセント、方言や言及に順応しなければならない。これには頓降法（ベイソス）を犯すリスクがあった。東ミッドランズはニューヨークではないし、ウィリアムソンの扇動的な激しさがなかったら、スリーフォード・モッズはただのイロモノとしてしか捉えられなかっただろう。彼の言葉を貫く辛辣でアシッドなウィットを否定しているのではない。「チャンバワンバは政治的じゃなかったって？／奴らはただのゴミだった」は愉快なだけではなく批評的にも鋭い。

シングルを集めた『チャブド・アップ』（二〇一四）、次に『ディヴァイド・アンド・イグジット』（二〇一四）を聴いてみると、このデュオのサウンドにおいてさほど変化がないことが明らかだ。そのヴァリエーションはウィリアムソンの言葉によって生まれ、アンドリュー・ファーンによる音楽は（飾り気のない）方程式に常にフィットしている。拳闘的ポスト・パンク・ベース、機能的だがぱっとしないビート、時々鳴る安っぽいキーボードのリフ、ギターの無気力な風。デジタル的に操作されているものの、洗練されなさが際立っている。ソフトウェアはサウンドの細部を管理するのではなく、それを捉えて煉獄のようなループに仕立て上げるために使用されるのだ。

スリーフォード・モッズという名前はヴィンテージの落書きのような、あるいは、三十年前に、イングランドのフットボールの試合でユニオンジャックに刺繍されていたもののような響きである。一見したところ、これほどモッズらしくないものはない。この執拗な冒涜と不満の発露のどこにスタイルとクールさがあるのだろうか？しかし、モッズは複雑な現象であり、ブラック・アメリカの魅力を手に入れようという願望と同時に、その魅力を手に入れることができなかったことについての現象でもあった。

モッズはマイルスやモータウンを愛したかもしれないが、彼らがサウンドを作ると、それはザ・フーやザ・ジャムのような音になった。労働者階級の生まれのロックは、アメリカのポップ・アート消費者の夢々が投じる影のなかをこそこそし、モノクロームのイギリスから抜け出せなかった。モッズはオフィス、半熟練的な仕事、デパートで働き、彼らの社会的地位の遥か上に位置する贅沢を求めていた。しかし、彼らの野望は、ブルジョワの社会的地位の梯子をよじ登ることではなかった。そうではなく、モッズはビジネスという狭いもくろみを超えてスタイルが爆発し、日常生活が芸術作品になるような世界を予見したのである。ディック・ヘブディジが「モッズの意味（The Meaning of Mod）」というエッセイで書いているように、「すべてのモッズは、ギャング行為、豪華なクラブ、美しい女性という幽霊の世界（ゴースト・ワールド）に存在していた。たとえ、その現実が、せいぜい穴の空いたフード付きパーカやボロボロのベスパ、脂のしみた袋に入ったフィッシュ＆チップス止まりだったとしてもだ」。スリーフォード・モッズにおいては、チップスと脂しか残らなかった。工場は閉まり、労働組合は抑制された。

アートスクールとメディアは再びブルジョワ化した。大学のコースは開放されたが、実際の卒業後の仕事は相変わらず同じ容疑者たちに確保されている。労働者階級のアクセントがテレビから聞こえるであろう唯一の時間は、貧困ポルノ〔※同情を得られやすくするべく、貧困の悲惨さを強調・誇張する手法、作品、メディアなどを揶揄する表現〕のドキュメンタリーのみである。

これがスリーフォード・モッズの世界なのだが、善意的な都会のリベラルたちと無節操な保守党支持者たちによって割り振られた場所を彼らは拒否する。彼らは、頭の悪い無気力なプロレタリアや、白人の労働者階級の人種差別主義者という役を演じるつもりはない（ウィリアムソンは聖ジョージの十字架＝イングランド旗を飾った白いバンを走らせる男たち〔※塗装業者、配管工、錠前屋等のマニュアル労働をやる学の無い職人〕のことを、彼らの君主である保守党勢と同じくらい憎んでいる）。彼らは気を引き締めてありがたくゼロ時間契約の仕事を引き受けたり、シングル〝ジョリー・ファッカー〟にあるように、「生協の通路で朽ち果てる」ことに甘んじたりはしないだろう。

どちらかと言えば、〝ドンキー〟のようなトラックがかつて切り開いてみせた小さな夢の空間がウィリアムソンの容赦なき排泄的フロウによって排除されたことで、前作『オーステリティ・ドッグス』（二〇一三）に較べ、『ディヴァイド・アンド・イグジット』はさらに閉所恐怖症的に感じられる。排泄的は正しい言葉だ。ウィリアムソンの韻を小便（piss）とクソ（shit）は流れる。それはまるで、キャメロンのイギリスによって落ちぶれた精神と身体のあらゆる汚物はこれ以上溜めることができないようであり、それは上向きに破裂し、無臭化されたデジタルの商業的プロパガンダという、「我々全員がこの状況を共に」し、すべては上手くいくという薄っぺらな見せかけを通じて爆発するのだ。

ウィリアムソンの口汚さに溢れているものは、失業手当や行き詰まった仕事によって培養され、不況の音楽ビジネスによって後押しされる逃避の汚れた幻想によってさらに掻き立てられる。初期シングルのひとつは〝ジョブシーカー〟（求職者）と名付けられている。「それではウィリアムソンさん――前回失業手当を受け取って以来、実りある雇用に向けてあなたは何かしてこられましたか？／なんにもしてねえよ（ファック・オール）！」。空想のやりとりであることは間違いない。スリーフォード・モッズではよくあることだが、これは彼の頭のなかにさもなければ溜まり続けたであろう声に捌け口を与えている。現在のイギリスに、不満はどこにでもあるが、そのほとんどは私物化され、アルコールと抗うつ剤によって鈍化されているか、無力なコメント欄の悪意と空虚なソーシャル・メディアの怒りに向けられている。「うじゃうじゃいやがるゾンビどもが呟く呟く呟く（Tweet Tweet Tweet）」

　もしウィリアムソンの怒りがしばしば自動詞的に見えるとするならば――彼の「くたばれ（fuck off）」は憤激の純粋な爆発であり、特定の誰かに向けられているわけでもないし、またあるいは誰も彼もに対して向けられている――、不満を政治的行動に変えるものは何もないことに痛烈に気づいた階級意識がそれを強調している。「俺たちは炎に小便をひっかけて、無駄なことをやってるだけなのか？」。キャメロンと保守党どもは明確に軽蔑されているのだが――「雲にぶら下がった総理大臣の顔／ゲイリー・オールドマンのドラキュラみてぇに」――誰が彼らを止められるのだろうか？「生きることはできるクソ／お前はそれに耐えている」。これらのフレーズは、オーディエンスに向けられた嘲笑であると共に、生き残るために必要なことをする上でのウィリアムソン自身の降伏文章の承認でもある。

　政治的な音楽の役割は、何も解決策を思いつくことだけとは限らない。しかし、スリーフォード・モッズが投げかける問い以上に、切迫したものはない。ウィリアムソンが明確に述べる怒りとフラストレーションに、接点を持つのは誰だろうか？　このバッドな情動を、新たな政治プロジェクトへと変換してくれるのは、誰だろう？

（高橋）

テスト・デパートメント——左派理想主義と大衆モダニズムが出会う場

——『フリーズ』、(25 September 2015)、https://frieze.com/article/music-41

テスト・デパートメントの帰還はどこか非常にタイムリーだ。彼らのインスタレーション『DS30』(二〇一四)と、それに付随した映画と書籍『Total State Machine』(二〇一五)——バンドの総合的な歴史および批評研究を収めた内容——は、イギリスで新自由主義が深刻な危機を迎えたタイミングに登場した。

テスト・デパートメントは、常にいち音楽グループ以上の存在だった。彼らのことは、サウンドの生産を中軸に据えつつもヴィジュアル要素、ヴィデオ・プロジェクション、映画も制作した大衆的モダニスト集団として理解する方がいい。テスト・デパートメントは一九八一年にロンドンで、ジョナサン・トビー・バードン、グレアム・カニントン、アンガス・ファークワー、ポール・ハインズ、ポール・ジャムロジーによって結成された。スロッビング・グリッスルとキャバレー・ヴォルテールが牽引した第一波に続き、インダストリアル・アクト第二波としてスタートした。拾ってきた金属物体を使用し、労働と物流の空間(さびれた工場跡、運送ハブ)でパフォーマンスをおこなったテスト・デパートメントは、一見したところそのものずばりの「インダストリアル(工業的)」解釈を提案したように思えた。イギリスで起きた闘争のいくつか——炭鉱スト(一九八四~八五)と反人頭税運動(一九八八~九一)も含む——に関与したことで、テスト・デパートメントはまた、工業および脱工業時代の政治に強く力を注ぐことになった。

テスト・デパートメントの看板サウンドである強烈にパーカッシヴで痙攣性のダンス・ミュージックは、ロシア構成主義からインスピレーションを引きつつも、やがてアメリカ合衆国の政治的なヒップホップ・グループ、パブリック・エネミーの英国版めいたものになっていった。彼らのレコードは音響のモザイクであり、パニックで拍動し、戦闘的左派陣営の反抗的な声明で返り討ちに遭う保守党国会議員たちの声をサンプリングした。テスト・デパートメントのもっとも強力なトラックのひとつ——一九八六年のアルバム『ジ・アンアクセプタブル・フェイス・オブ・フリーダム』収録の〝ステイトメント〟——は、ストの間に警察のおこなった不当暴力を述懐する、炭坑夫アラン・サトクリフの胸を打つ語りをフィーチャーしている。このトラックは感情に訴える工学作品であり、広告活動・ブランディング・政治プロパガンダ経由でおこなわれる影響と欲望の操作に対する集団主義的レスポンスだ。サトクリフはグループのツアーに帯同することになった。これは闘争が新たな同盟だけではなく、新たな社会空間も生み出した一例だ——そこでは、アート制作は一定の年代の専門家の任務とは限らない。

左派イギリス人の誰にとっても、一九八〇年代半ばを思い起こす行為は腹に響く、息の詰まる、胸が痛くなる悲しみを誘発しがちだ。一年にわたったストの果てに、炭坑夫たちが職場に戻った一九八五年のあの日のことを思い出すたび、僕はむせび泣きせずにいられない。僕が資本主義リアリズムと呼んできたもの——資本主義に取って代わるものは存在しない、との深々と埋め込まれた信念——は、イギリスであの時期に、マーガレット・サッチャーの首相任期第二期の間に決定的に確立した。一九八二年のフォークランド紛争によって、サッチャーはかなりの割合の英国住民にとって、嫌悪の対象から輝かしい戦時中のリーダーへ変貌した。この刷新された大衆人気、そして労働党から出奔した連中による社会民主党の結成が合わさり、保守党は一九八三年総選挙で地滑り勝利を達成した。これは英国左派全般はもちろん、特に労働党にとってトラウマを残す敗北となっていった。

労働党は、ブレア主義およびその新自由主義と企業独裁への全面降伏に至る長い行進をスタートさせた。一方、炭鉱ストの粉砕、そして保守党が門戸を開けた私営化の波は新自由主義ブリテンが生まれる状況を作り出したわけだが、三十年経った現在、その国は瓦解しつつある。

振り返ると、一九八〇年代は丸ごと、左派にとって敗北の連続の歳月だったかのように見える。『Total State～』のもつ価値のひとつは、当時は決してそう感じられなかったことを我々に思い出させてくれるところだ。むしろジョン・アコムフラのヴィデオ・インスタレーション『The Unfinished Conversation』（二〇一三）のように、『Total State～』は忘れられた八〇年代を呼び起こす。スタイル文化と、新たなモダニティを堂々主張した反権威主義左派の台頭とがシンクロし、資本・家父長制・人種差別をその他数多くの歴史的遺物と共に放棄してしまおうとした時期――ラディカル・シックやお洒落な社会主義が、現在のようにタブーではなくリアルな可能性として存在した一九八〇年代のことだ。

『Total State～』には、シンシア・ローズの一九九一年の書籍『Design After Dark』の抜粋が含まれる。テスト・デパートメントのパフォーマンスに霊感を受けたローズは、イギリスの若者について以下のように述べた

彼らはダンスフロア革命を仕掛けるのに成功するだろう。もっともそれは、ミュージシャン集団「レッド・ウェッジ」――ビリー・ブラッグ、ポール・ウェラー、ジミー・ソマーヴィルが音頭をとった――の夢見た一九八七年総選挙での保守党打倒キャンペーンの先陣を切る試み、失敗に終わる運命にあったコムソモール〔※共産党青年団〕型転覆のことではない。そうではなく、革命は草の根レヴェルでの変化――ゲリラ的なサウ

ンド、デザイン、エンタテインメントの波状攻撃――を通じて実現するはずだ。その新たなデザイン力学は祝福から生じる衝動であり、イヴェントとして演じられるレジャーから起ち上がる。そしてそれは、デザインやコミュニケーションといった存在は何をすべきかについて、若者の認識を変えるだろう【註1】。

悲しいかな、物事はそう運ばなかった。英音楽文化の革新的エネルギーのほとんどはダンス・ミュージックから発生するだろう、とのローズの意見は完全に正しかったし、事実、英ダンス・ミュージックはそのもっとも実り豊かな時期を満喫しつつあった。だが、レイヴ、ジャングル、ガラージ周辺の雰囲気はノンポリ、リバタリアン、資本主義者に向かいがちだった。「出没しつつある」とローズが捉えたテクノロジー、エネルギー、インフラ、欲望の新たな形態と左派との同盟関係はごく短命だったことになる。

ここでのレッド・ウェッジとの比較は教訓的だ。レッド・ウェッジの問題は部分的に、エル・リシツキーがデザインしたポスター（一九一九年の『Beat the White with the Red Wedge（白軍を赤いくさびで打倒せよ）』〔※赤軍ボリシェヴィキに向け、反革命派白軍打破を訴えるロシア内戦時のプロパガンダ・ポスター〕にちなんだ名称であるにもかかわらず、その音楽はモダニストな実験主義からの撤退を象徴した点だった。ブラッグの「市井の男の歌」めいたネオ・フォーク、ウェラーがスタイル・カウンシルと作った不器用なジャズ・ファンク・ポップ、ザ・コミュナーズの不思議なくらい気が滅入るパーティ・ミュージック――どれひとつ、未来をはっきり描く能力に欠けていた。すべては、もっともタチの悪い一九八〇年代の表面的な光沢にはまり込み、にっちもさっちもいかなくなっていた。

テスト・デパートメントはポスト・パンクと呼ばれてきたものの最後の一例だったとはいえ、実のところ彼らはそれよりもっと長く続く、一九五〇年代にまでさかのぼるアート・ポップ／ポップ・アートの系譜にあるグループだ。この大衆モダニズムが育つための状況は八〇年代半ばに執拗な攻撃対象となり、結果、立ち直ることがなかった。社会保障制度、高等教育を維持する助成金、そして「ハイカルチャー」や自らのサウンド、フィクション、アートを作り出すための時間といった各種リソースへの進入路を労働者階級出身者にもたらしたスクウォット行為やアート校のインフラを、保守党は解体しはじめた。

だが、この文化に対する攻撃を仕掛けた新自由主義的資本主義は、今や破滅に向かっている——ギリシャで、スペインで、スコットランドで、そして遂に、イングランドで。過去に捧げる不動の記念碑どころか、『Total State～』という本は計り知れない価値をもつアーカイヴ、一九八〇年代のテスト・デパートメントが飛び立った地点からはじめよう、というやる気のある今の連中が活用できる戦略、ジェスチャー、テクニックを集めた目録になっている。ローズが予言した新たなデザイン力学は、もしかしたらまだ可能かもしれない。大衆モダニズムは死んでなどいない——それは三十年の冬眠期間を経ていたに過ぎない。

（坂本）

【註1】シンシア・ローズ、『Design After Dark: The Story of Dancefloor Style』（Thames and Hudson, 1991）

融資なしじゃロマンスはあり得ない

――『Bamn: An Unofficial Magazine of Plan C』（二〇一五年十一月九日号）

〔※プランCはイギリスの左派組織／ネットワーク。www.weareplanc.org〕

ジェニファー・M・シルヴァの『Coming Up Short: Working-Class Adulthood in an Age of Uncertainty（期待はずれ：不確かな時代の労働者階級の成年期）』は、新自由主義環境が親密な関係に及ぼす腐食効果を研究した痛切な本だ。シルヴァの本は特に若者に焦点を絞る――マサチューセッツ州とヴァージニア州の二都市に暮らす若い労働者階級男女を対象に、彼女のおこなった百本のインタヴューが土台になっている。彼女の発見には不安にさせられる。シルヴァは繰り返し、若いインタヴュー相手が「硬化」した自我――他者からの自立を自らの誇りとする主体のフォルム――を示しているのに気づく。その硬化した主体はシルヴァにとって、この世代が制度的に、実存的に見放されてきた結果だ。仮借ない競争と不安定に支配された環境のなかでは、他者を信頼することはおろか、なんらかの長期的な未来を計画することもできない。当然このふたつの問題は、新自由主義カルチャーの得意とする発明である、数多くの悪循環スパイラルのなかで相互に絡み合う。安定した未来図を想像できないと、どんな類いの長期的なコミットメントに関与することも非常にむずかしくなる。熾烈な競争社会領域から課されたストレスを分担してくれる者としてパートナーを見るのではなく、シルヴァが話を聞いた労働者階級人の多くはむしろ、恋愛関係を余分に加わったストレス源と捉える。取材に応じたヘテロ女性の多くはとりわけ、男性と関係をもつという見込みはあまりにリスクが高いと考えている。自分以外に頼りにできるものがほぼない状況下で発達させざるを得なかった独立心、それは文化的に承認された達成であると同時に苦労して勝ち取った生存戦略であり、おいそれとそれを手放すつもりは彼女たちにはない。

「絶え間ない変化と薄っぺらな忠誠心の世界のなかで、セラピーの言語と制度――およびそれが約束する自己変容――はアメリカ文化に爆発的に広がった」とシルヴァは説く【註1】。あっぱれな自己変容というセラピー的な物語は、個人への支援、もしくは育成に関してもはや制度に頼ることのできない世界においては、唯一筋の通るストーリーだ。

たとえばフェミニズムのような社会運動の数々においては、自己アウェアネス、あるいはその人間の抱える問題を名指しすることは、ラディカルな集団型の目覚めに向かって踏み出す最初の一歩だった。この世代にとっては、それこそが唯一の、あらゆる類いの団結から完全に切り離されたステップだ。彼らだって過去と同様の、かつ構造的な根から発した問題の数々と葛藤している。にもかかわらず、そこに「我々」の感覚は一切ない。ひとりの人間が苦しみを訴えることを通じて起きる集団的政治化の可能性は、これらのより大きな支配構造にやすやす包含されてしまう。なぜなら苦戦している他者は、同じく苦しめられている同胞としてではなく、嘲りの対象と見られるからだ。

セラピー系の物語の普及は、問題意識喚起運動（Consciousness-Raising）がもたらしつつあった分子革命を新自由主義が封じ込め、私有化させるひとつの方法だった。意識喚起が非個人的で集団型の構造――資本主義と家父長制イデオロギーが見えなくさせていた構造——を指し示したのに対し、新自由主義の視界には個人の群れ、選択、個人責任しか入ってこない。にもかかわらず、意識喚起の実践が衝突した相手は資本主義イデオロギーばかりではなかった——それは、マルクス＝レーニン主義ともきっぱり袂を分かった。革命を前衛勢の領分にしていた、革命的終末論と戦闘的マチズモは消えた。代わって、意識喚起は、革命的活動を潜在的には誰にでもやれるものに変えた。ふたりかそれ以上の数の人間さえ集まれば、資本主義が当たり前のように個人化するストレスを集団で分かち合いはじめることができる。ひとりが抱えるパーソナルな恥も、その構造的要因を集団的に突き止めることによって溶解していく。

社会主義的フェミニズムは、ジョルジュ・ルカーチの階級意識理論を意識喚起へと変換した。意識喚起はあらゆるタイプの被従属集団に用いられてきたので、ここではおそらく（単に）階級意識ではなく、被従属グループの集団意識について語る方がいいだろう。だが話のついでに、新自由主義は階級というコンセプトそのものも撲滅しようとしてきたことを指摘しておいて損はないと思う。これにより、ウェンディ・ブラウンが印象的に「階級意識あるいは階級分析を欠いた、階級敵意」と描写した状況が生じることになる。この階級の消去は何もかもを歪曲し、数多くの闘争がレトリックの上でブルジョワ自由主義に捕獲される事態を許した。

被服従集団の目覚めは、第一に、服従を作り出す（文化的・政治的・実存的）メカニズムが存在するという意識だ——支配集団をノーマルなものにし、服従する側に劣等感を生み出すメカニズムのことだ。しかし、それはまた第二に、被服従集団の秘められた力に対する目覚めでもある——この、すっかり喚起した状態にある意識が依って立つ、潜在的なパワーの自覚だ。だが、服従する状態に留まっていることが目的ではない点をはっきりさせておくのは重要だ。ナンシー・C・M・ハートソックが説明するように、「重要なのは、我々の視点を従属させられた、反乱者的な、あるいは秩序を乱す知識としてではなく、今とは違う世界を構成する可能性をもつ視点として扱う、そんな世界の記述を発展させることだ」【註3】

ある人間の意識を喚起し持ち上げることは、それまで知らなかった事実の気づきに留まらない。そうではなく、それはその人間の世界との関わりを丸ごと変化させる。ここで問題になる気づきとは、既存の情勢を意識することではない。むしろ、問題意識喚起は生産的だ。それは新たな主体——闘争する行為者であると同時に、それを争うための「我々」——を生み出す。それと並行して、問題意識喚起は「対象」に、世界そのものに介入していく——変化しない不透明さ・既に決着のついた常態ではなく、今や変容可能な何かとして捉えられるようになった世界のなかへ。この変容に知識は必須だ。自然発生、任意性、調和を破る出来事の経験を通じてでも、あるいは周縁性のもつ長所だけに頼っていても変容は起こらない。ゆえに——ルカーチとマルクスに倣い——ハートソックの唱えたスタンドポイント認識論のコンセプトは、被服従集団は潜在的に、支配集団には欠けている、社会分野全般の知識へのアクセスをもち得ると主張する。とはいえ被服従集団のメンバーは、この知識を自動的に所有できない——それは、集団意識が発展したところでやっとアクセス可能になる。ハートソックによれば、「抑圧された集団に利用可能なヴィジョンは、苦闘して手に入れる必要がある。かつ、すべての人間が参加を強いられる社会関係の表面を越えた先に目を向ける科学、それらの関係を変革するための苦戦からしか育ち得ない教育、その両方があってこその達成を象徴するものでなくてはならない」

ジェニファー・M・シルヴァの著書の捉え方のひとつは、これはラディカルにしぼまされた意識の記述である、だ。ここで決定的なのは、研究の主眼に据えた者たちの経験を形作る枠組みとして、シルヴァが階級のコンセプトを復興させている点だ。彼女の取材相手の「セラピー的な」自己記述からおおむね抜け落ちているのが階級だ。まさにウェンディ・ブラウンの言った通り、シルヴァの研究対象の多くは、階級意識なしに（無意識で彼ら自身認めていない）階級敵意を示しがちだったことになる。

シルヴァの本に出てくる、意思の弱いロクデナシと思える男たちのために自らの独立を犠牲にするのに慎重な女たちの描写を読んで、一九九九年の二曲のR&Bヒット、TLCの〝ノー・スクラブス〟とデスティニーズ・チャイルドの〝ビルズ・ビルズ・ビルズ〟を思い起こした。どちらも、経済的に独立した女性が（おそらく無職の）男性のふがいなさを非難する歌だ。ぱっと見新自由主義イデオロギーを切り売りする、こうした楽曲は攻撃しやすい。だが僕は、我々がシルヴァの本の記述に注意を払うのと同じようにこれらの曲を聴く方が、はるかに生産的だと思う。二曲はしぼまされた意識の具体例であり、資本主義リアリズムを解体しようとする誰に対しても伝えるべき、重要な教訓を含んでいる。

いまだによく、その文脈と使途とは関係なしに、政治はどこか「内なる」文化的産物であると思い込まれている。もちろん、アジプロ型の文化もときに政治変革を起こすものになり得る。だがもっとも反動的な文化表現ですら、敏感に注意さえ払えば革新的なプロジェクトに貢献できる。故スチュアート・ホールの仕事をこの観点から、つまり、文化が伝えようとしていたメッセージを左派政治にもちきたらそうとする試みだった、と見ることはできる。このプロジェクトがいくぶん悲劇的な失敗に終わったとしたら、それはホールのアプローチに欠陥があったからではなく旧左派のかたくなさ、文化のなかで表現される欲望や不安が彼らの耳にまったく入らなかったゆえだ。一九五〇年代にマイルス・デイヴィスに魅了されてからというもの、ホールは大衆音楽で遭遇したリビドー的な現代性と、組織化した左派の先進的政治プロジェクトとをどうにか相応させられないだろうかと夢見てきた。しかし、権威主義な左派はこの野心に波長を合わせられず、新右派に出し抜かれるままになった上にじきに現代化のテーマまで奪われ、結果、左派は過去に追いやられた。

この失敗を別の角度から理解すべく、少し寄り道して音楽・文化批評家の故エレン・ウィリスの仕事を考えてみよう。一九七九年のエッセイ「The Family: Love It Or Leave It」【註4】で、彼女は家族を集団型育児システムに入れ替えるというカウンターカルチャーの願望は「ほぼ想像を絶するくらい重要な、社会的およびサイキックな革命」を伴うことになったはずだと述べた。我々の生きるこのしぼまされた時代において、そのような「社会的およびサイキックな革命」が起き得るだけでなく、既に実際に展開するプロセスに入っていると考えたカウンターカルチャーの確信ぶりを再現するのは、非常に困難だ。彼女の世代の多くと同様に、ウィリスの人生もまずこれらの希望に心奪われ、そして反動勢力が歴史のコントロールを奪回するにしたがい、希望が徐々にしおれていく様を目撃することで形成された。六〇年代カウンターカルチャーのプロメテウス的な野心から自己破壊・あきらめ・実利主義への撤退を綴った記述で、ウィリスの随筆集『Beginning To See The Light』〔※ヴェルヴェット・アンダーグラウンドの一九六九年曲のタイトル〕に勝るものはおそらくないだろう【註5】。同書の前書きでウィリスがはっきり述べるように、彼女はたびたび、主流派社会主義の権威主義および国家主義として体験したものと、自分がいつの間にか対立していることに気づいた。彼女の聴いていた音楽は自由を語っていたが、社会主義に重要なのは中央集権化と国家統制らしかった。ウィリスはカウンターカルチャーの政治は反資本主義だったとし、だがそれがイコールそのまま資本領域で生産された何もかもの拒否につながったわけではない、と論じた。ウィリスが「私と左派との押し問答」と描写したものにとって、たしかに快楽と個人主義は重要だった。とはいえ、家族を廃止してしまいたいという願望をそれらの言葉だけで解釈するのは無理だ——それはまた必然的に、新たな、前例のない集団型(だが国家型ではない)組織の形についての問題でもあった。ウィリスの「進歩した資本主義に関する標準的な左派概念に対する反論」は、「消費者経済は我々を商品の奴隷にし、マスメディアの機能は我々のファンタジーを操作することである。したがって、我々はシステムの作り出す商品を購入することを充足感と同一視するようになる」という発想を、せいぜいよくて半分しか当たっていないとして拒んだ。文化――とりわけ音楽文化――は、資本の支配領土というよりもむしろ闘争の地勢だ。美学のフォルムと政治との関係は、不安定で秩序立っていなかった――文化は単に既存の政治的立ち位置を「表現」しただけではなく、来るべき政治像も予測した(かつ、それは実にしばしば、実際には訪れなかった政治でもあったのだが)。

とはいえカウンターカルチャーの音楽には、変化を引き起こすような直接性も内在していた。それは、ブルジョワ文化が大抵我々に不信感を抱かせようとする、絶望・不満・激怒の念を強化した。そうした意味で音楽は問題意識喚起の一形態として機能したし、大衆オーディエンスも自らの抱く様々な感覚が正当化されるのを経験するだけでなく、それらの感覚の発生源を抑圧構造のなかに見出すことができた。その上、幻覚剤を摂取する人口の増加、アシッドを服用したことのない者すら感化されるサイケデリックな想像力の出現は、社会現実とは暫定的で可塑性な、集団的欲求による変容の対象であるとの認識の拡散に結びついた。

『Beginning To ~』がつらい――つらくなるほど正直な――意識収縮の記述だとすれば、その物語は音楽文化そのもののなかでも語られてきた。米音楽評論家ピーター・シャピロは、七〇年代初期のソウル/ファンク・ミュージック――ジ・オージェイズの〝裏切り者のテーマ〟(一九七二)、ジ・アンディスピューテッド・トゥルースの〝スマイリング・フェイセズ・サムタイムス〟(一九七一)、スライ・ストーンの〝(ユー・コウト・ミー)・スマイリン〟(一九七一)――がいかに、新たに作り出された黄色いスマイル・マーク、「何世紀にもわたりカリカチュアを用いて信用詐欺をはたらいてきたイマジストの地雷原、公民権と人種差別撤廃を約束する白人支配層および汚いやり口を使うニクソンのギャングが浮かべるニコニコ笑い」についての「注目すべき対話に関わっていたか」を示した〔※原書に出典表記はないが、シャピロの『Turn the Beat Around: The Rise and Fall of Disco』（二〇〇五）の参照と思われる〕。ニクソンが台頭する一方でブラック・パンサー党が不活発になった時期に、〝裏切り者のテーマ〟のような曲は新たな疑惑と非難のムードを捉えてみせた。グリール・マーカスは古典的なエッセイ「The Myths of Staggerlee」〔※『ミステリー・トレイン』所収〕のなかで、これらの歌――およびスライ・アンド・ザ・ファミリー・ストーンの『暴動』（一九七一）のそれ以外の収録曲と、ザ・テンプテーションズの〝パパ・ワズ・ア・ローリン・ストーン〟（一九七二）――は六〇年代のオプティミズムが流出し力尽き、パラノイアとメランコリーに取って代わられた苦い瞬間の一部だったと論じる。ストーンは「新たな役割が崩壊しそれに代わるものは何もなく、古い役割、幽霊がその真空を埋めにきた」様を歌にした。ファミリー・ストーンの体現した集団性と多様性――活気に満ちたラディカル・デモクラシーの実践である、性別・人種混成グループ――は、陰気で落ち込んだ個人主義に道を譲った。「最高なポップ・ミュージックは、起こった出来事を反映するというより吸収する」とマーカスは綴った。「初期スライの音楽のスピリットが、マーティン・ルーサー・キングの演説がもたらした展望と大都市圏での暴動の炎をひとつにしたとしたら、『暴動』は、これらの出来事と新たな現実にふさわしい新たな音楽を作る試みの終わりを象徴した」

　これら「新たな現実」がやがて、ほかならぬ資本主義リアリズムそのものになっていく。資本主義リアリズム――そこでは現状の社会関係が具体化し過ぎ、関係のいかなる変化も想像不可能になる――は、プロメテウス的なサイケデリックの想像力がほぼすっかり抑えられたところでやっと、完全に固着する。だが、この状態になるにはしばらくかかるだろう。七〇年代は何も、カウンターカルチャーの撤退と敗北ばかりではなかった。著書

『When the Lights Went Out: Britain in the Seventies』（二〇〇九）で、英歴史家アンディ・ベケットは「リベラルもしくは左派が七〇年代に対して抱くメランコリーは、多くの意味で、同時期の右翼の不吉な視点を鏡に映したものだった」とする。だがベケットが主張するように、これでは「政治化したイギリス人の多くにとって、あのディケイドが六〇年代明けの二日酔いの時期ではなかった点を認識しそこねる。素晴らしき六〇年代のパーティは、実はあの時点ではじまった」。成功裏に終わった一九七二年炭鉱ストで結ばれたスト参加者炭坑夫と学生の同盟には、一九六八年パリで起きた同様の集合が残響し、東アングリア圏の活動拠点として炭坑夫はエセックス大コルチェスター・キャンパスを活用した。七〇年代には、ブリテンにおけるゲイ、反人種差別、フェミニズム、環境の各種運動も成長した。多くの意味で、一九七〇年代が経験した左派とカウンターカルチャーの前代未聞の成功ぶりこそ、資本に新自由主義という反応を強いたものだった。この展開は最初にチリで起きた。CIAが支援した一九七三年の軍事クーデターにより、ピノチェトがサルヴァドール・アジェンデの民主的な社会主義政府を暴力で転覆した後、同国は——抑圧と拷問の統治を通じて——初の新自由主義実験場へ変えられていった。

イギリスの文脈においてアンディ・ベケットの祝福する七〇年代は、アメリカ合衆国ではディスコのジャンルにその表現を見出した。ディスコはいくつかの被服従グループの合流点に芽生え、成長した音楽だ。ゲイ、黒人、女性の手で／のために作られた音楽であり、かつ——戦後大衆音楽のほとんどと同様、制作者は圧倒的に労働者階級が占めた。シックのナイル・ロジャース——七〇年代後期から八〇年代初期にかけての最重要プロデューサー／音響コンセプチュアリストであるのは間違いない——は、十代の頃にブラック・パンサー党員だった。ディスコは八〇年代と九〇年代に次々登場した、ハウス、テクノ、レイヴ、ガラージを含むダンス・ミュージックにひな形を提供した。一九九一年の著書『Design After Dark』で、シンシア・ローズは以下のような「ダンスフロア革命」を予言した――

革命は草の根レヴェルでの変化――ゲリラ的なサウンド、デザイン、エンタテインメントの波状攻撃――を通じて実現するはずだ。その新たなデザイン力学は祝福から生じる衝動であり、イヴェントとして演じられるレジャーから起ち上がる。そしてそれは、デザインやコミュニケーションといった存在は何をすべきかについて、若者の認識を変えるだろう【註6】。

だが当然のことながら、ローズには彼女が見て取ったエネルギー、インフラ、欲望の新たな形態が、新自由主義文化にどれだけ盗用されるかまでは予測できなかった。新自由主義は自由と快楽を主張する一方で、左派を灰色にくすんだ清教徒的国家主義に関連づけていく。ダンスフロア文化の集団型の多幸感とうまく協調しそこねた左派は、またもや機会を逸した。こうして、ダンスフロアで過ごす「グッド・タイムス」〔※シックが一九七九年に発表した代表曲のタイトル〕は、生活から文化、精神に至る全エリアの支配を強める一方だった資本主義からの一時避難所になっていった。

この超支配の様は、グウェン・ガスリーが一九八六年に放ったR&Bヒット〝エイント・ナッシング・ゴーイン・オン・バット・ザ・レント〟の、辛辣ながらも茶目っ気のある「リアリズム」のなかに現れた。シルヴァが実に見事に分析してみせる新たに「硬化した」主体、その出現を示す、ポピュラー・ミュージック界の最初の兆候のひとつがこの曲だった。失業率が上昇中だった時期に、ガスリーは「あなたもお・仕・事してくれないとね、私と一緒にいたいのなら／融資なしじゃロマンスはあり得ない（no romance without finance）」と歌った。ガスリーの歌で演じられる主観性は多くの意味で、このシングルが発表された頃に浮上しつつあった、ギャングスタ・ラップのペルソナの女性版だった。そのどちらも親密さと優しさを却下する。ギャングスタ・ラップのパフォーマンスは決して傷つかない強さを誇張するが――もっともリッチで成功したギャングスタ・ラッパー（トゥパック・シャクールやビギー・スモールズ）すら射殺されて終わるのを考えれば、これは苦い皮肉としか思えないパフォーマンスだ。それとは対照的に、かつ表面上の強がりに反して、〝エイント・ナッシング～〟は極端に不確実さを増す状況下での、安定の必要性――「私みたいにクールな女の子には／安心が必要」――を歌う。レーガノミックスを祝福する類いの曲ではない。それどころかガスリーの歌は、親密さを成り立たせる状況をレーガノミックスがいかに蝕んでいたかを引き出してみせる――あの当時のプロテスト・ソングの大部分よりはるかに感情面で熱のこもった、政治的にも響くメッセージだった。同様に、「融資なしじゃロマンスはあり得ない」の公式も、資本主義リアリズムに対する反動的な譲歩に過ぎない、と解釈されるべきではない。それはむしろ、社会的再生産を賃労働から切り離している、イデオロギー上の感傷主義の拒絶として聴くことができる。二一世紀ポピュラー・ミュージックの多くを予見していた〝エイント・ナッシング～〟は、意識がしぼまされ、それを喚起するための状況も不在である、そんなときに湧く寂しさのサウンドだ。だが、ファーガソン暴動〔※マイケル・ブラウン射殺事件をきっかけに二〇一四年に起きた〕後にアメリカ合衆国で沸き起こっている運動の数々、そしてポデモス党（スペイン）やシリザ党（急進左派連合／ギリシャ）を生み出したヨーロッパでの動向を考えれば、意識を掻き立ててくれる状況は戻ってきつつある、そう信じる根拠はいくらでもある。歴史の終わりをもたらす存在ではなく、資本主義リアリズムとは、三十年にわたる冬眠期間だった――事態はそんな風に見えはじめている。六〇年代にはじまったプロセスは、今や再開始が可能だ。意識は、再び喚起される。

（坂本）

【註1&2】ジェニファー・M・シルヴァ、『Coming Up Short: Working-Class Adulthood in an Age of Uncertainty』、（Oxford University Press, 2015）

【註3】ナンシー・C・M・ハートソック、『The Feminist Standpoint Revisited, and Other Essays』、（Basic Books, 1999）

【註4】『The Essential Ellen Willis』、（ノーナ・ウィリス・アロノヴィッツ編／University of Minnesota Press, 2014）

【註5】エレン・ウィリス、『Beginning to See the Light』（University of Minnesota Press, 2012）〔※一九八一年初版〕

【註6】シンシア・ローズ、『Design After Dark: The Story of Dancefloor Style』

第四部

今のところ、我々の欲望には名前がない：政治に関する文章

五井健太郎　訳

k-punk

PART FOUR
FOR NOW, OUR DESIRE IS NAMELESS:
POLITICAL WRITINGS

投票するな、奴らをその気にさせるな

——k-punk, (4 May 2005), http://k-punk.abstractdynamics.org/archives/005462.html

選挙というものが少なくとも何事かを意味しているように思えた時代があった。はじめから悲劇的な事態を運命づけられていたマイケル・フット率いる強硬左派が、サッチャー政権下におけるSF的な資本のストームトルーパーたちに屈した次の日に感じた、存在のすべてに関わるような空疎で苦い敗北感のことを、今でも僕は腹の底から思い出す。まだ十五歳でしかなかった僕はそのとき、保守党による「さらにこの先五年」の支配について思いをめぐらせた。当時聴いていたわけではないが、マーク・スチュワートの〝リバティー・シティ〟〔※マーク・スチュワート&マフィアの『ラーニング・トゥ・コープ・ウィズ・カワディス』〈一九八三〉収録〕は、そのときの感覚を、その瞬間のことを、今でも変わらず思い出させてくれる——「俺は経営者の傭兵たちに手を振ってやるつもりだ……。奴らの綺麗な服は、何だかよく見えてきかねない／奴隷であることの快適さから、奴らの目を覚まさせてやろう……」〔※原曲では「〜から、いかにして奴らの目を覚まさせるか」〕

保守党による政治は、新労働党(ニュー・レイバー)よりもはるかに悪いものなのだから、あえて新しい労働党以外に投票することは、「権利の濫用」なのだと主張しようとする者たちが、いまだ存在している。だが「悪いなかでも一番マシな」ものを選択することは、そんなふうに個別的な選択をおこなうことを意味しているだけではなく、悪いなかで一番マシなものを、望みうる最良のものとして受け入れることを余儀なくするシステムを選択することを意味している。当然のことだが、エリートによる独裁を擁護する者たちは——おそらく自分たち自身さえも欺きながら——、今自分たちがふれまわっている大量の嘘や妥協やお追従はあくまでも「一時的なものにすぎない」のだと主張し、もし今我々が現体制における「進歩的な」勢力を支援するなら、明示はされない未来のいつかには、事態は改善されるはずなのだと主張している。だがホブスンの選択など選択とはいえない。進歩主義という幻想はたんなる心理学的なその場しのぎではなく、リベラル・デモクラシーというものがその基礎に置いている、構造的な幻想なのである。

ヨハン・ハリは今、保守党が唯一の現実的なオルタナティヴではあるにせよ、結局のところそれは新しい労働党よりも明らかに悪いものなのだとして、気乗りしないまま新しい労働党に投票した理由を説明しようとしている。だがそもそも、マイケル・ハワード率いる保守党がもたらしている脅威とは、いったい何のことなのか。彼らは人身保護令状を停止するだろうか。それはかのトニーーーーーー・ブレア様がもうやっているのだから、ありえないことである。恥ずかしげもなく恥にまみれて、移民問題で右翼の観衆にアピールするつもりなのだろうか。実際そうなのだとしても、そんなことはあの、ヒステリックなジョーカーのニタニタ笑い〔※本書一七四頁訳註参照〕を浮かべたトニー・ブレアがすでにやっていることでしかない(僕のなかでまだ名残をとどめていた新しい労働党への心理的な愛着を失わせたのは、今回の戦争の件ではなく、不愉快で見下げはてたことに、移民問題において彼らが右翼へと迎合したことだった)。

新労働党が何かを「より良く」したという考えは、きっぱりと捨てさろう。新労働党はどう考えても最悪だ。要するにそれは、既得権に対するサッチャー主義的な攻撃を抜きにした、サッチャー主義的な管理統制主義のことなのだ。サッチャー政権以前の一九七〇年代には、ひとつの仕事をするのに六人の自動車労働者が必要だったが、サッチャー以降のゼロ年代においては、（以前はそもそも起草される必要のなかった事業目標なるものの登場によって）何の仕事もおこなわれなくても六人のコンサルタントが必要になっている。同じ退廃、異なる受益者。新労働党とその支援者たちは、三百五十億ポンドの公的支出を削減しつつ、公共サーヴィスをより良いものにできるとする保守党の考えを嘲笑っている。だが公共サーヴィスに携わる者のひとりとして、この考えには目を見張るような妥当性があると言える（もちろん、実際に保守党が権力の座に就いたとしても、連中がそれをやるとは――つまりまともにやるとは――思っていないが）。実際、お役所仕事や官僚やペーパーワークを削減することには、即座にその力を発揮するふたつのポジティヴな効果がある。まずそれは、その給料が不釣りあいな予算流出の源となっている管理職や役員たちを厄介払いすることになるはずであり、そしてまた、馬鹿馬鹿しく子供じみた回報や、四六時中そうしたものを送りつけてくる連中の相手をしなくてよくなるというただそれだけの事実によって、実際に仕事をしている人たちのパフォーマンスをより良いものにするはずだ。

ブレアはたまたま嘘をついているのではなく、新たに彼が従えた生え抜きの政治家たちの一団と同様、職業的な嘘つきである。ブレアが弁護士から政治家に転身した人物であることを考えれば、彼が現実を広報活動から気を逸らしてくれる娯楽として扱っているとしても何も驚くことはない。一貫して彼は、議会制民主主義のなかでは――オックスフォード・ユニオンでの「ディベート」のなかでと同様――「相手の側を打ち負かす」以外に重要なものは何もないのだという状況を作り出すことに与し続けてきた。〈私は生まれながらに善良です〉とでも言うかのようなその道徳的な態度は何よりもまず、彼がパブリック・スクールやオックスブリッジで教育を受けてきたことを示すものだ。見ての通りその目には、真に無能な者の揺るぎない確信がきらきらと輝いている。ブレアは自らを信念ある政治家だと思いたがっているが（このこと自体、自分は生まれながらに優れているのだという確信のあらわれだといえる）、帝国主義的な強硬さを別にすれば、実際のところ彼は、いったい何に力を注いでいるのだろうか。この点で雄弁なのは、彼が世論に棹差す覚悟を持っていたのは戦争の件だけだったということだ。

「教育、教育、教育」というブレアのスローガンは、これ以上なく病的なジョークである。このことは何も、彼が有史以来最も愚かな大臣たちを率いているという事実――彼がオックスブリッジの申し子であることを示すさらなる証拠――だけをもって言うのではない。確かにブレアは、教育に「より多くの予算を投入」したかもしれない。だが追加された資金が、たとえ成功したとしても破綻したり的外れなものになったりすることが運命づけられている独立公共機関や、無能な行政官や、安易な「イニシアチヴ」制度へと向かっている以上、結局のところそれも、無益でしかないことである。

そうした「第三の道」〔※ブレアの提唱する政策。市場を優先しつつ国家の介入や公共福祉も確保することで、新自由主義と社会民主主義を乗り越えるものとされる。もともとは社会学者アンソニー・ギデンズの言葉〕にもとづいた継続教育に対する「ソリューション」は、ブレア的なカタストロフの典型だと言える。カレッジは今学生数に応じて資金を与えられており、結果として学生たちは今、自分たちを「消費者」として扱うようになっている――言い換えるならこれは、抜け目ない学生なら、どれだけ悪質で暴力的なふるまいでも退学という結果にはなりそうにないことに気づいているということである。もしそうなってしまえば、カレッジの収入が大きく減ってしまうことになるからだ。だからこそ今、行動に問題を抱えた学生たちをたんに厄介払いしてしまうわけにはいかないが、しかしかといって、何も起こっていないかのように彼らをそのまま在籍させ続けることも許されてはならないことになる。後者のような対応は、そうした学生たちに対する職務の放棄になるだけではなく、問題ある行動が抑制されないまま放置され、教育や学習環境が損なわれることで、その他の学生たちに対する職務の放棄にもなるからだ。こうしたなかでしかし、「第三の道」にもとづく資金提供のあり方は、制度的なシニシズムしか招かないことを意味している。「目標」を課し、その達成を前提に予算を割りあてること――経済学者たちが「改革」と呼んでいること、つまりリアリズムの皮を被ったイデオロギー――は、官僚と官僚的精神が繁栄するような状況をもたらすだけなのだ。教育や他の公共事業を改善する方法は、(たとえそれが目下まかり通っているイデオロギーに反するとしても)次のような明白な事実を受け入れるかどうかにかかっている。すなわち、そうした事業で働いている者たちの大半は、実際のところ腐敗しているわけではなく、「彼らとその仲間たち」の利益になることのみをその動機にしているわけでもないのだ。だからこそなされるべきなのは、彼らにより多くの権限を返してやることなのである。物事が上手くいかないとしたら介入がおこなわれるのは当然だが、その運営を官僚たちに任せた方が上手くいくと考えてはならないのだ(目下の現実全体が、そうした馬鹿げた主張の反証になっている)。

今の時点で認めておくが、明日〔※二〇〇五年イギリス総選挙〕の夜に結果が出たとき、きっと僕は、その意識はなくとも感情の部分で、自分が「左派」政党を支持しているのだと気づくことになるはずである。確かに僕は、ジョージ・ギャロウェイ〔※イラク参戦反対で労働党を除名されていた議員〕がウーナ・キング〔※イラク参戦支持の現職労働党議員〕を蹴散らすところを見てみたいし、オリヴァー・レトウィン〔※当時野党だった保守党の影の内閣の財務大臣〕が議席を失うのを見てみたいと思っている。だがそれは、『ビッグ・ブラザー』〔※本書八九頁訳註参照〕のなかでXという出演者がYという出演者を打ち負かすのを見たいというのと、ま、っ、た、く、同じことであるに過ぎず、そうしたスペクタクルに大きな意味があると主張することは、まったくもって感傷に過ぎないことなのだ。こうしたことは、――たとえそれが最大限上手く機能しているときであっても――リベラル・デモクラシーのなかでは常に起こりうることであり、選挙制度がその根底から腐敗し不当なものになっている国においてはなおさら起きうることなのである。確かに、八〇年代には五十六パーセントの有権者が左派政党に投票したが、票が労働党と自由民主党に割れたため、保守党による恐怖の支配が維持されえたのだと指摘するハリは正しい。だがそれは、選挙システムが早急に改革されるべきだという話であり、だからこそ新しい労働党に投票しようという話ではない。

正しくもＩＴ〔※インフィニット・ソウトことニーナ・パワー〕が論じている通りだが、「人々は投票のために命をかけた」というのはまったくもって安直な言い方である。確かに、ドイツ国防軍の兵士たちは祖国の栄光のために死んだ——だがだとすれば僕は、ナチになるべきなのだろうか。カトリック信者たちは化体説(かたい)を信じたために火あぶりになった。だとすれば、僕は悔い改めて日曜のミサに出かけるべきなのだろうか。またそもそも、ブレアかハワードかを「選択」する機会のためにその命をかけた者など、誰ひとりとして、まったく誰ひとりとして存在しないはずだと考えたとしても、実際のところまず間違いなく的外れなことを言ったことにはならないはずである。

一九七九年十月六日――資本主義と双極性障害

――k-punk, (9 June 2005), http://k-punk.abstractdynamics.org/archives/005660.html

（本稿は後に修正され『資本主義リアリズム』〈二〇〇九／ゼロ・ブックス〉第五章に組みこまれた）

リアリズムは〈現実的なもの（ザ・リアル）〉とは何の関係もない。反対に〈現実的なもの〉とは、リアリズムがたえず抑制しているものである。

資本主義リアリズムは、社会主義リアリズム同様、「人間の顔をする」ことに関わり、一連の政治的決定を自然なものに見せることに関わっている。資本の統制委員たちは、自分たちこそが唯一、喜ばしくない真実を告げ、この世界の苛烈な「現実」なるものに立ち向かうことができる、タフな精神を持ったプラグマティストなのだと装いたがるが、しかし資本主義は――やがて支配的なものになる中国国家版であれ、ほどなく崩壊するアメリカ・モデルであれ――おびただしい数の幻想にもとづいているものであり、それに対する盲信ぶりは、ほとんど魔法のようなものだといえる。『インディペンデント』紙に掲載された力強い記事【註1】のなかでヨハン・ハリは、近年の支配的なエリートたちが持つ攻撃的な自足性を、インカ族やマヤ族のような、かつて高度な発展を見せていながら「生態系破壊（エコサイド）を犯した」社会集団の考え方になぞらえている。ハリは地理学者のジャレド・ダイアモンドが『文明崩壊――滅亡と存続の命運を分けるもの』（二〇〇五）のなかで立てた次のような問いを引用している。「イースター島の人々は、自分たちの島の最後の木を切りながら、いったい何をいっていたのだろう」。この問いに対する答え――「木ではなく仕事を！」、「テクノロジーが問題を解決するだろう、だから恐れることはない、木の代わりになるものは見つかるだろう」等々――がどのようなものであれ、結局のところそれは、タナトスの衝動がその仕事をおこなうために生み出した合理化に他ならないものであることを考えると、ぞっとせざるをえない。無意識のなかでは、誰も本当に自分が死ぬとは思っていないのだとフロイトは言うが、おそらくこのことは文明にも当てはまる。マヤやイースター島の終焉を証言するメランコリックな遺跡が存在しているにもかかわらず、それでも文明は、自分たちは例外であり、滅ぶはずのないものなのだと確信しているのである。

　環境ロビーからの抗議に対するブレアの常套的な返答を考えてみれば、資本主義の「リアリズム」が何を意味しているのかが容易に理解できる。環境カタストロフを抑制するための対策は望まれるもの――必然とさえ言えるもの――だが、しかしそれは、「政治的に不可能」なのだと、だしぬけに重苦しい調子でブレアは言う。これこそがつまり、資本主義の「リアリズム」なのだ。人間をとりまく環境が貧窮することを防ぐためのあらゆる手段を「不可能」なものの領域へと還元すること。それこそが「リアリズム」に相当するものなのである。つまりそれは、現実的なものを表象するのではなく、政治的に可能なことを決定するのだ。しかし政治的に可能なことは物理的に可能なことに対応するものではなく、したがってある意味では、目下において「不可能なことを要求」しているのは、資本の追従機構（サーヴォメカニズム）のエージェントたちであり、彼らの敵対者ではないのだと言える。この惑星を燃やすことなしに持続可能な資本主義が永遠に続いていくのだという幻想は、それ自体として完全に譫妄的なものでしかない。

　先週、資本主義リアリズムに対するさらなる洞察が、マルクス主義経済学者クリスティアン・マラッツィ（スイス、ルガーノ、南スイス応用科学芸術大学）によってもたらされた。ゴールドスミス大でおこなわれたその講演「金融、アテンション、情動」は、ポスト・フォーディズムの意味を——そしてそれが心理学、社会、神経組織に対してもたらす衝撃を——問いに付すものだった【註2】。クリスティアンはフォーディズムからポスト・フォーディズムへの転換を、一九七九年十月六日と正確に特定した。連邦準備制度理事会が金利を二十ポイント引き上げたことで、いま現在我々が慣れ親しんでいる「サプライサイド経済学」へと続く道を準備したのは、まさにその日のことだったのだ。金利の引き上げはインフレを抑止しただけではなく、生産と配分の手段を新たに組織することを可能にした。経済はもはや、生産に照らしてではなく、販売時点の側から組織されるものになったのである。フォーディズム的生産ラインの「堅固さ（リジディティ）」は、——見るたびにこんにちの労働者たちの背筋を寒からしめる言葉である——新たな「柔軟さ（フレキシビリティ）」に道を譲った。労働力の非正規化（ひいては臨時雇用の労働者たちの増加）と外注化をともなう、資本と労働の規制緩和が、ここで言う柔軟さ（フレキシビリティ）の特徴になる。

　こうした新たな条件は、労働環境のサイバネティクス化の増大を要求するものであるとともに、そこから生じたものでもある。フォーディズム的な工場は、おおまかにブルーカラーの労働とホワイトカラーの労働に分けられ、異なる種類の労働が、建物自体の構造によって区切られていた。経営者や監視官に見張られながら騒々しい環境で仕事をする労働者たちは、休憩やトイレや仕事終わりにしか、あるいはサボタージュのときにしか言語活動にアクセスできなかった。なぜなら、コミュニケーションは生産を妨げるものだったからだ。しかしポスト・フォーディズムのなかで、組み立てラインは「情報の流れ」へと変わり、人々は今や、コミュニケーションを取ることによって仕事をしている。ウィーナーが教えていたとおり、コミュニケーションと管理は互いに結びついているのである。

バロウズとフーコーに倣ってドゥルーズが「管理社会」と呼んだものは、以上のような条件のなかでその本領を発揮していく。労働と生は、もはや分離不可能なものになる。クリスティアンが述べていた通り、部分的に言えばこれは、労働自体が今やいくらか言語的なものになっているからであり、労働のあと、言語をロッカーに置いて帰ることが不可能だからだ。あなたが夢を見るとき、資本はあなたについてくる。時間は単線的であることをやめ、混沌とした点状のものになる。そして労働と流通が再編成されるにつれて、神経系も再編成されていく。「ジャスト・イン・タイム生産方式」を構成する一部分として効果的に機能するためには、不測の事態に対応する能力を高めなくてはならず、「プレカリティ」という忌まわしい新語が意味する通り、全面的な不安定という条件のなかで生きることを学ばなくてはならない。労働の期間と失業の期間は交互にやってくる。短期の仕事に雇用されることばかりが続き、将来の計画を立てることができないという事態が模範的なものになっていく。

こうした新たな労働形態がもたらす恐怖は明らかだが、一方で急務となるのは、左翼がその最も厄介な悪癖のひとつであるフォーディズムへのノスタルジーを捨てることである。クリスティアンが指摘するように、安定した労働形態の崩壊は、労働者たちの欲望によって引き起こされた部分がある――まったく当然のことだが、同じ工場で四十年働くことを望んでいないのは、他でもなく彼らなのである。多くの点で左翼は、フォーディズム的なルーティンから解放されるために資本がおこなってきた動員と代謝作用によって、誤った方向に歩を進めてきた状態から立ち直ることができないままできた。特にイギリスでは、伝統的な労働者階級の代表者たち――つまり様々な組織や労組のリーダーたち――は、フォーディズムをあまりに居心地のいいものと見なし過ぎてきた。それが持つ対抗関係の安定化作用によって彼らは、保証された役割を手にしていた。だがこのことは、ポスト・フォーディズム的資本の擁護者たちからすれば、自分たちをいとも簡単に現状に対する反対者として提示することができるということを意味していた。実際彼らは、労組のリーダーや政治家たちの目的には叶っているが、彼らが代表しているのだという階級の願いをまったく前に進めることはない、そうした実りのないイデオロギー的な対抗関係に「的外れ」なまま力を注ぎ、惰性的に組織されている労働のあり方に対して、いさましく立ち向かうことができた。そんなふうにして、新自由主義的な「歴史の終わり」のための、つまりサプライサイド経済学に対する「ポスト・イデオロギー」的なイデオロギー的正当化のための舞台が整えられていったわけである。対抗関係は今や、外的なかたちで階級ブロック間の対立のなかに位置づけられるものではなくなり、労働者たちの心理のなかに内的なかたちで位置づけられるものになった。労働者として彼らは、古式ゆかしい階級対立に興味を持っているが、しかし一方で年金基金に加入している者としては、投資を最大化することにも興味を持っている。特定可能な外部の敵はもはや存在しない。クリスティアンが忘れがたいイメージで表現したように、結果としてポスト・フォーディズム下の労働者たちは、「奴隷の家」を後にした『旧約聖書』のユダヤ人たちに似たものになる〔※エジプトで奴隷状態にあった民たちはモーセに率いられ脱出するも、約束の地にたどり着くまでに様々な困難に遭う〕。束縛から逃れ、そこに戻りたいとは願わないが、しかし砂漠に打ち捨てられたまま立ち尽くし、進むべき道がわからなくなっているわけだ。

個々人のなかで激化する心理的な葛藤——自分たち自身のもとで生じている戦争状態——は、犠牲者を出さずにはおかない。ポスト・フォーディズムの台頭がもたらしたひとつの隠れた——あるいは少なくとも自然なものと見なされている——帰結として、一七五〇年ごろから（すなわち産業資本主義のまさにそのはじまりの時点から）忍び寄るように静かに広がってきた精神疾患という「不可視の疫病」が、この二十年であらたに深刻なレヴェルに達したことが挙げられる。これは資本主義リアリズムがその構成上対処することができない、〈現実的なもの〉が持つもうひとつの次元である。

新しい労働党が、三期連続政権のごく早い段階から、あたかも給付を要求している大抵の人間が不正受給者であるかのように、就業不能給付金の対象から人々を除外することに専心したことは、いかにもそれにふさわしいふるまいだと言えるが、しかしそうした想定とは対照的に、就業不能給付金を要求している人々の大半——その数はゆうに二百万を超えている——が資本の犠牲者なのだと推測することは、何ら不合理なことではないように思われる。たとえば給付を要求する者たちのかなりの割合は、経済的に見る限り炭鉱業はもはや存続可能なものではないという資本主義リアリズムの主張の結果として、心理的にズタズタにされた人々である（とはいえ、経済学の枠内で考えてみても、納税者がそうした給付を負担することを踏まえるなら、「存続可能性」をめぐる議論はむしろ説得力のないものに見えるのだが）。多くの者たちはたんに、ポスト・フォーディズムという恐ろしく不安定な状況のもとに屈してしまっただけなのだ。

目下支配的なものになっている存在論は、精神疾患の社会的因果関係を認めていない。精神疾患を科学化し生物学化することは、言うまでもなく厳密にその脱政治化と対応している。精神疾患を個人に関わる化学的・生物学的な問題だと考えることは、資本主義にとって莫大な利益をもたらすことになる。第一にそれは、原子レヴェルでの個人化へと向かう資本の衝動を強化することになり（「あなたは脳の科学的な性質のために病気なのです」等々）、そして第二に、それによって、カネになる巨大な市場が生み出され、多国籍の「精神病マフィアたち」が怪しげな薬を売りさばくことができるようになる（「我々の抗うつ剤ならあなたを治すことができます」等々）。精神疾患が神経学をもとにしつつ具体的な例とともに説明されるものであることは言を俟たないが、しかしこのことは、その原因となるものについて何かを語るものではない。たとえばうつ病とは、確かにセロトニン濃度の低下によって生じるものだが、それを踏まえてなお、いったいなぜ特定の個人のセロトニン濃度が低下するのかということが説明される必要がある。

双極性障害の増加はとりわけ重要な事態である。講演のあとのディスカッションで、僕はクリスティアンに、そうしたかたちを取る精神疾患とシステムとしての資本主義の関係について尋ねてみた。絶え間ない好景気と不景気のサイクルをともなう資本主義それ自体が、根底的かつ非還元的なかたちで双極的なものであることは明らかである。資本主義は、加熱した躁状態（「沸きたつ思考(バブル)」の非合理な横溢）と、憂鬱(デプレッシヴ)な失望（「経済不況(デプレッション)」という言い方は偶然ではない）の間を、よろめきながら進んでいくことによって特徴づけられる。ある意味で他の社会システムには前例がないことだが（また厳密に言うなら資本主義は、専制国家や原始的な社会体(ソキウス)がそうであるような意味で、社会「構造」とは**言えない**ものだが）、資本主義は、人口集団の気分を糧にすると同時に、それを再生産する。譫妄や大胆さがなければ、資本は機能しえない。たまたまクリスティアンは、確かに自分も資本主義によって「心理的にぶちのめされた」人々と一緒に働いているのだと言い、彼らと話しているうちに、結局のところその多くが、実際に双極性障害を患っているのだとわかったのだという。いずれにせよ、資本主義による社会的な障害と個人的な障害の間に同形的な関係があることはおよそ否定しえないことであるはずだ。

生産額を超えている年間に六千億ドルというアメリカの消費額を「リアリスティック」なものだと見なすように誘われているなかで（そしてそれが、欧州の「リアリスティックではない」社会福祉プログラムとは対照的なものだと言われるなかで）、いったいどうしたら狂気が生じないことがあるというのか。間違いなく今、リアリストたちは狂っている。そしてその狂気は、「現実界(ザ・リアル)とは不可能なものだが、しかしそれは実際に起こる不可能なものなのだ」という〔※ラカン／ジジェクの〕スローガンが持つ力を、これまでになく明らかにしている。環境のカタストロフや精神疾患は、資本主義の巻きつくようなシミュレーションのなかで歪みとして現前する。それはありえないものだが、にもかかわらず根こそぎにすることはできない、同化不能な非連続性なのである。おそらくそうした否定的な〈現実的なもの〉の数々――ネオンに照らされた心という〈資本〉のショッピングモールを、実際にあるがままの姿で見ることを可能にするダークな影の数々――を補完するものは、肯定的な〈現実的なもの〉のなかに――つまり現在の状況のなかではまったく思いつきえないものだが、しかしそのなかに闖入し、すべてを定義しなおすような出来事のなかに――あるはずだ。

【註1】ヨハン・ハリ、「Don't be fooled: advanced and rational societies can commit environmental suicide」、『インディペンデント』(7 June 2005)、http://www.independent.co.uk/voices/commentators/johann-hari/johann-hari-dont-be-fooled-advancedand-rational-societies-can-commit-environmental-suicide-493371.html

【註2】クリスティアン・マラッツィは『資本と言語』(二〇〇一)と『現代経済の大転換』(一九九四)の著者。

彼らが抗議して、皆が参加したからといって、いったいそれで何になるというのか

——k-punk, (4 July 2005), http://k-punk.abstractdynamics.org/archives/005806.html

（本稿を修正し短縮したヴァージョンが後に『資本主義リアリズム』〈二〇〇九／ゼロ・ブックス〉第二章となる）

誰もが賛同する抗議とは、いったいどんな種類のものだろう。

もしまだ君が、土曜日に開催されたライヴ8【註1】で生まれていた鈍い満場一致の感覚を疑っていないとしたら、ロシアでショウがおこなわれたのは、プーチンがG8加盟国のなかでライヴ8を開催していない唯一の指導者になりたくなかったからに過ぎないのだという事実を考えてみるべきだ。この事実だけでも、ここ最近の支配的なエリート層と、エンターテイメント・ビジネス界のなかで表向きのところ彼らに敵対してみせている者たちの間にあるのが、共犯関係をはるかに超えたものであることがわかる。

ライヴ8は、ふたつの「リビドーに対する欺瞞」に支えられている。

ひとつ目はあからさまなものである。ライヴ8は、地政学的状況が織りなしている体系的で抽象的な性格を無視している。「ひとつの部屋に集まった八人の人間」が意志の力だけによって「歴史を変える」ことなどまったくありえないことである。またふたつ目として、誰もが知るそうした感傷的なこけおどしを超えたところで、ライヴ8は啓蒙されるべき二種類の主体が存在しているのだという幻想に依存してもいる。そのふたつとはつまり、

〈知らない主体〉（その「意識」を高めるべき主体）と、〈知ってはいるが気にしていない主体〉だ。だがこうした者たちは、いったい誰なのか。アフリカが絶望的に飢えているという事実に「気づかされる」必要がある人間とは、正確に言っていったい誰のことなのか。またブッシュが、彼個人として、アフリカの子供たちに飢餓をもたらすことを意図的に選択しているのだと本当に考えている人間など、彼のことを馬鹿なチンパンジーとして描くよくある安い風刺画に賛同している人たちの間でさえ、はたして本当にいるだろうか。さらに言えば、ブッシュに抗って拳を上げ、我々を注意してくるポップ・スターたちとブッシュ本人の間に、個人の道徳性のレヴェルで何か違いがあると本当に考えている人間など存在しているのだろうか。要するに、ある種の道徳的な分割線があるとして、ブッシュを一方の側に置き、エルトン・ジョンやドル札（dollar bill）・ゲイツをもう一方の側に置くことを、君は本当に望んでいるだろうか。

　ライヴ8が抗議の「堕落した」形式だというわけではない。反対にライヴ8とは、抗議の論理が最も純粋なかたちで明らかにされたものなのだ。六〇年代における抗議の衝動は、〈悪しき父〉を想定していた。全面的な享楽の「権利」を残酷かつ恣意的に否定する（とされる）、現実原則の兆しとしてのこの〈父〉は、際限なく資源に手をつける一方で、利己的に――そして無意味に――資源を溜めこんでもいる。だがしかし、そんなふうに表現された〈父〉のあり方に依存しているのは、資本主義ではなく抗議それ自体の方なのだ。言うまでもないことだが、そうしたイメージの心理学的な起源は、幼年期の最初期段階にある。ヒッピーたちの牧歌的なイメージや、「ダーティーな抗議」――大人たちの身だしなみに対する拒絶としての不潔さ――はいずれも、幼年期における「無際限な要求」に起源を持っている。幼児が〈父〉の全能を信じた結果として、あらゆる苦しみは〈父〉がそれを望みさえすれば排除されうるものなのだという信念が生まれたのだ（ライヴ8に即して言えば、あの八人が自分たちの要求を認めさえすれば、あらゆる貧困は永遠に取り除きうるというわけである！）。全面的な享楽の要求は、実際かなり無差別だ。反戦（「マ〜〜ン、えげつないぜ」）からフェスへの入場料徴集に対する反対の声（「よお、拝金主義者さん、そんなに厳しくしないでよ」）まで、抗議はどんなものにもなりうる。

ちなみに言っておくなら、最近のグローバル・エリート――社会民主主義者たち――の成功のひとつは、彼らが今若者たちに押しつけている「現実」が、六〇年代に自分たちが抗議していたときのそれよりも相当に厳しいものであるにもかかわらず、資源を溜めこんでいる〈父〉というイメージと同一化されることを回避しえていることからきている。この意味で、ブレアにとってブッシュは、神の恵みだと言える。というのも彼のおかげでブレアは、アメリキャピタル（Amerikapital）によるイドと超自我の忌まわしい融合によって生じているガラクタ(ジャンク)置き場(ヤード)の王であるブッシュがおこなっている猥雑な過剰さから見事に「譲歩を勝ちとった」、「真にリアリストな」社民的穏健派の代表というポーズを取ることができるのだから（この点でザ・バースデー・パーティを参照するのは意味のないことではない。不思議なことに彼らの一九八二年のアルバム『ジャンクヤード』は、クソなブッシュ〈Bushite〉のアメリカと、それが人々の幻想のなかで演じている役割の双方に対する、不気味なほど先見的な精神分析になっているように思われる――「ビッグ・ジーザス・オイル・キングはテキサスで、偉大で聖なる〈黄金〉の戦車を走らせる／天国の墓場から叫ぶ声／テキサスではアメリカ人たちの首が飛ぶだろう／親父の肉のように転がるだろう」〔※『ジャンクヤード』収録曲〝ビッグ・ジーザス・トラッシュ・キャン〟の歌詞〕……。

この点はふたつ目の欺瞞に関わっている。悪や無知を幻想上の〈他者〉のもとへと棄却することのなかで否認されているのは、自分たち自身が抑圧の惑星的なネットワークに加担しているということだ。資本主義とは、超抽象的で非人称的な構造であると**ともに**、僕たちが協力することなしには無でもあり、僕たちはこの**両方**を心に留めておく必要がある。僕が飽きることなくずっと主張していることだが、資本とは、それを最大限ゴシックなものとして描写することによってこそ、その最もありのままな姿で描かれることになるものなのだ。資本とは抽象的な寄生者であり、飽くことなき強欲なヴァンパイアであり、ゾンビ製造者なのだが、それが変化させる生きた肉は僕たちのそれであり、それが生み出すゾンビとは僕たちのことなのである。新自由主義と反人間主義というふたつの傾向を併せもった決定論者たちは（信じようが信じまいが、それらの立場が同じ人間のなかに同居することは前代未聞のことではなく、資本主義のイデオロギーが持つ本質的に矛盾した性格についてのマルクスの主張が間違っていなかったことを証明するものである）、資本の全面的な勝利は歴史的に避けがたいことなのだから、資本機械を構成する内実（ミート）（すなわち人間）が何であるかは重要ではないと主張するが、結局のところ彼らは、目的論的なマルクス主義を極めて終末論的なものとして繰り返しているだけにすぎない。

資本が僕たちに何を求めているかという問いには、経済学、精神分析、そしておそらく最も差し迫ったものとしては神学など、様々なレヴェルでの答えが必要になる。だがいずれにせよ、少なくとも現時点では、資本が僕たちの存在なしでやっていくことはできないことは明らかである。そしてだとしても、一方で僕たちは、資本なしでもやっていくことができる。寄生者は「わずかな意識的つながり」〔※『経済学批判要綱』「機械に関する断片」〕を必要とするが、僕たちは寄生者など必要としていない。また何より、機械の内実（ミート）が果たしている決定的な役割を無視するものである限り、そんなものはサイバネティクスとしてお粗末なものだと言える。いたるところで現実化していることだとはいえそれでも、人間という行為主体を否定することは、SF的なファンタジーなのだ。

だがそうした行為主体の存在を主張することは、何よりもまず、自分たちが欲望のレヴェルにおいて、資本という冷酷な肉挽き機（ミート・グラインダー）のなかに組みこまれているということを認めることを意味している。資本とはブッシュによって課されている何かなどではない。「蜜袋のなかのゴミ」〔※〝ジャンクヤード〟の歌詞〕に繋ぎとめられているのは僕たちであり、ビッグ・ジーザスのゴミ箱（Big Jesus Trashcan）へと戻って、自分たちをいい気分にさせるガラクタにまた一口食いついてしまう習慣をやめられないのは僕たちなのである。

また行為主体を主張することは、その――リビドー的、個人的、金銭的な――価格を上げることを意味してもいる。ライヴ8の舞台上で多方面の大金持ちたちが繰り返している、その場に足を運んだり、チャンネルを合わせたりするというただそれだけのことで、観客たちは今まさに「歴史を変えて」いるのだという主張は、あらゆる意味で行為主体を安くする。ナルシシスティックで独善的なスペクタクルに参加することは「何かをやること」ではない。よりにもよってだが、トニー・パーソンズは今日の『デイリー・ミラー』紙で非常にいい指摘をしている。三〇年代、四〇年代の世代は、ビング・クロスビーやシナトラが世界を変えるなどと期待していなかった――だがパーソンズが言うように、そうした世代のなかの多くは、物事を変えるためにリスクを冒したり、命を投げだしたりしていたのだった。

資本のマトリクスから撤退することは、これまで接続されていたプラグを引き抜くことを伴うが、そうしたプロセスは、快楽原則と現実原則に対応している神経系に苦痛をもたらすように感じられるはずである。ある意味においてそれは、安心感をもたらしていた〈悪しき父の姿〉という慰め役を手放すことであり、G8のリーダーたちは惑星中の悲惨をなくす法を定める力など持っていないこと、彼らは「岐路に立っている老人たち」であり、資本の主人ではなく、その肉人形なのだということに向きあうことを意味している。またある意味では、政治的なエリートとは結局のところ、僕たちの召使いにすぎないのだと言うこともできる。彼らが提供してくる悲惨なサーヴィスは、僕たちのリビドーの汚れを取り除くためのものであり、僕たちが否認している欲望を、あたかも僕たちとは何の関係もないものであるかのようにして、甲斐甲斐しくも改めて提示してみせるためのものなのである。いずれにせよ、もし資本の責任を負う者がいるとするなら、それはオイディプス王であり、つまりは僕たちなのだ（〔※ザ・バースデー・パーティのヴォーカルであるニック・〕ケイヴが喚きちらす通り、「オレは王様なんだ！」）。そう、君主としてのジャンキー、それこそが資本主義的な主権なのである）。ブッシュや他の連中が間違いなくその失敗の責任を負わせてくるだろう政治的な「現実」は、ただのイデオロギー的な煙幕などではない。その現実は――いざとなれば追加の税金を払わず、格安航空券や車の利用をやめず、自分や自分の家族の利益を損なうことになるなら、今まさにそこにある不平等や愚かさに立ちあがらず、一方でひとつの部屋のなかに集まった八人のぼけ役たちによってグローバルな危機が魔法のように解決されることを期待している――あのライヴ8の観客たちの欲望によって構成されているものなのだ。

ラカン主義の大きな利点は、〈幼児〉のパーティ（六〇年代の抗議する学生たちに対してラカンが述べた通り、「君たちは新しい主人を欲している、そして君たちは願いを叶えるだろう」）と、〈父〉のパーティ（〈象徴界〉を唯一の〈現実界〉として売りこもうとする経験主義の商人たち）をどちらもともに拒絶するところにある。もちろん〈不可能なもの〉が要求されなくてはならないが、しかしここでの〈不可能なもの〉は、それらのパーティによって与えられた定義に対応するものではない。そこで問題になるのは全面的な享楽ではなく、すべてでないもの（the not-all）であり、醒めた精神病であり、より少ない状態（lessness）なのだ……。

【註1】ライヴ8は、ボブ・ゲルドフが創始し共催した一連の慈善コンサートで、二〇〇五年七月二日に開催された。同コンサートはUKの〈貧困を過去のものに〉キャンペーンと〈貧困をなくすための行動への国際的呼びか

け〉を支援する目的で運営された。

ヒドラを退治すること

——k-punk,（11 July 2005）, http://k-punk.abstractdynamics.org/archives/005847.html

（本稿は二〇〇五年七月七日にロンドンで起こった自爆テロの直後に『k-punk』に書かれた二篇のうちの一篇。テロリストによる組織立った一連の攻撃で、朝のラッシュアワーにおける市の公共交通機関を標的にしていた）

マーベル・コミックの『ニック・フューリー——エージェント・オブ・シールド』のなかでは、スペクター〔※S.P.E.C.T.R.E.：ジェームズ・ボンドの敵組織〕のような犯罪とテロの国際的なネットワークが、ヒドラ（H.Y.D.R.A.）と呼ばれていた。そのスローガンは、「一本切っても、代わりに二本生えてくる」だった。土曜の『タイムズ』紙のなかで、テロリズムおよび政治暴力研究センター所長のポール・ウィルキンソンは、アル・カイダの「脱中心的なネットワーク」を「真のヒドラ」と表現しているが、ある種の敵に対して武力を行使することは、無効であるばかりか逆効果でもあるというヒドラの神話の教訓こそ、まさに「対テロ戦争」の指導者たちが今もまだ学びとってはいないものである。

アル・カイダというヒドラを育て、イギリス市民を前線に押しやったのは、あの馬鹿げた「対テロ戦争」に他ならない。そしてここでの問題はたんに——「対テロ戦争」によって今、欧米圏の生活が危険に晒されている、といったかたちで——因果関係に関わるだけではなく、概念のレヴェルにも関わっている。すなわち、欧米諸国の人々は今、「対テロ戦争」という発想それ自体によって、死へと向かうだけではなく、死を超えた戦争のなかに――つまり暴力が暴力を招く際限のない呪われたサイクルのなかに――積極的な戦闘員として分類しなおされることになったのだ。

だんだんとヒステリックなものになっている空爆推進派（プロ・ボミング）「左翼」（ＰＢＬ）の主張とは裏腹に、因果関係を指摘する議論は勝利している（ＰＢＬが議論することすら拒否しているさまはこのことの証左である。一丸となって今彼らは、アメリカとイギリスの外交政策と、木曜にロンドンで起きた出来事〔※アル・カイダによるいわゆる「ロンドン同時爆破テロ」〕を結びつけている明白な因果の鎖を指摘する者たちを嗜め、「遺体が埋葬される前の時点で」残虐行為を「政治化」することは品位に欠けるふるまいだと言ってそうした議論に難色を示している。そのような身ぶりによって彼らは、新たな帝国主義にもとづく「衝撃と畏怖」作戦を侮辱することは今回の爆破事件の被害者たちに対する敬意を欠くことであるかのようにふるまい、自分たちが書いているコラムは公平無私で中立的なものであり、政治的な分析よりも厳粛ぶった道徳こそが求められているかのようにふるまっている）。実際、イラクに対する爆撃がテロリズムを招きよせる役割を果たし続けているという主張はさほど大きな異論を呼ばない。『サンデー・タイムズ』紙に引用された外務省と内務省の調書は、知的な観察者であれば誰もがすでに知っていることを表明している。

> 若年層を含むイスラム教徒たちの幻滅を招いた要因のなかでも特に強く作用したのは、西欧諸国の諸政府、特にイギリスとアメリカにおける外交政策のなかに見出された「ダブル・スタンダード」にあると考えられる。要するにこれは、イギリスの外交政策のなかではチェチェン紛争やカシミール紛争に対して何の行動も

おこさないというかたちで示されていた受動的な「抑圧」が、「積極的な抑圧」へと取って代わったのだという認識である。イギリスのイスラム教徒の一部は、「対テロ戦争」や、イラクやアフガニスタンにおける戦争を、イスラム教徒全体に対して向けられたおこないだと見なしているのである【註1】。

『エコノミスト』誌でさえ、アル・カイダに対する「大規模な同調者グループ」の一部が、「イラク戦争以降、これまでとは段違いの動機」を持つことになるだろうと認めている（同誌はまた、次のように付け加えている。「ジョージ・ブッシュは折にふれ、イラクで苦戦している自軍にとって光明と言えるのは、少なくとも、西欧の敵たちの戦闘が、自分たちのホームではなく彼の地で繰り広げられていることだと主張していた。だがロンドンで起きた攻撃は、そうした見方が表面的であり誤ったものであることに気づかせるものだ【註2】」）。

しかし以上のように、アル・カイダとの戦いを「戦争」として分類しなおすことは、テロリズムを促進し、そのきっかけを生み、それに正当性を与えるもうひとつの要因であり、イラクやアフガニスタンで巻き起こした災禍に勝るとも劣らない要因だと言える。たとえば、かつてのイギリス政府は、ＩＲＡと「戦争状態にある」ことを認めなかった。そう主張していたのはＩＲＡの方だった。イギリスは戦争に従事しているのだと認めようとしないことによって、ＩＲＡはテロリストである（つまり**その定義から言って**、戦争の相手となるグループではない）という主張と同時に、彼らが民間人を攻撃することは、無関係な罪なき人々を襲う暴挙なのだという主張が可能になっていたわけである。だが、撞着的で馬鹿げた「対テロ戦争」なるものが信じこませようとしている通り、僕たちが**実際に戦争状態にあり**、「僕たち」は「僕たちの価値」のために戦っていて――木曜の出来事以降終わりなくそう言われている通り――「いつも通り自分たちの生活を続けていくこと」がそうした価値の表現なのだとしたら、確かに僕たちは皆ひとしく、「対テロ戦争」に徴用された兵士なのだということになる。サイモン・ジェンキンスが（やはり『サンデー・タイムズ』のなかで）言うように、「テロリズムに戦争という地位を与えたのはブレアに他ならない。敵の側がテロを戦争と見なすとしても、彼にはまったく反論の余地がない」のである。

ヨハン・ハリは――もちろん肯定的な意味でではないだろうが――、ロンドンでは、木曜の爆破事件はまるで自然災害であるかのように受け取られているのだと述べている。だが現時点において多くのメディアがおこなっているのはむしろ、先の爆破事件は**超自然的な**災害と見なすべきであり、説明できず、もっと言えば説明してはならないような、超越的な〈悪〉による行為だと見なすべきなのだという主張である。ブレアとブッシュはどちらもここぞとばかりに、世俗的な用語で考えられるべき脅威を神学的な言葉使いで表現している。そうした言葉使いはふたつの理由で危険なものだ。第一にそれは、アル・カイダの脅威を純化することに手を貸し、その拡散的なネットワークを超自然的な力に変えるからであり、そして第二に、アル・カイダが実際にもたらしている脅威に対するあらゆる分析を、その実態以上に困難なものに変えてしまうからだ。

イギリスのメディアの一部のなかで台頭しつつある新たな正統教義によれば、アル・カイダの登場に対して経済的なものにせよ、政治的なものにせよ、社会学的なものにせよ、何らかの説明を試みることは、その時点でほぼすべて、彼らの目的や方法に対する同調を表現することなのだと見なされる。サヴォナローラが（ブログで）指摘した通りだが、PBLなどの反動派は、木曜の事件の直後、「政治的」という言葉それ自体を誹謗中傷のたぐいだと見なそうとし、「政治」と思考が宙吊りにされたまま、何の熟考もなされない期間を――つまり自分たちの考える政治と無思考こそが、デフォルトの反応として押しつけられる期間を――必死になって生み出そうとしていた。

この種の議論の例として何より安易で馬鹿馬鹿しいのは、今日の『オブザーヴァー』紙に載り【註3】、当然のようにレーニンに罵倒された【註4】ニック・コーエンの記事だろう（ここで僕が「だろう」と断定を避けて言うのは、ジャーナリストたちがここ数日で生み出している大量のけたたましい愚鈍さや、感傷的な無意味や、感情的なポルノは今や、かつてないようなレヴェルで人を呆然とさせるものになっているからだ）。こうして今、あの爆破事件とメディアによる妖精の粉によって、ロンドン中心部の貪欲なホッブズ主義的地獄が生む悲惨な現実が——そこでは、自分より十秒早く地下鉄に乗らせるくらいなら、相手を思いきり殴りつける方が選ばれる——、まるで魔法にかけられたかのように、永遠に第二次大戦が続く負け犬イングランドの本質そのものへと変えられている。ジャーナリストたちは今、ミュージック・ホールの亡霊たちが響かせる「そりゃたぶん私がロンドンっ子（Londahner）だから」〔※デイヴィッド・ジョーンズ〝メイビー・イッツ・ビコーズ・アイム・ア・ロンドナー〟の歌詞〕のコーラスの音にあわせて、恥ずかしげもなくきらびやかな王や王妃（パーリー・キングズ・アンド・クィーンズ）のふりをしてみせ〔※華やかに着飾った庶民が慈善活動をするロンドン労働者階級の伝統文化〕、『メリー・ポピンズ』（一九六四）に出演したディック・ヴァン・ダイクのアクセント〔※下手で大げさなコックニー訛り〕のような説得力で、幻想のロンドンを言祝ぐ役割を担っている。そうしたロンドンが持つ「アガルマ」〔※ラカンの用語。ある対象の内部に存在しているように思われる断片的な一部分でありながら、その対象全体までを欲望させてしまうような魅力を放つもの〕、すなわちそれが持つ特別な宝は、今回のような惨事によって改めて確認される「英雄的犠牲者」という地位にこそある。我々は攻撃を受けている、だから我々は〈善〉でなくてはならない、という危険な論理が確立されているのだ。

アル・カイダに対する超自然化は、そうした戦略にとって決定的なものになっている。もし僕たちが〈善〉であるなら、僕たちを攻撃しようとしているのは分別を持たない〈悪〉に他ならず、非合理で嫉妬深い者以外ではありえない（当惑からくる自己誇大化というこうしたふるまいは――〈スパムを食い、手持ちの物でやりくりし、脚を失っても何の文句があるものか〉といった頑固な不屈さがロンドン空襲時代のイギリス人らしさにとって決定的なものであったのと同じように――アメリカ人のアイデンティティのある種のかたちにとって決定的なものになっている）。言うまでもないことだが、〈善き者〉としての我々というかたちで、攻撃されることによってその生来的な徳性が改めて確たるものになるような民族的な主体を立てることは、アル・カイダと9／11以降のアメリカの態度双方を構成している不可欠の要素になっている。軍事的な非対称性は、幻想上の対称性によって倍加される。お互いがお互いにとってのサタンになっているのである。

アル・カイダを（政治や社会や経済のではなく）神学の言葉で語ることは、彼らが用いている言説のあり方を反転したかたちで受け入れることである。そうした態度は、――デュルケム、マルクス、ウェーバー、ニーチェ、フロイトといった様々な者たちによって担われてきた――宗教に関する一九世紀から二〇世紀の社会心理学的研究によって残されてきた教訓のすべてが忘れ去られた、フォイエルバッハ以前、社会学以前の物の見方に戻ることを意味している。特定の宗教の一種が、複雑な因果関係をともなう社会学的、経済学的、心理学的な現象ではなく――ニック・コーエンの言葉を借りて言えば――「自律的な精神病的勢力」だと理解される場合、それに対して合理的な分析がなされる望みは、ア・プリオリに除外されることになる。不合理さが（そうした態度がつゆほども一貫性を持たない愚行だと、自分自身のなかでさえわかっているにもかかわらず）敵に対して投げかけられ、結果として、「唯一の選択肢」は軍事力なのだという発想が正当化されていく。

この点で中心的な役割を果たしているのは、「イスラムファシズム」という擬似概念の流布だ。イスラムファシズムなるものが存在しているという発想を無意味だと考える理由は数多くあるが、ここではふたつだけを挙げておこう。第一に、ファシズムとは常にナショナリズムと結びつくものだが、イスラム主義は、グローバル資本と同様、国民性を重視していない。イスラム主義の第一の忠誠は、グローバルな共同体(ウンマ)に向けられている。そして第二に、ファシズムとは国家に関わるものだが、タリバン政権下のアフガニスタンで確認された通り、イスラム主義は国家のモデルを持っていない。

PBLが用いる「ファシズム」という語から理解できるのは、それによって本当に本当に悪いことが名指されているということ以外ではなく(実に周到に定義されたカテゴリーもあったものである)、さもなければ、そう呼ばれている何によって自由が制限されているのかということでしかない。アル・カイダが好むイスラム主義という旗印は、その名のもとに確かに自由を制限しているかもしれないが、しかしそうした事態は必ずしも、ファシズムによる自由の制限と同じものではないし、同じ理由からもたらされているものでもない。

イスラム主義テロリズムに反対しようと思うなら――「サタンから目を離すな」といったような――茫漠とした否定的純化に与するのではなく、その独自性について慎重に考えをめぐらせるべきである。この週末にジョン・スティーヴンスが指摘していた通りだが、典型的なアル・カイダのテロリストがアフガニスタンの村からやって来て、そのままパラシュートで降りてきたとは考えにくい。居住者としてであれ国民としてであれ、彼らはそもそも西欧に住んでいる可能性が高い。推測する限りだが、アル・カイダに加入することは、彼らにとってまず間違いなく、自分たちのなかにある緊張を解消する機能を果たしているはずである。アル・カイダは学校やカレッジから兵士を集めているが、それは彼らが、男の思春期は沸きたつような混乱の時期であり、安易な揺るぎなさを渇望している時期なのだと認識するだけの鋭さを持っているからだ。熱狂的なジハード戦士にとって、バビロン的な資本主義の生み出す朦朧とした悲惨さのなかで暮らしている多感な若い男たちを説得し、真の〈悪〉はアル・カイダではなく、その敵の方なのだと信じこませることは、それほど難しいことではないはずである。

要するに、西洋の成功はイスラムの犠牲のもとに成し遂げられているのだという物語を説得的なものとして作りあげることは、何ら難しいことではないのだ。『サンデー・タイムズ』の報告によれば、イギリスにおいて「ムスリムは、国民全体の平均より三倍も失業する傾向が高く、その五十二パーセントが経済的に活発とは言えず(これはあらゆる信仰集団のうち最も高い数値である)、その十六パーセントが就業経験がないか長期間失業したままである。こうした事態の責任は、教育の欠如にある。ムスリムの四十三パーセントが何の資格も持っていないのである」。だがアル・カイダに集っているのは、貧しい者たちばかりではなく、貧しい者たちに代わって不正義の感覚に燃える人々でもある。

この文脈で、開いた口がふさがらないようなルドルフ・ジュリアーニの発言(サヴォナローラがずっと僕たちの注意を向けさせようとし続けてきたものだ)を思い出しておくべきだろう。「自由のなかで生きる者は常に、抑圧のなかで生きる者に勝る」というやつである。〈主人〉や〈勝者〉たちはかくのごとく語る……。ではいったい誰が抑圧された者のために語るのか。イスラム主義の台頭は、左翼の消滅と相関しているにちがいない。イスラム主義が不正義に対するムスリムたちの怒りを結集させるデフォルトの場になったのは、部分的にはアメリカのせいだと言える。よく知られている通りアメリカは、イスラム主義のジハード戦士たちに資金提供をおこなったのだから。目下アル・カイダに燃料を与えているエネルギーを吸収し、それが向かう方向を変えることができるのはコミュニズムのような何かしかない以上、僕としては、アメリカがイスラムのコミュニズムに資金を提供し、円環が完成する日を心待ちにしている。

【註1】ロバート・ウィネット&デイヴィッド・レパード、「Leaked No 10 dossier reveals Al Qaeda's British recruits」、『サンデー・タイムズ』(10 July 2005)、https://www.thetimes.co.uk/article/leaked-no-10-dossier-reveals-al-qaedas-british-recruits-9lpg68xw93r に引用された、イギリス外務・英連邦省/内務省による「Draft Report on Young Muslims and Extremism」(二〇〇四年四月)。

【註2】社説「London Under Attack」、『エコノミスト』(7 July 2005)、https://www.economist.com/node/4166694

【註3】ニック・コーエン、「Face up to the truth」、『ガーディアン』(10 July 2005)、https://www.theguardian.com/uk/2005/jul/10/july7.guardiancolumnists

【註4】リチャード・シーモア、「Nick Cohen's brains have turned to slush」、『Lenin's Tomb』(10 July 2005)、http://www.leninology.co.uk/2005/07/nick-cohens-brains-haveturned-to.html〔※リンク切れ〕

テロリズムの顔なき顔

——k-punk, (13 July 2005), http://k-punk.org/the-face-of-terrorism-without-a-face/

今や周知の通り、トニー・ブレアはイギリスに自爆による爆破事件をもたらした指導者である。

容疑者のひとりモハメド・サディーク・カーンの友人が——よりにもよって——『イヴニング・スタンダード』紙の取材に応じたことで、七月七日の出来事とイラクに対する爆撃や占領の間にある関連をめぐる疑念は、本日をもって解消されることになった。「この友人いわく、カーンとタンウィーアとフセインはともに育ち、『ムスリムの兄弟姉妹たちがイラクでアメリカから不当に扱われていることに対する怒りについて、頻繁に語り合っていた』のだという」

そこに驚きはない。また少なくともこのブログの読者なら、爆弾犯がイギリス人だったことにも驚きはないはずだ。欧州やアメリカの「専門家たち」は、今回の惨事は、移民や亡命に関してイギリスが採用してきた権威主義の足りないとされる政策のせいなのだと主張することで、——「ユーラビア（Eurabia）」に対するマーク・スタインのイスラム嫌悪的反感と響き合う立場である——多民族的な「ロンドニスタン」に対する自分たちの嫌悪感をどうにか隠しおおせてきたわけだが、そうした連中が掲げてきた人種差別的なアジェンダも、今や少なくともある程度は弱体化されることになった。バーキング地区において、爆破によって破壊された三十番線のバスの写真に「おそらく今こそ、国民党に耳を傾けるべきときだ」というキャプションを添えたビラを撒くという予想通りと言える行動によって、爆破事件から自分たちの政治資本になるものを引き出そうとしていたイギリス国民党〔※極右政党〕もまた、爆弾犯が中東ではなくリーズ出身だと判明したことで、世間から不興を買うことになった。とはいえもちろんこのニュースは、人種差別主義者たちによって別のかたちで利用される可能性を持ってもいる。いずれにせよ、これから数ヶ月の間、イギリスのなかでムスリムであることは容易ではないといったような発言は、起きている事態をグロテスクに過小評価することになる。沈静化を狙って持ち出される「真のムスリム」を云々する言葉は、誤解を招くだけではなく何の効果もないものだ。真のムスリムなど存在しない。他のあらゆる宗教と同様ムスリムとは、相対立する立場が生む激しい戦いの場であり、解釈の織物なのだから。預言者の言葉は、平和主義者に対してと同じだけ狂信者にたいしても慰めを与えるものなのだ。

政治家デイヴィッド・デイヴィスは先週の段階で、現代のテロリズムは「顔のないテロリズム」だと述べていた。しかし突如として今、テロリストたちは顔を持つことになった。しかしその顔は、多くの人間が期待し、あるいは望んでいた通り、ひとつではない。加害者の写真と被害者の写真を、いったい誰が区別できるだろう。殺人者たちの顔に「極悪非道な汚れ」のようなしるしは見当たらない。彼らは、民衆的な想像力が思い描いてきた、厳めしく攻撃的な「外人」ではない。彼らはスニーカーを履きジャージを着ていた。もちろん敬虔ではあったが、誰も彼らを狂信者だとは思っていなかった。彼らは社会的に機能不全なギークでさえなかった。誰の目から見ても彼らは世間に好かれていたし、クリケットをプレイしていた。彼らの生活には、欠けているところも、奪われている何かもなかった。

誰もが感じる疑問は、「どうして」であり、「なぜなのか」だろう。だがたまたま米軍や英軍に所属している似たような若い男で、ずっと多くの民間人を殺してきた男の写真を見たとき、それと同じような疑問が浮かぶのは当然とは言えないはずである。

テロリズムに対するブレア派の反対が、テロリズムが用いている手段に向かうことはありえない。というのもブレアもまた、相当数の民間人が殺されるのは、より大きな〈善〉のために受け入れることの可能な犠牲だと考えているからだ（この種の功利主義的な計算が常に直面する問題のひとつとして、そうした計算の最終的な結果となるわかりやすい到達点など存在しないことが挙げられる。だがすでに確認した通り、いずれにせよ木曜の事件は、明らかにイラクでの不幸な出来事の結果だと考えなくてはならない）。つまり両者の違いは、手段ではなくその目的にあるのだ。ブレアは自分は天使の側に身を置いていて、〈善〉を追求しているのであり、自分の敵こそが〈悪〉そのものなのだと、超自然的な確信を抱いている。だが問題は、両者がまったく同じように考えていることにこそある。

彼は、我々は戦争状態にあるのだと告げている。だが多くのムスリムたちにとって――とりわけ「狂った指導者(ムッラー)たち」ではなく、「普通」の背景を持った若い男たちにとって――正しさとは何であり、自身が身を置くべきただひとつの場所がどこなのかは、ブレアにとってと同じくらい明白なことなのだ。それは貧しく抑圧された者の側であり、行き過ぎた特権を持ち、大規模な武装をした者たちの側ではない。四人の人間に自らの命を差し出させ、そして他の人間の命を奪わせた激しい怒り、それは不正義に対する真っ当な感覚だった――だからどうか、彼らがやったことは「卑怯」だったなどとは言わないようにしよう。もちろんそれは「野蛮」ではある、だが「卑怯」ではない。はるかな高所からの爆撃というパウエル米国務長官のやり方ほど卑怯なものはおそらくどこにも存在しはしない。必要なのは、別の力によってそうした怒りが向かう先を変えることだ。抑圧に対してさらなる抑圧を対抗させるのではなく、激しい怒りを凶行に変えることのない別の力が必要なのである。

追記――BBC1の番組『ブレックファスト』。リーズの若いムスリムのグループ――まったく「狂信者」などではない――がレポーターに対して、イギリスで若者が過激派へと向かう主な要因はイラクだと答えている（レポーターは、彼らが明晰であり慎重でもあることを認めざるをえない）。彼らははっきりとした調子で、先週の木曜の出来事には衝撃を受けたし、その自爆犯たちについては留保なく非難するが、それでもやはり、イギリス・メディアのあからさまなダブル・スタンダードには怒りを覚えていると述べている。だが先週死んだ五十人――その死を、この若者たちは一切軽んじてはいない――は、イラクで死んでいる数千の人間よりもはるかに重要だと見なされているようだ（メディアがイラクの人々のために、サイモン・ジェンキンスが「悲しみのポルノグラフィ」と呼んだものに手を出したらいったいどうなるのかと考えてみたくなる。死んだ人間たち全員の背景を語る物語や写真があれば、世間の雰囲気が変わることもあるのだろうか？）。スタジオでは、『The Trouble with Islam Today（今日のイスラム問題）』（二〇〇三）の著者であるイルシャド・マンジが、イラクに先行して9／11があったのだというお決まりのセリフにすがって反論している。確かにその通りだが、イギリスでは先週までただの一度も自爆攻撃など存在しなかった。とはいえ、マンジの指摘には見るべきところもある。先日の記事（確か『イヴニング・スタンダード』に載ったもの）のなかで彼女は、教団の内部においてコーランのいくつかの部分は誤りでありうると認めることによって、新たなイスラム改革が必要なのだと論じ、「真のイスラム」をめぐる感傷的な世論から身をかわしていた。だがイスラムの自己批判を呼びかけることは、米英の「十字軍」政策こそが怒りと悲しみにまみれた軍隊を揺籃し、結果としてその種の改革が生じる可能性を著しく低下させているのだという認識と同時におこなわれるのでなくてはならない。

衒示的武力と害虫化

——k-punk, (2 August 2006), http://k-punk.abstractdynamics.org/archives/008166.html

逆説的なものである「対テロ戦争」は、ある種の意志された愚かさ、ご都合主義的な思考回路からくる意志された愚かさにもとづいている。古典的な定義によるなら、テロリストとはそもそも、戦争を起こす「正当な権限」を持たない者のことである。したがってそんなふうに「テロ」と「戦争」を結びつけることは、夢の作業にでも頼るのでない限り不可能なことだ。にもかかわらずふざけたことに、しばらく前から、テロリズムについての恐ろしいほど安易な新たな定義が通用し出していることは明らかである。テロリストをテロリストたらしめるのは、推定される正当な権限の欠如ではなく、彼らが持っている〈生来的な悪〉だとされる。一方で我々は存在論的に〈善〉であり、どんな行動を取るかは問題ではなく、自らの本性そのものによって〈善〉なのだとされる。我々は〈悪の枢軸〉を「穏健にするための同盟」に属している。だから子供たちでいっぱいの住宅を「たまたま」穏健な爆弾で根こそぎ破壊するとしても、この「我々」が穏健でなくなることはない。〈悪〉である彼らと〈善〉である我々の違いは言うまでもなく、その意図にある。テロリストたちは民間人を意図して狙っている。それが彼らの唯一の狙いである。なぜなら彼らは〈悪〉だからだ。一方で、我々がはるかに多くの民間人を殺しているとしても、我々はそれを意図しているわけではない、ゆえにこそ我々は、〈善〉であり続ける。

以上のようなご都合主義的な思考回路のリビドー的なルーツを見ようと思うなら、個々人の嗜好を超えた先で、過度に軍事化された国家の政治的な無意識に目を向けなくてはならない。このような国家は、武装した他の国家から脅威がもたらされた場合それに対処するように調整されており、ひいては、そうしたふるまいが今現在の地政学的状況に対応しているように装うことになる——つまりそれは、まずは自分たちを欺き、そしてそのうえで僕たちを欺こうとするのだ。コンドリーザ・ライス米国務長官のさも悲しげな芝居がどうであれ、アメリカがイスラエルによる空爆を非難する立場にいないことは言うまでもない。というのも、イスラエルによる爆撃は、すでにある「対テロ戦争」の脚本に忠実に従ったものだからだ。ヒズボラとの抗争は、ちょうどアル・カイダとの戦闘がアフガニスタンやイラクに対する戦争に変わっていったように、レバノンに暮らす人々やそのインフラの破壊へと転じていく。過度に軍事化された国家にとって、非対称性はひとつのアドヴァンテージとしか見なされない。我々は彼らよりもより多くの性能のいい武器を持っている、ゆえに我々は勝たなくてはならない、というわけである。

ここにある愚かさは明白なものだが、同時に多層的なものである。何よりもまずそれは、知性を文字通りに遮断し、抑圧することになる。テロリズムは知性ではなく、武力で応対する問題なのだとされるのである。テロリスト・グループを首尾よく壊滅させることは本来、長期にわたる仕事であり、ときに手を汚さざるをえないことであり、何より、内密に、不可視のままおこなわれることだ。しかし「対テロ戦争」は、本質的かつ不可避的にスペクタクル的なものになっている。こうした事態は、9／11以後の軍産エンターテイメント複合体が要求するものから生じている。つまり国家はもはや何かをするだけでは十分ではなく、何かをしているように見える必要があるのだ。その際のテンプレートとなるのは第一次湾岸戦争だが、ジャン・ボードリヤールやポール・ヴィリリオが気づいていた通りそれは、メディア化の論理をもってはじめて理解されるものだった。第一次湾岸戦争は、より進化したテクノロジーを用い、絨毯爆撃が産業的な効果を生み出すような、ヴィデオ・ゲーム的砂漠地帯を舞台にして、ベトナムを改めて撮り直すような試みとして構想された。それこそが、軍産エンターテイメント複合体が好む非対称性のあり方なのだ。つまり、被害者がまったく出ないのである（もちろん、こちら側には、という話だが）。

以上のような、ソースティン・ヴェブレン〔※彼が『有閑階級の論理』（一八九九）のなかで述べた「衒示的」な――つまり見せびらかすための――消費という概念〕を踏まえて衒示的武力とでも呼んでおくべきものが行使されるためには、もうひとつの愚かさが前提にされる。その愚かさとはつまり、敵の害虫化だ。第一次湾岸戦争が生じる前の段階でヴィリリオは、ジェームズ・キャメロンの『エイリアン2』（一九八六）のなかには、害虫化の理論が仔細に展開されているのだと見なした。そのなかでは、「機械仕掛けのような俳優たちが二元論的な戦闘をおこなう。そうした戦闘のなかにおける敵は、もはや相手にするべき何者かではなく、つまり事情はどうあれ、敬意を払うべき自分と同等の被造物ではなく、分析するよりも駆除させることがふさわしい、名状しがたい何かとのマニ教的な戦闘を繰り広げている」。不吉にも予見的なことにヴィリリオは、『エイリアン2』のなかでは、「家族」に対して攻撃することが、「新植民地主義的な介入の基礎」を形成しているのだと指摘している。群れをなし、こちらよりもはるかに速く繁殖する唾棄すべきそのラヴクラフト的な何かは、「畏怖すべき外見もその軍事的な実行力」のうちだと見なされる機械の数々によって対処されるべきものなのである。まさに衝撃と畏怖というわけだ。

『エイリアン2』という映画は、軍産エンターテイメント複合体という新たな形態が可視的なものになった瞬間を捉えたものだった。ヴィリリオは、『エイリアン2』において軍用ハードウェアが特権視されたことは、「最終的にその映画は絶滅し、強固な軍国主義者向け映画の予告編にその地位が完全に奪取されることになったのではないか」と述べている。確かに映画の座は――人を失神させるようなその譫妄的イメージにおいて、セガやソニーやCNNが用いているのと同じ技術が用いられている現代の戦争と地続きなものと化している――シューティング・ゲームに奪われてしまった。戦争は今や本質的にメディア化されているのだと主張するボードリヤールやヴィリリオを批判している「リアリストたち」は、他でもなく強力な現実化作用（ハイパーリアリゼーション）こそが、大量のリアルな死の生産を可能にしているのだという点を見逃している。

害虫化は、敵を説得などありえず、叩き潰すしかない人間以下の何かの群れに変えるだけではない。同時にそれは、「我々」をそのむかむかするような、侵略型な行為主体の犠牲者にする。ヴィリリオが鋭く観察している通り、『エイリアン2』それ自体が、見る者に「どこかテロリストの攻撃のような」作用を及ぼしてくるものだった。「女性や子供は、取り返しのつかない状況を、癒しがたい憎しみを作り出すために惨殺される。少女の犠牲者の存在は、虐殺の狂気を受け入れさせるため以上の演劇的価値を持っていない……」

「我々」には無意味に殺される「家族」がいるが、しかし害虫たちには記憶もなければ動機もない。彼らは何も考えず、自動的に行動している。彼らを駆逐することは、あくまでも実践的な問題である。つまり単純に、巣を見つけ出すこと、ふさわしい武器を用いることが重要なのだ。こうした思考をヒズボラやその他のグループに適用することは、当然恐ろしい人種差別主義だが、同時にそれは戦略として驚くほど杜撰なものでもあり、それがどのようなかたちを取るものであれ、テロリズムというものをまったく理解していないことを意味している。すべてのインフラを破壊し、工作員を皆殺しにしたとしても、さらなる残虐さのイメージを生み出すことにしかならない。そしてそうしたイメージは、破壊不能で永遠に反復可能な情動の貯蔵庫と化し、たえず反応を要求し、（大抵の場合完全に正当化された）報復を生み出すことによって、他の何にも増してテロを強化し、増幅するものとして機能することになるのである。

私の人生、私のカード
——アメックス・レッド・キャンペーンについての注解

——k-punk, any-body.orgについてのコメント（4 September 2006), http://www.any-body.org/anybody_vent/2006/9/4/my-card-my-life-your-comments.html　アメックス・レッドの広告キャンペーンのイメージはこのウェブページで見ることができる。

現在おこなわれているアメリカン・エキスプレス・レッドの広告キャンペーン【註1】は、ロラン・バルトが『神話作用』（一九五七）で先鞭をつけた複雑な記号学的解剖を呼びかけている。幸せそうに微笑むスーパーモデルのジゼルが、やはり幸せそうに微笑むマサイ族の戦士ケセメを抱きしめているその広告は、目下支配的なものになっているイデオロギーの簡潔な標章だと言える。

文化と自然、消費主義と負債、独立と依存——たとえばそうした観念を喚起するそのイメージは、明らかに数多くの記号的な共鳴で溢れ返っている。そこには、記号学者たちを何年も飽きさせないだけのものが存在している。

だがその中心にある対立——「私のカード」対「私の人生」——は、それが意図している以上のことを述べている〔※当該図像では、それぞれジゼルの側に「私のカード」、ケセメの側に「私の人生」という文字が添えられている〕。第一世界は換喩的にプラスチックのカードによって表象される一方で、生なき資本が西洋文化から抹消したあらゆる「自然な」生命力を象徴化することは第三世界に委ねられているわけである。西洋の女性は（人工的で表面的な）文化と等しく、アフリカ人の男性は生ある文化に等しい。実際、「私の人生」の文字をクリックすると、ステレオタイプ的に表現された「誇り高く、厳として（中略）独立した東ケニアのマサイ族」が、「アフリカの威厳、勇敢さ、息を呑むような美しさ」を体現するという役割を演じさせられている様子が見られる。彼らの文化は無理矢理押しつぶされ、自然へと変えられているのだ。

スラヴォイ・ジジェクが論じるところによるなら、今の資本主義イデオロギーの支配的な形式は、彼が「リベラル・コミュニズム」と呼んでいるもの――ビル・ゲイツやジョージ・ソロスといった度を超えて成功した資本主義者による慈善的な贈与がその具体例となる――なのだという。ジジェクは以下のように論じている。

リベラル・コミュニズムによるなら、容赦のない利益の追求は、慈善によって打ち消されることになる。慈善はゲームの一部であり、根底にある経済的搾取を隠す人道主義的な仮面である。開発済みの国家は（様々な援助や債券などによって）定期的に未開発の国家を「援助する」が、そうすることによって重要な問題を――つまり彼らが第三世界の悲惨な状況に加担し、その責任を負っているという問題を――避けているのである【註2】。

以上がジゼルとケセメの抱擁が持つ真の意味だ。グローバル資本主義下において、第一世界と第三世界の関係が、双方の勝利をもたらすような対称性のもとにある相乗効果を生み出すことは決してありえない。そこには常に、片方がいつも敗北を運命づけられている構造的な不平等のシステムが存在しているのである。

だがプロダクト・レッド〔※原註1参照〕という試みそれ自体は、ジジェクのいうリベラル・コミュニズムからさらに一歩進んだものだと言える。リベラル・コミュニズムとは要するに、搾取をその後の慈善行為によって埋め合わせるもので、実際のところ旧来の博愛主義にすぎない。反対にレッドの場合、消費という行為は、その時点で即座に善意あるものとして示されることになる。一月に開かれたプロダクト・レッドの立ち上げ発表会の席で、最も著名なその支持者であるボノ【註3】は、この新しいアプローチがいかに博愛主義とは異なるかを強調している。ボノはそこで、「博愛主義は手に手を取りあうヒッピー音楽のようなものだ」としつつ、「レッドはもっとパンク・ロックやヒップホップみたいなもので、ハードな取引だと感じるべきなんだ」と述べている（ここで彼がパンク・ロックを引き合いに出している理由はわかりかねるが——おおかた『ザ・グレート・ロックンロール・スウィンドル』（一九八〇）のことでも考えているのだろう——、ヒップホップに言及していることは、ことによるとそのジャンルに対する、これまでなされてきたなかでも最も残酷な告発だと言えるかもしれない）。

ここで僕たちが出会っているのは、後期資本主義の文化の際立った特徴である、残忍なシニシズムと純粋無垢さの奇妙な混合体だ。ビルボードに踊るアメリカン・エキスプレスの広告は、「このカードはアフリカにおけるエイズをなくすために作られたものです」と告げてくる。ここで僕たちが、そんなことは明らかにナンセンスだと片付けるとしても——実際どれだけ馬鹿正直な消費者でも、そのカードがアメリカン・エキスプレスの利益を増大させるために作られていることには気づかざるをえないはずである——、それが持つイデオロギー的な恫喝——すなわち、エイズに対する闘いを支援しているような何かが、間違ったものであるはずはないという恫喝——はあくまで持続し続けるのである。

その理由のひとつは、すでに触れた通りだ。つまりこのようなキャンペーンは、西洋の資本と第三世界の関係が体系的に抱えている性格を覆い隠し、それを神秘化するものなのである。絵に描いたように「伝統的」なマサイの戦士のイメージは、一見した限りでのその魅力によって、西洋の諸制度がいかに第三世界の負債から利益を引き出しているかを忘れさせる。ジジェクの言葉によるなら、同時にまたそれは、「規律化されヒエラルキー化された労働や環境汚染といった、(必然的に生じる)生産のダーク・サイドを、『非スマート』な第三世界の場に輸出する」という資本の試みを、フォトショップで編集したかのように消し去ってしまうことにもなる。

上記に関連したもうひとつの理由としては、プロダクト・レッドが政治というものそのものの抹消を約束していることが挙げられる。クレジット・カード利用者たちの見えざる手が、アフリカにおけるエイズ問題を改善しうるのであれば、その問題に対する政治的な対応などまったく必要ないことになる。アメリカン・エキスプレスのジョン・ヘイズが「コンシャスな取引」と呼んでいるものがあれば十分であることになるのだ。そんなふうにしてプロダクト・レッドは、マサイ族の男性をアメリカン・エキスプレスの宣伝に使うだけでなく、彼のことを、新自由主義的イデオロギーそれ自体を売り込むためにも利用しているのである。

【註1】プロダクト・レッドは(RED)が所有するライセンス・ブランドで、アフリカの八か国におけるHIV/エイズ撲滅のための意識向上と金銭的援助に民間部門を巻きこむことを目標としている。二〇〇六年にアメリカン・エキスプレスは、利用金額の一パーセントが世界エイズ・結核・マラリア対策基金に寄付される、アメックス・レッド・カードを売り出した。

【註2】スラヴォイ・ジジェク、「Nobody has to be vile」、『ロンドン・レヴュー・オブブックス』第二十八巻第七号(6 April 2006)、http://www.lrb.co.uk/v28/n07/ziseise01_.html〔※現在のリンクはhttps://www.lrb.co.uk/thepaper/v28/n07/slavoj-zizek/nobody-has-to-be-vile〕

【註3】http://news.bbc.co.uk/1/hi/business/4650024.stm 参照。

グレート・ブリンドン・クラブ・スウィンドル

――k-punk, (22 October 2010), http://k-punk.abstractdynamics.org/archives/011707.html

「我々全員がこの状況を共にしている」〔※ブログではこの文言の上にブリンドン・クラブ＝オックスフォード大学生内の上流階級のみ入れる秘密の会員制クラブの集合写真がある。メンバーには若きキャメロンとボリス・ジョンソンがいる〕

資本主義リアリズムはどこにでもあるものだ……。昨日の朝のＴＶでは、専門家たちからも街の声からも――予算削減が取っている特定の形態を拒絶する者たちの大半からでさえ――「いずれにせよ、何かがなされなくてはならならなかったのだ」という容赦のないメッセージが湧き上がっていた。ブリンドン・クラブによる大いなる詐欺は、息を呑むようなその大胆さのあまりほとんど感嘆しそうになるほどに大規模な窃盗であり、ペテンだと言える。ブリンドン・クラブはこれまで、巨額の赤字の責任は銀行に対する緊急援助にあるのではなく、新労働党の政策にあるのだという馬鹿げた主張をマントラのように繰り返すことで、その二枚舌的思考を限界を超えた先まで推し進めてきた。彼らの戦略は、反復というものが持つ発話内行為の力を利用するものであるように見える。つまり彼らがそう言い続ければ、それは真実だったことになる。ブリンドン・ボーイズは集団的な催眠トリックを用い、経済破綻の直後、全国民がまだ一種のトランス状態にあるなかで、ショックドクトリン的な施策を強行している。新自由主義者たちは以前まで、彼らのいう「改革」へと一足飛びに向かう機会として、他の政治システム（国家社会主義や社会民主主義）のなかでの危機を利用していたが、しかし今回の場合彼らは、新自由主義的なプログラムを生き返らせるための電気ショックとして、新自由主義政策そのものによってもたらされた危機を利用している。ＴＶではひとりの道化が、「私たちはこの十年間現実から目を背けてきた」と言っていた。もし現実否定があったとしたら、それはこの二年の間に起きてきたことであり、しかもそれは、新自由主義者たちやその友人のビジネス・エリートたちの側でおこなわれたことである。有無を言わさぬ脅しのもとで前代未聞の額の公的資金を要求したあとになって、彼らは今、自分たちこそ納税者の味方であり、この国を「崩壊寸前」まで追いやったたかり屋は自分たちではなく、社会保障の受給者たちなのだという物語を平然と売り歩き続けているのだから。英国議会史のなかでも間違いなく最も驚くべきものである、以上のようなおとり商法的詐欺がまかりとおるなかで、新自由主義的な政策の犠牲者たち——公共サーヴィスと貧困層——は今、そうした政策の一目瞭然かつ全面的な失敗のツケを払うように請われている（というよりもそれを強制されている）。ジョン・グレイが『ロンドン・レヴュー・オブ・ブックス』で論じている通り【註1】、（チャイナ・ミエヴィルの忘れがたい描写によれば【註2】）「狼の目をしたレプリカント」である自由民主党党首／副首相ニック・クレッグのような連中が、自分たちの党に課したのと同じ新自由主義的プログラムを、嬉々としてこの国に課しているのは何ら驚くべきことではないだろうが、しかしそれにしても、いったいこれまで、今の自由民主党ほど徹底的かつ迅速に自分たちに投票した者たちの善意を食いつぶした政党が存在しただろうか。あの優しげなヴィンス・ケーブル貿易・産業相が薄ら笑いとともに語った学費問題からの撤退の言い訳は、資本主義リアリズムがいったいどんなものであるのかを見事に教えてくれるものだった。実質的に彼が述べていたのは次のようなことだった。「まあ権力の座に就いたらこういうふうになるもんだ——自分の原則なんか手放すわけさ」（ケーブルはどんどんと今、ジョン・グリシャムの法廷映画の悪役に似てきている。そうした人物は大抵、一見して好々爺然とした黒幕で、その魅力によって人を仲間に引き入れるのだが、最後には横領に手を染めた邪悪な詐欺師であることが明らかになるのである)。

ここ数ヶ月の間僕たちはずっと、公共サーヴィスは「肥大化」したのだという物語を売りつけられてきた。確かに、新労働党が公共サーヴィスの運営を誤り――ビジネスの世界から引き入れた経営者たちやスターリン主義的な市場管理人たちによって、あるいは馬鹿馬鹿しいほど高騰している一般開業医の給与などへの支払いによって――予算を無駄にしたことは間違いない。だが公共部門に過剰な予算が投入されているのだという語りは、この十年のあいだ実際に最前線で公共サーヴィスを提供してきた僕たちからすれば、認知的な不調和を感じざるをえないものだ。というのも僕たちは、より少ない資金と資源で、より多くの仕事をこなすように期待されてきたのだから。近過去がよい時代だったのだとして、事態がそれ以上悪くなるのだと考えると、まったく戦慄するしかない。ちなみに、ここ一ヶ月なぜ数えるほどしかこのブログへの投稿がなかったのかと思われるかもしれないが、それは僕が非正規の講師として、新自由主義的な「改革」によって崩壊寸前まで追いやられている制度のなかで働くことで生計を立てようとしていたからだ。予算削減はさらなる非正規化を意味するだろうし、僕が属しているような制度の場合、ともかくそうすることに存続の是非がかかることになる。

だがブリンドン・クラブによる詐欺のなかでも最も唖然とするのは、シェイマス・ミルンが正しくも「本末転倒」だと表現した【註3】、「我々全員がこの状況を共にしている」というスローガンだ。僕たちが今目にしているのは、新自由主義的な管理経営主義という仮面をつけた資本のターミネーターが壊れていく姿であり、「大きな社会」(ヴィクトリア朝2・0)〔※本書四一一頁参照〕という企みに説得されている者など誰もいない。特権を持った連中は何の不自由も感じさせないたるみきったその顔を今や堂々と衆目に晒しつつ、中途半端なかたちで高貴な者の務め(ノブレス・オブリージュ)を垂れ流しているが、実際のところそこには、何の義務の感覚もありはしない。生き残っているのは純粋なイデオロギー的反射作用であり、もはや仮面を取り去っているターミネーターは、公共サーヴィスや福祉や芸術といったいつも通りの標的目掛け、やみくもに銃を撃ちまくっている。民間経済学的な偽りの知恵（「家計が火の車なら、手元に置いておきたいものでも手放すのは当然のことだ」等々）が、そうしたイデオロギー的な攻撃に煙幕を与えている。神話や意図的に培われた誤解が、いたるところに蔓延っている。そこで飛び交うレトリックを総合して判断する限りで、教育や芸術は、実際は非常に成功している「ビジネス」として機能しているにもかかわらず、経済支出をかさませている存在に思えてしまうだろう。

　だが肝心なのは、以上のような状況はむしろ左派にとって好機なのだと認識することだ。労働党は現状何の答えも持っていないというローリー・ペニーは確かに正しい【註4】。だが労働党が今のところアジェンダを欠いているということは、ふたつの理由で良いことだと考えられる。まず第一に、少なくともそれは、過去十五年にわたって労働党によって定義されてきた、管理経営主義的で新自由主義的なアジェンダが見失われているということを意味している。新労働党の路線から脱却するプロセスにはしばらく時間がかかるだろうが、エド・ミリバンドが指導者であれば、彼の兄のデイヴィッド・ミリバンドが舵取りしていたときよりもはるかに速く進むはずである（この点で僕たちは、おそらくヒラリー・クリントンに気に入られていたという理由なのだろうが、メディアのなかでは失われた偉大なリーダーだとか、世界史的な政治家だとかと紹介されていたデイヴィッドが、今やすっかり忘れられた人物になっていることに注意しておくべきだ。メディアのメロドラマ的な語りのなかでは、デイヴィッドが政界の最前線を去ったことは、労働党が回復に何年も費やすだろう傷口だとされていた——だがそんなことはとても事実とはいえないように見える）。そして第二に、ブレア以後、ブラウン以後の労働党が抜け殻のようなものになっているという事実は、少なくともそこに、新たなアイデアや戦略で埋められると考えられる空白が存在しているということを意味している。この十五年のうちではじめて今、労働党の未来が決定されていないのである。ここで思い出しておくべきなのは、労働党の失敗、その資本主義リアリズムへの屈服は、たんに党内部における論理の帰結ではないということだ。そもそも労働党を生み出したのは、議会外の諸力だった。新労働党の時代になり、労働党を気弱な妥協的態度へと向かわせたのは、そうした諸力の敗北だったのだ。労働党が再びゾンビ政党以外の何かになるとしたらそれは、新たな形態の議会外組織によって労働党が蘇ることによってなされるはずである。

だからこそ、間違いなく今僕たちは、資本主義リアリズムの左翼版に、つまりブリンドン・クラブの強気さの相補物である敗北主義に傾いている場合ではないのだ。今こそ組織化し、強く世論に訴えるべきときなのだ。予算削減は、実際に成功しうる反資本主義キャンペーンのための活発な焦点を提供しうる。こうした状況のなかでの抗議に、反資本主義的なものについてまわる「盛りあがって（フィールグッド）盛りさがるだけ（フィールバッド）」の祝祭や囲い込み（ケトル）が生み出す、思いあがっているだけの無力さはないはずである。厳しい闘いにはなるだろう。だがそこには、具体的で明確な目標が、達成しうる勝利可能な目標がある。資本という巨人に豆鉄砲を食らわせることが問題になるわけではない。

世界初の資本主義国であるイギリスは、周知のとおり無感動、無関心、そして反射的な無力感の世界的な中心地だと言える。だが同時にイギリスは、定期的に激しい怒りを爆発させる国でもある。目下のイデオロギー的トランス状態のもとで、資本主義リアリズムによる希望のなさのもとで、改めて今そこでは、怒りが煮えたぎっている。その焦点を合わせ、調整をおこなうのが僕たちの務めなのだ。激しい怒りを公的に見せつけることは、今のところは資本主義リアリズムに支配されている象徴的な領域を転換させるのに、並外れて重要な役割を果たすことになる。もちろん、現在と第一次サッチャー政権の初期の段階との間に並行性を見いだす者たちがいることは、僕も承知している。だが以下のとおり、サッチャーには、ブリンドン・ボーイズにはない要因が数多く備わっていた。

第一に、サッチャリズムは、より広い世界規模での資本主義再編プロセスの一部をなすものだった。つまり歴史の客観的な潮目は、サッチャリズムの方にあったのだ。しかし今現在グローバルな資本は、銀行の危機を導いた諸問題に対する解決策を見出してはいない。

第二に、そうしたフォーディズムからポスト・フォーディズムへの移行によってサッチャーは、かつては国有化されていた企業を叩き売りし、公営住宅を売り払うなど、今ではもう繰り返すことが不可能な誘因を提示することができた。国営化されていた企業はとっくの昔に売り払われ、民間のものになったあとも、ほとんどの場合約束していた顧客満足度の上昇を達成できなかった。だが、にもかかわらずそれらは、その株式を保有している者たちには確実に莫大な利益をもたらすことになった。一方で今の僕たちを待ちうけているのは、エネルギー料金の上昇と、電車料金の高騰である。売りに出せる公営住宅など、もはや存在しない。実際のところこんにち連立政権は、公営住宅の家賃を引き上げ、その入居期間を五年に制限することによって、この国の社会住宅制度を、事実上永遠に終わらせようとしている。

第三に、言うまでもなくフォークランド紛争があった。だが軍隊がボロボロになるまで擦りきれてしまっている今、改めてそうした新植民地主義的な干渉をおこなうための資源はいったいどこにあるだろうか。またそうした侵略的な排外主義政策がありえたとしても、果たしてそれは、一九八二年に機能したのと同じように、二〇一〇年にも機能するだろうか。

第四に、サッチャー本人がいたことが挙げられる。軋轢は招くにしろカリスマ的な政治家だった彼女は、自分は左翼の既得権益と戦っているだけではなく、英国の因襲的社会のなかにおけるそれとも戦っているのだと、さももっともらしく示すことができた。目下の保守党政権にそうしたアドヴァンテージはなく、当人たちは認めないにせよ、新自由主義的な右派たちは一般に、未来をコントロールする力を失っている。ここ最近、『イヴニング・スタンダード』のなかでアン・マケルヴォイは、エド・ミリバンドを評して、「時代遅れの社民主義者」だと述べていた。だがマケルヴォイはここで、いったいどの立場から語っているのだろうか。何とかして二〇〇八年の世界金融危機などなかったかのように話を進めている大半の主流派メディアと同様マケルヴォイは、もはや正当性を持たない政治的な「中道」という神話に必死にしがみつこうとしているが、銀行に対する救済措置以降、新自由主義的な秩序は、社会民主主義と同じだけ廃れたものになっている。

「我々全員がこの状況を共にしている」というスローガンは、「労働党は機能していない（レイバー・イズント・ワーキング）」という言葉〔※一九七八年に保守党が用いたキャンペーンのフレーズ。七九年のサッチャーの勝利にも功を奏したとされる〕がある世代の労働党について回ったように、保守党に取り憑くことになるかもしれない。大学に行っていないジョン・メージャーや、（左派的な）ポスト政治的行政の看板であるトニー・ブレアが前面に出ていたときには、階級などないのだという言い方が説得力を持つこともあっただろう。だがそうした時期はとっくに過ぎ、貴族や大金持ちからなる内閣によって強行された目下のような予算削減は、新労働党が見えづらくしていた階級的な反目を残酷なまでに明らかなものにしている。支配階級が「我々はみんな同じ側にいる」と伝えてくるのは、それがどんなときであれ、僕たちには彼らに打撃を与えることができるのだということの、確かなしるしだと言える。同様に、今のメディアの組合嫌悪は、この時代に組合が持っている力のあらわれである。歴史は再びはじまっている。つまり何も決まっておらず、保証されているものは何もない。右翼の勝利が必然になるのは、僕たちがそう考える限りでのことでしかないのである。

【註1】ジョン・グレイ、「Progressive, like the 1980s」、『ロンドン・レヴュー・オブ・ブックス』第三十二巻第二十号（21 October 2010）、https://www.lrb.co.uk/v32/n20/john-gray/progressive-like-the-1980s

【註2】チャイナ・ミエヴィル、「Letter to a progressive Liberal Democrat」（21 October 2010）、http://chinamieville.net/post/1361955242/letter-to-a-progressive-liberal-democrat〔※リンク切れ〕

【註3】シェイマス・ミルン、「The Bullingdon boys want to finish what Thatcher began」、『ガーディアン』（20 October 2010）、https://www.theguardian.com/commentisfree/2010/oct/20/bullingdon-boys-want-to-finish-what-thatcher-began

【註4】ローリー・ペニー、「Labour let us down yesterday」、『ニュー・ステイツマン』（21 October 2010）、https://www.newstatesman.com/blogs/laurie-penny/2010/10/labour-partyanswers-today

ストレスの民営化

――初出は『サウンディングズ』第四十八号「ザ・ネオリベラル・レヴォリューション」二〇一一年夏、『ニュー・レフト・プロジェクト』のウェブサイトに再掲（7 September 2011）、http://www.newleftproject.org/index.php/site/article_comments/the_privatisation_of_stress

アイヴァー・サウスウッドは、派遣会社から直前に言い渡される短期契約の仕事に頼りながら不完全雇用者として暮らしていたなかで、ある朝スーパーに出かけてしまうというミスを犯した顛末について語っている【註1】。彼が家に戻ると、派遣会社からその日の仕事を依頼する留守番電話が入っていた。だが電話をかけなおすと彼は、その仕事の空きはすでに埋まっていると告げられ――のみならず同時に、気の緩みを激しく非難されたのだという。彼が述べるとおり、「十分という時間は、日雇い労働者にはとてもありえない贅沢なのだ」。こうした労働者たちは、比喩的な工場の門の前で、毎朝しっかりとブーツを履いたうえで待機していることが求められているのである。こうした条件下では、

日々の生活は不安定なものになる。先の計画を立てることは困難であり、ルーティンを確立することは不可能だ。労働は、それがどんなものであれ、いつどんなところで始まるかもしれず、また終わるかもしれない。次の仕事の機会を生み出し、やるべきことの間をサーフするという負担は、常に労働者の側で担われるもの

になる。諸個人は恒常的な準備状態で存在していなければならない。予測可能な収入、貯蓄、確定された「職業」というカテゴリー、これらはすべて、いつかの歴史的世界に属しているものなのだ【註2】。

このような——労働時間や賃金は常に安定せず、雇用期間は極めて曖昧になるという——条件下で生きる人々が、不安や抑鬱や希望のなさを感じるとしても、何も驚くことはない。一方で、これほど多くの労働者たちが、かくも劣化した条件を「自然」なものとして受けいれ、そのなかで感じられるだろうストレスの原因を自分たちの内側に——つまり自分たちの脳の化学反応や、個人としての歴史のなかに——求めるように説得されてきたということは、ひとまず異様なことに思われるかもしれない。だがサウスウッドがその内側から明らかにしたイデオロギー的領域のなかにおいて、そうしたストレスの民営化は、表面的には非政治的なものに見えるひとつの世界をかたちづくるうえで、あくまでも自明なものとされる次元のひとつに過ぎないものになっている。僕はそうしたイデオロギー的な場を表現するのに「資本主義リアリズム」という語を用いてきたが、ストレスの民営化は、その出現にとって決定的な役割を果たしてきたものだと言える。

資本主義リアリズムとは、資本主義のオルタナティヴは存在しないのだという広く行き渡った信念を意味している——だがその論理が、諸個人の頭のなかにあるだけでなく、職場やメディアにおける制度的な実践のなかに外在化されていることを踏まえるなら、ここで「信念」という言葉を使うのは誤解を招くかもしれない。イデオロギーをめぐる議論のなかでアルチュセールは、「ひざまずき、祈りの言葉を口ずさみなさい。さすれば神を信じよう」というパスカルの教義を引用している。心理的な信念は、公的な言語やふるまいに従うという「動作を経ること」から生じるわけだ。要するにこれは、個人や集団が、一九八〇年代以降イギリスの諸制度のなかに定着した競争や起業家精神や消費主義といった言葉をどれだけ軽蔑し、それらに対してどれだけ皮肉をいうとしても、そういった用語に対する服従が僕たちのもとに広く行き渡っている限りで、資本による支配が自然化され、それに対する反対が無力化されることになるのだということを意味している。

資本主義リアリズムが今取っている形態は、「この道しかない（there is no alternative）」というよく知られたサッチャーの教えの意味の変化について考えてみればすぐに理解できる。サッチャーがこの悪名高い主張をした当初、強調されていたのはむしろ、そこでなされている選択の方だった。つまり新自由主義的な資本主義はありうるなかで最良のシステムであり、他の道は望むべくもないというわけである。だが今現在、その主張は存在論的な重みを帯びている——つまり資本主義とは、ありうるなかで最良のシステムであるだけではなく、唯一可能なシステムなのだ。他の選択肢はぼんやりとしたもの、亡霊的なもの、ほとんど考えられもしないものなのである。一九八九年以降、資本主義はその敵対勢力を壊滅させることに成功し、結果として今や、そのイデオロギーとしての最終目標の達成へと——すなわちそれ自体の不可視化へと近づいている。少なくともグローバル・ノースにおいて、資本主義は自らを唯一可能な現実として提示しており、ひいては、それ自体としてはめったに「姿をあらわす」ことがない。アティリオ・ボロンは、資本主義が「現代社会の構造的な基盤として不可視化され、政治の舞台の背後にある目立たない位置」に移行してきたことを論じつつ、「資本主義とはその名で呼ばれることを好まない紳士である」というベルトルト・ブレヒトの言葉を引用している【註3】。

新労働党の気の滅入るようなリアリズム

新自由主義的なプログラム以外の道はないという考えは、サッチャー派の（そしてポスト・サッチャー派の）右翼によって広められたのだと思われるかもしれない。だが資本主義リアリズムのイギリスにおける勝利は、労働党がこの見通しに抵抗するのを止め、権力の座につく対価として、「狭義におけるビジネス上の利益が、今後文化全体のあり方とその方向性を組織することを許可する【註4】」ことを受けいれた時点ではじめて確立されたものだ。あるいはおそらく、単純にサッチャー派の資本主義リアリズムに対する黙従があったのだとするよりも、イギリスの政治の主流に資本主義リアリズムを最初に導入したのは労働党それ自体であり、首相だったジェームズ・キャラハンが一九七六年、ブラックプールで開かれた党大会において以下のような悪名高い演説をおこなったときなのだとした方が、記録としてより正確だと言えるかもしれない。

あまりにも長い間、おそらく第二次大戦以来、私たちは自国の経済についての根底的な選択や根底的な変化に向かいあうのを先延ばしにしてきた。（中略）私たちは借り物の時間のなかを生きてきたのだ。（中略）永遠に続くと言われてきた居心地のいい世界、財務大臣が一筆ペンを走らせれば生涯雇用が保証されるような世界——そんな居心地のよい世界は失われてしまったのだ……。

だがここからの労働党が「企業に対する宥和」という政略にどの程度関与することになり、自身がその臨終の儀式を取り仕切っていた居心地のいい世界が、アイヴァー・サウスウッドによって全般化した不安定と表現された事態にどの程度変わっていくことになるかを、キャラハンが事前に見越していたとは考えにくい。

言うまでもなく、労働党が資本主義リアリズムを黙認したことを単純な選択の間違いだと解釈することはありえない。それは資本主義のポスト・フォーディズム的な再編に直面するなかで、旧来の左派の権力基盤が崩壊していった結果として生じたことだった。この再編における特徴の数々も——グローバリゼーション、コンピューター化による手工業の追放、消費文化の強化等々——今では見慣れたものであり、もはや自明の背景へと退いている。そしてこの自明の背景こそが、表面的にはポスト政治的で、議論の余地を持たないものに見える「現実」——資本主義リアリズムが依拠する「現実」——の背景を構成してもいる。一九八〇年代の終わりに『マルキシズム・トゥデイ』誌に書いていたスチュアート・ホールらの人々による警告——失われゆくフォーディズム的な世界が前提にするものに安住したまま、新たなポスト・フォーディズムの世界でヘゲモニーを握ることに失敗した場合、左派は自らの衰退に直面することになる——は今や、まったく正しいものだったことが明らかになった【註5】。にもかかわらず、新労働党のプロジェクトは、そうした新たなヘゲモニー獲得の試みとはとても言えないものであり、ポスト・フォーディズム下で左派がヘゲモニーを握ることの不可能性を容認するものに他ならなかった。そこで望まれていたのは、新自由主義的な秩序をいくらか緩和したものでしかなかったのである。

一方でイタリアでは、ベラルディやネグリといったオートノミストたちもまた、異なる仕方で左派が形成されてきた世界の崩壊と向きあい、ポスト・フォーディズムの諸条件を受けいれる必要性を認識していた。一九八〇年代に書かれ、イギリスでは最近になって刊行された一連の書簡のなかでネグリは、革命的な希望から、新自由主義の勝利による敗北への痛ましい移行を以下のように表現している。

我々は真実の、自分たちが信じた真実の敗北を生き、耐え忍ばなければはならない。我々はそれが代表したものを破壊し、それが生みだしてきた共同体を破壊し、その記憶を破壊しなくてはならない。現実は変わり、それとともに真実も変わったのだと認めることを避けるような言い逃れは拒絶しなくてはならない。我々の血管を流れる血そのものが入れ替わったのだ【註6】。

僕たちは今、ネグリが見出していた事態に左派が対処できなかったことの影響を受けながら生きている。だとすればここで、左派が持つ要素の多くは今、引き籠もりや意欲の減退、行動不全といった病症をともなう臨床的な意味での鬱という集団的形式に屈しているのだと考えてみたとしても、あながち言い過ぎにはならないように思われる。

悲しみと鬱の違いのひとつとして、前者がそれ自体を何らかの事柄が生んでいる偶発的で一時的な状態だと理解するのに対して、後者はそれ自体を、必然かつ終わりのないものとして表現することが挙げられる。鬱病患者の世界を覆う凍てついた表面は、考えうる地平のすべてに広がっていく。病状が深まっていくと、鬱病患者は彼や彼女のメランコリーを病理学的なものとして経験しなくなり、ひいてはもちろん異常なものとして経験しなくなる。何らかの行為をおこなう主体性など無益なものであり、徳なるものの見せかけの下にはカネだけがものをいう腐敗が存在している――鬱病がもたらすこうした確信は、自分たちはたどり着いているが、騙されたままの他の人間たちには掴むことができないひとつの真実として、患者たちを打ちのめす。期待の根本的な低下とともに鬱病患者が「リアリズム」だと見なしているものと資本主義リアリズムの間には、明らかな関係が存在している。

だが以上のような鬱病はそもそも、集団的に経験されるものではなかった。反対に、他でもなくそれは、集団性が原子レヴェルに微粒化した新たな様態へと分解していくという形式を取るものだった。それを期待するように訓練されてきた安定した雇用形態を否定され、かつては労働組合がもたらしていた連帯を奪われた労働者たちは、気づけば互いに競争することを余儀なくされ、そうした競争が自然化されたイデオロギー的な場に身を置くことになった。労働者たちの一部は、フォーディズム的・社会的・民主主義的な世界が突如として取り除かれるのを目にしたトラウマ的なショックから決して立ち直れなかった。このことは、保守党と自由民主党からなる連立政権が就業不能給付金の受給者たちを追い詰め、狩り出している今、思い出しておくに値する事実だと言える。目下の連立政権にあるそうした動きは、イギリスでは一九八〇年代に始まったストレスの民営化というプロセスの集大成と言えるものなのだ。

ポスト・フォーディズムのストレス

フォーディズムからポスト・フォーディズムへの移行が精神面での犠牲者を生み出したとすれば、ポスト・フォーディズムはまったく新しいストレスの様態を導入してきたと言える。新しいテクノロジーと管理経営主義の結合は、新自由主義のイデオローグたちが約束していたように、官僚主義的なお役所仕事を消去するのではなく、労働者に対する管理上のストレスを大幅に増大させることになった。彼らは今や、自分たち自身の監査役になることを求められている（一方でこのことは、種々様々な外部の監査役の目から彼らを解放するわけではまったくない）。業務日誌の記入、目標や目的の明確化、いわゆる「継続的専門能力開発」への取り組みなど、労働は、それがどれだけ何気ないものであれ、ごく当たり前にメタ労働の遂行を伴うことになる。ブロガーのサヴォナローラは、アカデミックな労働について書くなかで、恒常的で遍在的な評価のシステムがいかにたえまない不安を生みだしているかについて、以下のように述べている。

> 現在のアカデミーにおける出鱈目な新自由主義的管理体制のなかで、何より倒錯的な現象のひとつとして、履歴書のインフレが挙げられる。手にしうる職がカフカ的なレヴェルで先延ばしにされ、ありえるはずもないものに見えるまでに減少していくなかで、アカデミックな資本の悲惨な担い手は今や、単に計画を期限以前に達成することだけでなく、（中略）生産的な行為のひとつひとつを記録することを余儀なくされている。省略することは、何よりの罪になる（中略）。この意味で（中略）定期的で規則的な測定から（中略）恒常的で遍在的な測定への移行は、非物質的労働における一種のスタハノフ主義〔※旧ソ連邦における労働生産性向上運動〕をもたらさずにはおかないことになる。スターリン主義的なその前身と同様にそれは、道具的な有用性に備わっている合理的なもののすべてを凌駕し、人を衰弱させていく絶え間ない不安の暗流を生み出さずにはおかない（基準が存在しない以上、労働の量の多寡が安心をもたらすことはないわけである）【註7】。

ここで言う「人を衰弱させていくたえまない不安の暗流」を、上述のような――公的に掲げられたその目的の達成に失敗することは明らかである――自己監視メカニズムによって偶発的に課される、その副産物だと考えるとしたら、あまりに素朴過ぎることになる。他でもなくフィリップ・ブロンドが述べている通り、「市場による解決は、会計士、審査官、検査官、査定官、監査官といった職務からなる、莫大でコストのかさむ官僚制を生みだす。それらの役職は、質の保証と管理の徹底に関わるものだが、結局のところ革新や実験を妨げ、高いコストを固定化してしまうことにしかならない【註8】。以上のような認識それ自体は歓迎すべきものだが、一方で重要なのは、管理経営主義の明らかな「失敗」は、本当のところはより大きな効果に狙いを定めているシステムが見せた「真摯な誤り」なのだという考えを拒絶することだ。管理経営主義的な構想は、極度の特権を持った者たちの富と権力を回復させようというプロジェクトの一環として、労働者たちの力をさらに弱体化させ、彼らが持つ自律性を弱めるというその真の狙いを――確かに当初の狙いからは変わっているとはいえ――あくまでも十分に果たしたのである。

執拗な監視は、不安定さ(プレカリティ)と緊密に結びついている。またトバイアス・ヴァン・ヴィーンが述べる通り、不安定な労働は、労働者に「アイロニカルであるとともに破滅的な」要求を突きつけることになる。一方で、労働は終わることがない。つまり労働者は常に手の空いた状態でいて、私生活については何の主張もしないことを期待される。しかし他方でプレカリアートは、自身の職のためにすべての自律性を犠牲に捧げるときでさえ、完全に使い捨て可能なものになっている【註9】。実質的に労働のあらゆる形態が不安定(プレケール)なものになっているのがこんにちの傾向なのだ。フランコ・ベラルディが言うように、「資本はもはや人を雇うのではなく、交換可能な存在であるその臨時の担い手からは切り離されている、時間の束を買うのだ【註10】」。こうした「時間の束」が、権利や要求を持っている人間と繋がりがあると考えられることはない。そこでは単純に、利用可能か否かが問題になる。

ベラルディはまた、デジタルな遠隔通信手段の影響についても言及している。以下の通り、そうした通信手段は、諸個人を管理不能なデータの襲撃のもとに置くため、拡散的なパニックの感覚と呼ばれるものを生み出すことになるのだという。

情報通信の加速は（中略）、個々の人間の精神だけでなく集団の精神に対してさえ病理学的な影響を及ぼしている。目下の諸個人は、コンピューターや携帯電話、ＴＶ画面や電子手帳のなかに入りこみ、自身の頭のなかに入りこんで来る、絶えず増大する計り知れない量の情報を、意識的に処理できる状況にはいない。しかし効率的で競争力があり勝利したいと望むなら、そうした情報のすべてを追いかけ、認識し、評価し、処理することは避けようのないことに見えている【註11】。

現代の通信テクノロジーの影響のひとつに、人が回復することのできる外部が存在しないことが挙げられる。サイバースペースは今、「職場」という概念を時代遅れなものにしている。実質的には一日のうちのいつでもメールに返信することを求められるなかで、労働が特定の場所や限定された時間に制限されることはない。逃げ場は存在しないのである。だがこれは、労働が際限なく拡大しているからだけではない。かかるプロセスはリビドーさえもハックしており、したがってデジタルな遠隔通信手段によって課される「束縛」は、必ずしも常に、わかりやすく不快な何かとして経験されるわけではない。たとえばシェリー・タークルが述べる通り、多くの親たちは今、子どもに対して必要な注意を払い続けながら、一方でメールやメッセージに遅れを取るまいとするなかで、どんどんとストレスを増大させているが、しかし以下のようにまた彼らは、通信テクノロジーに対して磁石のように惹きつけられてもいる。

オフィスごと一緒に運ぶのでなければ、彼らは休暇を取ることができない。彼らのオフィスは携帯電話のもとにあるのだ。雇用主から常にオンラインでいることを求められているのだと不満をこぼしながらも、一方で彼らは、通信機器に対する自分たちの傾倒ぶりが、職業として期待されるものを完全に超えていることを認めている【註12】。

たとえそれが休日や深夜におこなわれるとしても、建前上仕事のためになされる行為は、単純に不合理な要求として経験されるわけではない。精神分析的な観点からするなら、そうした要求——つまりとても達成されえないような要求——がいったいなぜリビドー化されうるのかは容易に理解できる。その種の要求はまさに、精神分析的な欲動が想定しているものだからだというジョディ・ディーンの説得力ある主張によれば、デジタル通信手段の強迫は、（フロイト・ラカン的な意味での）欲動による捕獲を引き起こしているからだ。つまり諸個人は反復するループのなかへ閉じこめられており、その活動が無意味であるとわかっていながら、しかしそれを止めることができないのである【註13】。デジタルな通信手段の絶え間ない循環は、快楽原則を超えたところにある。メッセージやメールやフェイスブックをチェックしたいという飽くことのない衝動は、ひと掻きごとにより悪化する痒みを掻くことにも似た強迫なのだ。あらゆる強迫と同様、そうしたふるまいは不満を糧にしている。メッセージがなければがっかりしてまたすぐチェックする。だがメッセージが来ていても、やはりがっかりすることになる。メッセージの量がどれだけであれ、いずれにせよ十分ではないのだ。シェリー・タークルは、たとえ車の運転中（ドライヴ）であっても携帯でメッセージを送受信したい衝動を抑えることのできない人々について語っている。苦しい駄洒落であることを承知で言うが、そこにあるのは、死の欲動（デス・ドライヴ）の完璧な例だと言える。死の欲動とは、死にたいという欲望ではなく、死に対して無関心になるほど強力に強迫にとらわれていることなのだ。ここで注目するべきなのは、その欲動の中身の凡庸さである。そこには、バレリーナがダンスのもたらす崇高な歓喜によって殺されるという『赤い靴』(一八四五)のような悲劇があるわけでない。そこに存在しているのは、そんなことをしてもおそらく意味がないと完全に理解していながら、百四十文字のメッセージを開くために死ぬ覚悟をしている人々なのだ。

公共的なものの再建か、私的な治療か

ストレスの民営化は完璧な捕獲のシステムであり、その残虐な実効性においてエレガントだとさえ言えるものだ。資本が労働者を病ませ、多国籍製薬会社が彼らに薬を売って回復させる。不満が個人化され内面化されると同時に、苦痛の社会的で政治的な因果関係は巧妙に回避される。ダン・ハインドは、鬱病の「原因」としてセロトニンの欠乏に焦点が当たることで、競争的な個人主義や所得格差などといった、不幸の社会的な根源のいくつかが見えづらくなっていると述べている。個人の幸福と――広範に渡る平等な所得との間にある関連だけではなく――政治参加や広い社会的繫がりの間にある関連を示す研究は数多く存在しているが、私的な苦痛に対して公的に対応することが第一の選択肢として考慮されることはほとんどない【註14】。社会組織のあり方を全面的に変えるより、薬を処方する方が明らかに簡単なことなのだ。またハインドが言うように、一方で同時に「今、ほんのいくつかの簡単なステップで幸福を提供する起業家たちが、無数に存在している」。そうしたステップは、「幸福とは何であり、満たされているとは何なのかについて、もっぱら文化の枠内で説明をおこなうことに自足」し、

「商業的な確信をもとにした膨大な創意工夫の数々」によって事態に確証を与えると同時に、自らも確証を深めてもいるような人間たちによって市場化されている。

精神医学における薬理学的な体制は、ストレスの民営化において中心的な役割を果たしてきたが、ここで重要なのは、同時にまた、表向きはより全体観的（ホーリスティック）な精神療法の実践が、苦痛の非政治化のなかにおいて、おそらくはよりいっそう狡猾な役割を果たしてきたことを見逃さないことである。急進的なセラピストであるデイヴィッド・スメイルが述べるところによるなら、社会というものは存在せず、あるのは個人と家族だけなのだというマーガレット・サッチャーの見解は、「セラピーに関するほとんどすべてのアプローチのなかに知られざる反響」を与えている【註15】。認知行動療法のようなセラピーは、人生の早い段階に焦点を当てること（つまり一種のお手軽な精神分析）と、個人こそが自身の運命の支配者になりうるのだという自助の教義を組み合わせたものだと言える。スメイルは、「セラピストやカウンセラーの専門的な助けを借りれば、あなたは最終的な分析においてあなた自身が責任を負っている世界を変えることができ、結果としてそれによって苦痛を感じることもなくなるのだ」という見解に対して、魔術的自立主義という、実に示唆に富んだ名前を与えている【註16】。

魔術的自立主義の普及は、新自由主義の成功にとって決定的なものであり続けている。あるいはそれを、自然発生的に生じてきた現代のイデオロギーのようなものだと言ってもいいかもしれない。そうしたものがあるからこそ、たとえば自助療法からもたらされたアイデアが、人気のＴＶ番組で大きな影響力を持つようにもなっているわけだ【註17】。最もよく知られている例はおそらく『オプラ・ウィンフリー・ショー』〔※アメリカで女性に人気のトーク番組〕だろうが、イギリスでは、『メアリー、クイーン・オブ・ショップス』〔※経営コンサルタントのメアリー・ポータスが個人経営のビジネスを立て直す話〕や『ザ・フェアリー・ジョブマザー』〔※雇用コンサルタントが失業者／

無職者を就職させる話〕といった番組が、魔術的自立主義が持つ精神的な起業家主義をあからさまに宣伝している。そうした番組は、僕たちの生産的な可能性を妨げている足枷は、僕たち自身の内にあるのだと断言する。もし成功していないのだとしたら、要するにそれは、自分自身を作り変える努力をしてこなかったからなのだというわけだ。

ストレスの民営化は、公共的なものという概念をほぼ完全に破壊することを目指したプロジェクトの一部だった――だがこの公共的なものとは、精神的な健康が本質的に依拠するところのものなのである。我々が緊急に必要としているのは、公共空間の問題をめぐって組織化された、メンタル・ヘルスに関する新たな政治なのだ。かつてのスターリン主義から脱却するなかで、さまざまな新左翼たちが公共空間の脱官僚化と労働者の自律を求めた。だが結果として彼らが手にしたのは、管理経営主義と買い物だった。イギリスにおける目下の政治的状況は――企業とその同盟者たちによって社会民主主義の遺産を破壊する準備がおこなわれているさまを見てもわかる通り――国家や上司や官僚主義から解放された労働者による自律という夢を反転させた、地獄のような状況を生み出している。にわかには信じがたいような倒錯したねじれのなかで、労働者たちは今、ビジネス・エリートによる国家救済措置に資金を提供するために、劣悪な条件のなかで、実質的には以前よりも低い賃金のために、より過酷な労働に従事し、一方でエリートの代理人たちは、労働者たちが依拠する公共サーヴィスのさらなる破壊を企んでいる。

また目下、信用を失った新自由主義がそのプロジェクトを強化することを企んでいるのと同時に、フィリップ・ブロンドのレッド・トーリー主義や、モーリス・グラスマンのブルー・レイバー主義〔※赤は労働党のシンボル・カラー、青は保守党のシンボル・カラー〕といったかたちを取って、一種の右派による自律主義が出現している。

そこでは、社会民主主義や新自由主義が持つ官僚主義に向けられた批判が、伝統の回復を求める声と並行している。だが新自由主義の成功は、フォーディズムの軛から抜け出したいという労働者の欲望を捕獲することにかかっていた（彼らが今没頭している悲惨な個人主義的消費主義は、もともと望まれていたオルタナティヴではない）。ブロンドのいう笑うべき「大きな社会」や、グラスマンの言う不穏なほど偏狭な「白人労働者階級」の「共同体」は、そうした問題に対する説得的で信頼に足る回答を表現しているとは言えない。資本はブロンドやグラスマンが熱望している伝統を絶滅させてしまったのであり、彼らのもとに取り戻されるものなど、もはや何も残っていないのだ。

だがこのことは、嘆きの原因にはならない。まったくそうではないのだ。我々が復活させる必要があるのは、失敗した――さらに言えば、進歩主義者なら喜ぶだろう理由の数々によって失敗した――社会の形成ではなく、民主的な公共領域の実現という、実際には今まで一度も起こったことのない政治的プロジェクトなのである。ブロンドの著作のなかにさえ、覇権が転換していることを示す特徴を見てとることができる――たとえばそれは、驚くべきことに彼が新自由主義の中核概念を拒絶している点や、管理経営主義を攻撃している点に見いだされ、サッチャーに抗して、結局のところ社会というものは存在するのだという譲歩のなかにも見出される。このような動きは、銀行に対する救済措置のあとで、新自由主義に対する信頼がどれほど激しく失われたのかを示している。

目下のイギリスのなかで、特に若者たちの間で戦闘性が高まっていることは、ストレスの民営化が崩壊しつつあることを示唆している。薬漬けにされた個人的な鬱のかわりに、我々は今、公的な怒りの爆発を目にしている。ここにこそ、つまり労働に対する管理経営主義的な規制に対する、ほとんど手つかずではあるが、極めて広く浸透している不満のなかにこそ、新たな左翼モダニズムを構築しうる素材のいくつかがある。この左翼モダニズムだけが、コミュニケーション資本主義のもとで我々を苦しめている数多くの病理を治療しうる、新たな公共圏を構築することができるものなのだ。

【註1&2】アイヴァー・サウスウッド、『Non-Stop Inertia』（二〇一〇）

【註3】アティリオ・ボロン、「The Truth About Capitalist Democracy」、『ソーシャリスト・レジスター』（二〇〇六）

【註4】ジェレミー・ギルバートが「Elitism, Philistinism and Populism: the Sorry State of British Higher Education Policy」『オープンデモクラシー』（二〇一〇）で論じている通り。

【註5】スチュアート・ホール&マーティン・ジャック（編）『New Times: The Changing Face of Politics in the 1990s』（一九八九）参照。

【註6】アントニオ・ネグリ、『芸術とマルチチュード』（二〇一〇）

【註7】サヴォナローラ、「Curriculum Mortis」、『Institute for Conjectural Research』（4 August 2008）、conjunctural.blogspot.com/2008/08/curriculum-mortis.html

【註8】フィリップ・ブロンド、『The Ownership State: Restoring Excellence, Innovation and Ethos to Public Service』（二〇〇九）

【註9】トバイアス・ヴァン・ヴィーン、「Business Ontology (or why Xmas Gets You Fired)」、『Fugitive Philosophy』（29 December 2009）、fugitive.quadrantcrossing.org/2009/12/business-ontology/

【註10&11】フランコ・ベラルディ、『プレカリアートの詩——記号資本主義の精神病理学』（二〇〇九）

【註12】シェリー・タークル、『Alone Together: Why We Expect More From Technology and Less from Each Other』（二〇一一）

【註13】ジョディ・ディーン、『Blog Theory: Feedback and Capture in the Circuits of Drive』（二〇一〇）

【註14】ダン・ハインド、『The Return of the Public』（二〇一〇）

【註15&16】デイヴィッド・スメイル、『Power, Interest and Psychology: Elements of a Social Materialist Understanding of Distress』（二〇〇九）

【註17】エヴァ・イルーズ、『Cold Intimacies: The Making of Emotional Capitalism』（二〇〇七）

囲い込み（ケトル）の論理

——k-punk, (29 November 2010), http://k-punk.abstractdynamics.org/archives/011728.html

パーラメント・スクエアへの左折禁止——先週の水曜日、僕たちがホワイトホール通りをデモしていたとき、そんな警告（シグナル）が発された。だが他のすべてのしるし（シグナル）は、まったく逆のことを示唆している。今生じている大勢としての左派への転換は、確かに暫定的なものだが、とはいえ疑いようのないものだ。このことは、NUS〔※National Union of Students：全国学生連盟〕の議長であるアーロン・ポーター【註1】が、学生たちの戦闘性を支援するのに失敗した自分には「気骨がなかった」と認めたことによくあらわれている。長い間資本主義リアリズムの穏健派だったNUSが左傾化していることはきわめて大きな徴候と言える事態だ。また最近のふたつの記事での論調や立場の違いを見ればわかる通り、ポリー・トインビーがいつものもったいぶった中道主義からわずかに変化していることにも注目するべきだろう【註2】。

囲い込みについてはレーニン【註3】とITがレポートを書いているので、すでに聞いたことを繰り返していつまでも読者を引きとめるつもりはない。さしあたりここでは、冬の太陽のなか、トラファルガー広場からホワイトホールへと向かっていくときの雰囲気は、ほとんど歓喜に満ちたものだったと指摘しておけば十分だろう。状況は周りが期待するような否定的な連帯とはほど遠いもので、タクシーやバスの運転手たちはクラクションを鳴らしたり手を振ったりして若い抗議者たちを応援していた。囲い込みがされたあとでさえ、大方の雰囲気は驚くほど感じのいいユーモアに満たされたままだった。囲い込みがなされることになった薄っぺらい口実についてはご存じの通りだが、不審にも放置されていた警察のバンは、囲い込みが起きてから攻撃されたにすぎない。他の場所でも言われている通りだが、囲い込みの真の目的が、抗議者たちを罰し、今後抗議することを思いとどまらせようとすることにあったのは疑いようがない。だがしかし、まったく正しくもレーニンがいうとおり、絶対にそんなことが起こらないようにしなくてはならない――要するに支配階級は、街頭における戦闘性が、その発生と同じように突如として消滅することを当てにしているのだ。僕たちは今、政府を打倒するチャンスだけでなく――これはまったくありえないことではない（今の政府が実に脆弱なものだということを、常に忘れないようにしておこう）――その影響が今後何年も続くような、覇権をめぐる決定的な闘争に勝利するチャンスを手にしている。今ここで僕に示唆を送り続けてくるのは、一九七八年の状況とのアナロジーである――しかし今回かつてのキャラハン政権の場所を占めているのは、左派ではなく連立政権の方だ。今おこなわれている政治は、何かの始まりではなく何かの終わりに位置している。それはアイデアもエネルギーもなく、古い世界が崩壊していることに誰も本当には気づいていないまま、何かしらの奇跡によってそうした世界が蘇ることを神頼み的に願っているだけなのだ。

今現在、主流派のコメンテーターや政治家たちは、リチャード・レスターの映画『ザ・ベッド・シッティング・ルーム』（一九六九）のなかで描かれるポスト・アポカリプス的世界の住人たちにしか見えなくなっている。悲劇的なことに彼らは、破局など何も起こっていないかのように、今までと同じ習慣や癖に固執している。アーロン・ポーターは週末になるまでイデオロギーのガラクタ置き場を歩きまわっていたが、どうやら彼は、新労働党の政治家としてのキャリアがまだこれからも続くのだという妄想のなかにいたようだ。しかし彼が立場を変えたという事実は、今や日和見主義者でさえもが風向きを見極めていることを示している。こうした状況はどうやらニック・クレッグにも伝わり始めたらしく、彼は今だんだんと、悪魔が廃業したまさにその瞬間に悪魔に魂を売った男のそれである、騙され、絶望した表情を深めている。

この闘争に勝利するためには、幅を持った様々な戦略が必要になるだろうが、新たな介入は今、常に即興的に生みだされ続けている——たとえば、〈戦略的楽観主義のための大学〉を参照【註4】。また勝利のためには、学生が先導したところへ他の者たちが続いていく必要もあるだろう。もし公共サーヴィスで働く労働者たちが今ある戦闘性に合流するなら、我々は一九七八年とまったく同じように断固とした「不満の冬」〔※一九七八年から一九七九年にかけての冬で、労働組合が大規模なストライキを断行した〕を期待できるはずである。

抗議行動に対する物理的な囲い込みに加えて、僕たちは今、メディア上の封じ込めという戦略を目にしてもいる。このたぐいの囲い込みの論理の格好の例を知ろうと思うなら、鼻をつまんだうえでジャン・モイアがコラムで何を言っているか覗いてみるといい【註5】。旧守派が好む戦略は、無関心からくる軽蔑を装った、恐怖症的なパニックのようだ。モイアが性差別や年齢を理由にした軽視——「聖トリニアンズ女学院の暴動」、「女たちの党派」、「男の子たちに女の子たち」が「かんしゃくを起こしている」等々——と、道徳的な恐怖——「暴力と被害」に対する嘆き——の間を行ったり来たりしているさまは、ぜひとも証人として目撃しておくべきだ。モイアによれば、今回の抗議行動は要するに、取るに足らない悪ふざけであると同時に、「学生たちを何時間も『囲い込み』の働きで押さえつけておく」に値する、深刻な市民秩序のひび割れだったことになる。それにしても、もしこの「市民意識の高い」モイアや、その仲間である『デイリー・メール』のジャーナリストたちが囲い込みを受けたとしたら、彼女たちはいったいどれだけの間「警察の車をゴミ箱に捨てたい」という「欲求を抑えこんで」いられるだろうか。おそらくは抗議者たちよりもずっと早い段階で、彼女たちの我慢は限界に達していたはずである（これについては、ムードに流されて書く売文家たちがたとえば八時間アルコールを抜きにされたら、いったいどんな雰囲気になるかを想像してみればいい）。そしてモイアの議論のなかにはもちろん、資本主義リアリズムのおなじみの戯言も登場してくる……。「経済の時代の冷酷な現実。すべての人の進学のための資金を提供するだけの予算はもはや残っていない。いずれにせよそれは、並外れた特権であり、権利ではないのである」

これに対する返答として、デジタル・ベンの素晴らしい投稿を引用する以上のことはない。

ここでいう経済的な議論なるもの（つまり自由民主党が授業料問題についておこなった方向転換を説明するときのアリバイとなるもの）によるなら、私たちには、国民として、そんなことに使うための金はない、ということになる。確かに私たちには今、学費を賄う余裕はなくなっているし、ローンではない奨学金を支給する余裕もなくなっている。私たちは、経済が完全に破綻し、札束を積んだ手押し車を押して歩くことも、塩やパンを買うために列を作ったりすることもないまま、一九九七年までの数十年間そのふたつのことを何とかやってこられたわけだが、そんなことはどうでもいい、というわけなのだ【註6】。

モイアは一貫して真顔を崩さないまま、学生たちに対して、「その多くが彼ら自身の家庭よりも裕福ではないにもかかわらず、いったいなぜ追いつめられている納税者たちに、自分たちの進学費用を出してもらおうと期待するのか、自問してみる」ことを要求している。なるほど、モイアやその仲間の右派たちが無償で高等教育を受けていたときには、以上のような問いが彼女たちを悩ませることはなかったはずだという些細な事実は、ひとまず置いておこう。また今の政権には、彼女が言うのと同じ「特権」を受けた大富豪がいくらでもいるという事実も、ここでは置いておくことにしよう。そのうえで、ぜひ考えてみてもらいたいのだが、いったいなぜモイアは、同じその「追いつめられている納税者たち」が、ほとんどすべての者よりも裕福な銀行家たちに対して資金を提供するためのものである予算削減を受け入れるだろうなどと考えることができているのだろうか。

デジタル・ベンはまた、現在の資本主義リアリズムが、まったく馬鹿げた時代遅れな〈学生〉像に依拠していることについても、非常に重要な指摘をおこなっている。

こうした行動に対する理解は、いまだ馬鹿馬鹿しいほどに欠けている——あまりにも多くのTVや新聞の記者たちが、〈抗議をおこなう者たちのうち、今現在学生である者たちは、自分たちの学費を免除してもらおうと試みているにすぎない〉という思いこみのもとに動いているようなのだ。少しでも考えてみれば当然すぐにわかることだが、そうした者たちは、ジョン・ブラウン〔※学費値上げ案を促した高等教育に関する報告書を作成した〕の提案が十分な効力を発揮するころにはもう働いているだろうし、ローンを払い終わってさえいるはずだ。そんなふうに、人間は私利私欲以外の動機を持つことができるのだという考えを理解できていないことは、デモ参加者たちについてよりもむしろ、メディアが持つ茶番劇じみた性格をはるかに明らかなものにしている。詳しく見てみるなら、税金で生活している甘やかされたわがままな学生という典型的なイメージが正当なものだったことは一度もないし、そんなものは今や完全に時代遅れ（アンティーク）なものになっている。信頼できる社会のバロメーターとして機能することが多いコミック雑誌『ヴィズ』は、「学生グラント」という〔※奨学金（student grant）を嘲笑的に擬人化した〕キャラクターが登場する漫画の掲載を何年も前にやめているが、そのキャラクターは掘り返され、我々に吐き返されることになった。まったく話にならない。学生たちは「何かをタダで（サムシング・フォー・ナッシング）」望み、「すべてが容易く自分たちのもとにやって来る」と望んでいるのだと断じることは（どうやらこの国の人間は皆そう思っているらしいが）、完全に、しかも意図的に状況を誤解している。抗議者たちの当面の要求は、学費値上げ案の廃止だった。言い換えればその要求は、学期中にも働き、民間の資金と技術で作られた安普請の（だが趣味のいい色づかいの！）ウサギ小屋に住み、懸命に勉強し、三年後には数万ポンドの借金を背負い、それが大人になってからの人生の大半を左右することになる状況を、そのまま続けようとするためのものだったわけだ。こうした学生たちに対する同情も、彼らがやがて手にするだろう高い給料のことを考えれば鈍るかもしれない。実際あの笑うべき教育大臣マイケル・ゴーヴは、「いったいなぜ郵便配達員が、億万長者になるような者たちのために金を出さなくてはならないのか」というぞっとするようなひどい主張で、ブラウンの報告書を擁護している。だがこんにちのような時代のなかで、いったいどれだけの学生が──たとえ職業課目を選択した学生であってさえ──卒業後に自分が成功していると本気で信じているというのだろうか。学生たちが求めているものが、何かに対する何か（サムシング・フォー・サムシング）なのは明らかだろう──つまり彼らは、自分たちが引きうけた懸命な努力のすべてと、経済的なリスクのすべての見返りとなる、何かしらの報酬の見通しを求めているだけなのである【註7】。

ITもまた、怠け者の学生という典型的なイメージが、多くの学生たちが今実際に経験している現実をまったく掴んでいないことを指摘している。まず間違いなくエリート校に通っているだろうモイアやトインビーの家族の学生世代の若者たちは今、モイアやトインビーが楽しんだのとほとんど変わらない大学生活を経験しているはずである（先週見られたある辛辣なプラカードに、「金持ちの親をすべての人に」と書かれていた通りだ）。だが多くの学生たちは今、学期中に長時間働かなくてはならず、ひいては何かを読んだりするような気力を持っていない。かつての世代と比べると、これらの学生たちはより質の低い教育体験により高い授業料を払っているし、多くの場合彼らが手にする学位が、長期的な経済的利点をもたらさないだろうことは言うまでもないことである。「世代間」の政治が持つ危険性に関するアレックス・カリニコスの指摘は承知のうえだが、目下の状況のなかに避けようのない世代の間隔という次元があることは間違いない。このことは、先週の『Newsnight』で司会のジェレミー・パックスマンが若い抗議者たちをさも擁護者ぶって扱っていたことを見ればわかる。噛みつくような報道ばかりの皮肉屋ぶった態度から、好々爺然とした資本主義リアリズムの擁護者へと身を転じたパックスマンは、ティーンエイジャーたちに向けて、自分が完全に無償で教育を受けたのに、彼らが三万ポンドも払わなくてはいけないのは確かにフェアじゃないと「弁明」していたが、しかし悲しいかな、それはたんなる事実であり、実際にもう残された予算は存在していないのである。この場合、どの世代に属しているかということは、政治的な判断の問題になる。完全に無償で高等教育を受けたという点で、僕もまた実質的にはパックスマンと同じ世代に属していることになる。だがここで問われているのは、自分たちが当たり前だと見なしていた「特権」を、今の若者たちが体系的に奪われているのを傍観していることは、果たして良心にかなうことなのかどうかという点だ。過去の三十年間で高等教育が大幅に拡充されたのは事実だが、しかしそのことは、若者たちの責任ではない。彼らは、イギリスが国際的な「競争力」を持つためにはより多くの大学卒業者が必要なのだという理由で歴代の政府が進めてきた、高等教育セクターの拡大という、思慮不足で計画性のない実験の被害者であるにすぎない。とはいえ、かつては存在していた高等教育に対するオルタナティヴが今の学生たちにあるとも思えない。非難され、一団となって呪われている〔※原文は、ConDemned＝保守党／Conservativeと自由民主党／Liberal Democraticの引っかけ〕かのような彼らの姿は、そんなふうにして生まれてきたものなのであり、彼らの側に立つか、それとも彼らがさらに身売りされ、見捨てられていくのをただ見ているのかは、僕たち次第なのだ。

抗議者たちの動機を貶めようとする試みは他にもある。たとえばそれは、彼らはただ「面白がってやっているだけ」であり、旧知の存在である強硬派アナキストにハーメルンの笛吹のように魅了されているだけなのだというものだ。仮にこうした主張を受けいれたとしても、モイアやゴーヴは、数週間前にいきなり計画をはじめた訳ではさすがにないだろうそうした「アナキスト」が、いったいなぜ急にこれほど効果的に若者たちを動かすことができたのかを説明する必要がある。今まで通りであることを維持するためにメディアや政治家たちがおこなっている懸命な努力にもかかわらず、今や確かに何かが変わったのだ。しかしこの変化は不安定（プレケール）なものである。それが続くように、僕たちはできることのすべてをおこなわなければならない――それがどこであれ、できる限り抗議や占拠を支持し、職場で軋轢を生み出してそれを激化させ、新たな戦略を思考し、議論を重ね、連立政権が復活させようとしている死した新自由主義的コンセンサスとは無縁の「新しい政治」を構築することを続けなくてはならない。

【註1】リチャード・シーモア「Students lead, NUS follows」、『Lenin's Tomb』（28 November 2010）、http://www.leninology.co.uk/2010/11/students-lead-nus-follows.html

【註2】ポリー・トインビー「Sorry, students, but you're low in the pain pecking order」、『ガーディアン』（5 November 2010）、https://www.theguardian.com/commentisfree/2010/nov/05/students-low-pain-pecking-order および「Thatcher's children can lead the class of 68 back into action」、『ガーディアン』(26 November 2010)、https://www.theguardian.com/commentisfree/2010/nov/26/student-protest-publicsector-cuts

【註3】リチャード・シーモア、「Spontaneous, massive and militant」、『Lenin's Tomb』(25 November 2010)、http://www.leninology.co.uk/2010/11/spontaneous-massiveand-militant.html〔※リンク切れ〕

【註4】https://universityforstrategicoptimism.wordpress.com/参照。

【註5】ジャン・モイア、「Not so jolly hockey sticks at the St Trinian's riots」、『デイリー・メール』(26 November 2010)、http://www.dailymail.co.uk/columnists/article-1333175/JANMOIR-Not-jolly-hockey-sticks-St-Trinians-riots.html

【註6&7】デジタル・ベン、「Solidarity」、『Third Class on a One-Class Train』(27 November 2010)、http://ridingthirdclass.blogspot.co.uk/2010/11/solidarity.html

不満の冬2・0――戦闘性の一ヶ月に関するメモ

――k-punk, (13 December 2010), http://k-punk.org/winter-of-discontent-2-0-notes-on-a-month-of-militancy/

十一月二十四日、午後九時四十五分、行動一日目〔※ここでフィッシャーがルポしている大学学費値上げ反対運動は十一月十日のロンドンでのデモ行進からはじまり、二十四日の行進は二回目の大規模アクションに当たる〕。チャリング・クロスで簡単にこの日はじめての食事をとる。夜のこれくらい遅い時間にその日はじめての食事をとるのはそれほど珍しいことではないのだが、いつもは大抵働いてばかりいるからで、警察に八時間も「閉じ込められていた」からではない。日中に感じた怒り、苛立ち、興奮が鎮まりつつある、ふたりの抗議者がやって来る。目が合うと、そのうちひとりが来週も参加するのかと聞いてくる。僕はそうだと言い、ホワイトホール〔※首相官邸、諸中央省庁、国会議事堂等がある日本の「霞ヶ関」に当たるエリア〕で囲い込み(ケトル)を受け、ちょうど今抜け出したところだと伝える。彼らは二度囲い込みを受けたのだという。そのうちのひとりは、『V・フォー・ヴェンデッタ』のマスク〔※一七世紀に英政府転覆未遂事件を起こしたガイ・フォークスの仮面。『Vフォー〜』のアナキストの主人公Vが被る〕を外して頭に載せていた。警察はしばらくの間彼を拘束したが、結局は証拠不十分で釈放せざるをえなかったらしい(その後、イースト・ロンドン大の教え子から同じような話を聞くことになる――ゴミ箱に放火したとされる人間と同じ赤のジャージを着ていたという理由で逮捕され、しばらく勾留されたうえ服と携帯を押収されて、四月までの保釈処分になった。この日に警察がおこなった数多くの脅迫戦術のうちのひとつであることは明らかだろう）。驚きも、自己憐憫も、大袈裟な自己演出もなく、彼らにはただ、何がなされるべきなのかについての断固とした感覚だけがあり、それをおこなうことを楽しんでいる雰囲気がある。面白かったよ、来週が楽しみだ……。

ふたりのうちのひとりに、普段は何をしているのかと尋ねてみる。自分の友人はもう大学に進学しているし、自分も来年には進学するんだと彼は言う。でもそれだけじゃないんだ……。そう、彼のことだけではなかったし、学費や教育継続手当の問題だけでもなかった。

それだけじゃないんだ……。僕たちはもう、あのポスト・イデオロギーの世代じゃないんだ。

以上を「リベラル」な論者たちの——つまり、そんなものが本当に存在していたとしたらだが、「ポスト・イデオロギーの世代」に属する連中の——反応と比較しておこう。ジャーナリストのデボラ・オールからすれば、起きているのはいつも通りのことらしい。以下の通り、資本主義リアリズムへの抵抗は無益なままなのである。

> 大人たちが臆病さや無関心さから立ちあがろうとせず、頼りにならないからこそ、予算削減に対する抗議は、大学生や学校に通う子どもたちによるものを除けば、ほとんど存在しないのだとよく言われる。だが大人たちはむしろ、賢明だからこそこれほど愚かなことにエネルギーを費やすことをしないのだ。予算削減に抗議することは、下に向かって流れる水の揺るぎない習性に抗議するようなものである【註1】。

『Newsnight』のコメンテーター、デイヴィッド・アーロノヴィッチとも比較しておこう。好々爺然とした白髪のヴァンパイアのような、疲れと無限の癒しをなぜか同時に感じさせるあの身のこなしや、成熟した知恵のように見せかけた力のない運命論とともに、彼は述べている。ええ、もちろん学生の頃だったらデモに参加したでしょう。だけどこの歳になるとねぇ、そのときより物事をわきまえていますから……。ここにあるのは、ジャーナリストのリチャード・リトルジョンが主張した「抗議者は次世代の政治家になる」という議論とほとんど同じものだ……。たとえそれが本当だとしても、それこそが彼らの望みであるかのように扱うことによって、今起きていることの意味が損なわれていくことになるのである……。

十二月一日、午後三時十五分。新たな雰囲気のなか、今やどんどんとありふれたものになっている夢のような状況の変化のひとつとして、僕はイースト・ロンドン大学の占拠に加わり、リチャード・シーモア〔※英ジャーナリスト。ブログ『レーニンの墓（Lenin's Tomb）』主催〕による近年の保守党の歴史についての講演を聞いている。イースト・ロンドン大の学生は、行動二日目からもう一週間、一〇一号室〔※ジョージ・オーウェルの『1984』に登場する拷問・洗脳部屋＝「一〇一号室」に引っかけた比喩的表現だと思われる〕を占拠している。この七日間の空白のなかで、状況は急速に変化し、今も変わり続けている。J・G・バラード風なドックランズ地区にある、イースト・ロンドン大キャンパスの中央コンコースには、いたるところにバナーが吊りさげられている。予期せぬところに咲く野の花のように、あらゆる場所に、文字通り本当にあらゆる場所に、占拠が芽吹いている。

今の状況と唯一比較できるのは、深い抑鬱からの脱却だ。もう鬱ではないという、ただそれだけのことからくる気持ちの高まりがある——ときおり不安が、すべてがいかに不安定そうに思えるかという感覚（僕を無に引き戻さないでくれ）が急に襲ってくることもある——にもかかわらず、それは維持されているだけでなく、増殖し、強化され、それ自体を糧にしている——ありえないことだが、そうしたことが今起きているのだ。現実のプログラムが、それ自体をリセットしているのである。デイヴィッド・キャメロンの反応は、恩着せがましいうえに間違っている。学生たちは、抗議をおこなう前に自分たちがいったい何に対して抗議しているのかを理解するべきだとキャメロンは言う。だが、目下の状況を把握していないのは明らかにキャメロンの方だ（というか、誰も把握できていないんじゃないか?）。リチャードがイースト・ロンドン大の占拠で話したときに言っていた通りだが、ああした身体のたるみきったボンボンたちは、苦い戦いに勝つための経験も、戦略的な知性も、イデオロギー的な一貫性も持っていない。キャメロンは二〇〇八年以前の「無関心のコンセンサス」（ボードリヤール）のなかで作り出され、そのために準備されていた保守党の指導者だった。つまり彼は闘争を予期していなかったし、ましてや勝つつもりの相手との闘争など予期していなかったのだ。キャメロンが把握しておらず、把握しようともしていないのは、授業料の問題は、今生じている新たな戦闘性の直接要因に過ぎないということである。ここまでの間に巻き起こっているのは他でもなく、資本主義リアリズムそのものに対する全般化した不満なのだ。

　十二月二日、午後五時三十分。**新自由主義は機能していない**。ダートフォード駅でかれこれ九十分は立ち往生している。上りも下りも電車が動いていない。電車が今どこにいるのか、到着したとしてもそれ以上進むことができるのか、誰もわかっていない。ある列車は南に進もうとしたが、駅から百ヤード進んだところで止まってしまった。公式なアナウンスは最小限で、しかも噂の域を出ない。信頼に足る情報を持っていない鉄道労働者たちは何かを伝えてくるが、しかし追加の情報が入るたび、すぐに今自分が言ったことが矛盾していることに気づく。バスは走っているのだろうか。誰もわからない……。

　たまたま行き先が一緒だった人と会話をはじめる。いつもの不満と困惑。どうしてイギリスでは何もかもがこんなにクソみたいになっちまうんだ？　彼は日雇い労働者で、こんな天気が続けばクリスマスは台なしになると心配している。仕事がなければ給料は出ないし、すでに彼はインフルエンザで一週間も休まなければならなかったのだった。

電車が運行を再開するかすかな望みも薄れてしまい、我々は別の選択肢を考える――向かおうとする先まで十マイルも離れていないが、ホテルに泊まることになるかもしれない。そこで彼に電話がかかってくる。友人が迎えにきてくれるそうで、僕も乗せてもらえることになる。震えながら駅のスタンドカフェでコーヒーを飲んでいると、ラジオからニュースが流れてくる。二〇一八年のワールドカップはロシアで開催されることになる。〈冬〉が近づいてきて、あたりを取り囲んでくるような気分になる。

キャメロン。新自由主義は機能していない。キャメロンと、それ以外の支配階級の三位一体のメンバー――ウィリアム王子〔※現英皇太子〕と、新しい労働党時代のセレブ・サッカーの申し子であるデイヴィッド・ベッカム――は残念でした〔※二〇一〇年におこなわれた二〇一八年W杯のイングランド招致活動に、キャメロンとウィリアム王子、ベッカムが参加し「スリー・ライオンズ」と騒がれた〕。冷徹な薄笑いを浮かべたプーチンが、最後の最後に目当てのものを受け取りにやってくる。うわべだけのブームはすべて消えていき、イングランドは七〇年代にそうだったよりもさらにみすぼらしく、見下げはてたものになっていく。

十二月四日、土曜日。ツイッター〔※現X〕でイギリスの反予算削減の抗議に関するニュースを追っている。行動一日目の囲い込みの寒さのなかで僕は、囲い込みを受けるのに一番いい場所は、封じ込め戦術をおこなえば資本に多大な迷惑がかかるだろうショッピングモールではないかと考えていた。だが今起きている動きは僕のはるか先を行っている……。デモ隊のフラッシュ・モブが国中のトップショップ〔※ファストファッション・チェーン〕に侵入しているのだ。ただしくもブロガーのITが述べるように、この種の介入が持つ批判的な意味は、「様々なことのなかでもとりわけ、都市中心部の顔となるのが企業であるような状況に対する絶対的な倦怠感を示している」。そしてまた、フィリップ・グリーン〔※トップショップの富豪オーナーで政治活動にも関与〕のような輩の誇る影の大立物／セレブ的地位に対する疲労感もある。セレブ／富裕層文化に対する不満は、長い間ずっと、どれだけデジタル上で操作をしても消すことのできない影であり続けてきたが、そうしたあからさまな消費と物憂げな快楽主義のなかには何かが欠けているのだという根強い感覚には、つい最近まで何のはけ口も媒介も存在していなかった。

行動三日目、十二月九日。文化と金融破綻以後の状況の間には、ずっと齟齬が生じ続けていた。〈新たな五〇年代〉が終わったことは今や明らかであり、今もそんな景色が生き延びているにはいるが、いずれにせよそんなものは書き割りにすぎない。ポール・メイソン〔※本書二三二頁参照〕は「ダブステップの反乱」だと語っている【註2】。メイソンが今起きている動きに適切に関わっている数少ない主流派メディアの論者であることを考えれば、彼のレポートに文句をつけるのは無作法かもしれないが、とはいえやはり、事態はダン・ハンコックス〔※本書二三二頁参照〕の言う通りで、先週の木曜日のデモの現場に流れていたのはダブステップではなく、「R&B、ダンスホール、ロード・ラップ、ヒップホップ、そして——一度か二度ではあれ——グライム」だった【註3】。ここで驚くべきなのは、そのときにかかっていた音楽には、政治的な内容が欠けていないことであり、さらに言えば——グライムMCリーサル・ビズルのトラック"Pow!"（二〇〇四）を除いて——怒りさえもが欠けていることである。実際我々はここに、政治からの離脱が例として示されているさまを聴くことができる。ジェレミー・ギルバート〔※政治文化理論の研究者〕が以下の通り説得的に論じているように、政治からの離脱は、九〇年代におけるハードコア連続体（コンティニューム）の典型的な特徴だった。

その直前の先駆者たちの大半（シカゴにある黒人のゲイたちのクラブで生まれたアシッド・ハウスや、その政治的にコンシャスな「黄金時代」をつい最近脱したばかりのヒップホップや、反資本主義的で反人種主義的な歴史を持つレゲエなど）を特徴づけている社会的で政治的なラディカリズムや、その中心的な支持層――多人種からなるロンドン都市部の貧困層――のものである伝統的なラディカリズムと比べると、「ニューム」の音楽シーンは、あらゆる種類の政治から離脱し、競争主義的な企業的価値観を受容し、他のダンス・カルチャーがその当時せわしなくはっきりとわかるかたちで脱構築していた男性主義的でヘテロセクシャルな規範を擁護することを、その顕著な特徴としていた【註4】。

この間に我々は、左派的な政治参加と、最も活気ある実験的なダンス・ミュージックの間に分裂があることを当たり前のものだと考えるようになってしまっている。間違いなくこのことは、資本主義リアリズムのひとつの側面である。『資本主義リアリズム』のなかで僕が、ハードステップ〔※ドラムンベースの一種。DJハイプやロニ・サイズなどヒップホップからの影響がある〕に関するサイモンの一九九六年の論考に言及したのは偶然ではない【註5】。実際同書の中心的なコンセプトは、そのなかでサイモンが、「リアルであり続けること」に対しておこなった解説に端を発するものだったと言ってもいい。

ヒップホップでは「リアル」という言葉にはふたつの意味がある。まずひとつ目は、妥協のない、オーセンティックな音楽、つまり、音楽産業の側についたり、または様々な層に届くために、自分のメッセージを曲げたりするようなことを拒否した音楽のことだ。それと同時に、「リアル」という言葉には、この音楽が後期資本主義経済の不安定さ、制度的な人種差別、そして警察による若者の監視とハラスメントの増加から成る「リアリティ」を反映している、という意味もある。「リアルさ」、それは社会的なものの死である。つまり、増加する利益に対して昇給や福利ではなく、アメリカ人が言うところの人員削除（福利や雇用保障のないフリーランサーとパートタイマーからなる雇用プールをつくるために、正社員を縮減すること）をもって応える企業の世界を指し示している。

「リアル」とは新中世的シナリオである。ダウンサイジングは、貴族が農民を土地から放りだし、放浪する下層階級へと変えた囲い込み（Enclosure）に喩えられる。ギャングスタ・ラップと同じようにジャングルもまた、窃盗貴族、海賊組合、陰謀、秘密工作といった、中世的なパラノイア的風景を反映している。だからこそそこでは、リベラルで社民的な時代に先立って存在していた、仁義にもとづく暴力や血の名誉をめぐってその世界が展開されることになる、『ゴッドファーザー』（一九七二）や『レザボア・ドッグス』（一九九二）、『グッドフェローズ』（一九九〇）、『パルプ・フィクション』（一九九四）といった武侠的な映画やギャング映画がサンプル元としても曲のタイトルとしても人気を誇っている（中略）。

新たな「暗黒時代」へと転落し、知らぬ間に社会契約の崩壊が進んでいるという感覚が広まっていくなかで、抑圧されてはいるが、思ってもみないようなあり方や場所で再び浮かびあがってくる不安が生み出されていく。抵抗は、必ずしも集団的なアクティヴィズム（組合運動や左翼主義的政治）という「論理的」な形式を取るとは限らない。それは資本主義そのものの状況によってひどく歪められ、想像力を貧困化されたものになり、たとえばアメリカの右翼的な民兵たちが抱いている原ファシスト的で反企業的なノスタルジーや、ある種の超個人的なサバイバリズムといったかたちで表現されることになる。

ヒップホップのなかにおいて、あるいはだんだんとジャングルのなかにおいても、そうした状況に対する反応は、社会的に構築された現実を自然なものとして受けいれる「リアリズム」というかたちを取っている。「リアルである」ということは、犬が犬を喰らい、勝者か敗者しかおらず、大抵の人間は敗者であるような自然状態に立ち向かうことなのである。ジャングルのなかには冷たい怒りが渦巻いているが、それは反資本主義的だが非社会主義的な政治の言語で表現されており、アンダーグラウンドなものが主流派へ取りこまれることはないという決意として、防衛的に表現されている【註6】。

行動の一日目に僕が耳にしたのは、いかにも流れそうなレイジ・アゲインスト・ザ・マシーンの〝キリング・イン・ザ・ネーム〟（一九九二）であり、さらに予想通りなKRS・ワンの〝サウンド・オブ・ダ・ポリス〟（一九九三）であり、その他にはビートルズやマッドネス、そして――気が滅入ることに――リバティーンズや、何より場違いだったピンク・フロイドの〝アナザー・ブリック・イン・ザ・ウォール〟（一九七九）が流れていた（囲い込みのなかからどうにか脱けだしながら、「教育なんかいらない」と歌われるのを耳にするのは、まったくその場の不条理さにぴったりな経験だった）。だがジェレミーが木曜日に撮影していた映像は、ポスト・ニューナムの音楽が政治と合流する可能性を示している。次の十年のイギリスの音楽は、この数週間の囲い込みのなかで生じた音と情動のシチューーから生まれるはずだと僕は信じている。ポール・メイソンは、このデモに参加しているのは「クールな東ロンドンのスピタルフィールズからやって来たラカンを読むヒップスターたち」ばかりだという意見をはねのけた。確かに、（我々のような）ラカンを読むヒップスターはそこにいたが、同時にまたそこには、「クロイドンやペッカム、イズリントンの公団住宅からやってきた郊外スタイルの若者たち」も一緒にいた。言いかえればそのデモは、五〇年代以降のイギリスのポップアート・カルチャーにとって非常に重要なものであるアート・スクールがそうだったのと同じようなかたちで、労働者階級文化とボヘミアンを結びつけたのである。だが新自由主義的な政策は——それ自体の観点から見ればもっともな理由をもってのことではあるにせよ——そうしたプロレタリア－ボヘミアン的な文化の回路を敵視してきた。継続教育制度や新興の大学の数々は、まさにラカンのような理論を労働者階級が利用できるようにし、労働者階級の文化から生まれる活気あるもののすべてに関わろうとしてきたが、新自由主義政策はこれまでのところ、ブルジョワには哲学を、大衆には「職業訓練」コースを、の堅固な階級・文化区分を改めて固め直してきた。

ジャーナリストのシボーンは我々が行動三日目に経験したフラストレーションをとても上手く捉えている。囲い込みを受けずに群衆の一員に加わることは不可能に近い。群衆について警察が想定している存在論は、少なくとも興味深くはあるものだ。それによるなら、群衆に加わるということは、そのなかの誰かがすることのすべてに責任を持つことを意味するのである。そんなところに加わったばかりに、お前は傷つくことになったのだというわけである（こうした発想が、警察それ自体に適用されている「共同無責任」とは正反対なものであることには驚かされる）。ジャーナリストのドミニクが指摘するように、「根底にある無秩序と不潔さの同一化は、無秩序な動きをする者自体にも転嫁され、不潔でおぞましい社会の裏面から、清潔で慎みある市民を隔離する者であり、公衆の道徳的な健康を保持する者であるのだという警察の自己イメージを支えている【註7】」。フーコー入門講座を以下に。

> 疫病（ペスト）は秩序によって満たされる。その働きは、ありとあらゆる混乱を整理することである。病は身体が混ざ

り合うことで感染し、悪は恐怖と死が禁忌に打ち勝つことで増大する。それは、各個人の居場所、身体、病と死、幸福を、全知全能の力によって定め、その力は、規則正しく途切れることなく、個人の究極的な決定、その人を特徴づけるもの、その人に属するもの、その人に起こるものまで、細分化する。混合物である疫病に対して、規律は分析の力を発揮する。ペストをめぐっての祭りのように文学的フィクションが発展した。宙吊りにされた法律、解禁された禁止事項、過ぎ行く時間の熱狂、敬意なく混ざり合う身体、仮面を剥がされた個人、法定されたアイデンティティと認識されていた姿を捨て、まったく異なる真実が現れるようにする。しかし、ペストにはまさにその逆の政治的な夢もあった。集団的なお祭り騒ぎではなく、厳格な分断であり、法律が侵されるのではなく、権力の毛細管現象を保証する完全なヒエラルキーを媒介として、日常生活の細部に至るまで規制が浸透するのであり、仮面を被ったり脱いだりするのではなく、各個人に「本当の」名前、「本当の」場所、「本当の」身体、「本当の」病気が割り当てられるのである。ペストは、現実的であると同時に想像上の無秩序の一形態であり、その医学的・政治的相関関係として規律があった。規律メカニズムの背後には、「伝染病」、ペスト、反乱、犯罪、放浪、脱走、無秩序のなかに現れては消え、生きては死んでいく人々の呪われた記憶が読み取れる【註8】。

僕はヒルズボロ〔※一九八九年に生じたフットボール・スタジアムでの大規模な群衆事故。事故後二十周年を機におこなわれた再調査で数々の隠蔽や虚偽報道があったことが露見〕で、警察が民衆を、律することなどできない人間以下の存在として扱うとき、いったい何が起こりうるのかを目の当たりにした。今回の一連の抗議において、警察は否定的な連帯の工作員だった。なぜこうした学生たちの学費を私たちが負担しなければならないのか？　予算削減は誰にとってもつらいんだから、学生たちも他のみんなと同様に甘んじて受け入れればいいではないか？「ポスト・フォーディズムの可塑性と否定的な連帯」というアレックス・ウィリアムズ〔※左派加速主義の論客〕の投稿は、今やすっかり予言的なものになっている。というのも、否定的な連帯のオルタナティヴである目下の運動は、まさにアレックスが呼びかけていた（可塑的な）形態を持つようになっているからだ。

否定的な連帯とは、新自由主義的なポスト・フォーディズムを定着させるために必要になる柔軟性や、原子化された「ホモ・エコノミクス」的で、内面化された個人主義の条件となるものだが、これを解きほぐすためには、連帯の新たな形態を、すなわち新自由主義的な実践を生み出す主要な機械である金融に対して効果的に対抗するために設計された、別の連帯の形態を構築することが必要になる。そうした連帯の新たな形態は、流動性や迅速な反応を可能にするものでなくてはならず、システムや構造の枠内にある弱点を臨機応変に突いていくものでなくてはならない。またグローバルな視野からすればそれは、国際的な金融が持っている迅速性と流動性を反映しうるものでなくてはならない。それは静的でレンガのようなフォーディズム的連帯ではなく、可塑性としての連帯であり、流動し移行することが可能だが、一方で必要に応じて位置を固定し、硬化したかたちを取ることもできる。そうした連帯の形態は、近年見られるようになってきた新たな抗議や占拠運動を包括するものでなければならない。それらの抗議や占拠運動は、今のところほとんど実効力を持ったものにはなっていないが、しかし一方でそれらが、新たな興味深い利益集団の形成を導いていることは間違いない。それでもこれまで、そうした散逸的で断片的な集団が、覇権的な力に対抗する地位を——言いかえるなら、この語の最も広範な意味における「階級」的な力を、不信を集めているものだとはいえ、貪欲な新自由主義の中枢と実質的に対抗しうるようなそうした力を——獲得するのに必須なサイバネティクス的な調整システムが存在してこなかった。ポスト・フォード化に関する諸理論から定式化されなくてはならない政治的な結論は、空想的で、厳密にいって想像上のものでしかありえないマルチチュードのような政治的主体ではなく、以上のようなものなのである。実効性を持った対抗的な力が存在してはじめて、理論的で社会経済的なポスト資本主義の新たな形態がそれにふさわしいかたちで普及し、首尾よくその成果を獲得しうることになるはずである【註9】。

ポスト・フォーディズム的な可塑性は、今現在のこれとは違う重要な政治的話題のなかにも登場している（木曜の『デイリー・メール』の見出しには、「さあ、サイバー戦争だ」とある）。その話題とはつまり、アサンジとウィキリークスのことだ。今ここでこの問題を深掘りするときではないが、いずれにせよ間違いなく、我々がそこに見ることができるのは——そしてリークされた情報は、すでにわかっていることを伝えているに過ぎないと主張する人々が理解していないのは——新たなレヴェルの象徴的な危機だと言える。権威主義的な大文字の〈他者〉は常に、オフレコでなされた発言と公式の宣言が明確に区別されたままであることに依存してきたが、ウィキリークス（とその後継者たち）が廃絶させようとしているのは、他でもなくまさにこの区別なのである。

帰りの電車のなかで、ニック・クレッグが『イヴニング・スタンダード』の一面で「夢想家の学生たち」を非難している記事を読む。「世界がこうあって欲しいとたんに夢見ているのではなく、世界がこうであるということと向きあわなければ、私は自らを恥じることでしょう」。要するにこれは、資本主義リアリズムの要約だ（そこには、「ある者は、物事のありのままを見て、なぜだと言う。だが私は、物事がこれまでそうなってこなかったさまを夢想して、なぜそうではないのかと言う」というロバート・ケネディのよく知られたスローガンとの残念な共鳴がある。資本主義リアリズムからの圧力のもとで、主流派リベラリズムのレトリックはこんなふうにして反転しているのである)。

フーコー入門講座からバルト入門講座へ移っておこう。BBCニュースのデモ報道は、バルトが係留と呼んだ技術を完璧にものにしている。我々が実際に見ているのは、騎馬警官隊による突撃といくらかの器物損壊だが、ヘルメットを被ったレポーターによって警察の隊列の外から勇ましく語られた、それについての報道のなかで我々が聞いているのは、学生抗議者たちの「暴力」なのである(一方でポール・メイソンのレポートが囲い込みのなかからのものだったことは、もちろん偶然ではない)。行動一日目以降のメディアの報道において最も顕著な特徴のひとつは、それが執拗に暴力と器物損壊を同じものとして扱っている点にある。かろうじて二度の囲い込みを回避した僕は、暴力も器物損壊もほとんど目にしていない。僕が実際に目にした暴力は警察によるもので、警棒を振りまわす警察の隊列がホワイトホールに立つ抗議者たちに対して囲い込みを押しつけるときのものだ。アルフィー・メドウズのこと〔※二〇一〇年、哲学科の学生であったメドウズが抗議中の警察暴力によって脳に損傷を負う大怪我をした事件〕を知ったのはあとになってからだが、デモの現実とメディアによるデモの描写との分離ぶりはどんどん腹立たしいものになり、もはやニュース報道を見るのが耐えられないところまで達しているほどだ。若い学生が脳の手術を受けている一方で、メディアは王位継承者の車に対しておこなわれた表面的な「攻撃」に執着している。以上のような事態の影響は今のところ曖昧なままだが【註10】、イギリスがここまで目に見えて分裂したのは、一九八四-八五年の炭鉱ストライキ以来であることは明らかである。

行動一日目の午後、トラファルガー広場からホワイトホールへと向かって流れているとき、我々は自分たちはどこに向かっているのか知らなかったし、誰が先導しているのかも——そんな人間がいるとしてだが——知らなかった。それから一ヶ月経ったあとでも、状況は変わっていないように感じられる。我々は歴史の終わりを抜け出し、未踏の地へと足を踏み入れている。確かなのは、旧世界は崩壊しつつあるということであり、そこに戻ることができると主張するふりをすることさえ、すぐに不可能になるはずだということである。

【註1】デボラ・オール、「Protesting against the cuts is pointless」、『ガーディアン』(2 December 2010)、https://www.theguardian.com/commentisfree/2010/dec/02/protesting-cuts-pointless-deborah-orr

【註2】ポール・メイソン、「Dubstep rebellion — the British banlieue comes to Millbank」、『BBC』(9 December 2010)、http://www.bbc.co.uk/blogs/newsnight/paulmason/2010/12/9122010_dubstep_rebellion_-_br.html

【註3】ダン・ハンコックス、「This is our riot: POW!」、『A Miasma Of Lunatic Alibis』(10 December 2010)、http://dan-hancox.blogspot.co.uk/2010/12/this-is-our-riot-pow.html

【註4】ジェレミー・ギルバート、「A Report on the 'The Hardcore Continuum?' symposium held at the University of East London, April 29th 2009」、『Dancecult: Journal of Electronic Dance Music Culture』(第1巻第1号/二〇〇九)、https://dj.dancecult.net/index.php/dancecult/article/view/274/238

【註5&6】サイモン・レイノルズ、「Slipping into Darkness」、『ワイアー』(第四十八号/一九九六年六月)、https://www.thewire.co.uk/in-writing/essays/the-wire-300_simon-reynolds-on-the-hardcore-continuum_4_hardstep_jump-up_techstep_1996_

【註7】ドミニク・フォックス、「Nova Criminals」、『Poetix (Old Content)』(12 December 2010)、http://codepoetics.com/octoblog/blog/2010/12/12/nova-criminals/〔※リンク切れ〕

【註8】ミシェル・フーコー、『監獄の誕生——監視と処罰』(一九九一〔※原著一九七五〕)

【註9】アレックス・ウィリアムズ、「On Negative Solidarity and Post-Fordist Plasticity」、『Splintering Bone Ashes』(31 January 2010)、http://splinteringboneashes.blogspot.co.uk/2010/01/negative-solidarity-and-post-fordist.html

【註10】デイヴ・オスラー、「Thrashing Royal Rollers: Some Public Relations Tips」、『Liberal Conspiracy』(10 December 2010)、http://liberalconspiracy.org/2010/12/10/thrashing-royal-rollers-some-public-relations-tips/〔※リンク切れ〕

フットボール／資本主義リアリズム／ユートピア

——k-punk, (6 July 2010), http://k-punk.abstractdynamics.org/archives/011626.html

フットボールと新自由主義の反ユートピア主義

ライターのロビン・カーモディが彼の『ライヴ・ジャーナル』のブログで書くように、「イギリスのフットボールは、新自由主義がイングランドそれ自体に対しておこなってきたことのメタファーにほかならない」。もっと言えばそれは、メタファー以上のものになっている。フットボールは、過去三十年にわたって新自由主義がおこなってきた、イギリスにおける文化、社会、経済の工学的な再設計における最前線に位置し続けてきた。新自由主義は自らをこれ以上なく現実主義的なものとして——それこそが唯一可能なリアリズムとして——提示してみせた。それは我々に対して、社会などというものは存在せずそれぞれの利益を追求する諸個人が存在するだけなのだからユートピアなどありえないのだと告げていたわけである。こうした反ユートピア主義をあらわすイメージとして尊大で手が届かないエリート・クラブや多国籍メディア・コングロマリットとの協同、金遣いの荒さで話題を集める選手たちやヨットを買い換えるようにして成功を買い漁る超強欲なクラブのオーナーなどからなっているプレミアリーグほどふさわしいものがあるだろうか？　競争、搾取、弱者にのしかかる強者、稼いだばかりのカネを見せびらかさんばかりにナイトクラブから出てくる途方もなく裕福なスター選手たちを捉えたパパラッチ写真の数々。反平等主義的で、ニーチェ主義的な戦闘としてのフットボール。ユートピアのことなど忘れてしまおう。その代わりに——もし君がまだ若いなら——夢を見るんだ。いつかはこんなふうになりたい、チェシャーに豪邸を持ってサイボーグのように魅力的な女〔※「WAG」はWives and Girlfriendsの略。リッチ&有名なフットボール選手の妻・恋人のこと〕を手に入れたいと。あるいはもし君が超高級なプロ仕様フットボール・シューズを履くには歳をとりすぎているなら、成功などありえないこと、劣ったままでいることに慣れることだ。その代わりにリアリティ・ショーを通じてメディア上で変身することを、宝くじが当たることを夢見ればいい……。

とはいえプレミアリーグは往々にして、結果ではなく原因であるかのように扱われている。資本主義に対する一貫性を持った全体的な批判を欠いた状態で、ただ選手の給料のインフレについてだけ不満を述べてみたところでどうしようもないことである。結局のところそれは、公的な資金が再配分されたものなどではないのだから。選手の給料が高騰しているのは、昨年の銀行危機が起こるまで神聖視されてきた市場力学そのものの結果なのである。フットボールが生んでいる「分不相応」な金持ちに対する攻撃に、労働者階級に属している者たちの自己嫌悪とも重なる、反労働者階級的なルサンチマンを見る向きもあるかもしれない。だが、選手の高い給料や法外なチケット代など、今起きている事態はみな、フットボールがポスト・フォーディズム的な資本に完全吸収されたことの結果なのだ。しかし、もしそうじゃなかったとしたらどうだろうか？　つまり、別のあり方があったとしたらどうだろう？

（ノッティンガムにおける）フットボールの失われたユートピア

デイヴィッド・ピースの『The Damned United』（二〇〇六／二〇〇九年に『くたばれ！ユナイテッド――サッカー万歳！――』として映画化）でも語られていることだが、スポーツ・ジャーナリストのダンカン・ハミルトンによるブライアン・クラフ〔※フットボール選手／指導者。二〇〇四年没〕の伝記には、クラフが――「船を造った人間にも船主と同じだけの収入を得させたいと考えていた」人物である――ピーター・テイラー〔※サッカー選手／指導者〕と一緒にハロルド・ウィルソン〔※元労働党党首／六〇年代後半のイギリス首相〕の講演に出かけ、旧労働党の楽観主義にすっかり感化されて、プロレタリアの新たな時代という展望に熱狂して帰ってくるという、ひどく心の痛むような場面が存在する。クラフはハミルトンに「彼の言うことからは、変革への情熱が伝わってきたんだ」と語っている。「私たちはテイラーの家に戻って燃えるようにその話を続けた」。まるで『Our Friends in The North（北部の我らの友人たち）』〔※一九九六年初放映のＢＢＣドラマ。北部ニューカッスル出身の四人の友人の人生や英社会の変動を一九六四年から九五年まで描いた大河ドラマ〕のワン・シーンのようだ。あるいは「ミッドランズの我らの友人たち」と言うべきだろうか。クラフとテイラーが予測した未来はもちろん訪れることはなかった。ハミルトンの本には、以上と重なるものだと言えるだろう、もうひとつのひどく痛ましい場面がある。それはピーター・テイラーが、ノッティンガム・フォレストＦＣのユーロカップで二度の優勝のあとで、これは始まりにすぎないのだと宣言したことだ……。そのあと実際に起きたのは成績不振と高すぎる選手の年俸、衰退と月並みさ、クラフとテイラーの不安定なパートナーシップの最終的な解消、そしてふたりの間に生じテイラーの死まで続くことになる亀裂だった。だが我々のうちのいったい誰が、最大の勝利の瞬間はすでに過ぎさってしまったのだと認めることができるだろう？　もしできたとして、そのとき人生は、どれほど耐えがたいものになるだろう？

すばらしい新世界が労働者階級に訪れることはなかったが、しかしクラフという個人に対しては訪れた。新たな自信に満ちた労働者階級の先頭を切るのではなく、クラフの最盛期は戦後のプロレタリア集団主義が退潮していった時期と重なっていた。クラフはときに「シャンパン社会主義者」だと嘲笑されたが、それは彼が左翼であることと成功を収めることの間に矛盾はないと見なしていたからだ。生まれながらに貧しい者たちの多くがそうであるように、クラフは自分の人生から貧困を消し去ったと信じることができなかった——だからこそ彼は、あれほどＴＶに出演し、ゴーストライターにコラムを書かせ、様々な不正疑惑にまみれていたのである。『ガーディアン』に掲載された『The Damned United』の書評のなかでクリス・ペティットが論じるところによるなら、クラフは「サッチャー政権下のイギリスが抱えることになるジレンマの多くを体現していた。そのキャリアは常に、自己顕示とパートナーシップ、高潔さと過度の飲酒、不安定な経済状況とフットボールは蓄財以上のものなのだという信念の間の論争のなかにあった【註1】」。プレミアリーグはこの論争を終わらせ、崩れていくクラフの世界——労働者階級の監督が、膨れあがった貴族的なお偉方を出し抜いて打ち負かすことがありえる世界、地方の弱小クラブが名のある強大なクラブを凌駕しうる世界——に残されていたものをついに破壊してしまった。実際、それを受けた彼の最後の凋落は、あまりにも正確に訪れた。病めるリア王たるクラフが指揮を執ったフォレストは、一九九三年、プレミアリーグ開幕シーズンの終わりに降格したのだった。

ひとつの時代の終わり

二〇〇九年五月。炎のようにまぶしいバルセロナが、欧州チャンピオンズリーグ決勝でマンチェスター・ユナイテッドを圧倒する。ユナイテッドは、現代フットボールにおける過酷な資本主義的現実原則を代表する存在になっていた。すでに成功している者、富める者だけが勝利することができるのだというわけである。結果としてファンたちは今、ブライアン・クラフのような天才的監督によってクラブが復活することではなく、暇を持て余す富豪の援助でクラブが救われることを夢見ている。にもかかわらず、よく知られている通りバルセロナはシャツ・スポンサーを持っておらず、ユニセフのロゴだけをそのジャージに掲げている〔※本ブログ投稿の翌年二〇一一年以降、バルセロナは「スポンサーなし」の伝統を破り、スポンサー契約を展開〕。一方でユナイテッドのシャツ・スポンサーは、金融危機の中核を担った保険会社ＡＩＧだ（『エコノミスト』誌によれば、ＡＩＧの「触手はあらゆる分野に伸びている」）。社会的な現実を支配し続ける一連のデフォルトというゾンビのようなかたちを取って延命し続けているとはいえ、新自由主義的な反ユートピアは、銀行の救済とともに瓦解したのである。

会員によって所有され管理されている非営利団体であるバルセロナのスローガンは、「クラブ以上の存在」というものだ。バルサはその財団や教育活動とともに、ユートピアにおいてサッカーがどんな動きをするのかのヒントを与えることになるだろうか？　プロレタリアの芸術性、チームワークの美、競争、だが資本主義リアリズムの私利私欲に駆られたそれではない競争。いずれにせよきっと、そうしたものを含まないユートピアは存在しないだろう……。

【註1】クリス・ペティット、「Review: The Damned United」、『ガーディアン』（19 August 2006）、https://www.theguardian.com/books/2006/aug/19/sportandleisure.shopping

ゲームは変化した

──The Visual Artists' News Sheet, January/February 2011

数ヶ月前の本誌のこのコラムで僕は、芸術が持つ本来の機能は「大いなる拒絶」なのだというヘルベルト・マルクーゼの精神に則り、新たな否定性を呼びかけていた。この呼びかけに対する答えとして、ここ最近のイギリスで起きている、政府の予算削減政策に対する一連の抗議行動のなかで、ロンドンのパーラメント・スクエアの芝生のうえに描かれた巨大な「NO（否）」の文字以上のものはないはずである。ほんの一ヶ月前まで、イギリスのような場所ではこの種の否定性はまだ遠い可能性のようにしか思えなかった。十月末に開かれたオランダ公共空間芸術財団主催によるパブリック・アートと文化に関する会議の場で僕が、近いうちにイギリスでは、民衆による大規模な怒りの表現が生じるだろうと述べたとき、イギリス在住の参加者の何人かは懐疑的で、「革命に対するノスタルジー」だと言って僕のことを非難した。そうした軽視は不当なものだと確信していたが、とはいえ僕としても、ここ最近の抗議の規模は予想していなかった。

イギリスはアイルランドと同様に、僕が「資本主義リアリズム」と呼んでいるもの──資本主義が唯一の選択肢〔※the only game in town：慣用句だが、直訳としては「町で唯一のゲーム」となる〕である以上、我々にできるのは、自分たちをそれに適応させる方法を見つけることだけなのだという考え方──の最前線にい続けてきた。左派による資本主義リアリズムの一角を占めてきたものとして、自らのペシミズムや幻滅の否認、他の誰かに対して投影することが挙げられる。何も起こらないだろう、誰もが無関心なままだろうというわけである。だが十一月以降、イギリスの政治風景を劇的に変化させたあの驚くべき学生運動によって、この種の診断は吹き飛んでしまった。ロンドンでの抗議で見られたプラカードのひとつにあった通り、無関心は死んだのだ。抗議者たちは「ゲームは変化した」というチャントを繰り返していたが、確かにその通りだった。我々はこのかん、敵対的な行動が花開くのを目にしてきた。対抗関係をどんどんと剥き出しの状態であらわにしていった大規模な抗議が起きているだけではなく、占拠やチェーン店を侵略するデモ隊のフラッシュ・モブが起きている。六八年との比較は避けがたいものだが、今回の運動は数多くの点で四十年前に起きたことよりも注目に値する。六八年は、六〇年代における「文化の革命」の――つまり（すべては階級対立に還元可能なのだと主張する）統制されたマルクス主義的なメタ物語に対する一連の挑戦の数々の――最後に起きたものである。前提としてそこには、（逸脱していくための足場となる）信頼できる左派の政治的プロジェクトと、（途方もない要求の条件となる）社会民主主義的な文脈の両方が存在していた。しかしこのどちらも今や、決定的に消え去っている。そんなものはもう、今のイギリスの抗議に参加している多くのティーンエイジャーの親たちの大半にとってさえ、遠い記憶になっている。現在の運動は、革命的な左派が何のインフラも持たず、穏健な左派が資本主義リアリズムに屈して久しい状況のなかで、自らをほとんど無から築きあげなくてはならなかった。またおそらくこの点が最も驚くべきことだが、この運動は、それまで資本主義リアリズムの最も明白な犠牲者だった者たちによって、つまり若者たちによって築きあげられてきた。あわせてまたここで――よくあることだとはいえ――忘れるべきではないのは、六八年は失敗したのだという点である。新たな抗議者たちの群れは今、勝利することを期待している。彼らは、六〇年代以降のいわゆる急進左派たちの悪癖である年季の入った敗北主義を――そして失敗に対するロマン主義を――持ちあわせていない。六八年と現在のもうひとつの違いとしては、抗議者たちの階級構成が挙げられる。六八年の大学生が少数のエリートだったのに対し、今のデモの波のなかにいる学生たちの多くは、労働者階級に属している。六八年は、労働者と学生の短期に終わった同盟をめぐるものだったが、こんにちの学生たちの多くは、学業を支えるためにアルバイトの——あるいはしばしばフルタイムの——仕事を強いられ、すでに労働者と化している。同様に、(人生のなかの四十年の間、週に四十時間工場で過ごす者という)労働者のフォーディズム的モデルが、「柔軟性」と短期契約を前提にする不安定な労働に取って代わって久しいことも指摘できる。今の抗議に備わっている対応の運動では新たなテクノロジーが決定的な役割を果たしていることも挙げられる。また最後に、目下の迅速さは、フェイスブックやツイッターといったソーシャル・ネットワーク・サイトがあればこそ可能になったものである。

イギリスにおいて政府は、教育や芸術や公共サーヴィスや福祉を標的にして、息を飲むほど過酷な予算削減を押しつけてきた。それらの分野における予算削減に対する正当化は、「もうこれ以上カネはない」という資本主義リアリズム的な根拠にもとづくものだったが、反対派たちはそれを、新自由主義の残党たちが公共空間を全面的に排除しようという未完のプロジェクトを追求するために用いている薄っぺらな口実だと正確に見抜いてきた。一方でそうした正当化は、新自由主義に対して「当たり前に」敵対的な諸集団が同盟を結ぶ条件を作り出した。芸術と教育という観点から言うなら、潜在的にであれ我々が今目にしているのは、ボヘミアン——つまりビジネス的な価値を軽蔑するブルジョワの一部——と、労働者階級の関係の再強化だと言える。芸術好きの労働者たちを単純労働から逃走させ、中産階級のボヘミアンたちをプロレタリア文化が持つ突然変異的なエネルギーに接触させたこの関係こそが、六〇年代、七〇年代、八〇年代におけるイギリスとアイルランドの大衆文化の原動力だった。こんにちの対抗性はこの関係を復活させることができるだろうか？　僕には楽観的にならない理由が見当たらない。

創造的資本主義

――The Visual Artists' News Sheet, March-April 2011

「私たちは、この死んだ現実(リアリティ)、この狂気の変遷を、監獄を生きたのと同じように、生を再確認する奇妙で獰猛な方法として生きなければならない。牢獄での非道な経験、死とその暴力から逃れることはできなかった。(中略)暗いロマンチックな幻覚に苦しむしかなかった。もはや選択肢はなかった。確かに、私たちにとって、世界に対する代替案が存在したことはない。ラウシェンバーグのように、想定され、打ち砕かれ、その怪物のかたちで再発明される世界。しかし、そのようなヒロイズムの可能性さえ、私たちには否定された(中略)私たちは、真実の、私たちの真実の敗北に苦しみながら生きなければならない。その表象、連続性、記憶、痕跡を破壊しなければならない。現実(リアリティ)が変化し、それとともに真実も変化したという認識を回避するためのあらゆる詭弁は、拒絶されなければならない。(中略)私たちの血管に流れる血液は、まさに入れ替わってしまったのだ」

――トニ・ネグリ『芸術とマルチチュード』【註1】

ネグリの『芸術とマルチチュード』は計九通の手紙からなるもので、その多くが一九八〇年代末、フランスに亡命していた際に友人に宛てて書かれたものである。ネグリはここで、一九七〇年代の敗北のあとで左翼が耐え忍んだ困窮を描写している。左派の抱いていたあらゆる希望は砕かれ、日常生活の全領域にビジネスの思考を導入することに成功した新自由主義によって出し抜かれた。換言するなら、ネグリの手紙にあらわれているのは、僕が資本主義リアリズムと呼んでいるもの――資本主義のオルタナティヴは存在しない以上、唯一可能な態度はその要求の数々に順応することであるとする見方――が導入された直後の影響についての説明なのだと言える。ネグリは左派の苦境を鋭く提示している。

戦闘性の古い形態が持つ見かけ上の確実さに戻ることは、自らを今日性の彼方に委ね、廃退に委ねることになり、歴史的な遺物と化すことになるだろう。だが新たな状況を受け入れ、そこに順応するとしたら、完全な敗北を是認することになる。ネグリが提唱している唯一の可能性は、一種の宗教的な試練として――つまり過酷で恐るべき再生の契機として、革命など不可能なものに見え、反動的な諸力がすべてを支配しているまさにその只中で生じる革命主体の変形として――砂漠のなかのときに耐え忍ぶことである。資本がポスト・フォーディズム的な形態へと変異し、労働が「非物質的」で「柔軟」なものになり、グローバリゼーションの圧力にさらされることになる新たな状況は、新たな可能性を提示するのであり、いずれにせよその可能性は受け入れられなくてはならないのだというわけだ。

折にふれ目を見張るところのあるそれらの手紙を読んでいると、僕はあいかわらずネグリの否定的な分析に、つまり文化や意識は全面的に資本に包摂されているのだというその洞察に納得できると感じる。一方で僕が納得できないのは、そうした凡庸かつ暗黒の支配に対して彼が示している肯定的なオルタナティヴの方だ。彼の発想源であるドゥルーズ＋ガタリ同様にネグリは、マルチチュードの創造性という生きた可能性(ポテンザ)を壊死させようとする資本勢力に対抗する生気論者なのである。

芸術は本質的に反逆的で壊乱的なのだとネグリは主張する。ネグリ自身、芸術に慰めを求めすぎることの危険性を認めてはいるが、結局のところ彼は、芸術に信を置き続けている。「私自身が七〇年代の政治的敗北に見舞われ、絶望の淵に立たされたとき、芸術に対して、それに耐え、個々の抵抗と救済の方法を見出す手助けをしてくれるよう求めた」と書きつつ彼は、「私は芸術の能力を過大評価していた」と述べている。だがネグリはすぐに、芸術は「自由の還元不可能性、破壊的行動、根本的変革への愛の永続的実証」なのだと主張するのである。

ネグリの観点からすれば、以上のふたつの主張に矛盾はない。彼が主張しているのは、ひとりの個人が芸術だけで落胆から脱するのは不可能であり、脱出は——必然的に芸術を含まずにはおかないものである——連帯の新たな形式によってこそ可能になるということなのだ。そうした集団性についての指摘は確かにかつてないほど切迫したものになっているが、しかし一方で、ネグリがこれほど芸術を賛美しているのは奇妙なほどノスタルジックなものに見える。というのも、「創造産業（クリエイティヴ・インダストリー）」という概念にこれ以上ないほど端的に集約されている通り、資本主義リアリズムの時代は、あらゆる種類の芸術とビジネスの相互作用を経験してきたものでもあるからだ。

資本主義リアリズムのなかで支配的なものになり、その芸術的・商業的価値を異常に肥大化させている芸術は偽の芸術であり、芸術が本来持っている戦闘性を裏切り、それを稀薄化させたものなのだと主張することももちろん可能である。だがネグリの持つ否定性の論理を徹底させ、出来合い（レディメイド）の、既存のユートピア的エネルギーなど存在しないのだと、資本への取り込みに対して本性的に抵抗しているものなど何もないのだと考えてみたらどうだろう？　このように考える限り、創造性と資本主義を対抗させることではなく、マルチチュードの創造性を捕獲するものとしての資本主義が問題になる。今現在の敵はむしろ創造的資本主義と呼ぶべきものなのであり、それに打ち勝つには、肯定主義の新しい形式ではなく、新たな種類の否定性を発明する必要があるはずだ。

【註1】トニ・ネグリ、『芸術とマルチチュード』（二〇〇七）

現実の管理経営（マネジメント）

——k-punk, (5 July 2011), http://k-punk.abstractdynamics.org/archives/011851.html

ヨハン・ハリ〔※剽窃、偽名によるウィキペディア改ざんなどで批判され、オーウェル賞を返還したリベラル系ジャーナリスト〕の擁護者たちは（彼らがハリを擁護するたび、イギリスの高級紙論壇の大半が、いかに自足的で自分たちの利益だけを考えるオックスブリッジ・クラブの面々からなっているかが強調されていった）、自分たちの子飼の人間が犯した罪をどうにかしてうやむやにするべく、情けないことに『ニューズ・オブ・ザ・ワールド』の電話盗聴事件〔※同紙記者がニュースを求めて電話盗聴をしたスキャンダル〕を利用したのかもしれない。だが現実には、ハリの件と『ニューズ・オブ・ザ・ワールド』の件は、エド・ミリバンドの例の「このストライキは間違っている」動画【註1】〔※二〇一一年六月の教員や公務員によるストライキについて、BBCのインタヴューに答えた労働党党首のミリバンドの動画〕や、進行中のサイバー戦争（ウィキリークス、ラルズセック、4Chan）なども含みこむ、単一の危機の一部なのだ。我々がアサンジとジジェクの対話にあれほど失望させられたのはおそらく、象徴的なレヴェルにおける実効性の危機をめぐるジジェクの基本的な指摘が、今ではあまりに明白になっており、これ以上展開する必要がなくなっているからだろう。権力のエリートたちの日常的な腐敗を我々が知っていることと、知られていることが公的に立証されることは今や、まったく別のことになっているのである。権力が現実を管理経営するために必要としている空間が失われつつあるのだ。

『イグジステンズ』〔※デイヴィッド・クローネンバーグ監督による一九九九年のSFサスペンス作品〕の世界から出てきた読み出し専用キャラクターそっくりに、何を質問されてもあらかじめ決められたひとつの答えだけを繰り返すことしかできなかったミリバンドの通称「ミリボット」動画では、政府広報による画面外での操作が、ダークなアートというよりも、超現実的なコメディのようなものとしてあらわれていた。一方で、ハリの操作が露見したことが重要なのは、（ライターのペトラ・デイヴィスがツイッターで指摘した通り）それによって、彼にとっての「常識的な現実」の構築が、フィクションにこそ適した技術にもとづいたものであることが示されたからだ。ハリの書いたものを読みかえすと、そうした技術がいかに粗雑なものだったかに驚かされる――「彼女は片時も手放さないタバコを一服吸う」とか、「彼はさらにワインを注文した」といった表現が、剽窃された文章のそこここに挿入されているのである。ハリの「インタヴュアー」としてのキャリアそれ自体が、ポストモダンの長い悪ふざけのようであり、その意味でこのエピソードは、リベラルな経験論にとってのソーカル事件〔※一九九四年、ニューヨーク大学物理学教授だったアラン・ソーカルが学術誌『ソーシャル・テキスト』にポストモダンの思想家を真似た、無内容な疑似論文を投稿したところ、そのまま掲載されてしまった事件〕に相当するものだと見なされるべきものだ。デテリトリアル・サポート・グループ〔※本書二三九頁参照〕によるハリの暴露【註2】が、ハリによる悪意に満ちたネグリ批判記事――リベラル派のプロパガンダおよび理論に対する反射的な嫌悪感を伝える上級セミナーだった――からはじまったのはもっともなことだった。高学歴のハリはそこで、『〈帝国〉』を理解することはできない、だからあんなものを読んでも気にすることはないと読者たちを安心させている。**私たちは読まない、だからあなたたちに読む必要はない**という古くからあるお決まりのパターンだ。ネグリに対するその「インタヴュー」は、彼に対する個人攻撃と、自明性の主張（言うまでもなく共産主義は悪である、この気の立った老人はいったいなぜそれを認めないのか）の間を粗雑に行ったり来たりしている。とはいえ、改めて今見てみるとハリの結論――「革命的マルクス主義はここで終わろうとしている。それは年老いたブルジョワのノスタルジーのためのわけのわからない室内ゲームに成り下がったのだ」――は、それ自体が過ぎ去った世界の遺物のように読めてくる。近過去の「確実さ」や自明性は、それらに縋ろうとする者たちの思いをよそに、あっという間にバラバラになりつつあるのだ。

『ニューズ・オブ・ザ・ワールド』の件に関して言うなら、同紙それ自体や電話の盗聴の件だけが問題でないことは明らかである。告発されているのは、支配階級全体、統治の在り方全体なのだ。あらゆる意味でこの件は、新自由主義が用いる標準的な封じ込め戦術――構造的な傾向から目を逸らすために、誰かしらの個人を記念品的なスケープゴートとして提示すること――が今や破綻しつつあることを示している。ニューズ・インターナショナル社〔※『ニューズ・オブ・ザ・ワールド』の発行元〕は今、すでに差し出したスケープゴート（アンディ・クールソン〔※同紙の編集長〕）を再び生贄に捧げようとしているが、このプロセスは彼らの手には負えず、独自の勢いを見せている（こうした動きは、遠からず確実に他の新聞社を巻き込むことになるはずである）。切り離されているように見せられていた一連の出来事が、今やそのありのままの姿を見せている。世界中に張り巡らされている腐敗の網の入り組んだ複雑さは、『ザ・ワイヤー』〔※HBOにて二〇〇二年から二〇〇八年にかけて放送された社会派テレビ・ドラマ〕やデイヴィッド・ピースの小説から出てきたかのようだ。私立探偵、犯罪的な裏社会、タブロイド紙、多国籍メディア・コングロマリット、警察、政治家、銀行、そしてそれらを規制するはずの（良く言えば無力な、悪く言えば問題の一部である）諸組織からなっている闇のネットワークを、世間の監視の目から隠し通すことは、今やもう不可能なのである。そこにあるのは陰謀というよりも、共犯のネットワークだと言える。どの方面にも恐れがあり、誰も他を信じておらず、誰が誰の情報を握っているかによってすべてが決まる……。警察を監視しているジャーナリストを監視する警察、脅迫され、お目こぼしをねだる政治家たち……。

資本主義リアリズムを特徴づけているのは、政治のレヴェルでは運命論であり（新自由主義化の方向をさらに突き進んでいく以外の変化はありえない）、個人のレヴェルでは魔術的自立主義である（研修コースをもっと受け、メアリー・ポータス〔※本書三五六頁参照〕やカースティ・オールソップ〔※『夢想のメソッド』三六七頁の訳註参照〕の話に耳を傾けて、とにかくもっと頑張れば、君は何だって成し遂げられる）。この魔術的自立主義は当然、辞任だ辞任だと騒ぎ立て、今やタブロイド紙自体がそうした文化のなかに巻きこまれている。とはいえブロガーのゾーン・スティックスが指摘した通り、ニューズ・インターナショナル社が目下、自社の幹部よりもシャロン・シュースミス〔※二〇〇七年、ロンドンのハリンゲイ区で幼児が死亡した事件で、児童保護サーヴィスの責任者だったシュースミスはタブロイドの攻撃の標的なり、解雇された〕のような公共サーヴィスの責任者たちに多くの責任を課しているのは明らかだ。個人化せよ、個人化せよと資本主義のイデオロギーは主張する。我々はたとえば、メディアがラルズセック〔※ハッカー集団〕の件をライアン・クリアリー〔※カナダのジャーナリスト、政治家〕の問題に還元しようとしたことや、何も知らないピーター・プレストン〔※『ガーディアン』元編集長〕がデテリトリアル・サポート・グループのような集団的存在という発想を理解できないものと見なしたこと【註3】に注目しておくべきである。

メディアに対する管理経営（マネジメント）可能なレヴェルのシニシズムは、実際のところ資本主義リアリズムのメディア・システムに上手く役立っている。メディアが公共圏の代わりになり、ジャーナリストや政治家が「嘘つきばかり」だと見なされるなら——大抵の場合その通りなのだが——、公的な生活のなかで抱かれるような希望などまったく存在しないことになるのだから。三文ジャーナリストの言い訳は、市場ホッブズ主義に訴えかける。安物ジャーナリストは、誰もが欲しているが、しかしそれが好きだとは認めようとしないものを与えているのだというわけである。自己嫌悪の享楽や、その他の任意の刺激に浸かりきった安ジャーナリストは、「闇のプリンス」を自称しながら、自分たちは、民衆のものである否認されたシニシズムを反映しているのだけなのだと考えている。下水道で働くのを好きな奴なんていない、だけどお前らはみんな、俺たちが浚ってくるあの愉快なセンセーションの塊が大好きなんだろ？　同様にグレン・マルケア〔※『ニューズ・オブ・ザ・ワールド』の盗聴に関与した私立探偵〕は、『ニューズ・オブ・ザ・ワールド』から結果を出せとプレッシャーをかけられたとこぼしているが、これはたんなる弁解にとどまるものではない——ここで我々が目にしているのは、市場シェアが低下するなかで出版メディアに作用している激しい競争圧力の一端である。ここにもまた、否定的な連帯がある。酒臭い息の甲殻類のような人間もどきだけが生き残ることのできる、地獄のようなプレッシャーのかかった深みへと向かうレースが存在しているのである（これは元『ニューズ・オブ・ザ・ワールド』の低俗な売文家であるポール・マクマランを見るだけでわかることだ）。自分の役割を果たした者たちがひとりまたひとりと白日のもとに晒されるにつれ、かつての居丈高な嘲りは、お馴染みの泣き言へと変わっていく。これが現実なんだ、我々にはどうしようもなかった、今の現状はこうなんだ、等々……。だが我々は、彼らの言い訳をシステムに対する告発として聞かなければならない。過度の悲惨な労働と、無慈悲な競争が人間をどんな状態に追いやろうとするのかを注視する必要がある。

　いずれにせよ、思いつくままに人の首を切っているだけでは明らかに不十分である。ダン・ハインドが以下のように述べる通り、必要とされているのは、メディアの全面的な改革なのである。

メディアのなかにおける現在の権力と意思決定の構造をそのままにしておくことは許されない。大きなメディア組織の社員たちは、何を調査し、調査結果のうちの何を目立たせるかに関する決定を独占的に支配している。彼らはそうした独占的な権力を公共の利益のもとで使うことができなかったし、使おうともしてこなかった。だから今こそ、我々自身の間で自由にコミュニケーションを取りあう民主的な権利を主張すべきときなのだ。我々ひとりひとりが、調査を開始し、それを公表する権限を何分の一かずつ保有しなくてはならない。それをしない限り、我々の公的な生活は、公式に認可されたおとぎ話や、独善的な言い訳や、罪なき人々に対するグロテスクな虐待からなる混乱にとどまり、我々の理解、ひいては我々の自己統治能力の限界を、市場の力とエリートたちの特権が定めることになってしまう【註4】。

今日の庶民院の緊急討論では、多くの議員たちが、いじめの追随者でもその被害者でもあるような、ほっとしているようであると同時にわずかに当惑しているような雰囲気を漂わせていた。いずれにせよ彼らには、専政が終わりに近づいているかもしれないと考えることなどとても無理な話なのである。一方で土曜日にアサンジが語ったように——またダン・ハインドが『The Return of the Public』(二〇一〇)で論じている通り——、企業メディアは、人々を孤立させ、ビジネス上の利益に支配された世界に対する不満を信じないようにする機能を果たし続けている。こうした状況に抗ってきたのは、ネット上でも街頭でも、反対派たちによる新たな集団性の生産である。この異常な過渡期のなかで我々が目にしているのは、現実の管理経営システムが外から侵食されるとともに内部から崩壊していく姿だと言える。そしてそれは、始まりにすぎない——我々はまだ、何も目にしていないのだから。

【註1】https://www.youtube.com/watch?v=wCem9EZb-YA参照。

【註2】デテリトリアル・サポート・グループ、「Hari Kari/Hackery」(17 June 2011)、https://deterritorialsupportgroup.wordpress.com/2011/06/17/hari-karihackery/

【註3】ピーター・プレストン、「Johan Hari's anonymous attackers have spun foolishness into dishonesty」、『ガーディアン』(3 July 2011)、https://www.theguardian.com/media/2011/ jul/03/johann-hari-quotes-honesty-foolish

【註4】ダン・ハインド、「The Limits of Acceptable Controversy」、『The Return of the Public』(25 October 2010)、https://thereturnofthepublic.wordpress.com/2011/07/05/the- limits-of-acceptable-controversy/

UKタブロイド

――k-punk, (8 July 2011), http://k-punk.org/uk-tabloid/

今朝の驚くべき記者会見【註1】〔※電話盗聴事件に関するキャメロン首相の会見〕を乗り切るためには、キャメロンのレプリカントのような上辺だけの笑顔が必要だった。今週は様々な出来事があまりにも目まぐるしく動いているので、彼の認めたことのいくつかがどれほど重大なものだったかはともすれば見過されてしまう。多くの人たちが、キャメロンが今日述べたことを本当に実行に移すかを疑っているのは当然だが、ときに発言それ自体が行動になることがある。キャメロンが今日述べたことが持つ究極的な意味は、それによって、報道機関や警察やその他の政治家たちが関与する腐敗のシステムが存在し、彼自身がそれに関わっていることが――当の人でなし本人の口から――公式に認められたことにこそある。我々全員がこの状況を共にしている――惨めな首相の座を決定づけることになるだろうその運命的なフレーズを、改めて彼は悲しげに繰り返していた。このことは、フルシチョフがソ連の腐敗を認めたことの資本主義リアリズム版と言えるかもしれない。もちろん、今起きていることのすべてが、本当にまったく違うところへたどりつくことになるのかと疑う者もいる。前回の投稿で論じた通り、今我々が生きている状況がもし本当に『ザ・ワイヤー』やデイヴィッド・ピースの小説の一冊が告発したものに似ているとするなら、我々はそうした作品が持つ政治的な両義性と向きあう必要がある。そこに示されているのは要するに、どれだけ局所的な勝利が達成され、どれだけ多くの個人が死んだり告発されたりしたとしても、非人称的かつ冷酷かつ執拗にそれ自体を再生産し続ける、ショーペンハウアー的な怪物としての〈システム〉である。果たしてそれは、資本主義リアリズムの分析なのだろうか、それともそれに対する貢献なのだろうか？　いずれにせよ、ピースの作品も『ザ・ワイヤー』も、ともに政治的な行き詰まりの徴候だと見なすことができる。ピースの小説は集団的な政治の敗北を示し、『ザ・ワイヤー』はその敗北の結果を解剖しているのである。

今我々が目にしているのは、システムの崩壊を予告するものではないかもしれないが、しかし今週の出来事は間違いなく、イギリスにおける権力が再編成を強いられた瞬間として振り返られることになるだろう。我々はマードック家〔※世界的なメディア所有者の一族〕を、常に出来事の一歩先を行くマキャヴェリ主義者だと考えすぎる傾向にある。だがどんな帝国も永遠に続くことはない。どれほど目端の効く経営者でもいずれはその手腕を失うものだ。マードックがソーシャル・ネットワーク・サイトのマイスペースを買収した人間であることを思い出すべきである。『ニューズ・オブ・ザ・ワールド』を廃刊したことは賢明な動きだったかもしれないが、しかしいずれにせよそれは、マードック家が後手に回っておこなったことなのだ。それは主導権を取り戻すための、あるいは少なくとも、自分たちには手に負えなくなっている状況に耐えるための反動的な試みだったのである。

以上は完全に行き過ぎた権力の結果だと言える。かつてのオートノミストの議論が正しく、資本の改革は労働者による拒否の行為によって余儀なくされたものだったのだとすれば——一九八〇年代におけるマードックと労働組合の戦い〔※コンピューター化による印刷工の失職に端を発する〕ほどこのテーゼを鮮やかに説明するものはないだろう——、実効性を持った反対運動が存在しないなかで、資本の動きがどれだけ粗雑で、どれだけぞんざいなものになったかは今や明らかである。それは退廃であり、単に道徳的な意味でだけではなく、衰退や減退という意味での退廃でもある。二一世紀初頭の新自由主義の隆盛のなかで、三文ジャーナリストや警察や政治家たちは、自分たちのやっていることが露見するなどありえないと確信していたため、これまでになく厚かましく悪質にふるまい、どうやらその痕跡を隠すことにほとんど注意を払っていなかったようである。このかんに明るみに出てきたこととしては、新自由主義の覇権が構成されていく際の中心となるものだった生政治的な管理において、タブロイド・メディアが決定的な役割を担っていたことも挙げられる。マードックは「キング・メイカー」だとしてさんざん騒がれている。だが、ポール・デイカーがやったことと同様に、政治家たちに対するマードックの影響力は、彼らのために何ができるかよりも、彼や彼の組織に政治家が逆らった場合に何がおこなわれるかに依存していた。たとえば、ニューズ・インターナショナル社に対する以前の警察の「捜査」が不十分なものだったのは、同社が捜査官の弱みを握っていたからだとか、庶民院の議員たちが『ニューズ・オブ・ザ・ワールド』編集長だったレベッカ・ブルックスの責任追及に及び腰になったのは、彼らがタブロイド紙に辱められることを警戒したからだと言われている。デイカーとマードックは、忠誠心とシニシズムからなる王子様なのである【註2】。新自由主義的なタブロイド紙は、バロウズ的なバイオコントロール装置の粗雑すぎるダイアグラムのようなものだと言える。一方では快楽主義的な過剰さを煽りたて、他方ではそれを非難するのだ。監視は仮想的(ヴァーチャル)なものでありさえすればいい。大文字の〈他者〉の目に晒されて恥ずかしさを感じないような妄想のなかの生などないのだから、潜在的に人を辱めるような何かをクローゼットから引きずり出すことは常に可能なのである。こうした暴露の被害者が誰であろうと、右派の目的には役立つ。というのもそれは、誰もが自分のために行動し、誰もが金で買える、機会さえあれば、誰もが性的に抑制が効かなくなるのだという、「人間の本性」についてのホッブズ的な説明を強化するものだからだ。ジェイムズ・エルロイが政治的な脱神話化についての大作小説を『アメリカン・タブロイド』(一九九五)と題したのは偶然ではない。

だが『ニューズ・オブ・ザ・ワールド』を最終的に終わらせることになったのは、まさにそうした忠誠心とシニシズムの組み合わせだった。同誌があれだけ感傷的に信心家ぶって吹聴していた大義や個人――兵士たちや殺された子供たち、七月七日のロンドン同時爆破事件の犠牲者たち――に関することの実質的にすべてが、電話のハッキングによるものだったことが明らかになり、公的な忠誠心と私的なシニシズムの距離はもはや保てなくなったのだ。

アダム・カーティス〔※作家、ドキュメンタリー映画監督〕によるマードックの略歴を読んでいると【註3】、タブロイド紙のセンセーショナリズムに対する正当化がいかに変化してきたがよくわかる。社会民主主義の時代に同紙を買収した際マードックは、『ニューズ・オブ・ザ・ワールド』が卑猥になることはない、と主張したが、そうした立場は人々が望むものだけを提供するという新自由主義の主張に取って代えられた。昨日の夜の公開討論番組『Question Time』で機知を欠いた反動主義者であるラジオ・パーソナリティのジョン・ゴーントの発言がたどったのはまさにこの線だった。人気のない（アンポピュラー）ポピュリストほど無残なものはなく、ヒュー・グラント〔※電話盗聴事件の犠牲者のひとり〕に対するゴーントの煽り――「新聞の一面に出て困るなら、ズボンのなかにしまっておくべきだった」〔※一九九五年に車中でブロウジョブを受けたグラントが、警察に逮捕されたスキャンダル〕、「何を見ることができて何を見ることができないのかを人にとやかく言うあんたはいったい何様のつもりなんだ」等々――は、見ていてばつが悪くなるほどに聴衆の気分を見誤ったものだった。タブロイド紙のセンセーショナリズムは麻薬だが、昨夜の『Question Time』の聴衆には、安っぽいその麻薬を手に入れることで払わなくてはいけなくなる代償を、もう見て見ぬふりはするまいという感覚が広がっていた。今ではもう古びたものになったゴーントの「選択」というレトリックや、そのパターナリズムに対するバッシングには、ほとんど食指が動いていなかった。

ゴーントが哀れにも売りつけようとしていた古い新自由主義の路線はもはや、前の日のファストフードのような魅力しか持っていなかった。我々に残されたのは、新たな力とともに今再び提起されることになった、文化をめぐる一連の問いの数々である。新自由主義は破綻し、それが打ち破った貴族文化を復活させることはできないし、復活させるべきでもない——だとしたら次は、どこへ向かうべきなのか？

【註1】電話の盗聴に関するキャメロンの記者会見の、こちらの筆記録を参照。https://www.gov.uk/government/speeches/prime-ministers-press-conference

【註2】アンエンプロイド・ネガティヴィティ、「Clerks and Cynicism」（29 July 2006）、http://www.unemployednegativity.com/2006_07_01_archive.html〔※リンク切れ〕

【註3】アダム・カーティス、『ＢＢＣ』（30 January 2011）、https://www.bbc.co.uk/blogs/adamcurtis/entries/57db68b8-f43c-34d2-be0e-9f0c62b9486f

未来はいまだ我々のもの――オートノミーとポスト資本主義

――We Have Our Own Concept of Time and Motion, (Auto Italia South East, 2011), pp. 5-7, https://monoskop.org/images/d/dd/Auto_Italia_eds_We_Have_Our_Own_

アダム・カーティスによる最近のドキュメンタリー・シリーズ『All Watched Over by Machines of Loving Grace（すべては愛に満ちた機械に見守られて）』（二〇一一）は、以前はカウンター・カルチャーに結びついていた自己組織化の言説が、今や支配的なイデオロギーに吸収されてしまったのだと主張した。かつてヒエラルキーは悪であり、ネットワークは善だった。「トップダウンの管理」と同義であるとされていた組織は、それ自体として抑圧的で非効率的なものだった。カーティスの主張には、明らかに何事かがある。主流派の政治的言説は今、実質的にすべて、国家や計画や組織された政治的な変革の可能性を疑い、それらに対して警戒心を抱いている。このことは僕が資本主義リアリズムと呼んでいる、システムの変化が起こりえないのであれば、我々にできるのは資本主義を最大限利用することだけだとするようなイデオロギー的な枠組みを助長している。

右派が左派を旧来の「トップダウン」型の政治と同一視することで利益を得てきたことは間違いない。新自由主義は、官僚主義を過去のものにし、それを――「柔軟性」や「個人の選択」と同義だとされる――「近代化」と対比させるような歴史的時間のモデルを押しつけた。より最近では、多くの嘲笑を集めているキャメロン政策による「大きな社会」という発想があるが、実質的にこれは、オートノミズムの右派版だと言えるものである。

実際「大きな社会」という構想の考案者のひとりであるフィリップ・ブロンドの活動は、自己組織化のレトリックで満ちている。シンクタンク『レスパブリカ』のために書かれた報告書「The Ownership State」のなかでブロンドは【註1】、「不確実性と変化こそが伝統的な指揮統制の効果を失わせるのだということを自覚している開かれたシステム」について書いている。多くの人間たちが、ブロンドの考えは新自由主義的な民営化のアジェンダに対するわかりにくい正当化だと見なしてきたが、しかしブロンド自身は、これらの考えを新自由主義への批判と位置づけている。ブロンドは僕も『資本主義リアリズム』のなかで取り上げているパラドックス、すなわち、新自由主義は官僚主義を排除すると約束したが、実際にはむしろ、それを増殖させているというパラドックスを指摘している。公共サーヴィスが「適切な」市場として機能することはありえない以上、医療や教育分野において「市場による解決」が押しつけられることになると、「いずれも品質や管理の保証に関わるものである会計士、審査官、検査官、評価員、監査官などからなる、膨大なコストを必要とする官僚主義が生み出されることになり、改革や実験を妨げ、高いコストが固定化されることになる」。ブロンドが書くところによるならそうしたシステムは、

機械的というよりも有機的であり、それを作動させるためには従来とはまったく異なる考え方が必要になる。詳細な計画よりも行動を踏まえた戦略やそこからのフィードバックが重要であり（経営コンサルタントのトム・ピーターズが書いた通り、そこでは〔※「構え、狙え、撃て」という従来のプロセスではなく〕「撃て、構え、狙え」が要求されることになる）、ヒエラルキーはネットワークに取って代えられ、周縁は中心と同様に重要なものになり、利己心や競争は信頼や協働で相殺され、コンプライアンスよりも独創性や創意工夫が、過度な

単純化よりもスマート化が求められる。

右派が以上のような言葉で語る用意をしている以上、今の我々を救うのにネットワークや開かれたシステムだけでは不十分なことは明らかである。むしろ、ジル・ドゥルーズがその重要な論考「追伸——管理社会について」のなかで論じたように【註2】、ネットワークとは、旧来の「規律訓練」構造に取って代わった「管理」社会のなかにおいて、権力が作用する様態であるに過ぎないものなのだ。

だとすれば、オートノミーや自己組織化という考えは避けがたく右派に取りこまれ、左派にそれ以上の政治的な可能性はないことになるのだろうか。断じてそうではない。オートノミズム的な考えが右派に取りこまれたことは、そうした考えに欠陥があることを示唆するものなどではまったくなく、むしろそこに継続的な可能性があることを示すものなのだ。ブロンドやその同族たちがオートノミズムを自分たちのものにしたことの何が問題なのかを知ることは、未来における右派と左派の違いがどのようなものになるのかについて何事かを語るものにもなるはずである。

カーティスの言う通り、オートノミズム的なアイデアを無力化する主な方法は、政治的組織という考え方そのものに対抗するものとしてそれを利用することにある。だがオートノミズムの理論がいまだに決定的なものであり続けているのは、強制的な柔軟性やグローバリゼーションやジャスト・イン・タイム生産といったポスト・フォーディズム的な状況のなかにおいてそれが、左派の政治的組織がどのようなものでありうるのかについてのモデルを構築するための手段を与えてくれるものだからだ。グローバル・ノースにおいて「古い左翼」を生み出した状況が崩壊していることはもはや疑うべくもないが、一方で我々は、退屈な工場労働や男性産業労働者が支配する労働運動などといった、失われたフォーディズムの世界にノスタルジーを持たない勇気を持たなければならない。アントニオ・ネグリが最近刊行された『芸術とマルチチュード』のなかに収められた書簡のひとつで力強く述べている通り、「私たちは真実の、私たちの真実の敗北に苦しみながら生きなければならない。その表象、連続性、記憶、痕跡を破壊しなければならない。現実が変化し、それとともに真実も変化しているという認識を回避するためのあらゆる詭弁は拒否されなければならない。（中略）私たちの静脈に流れる血液は、まさに入れ替わってしまったのだ【註3】」。いわゆる「認知」労働への移行が過度に強調されているとはいえ（決まりきったフレーズを一日中機械的に繰り返すコール・センターでの労働が、生産ラインでの労働よりも「認知的」なわけではないように、労働がただ話すことを含むだけでは、それが「認知的」なものになることはない）、反復的な産業労働からの解放はひとつの勝利であり続けているというネグリの指摘は正しい。だがクリスティアン・マラッツィが述べた通り、今の労働者は『旧約聖書』のユダヤ人たちのようになっている。フォード主義的な工場という拘束から解き放たれた彼らは今、砂漠のなかに置き去りにされているのだ。フランコ・ベラルディが示した通り、不安定な労働には、新たな種類の悲惨がともなうことになる。モバイル通信技術によって可能になった常時接続のプレッシャーは、もはや労働日に終わりがないことを意味している。常時接続された人々は、スイッチを切ることができないまま、不眠症のような鬱状態で暮らすことになる。

だが左派を右派から区別しなくてはならないのは、前者が、解放は過去ではなく未来にこそあるのだという考えに深く関わっている点にある。今崩壊しつつある新自由主義的な現実のシステムは、唯一可能な近代性ではなく、むしろ逆に、最古のエリートたちが持つ権力を強化するために最新のテクノロジーを利用する、野蛮性のサイバーゴシック的形態だと考えなくてはならない。テクノロジーや労働が今設計されている在り方とは完全に異なるかたちで編成されることは起こりうるのだ。こうした未来への確信は、右派に対する我々のアドヴァンテージである。ブロンドが言うネットワーク化された制度は、確かにサイバネティック的な輝きを放っているかもしれないが、しかし彼は、そうした制度は、宗教や家族に由来する「伝統的な諸価値」に改めて奉仕する社会環境のなかに位置づけられなくてはならないのだと主張している。まったく対照的に、我々はそうした「諸価値」の崩壊を、新たな種類の連帯に必要な前提条件として祝福しなくてはならない。こうした連帯は自動的に生じるものではないはずである。職能別組合のような古い組織を変革するだけではなく、新しい種類の制度を発明することが必要になるだろう。ドゥルーズは先にふれた「管理社会」についての論考のなかで次のように書いている。

特に深刻な問題のひとつが労働組合の無能である。労働組合は、その歴史全体を通じて、規律にあらがう闘争に、あるいは監禁環境内部での闘争に結びつくものだった。そんな労働組合に、管理社会に対抗する新たな抵抗の形態に順応したり、新たな抵抗を成り立たせたりする余力があるだろうか。マーケティングに立ち向かう能力をそなえた、来るべき抵抗形態の始まりを、現時点でもすでに捉えることができるだろうか。

ここで言われているような未来の輪郭はおそらく、左翼政権が労働者の運営する共同体を促進しているラテン・アメリカのなかに見ることができるはずである。問題は、国家や政府や計画を放棄することではなく、それらのものを、集合的な知性を利用する——そして同時にそれを構成する——新たなフィードバック・システムの一部に変えることなのだ。グローバルな資本主義に取って代わる運動に中央集権化は必要ないが、しかし協働することは必要になるはずである。そうした協働はどんな形態をとることになるだろうか？　自律的な闘争の数々が協力するにはいったいどうしたらいいのか？　これらはポスト資本主義的な世界の構築をはじめるにあたって我々が問わなければならない決定的に重要な問いである。

【註1】フィリップ・ブロンド、「The Ownership State」、『レスパブリカ』（二〇〇九年十月）、http://www.respublica.org.uk/wp-content/uploads/2015/01/Ownership-state.pdf

【註2】ジル・ドゥルーズ、「追伸――管理社会について」（一九九二〔※原著一九九〇、『記号と事件』所収〕）

【註3】トニ・ネグリ、『芸術とマルチチュード』（二〇〇七）

美学的な貧困

——The Visual Artists' News Sheet, September 2011

デザイナーのエイドリアン・ショーネシーはここ最近のイングランドにおける混乱について、「今回の暴動〔※二〇一一年八月のイギリス暴動のこと〕のきわだった特徴は、その攻撃の主な標的になっているのが、イギリスの商業生活における主要な小売ブランド店だという点である」と書いている【註1】。『デザイン・オブザーヴァー』のサイトに寄稿したその記事でショーネシーはさらに、攻撃の対象となったスポーツ店や携帯電話店などの店舗の大半は、「ブランディング、店舗レイアウト、ショー・ウインドウのディスプレイ、巧妙な広告などに膨大な資金を費やしている」と指摘している。ショーネシーの記事のコメント欄が多くを物語っていたように、デザイナー仲間たちがこの投稿をよく言えば疑わしいもの、悪く言えば悪意あるものと見なしている。暴徒たちは自分たち自身がやったことの責任をとるべきではないのか？　そうした「犯罪的」行為を誘発するのに、デザインがいったい何の役割を果たしているというのだ？　というわけである。

暴動に関する反動的なコメントは、暴徒たちが困窮していたという発想を軽視しようとしている。暴徒たちは高価なスマートフォンを持ち、高級スポーツウェアを着ていた、だとしたらいったいどうして彼らが貧乏人でありえるというのか？　というわけだ。こうした見方は誇張されたものだが（暴動が起きた場所は、圧倒的に貧困層と失業者が多い傾向にあるエリアだった）、とはいえ今のところわかっている限りで、暴徒の大半がホームレスでも飢えていたわけでもなかったのは事実である。だが困窮のかたちはそうしたこと以外にもある。「物理的な」貧困だけではなく、美学的な貧困も存在するのであり、このことは、極度に企業化された英国各地の繁華街が見せる荒涼とした眺めを改めて眺めてみれば誰にでもわかることだ。富裕層はそうしたクローン化された空間の退屈な陳腐さから「プラグを抜く」ための物質的・文化的な資源を持っているが、一方で貧困層は、彼らよりもはるかにそのなかに埋めこまれている。そんなふうにして、厳密に定義されたメディア的、社会的、物理的な環境に埋めこまれていることこそが、美学的な貧困の主な徴候なのである。

暴動に対するモラル・パニックの特徴のひとつとして、暴徒たちは「自分たち自身のコミュニティを破壊した」という主張がある。だがこれは、暴徒たちが何らかの「コミュニティ」に属していることと、チェーン店がどんなものであれ何らかの「コミュニティ」を構成しうるということを前提としている（暴徒たちが企業の店舗だけを狙ったわけではないことは事実であり、小規模な商店や人家にもたらされた破壊を軽視するつもりはまったくないが、破壊や略奪の大半が企業のチェーン店を狙ったものであることに変わりはない）。重要なのはむしろ、暴徒たちが「コミュニティ」ではなく、その外部にいたことではないだろうか？　というのも後期資本主義下においてそんなものはどんどん存在しなくなっているからであり、静かな絶望と無惨な諦めこそが多くの人々の労働生活を特徴づけているからだ。暴徒たちの何人かが職についていたという事実は、起きていたのが下層階級の反乱ではないことを証明するはずだった。だがイギリスのメディアが繰り返し言及し続けている彼らの職業の多くは（喧伝されていた通り、暴徒のひとりは学校の補助教員であり、また別の者は、興味深いことに、他でもなくグラフィック・デザイナーだった）、暴徒たちに真っ当な将来の見通しがあることを示すものではなかった。そうした仕事は、多くの場合非正規かつ短期の契約であり、今やどんどんと多くの若者たちが——資格を持っていなかったり、持っていたとしてもごくわずかだったりする者たちだけでなく、大学卒業者も――そのなかで暮らすことを強いられている「不安定性（プレカリティ）」の典型となるものだと言える。「グラフィック・デザイナー」であることは自動的に貧困や希望のなさを免れることを意味しているという考えを押しつけるような人間は、自分がいかに世間知らずかを示しているにすぎないのだ。

また携帯電話に関する点ももう少し見ておくべきだ。理論家のジョディ・ディーンが「コミュニケーション資本主義」と呼んでいるもののなかでは、スマートフォンはもはや、たんなる「奢侈品」とは見なされえない。コミュニケーション資本主義とは物質的なモノの生産にではなく、メッセージのたえまない循環に関わっている。この文化における「コンテンツ」は、ユーザー自身からもたらされることになるのである。したがってコミュニケーションのマトリクスへのインターフェイスに金を支払うことは、奢侈品を買うようなことというよりも、仕事の際に使う自分の道具に出費するようなことなのである。労働と非労働、エンターテイメントと仕事の区別そのものが侵食されているのだ。就業時間も退社時間も存在しない。スマートフォンは我々がコミュニケーションのマトリクスに常時接続されていることを保証するだけではなく、雇用主が短期労働者をすぐに仕事に呼び出せるようにするためのテザリング・デバイスでもある。だが周知の通りＳＮＳやブラックベリー端末のメッセンジャーが暴動を拡散するために用いられていたことは、そうしたサイトや機械が持つ可能性が、コミュニケーション資本主義に汲み尽くされてしまったわけではないことを示している。ロンドン暴動は、いつもは縄張り争いをしているグループが、当局に対抗するために休戦を呼びかけたことから広がったと言われている。今回のイギリスでの暴動が一貫した政治的主張を持っているとは言いがたいが、ソーシャル・メディアの集団的利用には、あるいは階級意識のようなものの萌芽があったのかもしれない。また企業小売店の陰鬱なファサードの破壊のなかに、企業資本主義が我々の多くに押しつけている美学的な貧困の拒否を見るとしたら、さすがに空想的すぎることになるだろうか？

【註1】エイドリアン・ショーネシー、「The Politics of Desire and Looting」、『デザイン・オブザーヴァー』(15 August 2011)、https://designobserver.com/feature/the-politics-of-desire-and-looting/29508

確実なのは死と資本だけ

——The Visual Artists' News Sheet, May/June 2012

「これはたんに市場に存在するアートでも、市場『についての』アートでもなく、市場そのものであるアートなのだ。一連の身ぶりは全体として、あるいは少なくとも何よりもまず先に、金融的な価値を獲得し、それを体現するためになされているのであり、それ以外の機能や美徳は二次的なものにすぎないのである」。ジャーナリストのハリ・クンズルはダミアン・ハーストの作品について『ガーディアン』に以上のようなことを書いている【註1】。ここでの僕の興味は、アーティストとしてのハーストの良し悪しを改めて議論することにあるわけではない。その代わりに僕が興味を持っているのは、資本が文化のあらゆる領域に浸透していることを体現する人物としての彼の徴候的な地位である。クンズルが指摘する通り、資本とハースト自身の関係はたんに近しい以上のものである。彼は「一パーセントたちのおかかえアーティスト」であり、その作品から価値を生みだす方法（誇大広告と、多くの作品を実際に制作している低報酬の「アシスタント」たちからの搾取の結合）はそのまま、後期資本主義のなかでいかにして交換価値が生み出されるかについてのモデルになっている。ハーストによる悪名高いオークション「Beautiful Inside My Head Forever（私の頭のなかで永遠に美しい）」〔※ギャラリーを経由せず、ハーストが自身の新作を直接販売したオークション。二〇〇八年に開催され、二日間で一億ポンド以上を売り上げた〕は、リーマン・ブラザーズが破綻したまさにその瞬間に開催された。だが銀行が倒産した一方で、ハーストは強力なブランドであり続けている。実際、銀行の債権者のためにいくばくかを取り戻すべく、リーマン・ブラザーズのアート・コレクションが売りに出された際、オークションにかけられた作品のなかにはハーストの作品が見られた。彼の作品の値段が、作品のストーリーのたんなる一部分であることから、その実質的には唯一の関心事に変わっていった顛末は、『スリラー』（一九八二）以降のマイケル・ジャクソンを彷彿とさせるものだ。だがジャクソンが途方もない規模の成功によって悲劇的にも狂わされ、破滅していったのに対し、ハーストは巨大な資本を生みだす工場の中心で、完全にくつろいでいるような印象を与える。

目下テート・モダンで開催されているハーストの回顧展はおそらく今、過ぎ去った世界の聖遺物を集めたもののように見えているはずである。だがそれは結局のところ、アートと文化が二〇〇八年のトラウマ的な出来事といまだに折り合いをつけられていないことを際立たせることにしかならない。我々の想像力はいまだに——一九九〇年代から二〇〇〇年代までのアートと政治を左右していたものである——快楽主義とシニシズムと敬虔さがコカインの狂乱のなかで混ざりあった混合体から生じてきた作品に支配され続けている（あるいはそれによって愚鈍化され続けている）のである。ハーストは資本主義リアリズムにおけるウォーホルだが、しかし彼にはウォーホルのような空虚なカリスマ性はない。ウォーホルのアンドロイドのようなぎこちなさの代わりに、ハーストはあんちゃんっぽい親しみやすさをもたらす。ウォーホルの考え抜かれた凡庸性は、純粋な超凡庸性になったのだ。あるいはむしろ、ハーストという現象は、後期資本主義的なアートとエンターテイメント文化のなかにおいて、超凡庸なものと極度にスペクタクル的なものがどんなふうにして融合して（フューズド）いるのかを（あるいは曖昧になって（コンフューズド）いるのかを）典型的に示しているのだと言ってもいい。テートでの回顧展に関連するＴＶ報道のインタヴューでハーストが——生のアンチテーゼとしての死とか宗教としての芸術とかといった——いい加減なクリシェをただ中途半端に繰り返しているのを見ていた僕は、その思考の奥行きのなさに衝撃を受けた。だがだとしても果たして、それ自体がすでに示していること以外にその作品について語るべきことなどあるだろうか？死に対する執着にもかかわらず、その作品は、荒涼としたその内在性において否定性を退け、解説の余地を与えないものになっているのである。

ありのままであること以上のものになることに対するこの頑な拒否こそが、ハーストの作品を僕が資本主義リアリズムと呼んできたものと地続きなものにしている。資本主義リアリズムとは一連の政治的信条や立場を指すと同時に、美学的な行き詰まりを指してもいる。ここで言う「リアリズム」とは、様式としてのそれではなくむしろ、資本主義的なカテゴリーを超えたものを見たり考えたり想像したりすることができないことを意味している。二〇〇八年の銀行危機以前における前例のない新自由主義による支配の時期に、「リアリティ」を売り物にするエンターテイメントが前景化したことは偶然ではない。ハーストの作品は、これと関連して発展した、リアリティ・アートとでも呼ぶべきものに属している。ホルマリン漬けにされた動物の死体は、本当に動物の死体なのだ。頭蓋骨は本当に頭蓋骨なのである。こうした慣性的な同語反復こそがハーストの作品の真の「争点」なのであり、政治的な運命論と社会的な想像力の腐食によって特徴づけられる新自由主義の時代に虚しくも力強く響いた理由なのだろう。物事はあるがままであり、改めて想像されたり、姿を変えたり、変化したりすることはありえない。ハーストの彫刻、『For the Love of God（神の愛のために）』と題されたダイアモンドをちりばめた頭蓋骨ほど、このことを上手く捉えたアート作品があるだろうか？　その作品は、他の何よりも二〇〇八年以前の新自由主義的世界を象徴するものになっているのではないだろうか？　『For the Love of God』は、ハーストの作品の多くを導いているものである、確実なのは死と資本だけなのだという論理を明らかなものにしている。

だがその作品は、我々に対してこのことについて何も語りはしない。それは描写することも超えることもできない症状を例示する、物言わぬ徴候なのである。

【註1】ハリ・クンズル、「Damien Hirst and the great art market heist」、『ガーディアン』(16 March 2012)、https://www.theguardian.com/artanddesign/2012/mar/16/damien-hirst-art-market

メンタル・ヘルスはなぜ政治の問題なのか

——『ガーディアン』(16 July 2012)、https://www.theguardian.com/commentisfree/2012/jul/16/mental-health-political-issue

「福祉政策を原因にした自殺は存在しない。自殺はメンタル・ヘルスの問題だ」。労働党の元幹部ルーク・ボージャーによるこの台詞は、ウェブサイト『カラムズ・リスト』に対する右派の標準的な反応を非常に上手く要約している【註1】。同サイトの開設者によれば、『カラムズ・リスト』の目的は、「福祉改革に何らかの責任があると思われる死者の数をリスト・アップし、この死者数を減らすために可能な限り努力すること」にある。ボージャーのツイッターでの発言は、右派雑誌『スペクテイター』のイザベル・ハードマンによるブログ投稿【註2】や右派日刊紙『テレグラフ』でのブレンダン・オニールの記事【註3】に対する註釈になっている。

この三人が『カラムズ・リスト』に対して示したたがいに相容れない主張の数々には、明らかにフロイトの言う「鍋の論理(kettle logic)」(君から鍋なんか借りてない、君に鍋を借りたときには鍋はもう壊れていた、君に返したときには鍋は壊れていなかった)の痕跡が認められる。彼らの主な主張は、おおよそ以下のようなものだった。自殺は改革によって生じたものではない、したがってそれに言及することはご都合主義的な搾取である。自殺が改革によって生じたとしても、そのことが改革を放棄する理由にはならない。問題は改革それ自体ではなく、それがいかに管理経営されるかである(すなわち、復職を余儀なくされた者たちには、十分な支援がなされるべきだ）。自殺は合理的な行為ではない以上、それが政治的な意味を持つことはありえない。

具体的な自殺の事例が新しい法律によって生じたものかどうかを、ここで議論するつもりはない。僕がここで異議を唱えたいと思うのは、原則として自殺は、福祉システムの改革に反対する論拠として提出することはできないのだという奇妙な考えに対してだ。施策の実行の結果として死亡した人々が、その法制が有害な影響を持つことの証拠になりえないのだとしたら、いったい何が証拠になるというのだろうか？

オニールは自殺に対して奇妙なほど断定的な態度を示しており、自殺は「経済的な困難に対する合理的な反応ではない。それは福祉手当の削減に対する合理的な反応とは言えない」と主張している。これは劇的なまでに見事に的を外した議論だ。というのも精神疾患を患っている者たちの多くは、合理的に行動する能力に障害が生じ、そのことが彼らに保護が必要になる理由のひとつになっているのだから。また復職者は適切なサポートを受けるべきだという考えについては、そうしたサポートの欠如こそが問題なのだ。福祉手当受給者が就労に適しているかどうかを判断する責任を負っている機関であるアトスにかんしては、その判断に対する不服申立ての多くが是認されていることが知られている。そもそもA4e〔※Action for Employment：復職のためのドレーニングをおこなう民間の福祉関連企業〕のような疑わしい機関に制度上の移行を任せている政府が、復職者に対する適切なサポートをおこなうなど、いったい誰が信じられるというのだろうか？

だが以上のような問題よりもさらに一般的な問題が存在している。『カラムズ・リスト』を批判する右派の論者たちのなかには、精神疾患の「政治化」を嘆いている者たちがいるが、しかし問題は正反対である。精神疾患は脱政治化されてきたのであり、我々は今、鬱病が国民保健サーヴィスによって最も治療数の多い疾患になっている状況を無批判に受け入れているのだ。サッチャー政権が一九八〇年代にはじめて実施し、新労働党（ニュー・レイバー）と今の連立政権が引きついだ新自由主義政策は、ストレスの民営化をもたらすことになったのである。新自由主義的な統治下において、労働者の賃金上昇は停滞し、労働条件や雇用保障はより不安定になっている。今日の『ガーディアン』が報じている通り、中高年男性の自殺者数は増加傾向にあり、CALM（Campaign Against Living Miserably＝惨めな生活撲滅キャンペーン）の最高責任者であるジェーン・パウエルは、この増加の一因として、失業や不安定な労働を挙げている【註4】。不安の理由が増加していることを考えれば、人口の大部分が慢性的に悲惨な状態にあると自己診断するとしても何も驚くことはない。だが、鬱の医療化も問題の一部でしかない。

国民保険サーヴィスは今、教育システムや他の公共サーヴィス同様、連帯と安全の意図的な破壊によって生じている社会的・精神的な被害に対処することを余儀なくされている。かつての労働者はストレスが高まると職業別組合に頼ったものだが、今では彼らは、かかりつけの医者や、運よく国民保険サーヴィスで紹介してもらえればセラピストに相談することを推奨されている。

確かに、鬱病のすべての原因が経済や政治にあると主張するのだとしたら、それは安易にすぎるだろう。だが――鬱病に対する支配的なアプローチが実際にそうである通り――鬱病の根源は必ず個人の脳内科学物質か幼少期の経験にあるにちがいないのだと主張するのも、同じように安易にすぎる。ほとんどの精神科医は、鬱病のような精神疾患は脳内の化学物質の不均衡によって引き起こされ、薬によって治療可能だと考えている。一方でしかし、精神疾患の社会的原因を検討する精神療法はほとんど存在していない。

急進的なセラピストのデイヴィッド・スメイルは、社会というものは存在せず、あるのは個人とその家族だけだというサッチャーの見解が、「セラピーに関するほとんどすべてのアプローチのなかに知られざる反響」を与えているのだと主張している。たとえば認知行動療法のようなセラピーは、人生の早い段階に焦点を当てることと、個人こそが自身の運命の主人になりうるのだという自助の教義を組みあわせている。要するにそれは、「セラピストやカウンセラーの専門的な助けを借りれば、あなたが前回最後に受けた分析においてあなた自身が責任を負っている世界を変えることができ、結果としてそれによって苦痛を感じることもなくなるのだ」という考えだと言えるが、スメイルはそうした見方を魔術的自立主義と呼んでいる。

鬱病とは起業家的文化の影の側面であり、魔術的自立主義が限定された成功の機会に直面した際に生じるものである。著書『The Selfish Capitalist』（二〇〇八）のなかで心理学者のオリヴァー・ジェームズが言う通り、我々は今、「起業家的なファンタジーの社会のなかでは金持ちだけが勝者であり、家柄や人種や社会的な背景とは無関係に、誰であれ十分に努力する意志を持つ者に対しては頂点への道は開かれている——それでも成功しないのだとしたら、責任を負うべきはただひとりである」と教え込まれている。だが今や、責任の所在を他所へ移すときだ。我々はストレスの民営化を逆転させ、メンタル・ヘルスは政治の問題だと認める必要がある。

【註1】http://calumslist.org/参照。

【註2】イザベル・ハードマン、「Welfare suicides are awful, but they're still a red herring」、『スペクテイター』（5 July 2012）、https://blogs.spectator.co.uk/2012/07/welfare-suicides-are-awful-but-theyre-still-a-red-herring/

【註3】ブレンダン・オニール、「This exploitation of suicidal people is a new low for campaigners against welfare reform」、『Telegraph』（3 July 2012）、http://journalisted.com/article/3xla7〔※リンク切れ〕

【註4】ヘレン・ニュージェント、「Suicide on the rise among older men」、『ガーディアン』（15 July 2012）、https://www.theguardian.com/society/2012/jul/15/suicide-rise-older-men

ロンドン版ハンガー・ゲーム

――k-punk, (8 August 2012), http://k-punk.abstractdynamics.org/archives/011918.html

ハンガー・ゲームへようこそ〔※富裕層が支配する独裁国家と化したアメリカを舞台にした、二〇一二年のアメリカ映画『ハンガー・ゲーム』〕。ハンガー・ゲームは、スペクタクルと恐怖によって対抗関係を抑えこむ機能を果たす。それと同じように――権威主義的なロックダウンと都市の軍事化に先立たれ、それらをともなって進行している――二〇一二年のロンドン・オリンピックは、あらゆる不満に対する解毒剤として提示されている。この気分爽快にしてくれるオリンピックは間違いなく、去年の暴動によるダメージを埋めあわせることからスコットランド独立の「脅威」を退けることまで、あらゆることをやってくるはずだ。ロンドン二〇一二に対する懸念はすべて、「文句」や「皮肉」だと位置づけなおされる。それらは「愚痴」だと断言され、大多数がその「ゲーム」を楽しみ、ロンドン・オリンピック・パラリンピック組織委員会（LOCOG）の正しさが立証されるなかで、瑣末なことということそれにふさわしい場所に置かれることになった。

オリンピックの記号圏とは、そこからあらゆる否定性が追放されなくてはならない記号圏である。コカ・コーラとマクドナルドがこのゲームのスポンサーになることを擁護する以下のブログ記事に読まれる、ケッサクな議論の循環性に注目しておこう。

そのどちらもが契約の長期延長にサインし、オリンピックが数日後に迫っていることを考えるなら、それがどんなものであれ、ジャック・ロゲ〔※国際オリンピック委員会第八代会長〕がそれほど熱心なオリンピックのスポンサーたちに否定的な態度をとったことは、むしろ無責任と言えることだった。ましてそれが、重要な時期のＩＯＣとオリンピックに否定的なものをもたらしたことを考えればなおさらのことだ。

否定性は、それが否定性をもたらすからこそ悪なのだというわけである！　実際ＢＢＣは今、定期的にポジティヴな思考の重要性についての短い映像を放映してさえいる（ポジティヴな思考が悪い結果をもたらす可能性があるにもかかわらずだ【註1】）。

残念ながらチャーリー・ブルッカー〔※作家、ＴＶ司会者、プロデューサー。ＳＦドラマ・シリーズ『ブラック・ミラー』の原案・脚本で知られる〕は、オリンピックに対する否定的な意見は大げさにすぎると考える者たちに仲間入りしてしまった【註2】。だが、目下オリンピックに投げかけられている照明がひとたび消えてしまえば、大抵の人々は今持っている軽い関心から元に戻って、最もドラマティックなオリンピック・スポーツにさえ無関心になり、普段であれば観客へのアピールには限度がある大半のオリンピック競技のことなど気にもかけなくなるだろう。とはいえ重要なのはこの点ではない。ロンドン二〇一二に対する懸念は必ずしも、スポーツに対する敵意にもとづくものではない。スポーツを楽しむことと、ＬＯＣＯＧやＩＯＣを嫌悪することは完全に両立しうる。

マクドナルドやコカ・コーラがオリンピックのスポンサーになっているという事実（リヴァプール・ストリートから電車でオリンピックの会場を通りすぎるときに目に入るもののなかで何より目立っているのは、マクドナルドのロゴである）が生んでいる矛盾した思考に対する合理的な反応としてありうるのは、シニシズムしかない。

パオロ・ヴィルノが論じるように、シニシズムは今や、後期資本主義的な主体性に要求される態度になり、根拠を持たない恣意的なルールの数々に支配されている世界を何とかして進んでいくためのひとつの方法になっている。だがヴィルノはまた、「何より厚顔無恥なシニシズムが、垂れ流し的な感傷主義をともなうのは偶然ではない」とも述べている。ひとたびオリンピックがはじまってしまうと、シニシズムは管理された感傷主義に取って代わることになった。ジャーナリストのマイク・マーキュージーがエクセル展示会センターでおこなわれたボクシングの試合を観戦したあとで以下のように語っている通り、BBCは今、ヒステリックな広報の譫妄を拡散することに全力をあげている。

BBCの解説者たちは——「信じられない」、「驚くべきことだ」、「すごい」、「素晴らしい」、そしてまた「信じられない」と——最大限の賛辞の数々をループし、今おこなわれているオリンピックがいかに唯一無二で、特別で、並外れたものであるのかを何度も繰り返して伝えてくる。その様子は、大抵は冷静で、安定感があり、現実的なオリンピック競技者たちよりも、パフォーマンスを向上させるドラッグをやっているのはBBCの連中の方じゃないか、と感じるほどだ【註3】。

嘆かわしいことにエクセルの会場では、ボクシングの試合でせっかく爽快感が得られたあとで、オリンピックを特別なものにしている「独特なムード」や、我々がその一部になる特権を与えられている「忘れられない」瞬間について、セレブたちが凡庸な言葉を並べたてるパッケージ化された映像が流された。

情動的な搾取は、後期資本主義にとって決定的なものである。BBC版のシーザー・フリッカーマン（アリーナにおいて死に直面する寸前に、ハンガー・ゲームの参加者たちから感傷的な情動を最大限に引き出そうとするインタヴュアー）役を担っているのは、トラックのすぐ側までその触手を忍び寄らせるフィル・ジョーンズである。疲れ切ったアスリートたちに対するジョーンズの「インタヴュー」には、中国国営放送のようなゆるぎない儀礼的形式主義が見られる。すなわち、感動を装い、もう一度感動を装い、また別の様子で感動を装って、最後に観客を褒め称えるのだ。

そうした感動を介してこそ広告は、ブランドとスポーツの間に偽りの繋がりを作り出しえているが、しかしマーキュージーが指摘する通り、広報によるそうしたブースター戦略は、スポーツをあれほど魅力的なものにしている当のもの——その予測不可能さ、手に汗握るドラマは保証されていない、という事実を許容することができない。

資本が文化やスポーツのイベントのスポンサーになる際に重要になるのは、ブランド認知度の獲得というありきたりな点だけではない。そのことが果たすより重要な機能は、資本の関与が文化それ自体の前提条件なのだと思わせることである。イベントの広告に資本主義の刻印があることによって、資本と文化の間に、認知のレヴェルというよりも神経系のレヴェルで登録される、なかば行動主義的な結びつきが押しつけられていく。それは資本主義リアリズムをいたるところに蔓延らせ、強化させていくことになる。

オリンピックには奇妙な二重性がある。大会を取り囲むように、商業的な宣伝による記号の爆撃が見られる一方で、アスリートたちが競技をおこなうスペースでは、広告に対する純潔ぶった慎みがあり、ジ・O2〔※携帯電話ブランド「O2」の名前を冠した多目的施設〕でさえも、ロンドン二〇一二の期間中はノース・グリニッジ・アリーナという名前に改名しなければならなかったほどである。もちろんその理由は許可を得るためIOCに金を支払う者だけが大会を商業的に利用できるようにするためだが、とはいえ、資本主義的な記号汚染が最小限に抑えられているそれらのゾーンは、遍在するけばけばしい商業主義との間になかなか愉快なコントラストを生み出し、資本の介在しないオリンピックを想像するように我々を誘う。

とはいえ、実際にはそんな想像の必要はない。というのも——アスリートの努力にしろ、共有された公共性の経験にせよ——オリンピックにおいて実際に人が楽しんでいるのはどれもみな、資本がその責任を負っていないものばかりなのだから。聖火リレーは確かに成功したが、それもまた、サムスンやコカ・コーラやロイズＴＢＳの広告が配されたバスから構成された、退屈な全国規模の企業協賛カーニヴァルに他ならないものだったパレードそのものによるものではなく、結果として人々が自分たち自身の社会性を経験しえたからこそのことだった。またたとえば、ＢＢＣにあれほど好戦的な愛国精神を喧伝させることになったイギリスの競技成果の向上は、企業によるスポンサーシップの結果ではなく、おそらく（民間委託されている公共事業である）国営宝くじの資金援助によるものだったことも指摘しておこう。

資本は本質的に寄生的なものだというネグリの主張を、オリンピックほど明確に示している例はないだろう。ロンドン二〇一二に対する資本の果たした貢献は、系統立って法外な金額の、お粗末なものばかりだった。子供じみた色づかいと文字によるそのブランディングにしろ（今ではもう慣れてしまったが、これだけの規模のイベントのためにこれほど間の抜けた場違いなロゴが用いられたことが、世界の歴史上これまで一度でもあっただろうか？）、すぐに壊されるオリンピック・スタジアムにしろ、壮大なのはその凡庸さのみだった。またアルセロール・ミッタル・オービット〔※オリンピックを記念する塔〕という巨大な愚かさのこともある。アルセロール・ミッタル・オービットはおそらく、資本とロンドン二〇一二大会の寄生的な関係を他の何よりも象徴しているものだと言える。ウラジーミル・タトリンによる第三インターナショナル記念塔〔※資材不足で実際には建設されなかった〕を思わせるこの塔は我々に、資本主義リアリズム文化の行きづまりや不活性や不毛さを告げてくる。ダグラス・マーフィーがオービットとタトリンによる第三インター記念塔を比較しつつ指摘する通り、「その身を捻るタトリンの塔が弁証法的唯物論の持つ目的論的な推進力を憧れとともに喚起するものだったのに対して、オービットの制作者たちは、デザインについてのステートメントのなかで、その塔は『塔らしさについてのアイコン的な表現になっている』と説明しているだけ【註4】」なのだ。

ジュリエット・ジャック〔※トランスジェンダーの英作家〕が以下のように述べている通り、この「脱構築された塔」は——意図せぬままに——資本主義リアリズム的なイギリスの完全な記念碑になっているのである。

その費用として千九百二十万ポンドもの金額を提供した億万長者のラクシュミー・ミッタルが経営するアルセロール・ミッタル総合鉄鋼社から資金の大半と名称を得て、残りをロンドン開発庁からの資金提供で賄って制作されたものであるオービットは、何ら急進的なものではなく、まったく保守的な構造物である。ボリス・ジョンソン〔※当時ロンドン市長〕は、オービットのことを「企業によるカネになるベンチャー」だと評し、採算は頂上にあるプライベート・ダイニング・スペースの賃貸料で回収するのだと述べたが、そう言いながらおそらく彼は、オービットの遺産について自分が考えている以上のことを述べていた。そうした意味において、アニッシュ・カプーアとセシル・バルモンドによるオービットは、エッフェル塔やタトリンのデザインと同様、この時間とこの場所の精神を——まったく彼らの意図したことではないだろうが——上手く捉えているのだと言えるだろう【註5】。

〔※オリンピック・スタジアムは壊されず、「ロンドン・スタジアム」に改名し現在はウェストハム・ユナイテッドのホーム・スタジアム兼スポーツ＆娯楽会場。オービットは有料展望塔／パーティ他の賃貸会場としても使用されているが、オリンピックと連動した東ロンドン再開発~観光地化の目玉にはほど遠く、維持費がかさんでいる。その補塡のために、塔では懸垂下降体験（アブセイリング）、「世界最大」を謳うチューブ型スライダーを併設した〕

【註1】オリヴァー・バークマン、「The Power of Negative Thinking」、『ニューヨーク・タイムズ』（4 August 2012）、http://www.nytimes.com/2012/08/05/opinion/sunday/the-positive-power-of-negative-thinking.html

【註2】チャーリー・ブルッカー、「The Olympics: better than they looked on the tin」、『ガーディアン』（5 August 2012）、https://www.theguardian.com/commentisfree/2012/aug/05/olympics-better-than-looked-on-tin

【註3】マイク・マーキュージー、「London 2012: spare us the jingoistic Olympic hype」、『ガーディアン』（7 August 2012）、https://www.theguardian.com/commentisfree/2012/aug/07/london-2012-olympic-hype

【註4】ダグラス・マーフィー、「Towers of Babble」、『フリーズ』（1 May 2012）、https://frieze.com/article/towers-babble/

【註5】ジュリエット・ジャック、「The ArcelorMittal Orbit: London's Eiffel Tower?」、『ニュー・ステイツマン』（11 July 2012）、https://www.newstatesman.com/blogs/art-and-design/2012/07/arcelormittal-orbit-londons-eiffel-tower

時間戦争
——新資本主義時代のオルタナティヴに向けて

——Gonzo Circus, Issue 110, 2012, http://www.gonzocircus.com/exclusive-essay- time-wars-towards-an-alternative-for-the-neo-capitalist-era/

最近公開されたSF映画『TIME/タイム』(二〇一一)のなかでは、通貨が貨幣ではなく時間になっている。映画が描く未来の世界の市民たちは、二十五歳になるとあと一年しか生きることができなくなる。それ以上生き延びるためには、追加の時間を稼がなければならない。退廃的な金持ちには何世紀もの空虚な時間があり、それを気の向くままに浪費することができるが、貧困層には常に、数日から数時間後に死が迫っている。『TIME/タイム』は事実上はじめての不安定さについての——つまり実存的な苦境を示すと同時に、労働が組織される際の特定のあり方を指している状況についての——SF映画だと言える。

最もシンプルなレヴェルでいえば、不安定さとは、一九七〇年代末にはじまった労働の「ポスト・フォーディズム」的な再編——つまり固定された常勤の職から、どんどんと非正規化していく働き方への転換——のひとつの結果である。だが比較的安定した雇用形態のなかにいる者であっても、不安定さを免れることはできない。多くの労働者たちが今、「継続的専門能力開発」なるシステムを通じて定期的に自身の立場の正当性を再検証しなくてはならなくなっている。それがどれだけつまらないものだとしても、ほとんどすべての労働に自己監視のシステムが含まれ、そうしたシステムのなかで労働者は、自分自身のパフォーマンスを評価することを要求されているのである。賃金はどんどんと成果に相関するものになっているが、しかしこの場合の成果を物質的なかたちで測定することは容易なことではなくなっている。

というのも、大半の労働者にとって長期的なものなど存在しないからだ。社会学者のリチャード・セネットが『それでも新資本主義についていくか――アメリカ型経営と個人の衝突』のなかで述べるように、ポスト・フォーディズムの労働者は「短期的な柔軟性と流動性（中略）によって特徴づけられる世界に生きている。（中略）それぞれに繋がりを欠いた出来事として、企業は解体し、あるいは合併して、仕事はあらわれては消えていく【註1】」。歴史を通じて人間は、戦争や自然災害によって生じるトラウマ的な激変に対処する術を学んできたが、「こんにちの不確実性が持つ特殊さは、迫り来る歴史的な災害が存在しないままにそれが存在していることにある。代わりにそれは、資本主義の活動それ自体が生む日常的な実践のなかに織りこまれているのである【註2】」。

もっと曖昧なものになっているのは労働だけではない。公共サーヴィスや福祉プログラムや労働組合に対する新自由主義の攻撃は、我々は今、どんどんと安全性や連帯が奪われた世界に暮らすようになっているのだということを意味している。不確実性が常態化した結果として、低強度のパニック状態が恒常化している。特定の対象に付随するものだった恐れは、より全般化した不安や、絶え間ない苛立ちや、落ちつかなさに取って代えられた。労働の不確実さは、デジタル通信テクノロジーによって強化されている。Eメールさえあれば、もはや労働時間も職場も存在しない。何らかの機会や要求（往々にしてこれらは、同時的なものでもある）をもたらすかもしれないメッセージを――より抽象的に言えば、株式市場のように常に評価に晒され、最終的な決定がなされることのない自分の地位を――落ちつきなくチェックすることほど、今という時を特徴づけるものはないはずである。我々は今、一九七〇年代に確信をもって予測されていた「余暇社会」とはほど遠いところにいる。その当時掲げられていた希望とは反対に、テクノロジーは我々を労働から解放してなどいない。ウェブサイト『スルー・ヨーロッパ』に掲載された記事「ラディカル無神論」のなかで哲学者のフェデリコ・カンパーニャが書いている通り、

現在の機械の時代のなかで(中略)人間はついに、その成果を自分たちのものにしたまま、ほとんどの生産プロセスをテクノロジー機構へと委ねる可能性を手に入れた。換言すれば、現在の(第一)世界は、「ゼロ・ワーク、完全所得、全生産、オートメーション化へと向かって」というかつてのオートノミストのスローガンの実現が必要とする前提条件のすべてを備えている。にもかかわらず、二一世紀の西欧諸社会はいまだに、悲劇的なまでに働きすぎな人々と、同じく悲劇的なまでに失業している人々を対立させる古臭い資本主義的二項対立によって引き裂かれたままである【註3】。

カンパーニャが呼びかける「ラディカル無神論」は、消去不能な不安定性は生や身体そのものが持つ不安定性なのだという認識にもとづいている。死後の世界がないのであれば、我々の時間は有限であることになる。だが奇妙なことに、後期資本主義の主体である我々は、労働に費やす無限の時間があるかのように行動している。労働はかつてないほど我々に迫ってくる。〔※それぞれに学際的な組織論の研究者である〕カール・セーダーシュトロムとピーター・フレミングはその著作『Dead Man Working』のなかで、「今の我々が暮らす極端で常軌を逸した社

会のなかでは、働くことは普遍的に存在するものになり——それはこの語の最悪の意味で労働者の社会と化している——、子供や失業者でさえそれに取り憑かれたようになっていく」と述べている。労働は今や、週末や深夜、また我々の夢さえも植民地化している。セーダーシュトロムとフレミングが指摘する通り、「フォーディズムのもとでは、週末や余暇は比較的手つかずのままだった。（中略）だがこんにちでは、資本は労働のあらゆる領域で我々の社会性を利用しようしている。誰もが『人的資本』になるなかで、我々は仕事に就いたり仕事をおこなったりしているだけではない。今や我々自身が仕事なのである【註4】」。

以上を踏まえるなら、現在の政治闘争のほとんどが時間をめぐる戦争になっていることは明らかだと言える。銀行から住宅、学費まで、資本主義的な生活と文化のあらゆる領域に覆いかぶさる全般化された債務危機は、究極的には時間に関わっている。破局を予期することが、すでに破局のなかで生きているという感覚に取って代わり、そしてこの感覚が、労働と同様決して終わらないものになっていくなかで、破局と見なされている（資本主義の終わりという）事態を回避することそれ自体が、日常生活の黙示録的な時間性を強化するものになっていく。負債の増大が労働時間と労働生活の延長を正当化し、定年はどんどんと先延ばしにされる。我々は、そこからの解放などありえない——そのことは今や、はっきりと保証されている——疲れきった多忙さのなかにいるのである。

我々の大半が今身を置いている、そうした反動的なパニック状態は、ポスト・フォーディズム的な労働の偶発的な副作用ではない。我々の時間が量的に短いだけでなく、質的にも断片化しきれぎれになっていることは、資本にとって非常に効率的なものなのである。マイクロソフトの元幹部リンダ・ストーンが「継続的な部分的注意」と呼んでいる、注意が習慣的に複数のコミュニケーション・プラットフォームに分散された状態のなかで生きることを求められている。

フランコ・「ビフォ」・ベラルディが述べるように、我々は今、サイバースペースの無限性と、身体や神経系の傷つきやすい有限性の間の緊張関係のなかで生きている。『プレカリアートの詩——記号資本主義の精神病理学』のなかでベラルディは、次のように書いている。

情報交換の加速は、個々の人間の精神だけでなく集団の精神に対してさえ病理学的な影響を及ぼしている。目下の諸個人は、コンピューターや携帯電話、テレビや電子手帳のなかに入りこみ、自身の頭のなかに入りこんでくる、たえず増大する計り知れない量の情報を、意識的に処理できる状況にはいない。しかし効率的で競争力があり勝利したいと望むなら、そうした情報のすべてを追いかけ、認識し、評価し、処理することは避けようのないことに見えている。(中略)情報の流れに注意を払うのに必要な時間は欠けている【註5】。

結果として人は、疲労が不眠症患者のような過度の興奮へと変わり(どんなに疲れていても、あともう一度クリックする時間は残っている)、享楽と不安がともに在るという、奇妙な実存的状態に陥ることになる(たとえばメールをチェックしたいという衝動は、仕事のために必要なものであると同時に、そのときに何通メッセージを受け取っても、決して満たされることのないリビドー的な強迫なのであり、精神分析的な欲動でもある)。スマートフォンによって実質的にどこにいてもサイバースペースが利用できるようになっているという事実は、事実上社会生活から退屈が(あるいは少なくとも、旧来の「フォーディズム」的な意味での退屈が)排除されたことを意味している。退屈は死と同様、実存的な課題を突きつけてくるものだが、常時接続的なサイバースペース環境では、この課題はいとも簡単に先延ばしにされる。結局のところコミュニケーション資本主義とは、退屈を克服するのではなく、それを「昇華」するものであり、退屈を破壊しているように見えながら、新たな総合のなかでそれを保存するものなのである。休むことなく動き続けるサイバースペース――そのなかには為すべきあともう一度のクリック、確認すべきあともう一回のアップデートが常に存在している――が、それを特徴づけるものとして備えている情動的な性質は、魅力と退屈を併せ持っているのである。我々は退屈しているときでさえ魅了され、際限のない気晴らしによって――死が我々のもとまで近づいてきているにもかかわらず――死と向きあうことから逃れているのだ。

こうした慢性的な時間不足こそが、部分的にではあれ近年における文化の停滞と不活性を説明するものであることは間違いない。社会保障の破壊は文化や経済にダイナミックな効果をもたらし、官僚主義的で社会民主主義的な制度のお役所仕事によって阻害されていた起業家精神を解き放つのだというのが、新自由主義の言い分だった。しかし実際のところ、革新とは一定の安定性を要求するものなのだ。イギリスのような高度に新自由主義化された国のなかにおいて、社会民主主義の崩壊は文化に対し、ダイナミックなものではなく抑止的な効果をもたらすことになった。後期資本主義の文化は模造（パスティシュ）と懐古に委ねられることになるというフレドリック・ジェイムソンの主張は今や、極めて予言的なものになった。

もはやそのことに気づかなくなっているほどに、我々は反復と再利用に慣れきっている。だがそれも不思議なことではない。新たな文化を生産することは、コミュニケーション資本主義が深く敵視している時間の使用法を要求するものである。だが大半の社会的なエネルギーは今、後期資本主義の労働と膨大な生産性のシミュレーションが生んでいる渦のなかへと飲みこまれている。革新が生まれるかどうかは、(散漫なものではなく)何かに没頭する動きにかかっているが、そうした没頭状態のために必要になる注意のリソースを捻出することは、どんどんと困難になっているのである。スマートフォンの赤いライトの点滅や、アラートのサイレン音といったものが示すサイバースペース上の緊急性は、我々を集合的な夢から醒めさせるトランス抑止剤や、目覚まし時計のようなものとして機能している。こうした状況のなかで、知的労働は短期的な基盤にもとづいてしかおこないえないものになっていく。本を読む時間があるのは囚人だけで、国庫負担の二十年規模の研究プロジェクトに着手しようと思うなら、人でも殺さなければいけないことになる。

こうした時間危機を理解するためには、目下の状況を、イギリスやアメリカにおけるパンクやポスト・パンクの絶頂期と比較してみるだけでいい。パンクやポスト・パンクの文化が開花したのが、ロンドンやニューヨークで安価な不動産物件や不法占拠にアクセス可能な時代だったことは偶然ではない。一方で今では、どちらの都市でも、家賃を支払うだけで時間とエネルギーの大半を仕事に捧げなければならなくなっている。過去二十年における不動産価格の狂ったような上昇はおそらく、英米における文化的保守主義に共通した、その最も重要な原因だと言える。イギリスにおいては、文化の生産を間接的に支えてきたインフラの多くが、歴代の新自由主義的政府によって組織的に解体されてきた。六〇年代から九〇年代にかけて生じたイギリスのポピュラー音楽における革新のほとんどは、公営住宅、失業手当、学生奨学金などによってもたらされた間接的な資金援助なしには考えられなかったはずである。

そうした施策によってこそ、今ではますます手にしづらくなっている時間が——つまり家賃や住宅ローンの支払いというプレッシャーから一時的に解放された時間が、そのなかでの活動の結果が予測も保証もされていない実験的な時間が、無駄になるかもしれないが、それでも新しい概念を、知覚を、存在の仕方を生みだすかもしれない時間が——切り開かれていた。新しいものを生み出すのは、ビジネス起業家の疲れきった時間ではなく、以上のような時間なのだ。集合的な精神を開くこの種の時間はまた、社会的な想像力を開花させるものでもある。新自由主義の時代——オルタナティヴはないのだと繰り返し聞かされる時間——は、社会的な想像力の大幅な劣化によって、つまり労働や生産や消費の異なるあり方を思い描くことすら不可能になっていることによって特徴づけられる。新自由主義がそのはじめから（それなりの理由を持ってだとはいえ）オルタナティヴな時間の形式に宣戦布告していたことは今や明らかである。いまだにそれは——あたかも現在の停滞に対する解決策が、労働の崇拝からの逃走ではなく、より多くの労働にあるかのように——負債と終わりのない労働というベルトコンベヤーから今でも逃れえている数少ない逃亡者たちに対するルサンチマンを倦むことなく広め続け、彼らもまたすぐに、終わりのない無意味な労働を強いられることになるのだと主張し続けている。もし未来があるとするならそれは、新自由主義が閉ざし、忘れさせようとしている時間の使用法を、我々が取り戻せるかどうかにかかっているはずである。

【註1＆2】リチャード・セネット、『それでも新資本主義についていくか——アメリカ型経営と個人の衝突』（一九九八）

【註3】フェデリコ・カンパーニャ、「Radical Atheism」、『スルー・ヨーロッパ』、http://th-rough.eu/writers/campagna-eng/radical-atheism〔※リンク切れ〕

【註4】カール・セーダーシュトロム＆ピーター・フレミング、『Dead Man Working』（二〇一二）

【註5】フランコ・ベラルディ、『プレカリアートの詩——記号資本主義の精神病理学』（二〇〇九）

上手く負けるのではなく、勝つために戦うこと

〔※原文「failing better」は、サミュエル・ベケットの有名な言葉。日本語では「上手に失敗する」などと訳されている〕

——Weekly Worker, (1 November 2012), http://weeklyworker.co.uk/worker/936/ mark-fisher-not-failing-better-but-fighting-to-win/

簡潔にまとめるなら、資本主義リアリズムとはひとつの信念であるとともにひとつの態度である。それは資本主義こそが唯一実行可能な政治的／経済的なシステムなのだという信念であり、「オルタナティヴなど存在しない」というかつてのサッチャーの格言を単純に言い直したものだと言える。

ポール・メイソンのような者たちは、二〇一一年以降、多くの反乱を含む世界的な戦闘性の高まりが見られているのだと述べ、そしてそのことが、資本主義リアリズムの終わりを表現しているのだと述べている。だがこれは、明らかに当たっていない。二〇〇八年以来に生じた資本主義の重大な危機によって、資本がこれまで僕が見てきたなかでも最もイデオロギー的に弱体化した状況が訪れ、結果として不満が広がったことは確かだが、しかしだとしたら問題は、それでもなぜ資本主義リアリズムが今も存在し続けているのかということである。

僕の考えでは、その理由として、資本主義とは数あるなかでも特に優れたシステムなのだという考えが必ずしも必要なかったということが挙げられる。重要なのはむしろ、それこそが唯一実行可能なシステムであり、オルタナティヴなものの構築は不可能なのだと人々を説得することの方だったのである。生じている不満が、事実上

普遍的なものだとしても、そのことが資本主義に対する実行可能なオルタナティヴがないように見えるという事実を変えることはない。そのことが、資本主義がいまだすべてのカードを握っているのだという信念を、それについて自分たちができることは何もないのだという信念を変えることはないのである。資本主義とはほとんど自然の力のようなものであり、抗うことができるようなものではないのだというわけだ。こうした信念を変えるような出来事は二〇〇八年以降起こっておらず、だからこそ資本主義リアリズムは今も存続し続けているのである。

資本主義リアリズムとは以上のような信念のことだが、しかしまたそれは、そうした信念に関連した態度、つまり諦念や敗北主義や抑鬱といった態度でもある。したがって、実際のところ資本主義リアリズムとは、新自由主義的な右派によって流布され、しかも非常に上手く流布されているものであると同時に、一方でそれ自体としては、左派の、あるいは左派と呼ばれる人々の陥っている病理でもあるのだ。そうした態度はまさに、新労働党によって推し進められたものである――新労働党とは、資本主義リアリズム的諸価値を具体化したものに他ならないものだった。ここで言う資本主義リアリズム的な諸価値の具体化とは、以下のような一連の事実に身を任せてしまうことだと言い換えられる。すなわち、資本を避けて通ることはできない。資本こそが最終的にすべてを動かす。我々にできるのは、社会正義のためのジェスチャーとして、いくつかの繋ぎ目のボルトを締めることだけだ。しかし一方で、本質的な意味でイデオロギーは終わり、政治は終わっている。我々は今、資本が勝利を収めた、いわゆるポスト・イデオロギーの時代のなかにいる。以上のようなものだった新労働党によるいわゆる「ポスト政治」の提示は、資本主義リアリズムがイギリスの文脈へと押しつけられていく際のひとつの方法と化していた。

だが資本主義リアリズムを、いずれも個人の心理にもとづいたものとしての信念や態度に過ぎないものなのだと見なすことには問題がある。実際のところ我々が関わっているのは、信念や態度といったものを生みだすところの社会が崩壊していることである以上、必要なのは、にもかかわらず今広がっている信念や態度が、いったいどこから生じているものなのかを問う議論なのである。そしてそのために真に必要になるのは、安全や連帯の衰退に関するストーリーを――たとえば、新自由主義というプロジェクトは、安全や連帯を揺るがすことをその目的としたのであり、実際にその目的を達成してしまったのだといったようなストーリーを――語っていくことだと言える。いずれにせよ問題は、たんに人々が特定の信念に説得されているのだということではなく、むしろ、現代の資本主義のなかにおいて人が抱く信念は、社会のなかにおいて様々な力が構成されていく際の、その構成のあり方を反映しているのだということなのである。

「近代化」

労働組合の衰退はおそらく、一般の人々のなかにおいて資本主義リアリズムが台頭したことの最も大きな要因だと言えるはずである。我々は今、誰もが銀行家や金融資本主義を――そしてそれらが自分たちの生活に及ぼし続けている管理の水準を――軽蔑している状況のなかに身を置いている。それらがおこなっている略奪や租税回避などに誰もが閉口しているが、しかし同時に、我々には何もできないのだという感情がある。だがこうした感情は、いったいなぜこれほどまでに強くなったのか？　それは、人々が抱くそうした感情を仲介し、それらの人々を組織化する行為主体が存在していないからだ。結果として、不満が広がっていったとしても、そうした行為主体が存在しない限りで、その不満は個人的なものにとどまりつづけることになるのである。『資本主義リアリズム』のなかで伝えようと努めた通りだが、そうした不満は簡単に鬱へと変わっていく。同書のなかで僕は、ポスト政治やポスト・イデオロギーや新自由主義の台頭と、それらと関わる——特に若年層の間での——鬱病の増加の関連という問題を扱っている。そうしたプロセスを僕は、「ストレスの民営化」と名づけている。

何も僕は、すべてを労働組合の衰退に委ねようというわけではない。労働組合は過去三、四十年の間に、人々の精神的・政治的なインフラから取り除かれたものの一例にすぎない。しかし給与や労働の条件が悪化した場合、かつては労働組合に出かけて組織化をおこなうことがありえたが、今我々は、たとえば仕事上のストレスが増大した場合、それを自分自身の問題として捉え、個人としてそれに対処することを推奨されている。我々はそうしたことに対して、セルフメディケーションや、どんどんと広く処方されるようになっている抗うつ剤や、あるいは——運がよければ——セラピーによって対処しなくてはいけなくなっている。だがそうした——現在では個人的な精神病理として経験されている——問題は、脳化学に原因を持つものではないのだ。その原因は、より広い社会的領域にこそある。にもかかわらず、階級のために集団的に行動する行為主体や媒介者が存在していないために、そうした広い社会的領域に取り組む方法が存在しない。

以上のような議論にいたるためのもうひとつの道として、七〇年代から八〇年代初頭にかけての資本の再編を、つまりポスト・フォーディズムの到来を経由するものが挙げられる。ここでいうポスト・フォーディズムとは要するに、どんどんと慣例化していく不安定な労働条件や、ジャスト・イン・タイム生産や、「柔軟性」という恐ろしい言葉を意味するものだった（この「柔軟性」という言葉を真に受けるなら我々は、資本が何を望もうとそれに従う〔※それに向けて曲がる〕必要があることになる。我々は資本に従うこと〔※資本に向けて曲がること〕を求められ、そして実際それに従うことになる〔※それに向けて曲がることになる〕のだ）。とはいえ、そうした鞭があった一方で、八〇年代には少なくとも飴も存在した。新自由主義は労働者を叩きのめしただけではないのだ。それは自分たちを労働者とは見なさないように促した。人々をアイデンティティ化や階級意識の外へと誘い出しえたことにこそ、その成功はあったのである。

サッチャー主義の核心にある非凡さは、公営住宅を売りに出したことのうちに見いだされる。というのも、自分自身の家を持つことを率直なかたちで促すことは、時間と歴史についてのストーリーを語ることだったのであり、そうしたストーリーによってサッチャーや彼女の仲間たちは、人々の人生をより自由なものにしようと努めていたのである。彼女たちは、人のためにその人の人生を管理しようとして、結局のところ泥沼にはまりこんでいった中央集権的な官僚たちに反対していた。そんなふうに、サッチャー主義のなかには、特に六〇年代以降生まれていた欲望を非常に上手く利用することが含まれていたのだと言える。

ここでの問題の一因としては、ポスト・フォーディズムに対する左派の側の対応が欠如していたことが挙げられる。その代わりに、言うなれば左派は、古い対抗性が持つ居心地の良さにとどまり続けていた。我々は、団結することにその足場を置く力強い労働者運動が存在するのだという物語を内面化していたのだ。だがそのための条件とは、いったい何だったか？　たとえばかつて我々には、フォーディズム的労働があり、限定された空間のなかでの労働者の集合があり、男性労働者による産業労働全体の支配などがあった。そうした条件の崩壊は、労働者運動の崩壊の前兆になった。その他の様々な闘争が生じていき、かつて労働者運動が持っていた共通の目的は、その土台から崩れていくことになる。とはいえ、こうしたフォーディズムへのノスタルジーは、実際のところ危険なものだった。我々の失敗は、フォーディズムが終わったことそれ自体ではなく、新自由主義的な語り方と競合しうるような、近代に対するオルタナティヴなヴィジョンが存在しなかったことにこそあるのだ。

実際新自由主義は今、「近代化」という言葉を我がものにしている。ニュース報道でこの言葉が耳にされるとしたら、要するにそれは、新自由主義化の同義語になっている。争議が――たとえばロイヤル・メール〔※イギリスの郵便事業〕のようなところで――起きるたび、その言葉は、「ロイヤル・メールは近代化を進めようとしているが、その計画は労働者たちによる反対にあっている」といったようなかたちで用いられている。だがここでいう「近代化」とは実際のところ、「民営化」や「新自由主義化」を意味しているに過ぎないものだ。これはブレア主義とともに見られたことでもあり、そのときに「近代化」を望んでいた連中は、要するに労働党の新自由主義化を望んでいたわけである。そしてもちろん、ここで近代化に反対するとしたら、避けがたく現実を把握していないということになり、状況のなかですぐに後手に回ることにならざるをえないことになる。

いずれにせよ、どうやら左派は、そうしたことを本当に信じていたようで、何らかのかたちで資本に順化することが「近代化」の唯一の方法なのだとされていた。だが一方で、物事は以前と同じままにとどまりうるのだと考えることも、それとは正反対の誤りだった。たどるべき線としてそれは、非常に危険なものだった。そうしたなかで、課題はポスト・フォーディズム的な左派主義を創案することだった。これは、八〇年代に始まっていたプロジェクトで、実際にはそんなことはないにもかかわらず、そうした試みはブレア主義に屈するだけだと見なされ、すぐに頓挫することになってしまった。

教育

資本主義リアリズムが適用される領域は、特定のひとつだけではない。実際僕の本に登場する逸話や概念のほとんどは、僕が十六歳から十九歳の学生に教えた経験から来ているものだ。そこでここからは、教育のなかで資本主義リアリズムの鍵になる概念について見てみることにしよう。

この領域における重要な特徴のひとつとして、僕が「ビジネス存在論」と呼んでいるものが挙げられるが、要するにこれは、実際に意味があり、重要な基準となるのは、ビジネスに関連したものだけなのだという考え方のことだ。教育界のなかには、ビジネスの分野から来た実践や言葉づかいやレトリックが忍び寄るように広がっている。そしてそれらは、教えることにも広がり、教員に求められる自己管理や自己監視のなかにも広がっている。

僕が『資本主義リアリズム』のなかで指摘しようとしているのは、たとえば以上のような展開のなかにある奇妙な異常さだと言える。つまり、新自由主義とともに我々が売りつけられたのは、それが我々を官僚主義から解放するのだということであり、官僚主義に執着しているのはかつてのスターリン主義者や頑なな社会民主主義者だけなのだということだった。新自由主義は、お役所仕事を切り捨てるはずだった。だが、ではいったいなぜ今教員たちは、社会民主主義の全盛よりも多くの官僚主義的な仕事をこなすことを求められることになっているのか？

その答えは単純で、新自由主義は市場の自由化とは何の関係もなく、むしろ階級的な権力と関係するものだからだ。このことは、効率性を高めるのだという理由から正当化されている、ある種の方法や戦略が、つまり教員や学校に対する様々な評価法が導入されていることのなかに反映されている。この類いの、別の言い方をすれば市場スターリン主義とでも言えるものに関わったことのある者なら分かることだが、こんにちにおいて重要なのは、それが現実に対応しているかとは無関係に、書式上に表れて来るものなのである。

様々な目標を導入することによってこうした展開を加速させたのは、やはり新労働党だった――自らをスターリン主義に対する極端なアンチテーゼとして示していた新労働党が、スターリン主義の真に悪しき側面を（とはいえ、他にいい面がたくさんあったというわけでないが！）形式のレヴェルで再び構築したことは興味深いことではないだろうか。計画された目標という言葉づかいが、抑圧されたものが帰ってくるように戻って来たわけである。

そうしたことが明らかに効率性を上げるものでないとすれば、我々はそれを、規律的なメカニズムとして、イデオロギー的な儀式化のシステムとして考えてみる必要がある。自分が自宅で座っている教師で、ビジネス文書まがいのレトリックであふれた大量の書面を埋めていると考えてみて欲しい、次の日の授業はまず上手くはいかないはずである。実際、ＴＶでも見てリラックスしていた方が、おそらくはよっぽどマシな準備になるはずだ。だが当局も馬鹿ではない。彼らはこのことを知っている。自分たちが課している施策が実際に人のパフォーマンスを高めることにはならないことを、彼らはちゃんと知っているのだ。

ではそうした施策の実践の持つ機能とは何なのだろうか？　その機能のひとつは明らかに、規律と管理にある。つまり不安による管理、プロとしての自信を不安定なものにすることを通じた管理である。こうしたことは、「継続的能力開発」という枠組みに入れられることになる。何だか良さそうだろ、もっと学びたいと思っているんだろ、それならほら、いつでも訓練を受けることができるぞ、というわけである。だがそれが実際に意味しているのは、自分のステイタスが承認されることはまずないということだ。つまりあなたは、絶え間なく再評価の対象になるわけである。そしてこの再評価は、異様かつカフカ的なものになっている。なぜならその評価基準は、戦略的な曖昧さをその特徴とするものだからだ。その基準を達成することはできるかもしれない、だがその達成は実際のところ、常に先延ばしにされることになる。結果として教員は、絶え間ない不安のなかに置かれる。そしてこの不安は、我々をコントロールする者たちの視点から見ると、実に機能的なものなのである。

一方でこれは、たんなるイデオロギー的な儀式だとも言えるが、しかしそれは、まさにアルチュセールが述べた意味でのイデオロギー的な儀式になっている。アルチュセールにとってイデオロギーの大半は、彼がパスカルの「ひざまずき、祈りの言葉を口ずさみなさい。さすれば神を信じよう」という一節を通して述べている通り、ただ決められた言葉を繰り返すような儀式によって生み出されるものなのだ。このパスカルの台詞はしかし、非常に曖昧なものである。それは「ひざまずけば、そのあとになって信じるだろう」という意味なのだろうか？それとも、ひざまずくという行為のなかで、人はすでに信じているのだろうか？　僕としては両方だと考えるが、いずれにせよこうしたアルチュセールの議論は、信念は資本主義にとって本当に決定的なものなのだという考えを補強するものだと言える。つまり、そうした信念の源泉のひとつになっているのが、呪文とビジネスの言語による、公的生活や、かつての公共サーヴィスの汚染なのである。多くの人が仕事中に求められていることをまったく馬鹿げたことだと見なしているし、何でそんなことをしなきゃならないのかと考えている。実際、資本主義リアリズムに直面すると、いつもこんな答えが返ってくることになる。「いやあ、まあそういうもんなんだよ。もちろんこんなこと本当に信じてるわけじゃないけどさ、とにかくやらなきゃいけないんだ」

しかし、イデオロギーが本当に必要としているのは、結局のところそれだけなのだ。心の底からそれを信じる必要はない。求められているのは、それを信じているかのように行動することなのである。教育の場合このことは、部分的にはであれ、その目的を捉える際のあり方として決定的に重要なものになっている。こんにちの教育は、ビジネスのニーズによって決定されるべきものになっているのだ。もちろんこうした傾向は常に存在していたが、今ではもうほとんど異論の存在しないものになってしまっている。

負債

教育における資本主義リアリズムにはそれぞれに異なる数多くの次元があるが、もうひとつ重要なのは、率直にいって負債の問題である。ここで興味深いのは、公共の場での怒りの表出という意味では何も起こってこなかった二〇〇八年以降の偽りの平和とでも呼ぶべきもののあとで、二〇一〇年に生じた学生運動がはじめての真の不満の表現になったということである。

この運動がはじまる直前、僕は友人に、高等教育の予算削減に対する怒りの表現が生じるだろうと言ったが、それに対して彼は、大意として、そんなことが起こるはずはないと答えていた。そんな話は君の「革命に対するノスタルジー」でしかないのだと。今ここでこの話をするのは、自分に何か特別な予言者的なヴィジョンがあったのだと言いたいわけではなく、むしろ彼の見方の方が現実的なものに見えていたという事実を示したいからだ。実際そんな怒りが噴出するしるしは、確かにどこにもなかったのである。

だがそれは、二〇一〇年の終わりに噴出した。いったいなぜなのか？　ここでは、学費の問題に関して本当に議論されていたのは何だったのかを問う必要がある。大学の学費を取り巻いている積極的に死を呼びこむような経済学から何かを引き出すことができるとするならそれは、負債の返済をめぐるレトリックは、明らかに馬鹿げたものだということだろう。そのシステムを導入すると、いずれにせよ政府の負担は増えるように見える、そして実際それは、赤字を増大させることになった。だとすれば、授業料の大幅な値上げによって、本当のところいったい何がなされようとしていたのか？　僕からすれば明らかにそれは、ある種の不安を生みだすためのさらなる方法だったのだ。つまりそれによって、学生を債務者として構成する必要があったのである。

『ニュー・レフト・プロジェクト』に掲載されたマーク・ボルトンの優れた論考があるが、そこで彼は、負債は今や、資本主義のなかの重要な社会的カテゴリーになっているのだと述べている。資本はかつてと同じように機能する必要を持たなくなっているが、しかし主体性の重要な源泉として、我々に負債を負わせる必要があるのだというわけである【註1】。負債とは何か？　それは時間を捕獲することであり、我々の未来を捕獲することでもある。だからこそ、表立った衝突がイギリスにおいて学生たちとともに生じたことは、この間我々が目にしてきた転換の非常に分かりやすい例になっている——要するにそれは、時間の使用をめぐる闘争なのである。

僕自身が通っていた頃の大学がどんなものだったかといえば、第一に、僕は学費に一銭も払っていなかったし、また第二に、給付型奨学金を受けとっていたので、かなり倹約すればそれを元に生活することが可能だった。言い換えれば、労働が生む気も狂わんばかりに慌ただしい活動の外に、そうした資金を与えられた時間があった。このように言うのは、今では仕事がたんなる借金返済の手段に変わってしまったからだ。

『ニュー・レフト・プロジェクト』の記事は、馬鹿げた右派保守党員たちによる『Britannia Unchained』に反論するために書かれたものだった【註2】。その本は、イギリスは鎖に繋がれてきたが、今やその鎖は切り離されたのだと〔※つまり予算削減は是とされるべきものなのだと〕主張している。だが結果として我々は、どれだけ自由になっただろうか？　我々は今、中国人たちよりもさらにハードに、長時間働くことになっている。それは自分たちを今まで以上に売り込むために、より良い仕事をする必要があるからだが、労働の実態としては十分な賃金が得られているとは言えず、だからこそ我々は今、借金を抱えることになっている。

今の政府は、負債を道徳化しようとしている。これは、政府が続けている（政府は今、一種の神経言語学的な方法で動いており、何かを何度も繰り返せばそれが真実になると考えている）、新労働党の過度な出費が危機の原因なのだという馬鹿げた主張に似ている。今起きていることの事態は、クレジット・カードの限度額を超えたようなものだというわけである。言うまでもないことだが、人々がクレジット・カードに依存しているのは道徳上の失態ではなく、それがやむをえないことだったからだ。そしてより重要なのは、今や人々が借金していることを経済全体が必要とするようになっているということである。つまり借金をしている者たちは、資本に対する自らの義務を果たしていることになるわけである！　過去におけるそうした資本に対する義務が、現在において人をさらに搾取し、公共サーヴィスや従来の生活水準にかかる予算を削減するための新たな理由として用いられているのだ。起きている事態がここまでグロテスクでなかったら、笑い話にさえなりそうなものである。だが負債を道徳的な失態であるかのように見なすそうした馬鹿げた個人化こそが、資本主義リアリズムの血となり肉となっているものなのである。

以上のことは、労働の世界と関連した気も狂わんばかりの不安以外の目的に費やすことができる時間が減っていることと繋がっている。実際先に触れた保守党員たちの本も、そうした不安を押しつける試みの一部なのだと言える。つまり、結局のところ我々は、十分に働いていないのだというわけである。連立政権とともに我々が目にしてきたのは、時間を異なる仕方で用いることができる空間が組織的なかたちで閉鎖されていくことだった。

このことは、文化に大きな影響を与えている。というのも文化とはそうした空間のなかにあるからであり、そうした空間こそがオルタナティヴな文化を生みだしうるものだからだ。一九六〇年代以降のポップ・カルチャーにおける主だった発展の多くは、福祉国家政策や公営住宅などによってもたらされた空間によって促進されたものだった。それらは、文化的な生産に対して間接的に資金を与えるものだったのだ。だがそれらによって生み出されていた空間が閉鎖された今、後期資本主義下のイギリスにおける文化は停滞し、悲惨で、反復的で、同質的なものになっている。

資本主義リアリズムのもうひとつの矛盾として、教室での学習が過剰に規制され、公的なプログラムから少しでも逸れることが軒並み制限されていることが挙げられる。試験用ドリルの狭い枠内から外に出ると、学生たち自身から不満が出て、「これは試験に出るのか？」と聞かれることになる。教育の過度な道具化とともにここで植えつけられているのは、視野の狭量な目的論化である。

言うまでもないことだが、上層部が授業料の導入とともにやろうとしているのは、学生と講師の間に分裂を生じさせることである。より多くの授業料を払うようになれば、学生たちは講師により多くを要求することになるはずだ。まったく皮肉なことだが、経営陣は学生たちが、自分の払ったカネのためにより多くを要求する「苦しむ消費者」として行動するように仕向けている。だが問題は、そうやって生じた余分な金が、まったく講師の元には向かわないということである。僕は、とある高等教育機関の管理職が、学費の値上げが起きたなら、「学生たちがさらに多くのことを要求してくるのを覚悟した方がいい」と連絡したのを知っている。要するにこれは、講師は同じ報酬でより多く働かなければならないということを意味しているのである。

一緒に?

いったいなぜこんなことを押しつけることが可能になっているのだろうか? 理由はひとつであり、それこそが資本主義リアリズムという一般的なイデオロギー的雰囲気によるものなのである。ポール・メイソンに同意するわけではないが、資本主義リアリズムは二〇〇八年以前と比べ、確かにその形態を変えている。当時は「我々に賛同するか、さもなくば――運がよくても――スラムで酒を浴びて死ぬ惨めな負け犬になるか、どちらか選べ」と宣言してくるような頑なな雰囲気があった。だが二〇〇八年以降、状況はより絶望的なものになっている。表向きは包容力があるように見える「我々全員がこの状況を共にしている」というレトリックの背後には、そうした状況があるのだ。言い換えればこのレトリックは、みんなで協力しなければ、我々はともに潰れてしまうのだということなのである――これはかつて暗示されていた、賛同しなければ資本の猛威に押しつぶされるだけだという含意とは、はっきりと異なっている。

そんなふうにして資本主義リアリズムの雰囲気は変化したわけだが、しかしそれに代わるオルタナティヴが欠けていたため、すぐに過酷な措置が課されることになった。実際それは、以前よりもさらに悪くなっている。なぜなら、やはりオルタナティヴはないと言われていたかつてのシステムの形態さえも、今ではもう不可能になっているからだ。二〇〇八年以前の資本に戻ることはもはやできないのである。とはいえ資本は、二〇〇八年を招いた危機の解決策を何も思いついていないままだ。賃金を低く抑え、一方で需要を高めるために資本が用いている手段が負債それ自体である以上、今ある危機が終わる保証はどこにもない。負債を生じにくくできたとしても、ではいったい今までそれが占めていた場所には何が来ることになるのか？　この問いに対する答えはなく、率直にいって資本の擁護者たちは今、ただ闇雲に空を切っているだけなのである。

彼らの唯一の答えは緊縮財政政策だったが、しかし多くの場合それは、なぜ福祉国家が導入されたのかを歴史的に忘却することにもとづいている。福祉国家が導入されたのは、資本家の親切心や鷹揚さからではなく、広範な不満が革命へと向かわないようにするための「革命に対する保険」としてのことだった。彼らはこのことを忘れ、結果として今、ああした社会的なセーフティーネットの数々を何の問題もなく切り離しておけるのだと考えている。去年の暴動は、起こりうるその反響の一端が垣間見えるものだったと言える。

では我々には今、いったい何ができるだろうか？　まずおこなわれるべきなのは、アナキストたちを打倒することだ――これは半分冗談だが、とはいえ、ネオアナキスト的な発想が若者たち、特に大学生たちの間でなぜこれほど支配的なものになっているのかはぜひとも問うておかなければならないことである。この問いに対して率直に答えるなら、次のようになるだろう。つまり、アナキストの戦術は資本の打倒を試みるものとして極めて実効性の乏しいものだが、資本が効果のある戦術を軒並み破壊してしまったために、結果としてその残党が運動内部に広がることになったのである。「大きな社会」というレトリックと数多くのネオアナキスト的なアイデアや概念の間には、厄介な相乗効果が存在している。たとえば、現在のアナキズムのなかで支配的な考え方のいくつかにおけることさらに悪質な点として、主流派からの撤退というものがある。

その例としては、主流派メディアは本質的に腐敗した一枚岩なのだという考え方が挙げられる。しかし重要なのは、確かにメディアは完全に腐敗してはいるが、一枚岩ではないということである。メディアは今、事実上新自由主義者たちによって支配されている領域になっているが、それは彼らが主流派メディアと真剣に戦い、結果としてその闘争に勝利したからなのだ。

僕が今推し進めていることのひとつに、若者たちのメディアに対する意識の向上がある。たとえば、チャンネル4〔※一九八二年開局〕はかつて、三人の哲学者の討論を流す一時間番組を放送していた。今その枠を占めているのは『ビッグ・ブラザー』だ。かつてヨーロピアン・アート・シネマが占めていた枠は、今では『ロケーション・ロケーション・ロケーション』〔※不動産購入をテーマにしたリアリティ番組〕に取られている。過去の三十年のイギリス社会の政治的、文化的な変化を見ようと思うなら、チャンネル4は格好の例だと言える。

なぜか？　それはチャンネル4が、映画のようなものの支配権をめぐってメディアの枠内で戦われたあらゆる種類の闘争の結果として生まれたものだからであり、そのことを誰もが深刻に受けとめていたからだ。八〇年代には、労働闘争と並んで文化の闘争も存在していたわけである。もちろんどちらも敗北してはいる。だがその当時、そうした結果になることは決して明らかなことではなかった。我々がそれを覚えている限りで、八〇年代という時代は、「気狂い左翼」〔※七〇年代後半から八〇年代の労働党強硬左派に対して主流派メディアが用いた蔑称〕の議会に対するモラル・パニックが存在した時代だったと同時に、チャンネル4に対するモラル・パニックが存在し、政治的に正しい左派によって放送が乗っ取られようとしていると見なされていた時代でもあったのである。

たとえばそうしたことこそが、僕がオルタナティヴな近代という言葉で述べているものの――つまり新自由主義的な「近代」に対するオルタナティヴの――一部なのだ。新自由主義的な「近代」は実際のところ、多くの点で一九世紀への帰還でしかない。しかしだからといって、主流派の文化は本質的に迎合的なものであり、我々にできるのはそこから撤退することだけなのだという考え方には深い欠陥がある。

議会政治についても同じことが言える。もちろん議会政治に希望のすべてを託すべきではない。そんなことは惨めで馬鹿馬鹿しいことだ。しかし同時に、それが無意味なことなのだとしたら、ではいったいなぜビジネス階級が議会を服従させるためにあれだけ多くのリソースを費やすのかを問うてみなければならない。

だからこそ、繰り返すが、国家は終わったものであり、それに関わる必要はないのだというネオアナキスト的な発想は深く悪質なものなのである。議会政治はそれだけで多くのことを成し遂げられるのだと信じた場合、いったい何が起きることになるのかの教訓となるのは、新労働党の事例である。覇権なき権力、これこそ、事実上新労働党が意味しているものだった。だがそれは、それ自体では意味がない。選挙機械だけを通して何かを成し遂げることは望めないのだ。しかし一方で、闘争が他の何かとのアンサンブルの一部となることなしに成功するとも考えにくい。だからこそ我々は、闘争の成功とは、社会における覇権をめぐる闘争において、それぞれに異なる様々な戦線で同時に勝利することなのだという考えを取り戻さなくてはならないのだ。

九〇年代以降に生じた反資本主義運動は、究極的に言えば何もなしえなかったため、資本に何の問題も生みださなかった。それを回避することは、まったく容易なことだったのだ。その理由の一端としては、そうした運動が街頭でおこなわれ、職場や日常生活の政治を見てこなかったという事実が挙げられる。街頭での運動は、一般的な労働者には縁遠く感じられるものである。一方でしかし、欠点はあるにせよ、少なくとも労働組合には、日常生活と政治の間に直接的な繋がりが存在していた。この繋がりは今では失われており、反資本主義運動はそれを提示してこなかった。

協同すること

僕としては、目下における決定的な問いは協同することだと思っている。中央集権化か分散化か、トップダウンか水平性かといった議論の実に多くは、資本に抵抗する最も効果的な協同の形式とはいったいどのようなものなのかという真の問題を見えづらいものにしてしまっている。協同することは中央集権化を必要としない。物事が共通の目的を持つようにするために、それらを中央集権化する必要などないのである。我々は、ネオアナキスト的な発想が物語化されるなかで生まれている誤った対立に抵抗する必要がある。

オキュパイ運動に至るまでの反資本主義運動は確かに不満を動員することに成功してきたが、しかしその運動は、資本に対して長期的な問題を引き起こすようなかたちで様々な不満を協同させることがまったくできていなかった。ではいったい何が不満を協同させうることになるのか？　またいったいどんなものが、環境化している不満を持続可能な対抗性へと転化しうるのだろうか？　オキュパイ運動の際に見られたような対抗性の問題のひとつとして、持続性が欠けていることが挙げられる。また僕の同志のジェレミー・ギルバートが提起した通り、そうした対抗性に関するまた別の問題として、制度的な記憶の欠如という点も指摘できる。党のような組織体がない場合、制度的な記憶を持ちえないことになり、何度も同じ過ちを繰り返してしまうことになるのである。

我々の側には、失敗に対する寛容さがあまりにもありすぎる。いつまでたっても「やって、また失敗すればいい。またやって、前より上手に失敗すればいい（Ever tried. Ever failed. No matter. Try again. Fail again. Fail better.）」というサミュエル・ベケットの引用を聞かなければならないのだとしたら、僕は気が狂ってしまうだろう。なぜ我々は、いつまでもこんな言葉でものを考えているのか？　成功しようと試みたなら恥じることはないにせよ、失敗に名誉はない。そうした馬鹿馬鹿しいスローガンの代わりに我々は、次に成功するために自分たちの失敗から学ぶことを目指すべきなのだ。確かに、状況はあまりに不利で、我々は負け続けるのかもしれない、だがいずれにせよ重要なのは、我々の集合的な知性を高めることだ。そのためには、旧来の党のような構造ではないにせよ、少なくとも何かしらの協同のシステムと、記憶のシステムが必要になる。資本はそれを持っている。反撃するためには、我々にもそうしたものが必要なのである。

【註1】マーク・ボルトン、「Work isn't working」、『ニュー・レフト・プロジェクト』(31 August 2012)、www.newleftproject.org/index.php/site/article_comments/work_isnt_working
【註2】Kwasi Kwarteng, Priti Patel, Dominic Raab, Chris Skidmore and Elizabeth Truss、『Britannia Unchained: Global Lessons for Growth and Prosperity』(二〇一二)

マーガレット・サッチャーの幸福

——Verso blog,（8 April 2013）, https://www.versobooks.com/blogs/1272-the-happiness-of-margaret-thatcher〔※マーガレット・サッチャーが他界した当日のブログ〕

こうしてまた彼らは勝利する。先週我々が耐え忍んだあの惨めな時間から何かが引きだせるとしたら、間違いなくそれは、敵の動き方に関するいくらかの教訓だ。彼らから見たら、これほど上手くいったこともそうはないはずである。社会のなかで最も貧しく、最も傷つきやすい立場にある者たちに対する一連の懲罰的な攻撃が、おぞましく常軌も逸した暴力行為の厚顔無恥な強行によって隠蔽され、同時に正当化されることになった。これこそが、我々がこの数日の間に省みることを促されるだろう「サッチャーの遺産」の一部なのだと言える。サッチャーの死を祝っている左派たちが今、鋭い苦々しさを感じていることはあまりにも明らかである。サッチャーは二十年前に階級闘争の舞台から引退しているが、彼女のなしたことは目覚ましい成功を収めている。彼女が政権を去ったときよりもずっとサッチャー的な国になっている今のイギリスを見る限り、サッチャーは幸福な女として死んだはずである。

保守党の連中はそのプロジェクトを継続しつつ、一方でどうやってサッチャーの影から逃れるかという問題に長い間ずっと取り組んできた。先週我々は——社会民主主義の残党に対する攻撃を強化しつつ、「汚い政党」というそのイメージを払拭しようという——彼らの無謀な試みが、いくらか実を結ぶのを目にすることになった。面倒見はいいが感傷には流されない貧困層の友という配役で生まれ変わった、英国開発学研究所の舵取りによっておこなわれたそのシンプルな戦略には、失業という概念を、福祉依存という概念へと置き換えることが含まれていた。福祉依存という考えは本質的に不明瞭なものであり、野党時代に保守党が押し通していた魔法のような思考によって生み出された、反転した世界に属しているものである。サッチャーの時代には、失業は再建のための代償だったが、しかし保守党が言及する限りで、失業は今や、福祉依存の結果としてのみあるものだと見なされている。もっともらしく伝えられているところによれば、国家が民間部門の起業家精神を「閉め出してしまう」のと同様、給付システムは人々が自分の利益のために行動する能力を妨げてしまうことになるのだという。今の保守党は個人ではなく、その行動を生み出すシステムを攻撃する、反転したマルクス主義者のように見えかねない存在になっている。保守党幹事長グラント・シャップスの忘れがたい言葉によるなら、「これらの人々はシステムを利用しようとしたのではなく、むしろ自分たちのことを利用するシステムを強要された」のだと言うことになる。給付システムに焦点を移すことによって保守党は、左派のパターナリズムによる官僚主義的な無節制に対して、厳しい愛にもとづいた解決策を示す、善良で洗練された保護者たることを装いえているのである。

一方で労働党は、暗がりのなかでただ足元だけを見ながら貧乏ゆすりをしつつ、今になって福祉の未来についての気の滅入るような政策評価を提示している【註1】。この評価は、ほとんど誰もが疑っていなかったことを改めて裏づけている。つまり労働党は、ブレア主義の失敗からほとんど何も学んでおらず、身を隠し、波風を立てず、保守党に対する不満の結果として、政権が自分たちのもとに戻ってくるのを待つことを唯一の戦略にしているのだ。ブレアが持っていたカリスマ的な役者ぶりや偽りの希望も、ブラウンの力なきリーダーシップが生んでいたシェイクスピア劇さえも欠けている今の労働党には、死んだように無感情な、退廃した雰囲気が漂っている。ポピュリストであるにもかかわらず特に人気のない労働党は、選挙に勝つという盲目的な欲動に突き動かされる死せる機械と化しているのである。それは選挙に勝利するための機械だが、実際にはほとんど勝利することがなく、そもそもいったいなぜ選挙に勝ちたいのかをとっくに忘れてしまっている機械だ。これとは対照的に、保守党には熱狂的な目的意識がある。彼らは「中道」の地盤を右に引き寄せることによって、権力の座に就いていないときでさえ支配階級の利益に奉仕している。ひとたび政権の座に就くと、多数派の支持も委任状もないまま、あっという間に彼らはその政策アジェンダを押しつけ、ちょうど先週の「議論」のように、わざわざそうする気を起こした場合には、彼らは後付けで政策を正当化する。

先週の労働党の沈黙――結果として、主流派メディアのなかで給付の削減に対して声を上げているのはジャーナリストのオーウェン・ジョーンズだけだったかのように見えていた――は、労働者階級の一部のなかで給付に対する攻撃が人気を博していることを意識してのことだったのは間違いない【註2】。しかし言うまでもなく、そうした階級意識の不足や、その一因となる神話の数々に挑むのでも、そこにある否定的な連帯【註3】を解きほぐすのでもなく、労働党はただ状況を黙認しているだけである。

右派が「給付や福祉について議論する際、価値観の偏った軽蔑的な言葉を使っている【註4】」という事実は、彼らの側に道徳や知性に関する誤りがあるからと言うわけではない。それは粗雑だが、容赦のない実効性をもった神経言語学の一形態なのであり、政治的な無意識のなかに埋めこまれる一連の永続的な結びつきを生み出すために設計されているものなのだ（こうした反給付の言説がもたらした無惨な結果については、胸を打つ以下のリンクのブログ投稿のなかで、その痛ましい細部にいたるまで詳述されている【註5】）。ここでもまた、赤字の責任を資本主義の危機から労働党に転嫁しようとする悪名高い試みの場合と同様、魔法のような反復というテクニックが用いられている。保守党は、何らかのフレーズやミームが十分に繰り返されれば、事実は据え置きにされるのだと知っているのだ。右派を動かしている現実に関する技術者たちは、フロイトが述べた通り、無意識のなかに否定的なものは存在しないのだということを理解しているのである。先週のＴＶやラジオでオーウェン・ジョーンズが右派の「議論」にどれだけ反論しようが関係なく、もっぱら彼らは、子供を殺した殺人犯と福祉の間にどうにかして等価性の連鎖を作りだすことができたという事実のみによって自分たちの覇権を生みだした。その立場は実際のところ演出されたものであったにもかかわらず、いずれにせよ右派たちは、連携の取れたひとつのキャンペーンを張っているように機能していた（右派は我々よりもずっと階級的連帯が得意で、本能的にそれを実行している）。『デイリー・メール』はいつも通り異端児としての役割をこなし、他のメディアが避けがたく拡散したくなるような「憤慨した」立場を広めて、キャメロンや財務大臣ジョージ・オズボーンが今までよりも適切な――しかし実際にはごくわずかに変わっただけの――方法で「対応」することを促した。右派は「議論」が起きているという事実だけで自分たちの地歩を固めたのであり、そのあとになって我々が何をやっても、結局のところそれは領土を取り戻することにしかならない。右派が先行し、いつも通り我々は、そこに追いつこうと躍起になっているわけである。

少なくとも我々の側にもある種の共犯関係があるのだから、『デイリー・メール』（それが世界で最も読まれているオンライン上の新聞であることを思い出しておこう）が用いているテクニックについて、多少とも考えてみることには意味があるはずだ。「憤慨すること」は、『デイリー・メール』の商売道具だが、それが厄介なのは、そして、我々が窮地に立たされているのは、その公平なシェア以上のものを提供せざるをえないように見えるからだ。憤慨することはたんに無力なだけでなく、積極的に逆効果でもあり、我々が打倒したいと考えている敵に糧を与えてしまうことになる。なぜなら、まず第一に憤慨することは、ジョディ・ディーンがコミュニケーション資本主義と呼ぶものの通貨に他ならないものだからだ。コミュニケーション資本主義は、メッセージの内容ではなく、メッセージが流通することそのものに依存している。『デイリー・メール』の見出しが批判されたとしても、そうした批判は同紙のコミュニケーション資本主義のリビドー的な活力になるだけなのである（それはさらなるメッセージ、さらなる投稿、さらなるツイートを生みだす。我々はそれを「欲している」わけではないにもかかわらずそれを読み、読むべきではないからこそつい読んでしまう。また第二に、憤慨すべき事柄は無限に与えられるため、憤慨へと向かう傾向によって我々は、敵の領土とそれが設定した条件のなかで戦われる一連の反動的な戦いのなかへといつまでも閉じこめられることになる（朝起きたときにソーシャル・メディアのタイムラインを見て、ある種のやるせなさを感じず、今日はいったい何に憤慨することになるのかと自問しないような左派の人間が、いったいどれだけいるだろうか？）。そして第三に、憤慨することは、我々が敵対している勢力と彼らがおこなっている戦争の両方に関する、根本的な政治的誤解を反映している。政治学者のウェンディ・ブラウンがその極めて重要な論考「Moralism as Anti-Politics（反政治としての道徳主義）」のなかで述べている通り、そうした憤慨は、「暗黙のうちに国家（およびその他の主流派制度）を、特定の政治的・経済的な投資先を持つものではないかのように、それぞれに異なる支配的な社会的権力が体系化されたものではないかのように見なし、むしろそれを、あらゆる子供を同じように扱うという約束を忘れてしまい、一時的に指導を間違った保護者であるかのように見なしている【註6】」。我々は階級闘争のレトリックを使っていながら、しかし無作法な相手と自由に議論をしているかのように考え、相手の持っている社会的な権力は、彼らの議論にある「誤り」が指摘されれば消滅するのだと考えてしまうことがあまりに多すぎるのである。

昨年のある重要なブログ記事のなかで哲学者のアダム・コツコは――ソーシャル・メディア上で蔓延する――

保守的なイデオロギーの表面的な矛盾を指摘してまわる、上記のようなリベラル左派の強迫観念について論じている【註7】。「『あいつらは小さな政府を信じてる……だけど問題が女性の身体に対する管理になると話は別らしい！』はい論破！」。問題は、この種の皮肉な切り捨てが、議論のうえでの哲学的な一貫性と、戦略的な一貫性を混同していることにある。確かに、右翼の立場の根拠として述べられていることは、哲学的に見ればとても要領を得ないものかもしれない。だがしかし、

戦略の観点から見るならそれらは、どれも完璧に理にかなっているのだ。総合するなら、彼らは被害者を非難することに手を貸すとともに、権力を持つ者は道徳上の理由から権力を持つのだと主張し、一方で政府の役割は、道徳的な観点から見いだされた権力構造を無闇に破壊しようと試みることではなく、それを認め、強化することなのだと述べている。それぞれの主張は表面的には衝突するかもしれないが、ひとたびその目的が認識されれば、それらが生んでいる効果は完全に一貫しており、合理的なものであることが分かる。

コツコが述べるように、右翼の立場の「根拠として述べられていること」は、リビドー的な擬似餌である。それは、

ここぞとばかりにそれに飛びついて反論する――そしてそうするなかで嬉々として際限のない時間を無駄にする――リベラルに対する、一種の武器として機能している。それはある種の「合理的なリベラル」に対するドラッグになっているのだと言える。彼らはそのイデオロギー上の敵と対話することによって自分たちの

広い心を示し、ひいては、自らの知的優位を示しているのだ！

以上が意味しているのは、右派が課してくる議論から身を引くべきだということではない。そうした議論が設定されたからには、我々は撃ちあう必要がある。実際この点で、先週のオーウェン・ジョーンズは素晴らしい働きをした。だがもし右派が我々のリソースをたえまない銃撃戦のなかに固定させているなら、その時点ですでにそれは、彼らにとって重要な勝利なのだ。右派の課してくる議論からたんに身を引くわけにはいかないのと同様、我々は『デイリー・メール』を無視するわけにもいかない。記事へのリンクをクリックしなければ『デイリー・メール』は消滅するのだという考えは、倫理的な消費者になれば資本主義を破壊できるのだという考えと同じくらいに間違っている。『デイリー・メール』を無視することは、同紙が社会的な現実だと見なされるものを形成しているその方法について考えることを止めることを意味するだけなのだ。交戦しなくてはならない、ただしそれが設定している条件には従うことなく。憤慨することという——長期的なレヴェルでの政治的な無力という代償を支払う代わりに、すぐに満足感を得ることができる——「熱い」反応の代わりに、敵の用いる武器や戦略を評価し、どうやってそれに立ち向かい、克服し、最終的には打ち負かすのかを思考するより冷静なスタンスが必要なのだ。左派版の『デイリー・メール』は可能だろうか？　もし不可能だとしたら、果たして我々は、右派にとっての『デイリー・メール』がそうであるように首尾よく機能する、左派にとっての言説のハブになるような何かを構築することはできるだろうか？　こうした目論見は、我々のエネルギーやリソースを長期的な変化をもたらす目標やプロジェクトへと注ぎ、ツイッターの時代のなかで蔓延している短期主義から脱却するという、より広範な戦略の一部としておこなわれる必要がある。我々は今こそ、サッチャーが政権の座に就くずっと以前から続いているものを、すなわち、反動的な政治勢力こそが積極的で、進歩的な政治勢力の方が反動的になっているという傾向を覆す必要がある。

【註1】トビー・ヘルム＆ダニエル・ボフィ、「Labour plans radical shift over welfare state payouts」、『ガーディアン』(6 April 2013)、https://www.theguardian.com/politics/2013/apr/06/labour-plans-shift-welfare-payouts

【註2】ジョン・ハリス、「We have to talk about why some people agree with benefit cuts」、『ガーディアン』(31 March 2013)、https://www.theguardian.com/commentisfree/2013/mar/31/we-have-to-talk-why-some-want-benefit-cuts

【註3】アレックス・ウィリアムズ、「On Negative Solidarity and Post-Fordist Plasticity」、『Splintering Bone Ashes』(31 January 2005)、http://splinteringboneashes.blogspot.co.uk/2010/01/negative-solidarity-and-post-fordist.html

【註4】ピーター・ウォーカー、「Government using increasingly loaded language in welfare debate」、『ガーディアン』(5 April 2013)、https://www.theguardian.com/society/2013/apr/05/government-loaded-language-welfare

【註5】ラモーナ、「'The Revolution starts in the ATOS smoking area' — On Welfare, Addiction, and Dependency」、『libcom.org』(2 April 2013)、https://libcom.org/blog/%E2%80%9C-revolution-starts-atos-smoking-area%E2%80%9D-welfare-addiction-dependency-02042013

【註6】ウェンディ・ブラウン、「Moralism as Anti-politics」、『Politics Out of History』(二〇〇一)

【註7】アダム・コツコ、「Weaponised debate」、『An und für sich』（12 August 2012）、https://itself.blog/2012/08/12/weaponiseised-debate-2/

微笑みとともに苦しむこと

――Occupied Times, (22 June 2013), http://theoccupiedtimes.org/?p=11586

「朝はいつも五時か五時十五分には起きますね。昔は起きたらメールの返信をするようにしていましたが、誰もが僕のようなタイム・スケジュールではないですから、今では七時まで待つようにしています。メールを送る前には、運動をしたり、読書をしたり、自社の製品を試してみたりします（中略）。あまり長くは寝ませんね、ずっとそうなんです。人生が刺激的すぎて、寝てなんかいられないんですよ」

「息子がベッドを占拠してミルクを飲んでいる間に、ざっとメールをチェックしてしまいます。急ぎのものはその場で返事をしてしまいますが、残りは通勤中に返すためにフラグを付けておきます（中略）一日にだいたい五百件のメールを受けているので、一日中メールしていますね」

――「CEOは何時に起きるのか？【註1】」

どちらも「CEOは何時に起きるのか?」と題された『ガーディアン』の記事から引用した以上のふたつの談話は、アントニオ・ネグリ、パオロ・ヴィルノ、フランコ・「ビフォ」・ベラルディといった、ポスト・オートノミーの理論家たちのテーゼを説明しようとしているものだと言えるかもしれない。労働は本質的にコミュニケーション的なものになっている。労働と生活の境界は相互に浸透しあっている。記号資本主義の絶え間ない要求によって、肉体的な組織の限界が押し広げられている。メールというものは、職場や労働日などというものは存在しないのだということを意味している。人は今や、起きた瞬間に働きはじめることになるのである。

CEOの一日についての以上の記述は、ドゥルーズとガタリの『アンチ・オイディプス』のなかの以下の主張を裏付けるものだと言える。いわく、資本主義のなかでは、

もはや主人すら存在せず、奴隷が他の奴隷に命令するだけである（中略）ブルジョワがその手本を示している（中略）――最下層の奴隷よりも完全に奴隷化された彼は、貪欲な機械の最初の下僕であり、資本の再生産の獣である（中略）。「私も奴隷である」――これは主人によって語られる新しい言葉である【註2】。

塔の頂点にあるのは、労働からの解放ではない。そこにあるのはさらなる労働であり、唯一の違いは、今やそこでは、どうやら労働が楽しんでおこなわれているのかもしれないということだけなのだ（「人生が刺激的すぎて、寝てなんかいられないんですよ」）。CEOたちにとって、労働は強制されているものというより、中毒に近いものになっている。暫定的な形式化とはいえ、我々はここで、階級対立を構成する新しい方法を提示してみたくなる。つまり今存在しているのは、労働中毒者と労働を強制されている者という対立なのだと。だがこれは、まったく正確とはいえない。（給料を支払っている）自分の雇用主のために働く場合であれ、（利用者として無給で）マーク・ザッカーバーグのために働く場合であれ、我々の大半は、コミュニケーション資本主義の要請（メールをチェックすること、自分のステイタスを更新すること）に強迫的に捕らえられたままである。こうし

た労働形態からすれば、シジフォスの絶え間ない労働は今や古風なものに見えてくる。少なくともシジフォスは、同じ作業を何度も繰り返すように命じられていた。記号資本主義はむしろ、神話のヒドラに立ち向かうようなものになっている。ひとつ首を切り落とすと、そこから三つ生えてくる。メールを返せば返すほど、それだけさらにメールを受け取ることになる。

搾取の古き良き時代、利益を出し、売れる商品を生産しうる限りで上司が労働者に関心を持っていた時代は、とっくに過ぎ去っている。その当時の労働は、主体性の無化を意味し、自身自身を非人称的な機械の一部へと還元することを意味していた。それは労働から離れる時間のために支払われる代償だった。しかし今や、労働から離れた時間など存在せず、労働は主体性に対立するものではなくなっている。我々自身が商品である以上、すべての時間が起業家としての時間であり、自分自身を売るために費やされていない時間は無駄な時間なのである。したがって今我々は、映画『リミットレス』（二〇一一）の登場人物のように、薬をやる、睡眠時間を削る、通勤時間に仕事をする等々、自分たちに使える時間を増やす方法を常に探している。失業者であってもこうした状況を逃れることはできない――受給資格を取得するためにやらされるシミュレーション作業は、賃労働のための準備以上のものであり、その時点ですでに労働になっている（あれほど数多く存在している「現実」の業務が、シミュレーション行為でなければいったい何だというのか？　我々は単純に働かなくてはならないだけではなく、やるべき「労働」がないときでさえ、働いているように見えなくてはならないのである……）。

今や搾取されているというだけでは十分ではないのだ。目下における労働の本質は、どんなに卑しい地位にいようと、ほとんどすべての人間が、自分の労働に対して（過度に）投資しているように見えるよう要求されていることにある。我々が強制されているのは、たんにやりたくもない活動を引き受けるという古い意味での労働ではない。そうではなく我々は今、まるで働くことを望んでいるかのようにふるまうことを強制されているのだ。ハンバーガー・チェーンで働こうと思った場合でも、まるでリアリティ番組のように、本当にそうしたいと証明しなくてはならないのである。グローバル・ノースのなかで生じている悪名高い感情労働への移行は、とにかく職場にやってきて、苦しい姿を晒していることがもはやありえないものになったことを意味している。そうした苦しみは、隠されなければいけなくなったのである――実際、いったい誰が鬱々としたコール・センターの労働者の話を聞きたいだろうか？　悲しそうなウェイターに注文を取られたい人、不幸せそうな講師に教わりたい人がいるだろうか？

とはいえ以上は、完全に正しいわけではない。目下における労働の崇拝から享楽を引きだし、人を支配しているリビドー的な諸力は、悲惨さを全面的に隠すことを望んでいるわけではないのだ。というのも、実際に自分の仕事に喜びを感じている労働者を搾取したところで、そこから享楽を手にすることなどできないのだから。『ブレードランナー』（一九八二）の続編として書かれた小説『ブレードランナー2』のなかでK・W・ジーターは、労働と苦しむことのリビドー経済についての洞察を示している。この小説のなかのあるキャラクターは、『ブレードランナー』が描く未来のなかで、いったいなぜタイレル社が、わざわざレプリカントなるものを――つまり、専門家でなくては人間と見分けをつけることができないようなアンドロイドを――開発したのかという問いに答えている。

オフワールドの入植者たちは、いったいなぜ扱いやすく効果的な機械ではなく、厄介で人間のような奴隷を欲しがるのか？　簡単だよ。機械は苦しまない。機械にはそもそも苦しむことができないんだ。機械はレイプされても気づかない。機械との間に権力関係は存在しないんだ。(中略)レプリカントが苦しみ、その所有者に主従のエネルギーを与えるためには、それが感情を持っていなければいけない。(中略)レプリカントの感情は、デザイン上の欠陥じゃない。タイレル社がそれに与えたものなんだ。それこそが我々の顧客の望んでいることなんだから。

「給付にたかる連中」に対する憎悪を煽るのがこれほどまでに簡単な理由は——人々が抱いている反動的な幻想のなかにおいて——彼らが、働く者たちが従わなければならない苦しみから逃れているからなのだ。だがそうした幻想は、それ自体で語るに落ちている。給付の申請者に対する憎しみは本当のところ、人々がどれだけ自分自身の仕事を憎んでいるかということなのである。他の者たちも自分たちのように苦しまくてはならない——これこそ、どんどんと悲惨なものになっている労働から逃れることなど想像することもできないままに掲げられる、否定的な連帯のスローガンなのである。

現在の労働について理解するためにここでは、「ぶっかけ」というポルノ上の行為を考えてみよう。そこでは、男たちが女たちの顔に向かって射精し、女たちは喜んでいるかのように振る舞い、口の周りについた精液をまるでこの上なく美味い蜂蜜であるかのように淫らに舐めとることを求められる。ここで女たちから引きだされているのは、シミュレーションの行為である。そうした辱めは、彼女たちが実際には感じていない享楽を演じているように見えるからこそ意味を持つことになる。逆説的なことだがしかし、服従させるということは、何かしらの抵抗の痕跡があってはじめて完成するものなのである。幸せな微笑みや儀式化された服従は、その眼のなかに悲惨さのしるしが見いだされるからこそ意味を持つものなのだ。

【註1】ティム・ダウリング、ローラ・バーネット&パトリック・キングズリー、「What Time Do CEOs Wake Up?」、『ガーディアン』(1 April 2013)、https://www.theguardian.com/money/2013/apr/01/what-time-ceos-start-day

【註2】ジル・ドゥルーズ&フェリックス・ガタリ、『アンチ・オイディプス』(二〇〇四〔※原著一九七二〕)

ゾンビの殺し方
——新自由主義の終わりを戦略化する

——openDemocracy,（18 July 2013）, https://www.opendemocracy.net/mark-fisher/how-to-kill-zombie-strategising-end-of-neoliberalism

資本主義の危機が新自由主義の信用を失墜させてから五年が経つなかで、いったいなぜ左派はこれほどまでに進歩してこなかったのだろうか？　二〇〇八年以降、確かに資本主義は、以前までそれが持っていた前方への熱狂的な推進力を奪われたかもしれないが、しかしまったく崩壊するまでには至っていない。新自由主義は今、ゾンビとして足を引き摺りながらさまよっている。だがゾンビ映画の愛好家なら周知の通り、生きている人間を殺すよりもゾンビを殺す方が難しい場合があるものだ。

ヨーク大学での会議〔※フィッシャーらの主催によって二〇一三年七月に開かれた学際的会議「新自由主義、危機、世界システム」を指す〕では、以下のようなミルトン・フリードマンの悪名高い言葉が何度も繰り返して引用されていた。

実際に生じているものであれ、そうとして認識されたものであれ、ただ危機だけが真の変化を生みだすことができる。そうした危機が起きるときにどのような行動が取られるかは、その周囲にあるアイデア如何にかかっている。これこそが我々の果たすべき機能なのだと私は考えている。つまり、既存の政策に対するオルタナティヴを開発し、政治的に不可能なものが政治的に不可避なものになるまでそれを持続させ、利用可能なものにすることが必要なのである。

問題は、新自由主義的な政策によって二〇〇八年の危機が生じたにもかかわらず、まったく同じような政策が実質的に唯一の「その周囲にある」政策になっていることにある。結果として新自由主義が、今もまだ政治的に不可避なものであり続けているのである。

一般大衆が新自由主義的な教義を強い熱狂とともに受けいれてきたかどうかはまったく定かとは言えないが、しかしいずれにせよ、人々は新自由主義のオルタナティヴは存在しないのだという考えに説得されてきたのだった。こうした状況のあり方を（典型的には消極的に）受けいれることこそが資本主義リアリズムの特徴である。新自由主義は、自らを他のシステムよりも魅力的なものにすることができていないかもしれない。だがしかしそれは、自らを唯一の「リアリスティック」な統治の様態として売り込んできた。ここでいう「リアリズム」は、激しい戦いのすえに勝ち取られた政治的な成果物を意味しているのであり、新自由主義は、ビジネスの世界からもたらされた慣行や前提をモデルにした現実の様態を押しつけることに成功してきたのである。

新自由主義は、国家社会主義の信用失墜を確たるものにし、未来に対する権利を主張して、左翼を時代遅れなものへと追いやる歴史観を打ちたてた。それは中央集権的で官僚主義的な左翼主義に対する不満を捕獲し、六〇年代以降に生まれた自由や自律に対する欲望を吸収して、それを我がものとして変質させていった。だが――この点こそが重要なのだが――そうした欲望は必ずしも、不可避的かつ必然的に新自由主義の台頭に繋がるものだったわけではない。むしろ我々は、新自由主義の成功を、左派の側がそうした新たな欲望に応えることができなかったことの徴候なのだと考えることができるはずだ。実際、スチュアート・ホールら、一九八〇年代のニュー・タイムズ・プロジェクト〔※非ソ連型の共産主義に影響を受けたグレートブリテン共産党の知識人らによる思想運動〕に加わった者たちが予言的に主張していた通り、この失敗は左派にとって破局的なものになっていく。

資本主義リアリズムとは、資本主義のオルタナティヴは存在しないのだという信念だと表現することができる。しかしそれは通常、政治経済についての大きな主張としてではなく、たとえば我々が、給与や待遇が停滞したり悪化したりすることをうんざりしながら受けいれることのような、より卑近な振る舞いや期待のなかで表現されることになる。

資本主義リアリズムは、(その多くが左翼を自認している)経営者たちによって、今は状況が違うのだといった言葉とともに売りつけられてきた。組織化された労働者階級の時代は終わり、労働組合の力は後退して、今やビジネスが支配している、我々はそれに従わなければならないのだというわけである。自己評価、業績評価、日報の記入などといった、労働者たちが今日常的に要求されている自己監視作業は、自分たちの仕事を続けていくために支払われるべき小さな代償なのだと我々は説得されている。

たとえば、イギリスにおけるアカデミズムの研究成果を評価するシステムである、研究評価制度(REF)というものがある。この巨大な官僚主義的監視システムは、その対象となる者たちからは罵倒されているが、そうした反対は今のところかたちだけのものにとどまっている。何かが嫌悪されると同時に、従われてもいるというこうした二重の状況は、資本主義リアリズムの典型と言えるものであり、左翼の牙城のひとつだと考えられているアカデミズムの場合、特に痛烈なものになっている。

資本主義リアリズムとは階級分解の表現であり、階級意識の崩壊の帰結である。基本的に新自由主義とは、そうした目的を達成することを目指したプロジェクトだと見なされなくてはならない。それは——少なくとも実際にそれがなしてきたことを見る限り――国家による統制から市場を解放することを第一とするものではない。むしろそれは、国家を資本の力に従属させるためのものだった。地理政治学者デイヴィッド・ハーヴェイが精力的に論じてきた通り、新自由主義とは階級権力の再強化を狙ったプロジェクトだったのである。

労働者階級権力の伝統的な源泉が破壊され、あるいは抑制されていくにつれて、新自由主義的な教義は、どんどんと一方的におこなわれるようになる階級闘争の武器として機能していくようになっていった。「市場」や「競争」といった概念が、新自由主義的な政策が目指す実際の目的としてだけではなく、それを導く神話やイデオロギー的なアリバイとしても機能していくことになる。資本は市場の健全さにも競争にも関心を持っていない。マヌエル・デランダは、フェルナン・ブローデルに倣い、独占や寡占へと向かう傾向を持つ資本主義は、繁栄した市場を促進するシステムというよりも、反市場として定義した方がより正確なのだと論じている。

教育哲学者のデイヴィッド・ブラッカーは近刊予定の著作『The Falling Rate of Learning and the Neoliberal Endgame（学習率の低下とネオリベラリズムの終焉）』のなかで、「競争」という美徳は、「大衆のために都合よく取っておかれている。競争やリスクとは、小規模な企業や、民間や公的機関の従業員のような、庶民たちのためのものなのである」と鋭い皮肉を込めて述べている。競争を喚起することは、イデオロギー的な武器として機能する。それが真に目標とするのは、連帯を破壊することであり、実際そうしたものとしてそれは、目覚ましい成功を遂げている。

教育における競争は（制度的なレヴェルであれ個人的なレヴェルであれ）、国家による規制が取り去られたところに自然に生じるような何かではない。反対にそれは、新たな種類の国家による管理によって積極的に生みだされるものなのである。RFEや、イギリスでは教育水準監査院が監督している学校に対する査察体制は、こうした症候の古典的な例だと言える。

教育やその他の公共サーヴィスを自動的に「市場化」するような方法は存在せず、また教師のような労働者の「生産性」を数量化する直接的な方法も存在しない以上、それらに対してビジネス上の規律を押しつけることは要するに、途方もない大きさの官僚機構が新たに作りだされることを意味することだったのだ。したがって、我々を国家社会主義の官僚制から解放することを約束したイデオロギーが、その代わりに、すべて自前の新たな官僚制を押しつけたと言うことになる。

このことが矛盾に見えるとしてもそれは、新自由主義が主張することを鵜呑みにする限りでのことでしかない。実際のところ新自由主義は、古典的な自由主義ではない。それは自由放任に関わるものではないのである。新自由主義に対するフーコーの先見的な分析を発展させつつジェレミー・ギルバートが述べるように、新自由主義のプロジェクトは常に、ある種の個人主義のモデルを厳しく取り締まることに関連していた。ともすれば集団性へと向かう恐れのある労働者は、常に監視されなければならないのである。

新自由主義の掲げる、ビジネスの世界から持ち込まれた管理システムは労働者の効率を向上させるためなのだという理論的な根拠を受け入れることを拒むなら、REFやその他の管理経営主義的なメカニズムによって生み出される不安が、そうしたシステムの生み出している副作用ではなく、むしろその真の目標なのだということがはっきりしてくる。

新自由主義が自発的に崩壊することがないのだとしたら、ではその消滅を速めるためにいったい何がなされうるだろうか？

機能しない戦略を拒絶する

『フリーズ』誌に掲載されたフランコ・「ビフォ」・ベラルディと僕の対話のなかで【註1】、ベラルディは、「金融資本主義によって引き起こされている脱人間化のプロセスに直面した私たちの理論的な無力さ」について語っていた。「現実を否定することはできません」とベラルディは続け、以下のように述べている。

ここでいう現実とはこういうことです、二〇一〇年から二〇一一年の運動の最後の波は巨大な主体性を再び活性化する試みでした。ですがこの試みは失敗した。私たちは金融侵略を止めることができなかった。運動は今や消滅し、絶望の断片的な爆発というかたちを取ってしかあらわれていません。

一九七〇年代のイタリアにおけるいわゆるアウトノミア運動に関わった活動家のひとりであるビフォはここで——活気ある戦闘性の爆発が、何ら持続的な変化を生み出すことなく、噴出する先からすぐに後退していくことになるという——二〇〇八年以降の反資本主義闘争を特徴づけたリズムを確認している。

ビフォの指摘を僕は、九〇年代以降の反資本主義を支配してきた「水平主義」的な戦略に対するレクイエムとして聞いている。そうした戦略の問題点は——ヒエラルキーを廃絶し、権威主義を拒絶するという——その（高尚な）目標にではなく、その実効性にこそある。ヒエラルキーを専断的な布告によって廃絶することなど不可能であり、効果を超えて組織形態を物神化する組織は、敵に地歩を譲ることになってしまう。階層化された既存の形態を取り除くことは長く、根気を必要とする、消耗的なプロセスになるのだ。たんに〈公式的な〉指導者を避け、「水平的」な形態を採用すればいいという問題ではないのである。

ネオアナキスト的な水平主義は直接行動や撤退という戦略を好む傾向にある。妥協して選出された代表が自分たちの代わりに行動するのを待つのではなく、自分たちのために今まさに行動が起こされる必要があり、同時にまた、偶発的にではなく必然的に腐敗している諸制度から撤退するべきだというわけである。

直接行動の強調はしかし、間接的な行動の可能性に関する諦めを隠蔽している。イデオロギー的な語りの管理は、間接的な行動を通してこそ成し遂げられるものである。イデオロギーとはあなたや僕が自発的に信じていることに関わるものではなく、〈他者〉が信じていると我々が信じているものに関わるものであり、この信念の大部分は、今もって主流派メディアの中身に左右されている。

ネオアナキスト的な教義は主流派メディアや議会を放棄するべきだと主張する。だが我々がそれを放棄したところで、新自由主義の権力と影響を拡大させることになるだけである。新自由主義的な右派は国家の終焉を説くかもしれないが、しかしそうした主張はあくまで、自分たちが政府を管理していることが確たるものになる限りでなされるものにすぎない。

国家の廃退に関する大言壮語を信じているのは、水平主義的な左派だけである。ネオアナキスト的な批判の危険性は、それが国家や議会制民主主義や「主流派メディア」といったものを本質化してしまうことにある。だがそれらはどれもみな、いつまでも変わらずに固定化されているものなどではないのだ。それらは闘争の対象になる可変的な領域であり、今あるかたち自体が過去の闘争の結果なのである。水平主義者たちはだんだんと、まるで議会と主流派メディア以外のすべてを占拠しようとしているかのように見えてきている。だがいったいなぜ同じように国家とメディアも占拠しないのだろうか？　ネオアナキズムは資本主義リアリズムに対する挑戦というよりも、その影響のひとつなのである。アナキストの運命論――それによるなら、左翼労働党よりも資本主義の終わりの方が想像しやすいのだと言うことになる――は、資本主義のオルタナティヴは存在しないという資本主義リアリズムの主張を補完するものなのだ。

だがこれは何も、主流派メディアや政治を占拠すればその時点で十分なのだということではない。新労働党の教訓があるとするならそれは、政権を取ることと覇権を勝ち取ることは決して同じことではないということだと言える。とはいえ、何らかの議会戦略がなければ、運動は停滞し続け、崩壊し続けることになるだろう。運動が持つ議会外のエネルギーと既存の制度の枠内にいる者たちのプラグマティズムを結びつけることこそが課題なのである。

戦争の思考を受け入れるために自分たちを鍛えなおす

ともあれ、水平主義の何より顕著な欠点を考えようと思うなら、それが敵の視点からどのように見えるかを考えてみればいい。資本は反資本主義運動のなかにおける水平主義的な言説の人気を喜ばしく思っているに違いない。注意深く連携している敵と、九時間の「集会（アセンブリ）」を通して決定を下す敵のどちらと対峙したいか考えてみて欲しい。

このことはしかし、何らかの仕方で旧態依然としたレーニン主義へと回帰することが可能だとか望ましいとかといった、慰めに満ちた幻想に後退するべきだというのではない。レーニン主義かアナキズムかという二者択一を迫られているという事実こそが、現在における左派の無力さを示すものなのである。

重要なのは、こうした不毛な二項対立のもとを立ち去ることだ。効果的な組織化が必ずしもレーニン主義的な党を要求しないのと同様、権威主義との闘争がネオアナキズムをともなう必要はない。その一方で必要になるのは、自分たちが相手にしている敵が、今おこなわれているのは階級闘争なのだということを少しも疑っておらず、その闘争を戦うために人々を訓練することに莫大な資源を投入しているのだという事実を真摯に受けとめることだ。MBAの大学院生たちが孫氏の『兵法』を読んでいるのは理由のないことではない。進歩するために我々は、勝利しようという欲望と、実際に勝つことができるのだという自信を再び発見しなくてはならないのだ。

我々は、ある種の反スターリン主義的な思考の癖を克服することを学ばなければならない。危険はもはや、というよりもそもそもずっと昔から、自分たちの側の過剰な教条主義的熱狂にあるのではない。むしろ六八年以降の左翼は、疑念や懐疑や不確実さのなかにとどまるという否定的な能力を過大評価する傾向を持ち続けてきた。これは美的な徳ではあるだろうが、政治的には悪徳だと言える。六〇年代以降、左派の間で蔓延してきた自己不信は、右派の側にはほとんど見られない——それこそ右派が自分たちのプログラムを押しつけることにこれほどまで成功してきた理由のひとつなのである。左派の多くが今、プログラムを考案することに尻込みし、ましてそれを「押しつける」ことにはよりいっそう尻込みしている。しかし我々は、人々は自発的に左派に転向するのだとか、その解体のために自分たちが積極的に手を下さなくても、新自由主義はやがて崩壊するのだとかといった信念を捨てなくてはならないのである。

連帯の再考

かつての連帯は新自由主義に解体されて失くなり、二度とは戻ってこない。しかしだからといってこれは、我々がアトム化した個人主義に追いやられることを意味しているわけではない。我々の今の課題は、連帯を再び発明することにある。アレックス・ウィリアムズはそうした新しい連帯がどのようなものでありうるのかを説明するために、「ポスト・フォーディズム的可塑性」という示唆に富む定式を考案している。カトリーヌ・マラブーが示した通り、可塑性は弾性と同じものではない。弾性は新自由主義が我々に要求している柔軟性に相当するものであり、そこにおいて我々は、外側から押しつけられる形態を取ることになる。だが可塑性はそれとは異なっている。可塑性とは適応性と復元性の両方を意味するものであり、変更の能力であると同時に、以前の出会いの「記憶」を保持するものでもある。

このような観点とともに連帯を再考することは、我々が疲弊した前提の数々を手放すことに役立つはずである。この種の連帯は必ずしも、包括的な統一や、中央集権的な管理をともなうものではない。しかし統一を超えて動くことは必ずしも我々を、水平主義の平坦さへと導くものではない。統一性が持つ堅固さ——皮肉なことに、それに対する願望こそが悪名高い左派のセクト主義を助長してきたわけだが——に代わって、我々が必要としているのは、様々な集団や資源や欲望の協同なのである。右派は我々よりも優れたポストモダニストであり、全体的な統一を必要とすることのないまま、異質な利益集団をもとに連合を構築することを成功させてきた。我々は彼らから学び、自分たちの側で同様のパッチワークを構築しはじめなければならない。これは哲学的な問題というよりも、ロジスティクスに関わる問題だと言える。

組織形態の可塑性に加えて、我々はまた、欲望の可塑性にも注意を払う必要がある。フロイトは、リビドー的な欲動は「極めて可塑的」だと述べた。欲動が固定された生物学的本質ではないのだとしたら、資本主義に対する自然な欲望など存在しないことになる。欲望とは常に構成されているものなのである。広告主やブランド事業者や広告コンサルタントは常にこのことを知っていたのであり、新自由主義に対する闘争は、資本に雇われたリビドーの技術者たちが推し進めているモデルと対抗しうるような欲望のオルタナティヴなモデルを、我々の手で構築することを必要としているのである。

確かなのは、我々は今イデオロギーの荒地にいるのだということであり、その場で新自由主義が支配的なものになっているのは、たんに慣例によってでしかないということだ。この領土は奪いあいになっているが、冒頭に引いたフリードマンの指摘は、この点で我々のインスピレーションになるはずだ。つまり、今や我々の課題は、既存の政策に対するオルタナティヴを開発し、政治的に不可能なものが政治的に不可避なものとなるまでそれを存続させ、利用可能なものにすることなのである。

【註1】マーク・フィッシャー＆フランコ・「ビフォ」・ベラルディ、「Give Me Shelter」、『フリーズ』（1 January 2013）、https://frieze.com/article/give-me-shelter-mark-fisher

殺人罪を逃れ切ること

——k-punk, (9 January 2014), http://k-punk.org/getting-away-with-murder/

マーク・ダガンの事件〔※本書二三四頁参照〕に対する評決は、衝撃的であると同時に予想通りのものだった。衝撃的だというのは、それがあからさまに証拠を無視しているだけでなく、証拠にある歴然とした矛盾を無視してもいる評決だからだ。そして予想通りだというのは、我々は今や、警視庁が殺人罪を逃れるのを見慣れてしまっているからだ。

今日の『ガーディアン』に掲載されているスタッフォード・スコットの記事【註1】が明らかにしている通り、事件の顛末に対する警察の説明は、最低限の一貫性すら欠いている明白なでっちあげだった。それは鍋の論理の古典的な例であり、ダガン殺害に対する合理的な根拠は、警察の明らかな隠蔽工作によって実際に弱められることになった。マーク・ダガンが死んだとき——V53というコードネームで呼ばれている警官が審問の際に主張した通り——彼は銃を握っていたのか、それとも銃を投げ捨てていたのか。もし前者だとしたら、いったいなぜ銃は彼の遺体から七メートルも離れたところに（しかもダガンの指紋もDNAも残っていない状態で）あったのか？　また後者だとしたら、ではいったいどうしてダガンは銃殺されなければならないのほどの脅威を持っていると考えられたのか？　どう考えても今回の警察の動きは途方もない大失態であり、どれだけよく言ったとしても馬鹿げていると言わざるをえない隠蔽工作によって、事態はさらにひどいものになっているのだと言える。

だとするなら我々は、陪審員団が下した倒錯した決定を、いったいどう説明したらいいのだろうか？

ひとまず部分的には、法の枠組みそのものに目を向ける必要がある。クリスチャン・ヴェルトシュルテが昨晩フェイスブックのコメントで述べた通り、公表されている評決を読むと、「どういうわけか陪審員団は、殺人が合法か否かを結論づけるにあたって、自分が警察官の立場だとしたら身の危険を感じたかどうかと自問するように仕向けられていた。結果としてこれは避けがたく、『あぁ、それなら私だって怖かったはずだ！』という反応を導くことになる」。ロンドンのあちこちにいる警視庁の警官たちが普段から携行している大量のサブマシンガンのことを考えるならこれは、馬鹿げていると同時に恐ろしいことでもある。今回のような事件で陪審員たちに投げかけられることになる問いが、「普通の国民のひとりであるあなたたちは、恐怖を感じたかもしれないでしょう」というものであったとしたら、ではいったい何が法に背く殺人を構成することになるのかを見分けるのは難しくなる。

以上を踏まえつつ我々は、こうした偶発的な事態のなかで即座に展開された、現実を管理経営するためのより広範な動きに目を向ける必要がある。プレブゲート事件〔※政府首席補佐官だったアンドリュー・ミッチェルが自転車走行のルール違反を指摘された際、警官に対し下層住民を意味する「プレブ」という言葉で罵った事件。調査の結果警官の証拠ねつ造やマスコミへのリークが発覚〕が明らかにしたものがあるとすればそれは、警視庁がおこなうでっちあげが、いかに恥知らずで出鱈目なものかということだった。しかもそうしたでっちあげをおこないつつも、大抵の場合彼らは、保守党や右派マスコミの従順な支持を当てにすることができるために、そのまま逃れ切ることができるのである。ダガンの事件の場合、完全に虚偽の物語を先行させ【註2】、世論が決まってしまってから、はじめてそれを否定する【註3】というお決まりの戦術が見られた。そしてそのうえで、被害者の悪魔化がおこなわれていくことになる。この点についてスタッフォード・スコットは以下のように述べている。
ダガンに対する銃撃の直後から、警察と独立警察苦情委員会は、メディアに不正確で誤解を招くような情報を流し、遺体が冷たくなる前からダガンの悪魔化を揺るぎないものにした。各社のニュースの見出しは彼のことを、従兄弟であるケルヴィン・イーストンが殺害された件の復讐を果たそうとしていたギャングスターだと断言した。しかし審問の間にこの主張を裏づけるような証拠が示されることはなかった。さらに彼が大規模なドラッグの売人だったという疑いが持ちあがったが、しかしやはりここでも、そうした疑いを立証する証拠はただのひとかけらも示されなかった。だがそんなことは問題ではなく、いずれにせよ中傷はなされたのであり、そしてそれは、狙い澄ましたかのようにはっきりと人を欺くことになった。今でもまだ大抵の人間は、彼が有罪を宣告されているのは比較的軽微な罪だけだった――一件が大麻の所持、もう一件が盗品故買――と言うことを知らないままでいる。

マーク・ダガンを「ギャングスター」と表現することは、確実に一連の人種差別的な連想を引き起こすことになる。このことは――往々にして「彼らは同業者しか殺さなかったし、母親たちを愛していた」などといわれる――クレイ兄弟〔※イーストエンド出身の双子のギャング〕や、――凶悪な犯罪にかかわったが、かわいらしいいたずらっ子のように扱われていた――ロニー・ビッグズ〔※セックス・ピストルズとの共演でも知られる列車強盗犯〕のような白人の犯罪者が神話化される際のあり方と比較してみればすぐに理解されるはずである。あるいはまたここで、ラウル・モート〔※元恋人を含む三人を射殺した殺人犯。事件後数日の間逃走したのち警察に包囲され自死〕が「自殺する」前、数日間にわたって人を殺すことができる状態のままだったことにも留意しておくべきだろう。

陪審員団がマーク・ダガンをありうる限り最悪の見方で判断し、発砲した警官が陪審員団によって無罪化されたことに評決を聞いた人々が賛同するような状況は、以上のようなことのすべてによって準備されているのである。実際昨晩僕は、「彼は銃を持っていたじゃないか、それで何をするつもりだったんだ？」という趣旨のコメントを数多く目にした。もう一度言うが、これは恐ろしいことだ。彼がするかもしれなかったことを踏まえるなら、マーク・ダガンを殺してもよかったと言うことになるのだから。事前犯罪〔※pre-crime：準備や計画等、実行の前段階の状態を犯罪と見なす刑法上の概念〕の時代が本当にやって来ているのである。

またもちろん、警察を擁護するプロパガンダがいたるところに大量に溢れかえっていることもある。警察がそうしたプロパガンダを自分たちで生み出す必要はない。それは右派のメディアによって、また警察といえば必ず英雄として描き、あるいは「タフな仕事をこなす、欠点はあるが普通の人々」として描く大衆文化によって十分に供給されている。

こうしたことのすべてが、陪審員団のなかにある種の認知的不協和を作り出したに違いない。陪審員団自体が認めている通りだが、すべての証拠が、撃たれたときのダガンが武装していなかったことを示していた。さらに言えば、銃に対する見え透いた隠蔽工作によって、警視庁のストーリーはその土台から決定的に崩れるはずだった。しかしそうではなかったのだ（つまりは、間違いなく「論理的思考」など失われてしまっていたのだ）。警察は有罪ではありえない、これはア・プリオリなことであり、ゆえに彼らは有罪ではないのである。

今や評決が守られなければならず、現実に対する管理経営の次の段階がはじまっている。我々が今まさに目の当たりにしているのは、マーク・ダガンの遺族に「法を尊重しろ」と呼びかける右派の政治家やコメンテーターたちの群れである。ヒルズボロの悲劇の犠牲者遺族がそうだったように、遺族は悲しみのあまりおかしくなりヒステリックになっているのだと言われ、酷い不正義を正そうとするその欲望は病気だと扱われ、彼らは前に進むことができないのだと見なされることになるだろう。現実の管理経営システムによってそうした作業が妨害なくおこなわれることが許されるならだが、ヒルズボロや、より最近では炭鉱労働者のストライキの場合がそうであったように、二十年か三十年あとになってから真実が少しずつ明らかになることも期待できるかもしれない。しかしそのときにはもう、引き金を引いた人間も、隠蔽工作を幇助した連中も、年金をもらっているか死んでいるかのどちらかだろう。いずれにせよ彼らは、もはや正義の届かないところに存在することになっているはずだ。

こうしたことを僕は、「ACBC（All Coppers Are Bastards＝すべての警察はクソ野郎）」というスローガンを掲げるアナキストとして書いているのではなく、大方の警察業務のありふれた現実を——そしてそうした業務のなかにはますます、新自由主義によってもたらされた市民社会の崩壊をなんとか取り繕うことが含まれるようになってきていることを——十分に意識している人間として書いている。とはいえ、警視庁が体系として腐敗した勢力であることは今や明らかだろう。同様に、独立警察苦情委員会が冗談でしかなく、裁判所が正しい評決を下すことを当てにできないことも明らかである。

体系的な問題には体系的な解決が必要になる。マーク・ダガンの遺族が正義を求めることは支援されなければならないが、一方でそれを孤立した事件と見なすことを許すべきではない。今回のような倒錯した評決を生みだした（警視庁、メディア、司法制度からなる）システム全体に責任を負わせ、最終的にはそれを他のものに取って代える必要がある。

ハックゲート事件〔※本書二三二頁参照〕が持つ意義は、その事件によって、以上のような体系的な共犯関係

――「私立探偵、犯罪的な裏社会、タブロイド紙、多国籍メディア・コングロマリット、警察、政治家、銀行、そしてそれらを規制するはずの(良く言えば無力な、悪く言えば問題の一部である)諸組織からなっている闇のネットワーク」――が開かれた場にもたらされだしたことにある。事件当時、現実の管理経営システムには緊張感が走ったが、それに対して深刻な打撃が与えられるかどうかは、マードックに雇われていた現実の管理経営者ふたりに対する現在進行中の裁判の結果によって決定されることになるはずである。映画『ゴッドファーザー』のコルレオーネ家のヴィトーとマイケルの場合がそうだったように、クールソンとブルックスのふたりと、実際に犯罪を犯した者たちの間には、副次的なものからなるレイヤーがあまりにも多くありすぎて、陪審員団が今回彼らを有罪と見なすことはできないという結果になるかもしれない。だがいずれにせよ、古い本物(リアル)の管理経営システムに入ったひびは本物(リアル)だ。彼らがいつまで事態をうやむやにし続けることができるかは、もはや誰にも分からないことである。

【註1】スタッフォード・スコット、「This perverse Mark Duggan verdict will ruin our relations with the police」、『ガーディアン』(9 January 2014)、https://www.theguardian.com/commentisfree/2014/jan/09/mark-duggan-verdict-relations-police
【註2】http://www.telegraph.co.uk/news/uknews/law-and-order/10315329/London-Riots-Police-marksman-shot-Mark-Duggan-in-self-defence.html 参照。
【註3】http://www.telegraph.co.uk/news/uknews/crime/8687804/Tottenham-riot-bullet-lodged-in-officers-radio-at-time-of-Mark-Duggan-death-was-police-issue.html 参照。

誰も退屈していない、すべてが退屈させる

――The Visual Artists' News Sheet, (21 July 2014)

文化と政治について今年書かれた論考のうち、最も興味深く、また最も挑発的なもののひとつに、「不安定意識協会（the Institute of Precarious Consciousness）」による「We Are All Very Anxious（我々はみなとても不安である）」が挙げられる（この論考は『プランC』のウェブサイトに再掲され、大きな注目を集めた【註1】）。同論考は、今資本主義が直面しているもののうち、重要な問題提起となっている情動は不安なのだと論じている。以前のフォーディズムの時代において、「支配的な反動的感情」になっていたのは退屈だった。生産ライン上でおこなわれる反復労働は退屈を生みだしたが、これはフォーディズム下における服従化の中心的形態であるとともに、新たな抵抗の政治の源泉でもあった。

伝統的な左派の失敗は――労働組合や政治的な党を通じてではなく、シチュアシオニストやパンクによる文化政治を通じて表現されることになった――そうした退屈の政治に対して、適切なかたちで関わることができなかったことにあるのだと言えるはずである。そうした退屈批判を最も上手く吸収し、利用しえていたのは、組織化された左翼ではなく、新自由主義者たちだった。新自由主義者たちはすぐに動きだし、フォーディズム的な工場や社会民主主義の安定性や安全性を、単調さや予測可能性、トップダウン式の官僚主義と結びつけていった。それらの代わりに新自由主義者たちは、興奮と予測不可能性を提示した。だがそうした新たな流動的条件の弊害

として、恒常的な不安が挙げられる。不安とは、新自由主義的な統治が常態化した（経済的、社会的、実存的な）不安定性と相関する感情的状態なのである。

「不安定意識協会」は正しくも、あまりにも多くの反資本主義的な政治が、闘争が退屈を相手にするものだった時代に形成された戦略や展望にとらわれてしまっていると指摘している。同様に、退屈の問題は資本主義によって上手く解決されてしまったのであり、重要なのは左派が不安を政治化する方法を見つけ出すことなのだという彼らの主張もやはり正しいものだと言える。反精神医学運動がだんだんと衰退していくにつれて支配的なものになっていった新自由主義の文化は、抑鬱や不安を個人化してきた。というよりも抑鬱や不安といった症例の多くは、ストレスを民営化し、政治的な対立を病的な状況に変えようという、新自由主義が成功させてきた傾向の帰結として生じているものなのである。

だが一方で同時に、僕としては、退屈に関する議論にはいくらかのニュアンスを加える必要があると考えている。確かに、退屈1・0に対してノスタルジーに近似したものを感じられるのは間違いない。日曜日の物憂い空虚、TV放送が終わったあとの夜の時間、終わりなくのろのろと進む列に並ぶ時間や、公共交通機関の待ち時間。スマートフォンを持っている者からすれば、こうした空虚な時間は今や、事実上排除されている。資本主義的なサイバースペースという集中的で休みのない環境のなかにおいて、脳はもはや何もしないでいる時間をいっさい許されていない。そこには常に、低いレヴェルの刺激が切れ目なく押し寄せている。

だが退屈とは両義的なものであり、たんに取り除くことが願われるような否定的感情にすぎないものではなかった。パンクにとって、退屈という空白はひとつの挑戦であり、命令であり、機会だった。つまりもし退屈しているなら、その空間を埋めるような何かを生み出すのは自分たちであることになるのである。とはいえ、資本主義が退屈を無力化したのは、そうした参加の要求を通してだった。今や資本主義企業は、我々を宥めるようなスペクタクルを押しつけて来るのではなく、その代わりにわざわざ、たがいに交流し、自分たち自身のコンテンツを生みだし、議論に加わるように誘ってくる。そこにはもはや、退屈する機会も口実も存在していない。

だが資本主義の現代的な形態が退屈を根こそぎにしたとしても、退屈させることを克服したわけではない。それどころか、退屈させるものは遍在していると言えるかもしれない。大抵の場合我々は、文化によって驚かされることを期待することを諦めている。そしてこれは、大衆文化だけでなく「実験的」な文化にも当てはまる。二十年、三十年、四十年前に発表されたように聞こえるような音楽であれ、とっくの昔に出尽くしたコンセプトやキャラクターや決まり文句を再利用しリブートしたハリウッドの大作映画であれ、多くの現代アートの見飽きた手法であれ、退屈させるものはどこにでもある。要するに、誰も退屈していないのだ。なぜなら、退屈することができる主体などもはや存在しないのだから。退屈とは没頭している状態であり、実際のところ強く没頭している状態なのであって、だからこそそれは、ああした抑圧的な感情としてあるものなのである。退屈は我々の存在を消耗し、我々はそこから決して逃れられないと感じる。だが資本主義的なサイバースペースに不可欠なものである絶え間ない注意の分散の結果として、今攻撃を受けているのはまさに、そうした没頭のための能力なのである。退屈が空虚な没頭の形式なのだとしたら、より積極的な没頭の形式がそれに対して効果的に対抗することになる。だが資本主義はそうした没頭の形式を提供しえていない。我々を没頭させる代わりに資本主義は、退屈させることから注意を逸らせているのである。

我々が生きている現在における最も特徴的な感情はおそらく、退屈と強迫の混合だ。それが退屈させるものだと分かっていながら、それでも我々は、また別のフェイスブックのクイズに挑み、また別の『バズフィード』のリストを読み、まったくどうでもいいと思っているセレブのゴシップをクリックすることを強いられていると感じている。我々は退屈のなかを終わりなく動きまわるが、我々の神経系は過剰に刺激されているため、退屈していると感じるような贅沢をもっていない。誰も退屈しておらず、すべてが退屈させるものなのである。

【註1】プランC、「We are all very anxious」(4 April 2014)、https://www.weareplanc.org/blog/we-are-all-very-anxious/

影のための時間

——Visual Artists' News Sheet, January/February 2015

ジャン・ボードリヤールによる一九八七年のテクスト「コミュニケーションの恍惚」は、現代を予言する驚くべきSF作品のようである。三十年近く前に書かれていながら、ボードリヤールはそこで、情報の分裂症によって生み出される「絶対的な近接性、全体的な瞬間性」の時代を喚起している。そのなかで彼は、「分裂症患者は、あらゆる光景を奪い去られ、最大級の混乱に生きているにもかかわらずすべてのものに開かれている。（中略）それは内面性や内密性の終焉であり、何の障害もなく彼を貫く世界の過度の露出性、透明性なのだ。（中略）彼は今やただ純粋なスクリーンであり、影響を及ぼしあうすべてのネットワークのスウィッチが並んだ中央制御室にすぎない【註1】」と書いている。こうしたボードリヤールの高揚したレトリックは、今では凡庸なものになった経験を捉える——さらに言えば、そうした経験こそが、現代が持つ凡庸さの特徴そのものなのだと言えるかもしれない。実際、スマートフォンのユビキタス化にともなって、サイバースペースの命令に圧倒されるという感覚は、今やありふれたものになっている。そんなふうに二一世紀の凡庸さが奇妙にも先見的に先取りされていることによって、ボードリヤールのこのテクストを読むと、非常に不気味な経験をさせられることになる（まるでボードリヤールがすでにツイッターについて書いていたかのようなのだ。一九八〇年代フランスの遠隔コミュニケーションの経験のうち、ボードリヤールにそうした透明性や過負荷や瞬間性といった感覚を——つまりソーシャル・メディアによって今や慣れ親しんだものになっている、プライバシーの崩壊や個人という主体の限界からくるそれらの感覚を——与えていたのは、はたしていったい何だったのだろうか？）。

ボードリヤールは「触覚性」の新たな時代について書いている。彼によれば、一九八〇年代ですらすでに、スペクタクルは別のものに取って代わっていた。スペクタクルは人をイメージに従わせる。一方で触覚的なものは、我々の参加を求め、我々が何かのなかに加わることを要求する。繰り返すがここには、今では支配的なものになっている動向についての驚くほど先見的な洞察がある。企業はもはや、我々に押し売り的なプロパガンダを浴びせることには満足しておらず、フェイスブックのページにいいねを押したり、ハッシュタグを使ってコメントしたりといったかたちで、我々が彼らと交流することを求めているのだ。

タッチスクリーン・テクノロジーを搭載したスマートフォンは、触覚性の時代を揺るぎないものにしているように見える。しかしスマートフォンに関して言うなら、我々はむしろ、それが生んでいる、触覚性をともなわないような触れることのあり方を問題にするべきかもしれない。というのもスマートフォンは、確かに触れることによって操作されるが、しかしその触れ方には、何の官能性も備わっていないのだ。指がiPhoneのガラスのように滑らかな表面に触れても、スクリーン上で触れられたものはどれもみな同じに感じられる。この場合指は、実質的に眼と脳の延長として機能している。眼と脳は今や、サイバースペースによって根本的にその習慣を再編成されているのである。一方で指は、デジタルな強迫システムにおける中継器に、デジタルなもののきっかけになる一揃いのトリガーになっている。しかしそれは非効率なトリガーであり、タッチスクリーンのインターフェイスを適切に操作するには太すぎて、しなやかさにも欠けている猿の指である。『ザ・シンプソンズ』のあるエピソードのなかに出てきたギャグにもあった通り、iPhoneは確かに、驚くほど『二〇〇一年宇宙の旅』（一九六八）

に出てきたモノリスを彷彿とさせるものだ。それを使っていると、キューブリックの映画のなかで、モノリスの黒い表面が持つ謎めいた不透明さに直面したときの猿たちのように、自分たちは原始的だと感じ、どこか取り残されたような気分になることがあまりにも多すぎる。

言うまでもないことだが、スマートフォンは実際のところまったく電話とは呼べないものである。航空会社が今好んで使っている「携帯型電子機器」という言葉の方が、その機械の実態を上手く捉えている（今では飛行機が着陸したその瞬間からそうした機器の使用が許可される場合が増えている。ターミナルに着くまで待つようでは、待ち時間が長すぎると見なされるようになっているのである）。この携帯型電子機器の電話機能は、急速に古めかしいものになっている。シェリー・タークルが近著『つながっているのに孤独』のなかで主張している通り、我々は話すことの時代を超えて、携帯メッセージもとづく新たな時代に移行したのである【註2】。会話は不安を与えるが、そうした不安はショートメッセージやダイレクト・メッセージによって回避されることになる。

ボードリヤールのいう常時接触の回路は古い種類の不安を避けることになるが、しかし一連のまったく新しい不安を生み出している。なかでも即時性のプレッシャーは、文化生産者たちに対して避けようもなく重くのしかかってくる。そうしたプレッシャーは、ヘアート・ロヴィンク、セバスチャン・オルマ、ネッド・ロシターが、彼らの宣言である「On the Creative Question — Nine Theses（創造的な問いについて――九つのテーゼ）」のなかで、「行きすぎた起業家精神と即時の価値化【註3】」と呼んでいるものによって生み出されているものである。ロヴィンクとオルマとロシターは、謎めいているが示唆に富む表現のなかで、即時的なものが生む緊急性を、「影と時間」の原則によって置き換える必要があるのだと主張する。「影とは」と、彼らは以下のように書いている。

意図せざる結果であり、通りすがりの人間には見ることができない出来事の空白である。それが管理職クラスの開発マップに登録されることはない。実質的なレヴェルで異なるものが育っていくためには時間が必要になる。成熟とは創造的な成長を意味するものであり、時間を必要とするものなのである。

我々は、過剰に眩しい瞬間が及ぶことのない空間を切り開かなくてはならない。そうした瞬間は、不眠症的で記憶喪失的なものである。それは（激しい感情の動きと、紛いものの新しさによって）常に満たされている反動的な時間のなかに我々を閉じこめてしまう。そこに影が育ちうるような連続的な時間は存在せず、（隙間がなく、常に「新しい」コンテンツが流れこんでくるという意味で）シームレスなものであると同時に、（そのたびごとの新しい強迫によって以前のことが忘れ去られるという意味で）非連続的なものでもある時間だけが存在している。結果としてあるのは、やむをえず繰り返される機械的な反復だけだ。我々にはまだ、影を育てることは可能だろうか？

【註1】ジャン・ボードリヤール、「コミュニケーションの恍惚」（一九九八〔※原著一九八三。邦訳はハル・フォスター編『反美学——ポストモダンの諸相』所収〕）

【註2】シェリー・タークル、『つながっているのに孤独——人生を豊かにするはずのインターネットの正体』（二〇一二）。マニフェストの全文はnetworkcultures.orgで読むことができ、ダウンロードも可能。

【註3】ヘアート・ロヴィンク、セバスチャン・オルマ、ネッド・ロシター「On the Creative Question — Nine

Theses」、『Institute of Network Cultures』(20 November 2014)、http://networkcultures.org/geert/2014/11/20/the-creative-question-nine-theses/

未決状態は終わった

——k-punk, (26 April 2015), http://k-punk.org/limbo-is-over/

トニー・ブレアは今回の労働党の選挙キャンペーンに束の間姿をあらわし、熱意に欠けるエド・ミリバンドに対して熱意のない支援をおこなっているが、本来彼は、この件に無関係であるべきだった。これはさまざまな意味でそうだった。時代遅れの「近代化」を売り物にする過去の人間など、いったい誰が必要とするというのか？とはいえ、こんにちの文化における多くがそうであるように、ブレア主義は時代遅れではあるが、まだ乗り越えられているわけではない。

ブレアのグレイスカル城〔※アメリカの玩具メーカー、マテル社が一九八〇年代に発売したフィギュア・シリーズ『マスターズ・オブ・ユニバース』に登場する頭蓋骨型をした城〕のなかでは、いつまでも一九九七年が続いている。ブレアはまるで逆さまになったミス・ハヴィシャム〔※本書一四八頁参照〕のようであり、敗北や失敗の瞬間にではなく、最大の成功を収める直前に凍りつくことになる。注意深くあれ、プロジェクトを危うくするようなことは何もするな——ブレア主義とはそうした偽りの約束の特殊な形態であり、物事を延期することの特殊な形態なのだ。今気をつけていれば、明日にはより多くをなしうるだろう……。だがこの明日は決して訪れることはない。それが目標とするのは常に内閣の座に居座ることだが、しかしその代償として、これまで受け継がれてきた可能性の条件を変えるだけの現実的な力を常に欠き続けていることになるのだ。以上を定式化するなら次のようになる。すなわちブレア主義とは、権力なき政府であり、どんどんと不人気（アンポピュラー）になるポピュリズムなのである。

ブレア主義の幻想として、それは一九八〇年代における様々な敗北が最終的に辿りついた地点ではなく、そうした敗北の乗り越えなのだというものが挙げられる。だがブレア主義とは、トラウマのあとにくる破局の常態化であり、いかなる意味でも新たな夜明けなどではなかった。それが残した遺産は、イデオロギー的なものであると同時に組織的なものである。その遺産とはすなわち、草の根の支持基盤を焼き払ったうえで（労働者階級に対する軽蔑と恐れは、ブレア版ポピュリズムの特徴的な要素だ）、――オックスフォード大学の哲学・政治・経済学部（ＰＰＥ）のエリートで固めた『官僚天国！』〔※イギリスの高級官僚の実態を描いた風刺コメディ・ドラマ・シリーズ。原題『The Thick of It』〕のような世界と化した――地球の何マイルも上空を旋回する巨大飛行空母の内部から政策とＰＲをビーム光線のように発射してくる労働党のことだ。労働党のプロジェクトは今も同じで内閣の座に就くことだが、しかしその野心の下に空虚しかないことを覆い隠していたブレアの救世主然としたショーマン的なカリスマは、もはやそこには存在しない。ミリバンドのぎこちなさは、彼自身の個人的な奇癖のようなものから来ていると同時に、何のヴィジョンも持っていないことから来ているものでもある。移民問題では右に、税制問題では少しだけ左にといった具合で、演出されたものであることが見え透いたその動きには、活き活きとしたところがまったくない。いくらかでもマシな側でいたいというその野心は誰の目にも痛いほど明らかであり、それが誰かを鼓舞するようなことはありえない。

以上のような展開はどれもみな、まさに我々が予想していた通りのことだが、しかしスコットランド国民党やプライド・カムリ〔※ウェールズの地方政党〕や緑の党がＴＶ討論に参加したことによって、それまでの雰囲気が一変することになった。現実の管理経営者たちがこの数年我々に見せてきた――それぞれ微妙に異なった資本主義リアリズムのあり方を示す三大政党に対して、それらよりもはるかに超国粋主義的な資本主義リアリズムのあり方を提示したナイジェル・ファラージ〔※イギリス独立党党首、二〇一六年に離党しブレグジット党を結党〕率いるイギリス独立党（ＵＫＩＰ）が加わってくるという——絵図が突如として中断され、イギリスは「微妙な差異に富んだ形で左に向かっている」【註1】と考える可能性が生じてきたのである。ニコラ・スタージョン〔※スコットランド国民党党首（二〇一四～二〇二三年）〕、リアーン・ウッド〔※プライド・カムリ党首（二〇一二～二〇一八年）〕、ナタリー・ベネット〔※緑の党党首（二〇一二年～二〇一六年）〕は、以前まではオックスブリッジ・ボーイズ・クラブに独占されてきたメディアと政治の帯域幅を、それぞれのやり方で押し広げた。政策面で言えば、社会民主主義へのリセット（緊縮財政というプランAに対するプランB【註2】）以上の提案はそれほどないとはいえ、資本主義リアリズムがあまりにも深く根づいているからこそ、たとえばウッドが労働組合や福祉国家を擁護したときなどは、思わず身震いせずにはいられなかったほどだ。キャメロンがＢＢＣでの討論に出席することを拒んだこと——また彼がクレッグの出席を禁じたこと——は、自分は位の低い僭称者たちの無意味な諍いの上に立つ、ただ、ひとりの信頼に足る首相なのだという、堂々たる自信を誇示するためのものだったのだろうが、結果としてそうした動きは、この選挙戦での彼のパフォーマンスについてまわる倦怠感を、よりいっそう強めることになった。キャメロンの訴求力は、この世界における支配階級特有のゆとりのようなものを示していることに由来するものだが、しかし鷹揚さというものには常に、無関心で傲慢に見えるリスクがついてまわるものだ。自由民主党について言えば——クレイグ・マクヴェガスが述べる通り【註3】——直近の討論におけるその不在は、ほとんど気づかれてさえいなかった。

このことは、『ガーディアン』でジョナサン・ジョーンズが見事に分析した写真の件〔※討論番組のエンディングの一コマを捉えた写真。左端にはミリバンドに握手を求め歩み寄るスタージョンら三人の女性たちがおり、右端にはひとりで俯くファラージが写っている。ジョーンズの記事はこの写真に対する図像学的分析になっている〕に直結する【註4】。だがジョーンズが指摘したことに加え、例の写真における最も衝撃的な点のひとつとして、その中心に存在する空白が挙げられる。左側には人が集まり、右側には不機嫌なファラージがいるが、――今現在の「中道」である――キャメロンとクレッグはそこにはいない。それは一方には自信を取り戻したソフトな左翼がいて、他方にはしかめ面をした極右がおり、「中央」の資本主義リアリストがかつて占めていた場所には何も存在しないという、ポスト新自由主義のイギリスを収めた写真なのである（ここで言うような右翼たちが結集する際の中心となる人物がファラージであるかどうかは今や大いに疑問の余地があるところだ。彼がサウス・サネット選挙区で勝利する見込みはどうやら低そうで、「庶民的な株式仲買人」として人気を博した彼の勢いはすでに終わっているのかもしれない。不穏なものだとはいえおそらく今問われるべき問いは、もしファラージが倒れたら、いったいどの右翼煽動政治家が浮上し彼に取って代わるのか？　だ）。

スコットランド国民党と労働党の連合は、数週間前の期待をはるかに上回るものだが、とはいえそれでもまったく十分とは言えない。コメディアン／俳優／活動家のラッセル・ブランドは、ハックニーで今週おこなわれたマイケル・ウィンターボトム監督の映画『The Emperor's New Clothes』〔※世界金融危機と貧富格差をテーマにしたドキュメンタリー。ブランドが主演〕の上映会で、「俺たちはなんでこんなちっぽけなことで手を打ってるんだ？」と扇動的に問うた。アクティヴィズムを社会の周縁でおこなわれる動きにしておきたいと願っている訳知り顔の「指導者」たちからすれば、ブランドの名声と富により、彼は真剣に受け止める対象から自動的に除外されてしまうことになる。しかし、名声やカリスマ性やカネというのはそれ自体としてリソースなのだ。だからこそぜひとも左派は、道徳化された禁欲主義に関わる代わりに、人を惹きつける魅力(グラマー)とともにある必要がある。いずれにせよ、作中に登場する多くの人々——ニュー・エラ団地からやって来た活動家たち〔※アメリカの投資会社に買収され、家賃が三倍になるとの脅しに住民団体が抗議行動を起こした一件〕や、ストライキ中のケアワーカーや消防士たちなど——と同席したうえで、ひとつの映画館のなかでその映画を観た経験は、自分の驕りを痛感させるような感動的な経験だった。ザ・フリー・アソシエーション〔※ロンドンにある即興劇の学校〕は、政治的な力として、いったいなぜコメディが音楽に取って代わることになったのかという問いに関する興味深い仕事をおこなっている【註5】。実際今現在、現代のどんなミュージシャンたちよりもブランドこそが——所与の現実は、それがどんなものであれ暫定的なものであり、可塑的なものであり、集団行動によって変容可能な対象と見なす——サイケデリックなプロメテウスの原理を体現している。「俺は群衆を愛してる」。ブランドは、すでにおこなわれている闘争の数々を強化し、たがいに結びつけ、アトム化された無力さのなかに我々を閉じ込めている、目に見えない敷居を突破するよう扇動する人物の代表として機能している。「俺たちは自分たちが望んだことを為しえるんだ」。上映会の場で彼が、印象的に現代のセレブたちからなる「名声のパドック」と呼んでいたものを経験したブランドは、実質的に言って今、並ぶ者のない立場にいる。後期資本主義の快楽の園に際限なくアクセス可能な者たちに特有の、快楽主義的なメランコリー状態にとどまるかわりに、メディア機械がどんなふうに現実と見なされるものを構築するのかについてのインサイダーとしての非常に貴重な知識と、より多くのリソースを持ったまま彼は、トリックスターとしての笑みを浮かべながら反対側へと出てきた。嬉々として為されているブランドの脱従属化のパフォーマンスは、カウンター・カルチャーの教訓を思い出させてくれる。その教訓とはすなわち、カネと成功を手にしたなら、自分を養う手に対しておこなうべきことはただひとつ、それに噛みつくことだ、というものである。

多くの点で『The Emperor's New Clothes』は、我々がすでに知っていることを伝えてくるものだが、しかし同作の場合、その点こそが重要である。いったいなぜ我々は、それがあまりにも酷く、腹立たしく、狂ったことであるにもかかわらず、自分たちが知っていることを受けいれているのか？　質疑応答のときにブランドは、民衆が政治闘争よりも『Xファクター』〔※音楽オーディション形式のリアリティ番組〕を気にかけているのはなぜなのかと聞かれていた。それに対して彼は、『Xファクター』を非難するのではなく、そこで用いられている技術――特に感情を煽る技術――を別の目的に使うことが必要なのだと答えていた。「資本主義は俺たちに、革命を起こすのに使うことができるような組織や機械を与えているんだ」。＃加速せよ！……。つまるところこの映画は、資本主義リアリズム的な常識を粘り強く、しかし容赦なく解体する情動のエンジニアリングのひとつの実践なのだ。それが用いている最も力強い技術のひとつは、単純だが痛烈な対比である。たとえばロイヤル・バンク・オブ・スコットランドの清掃員たちは、そのボスたちの何百分の一の収入しかない（職場は同じ、だが世界が異なる）。暴徒たちがちょっとしたものを盗んだことで収監されている傍らで、社会の破局を招いた銀行家たちは罰せられていないばかりか、ボーナスさえ受け取っている。この映画は「あまりに単純化されている」という映画批評家マーク・カーモードの批判は的外れなものだ。メディア機械によって（悪いのは労働党なのだという）とてつもなく単純化された物語が押しつけられ、ラテン語でミサをおこなう中世カトリックの司祭のようにして新自由主義の教義が語られているなかで、我々に必要なのは同じくらい単純な、異論を唱える物語なのである。

投票に対するブランドの軽蔑は、最悪のなかでもまだマシなものしか望みえなくなっている資本主義リアリズム下において選挙政治を取り巻いている状況に対して、広く共有されている幻滅の一部であり、いささか共感せずにはいられない。とはいえ問題は、民衆の議会政治からの離脱が、我々よりも右派に都合のいいものになっているという点である。目下の右派は、サッチャーが国民の一部から要求しえたような熱狂を必要としていない。それは正統性を必要としていないのだ。民衆の離脱、我々を完全に包囲している絶望感、選挙では何も危機に瀕していないのだという感覚。すべてのデフォルトが新自由主義的な選択肢になるなかで、これらは今やみな、資本の利益のなかに収まってしまうことになるのである。言うまでもなく、労働党に黄金時代などなかったのと同様、議会政治に黄金時代などなかった。進歩的な達成が、妥協や腐敗から完全に解放されていたタイミングなど存在してこなかったのだ。だがしかし、議会政治の果たす進歩的な機能は、専制に対して一定の制限を加えてきた。資本主義リアリズムとは、企業の専制を抑止することはできないのだと、暗黙のうちに、しかし決定的に認めることを意味するものであり、その結果として——アディティア・チャクラボーティが先日以下のように極めて鮮やかに示した——民主主義の欠損を招くものなのである。

民主主義の指導者たちは——まったく文字通りに——有権者たちと別々の道を行くことになった。主要政党の党員数は過去三十年の間に激減し、今や保守党の党員数よりヴィーガンの数の方が多くなっている。大衆民主主義に取って代わったのは、大口献金者や職業的な政治的エリートたちである。そんなことをしても大企業や大手メディアの反感を買い、実際に投票所に向かう層である中産階級や定年退職者たちの足を止めることになってしまう以上、政治家が公正な成長について真剣に考えたり、今よりももっと住宅を増やしたりすることは、もはややっても意味のないことになってしまっているのである【註6】。

労働党とスコットランド国民党の連立の見通しが恐怖症的なパニックを巻き起こしていることは、どんなに控えめでも、上記のような状況が覆されることに対する資本の恐れを示している。資本はこれまで、すべてを自分の思い通りにすることに慣れたまま来たが、結果としてそのことが今、ある種の堕落を、思考と戦略に関する枯渇を招いているのだと言える。馬鹿馬鹿しく、風刺の域を超えたものである、ミリバンドの退屈な恋愛事情に対する粗探しや、ニコラ・スタージョンの信用を失わせようとする荒唐無稽な試み【註7】がおこなわれているのは、たんに無謀なだけでなく、そうした思考の枯渇に原因があることは間違いない。

スタージョンが脅威をもたらしているのは、たんに彼女が議論の際に弁護士のように落ち着いているからでも、反緊縮財政の立場を明確に表明しているからでもなく、また彼女がスコットランド独立の可能性を高めているからでさえもなく、その背後に決起した支持基盤があるからだ。ギリシャやスペイン同様スコットランドでは今、政治組織の新しいモデル、新しい「繁栄の論理」が姿をあらわし、実験されている【註8】。強迫的に同じ戦略を繰り返すのではなく、選挙は本質的に無益なのだとドグマ的に主張するのでもないそうした動きは、いかにして大衆運動を議会政治と（再び）接続するかについて集団的なかたちで学んでいくプロセスの一部をなしている。そうした戦略が持つ潜在的な力は明らかである。選挙の行き詰まりの原因は、記号コミュニケーションの失敗（若者たちを巻き込む適切なPR構想さえ我々にあれば！）にあるのではなく、社会のなかにおいて実際に生じている諸力の構成を反映したものなのだ。資本主義リアリズムは一方の側だけから、つまり自分たちの階級的な利益とは何なのかを、またそうした利益と足並みを揃えるために何がなされなくてはならないのかをはっきりと自覚している、組織された企業エリートの側から戦われている階級闘争である。政治政党に対して企業の専制に挑むだけの力を与えうるのは、動員された国民だけなのだ。キア・ミルバーンが重要な論考のなかで述べる通り【註9】、またギリシャでの状況が示している通り、確かに新自由主義を選挙によって追い出すことは不可能だ。だがやはりキアが論じる通り、「失敗に終わったときでさえ、あらゆる形式の集団行動の足を引っ張る新自由主義の反民主主義的な影響を明らかにする限りで、プランB型選挙政治は役に立ちうる」ものなのである。

イギリスにおいて今回の選挙は、一九七九年以降最も重要なものになるかもしれない。どんなに感傷的な夢想家でも、近い将来労働党がプランBとしての社会主義に戻るとは想像できないだろうし、ましてやより現代的で急進的な何かをもたらすとも思えないだろう。しかし労働党とスコットランド国民党の連立によって——ジェレミー・ギルバートと僕が新労働党に期待しうるものとして挙げていた——「労働組合の再建や、地方政府の再活性化や、オルタナティヴなメディア・セクターの成長助成などといった、長期的な戦略的状況を変えるための何らかの試み」が達成される可能性は十分にある【註10】。そうしたことが起こるためにこそ、党の内部にいながら資本主義リアリズムとの決別を真に望んでいる者たち——信じられないかもしれないが、そうした者たちは存在しているのだ——が主導権を握る必要がある。労働党にとってのオルタナティヴとは、いったい何だろうか？これまでのところ労働党がミリバンドのもとで提供してきた生彩も熱意も欠いた政治のあり方は、そう長くは続けていられないだろう。新たな雰囲気を掴むことのできない労働党に望みうる最善は、漸次的な衰退なのかもしれない。より可能性の高いシナリオだと言えるのは、全ギリシャ社会主義運動〔※二〇一二年までギリシャで二大政党の一角を担った左派政党〕のような崩壊だ。いずれにせよ、二〇〇八年以前の世界に戻る道はなく、ジョーカーのようなヒステリックな顔を見せる資本主義リアリズムに戻る道もない。労働党が真に認めなくてはならないのは、ブレア派——および、意気消沈しまとまりを欠いている労働党内部に残存するブレア派的な雰囲気——は、一九九七年にブレアが言った「旧労働党（オールド・レイバー）」がそうだったのと同じように、今や時代遅れなものになっているのだということである。かつてないほどに今、保証は何もなくなっている。再生への道はこれまで以上に険しく長い。だが先週ウィーンで開催されたイベントであるモノポル・アオフ・モルゲンの際の重要な介入においてマルガリタ・ツォモウが述べたように、未決状態は終わったのだ。我々はニヒリズム的な新自由主義のディストピア（そこには、隔離された住居に引きこもる超富裕層がいて、そして他方には、『ハンガー・ゲーム』のような警察力によって制圧され、打ち捨てられたまま内部でだけ争う膨大な「余剰人口」が存在する）へとより深く沈みこんでいくことになるのだろうか？　それとも、資本主義リアリズムからの逃走を開始する新たな民衆的左翼主義が生まれようとしているのだろうか？

【註1】ジョナサン・ジョーンズ、「Something new is happening in British politics. This image captures it」、『ガーディアン』（17 April 2015）、https://www.theguardian.com/commentisfree/2015/apr/17/tv-election-debate-new-british-politics-image

【註2】プランC、https://www.weareplanc.org/about/#.VTkXhqbKbFI

【註3】クレイグ・マクヴェガス、「Last Night's Leaders' Debate Was a Vision of the Clusterfuck That British Politics Is About to Become」、『Vice』（17 April 2015）、https://www.vice.com/en_uk/article/vd8pva/craig-election-leaders-debate-number-3-733

【註4】ここの画像を参照。https://www.theguardian.com/commentisfree/2015/apr/17/tv-election-debate-new-british-politics-image

【註5】ザ・フリー・アソシエーション、「Talkin' 'Bout a Revolution」（二〇一五）、http://www.freelyassociating.org/wp-content/uploads/2015/02/talkin%27%20%27bout%20a%20revolution.pdf

【註6】アディティア・チャクラボーティ、「The three big election questions that all the parties are simply ignoring」、『ガーディアン』（20 April 2015）、https://www.theguardian.com/commentisfree/2015/apr/20/three-big-election-questions-politicians-ignoring-real-challenges

【註7】『サン』紙は、スコットランド首相ニコラ・スタージョンが子供の頃、「妹が大好きだった人形の髪を恐ろしいほどずたずたに切り刻んだ」と言われていたとの記事を掲載した。『サン』紙にとってこれは、「彼女をスコットランド政治の――そしてもしかしたらイギリス政治の――トップに押し上げるような無慈悲さの、早期の兆し」だった。

【註8】アンドリュー・ドーランによる、ポデモスのエドゥアルド・マウラへのインタヴュー、『Red Pepper』（22 February 2015）、http://www.redpepper.org.uk/podemos-politics-by-the-people/〔※リンク切れ〕

【註9】プランC、「On Social Strikes and Directional Demands」（7 May 2015）、https://www.weareplanc.org/blog/on-social-strikes-and-directional-demands/#.VTw3qbKbFK

【註10】マーク・フィッシャー&ジェレミー・ギルバート、「Reclaim Modernity: Beyond Markets Beyond Machines」（コンパス、二〇一五）、http://www.compassonline.org.uk/wp-content/uploads/2014/10/Compass-Reclaiming-Modernity-Beyond-markets_-2.pdf

コミュニスト・リアリズム

——k-punk, (5 May 2015), http://k-punk.org/communist-realism/

木曜日に放送されたBBCの『Question Time Leaders Special』では、資本主義リアリズムの通常業務が再開されることになった。スコットランド国民党、プライド・カムリ、緑の党は不在で、地平は狭まり、期待は低下して、我々は再び、オックスブリッジ－ウェストミンスターから生じている泡のなかで窒息状態に陥ることになった。このことは、言説上の排除がおこなわれていたことによって何より明白に示されていた。「緊縮財政」に対してはいっさい言及がなされず、結果として我々は、二〇一〇年にイングランドの緊縮主義者たちがそこで用いられる用語を設定した不毛な議論へと逆戻りすることになった。再び問われることになったのはつまり、「誰が一番早く財政赤字を削減するか?」というものだったわけである。

ミリバンドは、スコットランド国民党との「取引」や「連立」を明確に否定することで——おそらく意図的に——より一層雰囲気を萎縮させた。右派マスコミが出回らせているデマのことを考えれば、ミリバンドが取引の可能性を否定したことは、あるいはそうした取引を可能にする条件を生み出すために必要なことだったのかもしれない。実際少しでも曖昧な発言があれば間違いなく右派メディアに掴まれ、連立の見通しを理由にして労働党への投票を控える可能性がある有権者の恐れを煽るために、容赦なく利用されていただろう。キャメロンとミリバンドに取引の可能性について正直に話すことを求めた観客たちは、参加型民主主義の勝利としてこの番組を熱烈に支持した者たちと同様、あまりにも無邪気すぎた。どちらの党首も次の木曜日の投票の行方を「正直に話すこと」などできなかったのだ。なぜなら、そこで述べられる見解が、実際に起こることを変えてしまう可能性があったからである。これが我々の今の「民主主義」の状態なのだ。そこには、メディアの立てる予測や、それらの予測に対する反応として投票者たちがどう動くかについての、政治家たちの（勘繰りとも言えるような）憶測によってあらゆることが歪められていくという、一種のフィードバックにもとづいたまったく実態のない科学が存在しているのである。

ボードリヤールからの引用。「世論調査は決定不可能なことを巧みに利用する。それは票に影響するだろうか？　真か偽か？　それは現実の正確な写しを生むのか、それともたんなる傾向を示すにすぎないものなのか、あるいは我々にはその曲率がわからないシミュレーションにもとづいたハイパースペースにおいて、実際の現実が屈折したものなのか？　真か偽か？　答えは決定不可能だ【註1】」

今回の選挙戦の大半においてキャメロンは、見る者に対し、選挙活動に精を出して自らの品位を落とすよりも、優雅なカントリーサイドでディナーをがっついている方がずっとマシなのだという印象を与え続けてきた。現状維持は現状打破よりも精力を必要とするものではないし、何の不自由もないキャメロンにはそもそも、食料品店の娘だったサッチャーを労働組合や旧弊な保守党の大物たちとの戦いに駆り立てたような、階級的な享楽としてのルサンチマンがない。彼からすればそれはひとつのキャリアであり、使命ではないのである【註2】。キャメロンが確信に燃える男に見えたことは一度もない。むしろ彼は、思い上がった公立総合学校の連中に誰がボスなのかを思い出させることを勝利のための動機にしている、どこかのパブリック・スクールのクリケット・チームのキャプテンのように見える。木曜日、キャメロンはようやく彼の階級のために本気で打席に立つことになったわけである。

実際彼には、そうするだけの必要がある。今回の選挙は極めて重要だ。保守党は労働者階級の闘争が築きあげたもののすべてを略奪し尽くすという「仕事を終わらせる」ことができるのか、それとも彼ら自身が破滅の瀬戸際に立たされることになるのか。保守党は一九九二年以来絶対多数を獲得していない。日和見主義者、裏切り者、狂人たちからなるこの政党を維持することは、たとえその最良のときでも困難なことだ。再び勝利を逃した場合、ボリスでさえ暴落を防ぐことは難しいはずである。保守党が混乱している今、右派はついに、サッチャー政権下で獲得し、根本的にそれを再定義した中心的立場から追放されることになるかもしれない。

熱狂したかと思えば、落ち着かされ統制が強化される

BBCのカメラの前でのキャメロンのパフォーマンスは、汗で光る彼の上唇ほど滑らかなものではなかったが、しかしそこには、ここ数週間彼がめったに見せることのなかった冷静さが見られた。先週になってキャメロンがエキサイトし熱意を見せたことの問題は、そうした状態が哀れなまでに強いられたものに見えていたことだけにあるのではない(「熱意はありますよ、だってそうなんですから」という彼の言い分は、同語反復的で無意味であると同時に、見え透いたごまかしだった。保守党の支持者たちが、少なくとも彼が気を使っているように見えることを要求していたからこそキャメロンには、「熱意が込められていた」のである)。むしろより深刻な問題は、そうした装われた情熱の誇示が、キャメロンの重要なアピールポイントを損なってしまう点にある。これ

はさりげない権威の表現に関わるものであり、キャメロンの登場以前にデイヴィッド・スメイルが、「イートン校出身の閣僚が見せる、自信満々にポケットに手を突っ込んだ鷹揚な態度」と呼んでいたものに関係している。キャメロンの普段のアクセントやその姿勢、そのにやけ顔は、一貫したメッセージを放っている。落ち着きたまえ、私が何とかする、私に任せておきなさい。彼がこうした「くつろぎと親しみやすさ」から逸れていってしまうと、怒っていたり、不快に思っているように見えてしまうリスクが生じ、例の「落ち着きたまえ、貴女」事件〔※首相口頭質問中に野次を飛ばした女性議員に対しキャメロンが当てこすりで返した一件。子供をあやすような見下したフレーズゆえに「女性差別的」と批判された〕のように、見かけ上の柔和さが階級的な優越性を侮辱されたという感覚に取って代わられることになる。

保守党を汚い党として紹介することは逆効果だったし、中小企業からの偽の支持表明は再び『官僚天国！』的な茶番劇へと展開していったが、しかし木曜日の会場を誰に投票するかを決めていないふりをした保守党の支持者たちで埋め尽くしたことは上手くいっていた。結果としてキャメロンはホームと言える領域に戻った。すなわち彼は――そのなかでは、世界的な銀行危機に言及することが必死になって言い訳に手を伸ばすことだと見なされ、緊縮財政こそが賢明な政府にとって唯一ありうる行動の方針なのだと見なされることになる――イギリスの資本主義リアリズムが生み出した反転した異様な世界へと戻ったのである（新労働党（ニュー・レイバー）で最も優れていたのは、熟練した諜報員であり、技術者であり、敵対的なメディアの地盤においていかに地歩を獲得していくかに関するエキスパートだった、アラステア・キャンベル〔※ブレア政権における主席広報官。『官僚天国！』の主要登場人物マルコム・タッカーは彼がモデルとされる〕だった。もし彼のような人間が事を取り仕切っていたなら、労働党が木曜日のような待ち伏せまがいの攻撃を受けていたとは考えにくい）。

不満げな新富裕層の姿

実業家キャサリン・シャトルワースの質問を受けたエドは、面白くてためになる授業を一生懸命計画していたのにもかかわらず、何をいっても子供たちはただ彼に恥をかかせたいだけだったのだとわかったときの臨時教員のように見え始めた。結果として、労働党が浪費しているのだという保守党の物語が、よほどの愚か者か厚顔無恥な嘘つきだけが異議を唱えるような自明の真理として、改めて確立されることになった。この物語は、「タフな環境のなかで生き残るために戦っている」、「事態を憂慮する女性実業家」によって再び利用され、引き合いに出されたことによって、より説得力を増すことになったのだ。あとになってシャトルワースは保守党の回し者だった可能性があるとの疑惑が浮上したが、それでも今回のＴＶ番組上のミリバンドとの対話が与えたインパクトは消えないだろう。観客に文句を言うことは、暗に敗北を認めることになるだけではなく、労働党を往生際の悪い負け犬として見せることになるのだから。

さしあたりのところ、自分は保守党派ではないのだというシャトルワースの話を信じておくことにしよう（とはいえ、都合の悪いことをごまかす『デイリー・メール』でさえこの件を慎重に記事にしていることには注意しておこう。シャトルワースは自分が保守党の党員だったことはないと主張しているだけで、これまでずっと保守党に投票してきたかどうかについては何も言っていない。そしてそもそも後者は、証明も反証もしえないことである）。むしろここで問題になるべきなのは、いったいなぜ彼女があれほど躊躇なく、今の苦境をここ五年間政権を担ってきた政府のせいではなく〔※キャメロン内閣は二〇一〇年成立〕、自分が実際に事業を立ち上げ、それを成長させていったときの政府のせいにしているのかという点である。労働党は中小企業経営者の支援に全力を挙げているというミリバンドの売り込みは、一貫して資本主義リアリズムが定着していく際の重要な中心であり続けてきた、中小企業と企業資本の同盟関係を打破しうるものであり、長期的には実りあるものになりうる戦略の一部をなすものだ。だがそうした提案に対するシャトルワースの返答は、先に述べた同盟関係を打破するには長く厳しい戦いが必要になることを示している。彼女はすぐに、テスコ〔※イギリスでスーパーなどを展開する企業、小売大手。新労働党政権期に躍進した〕の肩を持つかたちで不満を呟き始めたのだ――あたかもテスコが新労働党下で最大の成功を収めたことなどなかったかのように、またあたかもその衰退が、まさにミリバンドが攻撃しようと動き出していたものである、企業による専制の直接的な結果ではなかったかのように。

反射的な追従

ミリバンドが労働党の支出過多を云々するナンセンスさに屈しなかったことは正しかったが、しかし労働党が支配的な物語に異議を唱えるには完全に遅すぎることは明らかだった。一見する限り、労働党が緊縮神話を受け入れていることは説明のつかないことのように見える。ポール・クルーグマンは「緊縮財政の推進に対する労働党の反応の鈍さ」について、以下のように書いている。

英国の野党は、財政赤字こそ国が直面している最大の経済問題だという主張を驚くほど喜んで受け入れ、ブレアとブラウンの財務政策は深く無責任であったという極めて疑わしい命題に——あるいはそうした財務上の無責任さが二〇〇八年から二〇〇九年にかけての危機を引き起こしたのだというナンセンスな命題に——異議を唱える努力をほとんどしてこなかった。こうした弱さはいったい何なのだろうか？　部分的に言えばこれは、危機が労働党の管理下で起きたという事実を反映しているのだろう。アメリカのリベラル派は、リーマン・ブラザーズが実際より一年あとの、民主党がホワイトハウスを押さえていた時期に破綻しなかったことを幸運に思うべきである。もっと広く言えば今、欧州の中道左派全体が、一種の反射的な追従のなかで身動きできなくなり、自分たち自身の考えを貫くことができなくなっているように見える【註3】。

「反射的な追従」と言うが、僕としてはむしろ、「反射的な無力」と言っておこう。危機に対する労働党の対応の遅さは、たんに判断や戦略の失敗ではなく、党のなかにいかに深く資本主義リアリズムが浸透しているのかを示していた。危機に乗じて自分たちのプログラムを押しつけたのは疑いないし、それは二〇〇八年までの労働党には、資本主義リアリズムを超えるようなプログラムがほとんど存在していなかったからなのだ。あらゆることが企業に対する宥和策のために準備され、新しい何かを考え出すための組織的な基盤も知的な基盤も存在しなかった。労働党にとって資本主義リアリズムは、耐え忍び、いつの日か克服しようと企むものではなく、事実上永続する基本的な条件として——つまり発言や思考の可能性に対して厳格な制限を課しておきながら、視界からは退いている条件として——組み込まれているものなのである。

私はトランス状態なんだ、聞きたいことなんか何もない

ウェンディ・ブラウンを踏まえつつ僕は、資本主義リアリズムは一種の夢の作業として理解できると述べたことがある。二〇〇八年にわずかな中断を挟んだこの夢の作業のなかにおいて、銀行危機は周知のことではあるが決して正面から向き合われることはない抑圧されたトラウマとして、夢を見ている者がそれを避け続けるためにこそ眠り続けている〈現実的なもの〉として存在している。資本こそがここでいう夢見る者であり、資本主義リアリズムが維持される限り、我々はその夢のなかの作り物であり続ける。だが資本はまた我々の夢でもあり、ちょうど『マトリックス』（一九九九）のように、我々のエネルギーや欲望や幻想から、我々がそのなかで生きていると考えている仮想的な現実を構築しているのである。

銀行危機への言及と労働党の浪費という物語が並んだ場合、普通なら誰もが、何らかの認知的不協和を感じるはずだ。グローバルな金融危機が存在したというのに、いったいどうして労働党が財政赤字の責任を負うことになるというのだろうか？「それをやったのは労働党だ」という物語の成功は、間違いなく素朴政治の影響によるものだと言える。実際、無能な政治家がクレジット・カードを使い果たしたという物語は簡単に消化されるが、金融資本の不透明で抽象的なメカニズムを吸収するのははるかに難しいことだ。だがフィリップ・ミロウスキの著作『Never Let A Serious Crisis Go To Waste: How Neoliberalism Survived the Financial Meltdown（深刻な危機を無駄にしてはならない——新自由主義はいかにして金融メルトダウンを生き延びたか）』における極めて有意義な洞察のひとつは、認知的不協和というものそれ自体の説明から導き出されている。認知的不協和につ

いて広範な研究を残した社会心理学者レオン・フェスティンガーの著作に触れつつミロウスキは、認知的不協和というものは誤った信念を脅かすものではないのだということを喚起する。それどころか認知的不協和とは、誤った信念に対する直接的な反証となる証拠に直面した際、そうした信念が維持できるようにするためのメカニズムなのである。ミロウスキが書いている通り、実際フェスティンガーの決定的な主張は、「反対の証拠に直面するとき、何かを信じている者の確信と熱狂はむしろ強まり、先鋭化する可能性がある」というものだった。ミロウスキは次のようなフェスティンガーの言葉を引いている。

ある個人が心から何かを信じているとして（中略）彼に対して、自らの信念が間違っていることを示す、明白で否定しようのない証拠が提示されたとしよう。このときいったい何が起きることになるだろうか？　その人は、揺らぐことがないどころか、さらに自身の信念に対して確信を深め、頻繁に自己主張をおこなっていくことになる。実際のところ彼は、人々を説得し、自分の考えに改宗させようとする新たな熱意を見せさえする可能性がある【註4】。

以上のことは、少なくともヒュームやスピノザの宗教批判以来提唱されてきた欲望と信念の間にある関係を指し示している。我々が何かを信じるのは、自分がそれを信じたいと望んでいるからという理由もあるのだ。しかし我々がそれを信じたいと望むのは、その信念が我々の主観性の核になっているからでもある。

火傷が酷過ぎると家に帰れなくなる

新自由主義の大いなる謎は、その擁護者たちがそれをどの程度「本当に」信じていたかというところにある。はたしてそれは、支配階級の権力と富を回復するための計略に他ならないものだったのだろうか？　この問いに対する答えは言うまでもなく、我々がどの擁護者について話しているかによって変わってくる部分がある。新自由主義の主な布教者たちは、まったくそれを信じておらず、もっぱら労働者階級の力の「赤い基盤」を破壊するための方法として、日和見主義的にそれを選んでいただけだったということもありうる。あるいは他の者たちの場合、それを信じたいという欲望によって信念が助長されていた可能性が高い。この欲望は、もちろん経済的な利益に動機づけられたものだが、同時にまた、ある種のリビドー的な満足感に、つまり労働者階級が敗北し、貧困層や弱者が社会保障を剥ぎ取られるのを目にする快楽に動機づけられたものでもある。ある種のイギリスのプチブル的感性にとって、サッチャー主義は暴動に等しいものだった。それは破壊の祝賀会であり、苦しみと悲惨を糧とする反動的な欲望にとっての一時的自律ゾーンだったのだ。

そして僕が焚き火の端の方に立っていると
焚き火をそそのかしていた連中がゲラゲラ大笑いしているのが見えた（そして炎が強くなった）
狂ったような眼を剥き出しにして、彼らの紅潮した顔は告げていた
弱者は潰され、強者はさらに強くなる【註5】

木曜に保守党が勝つことになれば、葬儀の薪〔※The funeral pyre：続く引用、およびこの節のタイトルも含め、ザ・ジャムの同名曲からの引用〕に再び火がつけられることになるだろう（「紙と木を持ってこい／まだ残っている愛を全部持ってこい、火にくべてやろう」）。そして五年も経てば、大半のものが失われることになるはずである……。国民保険サーヴィスは破壊し尽くされ、ひそかに売り飛ばされ、教育は資産を剥奪され続け、企業によるさらなる略奪の機会が増え続けるだろう……。女性と子供を筆頭に、最も弱い立場にいる者たちは、さらなる貧窮に追いやられることになるだろう……。

だからこそ、ボリスのこけおどしと同様、キャメロンのアンドロイドのような滑らかさが、保守党にとって非常に重要なものになってくる。それはプロジェクトをわかりづらいものにし、あのロボットのような顔と、落ち着きがあり、いかにも上流階級然とした声の背後に、ギャーギャーと喚き声を上げてやまないリビドーを隠しておくための遮蔽装置なのである。ここでたとえばだが代わりに、上流階級の仲間入りをしようとしすぎたばかりに屋根裏部屋へと追いやられてしまった、いかにも下品で成金じみたマイケル・ゴーヴ〔※保守党の政治家〕のような人間が——パントマイムで演じられる権威を失った中年女のような不機嫌な顔をしたまま、口ではそれらしいことを言いながら、しかし実際には階級の裏切り者だけが感じとることのできる階級的憎悪を撒き散らしているあのゴーヴのような人間が、党のリーダーを務めていたらどうなるか想像してみて欲しい……。

対照的にキャメロンの強みは、彼に対して階級的憎悪を抱くことが難しいことにある。あれほど裕福で特権的な人間はもはや、聞いたことはあるがめったにお目にかかれるものではない珍獣のようなものである。実際今まで僕は、イートン校出身者よりもパンダを目にする機会の方が多かったくらいだ。またキャメロンが貧しい者たちに対してことさらの敵意を持っているわけではないことも伝わってくる。むしろ彼にとって貧困の経験はあまりにも遠いところにあり、理論的な可能性を別として、単純にそれを理解できないのだろう。貧しい者たちは彼が投影している曖昧で愉快なスチームパンク的シミュレーションのなかにおけるピクセル化された背景キャラクターにすぎないものなのだ。眼を凝らして見なければ、何の問題もないのである。

資本主義リアリズムを解体する

だがここで、ミロウスキによるフェスティンガーの研究の要約に戻っておこう。

科学哲学は、反証を度外視することが合理的になる場合があるケースに夢中になるものだが、認知的不協和に関する社会心理学は、社会生活のなかにおいて、合理性の概念がいかに伸縮しうるものなのかという点を明らかにするものである。フェスティンガーと彼の共同研究者たちは、最初の著作（一九五六年）のなかで、彼らが「探究者たち（シーカーズ）」と呼んでいる米中西部の人々からなるグループの変遷を中立的な立場で報告することによって、そうした教訓を説明した。探究者たちは、一九五四年の特定の日、レイク・シティ（仮名）を飲み込む大洪水が起きる前に、空飛ぶ円盤によって救済されるのだという信念を深めていた。フェスティンガーは、宇宙船が到着することも洪水が湧き出してレイク・シティを飲み込むこともないまま救済のその日がやってきて、そのまま過ぎていくときの探究者たちの一時間ごとの反応を微細に記録している。探究者たちははじめ、自分たちの予言が外れたことを非難しようとする報道陣たちから身をかわしていたが、しかし急速に立場を翻し、自分たちの（修正され、拡大された）信仰について詳しく説明するあらゆる機会を歓迎するようになっていった。グループのうちの少数派は脱落していったが、しかしフェスティンガーの指摘によるなら、そうした者たちはそれほど熱量のない周縁的なメンバーだった。探究者たちの大半は、今や正当性の疑われることになった自分たちの教義を、しかし決して放棄しなかった。首謀者たちはむしろ、同じ契約を結んでいる仲間との交流が維持される限りで、布教を倍加させていく傾向にあった【註6】。

ミロウスキはここで、新自由主義的な経済教義を擁護する者たち、危機のなかでその信用が失われたあともまったくそれを放棄せず、むしろより頑なに支持し続けた者たちとの類推をおこなっている。それこそが木曜日の番組でミリバンドが直面したものなのである。空飛ぶ円盤が来なかったときから七年経ったあとも、いまだに催眠にかかり続けている本物の信者たちの虚ろな視線。シャトルワースの呼びかけは、『影なき狙撃者』（一九五九）〔※二度映画化もされているリチャード・コンドンのスパイ小説〕に出てくる、洗脳された者に行動を起こさせるトリガーのように、自動的な拍手喝采を生み出していた……。

以上のことは、資本主義リアリズムの解体という課題がいかに困難なものになるのかを示している。今あるプログラムを解除するのと並行して、新たな物語や新たなリビドーの誘因を見つけ出し、同時に新たな知識の共有方法を見つけ出すという全体的なプロセスが進められなくてはならないだろう。並外れた挑戦であるのは間違いないが、一方でこれはすでに進行中のプロセスであり、早急に強化することができるものでもある。

なかでも特に重要なのは、民衆的なレヴェルにおいて、経済学や「経済なるもの」に対する神秘化を解消することだろう。緊縮神話は、もっぱら広範にわたる経済に対するリテラシーの低さが存在するからこそ信頼に足るものだと見なされてきた。実際こうしたリテラシーの低さについては、僕自身も大いに共有するところだ。経済学は今、中世世界で神学が果たしていたのと同じような機能を果たしている。それはその道の人間以外には閉ざされている、様々な概念や対象や推論からなる複雑で入念なシステムと化している。我々には――聖書が英語に翻訳されたのに相当するようなこととして――資本主義経済における／に抗する宗教改革のようなものが必要なのだ。僕としてはそうした作業は、一連の大規模な会議やTVや映画によってではなく（もちろんそうしたものも悪いわけではないが）、ウイルス的なかたちでなされうることだと考えている。少なくともひとりは経済学に精通した人間を含む少人数のグループが集まって、いくつかの重要な概念や原理や主要な経済的出来事などについて話し合うのである。こうしたことは個人の家庭でも、大学やカレッジでも、社交クラブでさえ可能なことである。加えてこの作業は、新自由主義やコミュニケーション資本主義が持つ個人主義的傾向によって散逸してしまった社会性を復活させ、階級意識を再構築する機能を果たすはずだ。

コミュニスト・リアリズム

木曜日の番組に戻ろう、「起業家」クリスの登場だ。「ゼロ時間契約〔※週あたりの労働時間が明記されない状態で結ばれる雇用契約〕が禁止されてしまえば、私は自分のやっている小規模事業をやっていけなくなる……」。なるほど、だがはたしてそうだろうか？　この数ヶ月、規模の大小を問わず多くの企業からこの種の苦情を口にされるのをよく耳にした。こうした苦情が述べているのは要するに、自分たちのビジネスは労働者を過度に搾取しなければ機能せず、間接的な政府からの助成（低賃金を補う手当）がなければ機能しえないということだ。だがちょっと待って欲しい。資本主義リアリストたちは、国営化された産業には先行きがなく、あまりにも多くの公的資金を使いすぎるからという理由をもとに、それらを閉鎖するという「厳しい決断」を下したのではなかったのか？

我々は、新たなリアリズム、コミュニストのリアリズムを必要としている。これはつまり、労働者に生活賃金を支払うことができてこそビジネスは成り立つのだということである。このコミュニスト・リアリズムは、資本主義リアリズムによる給付金受給者の悪魔化を逆転させ、真の寄生者たちに――つまり過度に不安定な労働に依存した企業の「起業家たち」や、住宅手当で豪奢な暮らしを送っている地主たち、事実上ないしそのままの意味で公的資金からボーナスを得ている銀行家たちなどに――標的を定めることになる。

だがコミュニスト・リアリズムという概念は同時に、ある特定の方向性を示唆するものでもある。それは唐突で最終的な変化にすべての望みを賭けるような出来事主義ではない。またそれは、「リアリスティックな」ことのすべてを敵の手に委ねるユートピア主義でもない。それは冷静かつプラグマティックに今ここで自分たちが利用しうるリソースを評価し、どうすればそうしたリソースを最大限活用し、増やしていけるのかを思考することに関わる。それは今我々がいる場所からまったく異なる場所へ――おそらくはゆっくりと、しかし確実に、目的を持って――移動することに関わるものなのである。

【註1】ジャン・ボードリヤール、『Seduction』（一九九一）

【註2】https://www.theguardian.com/politics/2015/may/01/david-cameron-election-career-defining-moment参照。

【註3】ポール・クルーグマン、「The Austerity Delusion」、『ガーディアン』(29 April 2015) https://www.theguardian.com/business/ng-interactive/2015/apr/29/the-austerity-delusion

【註4&6】フィリップ・ミロウスキ、『Never Let a Serious Crisis Go to Waste: How Neoliberalism Survived the Financial Meltdown』(二〇一三)

【註5】ザ・ジャム、〝Funeral Pyre〟(一九八一)

今こそ痛みを

——k-punk, (7 May 2015), http://k-punk.org/pain-now/

苦痛も、喪失感も、闇も、物憂さもない悲しみ〔※サミュエル・テイラー・コールリッジの詩「Dejection: An Ode」の引用〕

五年近く前に僕の子供が産まれた日の『ガーディアン』の一面の見出しには「今こそ痛みを、だがさらなる痛みがそのあとで」と書かれていた【註1】。その年、僕の妻と僕の収入はあわせて一万五千ポンドだった〔※二〇一〇年のレートをざっくり百三十五円とすると二百二万五千円〕。僕は成人教育講座や大学で時給制の講師として働きながら、フリーランスのライターや原稿整理の仕事をしていた。我々がひどい貧困のなかで暮らすことなくやっていけていたのは、月に三百ポンドの税額控除があればこそだった。

ブラウンやブレアのやり方というのは、そうしたものだった。一方で低賃金と不安定性を蔓延させ、他方では各種の手当によってその影響を緩和するわけだ。その頃までに、大半の国民がそうであるように僕は、新労働党を嫌悪していた。労働党がこれほど資本主義リアリズム的なものになっている今、保守党が政権を奪ってもこれ以上悪くなりようがないのではないか？　僕は選挙ではたいして何も変わらないという広く受けいれられていた考えを共有していた。提供されるのは結局、ごくわずかにだけ異なった同じもの（新自由主義）の別のヴァージョンでしかないのだ。

だがそんなことはないことがすぐにはっきりした。キャメロンとオズボーンは資本主義リアリズム2・0を、近年の政治史上でも最も大胆な信用詐欺をおこなった。つまり、貧困層や弱者に銀行危機のツケを払わせること。福祉国家のさらなる破壊のための口実として危機を利用すること。偽りのため息をついてみせ、いかに「困難な選択」をおこなわざるを得なかったと伝えてくること……。

今現在、僕の妻と僕が二〇一〇年当時と同じ収入を得ていたとしたら、我々は月に五十ポンドしか税額控除を受けることができないことになる。

もちろん、僕がこうした働き方をしているのは、ボヘミアン的な生き方のようなものを選択してのことだった。その気になれば、おそらくもっと給料のいい仕事につくこともできたはずだ。結局のところ、生活のための仕事に楽しさを期待するなど、愚かな人間のやることなのだろう。だが低賃金で不安定な仕事から永遠に抜け出せなくなっている人たちはどうだろう？　あるいは障害者の場合は？　長期の病人や慢性的な精神病者は、強制的に仕事に戻らなくてはいけなくなるのだろうか？


押し殺され、静まり返った、情熱のない悲しみ

数週間前までの僕は、今回の選挙にあまり興味がなかった。選挙に関するTV報道についての文章を書くように依頼されていたにもかかわらず、率直にいって僕は、ニコラ・スタージョンのパフォーマンスに興奮した

ローラ・オールドフィールド・フォードが携帯メールで感想を尋ねてくるまで、最初のTV討論を見るだけの元気を出すことができないでいた（あとで見ればいいや）。ここ数週間で起きた再覚醒のプロセスがはじまったのは、TVをつけ、ITV＋1〔※ITVのデジタル衛星／ケーブル局。親局の番組を1時間後に再放送〕を見始めてからだった。

理由はまた別の投稿でより詳しく探るつもりだが、去年の僕は活動停止状態で過ごしていた。僕はオイディポッド〔※OedIpod：オイディプス（Oedipus）とアップル社のアイポッド（ipod）を掛けたフィッシャーの造語〕による私有化された接続性のなかに投げ込まれたまま、低水準の不安と脅迫的なミクロの楽しみからなる絶え間ない流れのなかにいた。機械的なかたちでしか文章を書けなかった。自分の書いたものはどれも不出来で、堅苦しく気取ったものに見えた。いつもの気分転換薬である音楽も、今回は効かなかった。ボックスセットを買い漁った。妻と子供との時間を楽しんだが、この楽しみにはどこか逃避的なところがあった。僕の指はいつもスマートフォンに触りたくてうずうずしていた。やらなければならないのにやっていない何かが、常に存在していた——切迫したものが山積みになり、視界の端でたえず明滅する赤信号のように、決して僕を落ち着かせなかった。そうした切迫性の大半は実際には小さなことで、さほど重要なことではなかったのだが、だけどもしかしたら、長い間ずっと忘れていたことが悲運にも再びあらわれてくることになるかもしれない、あるいはもう手遅れになっているのでは？　ちょっと確認してみなくては……。

生きてはいけるクソな状況（Liveable Shit）〔※スリーフォード・モッズの曲名〕

そこには自然なはけ口は存在せず、息抜きもありはしない

こうした意気消沈状態の冷たい恐ろしさは、それが完全に人を無力化する鬱ではない点にある。むしろそれは、疲弊する単調な仕事のようなものなのである。僕は、生きていけるような気がしていた。実際このまま一生を終えることもできる気が——ひょっとすればそうしてもいい気が——していた。もしかしたら僕は、人生に期待しすぎているのかもしれない。他の人たちがやっているように、僕も悲惨さに適応しなければいけなかったのだろう。他の人たちはもっとずっと酷い目に遭っていた。朝になるたびフロントガラスの凍結をガリガリ削らなければいけないわけでもなかった。確かに何年も不安定な仕事をしていた——だけど今はもう高給で安定した仕事に就いている。どうして幸せじゃないんだろう？　なるほど、僕はマーケティング・プロモーションをしたり、「質の高い」書類仕事をこなしたり、モジュールの提案書を六回も見直したりしなくちゃならなかった——だけどそんなの、炭鉱労働には遠く及ばないんじゃないか？

といったふうにして僕は、再び資本主義リアリズムの従順な主体になっていたのだった。

（中略）孤立し、閉め出され、敵対的な空間に囲まれ、あなたは突然つながりをなくし、安定性を失い、自分を真っ直ぐ立たせてくれるものも適切に支えてくれるものもなくなる。めまいがするような、吐き気を催されるような非現実に支配される。アイデンティティの完全な喪失、完全にだまされたという感覚に脅かされる。こんなふうに今、ここにいて、この身体に住まい、こういう装いをする、そんな権利などないのだ。あなたは何ものでもない。「何ものでもない」とはまさに文字通りあなたがそうなるであろうと感じていること

なのだ【註2】。

意気消沈というエンジン

ビフォは正しい。それは我々が意気消沈していることを――働けないほどのカタトニー的な鬱になるのではなく、とはいえクソどうでもいい仕事を拒むほど自信があるわけでも安心しているわけでもない状態でいることを望んでいる（我々に惨めな思いをさせているこの「それ」とはいったい何なのか？　言うまでもなくもちろん、実在するオーヴァールック・ホテルの経営陣だ。我々の不幸はそれにとって蜜のようなものなのである……）。資本は人々が必死になり、ギリギリのところで奔走することを必要としている（保守党の国会議員が飢えた家族を笑うのを見てみればいい！）。それは人々が出し惜しみ、倹約し、選択肢のリストをひとつひとつ消していくことを必要としている。それは人々がどんな仕事でもありがたがることを必要としている。どれほど給料が安く、どれほど不安定だろうが、毎年毎年、苦労に苦労を重ねたとしても変わることなく……。

この五年の間、二〇一〇年と二〇一一年の異議申し立てが生んだ初期の多幸感のあとで、鼻を刺す失望の霧がゆっくりと、しかし避けがたく、ぞっとすることに、キャメロンが「我々の国」と呼んでいるものの上へと広がっていった……。制度から社会的なエネルギーが枯渇していった……（申し訳ない、お話しする時間はないんです！）。労働者はたがいに指令を出し合う自動人形に変わっていった……。あらゆるレヴェルで我々のケアの能力は低下していった……。時間がない、時間がない……。カネがない……。さあねぇ、僕にもわからないよ、悪いけどもう行かなくちゃ……。肩越しにいつも最悪の事態を恐れている……。次は僕の番かもしれない……。大人しくしていた方がいいんだろう……。余計な仕事量も受けいれる、きっと今はそういう状況なんだ……。

今こそ痛みを、だがさらなる痛みがそのあとで……。

悲惨さは終わる（我々がそれを望むなら）

この一週間ほど僕は、毎日子供と数時間遊んで、長い散歩に出かけ、いつもより長い時間妻と過ごし、何千語もの文章を書くことができた。人生はどうしていつもこうじゃないんだろう？　本当になぜなんだ？　それができたのはただ、官僚主義的な義務を選挙のあとまで保留すると決めたからだ（明日からまた「本来の」仕事に戻る。したがって次の投稿は一年後くらいになると思って欲しい）。それができたのは、魔術的自立主義的な意志からくる英雄的な行為によってではなく、たんに個人的なだけではない気分の高揚によってだった。スコットランド、シリザ、ポデモス……。こうした動きの持つ重要性が自分のなかに浸透するのには長い時間がかかった……。だけど僕は仲間と話したり、プランCが企んでいることに参加したり、ラッセル・ブランドが発する電気を感じたりしてきた……こうしたことのすべてが、今回の選挙戦の間にだんだんと意識に戻ってきたのだ。これが僕ひとりに起きたことだとは思わない。とはいえ我々は、保守党を止めるにはあまりに目覚めるのが遅すぎたのだろうか？　彼らが撒き散らしてきた意気消沈のスモッグは、もうすっかり人々の――労働党のキャンペーンによって再び活発になっていたとは到底思えない人々の――動きを止めてしまったのだろうか？

内気さの影響

今回の選挙に最もよく似たものとしては、小政党に支えられた弱い労働党政権を生んだ一九七四年のものと、そして——不吉なことだが——勝利が予想されていたにもかかわらず労働党がジョン・メージャー率いる保守党に決定的に敗北した一九九二年のものが挙げられるように思われる。ショーン・ローソンは、いったいなぜ現在が一九九二年の再来になるのかについて、強力で説得的な議論を展開している。彼が述べているその理由の大半は、世論調査の当てにならなさに関わっている。有権者が世論調査の調査員たちに対して保守党に投票するとは認めないという、いわゆる「内気な保守党派」現象のせいで、一九九二年における世論調査は、劇的なまでに間違ったものになった。結果としてメージャーは、たんに勝利しただけでなく、イギリスの政党としては歴代最高の得票率を獲得したのだった。ローソンは、今では内気な保守党派の影響も計算に入れるよう調整されているとはいえ、それでも現在の世論調査は、今もまだ不正確なままである可能性があると述べている（たとえばそれはインターネットを基本にする傾向にあり、若い層に偏ったものになっているのだと彼はいう）。

とはいえ僕としては、以下のふたつの理由から、今回の選挙と九二年との類似に十分に納得しているとは言えそうにない。

1　ハイパースティション的な影響

ボードリヤールが述べた通り、世論調査を中立的な実証主義的記述として扱うことはできない。というのもそれは、予測するのだと主張していることそれ自体に影響を与える可能性があるものだからだ。九二年に起きていたのも、おそらくそうした事態だったのではないかと思われる。

九二年の選挙の前の雰囲気は、今の選挙戦の前の雰囲気とはまったく異なっている。何より、大失敗に終わったシェフィールド集会があった。「我々は大丈夫だ！」というニール・キノック〔※当時の労働党党首〕の勝ち誇った叫びは、二十五年近く経った今でも思い出すたび耐えがたいほど恥ずかしくなるものであり、彼が作りあげてきた「政治家らしい人格」を破壊しただけでなく、躁状態で歓喜する自信過剰な印象を与えるものだった。早すぎる祝賀は見苦しく絶望的なものに終わった。有権者たちはともかく、あたかもキノック自身が、自分が首相になることなど信じられていないかのようだった。またその集会は、マードックの報道機関に対して、消極的な保守党派たちの恐れを煽るための材料を与えることになった。世論調査が労働党の勝利を示唆したとなれば、これはなおさらのことだった。「ほら、奴らは勝つつもりでいるぞ！　そのまま家にい続けるつもりならやめておけ、ただの一票でも必要なんだ！」というわけである。

しかし今起きているのは以上のような事態ではまったくない。世論調査が予想しているのは労働党の勝利ではなくハング・パーラメントであり、メディアが欲しがる恐れの出どころが異なっている。労働党の勝利は不確実なことであり、何としても回避する必要がある差し迫った可能性ではない。さらに言えば、保守党は確実にデマを広めようとするだろうが、今の労働党の体制は九二年にそう見せることができたような脅威を感じさせるようなものにはなっていない。ブレア主義のあとで、労働党はもはや、当時はそう提示しえたような新自由主義的な常識の〈他者〉ではなくなっているのである。

前回の投稿で述べた通り、ミリバンドは今回の選挙戦を感情的に控えめなものにし続けてきた。途方もないような約束は存在しない（「約束は控えめにして、結果として期待以上を届けたい」）。救世主的な熱烈さもない（この点はブレアやキノックとは対照的である）。ミリバンドが首相としての厳粛さを持っているとは思えないことはたしかだが、しかしそれを言うなら、間違いなく歴代で最も首相らしくない人物だったジョン・メージャーも同様だった。

2　我々は新たな時代のなかにいる

一九九二年、我々はまだ、資本主義リアリズムの華やかなりしときにいた。破綻はまだ起きていなかった。自分たちの利益のために投票し、それ以外の人間は無視しておこうと望む者たちに対して提供する何かが、そのときにはまだ存在していた。

今回の場合保守党は、自分たちの支持者の多くを買収するための何かをほとんど何も持っていない。「大きな社会」という偽りの鎮痛剤を除けば彼らには――「労働党に政権が移ればもっと悪くなる」という否定的なメッセージと、「今こそ痛みを、だがそれより少しだけマシな痛みがそのあとで」という控えめな約束しかない。はたしてそんなことで浮動する層を動機づけるのに十分だと言えるだろうか？

ふらつきながら今も徘徊を続け、皮膚の剥がれたターミネーターのように手当たり次第に辺りを破壊しているとはいえ、新自由主義はひとつのプロジェクトとして終わっている。我々は、戸惑いながらもついに、資本主義リアリズムから抜け出す道を見つけ出したのだ。我々の思考や行動を妨げていた精神的な障害は取り除かれている。とはいえ、今回の選挙戦においてこうしたことはまだ、スコットランド国民党やプライド・カムリや緑の党とともに、いくらかの目立たないかたちであらわれているにすぎない（また言うまでもないことだが、七四年や九二年に比べたときに現在のイギリスの政治が多党化したものになっていることは、我々が新たな時代のなかにいることを示すもうひとつの証拠だと言える）。もし労働党が政権を樹立できたとしても、我々は労働党の勝利を歓喜して迎えるよりもはるかに、保守党の敗北を祝うことになるだろう。

いずれにせよ、今のところ確かなことは何もない。明日になれば確実なことが増えるとも思えない。僕の感触では、今後数週間は変動が激しい状況が続くことになるはずだ。ひとつ確かなのは、保守党がクーデターを企んでいるなら、我々は結集する準備をしておく必要があるということだ。そして彼らは、きっとそうするはずなのだ……。

【註1】https://www.theguardian.com/uk/2010/jun/22/budget-2010-vat-austerity-plan 参照。

【註2】マーク・フィッシャー、「Good for Nothing」、『Occupied Times』（19 March 2014）、https://theoccupiedtimes.org/?p=12841〔※別巻にて刊行予定の本書第六部にも掲載〕

希望を棄てろ（夏がやって来る）

――k-punk,（11 May 2015）, http://k-punk.org/abandon-hope-summer-is-coming/

こうして結局、一九九二年の再来となった。今では選挙でさえ懐古癖（レトロマニア）〔※一〇年代の音楽文化の停滞を論じたサイモン・レイノルズの、二〇一二年の書名でもある〕の対象になるようである。ただし今回は、ジャングルなしの一九九二年だ。ラフィッジ・クルー〔※ジャングルのスター、ゴールディーのプロジェクト〕ではなく、エド・シーランとルディメンタルなのである。ジェレミー・ギルバートは選挙の日の夜遅くに、以下の通り世論調査は常に無視せよと書いていた。

選挙民のなかで何が起きているのかは、風の匂いを嗅ぎ、情動の移行、分子の流れ、感情の構造の変化を感じ取ることでよりよく理解できる。音楽を聴くこと、ＴＶを見ること、パブに行くこと、地下鉄に乗ること。カルチュラル・スタディーズはいつでも選挙予測に勝る【註1】。

まったく時代遅れなそのポストモダン的な粗暴さや、馴れ馴れしい愚鈍さ（ナイジェルと一杯やらないか？〔※ナイジェル・ファラージが親しみやすさの演出から頻繁にビール片手にメディアに登場する様子を揶揄〕）や、貧困ポルノ〔※同情を得られやすくするべく、貧困の悲惨さを強調・誇張する手法、作品、メディアなどを揶揄する表現〕や、意気地のない大企業崇拝などからなる現代イギリスの大衆文化は、パウンドベリー・ヴィレッジ〔※イギリス南部にあるチャールズ皇太子／現国王主導で計画されたニュータウン〕の巨大なシミュレーションのようなものになっている。そのなかでは新しいことは永遠に何も起こらず、一見こじゃれた皮肉っぽい、どこでも目にする「冷静に（Keep Calm）」のメッセージは、実際には『ゼイリブ』（一九八八）の命令として機能し、パニックと絶望を封じ込めている……。

　イギリスとは、自立的な共生が花開いたかもしれない空間が、商業的な要請によって最後のひとつに至るまで植民地化された国である……。スーパーのレジ係は、がらくたのようなロボットによって取って代わられた……。スキャンされていない想定外の商品がバッグエリアにございます……。あらゆる表面が企業のグラフィティや小煩いハッシュタグに埋め尽くされている……。人々から最後の一ペニーまで搾り取る手口には一切の抜かりがない……。国民保険サーヴィスの病院には法外な料金の駐車場があり（正確な金額のみ、お釣りは出ない）、その利益はすべて民間業者に向かう……。

　すべてが気の滅入るような靄ごしに見えている……。「大抵の場合君たちは、酒やらドラッグやらで自己治療する」……。やけ食いと苦いだけの酒……。君は何にする？〔※What's your poison?：パブなどで注文を尋ねる際の慣用句。直訳では「君の毒は？」〕

　郊外は幻覚を見ている、イギリスは幻覚を見ている。スミノフのモンスター・リッパー割り、ブランデーのブースト割り〔※モンスター・リッパーもブーストも炭酸エナジードリンク〕、ウェザースプーンズのマンデー・クラブ〔※パブ・チェーン店の月曜割引きサーヴィス〕で飲む巨大なグラスのシャルドネ、パブで数ポンドで買った精神安定剤（ベイリウム）、プレハブ住宅から漂うマリファナの臭い、赤い目と黄色いビブス……。抗鬱剤の処方を繰り返している製薬業界は――兵器取引、ローン会社と並んで――株式会社イギリスにおける最大の成功例のひとつである【註2】。

もう一杯どうだい、ナイジェル？

お客さん、閉店ですよ……。

時間がない……。時間は君の味方（その通り）〔※ローリング・ストーンズのカヴァーで知られる〝タイム・イズ・オン・マイ・サイド〟のパロディ〕……。

いずれにせよ、選挙の行方を驚くほど正確に予測することになったショーン・ローソンは――ここでこの言葉を使うのが正確かは分からないが――祝福されるべきである【註3】。前回の投稿で僕が九二年との類似に反論しようとしたのは、要するに希望的観測に過ぎなかった。ある意味では、BBCの党首討論が終わった時点で事態がどうなるかは分かっていたことだと言える――だからこそ僕は、あの番組を見てあれほど落ちこんでいたのだ（過去との類似をもうひとつ指摘しておこう。プチブルからの質問が終わったあとにエドがつまづいたのは、一九八三年に、テレビ・カメラの前で海辺で転んだ元労働党党首キノックをちょっと思い起こさせるものだった）。

恐れるな……

おそらく、我々に希望を与えてくれたもの——すなわち、揺れ動く労働党がスコットランド国民党との同盟によって左に引き寄せられる可能性——こそが、イングランドにおいて保守党に投票したあれだけの数の人間を動かすことになったのだろう（もうひとつの九二年の反復。すなわち、ハイパースティショナルな力としての恐れ）。結局のところ、我々が長い間疑ってきたことが真実になったのだ。労働党は保守党の物語に異議を唱えるのに失敗した五年前の時点で、今回の選挙に敗北していたのである。だがこの失敗は、不適切な指導者やPR戦略に関わるものでも、政策に関わるものですらなく、究極的には労働党が広範な運動と切り離されたことに根ざしたものであり、翻って言えば、広範にわたる資本主義リアリズムの出現に根ざしたものなのだと言える。ブレア主義はこれまで三回の選挙で労働党に勝利をもたらしてきたかもしれないが、その論理が展開されていくと、そう遠くない将来に党の崩壊にまで繋がる可能性がある。ポール・メイソンが辛辣に要約している通り、「労働党はもはや、自分たちが何のためにあるのかも、どうやって権力を獲ったらいいのかも分かっていない」【註4】。ブレア主義とともに労働党は、一度は権力を獲る方法を知ったが、しかしその知識を得ることによって、自分たちが何のためにあるのかを忘れてしまうことになったのである。

イングランド住民の大半が——僕としてはその過半数がだと思えてならないが——自分たちを代表する政党が存在していないと感じていることを考えると、労働党が感じているそうした実存的な当惑は身を切るほどに皮肉なものだと言える。僕としては、イギリス独立党へと票が流れたことは、その支持者たちのなかに、人種主義へと向かい、ナショナリズムにさえ向かう本質的な傾向があるのだということではなく、結局のところ上記のような、あるべきものを奪われているという感覚や絶望に関係しているのだと考えている。誰もが盲目的な愛国主義へと向かうある種の潜在的な傾向を持っているのであり、そうした傾向は、諸力の特定の配置によって活性化されるものなのだ。極端なナショナリズムは階級政治の失敗の徴候なのである。言い換えれば階級政治は、歪んで行き場を失ったかたちで、極端なナショナリズムを通して現れて来るのだと言える。

ポール・メイソンも指摘する通り、改めてブレア主義へと回帰したところで、間違いなくイギリス独立党に寝返った労働党の支持者たちが取り戻されることはないはずである。スコットランド同様イングランドでは、ブレア主義が労働者の基盤を当たり前のことだと思い込み放棄したことによって裏切りの感覚が生まれ、そしてその感覚によって、木曜日にあれほど多くの元労働党支持者たちが我慢の限界を迎えることになったのだった。スコットランドの場合、裏切りに対する反応は進歩的な形式を取ることになった。だがイングランドの場合それは、反動的な様態を見せた。その理由のひとつとしては、イングランドには進歩的な受け皿がなかったことが挙げられる。労働党のオックスブリッジ的なエリートたちから疎外されたイングランドの労働者階級の有権者たちは、これ見よがしに労働者家庭へのアピールを強調するイギリス独立党と、そのメッセージが彼らに向けられてはおらず、当選する見込みもない小さな左翼政党の数々の間で二者択一を迫られることになった。さらに言えば、イギリス独立党という選択肢は、ナイジェル・ファラージのことを生彩を放つカリスマ的な人物と見なすほど退廃した退屈な政治メディアによって、実質的に彼らに強制されているようなものだった。だからこそ、ティム・バローズが言うように、「その率直な言動、派手なツイードの服、手に持ったビールのグラスにおいて、ミームの政治のために作られたかのように見えるファラージという奇妙な媒介存在」は、「イギリス独立党はフェイスブックでは、労働党と自由民主党を合わせたよりも人気がある」のである【註5】。

絶望するな……

木曜日以降のイングランドに絶望するのは簡単だろう。この国はわがままで意地が悪く愚かな個人でいっぱいなのだと結論づけるのは簡単だろう。だが大抵の人の政治との関わりが、まったく最小限にとどまっていることを忘れてはならない。政治的な語彙で思考すること、政治的なカテゴリーを日常生活に当てはめることは、現状では少数派がおこなうことになっている。今回の結果は、有権者の道徳的ないし知的な失敗ではない。それは大衆民主主義のメカニズムを機能不全に陥らせるというその目的をほぼ達成しえた新自由主義の結果なのである。すでに過剰に働いていながらさらに働く必要があると言われ、多忙だが何もできていないと感じているなかで、多くの人々が他に気をかけていられないほど消耗している（へ、とへとで考える気力もない、少し休む時間をくれ……）。実際のところ、保守党へ投票した者たちのいったいどれだけが本気の保守派と言えるのかは疑問である。大抵の場合彼らは疲れきっていて政治から切り離されており、おそらく利己心と同じくらい恐れから投票したのだろう（利己心は往々にして恐れとして経験されるものだ）。

資本主義リアリズムとは、積極的に新自由主義と同一化する人間たちに関わるものではなく、新自由主義的な世界観の自然化に、ひいてはその脱政治化に関わるものだ。保守党の誘い文句は、選択や機会や労働の尊厳について一見する限り常識的な強調をおこない、否定的な連帯に対して感情的なアピールをおこないつつも、結局のところそうした環境化した新自由主義化作用と同調している。そこから脱却するには再政治化が必要であり、そしてそのためには、スコットランド国民党の場合に見られた通り、大衆的な動員が要求される。

保守党の成功は大衆を不活性なものにすることにかかっていた（サッチャーによる集会の時代はとっくに終

わっている)。二大政党に対する熱狂的な支持など、どちらの側にも存在していなかった。イギリスにおいて大規模な大衆的熱狂を呼びこみえたのはスコットランド国民党だけだった。だがその発生を阻止するためにこそ資本主義リアリズムがあるのだと言える、そうした大衆的熱狂こそが、イングランドにおいては長い間かすかな兆しさえも見えなかったあるものを闖入させることになる——そのあるものとはすなわち、未来である。

落ち込むな……

ロイヤル・カップルを一目見ようと三日も野宿するような連中がいる国にどんな希望があるって言うんだ?イギリスってのは頭が悪すぎて自分が死んだことを分かっていない手負いの獣みたいなもんだ。自分たちで生み出した廃棄物、帝国の反動と酷いカルマのなかに、見るも無惨に埋没してやがる。

——ウィリアム・バロウズ『デッド・ロード』【註6】

だから我々は保守党の勝利を、イングランド国民の大半と自分たちが完全に調和していないことのしるしだと見なすべきではない。木曜にジェレミーが僕に指摘した通り、シリザやポデモスに相当するものが負けたわけではない(とはいえもちろん、今回の敗北は極めて壊滅的な事態の一部ではある。我々の期待は低かったが、しかし現実はさらに低いものになるよう仕組まれていた)。労働党の提案の深刻な弱さ、イギリスにおける右派メディア機械による労働党への攻撃の苛烈さ、BBCのような中立的だとされる大衆メディアが銀行危機とその余波についての適切な説明を提供できなかったことなどを考えると、保守党の勝利がこれ以上に包括的なものではなかったことは、実際驚くべきことである。保守党に投票した者たちは、必ずしも貧困層の苦しみや弱者の置かれている苦境に無関心だったわけではない――その大半はたんに「もうカネは残っていない」という、そして「困難な選択」が必要なのだという資本主義リアリズムの物語を受け入れているだけなのである。確かに、それを受け入れていることがいささか利己主義的なものであることは間違いない。つまりそれが、苦しんでいる者たちを視界に入れなかったり、視界の周縁に押しやっていることにもとづいていることは間違いない。

だが彼らのそうした視野から見えるのは根本的に、抑圧的で抑鬱的な眺めをもたらすものでもある。資本主義リアリズムと抑鬱的リアリズムの間には繋がりが存在している。人生は本質的に苦役である（だからこそ誰もタダ乗り（フリー・ライド）してはならない）という考えは、公平性というものを抑鬱的に理解したものであり（私が惨めでなければならないとしたら、他の者もそうであるべきだ）、そしてそうした理解は、イングランドに見られるような焼け野原と化したポスト・プロテスタント文化のなかにおいて特別な牽引力を持つことになる……（イングランドが最古の資本主義国であることを忘れてはならない……）。

キャメロンの提案はどれも皆、そうした抑鬱的なものの延長線上にあるものだった。要するにそれは、フロントガラスに張った氷を削りとり、永遠に大嫌いな仕事へと出かけて行く男というヴィジョンだった。しかし一方で労働党は、経済がいかにして間違った方向に向かっていったのかについての物語を提示することも、自分たちの考える通りになったら社会がどんなふうに変わるかについての積極的なヴィジョンを示すこともできなかった。僕はそうしたヴィジョンの印象が最小限でも存在していれば、人々が保守党を拒絶する気になるのに十分だったはずだと確信している。とはいえ、労働党がそれを提示できなかったことは何かの間違いなどではなかった

（「あともう少しフォーカス・グループがいたり、あともう少し広告関係者と会議ができていたなら、彼らは政権の座に就いていたはずだ！」などといった話はありえないのだ）。それは労働党が資本主義リアリズムによって完全に植民地化されていたことを示す、もうひとつの症候だったのだ。

保守党は二〇一〇年の選挙戦のあとすぐに「大きな社会」を放棄したが、実際のところこの概念は、新自由主義文化が腐食させたものを、つまり「個人とその家族」と国家の間にある空間を指し示している。だがもともとその命名が扱いづらく伝わりにくいものだったことに加えて（それは一種の反ミームだった）、「大きな社会」の問題は、保守党の手にかかると、福祉国家を解体するための見え透いた計略として用いられたことだった。これほどまでに個人化された文化を再び社会化しようと思うなら、イングランドには膨大なリソースが必要になる。資本が――特に現代の新自由主義的なイングランド版の資本が――我々から最も徹底的に奪い取っているものである時間とエネルギーこそが求められることになるのである。

真の富とは、生産し、ケアし、何かを楽しむ集団的な能力だ。赤い豊かさ〔※Red Plenty：一九五〇年代後半、計画経済下のソ連で束の間成立しかけた資本主義世界とは異なる豊かさをたどる、作家フランシス・サフォードによる同名の作品を踏まえる〕とはそうしたものなのである。我々も、また彼らも、しばらくの間勘違いしてしまっていた。問題は我々が反資本主義者だということではなく、資本主義の方がそもそも、機動隊によって、催涙ガスによって、その経済学が掲げる神学的な美辞麗句によって、赤い豊かさを阻止するように設定されているということにこそあるのだ。資本に対する攻撃は根本的に、次のような単純な洞察にもとづくものでなければならない。すなわち資本とは、「富の創造」に関わるものなどではまったくなく、必然的かつ常に、我々がこの共通の富に対してアクセスすることを妨げているものなのである。万物は万人のために。何よりもまず我々すべてを。

労働党は、再社会化の赤い領域ではなく、境界線の警備隊（我々はお前たちと同じ数だけ集まるだろう！）や有刺鉄線のフェンス（お前たちの塀と同じ高さにしてやる！）に取り巻かれた、アイデンティティにもとづく共同体という青い領域で選挙が戦われることを繰り返し許してしまってきた。一方で、スコットランド国民党を掌握した進歩的勢力の天才は、アイデンティティ主義的な共同体の青から（ただし被植民者のナショナリズムは、言うまでもなく植民者のナショナリズムとはまったく異なっている）、国際主義的でコスモポリタン的な自立的共生の赤へと移行した点にある。

赤い帰属意識は、伝統的な帰属意識の形態（信仰、国旗、家族など、ハートとネグリが言うコモンズの腐敗した形態の数々）とは異なるものをもたらす。ジョディ・ディーンはアメリカにおける共産党がどのようなものだったのかを、以下の通り感動的なかたちで描いている。

（共産党は）一部のアメリカ人たちに、世界はひとつであり、自分たちの労働は階級の仕事としての意義を持ち、自分たちの闘争は――集団的な労働は私的な利益のためにあるのだと主張する者たちからそれを解放するという――グローバルな闘争の一部としての意味を持つのだという感覚を与えた。絶望的に貧しく、ほとんど読み書きもできない移民たちにとって、共産主義は知識と力の――すなわち世界はどんなふうに機能しているのかについての知識と、それを変えるための力の――源泉だった【註7】。

ここでの帰属意識は、何かしらの集団の一員であることから生じる盲目的な愛国主義的快楽に還元されるものではない。それは以前なら宗教だけが約束していたような方法で、日常生活のあらゆる側面を変化させることを約束する何かに従事しているのだという特別な感覚であり、だからこそ、最も面白味のない仕事にさえ高い意義を浸透させることができるものだった。「パンフレットを配ったり、公式路線が変更されるたびに新メンバーを集めたり、独り善がりな上層部の連中にいらついたりといった、繰り返される退屈な作業に従事している者たちでさえ、自分たちの党での生活を強烈に意義深いものとして経験している」

青い帰属意識の本質的に空間的な想像力とは対照的に――それは境界の区切られた領域を想定し、その内部の人間はそこから排除された人間に敵意と疑念を抱いている――赤い帰属意識は時間的かつダイナミックなものである。それは運動への帰属に関わり、既存の物事のあり方を廃絶する運動への、共同体なしに無条件のケアを提供する運動（君がどこから来た誰なのかは問題ではない、いずれにせよ我々は君の面倒を見る）への帰属に関わっている。

だが希望を抱くな……

ドゥルーズは「追伸――管理社会について」のなかで、「恐怖も希望も必要ない。ただ新しい武器を探すだけだ」と書いている【註8】。間違いなくここで彼は、スピノザによる『エチカ』のなかにおける希望と恐怖についての説明を考えている。スピノザは「恐怖と混じり合わない希望はなく、希望と混じり合わない恐怖もない」と主張した。彼は希望と恐れを以下のように定義している。

希望とは、絶え間ない喜びではなく、我々がときどき疑念を抱く問題について、未来や過去の何かを思い浮かべることから生じる。

恐れとは、我々がときどき疑念を抱く問題について、未来や過去の何かを思い浮かべることから生じる、不変ではない悲しみのことである【註9】。

希望と恐れは本質的に交換可能なものなのであり、我々が実際に行動できないときに生じる受動的な情動である。あらゆる迷信がそうであるように、希望とは我々が何も持っていないときに呼び起こされる何かなのだ。オバマの言う「希望の政治」があれほど尻すぼみなものに終わったのは、オバマ政権が避けようなくすぐに資本主義リアリズムに陥ったからだけではなく、受動性こそが希望の条件だからなのである。オバマ政権はそもそも、(選挙のときを別にして)国民を活気づけることを望んでいなかった。

我々が必要としているのは希望ではない。我々に必要なのは自信と行動力である。「自信とは、それをもとにして疑いの原因が取り除かれる、過去や未来の対象についての観念である」とスピノザは言う【註10】。とはいえ、その最良のときでさえ、従属集団が自信を持つことは非常に困難である。というのも彼らに――つまり我々に――とって、「それをもとにして疑いの原因が取り除かれる未来の対象」など、ほとんど存在していないのだから。

「階級的な不利は、生まれながらにしてその人に負わされた傷害の一形態である」とデイヴィッド・スメイルは言う。「ポケットに手を突っ込んだイートン校出身の閣僚が見せる自信に満ちた身のこなしは、その男が今現在の権力を持っていることを表現しているというよりも（見方によっては労働組合の組合長も同じくらいの）権力を持っている可能性もある、その人間が母乳と一緒に吸い込んだ自信を表現しているものなのである【註11】（とはいえ、乳母に育てられるようなご身分の人間が実際に母乳で育つ可能性は低いわけだが）。福祉国家は、ここでスメイルが提示している疑念のいくらかを取り除く構造となることを期待されたものだったが、一方で目下見られている不安定性の押しつけは、労働者階級が長年の闘争のなかで手にしていた自信を取り除くための政治的プロジェクトとして機能している（不安定性がアメリカの若い労働者階級の男女の感情生活に対して与えた破壊的な影響については、――同書については改めて必ずこのブログで紹介するつもりだが――ジェニファー・M・シルヴァによる悲痛な著作『Coming Up Short: Working-Class Adulthood in an Age of Uncertainty』を参照〔※本書二七九頁参照〕）。

希望や恐れが迷信的なものであるのに対して、自信は本質的にハイパースティショナルなものである（もちろん前者にもいくらかそうした影響があるとはいえ）。ハイパースティショナルなものは、即座に行動力を高め、そしてそうした行動力は、自信やそれに付随するものを増大させていくことになる。つまりそれは、一種の自己実現的な予言であり、好循環を生み出すものなのである。

だとするなら、我々はいったいどうすれば自信を回復することができるのか？　状況は困難だが――そしてイングランドにおいてそれは、さらに困難になろうとしているが――我々は今もまだ行動することが、すぐにでも内在的に行動することができるはずなのだ。だがいったいどうやって？

ソーシャル・メディアを超えた社会化（ソーシャリゼーション）

その答えは言うまでもなく、すでに多くのグループが必要なことをおこなっているという点だ。だがそうしたプロセスは、ロジスティクスの観点から調整され（これは「統一」されることとは異なる。統一は戦略的な弱さであり、強さに繋がるものではない）、より力を持った共通の物語やフィクションによって互いに結びつけられるとき、より強力なものになるはずだ。ジェイソン・リードのエッセイ「The Order and Connection of Ideology Is the Same as the Order and Connection of Exploitation: Or, Towards a Bestiary of the Capitalist Imagination（イデオロギーの秩序および結びつきは、搾取の秩序および結びつきと同じもの——あるいは資本主義的想像力の寓意譚へ向けて）」【註12】は、なぜ物語を語ることが重要なのかを解説している。ふたりのネオスピノザ主義者であるフレデリック・ロルドンとイヴ・シトンに言及するなかで、リードは次のように喚起している。

我々の欲望や、愛や憎しみは、TVや本を通じて受け継がれてきた台本によって、あらかじめ物語によってかたち作られている。我々は台本化された世界に入っていくのであり、スピノザが第一種の認識の定義のなかで述べている通り、我々の生は、経験される物事と同じくらい、記号やイメージによっても定義されているのである。

したがって、

我々が思い描くシナリオ、我々が消費するストーリーや物語は、自分たち自身の現実についての理解を告げている。これは我々がフィクションと現実を混同しているということではなく、フィクションの根底にある基本的な関係が、現実に対する我々の理解を形成しているということを意味している。つまりこれは、我々がフィクションと現実を混同しているということでも、出会うものすべてを信じているということでもなく、出来事や行動や変化といった、あらゆる物語の持つ基本的な要素が、我々が現実を理解する際の方法そのものになっているのだということである。フィクションは現実との恒常的な転喩的関係のなかで存在し、一方の表現や関係が、他方のそれへと常に影響を及ぼしているのである。

だからこそ、現実の権利経営（マネジメント）やリビドー工学といった資本主義的テクノロジーの数々が一九八〇年代に強化され普及していったことは、新自由主義にとって、たんなる幸福な偶然の一致ではなかったのだ。新自由主義の成功はそうしたテクノロジーなしには考えられないものだったのである。このことはまた、もちろん決定的ではあるにせよ、直接行動が決して十分とはいえないものである理由でもある。物語や表現や概念的な枠組みを生み出すことによって、間接的なかたちで行動することも我々には必要なのである。

資本主義リアリズムは、何よりもまず特定の物語や表現や枠組みの数々を押しつけ、それらを自然化することによって、ジェイソン・リードが「人間の持つ特別な力（我々の解放の要となるもの）」と呼ぶものを妨害する。リードが言うその力とはすなわち、「我々の心のなかで結びつくイメージや思考や情動や欲望や信念を、口から出る言葉を、身体が解き放つ運動を、様々なかたちで結びつける能力」のことだ。カルチュラル・スタディーズもまた、（部分的にであれ、アルチュセールを介してスピノザに由来するものである）以上のような再秩序化のための能力についての理解にもとづくものだった。イメージ、思考、情動、欲望、言語を再秩序化することは、明らかに「政治」だけで達成可能なものではない——それは広義における文化にとっての問題だと言える。

こうした観点から見た場合、僕が『わが人生の幽霊たち』【註13】で述べたように——またサイモン・レイノルズが『Retromania』【註14】で述べた通り——大衆文化が繰り返しのなかに閉じ込められていることは非常に深刻な問題だと言える。大衆文化が革新を生み出せないでいることは、永続する環境化したシグナルであり、このシグナルは我々に、何も変わりえないのだと告げてくる。大衆文化に何が起きたかを解説することはときに途方もなく難しく見えるかもしれないが、その不作さと停滞について説明することは、究極的にはまったく簡単なことである。大衆文化における革新は、圧倒的に労働者階級から生まれてきた。新自由主義とは、体系的かつ持続的な労働者階級の生活に対する攻撃だったのであり、その結果としてこそ今の我々を取り巻く状況があるのだ。

さらにまた今、資本主義的なサイバースペースが生活や精神のあらゆる領域に侵入することによって、脱社会化のプロセスが激化している。ウェブというものに進歩的な可能性がないというわけではないが、そうしたことが過大評価されてきたのはまず間違いないことだ。その一方、文化や主体性の脱社会化にサイバースペースがもたらした強い影響は、まったく過小評価されてきた。さしあたりここでは、記号資本主義についてのビフォの議論と、コミュニケーション資本主義に対するジョディ・ディーンの批判を改めて喚起するだけになるが、いずれにせよ、そうした批判をいつでも展開可能なものにしておくことが重要だ。

ブログやソーシャル・メディアは、(左派という圏域を超えてアプローチするものではないにせよ)我々が自分たち自身と対話することを可能にしてきたが、同時にまたそれは、悲惨さや怒りを生み出すだけでなく、我々の最も重要なリソースである時間とエネルギーを浪費する病理学的な行動や主観性の形式を発生させてもきた。

また一方で、メールや携帯端末は、孤立や孤独の新たな形式を生産している。時間と場所を問わず仕事からの連絡を受け取ることが可能になっているという事実は、ひとりでいる際の我々は今、同僚からの何の支援もないまま、労働の指令語に曝されているのだということを意味している。

要するに、ウェブに対する執着、新しいもののいかなるアイデアが浮かんだとしてもそれをウェブに明け渡してしまうことによって我々は、資本主義リアリズムを弱体化させるどころか、それに奉仕してきたのである。だがだからと言ってもちろん、ウェブを放棄するべきだということではない。ただそれをより我々に役立つものとして展開することができるようなウェブとの関係を見つけ出せばいいだけなのだ。簡単に言えば、そのなかで生きるのではなく、それを――拡散やコミュニケーションや流通の手段として――使用することである。問題はこうしたことが携帯端末が持つ傾向に反しているという点にある。我々は皆、満員電車内で小さなスクリーンをタップしている人々という、今ではクリシェになっているイメージを認識しているが、しかしそうした現実がどれだけ惨めで、社会化の力を秘めた場がそんなふうにして封じられていることが資本にとってどれだけ都合のいいことなのかを、果たして本当に自覚しているだろうか？

自分と同じようにこの人生に絶望を感じている誰かが存在しているのを知ること

プランＣの何人かはこれまで、コンシャスネス・レイジング〔※consciousness-raising：第二波フェミニズムによって普及されたアクティヴィズムの一形態。道徳、社会、政治などの問題を集団的に周知・共有していくプロセス全般を指す〕について語ってきたが、数多くの理由から僕は今、そうした実践（ないし幅を持った実践の数々）を復活させ、普及させることが決定的に重要だと考えている。コンシャスネス・レイジングには、従属化されている知識を発見ないし生産するという側面もあるが、同時にそれは、社会化の作用や、常時接続されながら常に孤独なままである現代資本主義下における個人性の様式とは正反対な主観性を、即座に生み出すものでもある。

　コンシャスネス・レイジングは、集団的な視点をたんに理論化するのではなく、それを実際に生きる可能性を切り開く。それは資本主義リアリズムこそが第二の自然になっている労働の場において（労働の「場」という言い方に今もまだ意味があるのならだが）、別様に振る舞い、思考し、行動するリソースをもたらしうる。成功する闘争の根源は、自分たちの感情を、ことに悲惨さや絶望といった感情を共有し、そうした感情の根源を、非人称的な――とはいえ、彼らにこそ民衆的な嫌悪が向けられなくてはならない特定の人物たちに媒介されている――構造に向ける人間たちからこそ生じることになるだろう。

　サイバースペース化された資本主義のもたらしている過酷な状況――ジェニファー・M・シルヴァが示すように、特に若者たちの間で自己の「硬化」を生み出している状況――のなかで、コンシャスネス・レイジングは新たな思いやりを、他者に対するものであると同時に自分たちに対するものである新たな思いやりを生み出すことができるはずだ。神経症的で人をオイディプス化する資本主義は、我々に責任を負わせ、我々を厳しく非難してくる一方で、そのセラピー的な様態においては、君たちは個人として、どんなことでも変える力を持っているのだと告げ、もし今君たちが幸せじゃないなら、それを解決するのは君たち自身なのだと告げてくる。だがそれに対してコンシャスネス・レイジングは、積極的な脱人称化作用に関わっている。**それは君のせいじゃない**、それは資本主義のせいなのだ。たとえ自分のことであってさえ、個人では何も変えることはできない。だが集団の活性化は、それが成立した時点ですでに、内在的に、個人化された悲惨さを克服することになる。

それを踏まえつつ以下に、(集団で今すぐにでもおこなえるような) 最も身近なものから始めて、より遠くへと向かっていく、いくつかの戦略や実践や方向性を示しておく。言うまでもなくこのリストは網羅的なものではない。また僕は、以下の戦略のどれひとつに関してであれ、その発案者としての手柄を主張するつもりはない。重要なのはそれらを共有し、補足し、さらに練り上げていくことである。

そうしたステップを阻む最大の障害は、エヴァ・ヤシェヴィチが以下のような辛辣だが明晰な分析のなかで、「時間の貧困」と呼んでいるものだ【註15】。

我々の時間は攻撃を受けている。労働は強化されていくが、一方で賃金は下がり、さらなる非正規化が進行するだろう。仕事がない場合、我々はそれを得るために働くことになる。常に監視されている職探しやワークフェアを強いられる結果として人は、コンピューター化された強制的な娯楽に時間を費やすことを余儀なくされるだろう。労働者階級による真に多様な自己表象的運動は、以上のような経験に直面し、そうした経験を生きている者たちをそのなかへと組み入れる必要があるが、しかし自分たち自身があまりにも働くことに縛られている現状があるなかで、いったいどうすればそうしたことが実現するのだろうか?

鍵になるのは、時間と自分たち自身のものとしての労働を確保することであり、それこそが人々の参加と組織化の能力を決定することになるはずである。組織化するための自分たち自身の時間を手にすることができなければ、我々は組織化することができず、互いに出会うことも、互いを見つけ出すこともできないままである。労働と——それもまた異なる条件と利幅のもとでおこなわれる労働だと言える——福利厚生制度は、重要な闘争の場なのだ。職場での争議やストライキ、ワークフェアの拒否、制裁を受けた人々に対する支援を勝ち取り、人々が自分たちの時間と労働をよりコントロールできるようにするためには、連帯がステップアップする必要があるだろう。

我々のコモンズはどれも皆、攻撃を受けている。労働の強化、福祉に対する抑圧、犯罪化や監禁といった、時間の貧困の条件とその根源は、運動や多様性や力に対する主要な障害なのだと認識されなければならない。人間の価値を決定する要素としての賃金労働というイデオロギーを大衆的なレヴェルで乗り越えようと思うなら、そうした障害を相手にする必要がある。

問題は、時間の貧困に対する闘争のために必要になる主なリソースが時間であるという点にある。悪意ある天才を持つ今の資本に備わった厄介な悪循環だ……。この問題は完全に僕自身のものでもある。この投稿や、今週書きあげた別の投稿を書いたことによって僕は、仕事が大幅に遅れてしまい、次週以降にストレスを溜め込むことになっている。

こうした事態に対して何よりもまず先になされなければならないのは、すでに概略したことを実践に移すことだ。つまり、自分自身を責めないようにすること。**#それは君のせいじゃない**。時間内に仕事を完了できなかったことに対する叱責を個人として受け入れるのではなく、時間の貧困を政治化するためにできる限りのことを試みなくてはならない。*我々が*圧倒されていると感じているのは、我々が圧倒されているからだ。それは我々の個人的な失敗ではなく、我々が適切に「時間を管理経営」していないからでもない。一方で、もし我々が（たとえば、ソーシャル・メディアや資本主義的なサイバースペース全般との関わり方についての新たなルールを設定するなど）集団的な再習慣化の実践を体系的にまとめあげるために協力して働くとしたら、我々がすでに持っている乏しいリソースをより効果的に使用することができるようになるはずだ。

ともあれ、なされるべきリストは以下のようになる。

1　**自分がどう感じているのかを同僚に話すこと。**これによって、競争的で孤立しているのだと感じられる空間にケアや愛情を再び取り入れることができるようになる。またそれは、資本主義が依存している（賃金）労働と社会的再生産の間の違いを破壊し始めることになるだろう。

2　**反対派と話すこと。**保守党やイギリス独立党に投票する者たちの多くは、我々がそう思いたいだけで、怪物なわけではない。重要なのは、いったいなぜ彼らがそのように投票したのかを理解することだ。また彼らは、別の見方に触れていないのかもしれない。防衛的な性格の鎧がまとわれていなければ、彼らが説得されることも十分にありえることを覚えておくこと。

3　**知識を交換するための実験の場を作ること。**これは僕が数日前に述べたことに続くものである。経済学についての知識の欠如は、特に緊急に取り組むべき問題だと思えるが、一方で僕は、法律についてより多くの人が知るようにすることも可能ではないかと考えている。

4　**社会的な空間を生み出すこと。**お互いに関わりを持つための特別な時間と空間を生み出すこと。つまり

（さらなる）会議を設けるのではなく、誰もが感情やアイデアを共有できるセッションの場を設けること。こうした空間では携帯機器の使用を制限することを提案したい。すべてをその場でツイートしたりアーカイヴ化したりする必要などないのだから！　教育やアートのスペースを使える者は、この目的のためにそれを開放してもいいだろう。

5　**ソーシャル・メディアを反動的にではなく積極的に使用すること。**ソーシャル・メディアを宣伝のために使い、ミームを広め、対抗メディアを構成するために使うこと。ソーシャル・メディアは木曜日の選挙のような悲劇的な出来事があった際の感情的な支えをもたらしてくれる。だが我々は、ソーシャル・メディアの内部でばかり生きるのではなく、それをリソースとして使用するようにするべきだ。フェイスブックは議論したり新しいアイデアを試すのには役立つが、ツイッターで議論しようと試みるのは馬鹿げているし、さらなるストレスを感じるだけになる（このように言いつつ僕は、ナショナル・エクスプレスの長距離バスの席に座りながら、スピノザ哲学に関する込み入った議論に——たった百四十文字にまとめた文章で——介入しようとしたときのことを念頭に置いている）。

6　**自分たちのプロパガンダを通して嫌悪すべき新たな形象を生み出すこと。**この点もまた、僕が「コミュニスト・リアリズム」の投稿で述べたことを踏まえている【註16】。資本主義リアリズムは、ポピュリズム的なスケープゴートとして、怠惰で無気力なたかり屋という形象を構成することによって確立された。我々としては、住宅手当を通じて国家を食い物にしている地主や、安価な労働力をもとめる「起業家」などといった、寄生者の新たな形象を浮かび上がらせなくてはならない。

7　ロジスティクスを混乱させることを目的とした活動に関わること。 資本に何らかの領土や資源を手放させるためには、それに対して深刻な不便さや恐れを与える必要がある。資本は大抵の抗議が過ぎるのをただ待っていることができるが、そのロジスティクス業務が脅かされた場合は、必ず注意を払うことになるはずである。ひとたびこうしたことを開始すると——反テロ法制を使って事実上あらゆる抑圧の形式を正当化することによって——極めて手荒く攻撃されることを覚悟しなければならない。彼らはフェアプレーなどしないだろうが、これはクリケットの試合ではない。彼らはこれが階級戦争であることを知っている。我々としてもそのことを決して忘れてはならない。

8　ハブとなる闘争を展開すること。 ある闘争が他の闘争よりも戦略的かつ象徴的に重要なものになる場合がある。たとえば、炭鉱ストは資本主義リアリズムに対する闘争のひとつのハブになる闘争だった。そうした闘争がどのようなものになるかを事前に特定することはできないだろうが、いざそれが生じたときに結集し、それを激化させる準備はしておかなければならない。

夏がやって来る　〔※ドラマ・シリーズ『ゲーム・オブ・スローンズ』に出てくる台詞「Winter is coming（冬来たる）」を踏まえた表現。冬を夏に置きかえることで終末の到来を反転させている〕

木曜にはラニスター家〔※『ゲーム・オブ・スローンズ』に登場する大貴族〕が勝利したが、しかし彼らの金鉱はすでに底をつき、夏がやって来る。ニコラ・スタージョンが他を圧していた討論番組のなかで我々が目にしたのは蜃気楼ではなかった。それはひとつの上潮であり、悲惨さと凡庸さのなかでサンドバッグにされてきたイングランドにはいまだ届いていないとはいえ、国際的で歴史的な動きである。同志諸君、僕は君たちのメンタルヘルスと血圧のために、（階級的な憎悪を煽る可能性のある）週末の右翼タブロイド紙を目にしていないことを願っている（はは！）。それによるなら、イングランド社会の中央を占める保守勢は「赤い」エドが味わっている「屈辱」に大喜びしているというのだ。だがエドを赤だと思うなら、真に赤い大群がやって来るのを目にするまで待っていればいい。イングランドの周縁部は鎮静状態にあったが、新たな武器を携えて、長いまどろみから目を覚ましつつある……。

【註1】ジェレミー・ギルバート、「3:00am thoughts on another General Election Defeat」（8 May 2015）、https://jeremygilbertwriting.wordpress.com/2015/05/08/300-am-thoughts-on-another-general-election-defeat/?fb_action_ids=10155759772135314&fb_action_types=news.publishes&fb_ref=pub-standard

【註2】ローラ・オールドフィールド・フォード、「Seroxat, Smirnoff, THC」『Savage Messaish』（9 October-29 November 2014）、http://lauraoldfieldford.blogspot.co.uk/2014/09/seroxat-smirnoff-thc-9-october-29.html?q=seroxat〔※リンク切れ〕

【註3】ショーン・ローソン、「The polls and (moots) the forecasts are wrong. Ed Miliband will not be the next Prime Minister」『Open Democracy』（5 May 2015）、https://www. opendemocracy.net/ourkingdomshaun-lawson/polls-and-most-of-forecasts-are- wrong-ed-miliband-will-not-be-next prime-min

【註4】ポール・メイソン、「Labour haven't just failed to win — it's worse than that」『Channel 4』（8 May 2015）、https://www.channel4.com/news/by/paul-mason/blogs/ labour-failed-win-worse

【註5】ティム・バローズ、「Meme Politics and Apathy in UKIP-on-Sea」『Vice』（5 May 2015）、https://www.vice.com/en_uk/article/qbx4qm/meme-politics-and-apathy-in-ukip- on-sea

【註6】ウィリアム・バロウズ、『デッド・ロード』（二〇一五〔※初出一九八三〕）

【註7】ジョディ・ディーン、「The Lingering of the Party」『Open!』（6 March 2014）、http://www.onlineopen.org/the-lingering-of-the-party

【註8】ジル・ドゥルーズ、「追伸——管理社会について」〔※『記号と事件』所収〕

【註9＆10】スピノザ、『エチカ』（二〇一五〔※成立一六七五〕）

【註11】デイヴィッド・スメイル、『The Origins of Unhappiness: A New Understanding of Personal Distress』（二〇一五）

【註12】ジェイソン・リード、「The Order and Connection of Ideology is the Same as the Order and Connection of Exploitation: Or, Towards a Bestiary of the Capitalist Imagination」『Philosophy Today』（第五十九巻第二号／二〇一五年春号）（オンラインでも閲覧可能 http://www.academia.edu11159929The_Order_and_Connection_of_Ideology_Is_the_Same_as_the_Order_and_Connection_of_Exploitation_Or_Towards_a_Bestiary_ of_the_Capitalist_Imagination）

【註13】マーク・フィッシャー、『わが人生の幽霊たち』（二〇一四）

【註14】サイモン・レイノルズ、『Retromania: Pop Culture's Addiction to its Own Past』（二〇一〇）

【註15】エヴァ・ヤシェヴィチ、「Our Commons are Being Privatised — it's Time for More Time」、『Novara Media』（10 May 2015）、http://novaramedia.com/2015/05/10/election-reactions-our-commons-are-being-privatised-its-time-for-more-time/

【註16】k-punk,「Communist Realism」（5 May 2015）、http://k-punk.org/ communist-realism/〔※本書五一六頁参照〕

今のところ、我々の欲望には名前がない

——European, (20 May 2015), http://www.theeuropean-magazine.com/mark-fisher--2/8480-is-there-an-alternative-to-capitalism

「今日では」、一九五九年九月二八日、モスクワのレーニン・スタジアムでニキータ・フルシチョフは群衆に向かって語った。「人類が長い間抱いてきた夢、おとぎ話のなかで表現され、たんなる空想のように思われた夢が、人間自身の手によって現実に変えられつつある」

——フランシス・サフォード『赤い豊かさ』【註1】

フランシス・サフォードの名著『赤い豊かさ』からのこの引用は、共産主義が敗北した際に潰えてしまったのが特定のイデオロギーだけではなかったことを思い出させてくれる。共産主義の終焉は、人間社会の全的な変革というモダニズムのプロメテウス的な夢の消滅でもあった。マイケル・ハートは「私有財産の廃絶に対応する共産主義の積極的な内容とは——新たな見方、新たな聞き方、新たな考え方、新たな愛し方などといった——人間性の自律的な生産である」と述べている【註2】。

　したがって僕が資本主義リアリズムと呼んでいるもの——資本主義のオルタナティヴは存在しないのだということが広く受け入れられていること——の到来は、そうした生産や知覚や思考やリビドーに関する新たな可能性

が永遠に終焉したことを意味していた。つまりそれは、我々がいつまでも同じように見たり、聞いたり、考えたり、愛したりすることになることを意味していた。フレドリック・ジェイムソンはもうずいぶん以前に、ポストモダニズムは後期資本主義における文化の論理なのだと述べたが、ジェイムソンがその特徴だと主張した点——パスティーシュ、歴史性の崩壊——は、今やあらゆる場所に存在している。資本が確実に提供できる未来はテクノロジーに関するものだけである。我々は今、歴史的な時間を文化の移り変わりにおいてではなく、テクノロジーのアップデートにおいて計測し、解像度の高まったスクリーンで変わらない古い何かを見ているのだ。

階級の現実は続く

支配的な資本主義が要求するリアリズムにもとづく態度は、本質的に抑鬱的なものである。こうした集団的な鬱状態の管理経営（マネジメント）は一連の閾を通過していく。第一に、我々はほとんど何も期待しないようになる。もう何も起こらないだろう、というわけである。また次に、かつて起こったことは、実際のところそれほど大したことではなかったのかもしれないと考える。そして最後に、これまでも何も起こらなかったし、これからも何も起こりはしないのだと受け入れることになる。鬱状態が常態化すればするほど、自分がそうした状態にあることを認識するのは難しくなる。期待を極端に低くすることが習慣化する。時間は平坦になる。

そうした全般化した鬱状態は、二〇〇八年の重大な資本主義の危機以来ほとんど何も起きていないことに対する理由のひとつである。だがそれは、他の何かの症候であるとともにその原因でもある。その何かとはつまり、階級的団結の解体だ。階級意識が今ほど弱まっている時期は、一九世紀まで遡らない限り見つからないだろう。資本だけではなく、ポスト六八年の左翼の一部もまた、階級は時代遅れのカテゴリーであり、二一世紀の生活が見せる多数多様性や複雑性を扱うのに適していないのだと主張してきた。だがそうした複雑性は、ある面から言えば幻のようなものであり、階級構造が存続し、そうした構造のなかで人口の大半が劣った存在としてしるし続けられていることを見えなくしてしまっている。階級の現実は続いているが、そこに階級意識は存在していないのだ。ビバリー・スケッグスとヘレン・ウッズによるリアリティ番組における階級の基盤の研究や、オーウェン・ジョーンズによる「労働者階級の悪魔化」に対する分析は、現代文化において階級は、否認されつつ表出されていることを示している。

一九六〇年代以降の左翼は、――今やその歴史的な瞬間は過ぎ去ったように見える党という形態や階級にもとづいた政治に関わる――権威主義的でノスタルジックなレーニン主義と、――階級闘争にもとづいた諸制度とその中心性を拒絶し、人々が持つ自律的な動員力と、資本主義的な社会関係の外部で生産する力に全幅の信頼を置く――「新しい」とされる左翼とに分裂した。だが何としても我々は、こうした二項対立を無効化する必要がある。フォーディズム的な資本主義に戻る道が存在しないのと同様、レーニン主義的な党に戻る道も存在しない。だが素朴な自律主義もまた、現時点では何の成果も手にしていないことを示している。反資本主義とその戦略上の随伴物――占拠運動や抗議行動――は、わずかな間であれ資本に対して深刻な警戒を覚えさせなかった。六八年の運動は、構造は街頭に繰り出さないと説いたが、反資本主義が我々に教えたことがあるとすればそれは、街頭でのアクティヴィズムそれ自体としては、構造にほとんど何の影響も与えないということだった。

資本主義に向かう欲望など存在しない

グラムシかドゥルーズ＋ガタリか、覇権主義的アプローチか欲望の政治かを選ぶ必要がないのと同じように、階級にもとづく政治か反権威主義かを選ぶ必要はない。実際、我々が成功するためには、そうした誤った選択を絶対に拒否しなくてはならない。階級政治は、単純に何事もなかったかのように復活させるのではなく、刷新され再開されなくてはならない。グラムシ風に言えば、我々は再び諸制度について真剣に考える必要がある。主流派メディアはいまだに我々の現実感覚が生産される場所であり続けているし、しきりに国家の衰退が叫ばれているにも関わらず、議会はいまだ軍隊や医療サーヴィスや社会保障に対する管理を通じて生と死に対する権力を持ち続けている。とはいえ、そうした制度をその内部から刷新することはできない。必要なのは、制度とその外部にある諸力を区別できるようにすることなのだ。

同時にまた欲望とは、身体が制度から解放されれば自ら生み出されることになる生気論的なエネルギーではない。むしろ欲望とは常に、リビドー工学の諸プロセスの結果なのであり、そして今現在我々の欲望は、広報やブランディングや広告のスペシャリストからなる資本の軍隊によって操作されている。左派は自分たち自身の欲望の機械を作り出す必要がある。資本が我々の欲望を捕獲するために自由に使うことのできる膨大なリソースのことを考えると、一見する限り我々は今、どこか不利な立場に身を置いているように見える。とはいえ、文化が資本との本質的な関係などないリビドー的な物質から作りあげられているのと同様、資本主義それ自体へと向かう欲望など存在しない。だからこそ資本は、我々を捕らえ従属させ続けるために、絶えず我々の気を散らし、我々を鬱にさせ、中毒にさせなければならないのである。

しかしながら、資本に反対することによって自分たちを否定的に定義するのではもはやないのだとしたら、我々のその肯定的なプロジェクトの名前とはいったいなんなのだろうか？　この目的のために「共産主義」という古い記号を復活させることができるとは思えない。それは今や、酷い連想によって取り返しようもなく汚され、二〇世紀の悪夢と終わりなく結びついている。今のところ、我々の欲望には名前がない――だがそれは実在している。我々の欲望は未来へと――資本による終わりなき反復が生む平坦な空間という袋小路からの逃走へと――向かい、そして未来から――新たな知覚や欲望や認知が再び可能になる真の未来から――やって来る。今のところ我々は、そうした未来をおぼろげなかたちでしか把握することができないでいる。だがその未来を構築するのは我々であり、まったく同時に――別のレヴェルで言えば――それは、すでに我々を、新たな種類の集団的な行為主体を、一人称複数で話す新たな可能性を構築しつつある。このプロセスのある地点で、我々の新たな欲望の名前がそのすがたをあらわし、我々はそれを認識できるようになるはずである。

【註1】フランシス・サフォード、『Red Plenty』（二〇一一）

【註2】マイケル・ハート、「The Common in Communism」、『Rethinking Marxism』（第二十二巻第三号／二〇一〇）

アンチ・セラピー

——このテクストは二〇一五年におこなわれた講演の、英語では未発表だった筆記録であり、ドイツ語に翻訳され、「Anti-therapie」というタイトルでフェーリクス・クロポテックとペーター・シャイフェレ編による『Zonen der Selbstoptimierung: Berichte aus der Leistungsgesellschaft』(Matthes & Seitz, 2016)に収録、ドイツで刊行された。

自分の感情について語ることが政治的な行為になりうるという発想は、直感に反するものであるように思われる。人々は今、自身の感情についてかつてないほど語るようになっているのではないだろうか? そしてそうした感情主義は、僕が資本主義リアリズムと呼んでいるもの——資本主義こそが唯一の「現実的な」経済システムなのだという深く埋め込まれた見解——の出現と重なっているのではないだろうか?

新労働党(ニュー・レイバー)とエモ政治の誕生

こうした問いに答えるために、資本主義リアリズムの中心的な拠点のひとつであるイギリスに目を向けてみよう。トニー・ブレアの新労働党は、サッチャーがそのために戦わなくてはならなかったものを——つまり新自由主義的資本主義のオルタナティヴは存在しないのだという発想を——当たり前のものにした。振り返ってみるなら、トニー・ブレアの首相としての最初の任期の数ヶ月は、イギリスの政治生活における新たな瞬間が始まったことを——つまりエモ政治とでも呼んでおくべきものが誕生したことを——告げるものだったことは明らかである。ブレアはイギリスの政府に新たな感情的雰囲気を持ち込んだ。彼は——いかにもステレオタイプ的に「口を一文字に結んで動じない」——自分の両親の世代やその先達たちよりも、より気兼ねなく自分の感情を表現するイギリスの一員として自らを位置づけたのだ。そのために決定的に重要だったのは、新労働党が権力の座についてからわずか数ヶ月後のことだったダイアナ妃の死の直後に続いた尋常ではない悲しみの祭典を、ブレアとその顧問たちが操作したことだった。

よく知られている通りダイアナの死は、義務や感情的な抑制についての旧来のモデルとともに、王政のバランスを崩していくことになったが、——新労働党の情報操作の達人（スピン・ドクター）であるアラステア・キャンベルの手によって書かれた——「民衆の王女」についてのブレアの有名な演説は、首相としての彼の権威を確立しただけではなく、イギリスにおける新自由主義的なガヴァナンスの新たな局面を開始することになった。

キャンベルとその方針に従順な一部の英国メディアのおかげで、ブレアの見かけ上の感情的な開放性とエリザベス女王の「冷たさ」が対比された強い物語がすぐに生み出されることになった。君主の控えめさは、今や「不健全」な感情抑制の形態と同一視された。ブレアが「過去の階級政治」から労働党を引き離し近代化をおこなう者として自身を売り込んだのと同様、新労働党もまた、感情についての伝統的な態度との決別を図ることになるだろう。今や政府は、国民が感情的な苦痛に対して「正しい」、「健全な」反応を示すようにするための主導権を握ることになる。こうした規範的な雰囲気づくりの時点ですでに十分に憂慮すべきものだったが、感情に関する新労働党の政治は、たんなるムードの設定や何かしらの勧告の提示をはるかに超えたものだった。

感情の健康という新たな概念はむしろ——新労働党が我がものにした新自由主義の権威主義的なスタイルにもとづきながら——国民の感情生活に対して前例のない介入をおこなう一連の措置によって、受動攻撃的に強制された。健康や教育や社会に対する管理はどれも皆このプロジェクトの一部だった。教師たちは生徒が感情に関する新たな規範に従うようにするエモ警察の役割を担わされた。落ちこぼれと判断された親たちは今や、「子育て教室」に出席することを求められるようになった。

こうしたなかで、ブレアが示した悲嘆の感情がどれだけ本物だったのかという疑問を持つことは、我々をブレアという人物の謎の核心に向かわせるものだった。彼は自分が売りこんだ教義を本当に信じていたのか、それとも巧みな操作をおこなうカリスマ的な興行師とまったく深みのない資本の操り人形が奇妙にも組み合わさっただけの人間だったのか？　当時のブレアは鏡のなかに何を見ていたのか、またそのなかに今彼は、いったい何を見ているのか？　問題になっているのは自己欺瞞なのか、救世主気取りの妄想なのか、新種のポストモダン・サイコパスなのか？　こうした謎は、二十年前と同様今も解けないままである。いずれにせよ確かなのは、ブレアこそが、イギリスにおける新自由主義の最終局面に不可欠なものだった、感情の自己搾取を常態化させる道を領導したのだということである。

初期のブレアは——自身が実際に感じているか定かではない感情を公の場で演じることである——「スピンシアリティ」〔※spincerity：情報操作（spin）と誠実さ（sincerity）を組み合わせたフィッシャーによる造語〕の技術を完成させた。イギリス経済がサーヴィス業や販売業への依存度を増すにつれ、ますます多くの労働者が、ブレアが公の場で始めた感情シミュレーションの技術を身につけることを余儀なくされていった。

キャサリン・エクルストンとデニス・ヘイズによる著作『The Dangerous Rise of Therapeutic Education』によれば、新労働党は、階級政治の残したギャップを埋めるために大衆的なセラピーに目をつけたのだという。そうした「セラピーに関する教義のなかには」と、彼らは以下のように論じている。

どんな人であれ、過去の人生の経験が、感情に対して長期にわたって否定的な影響を与えており、そうした影響は特に、増加傾向にある少数派たちの場合に顕著なのだという主張が含まれている。その全体的なメッセージによれば、我々は一見自信に満ち溢れているように見えるが、その裏では多かれ少なかれ脆く傷つきやすい存在であり、したがって特別な心の支えを必要としているのだということになる【註1】。

エクルストンとヘイズの言う通り、セラピーに関するこうした信条は広く宣伝され、往々にして大した批判もないまま受け入れられてきた。エヴァ・イルーズが特に鋭い洞察とともに指摘している通りだが、そうした教義はセラピストたち自身によってだけではなく、セラピー的なモチーフやその概念的な枠組みを熱狂的に受け入れてきた大衆文化によっても広められることになった。またやはりエクルストンとヘイズが言う通り、セラピーは、新労働党が階級闘争の概念を明確に否定した際に生じたギャップを埋めるものでもあった。しかしそうした「セラピー的転回」に対するエクルストンとヘイズの解決策は、反動的な政治形態を別のそれに対して差し向けるだけになってしまっている。彼らが言う「理性、科学、進歩」にもとづいた教育への回帰の呼びかけは、表面的に見る限り賞賛すべきものに見える。だが結局のところ彼らが身を置くことになるのは保守的な立場であり、複数の権威主義のなかからひとつを選ばせる（偽の）選択肢を示すだけなのだ。新しい労働党によるソフトな――しかし実際には非常に侵略的な——権威主義の代わりとしてエクルストンとヘイズが提案しているのは、明らかに食指の動かない、伝統的な権威主義に対する回帰なのである。また彼らの議論は、感情的な控えめさそのものは是認してしまい、結果として表面的にセラピー的転回を正当化してしまう危険性がある。僕がここでセラピー的想像力と呼びたいと考えているものの問題は、それが主体を傷つきやすいものとして、過去の人生の出来事に悩まされ、自信を失っているものとして仮定している点にあるわけではない。実際、資本主義における主体の大半は——支配階級に属する者たちも含め——そうした描写に該当している。これはフロイトや精神分析の起源にまで遡る問題でもあるが、セラピー的想像力における真の問題は、セラピストの助けさえあれば、個人的な主体が自分自身に働きかけることで問題は解決されるのだというその主張にこそある。

加えて言えば、エクルストンとヘイズが教育における感情の役割を否定していること——あるいは彼らが感情を「理性、科学、進歩」に対立させていること——は、自分たちが傾倒している啓蒙主義のプロジェクトの持つ重要性を損なうことになってしまう。結果としてそこに示されているのは、たとえばリチャード・ドーキンスのような人物によって理解された啓蒙主義であり、——エクルストンとヘイズが軽蔑してもまったく驚きはない——いわゆる「ポストモダン」の思想家たちによって、正当にもそれが持つ家父長制的バイアスを批判されてきた啓蒙である。そこでの「啓蒙」は、結局のところたんに、支配階級が持つ階級やジェンダーや人種に関する前提をほとんど検討することなく強化することにしかならないのだ。

啓蒙主義に対するそうした説明は、ジョナサン・イスラエルの著作におけるその説明とは対照的なものである。イスラエルの語る物語によれば啓蒙主義は、あらゆる伝統的な権威の基盤を腐食させる。このことはしかし、現在の科学制度に対するドグマ的な固執を命じるものでも、何でもありの「ポストモダン」的な混乱をもたらすものでもない。むしろイスラエルの言う啓蒙主義は、伝統から来る正当性を主張する「権威」の諸形式が実際には非正統的なものであり、つまりは権威主義的なものであることを暴露することになる。結果としてそうした権威主義は、民主的で透明性を持った別の権威のモデルと対比されることになるだろう。

以上のような急進的な啓蒙主義の決定的な原理となるのは、どんなことであれ——事実としてはともかく理論としては——理解されえないものは存在しないのだという確信である。これはスピノザの哲学を動かしていた信念であり、イスラエルによるなら、まさにスピノザの哲学こそが、急進的な啓蒙主義が成長していく際の土台を与えたものだった。

ここで感情に話を戻そう。よく知られている通り、スピノザ哲学は感情を無視したり、何らかの方法でそれを回避できると見なしたりするのではなく、感情の取り扱いをそのプロジェクトの中心に据えている。それが目的とするのは、感情を抑制することではなく、喜びを工学的に設計することである。つまりそれは、理性がたんに感情に対立させられるのではなく、感情に対して向けられることによってはじめて達成される任務なのである。スピノザの論理によるなら、感情を無視することは、それを理性的な探究の埒外に置くことになり、感情を神秘化することにしかならない。こうした点からスピノザは、極めて現代的な哲学者であるだけでなく、その著作があらゆる進歩的なプロジェクトにとって欠くことのできない源泉となる哲学者になっている。このことは——意図の有無を問わず、その大半が資本の利益のためにおこなわれている——リビドーと感情の工学に従事している行為主体によって、生活や精神の諸領域がどんどんと決定づけられている現代にあって、ことさらに当てはまることだと言える。

新労働党の権威主義的なエモ政治は、表向きのところ、資本主義リアリズムを「進歩的」なかたちで補足するものの一部だった。ブレア主義は、「社会正義」を生み出すような施策を実行するための唯一の方法は、資本主義の支配的な状態を黙認することなのだと主張した。それ以上のことを望むのは「非現実的」であり、そんな期待は——今や消え去ってしまった条件である——組織化された労働者階級が資本に抗して自己主張することが可能だった、以前の時代の遺物だと見なされた。新労働党はこうした社会勢力の新たな構図を受け入れ、それを当然のものとして、そこでなされる黙認こそが、サッチャー派の新自由主義政党が常に阻止してきた——最低賃金の保証のような——措置を導入する交渉の余地を生むのだと主張した。しかし蓋を開けてみれば、新労働党によるエモ政治は、イギリスにおける新自由主義を盤石なものにするための基礎となるものであったことが明らかになった。その理由を理解するためには、新自由主義とは何なのかをより詳細に考えてみなければならない。また我々は、セラピー的な想像力が新自由主義を根づかせるために果たしてきた役割についてさらに進んで考えてみなければならない。そのためにここからは、イギリスからアメリカへと目を移してみることにする。

セラピー的想像力のアンチノミー

ジェニファー・M・シルヴァの著作『Coming Up Short: Working-Class Adulthood in an Age of Uncertainty』は、新自由主義的な環境が親密さに対して与えた腐食作用を悲痛なまでに記録している。シルヴァの著作は特に若者たちに焦点化しており、アメリカのふたつの都市（マサチューセッツ州のローウェルとヴァージニア州リッチモンド）で労働者階級の若い男女に対しておこなった百件のインタヴューにもとづいている。一見する限り、シルヴァの出発点はエクルストンとヘイズのそれに似ている。「絶え間ない変化と薄っぺらな忠誠心の世界のなかで、セラピーの言語と制度――およびそれが約束する自己変容――はアメリカ文化に爆発的に広がった」とシルヴァは述べている【註2】。エクルストンとヘイズは、新労働党がセラピー的な語法を採用したのは、日和見主義や権威主義や間違った善意が混ざりあった結果だと考えていた。だがシルヴァからすれば、アメリカにおけるセラピー的な文化の広がりは、新自由主義的な個人主義が定着する際の手段であると同時に、その定着の結果でもある。エクルストンとヘイズによれば、セラピーは主体性や文化の「軟化」をもたらし、権威の弱体化とかつてないほどに侵食的な国家の強化というかたちを取ってあらわれることになる。しかし対照的なことにシルヴァにとって、セラピー的概念の普及は、個々の主体の硬化を招くものだった。「新自由主義のあとに生まれた労働者階級の男女は(中略)自分の力だけで生き延びようと奮闘することを道徳的に正しいと考えるようになり、助けを求めないことを美徳と見なすようになっている。自分にできることなら、他の者たちもそうするべきなのだとされる」【註3】

以上のことは、新自由主義の新労働党版とアメリカの文脈における新自由主義の違いを明らかにしている。新労働党による主体のモデル(暗黙裡に労働者階級のそれであることが前提されていたモデル)は、ひとつのダブルバインドとして機能していた。ドゥルーズ+ガタリが『アンチ・オイディプス』のなかで述べる通り、ダブルバインドとは、「グレゴリー・ベイトソンが使った用語で、二種類のメッセージが同時に伝達され、一方が他方と矛盾することを表す。たとえば、父親が息子に『さあ、私を批判しなさい』と言いながら、効果的な批判はすべて(少なくともある種の批判は)非常に歓迎されないことを強くほのめかすようなものである」【註4】。矛盾した指示は主体を不安定化し、永続的な神経症的不安状態を維持する役割を果たすことになるわけである。

一方において労働者階級の主体は、新労働党によって、劇的で、実際のところ無限の自己変革が可能な存在として呼びかけられた（このイデオロギーの最も重要な影響にして、まったく同時にその前提でもあったのは、主体から階級的地位を奪い取ることだった。階級的な「同一性（アイデンティティ）」は、自己刷新の無限の約束へ向かう主体を引きとめる逆行であり拘束だと見なされた）。しかし他方でそうした主体は、何かが「誤った」方向に向かう場合――つまり労働者階級の諸個人の振る舞いが、新労働党政権によって新設された監視と管理に関わる無数の機関によって保守点検されているパラメーターを避けがたく逸脱することになる場合――、自己決定とセルフケアの能力が根本的に欠けていると見なされ、（たとえば先述の子育て教室のような）徹底的な規律化の対象にされた。

実際には、シルヴァが描写しているアメリカの状況も、以上と同様のダブルバインドによって動いているのだと言える。つまり重点の置き方が異なっているだけなのである。決して完全には捨て去れないものとして、社会主義や社会民主主義の歴史に取り憑かれていた新労働党は、労働者階級に対する管理経営と規律化を、「ケア」という受動攻撃的な言葉で表現した。だがそうした社会民主主義的な歴史を欠いているアメリカの場合、自己決定と自己刷新の能力を備えるものとしての、主体の超（新）自由主義的な呼びかけは、黒人労働者階級に対する場合に顕著な通り、投獄の攻撃的な使用によって補完されている。自己変革に関するセラピー的な物語の数々は、アレックス・ウィリアムズが「否定的な連帯」と呼んでいるものにも通じている。ここで言う「否定的な連帯」とは、「底辺への競争」をおこなう新自由主義的な主体の傾向のことである。この傾向によるなら、もし他の連中が、彼らが「ちゃんと苦労せずに」資源や利益を受領していると判明した場合、彼らはそうした資源を享受するべきではないだけでなく、それを要求したことを公の場で辱められるべきなのだとされる。誰もが「自分の二本の足で立つ」べきなのだというわけである。

シルヴァの著作が持つ数多い価値のひとつは、そうした否定的な連帯の感情的かつ文化的な根本を徹底的に解説している点にある。シルヴァによれば、研究のために彼女がインタヴューした人々の大半が示していた硬化した主体性のモデルは、長年にわたる制度的・実存的な放棄の結果なのだとされる。あっぱれな自己変容というセラピー的な物語は、個人への支援、もしくは育成に関してもはや制度に頼ることのできない世界においては、唯一筋の通るストーリーだ。仮借ない競争と不安定に支配された環境のなかでは、他者を信頼することはおろか、なんらかの長期的な未来を計画することもできない。当然このふたつの問題は、新自由主義カルチャーの得意とする発明である、数多くの悪循環スパイラルのなかで相互に絡み合う。安定した未来図を想像できないと、どんな類いの長期的なコミットメントに関与することも非常にむずかしくなる。熾烈な競争社会領域から課されたストレスを分担してくれる者としてパートナーを見るのではなく、シルヴァが話を聞いた労働者階級人の多くはむしろ、恋愛関係を余分に加わったストレス源と捉える。取材に応じたヘテロ女性の多くはとりわけ、男性と関係をもつという見込みはあまりにリスクが高いと考えている。自分以外に頼りにできるものがほぼない状況下で発達させざるを得なかった自分自身に対する依存、それは文化的に承認された達成であると同時に苦労して勝ち取った生存戦略であり、おいそれとそれを手放すつもりは彼女たちにはない。

いずれにせよ、我々がここで直面しているのは、セラピー的想像力の第一のアンチノミーである。すなわちここには、セラピー的教義の普及は、傷を負ったとは言わないまでも、何らかの欠如によって同定される「軟化した」主体を生み出すのだという考えがある一方で、同時にまた、傷など受けないのだと主張し自負する「硬化した」主体を生み出すのだという考えがあるわけである。以上に続くふたつ目のアンチノミーには、それ自体が持つ傷つきやすさに対して過剰な投資がおこなわれている、前者のような主体の観念を通じてアプローチすることができる。こうした投資に内在する深刻な問題を今から二十年前に左派の観点から分析したのは、ウェンディ・ブラウンの重要な論考「Wounded Attachments」である【註5】。ブラウンは、新労働党を生み出すことになったリビドー、言説、行政権力の複合体を非常によく理解していた。「自由主義的言説が政治的アイデンティティを本質化された私的利益に変換するのと同様、規律権力は諸利益を、統制的な体制によって管理可能な規範化された社会的アイデンティティに変換する」と彼女は書いている。とはいえ、ブラウンの論考の要点は、彼女がそれを書いていた一九九〇年代以降より深く定着していったアイデンティティ主義的な政治的布置の精神的かつリビドー的な起源を診断することにあった。ニーチェの『道徳の系譜学』（一八八七）におけるルサンチマンをめぐる議論を引きながらブラウンは、「復讐に燃える道徳化や、苦しみの拡散や、権力それ自体に対する非難を通して、自身の無力さがもたらす苦痛を和らげようとしながらも、自分自身の不能さに自ら深く投資している」政治的主体について書いている。ブラウンによれば、「政治化されたアイデンティティはこうして、自分自身の排除に愛着を見せるようになっていくが、それはそうした排除こそが、アイデンティティとしてのその存在そのものの前提になっているからだ」。こうした政治的病理学に対するブラウンの入念な分析は、鋭い洞察力を持ったものであると同時に予言的なものであることが明らかになった。当時から二十年が経つなかで、政治的な状況におけるる道徳化による攻撃と無能性への投資の混淆は、実質的に今、オンライン環境によって形成されることになっている。『The Chronicle of Higher Education』に発表された論文「Sexual Paranoia Strikes Academe」のなかでローラ・キプニスは、女子学生が自分たちを捕食者のような講師たちの無力な被害者だと見なすよう推奨されているアメリカのキャンパスの状況を描いている。「こんにちにおけるキャンパスのいたるところで」と、キプニスは以下のように書いている。

権力と行為主体性の洗練されたモデルを精密に構築している学者たちが見つかる。権力には永続的な宛先や価値はないのだという主張がその代表的な考えだったミシェル・フーコーの学際的な影響は、どれだけ強調してもし過ぎることはないだろう。だが我々の職場そのものは、想像しうる限り最も粗雑なトップダウン型の権力のあり方を示しており、教授陣は口髭をひねるスナイドリー・ウィップラッシュ〔※アメリカのTVアニメ『ロッキーとブルウィンクルの大冒険』の敵役キャラクター〕の役割を、学生たちは線路に繋がれた無力な女の子の役割を演じさせられている。学生たちには自発性や自分たち自身で独立しようという欲望がなく、一方で教授の方は、罪のない人々を堕落させようとする卑劣な計画を持ち、支配者たろうとする人間たちだとされているのである【註6】。

キプニスの論文はしかし案の定、弱者の代表を自認するグループからの独断的な道徳化による攻撃の標的となり、それが分析しようとしたプロセスそのものに巻き込まれることになった。

ここには、セラピー的想像力の第二アンチノミーの前半の部分があらわれている。こんにちにおける多くの主体のなかには、虐待の被害者であると自認する過剰な傾向が存在しているのである。この点で重要なこととして、僕はキプニスの議論とエクルストンとヘイズの議論をひとまとめにしているわけではないということを指摘しておこう。後者の立場が最終的には権威の旧来のモデルの復活を呼びかけるものであるのに対し、キプニスは、アメリカの学生政治の間で非常に広く蔓延している道徳主義的権威主義を嘆く、より左派リバタリアン的な立場に身を置いている。キプニスが実際にあった虐待による苦しみを過小評価したり、そうした虐待の「生き残りたち」は口をつぐんで何とかやっていくべきだなどと仄めかしたりすることはいっさいない。

キプニスとブラウンの論考は左派の間で実際に蔓延している精神的な病理のあり方を強調しているが、しかしそうした分析は、政治やメディアの分野に身を置く人間たちによる性的虐待は、以前に考えられていたよりもはるかに広範に広まっているのだという認識と比較検討される必要がある。この場合における見やすい例となるのは、不穏だがやはり興味深いものだと言える、イギリスのジミー・サヴィルの事件だろう（この事件は、ここ最近のアメリカにおいてビル・コスビー〔※アメリカのコメディアン。一九七〇年代から八〇年代に受けたとされる性的暴行をめぐって、二〇一〇年代半ばに四十件を超える告発を受ける〕のまわりで生じている告発と呼応しているものだと言える）。サヴィルはディスクジョッキーからお茶の間のエンターテイナーになった人物で、一九七〇年代に、子供たちの願いを叶えることを謳うテレビ番組『Jim'll Fix It』での活躍で最もよく知られていた。だが〔※二〇一一年の〕彼の死後、長年彼につきまとっていた噂が裏づけられることになった。サヴィルは多くの子供を含む膨大な数の被害者に性的虐待をおこなっていたのだ。

サヴィルは普通のエンターテイナーでもメディア関係者でもなかった。まるでデイヴィッド・リンチの映画のキャラクターのように、サヴィルは犯罪的な裏社会と支配階級の最有力者たちの両方と繋がりを持っていた。サヴィルとともに仕事をしていた関係者に対する（ユーツリー作戦と銘打たれた）大規模な警察捜査によって、サヴィルだけではなく、彼の仲間たちの多くも小児性愛者だったことが判明した。とはいえユーツリー作戦の範囲はエンターテインメント業界に限られていた——サヴィルは政治家や警察官の友人でもあったのだ。サヴィルに対する疑惑が浮上したあと、イギリスでは新たなスキャンダルが持ち上がっている。今度は政治家たちが中心になり、小児性愛で告発された者たちのなかには、サッチャーの右腕だったレオン・ブリタンや保守党の元首相であるエドワード・ヒースが含まれていた〔※二〇一四年後半頃から英政界に小児性愛グループが存在するのではないかとの疑惑が浮上、フィッシャーが本稿を執筆した二〇一五年時点ではまだ捜査中だったが、翌年告発者の証言が疑問視され、のちに逆にその証言者が服役する結末を迎えている〕。

以上のことは、セラピー的想像力のアンチノミーの残りの半分に繋がる。つまり、以前ありうると考えられていたよりもはるかに多くの虐待がおこなわれているのである。この場合における可能性は、実際に起こったこととはほとんど何の関係を持たない。むしろそれは、ラカンの理論が大文字の〈他者〉と呼んでいる仮想的な形象によって信頼するに足ると見なされているもののことだと言える。大文字の〈他者〉とは、公的な言説の聴衆として想定される仮想的な観察者のようなものであり、あらゆる現実システムの一貫性は、それによってこそ担保されるのだとされる。何らかの集団や個人が知っていることと、大文字の〈他者〉が信じていることの間には、常に何かしらの齟齬が存在する。なぜなら、ラカンが指摘する通り、大文字の〈他者〉の決定的な特徴は、すべてを見ることができないことにこそあるからだ。だがグループや個人が知っていることと大文字の〈他者〉が「信じている」ことの間にある齟齬があまりにも顕著なものになり過ぎると、深刻な危機が生じてしまう。そうした状況のなかにおいて、公的な現実システムは崩壊の危機に瀕することになるのである。これこそまさにイギリスやヨーロッパの他の場所で我々が今遭遇している状況なのではないか――そう疑わせる理由は無数に存在している。二〇〇八年の銀行危機やシリザやポデモスといった新たな政党の出現による圧力のもとで、過去三十年にわたって資本主義リアリズムを維持してきた現実とリビドーの工学システムは今や、機能不全に陥り始めている。世界最古の資本主義国であり、最も効果的で歴史的な持続性を持った愚鈍化のメカニズムを利用可能な文化を備えているイギリスの場合は特にだが、資本主義リアリズムは、文化における情動や表象の幅を劇的に狭めることによって機能してきた。いずれも皆セラピー的な教養を推し進めてきたものであるリアリティ番組や、自己啓発プロパガンダや、企業に対する宥和策によって支配された文化は、期待感の低下と表象の保守主義を生み出してきた。しかし一九八〇年代以降イギリスの資本主義リアリズムに上手く奉仕してきた表象的な枠組みはもはや、新自由主義に抵抗する民衆の動員に対応できていないのと同様、体制側の小児性愛スキャンダルというトラウマに明らかに対応できていない。イギリスの支配階級がしでかしていたことの極端さを正当に評価するためには、間違いなくデイヴィッド・リンチやデイヴィッド・ピースのような形式的な創意が必要になるはずだ。幻想的でメロドラマ的だと見なされていたリンチやピースの作品の過剰さこそが——つまりいたるところに陰謀や虐待を見出すその傾向こそが——教養文学やＴＶのなかの「リアリズム」よりもはるかにアクチュアルなものであることが判明したわけである。

以上を踏まえつつ第二のアンチノミー全体をまとめておこう。すなわち、こんにちにおける多くの主体のなかには、虐待の被害者であると自認する過剰な傾向が存在しているが、しかし一方で、以前想像されていたよりもはるかに多くの虐待が存在している。これらふたつの主張は、どのようにしてともに真実になっているのか？またそれらがともに真実なのだとしたら、そのことはセラピー的想像力について何を告げていることになるのか？

資本は君たちよりもリアルである——自律的な個人などというものは存在しない

こうした行き詰まりを打破するために我々は、新自由主義だけでなくリベラルな伝統全体の中核をなしてきた自律的な個人という信念を捨て去る必要がある。社会主義や社会民主主義の集団主義と訣別しようという試みに成功した新自由主義は、選択と責任という筋立ての助けを借りつつ、この個人という概念に再び活況を取り戻すことに膨大なイデオロギー的労力を投資した。

そうした個人という概念を拒絶しようと思うなら、我々は改めて——その著作全体がそうした個人など存在しえないのだという前提にもとづくものだった——スピノザに立ち返るべきだろう。だがセラピーという文脈を考えるなら、我々はまたここで、標準的な個人主義的セラピーの構成原理を軒並み拒絶した急進的なセラピスト、デイヴィッド・スメイルに目を向けてみてもいいはずだ。その著作『Power, Interest and Psychology: Elements of a Social Materialist Understanding of Distress』のなかでスメイルは、「我々が思考や決断や意志にもとづく因果的過程だと見なしているものは、大抵の場合我々の行動に付随した一種の解説であるにすぎない」のだと述べている【註7】。大抵のセラピーが前提にしている内面性は、イデオロギーの生み出す特殊効果に過ぎないのである。スピノザ同様スメイルも、いわゆる「内部」は、実際のところ外部を折り畳んだものなのだということを理解している。我々の「内部」にあるとされているものの大半は、より広い社会的な領野から獲得されたものなのである。「我々が全面的に『心理的』なものだと見なす傾向にある特徴の多くは、外部から獲得されている。この点で最も意義深いのは『自信』というもので、専門家によって『神経症』として『診断される』ことになる個人的苦痛の根底には、その崩壊がある場合が非常に多い」【註8】。これはつまり、認知行動療法のようなものの創設原理に反して、自己変革の諸手段は個人に利用可能なものではないのだということを意味している。

心理的な苦痛に苦しんでいる人々は、どれだけ変わろうと望み、どれだけ努力して、どれだけ精神訓練をおこなっても、生活のなかで経験されることはほとんど変わらないということに気づくことになる。その理由となるのは結局、ひとりの自律的な個人などというものは存在しないからなのだ。我々がどんな力を持つかは、社会的な文脈のなかで獲得され配分されるものであり、そうした力のうちのいくつか（最も強力なもの）は、我々の手の届かない距離にある。我々がおこなう行動が何を意味しているかであってさえ、我々が自律的に決定できるものではなく、（中心的なものであれ瑣末なものであれ）実質的には我々の管理下にはない文化の秩序の数々によって理解可能になる（あるいは逆に理解できないものになる）ものなのである【註9】。

だからこそ、個人に対するセラピーは——それが政治的に急進的で同情的なセラピストによってなされるものであっても——効果の限定されたものでしかありえないのだ。より広範な社会的領野によって、そのただなかで受けた傷と本当に折り合いをつけるために個人は、新自由主義によるストレスの民営化を覆すような集団的な実践に関わる必要がある。この点でこそ我々は、ジェニファー・M・シルヴァによる以下のような重要な指摘に立ち返ることができるだろう。

フェミニズムのような社会運動の数々においては、自己アウェアネス、あるいはその人間の抱える問題を名指しすることは、ラディカルな集団型の目覚めに向かって踏み出す最初の一歩だった。この世代にとっては、それこそが唯一の、あらゆる類いの団結から完全に切り離されたステップだ。彼らだって過去と同様の、かつ構造的な根から発した問題の数々と葛藤している。にもかかわらず、そこに「我々」の感覚は一切ない。

ひとりの人間が苦しみを訴えることを通じて起きる集団的政治化の可能性は、これらのより大きな支配構造にやすやす包含されてしまう。なぜなら苦戦している他者は、同じく苦しめられている同胞としてではなく、嘲りの対象と見られるからだ【註10】。

セラピー的な物語を伝播させることは、新自由主義がコンシャスネス・レイジングのもたらした分子革命を封じ込め、私有化するためのひとつの方法だった。したがって新自由主義を解体するための闘争は必然的に、そうしたかつて広く知られていた実践の再発見と再発明を伴うことになる。こうして今や我々は、この試論の冒頭に置いた問いに答えるところまできた。自分の感情について語ることが政治的な行為になりえるのはいったいどんなときなのか？　それはそうした語りがコンシャスネス・レイジングの実践の一部となり、通常はイデオロギーによって我々からは見えにくくなっている非人称的で間主観的な構造を可視化するときなのである。

【註1】キャサリン・エクルストンとデニス・ヘイズ、『The Dangerous Rise of Therapeutic』（二〇〇八）
【註2&3&10】ジェニファー・M・シルヴァ、『Coming Up Short: Working-Class Adulthood in an Age of Uncertainty』（二〇一五）
【註4】ジル・ドゥルーズ&フェリックス・ガタリ『アンチ・オイディプス』（二〇〇四〔※原著一九七二〕）
【註5】ウェンディ・ブラウン、「Wounded Attachments」、『Political Theory』（第二十一巻第三号／一九九三年八月号）
【註6】ローラ・キプニス、「Sexual Paranoia Strikes Academe」、『Chronicle of Higher Education』（27 Februa

ry 2015)、http://laurakipnis.com/wp-content/uploads/2010/08/Sexual-Paranoia-Strikes-Academe.pdf

【註7〜9】デイヴィッド・スメイル『Power, Interest and Psychology: Elements of a Social Materialist Understanding of Distress』(二〇〇五)

民主主義とは喜びである

――k-punk,(13 July 2015), http://k-punk.org/democracy-is-joy/

我々がそのために戦うべき否(オヒ)とは、政治というものそれ自体に対する信念を意味している。否とは、「公正」なものだとされながら少数者のみに奉仕する経済の要求を投げ捨てることが可能なのだという信念であり、「社会的必要性」によって我々には容認できないことが要求されているという欺瞞を拒絶し、その代わりに、自分たちの手で我々自身の集団的な社会生活に関する決定を下し始めることが可能なのだという信念である。ギリシャの人々が投票によって示した否が刺激的なのはまさにこのためであり、そこには政治というものの回帰の可能性があり、未到の道を進もうとするからこその頭痛の種や不確実さや危険性が存在している。

――バート・ラッセル、プランC【註1】

「永続するものは何もない、それは間違いない」

出来事それ自体では何も変わらないことが明らかになったちょうどその頃に、「出来事」の理論がアカデミックな政治哲学における流行の先端に登場してきたことは、いささか皮肉なことである。G20への抗議行動、イラク戦争に対する数百万のデモ行進、アラブの春から短命に終わったイギリスの学生たちによる学費値上げ反対運動まで、一九九〇年代末以降、出来事の政治をめぐる物語は、確かに何度も繰り返されてきた。しかし反対運動の多幸感に満ちた爆発には、抑鬱的な崩壊が続くことになる。出来事主義は、退屈なアカデミズム的マルクス主義のなかにある鬱的な傾向が躁的に裏返されたものであり、そのなかでは、表向きのレーニン主義/毛沢東主義が（革命が起きればすべてが変わる！）、事実上のアドルノ主義を覆い隠している（何も起こるわけがない、いいことなど何もない、だから今までどおり国家からの給料小切手をもらい続けていればいいのだ）。過去二十年のあいだに哲学の地位そのものが再び高められたこと――つまり理論の民主化の動きが逆転し、三流蒙昧主義者たちの「哲学」や学芸員たちのお喋りによって、今現在理論と呼ばれているものが植民地化されたこと――は、もちろん副次的な問題だが、とはいえ症候的なことではある。アカデミックな哲学的レーニン主義や毛沢東主義の生みだす不快な喜劇は、ポストモダンの影絵芝居の最後の一幕として見ることができるものだ。そのパントマイムのなかで我々は、決して振り返ることなく演技を続ける主役たちの背後にあるスクリーンのなかに自分たちの反応をツイートする、インタラクティヴな観客の役割を担わされている。

だがポデモスやシリザの出現、国民投票後のスコットランド国民党、クルドの女性たちの運動は、以上とは別の政治変革のリズムの一部をなしている。回転椅子に座ったままのマルクス主義哲学者たちや「アナキストたち」が、シリザの失策と言えるものを今か今かと手ぐすねを引いて見守るさまの見苦しさは、そうした「革命家たち」について知っておく必要のあることのすべてを物語っている。彼らは自分たちの「革命的」な理論が持つ純粋さを損なうような肯定的変化を、まったく望んでいないのだ。革命的な出来事がすべてを贖うだろう……。それが訪れさえすれば……。だが今はそのときではない、まだそうではない、いまだかつてそのタイミングは訪れていない。

資本がシリザを潰そうが潰すまいが、この時点ですでにそれは、新自由主義の覇権を覆すための長い闘争に大きく貢献している。ギリシャ情勢をめぐる喧騒と混乱のなかで、僕の脳裏にはキア・ミルバーンの論考「On Social Strikes and Directional Demands」の次の一節が何度も蘇っていた。「プランBが失敗に終わったときでさえ、あらゆる形式の集団行動に応じて作用する新自由主義の反民主主義的な影響を明らかにする限りで、選挙政治は役に立ちうる」【註2】

政治的な変化が出来事だけを通じて生じるものではないとしても、闘争の新たな領域を切り開き、様々な集合的感情が広がることを可能にする閾として機能する瞬間というものは存在している。我々の脆弱な集団的メンタル・ヘルスのためにも、先週見られた否への投票〔※Oxi vote：欧州委員会、欧州中央銀行、国際通貨基金の三者（トロイカ体制）による財政改革案を受け入れるか否かめぐっておこなわれたギリシャの国民投票において、〝Oxi〟（ギリシャ語で「否」の意）の投票が過半数を超えたことを指す〕に浮かれ過ぎてはいけないが、とはいえその重要性を過小評価するべきではない。またバート・ラッセルが述べるように、その否が持つ意味は、今のところまだ何かに保証されているわけでなく、これから政治的に確立されなくてはならないものだ。欧州における目下の闘争――今はギリシャに焦点が当たっているが、近い将来さらに広がっていくことは確実だ――は我々にとって、一九七〇年代から一九八〇年代に新自由主義によって捕獲された民主主義を取り戻すための機会なのだ。新自由主義が基礎づけられたのは、チリにおいて、民主的な社会主義者だったアジェンデの政権が決定的に反民主主義的なかたちで打倒されたときのことだった。それは二重の意味での敗北だった。民主的に選出され、非権威主義的で、テクノロジーへの志向を持っていた政権〔※アジェンデ政権では経済をサイバネティクスによって管理する「サイバーシン計画」が試みられた〕が打倒されただけではなく、代わりとしてそのとき、極度に新自由主義的な政府が樹立されたのである。チリでは、民主的社会主義の可能性を強制的に忘却させるために、大量の拷問や投獄や弾圧が必要とされた。

そのとき以来、新自由主義という、資本主義による反革命が長期にわたって続いている。だがしかし、たとえ自分たちでは信じられないとしても、我々は今や、新自由資本主義はその最後の段階、衰退に向かう段階に入っているのだということを受け入れ始めるべきである（歴史の終わりを覚えているだろうか？ ほんの一年前までは、それが永遠に続くように見えていた……）。

復興資本は、一九八〇年代末の東側ブロックと同様、敗北と疲弊の臭いを放っている。ソヴィエト体制は、今の新自由主義的資本主義と同じで、当時としてもすでに誰ひとりとして――大文字の〈他者〉でさえ――信じていない巨大なシミュレーションの帝国だった。ただし、国家社会主義のもとでは、少なくとも公営住宅が存在していたり、エネルギーが国家によって供給されてもいた。一方で後期新自由主義のもとでは、我々のような「最も裕福な」国々でさえ、そうしたものはまったく見られない。そこにはただ、サイバーゴシック的なディケンズの再演が見られるだけである……。フードバンクのうえにそびえ立つ金融の神殿……。ヴィクトリア朝の資本家たちの博愛精神とプロメテウス的なプロジェクトを差し引いた、一九世紀のイングランド（下水道と地下鉄システムを今の新自由主義的ロンドンに設置しようとしているところを想像してみてほしい。ウエスト・エンド全体が巨大な工事現場や映画セットのように感じられ、次から次に障害物があらわれる落ちつかない夢のような地形に感じられてくる……）。あらゆるものが、機能不全に陥っているアウトソーシングされたＩＴシステムの（誤った）管理下にあり、計り知れず、理解しがたく、遠い昔に姿を消したグノーシスの神によって残された遺跡のように見える……。

「〈否〉の投票の感情的感染は計算できない」

これまで新自由主義に上手く仕えてきた現実と感情の管理経営システムは今や、たんに破綻しているだけではなく、人目を引く派手さとともに破綻している……。もちろんその破綻を和らげ、生じつつある可能性を台無しにし、流れを妨害しようとする者たちはまだ諦めてはいない……。ここはこの世界が知る限り最も古く、最も効果的な鈍化のシステムを設計した国であるイングランドなんだ……。彼らは諦めていない、長きにわたって売り込んできた挙句、もはや味気ない第二の自然と化していた現実のプログラムをもうすぐ調整せざるをえなくなることに、彼らは気づいてさえいない……。もうすぐ彼らは、イングランドのブルジョワジーの記録のなかで最も古い計略（彼らはそれを一六八八年〔※名誉革命の年〕に完成させた）を使わざるをえなくなるだろう……。まずは不可能だと言い、そしてそれが起こった場合、それは避けられなかったということ……。「いいか、何も起こらないっていう印象を保つんだ、とりわけそれが起こっているときはそうだ、分かるな？　ここじゃ革命なんか起きないんだ……」

以上の通り、最古の資本主義リアリズムの脚本が手放されようとしているわけではないが、とはいえしかし、今もまだそれを滔々と口にしているような人間はだんだんと、八三年のサッチャーの勝利のあとの、さながら作業着姿の旧左翼たちに見えるようになってきている。彼らは当惑し、トラウマを抱えつつ、それでもなおかつては機能していた習慣に――しかし今では一種の狂気（とはいえ彼らのことだから当然退屈な狂気だが）に等しいようなものになっている習慣に──すがり続けている。

市場スターリン主義のための『プラウダ』〔※ロシアの日刊紙。ソ連時代は共産党の機関紙だった〕であるBBCに耳を傾けてみよう。ロベルト・モッツァキオーディは、以下の通り否への投票後のレディオ4のインタヴューを書き起こしている。

興奮した投票者：僕にはカネがない、だけどたとえカネがあったとしても、自分の決断をカネで決めるつもりはないよ。カネなんて出ていくものだし、消えてなくなるものでしかない。僕の心には民主主義があって、そしてそれでいっぱいなんだ。

BBCの記者：ええ、ですが民主主義で食卓に夕食が並ぶでしょうか？　あなたはまだお若い。年長者として言わせていただくなら、妻子に責任がある以上、お金こそがものをいうことになるのですよ。

一方でヒュー・レミーは、ジョン・ハンフリーズがいつものニヤついた訳知り顔をやめてあからさまに混乱していたときの『Today』〔※BBCのレディオ4の報道番組。ハンフリーズはその名物司会者〕に耳を傾けている。

ジョン・ハンフリーズは、まるで『テレグラフ』紙評論欄の寄稿者が寝ているうちに誘拐され、空からギリシャの地に放り投げられて、混乱したままシンタグマ広場で目を覚まし、妻を探して孤独に泣き叫んでいるかのような素晴らしい印象を与えた。

とはいえ今や、イギリスのブルジョワたちが寝言のように繰りかえす――「何も起こってこなかった」、「何も起こりえない」、「もっと時間が必要だ」という――あのわびしくも古めかしいメッセージ、あのマントラは、支配的な現実構造が事実上目につく場所のすべてで崩壊しつつあるなかで、どんどんと押しつけるのが困難なものになっている。

資本主義リアリズムは、オルタナティヴの数々が花開きつつあるときには生き残れないものなのだ……。それらのオルタナティヴは狭義の意味での「政治的なもの」に関わるだけではなく、感情的なものに関わってもいる。コジュウォ・エシュンは僕宛のメールのなかで「〈否〉の投票の感情的感染は計算できない。つまりそこには、計算と未来の可能性についての異なる論理がある」と書いていた。冬の時代が終わり、夏がやって来る……。ハイパースティショナルな螺旋……。我々が信じれば信じるほどそれを実現することが可能になり、実現すればするほど我々はそれを信じることになる……。

企業資本主義の精神病理学

新自由主義は、その見せかけの威厳を通し、耐久消費財や衛星放送や雇用の安定といったものを約束することで個人としての労働者を誘惑する一方で、組合労働者たちを叩くというダブルバインド戦略の一環として、恐れだけではなく希望も利用した。資本に従うなら、そうした富が手に入る……。つまりそれを手に入れるためには、赤い豊かさの可能性を手放さなくてはならない……。

だが二〇一〇年以降、その（組み立て式の）戸棚のなかにはもう何もないことが明らかになった。賄賂はなく、脅しだけがある。しかも資本の管理経営者たちから新しい考え方や戦略的な方向性が出てくることもない。何十年ものあいだ楽な儲け方を続けてきた資本の肉人形たちは、いよいよその主人を失望させることになった。言外のうちに彼らは皆、壊れてしまったらそれを直すなんてやっていられるかと考えている。いまだに彼らは――さらなる予算削減、収奪による蓄積、公共サーヴィスからの資産剥奪という――懐古癖に等しい管理経営主義をそのデフォルトとし続けている。

こうした彼らのプログラムは政治経済的な観点からだけでなく、リビドー的な観点からも理解されなければならない（というのも政治なくして経済はなく、リビドーなくして経済はないからだ）。それは、企業エリートの精神病理学なのだ。資本を駆動させている最終的なリビドーが守銭奴的マゾヒズムだとしても（すなわち、自らを資本が成長し増殖するための手段に変えること）、一方でしかし、はじめから資本が――必要とされるいかなる欲望コンプレックスも機械化できる――他者を辱め、服従させようとする古来のゴシック的衝動を要求していることは明らかである。新自由主義が今困難な状況を迎えているのは、そうした欲動がいっさいの積極的誘因から切り離されることになり、たとえばギリシャの人々の生活を巻き込みながら上演されている致命的な「高利貸劇場」におけるトロイカ体制や、「貧弱を痛めつけるという見通しに目に見えて興奮している」イアン・ダンカン・スミス【註3】〔※保守党の政治家。労働・年金大臣として各種の予算削減を敢行〕といった姿をとって、どんどんとあからさまなかたちで表にあらわれているからだと言える。

新自由主義的な緊縮財政は――日常的で道徳的な意味ではなく、技術的で精神分析的な意味において――サディズムの一形式であると同時に、企業の拒食症の一形式でもある。サディズムと拒食症に共通するのは、想像上の身体の不滅性である。どれだけ食事を削減し、どれだけ罰を与えても、身体は生き残るだろう……。サディストの場合における想像上の身体は、終わりなく辱められる大文字の他者の身体だが、拒食症の場合、ある意味で、「自分自身」こそが想像上の身体になる。しかし幻想上の肉体が持つ無限の伸縮性はやがて、物理的な身体が持つ限界に突き当たることになる（拒食症は人間の死の直接要因となる唯一の精神疾患だが、しかし拒食症患者は死にたいと望んでいるわけではない。彼らはより細くなることという――実際には死によって中断されることになる――不定のプロセスに関わっているのである）。救いがたい幻想上の身体に対する終わりのない懲罰――そこにおいて労働者は、終わりなく罰せられ（加工＝再編成（リストラ）され）、あるいは、もしくは同時に、排除される（職を奪われる）ことになる――と、想像上の身体は、その脆弱性や現実的限界とともに、実際の物理的に不確かな身体に依存しているのだという、遅れてくる認識のあいだで、資本主義の抱く幻想がいったいどんなふうにして避けがたく揺れ動くことになるのか理解しておくことは重要である。要するに、資本というものは、集合的な労働者の身体を自らに属するものとして認識することはできないものなのだ。そうした統合をなしえるのは、共産主義だけなのである。

この場合の究極的な幻想――資本「それ自体」が抱く究極的な幻想――は、労働者を完全に切り離すというものだ。資本のリビドー的な形而上学は、一種の壮大なリバタリアニズムである。つまり資本はそれ自体を、束縛を解かれたエネルギーにもとづくひとつの力だと見なし、その無限の蓄積能力は、政治的な偶発事によってのみ妨げられるものなのだと見なしているのである。資本は夢見ている、*もうすぐ、いつだってもうすぐ、私は政治の必要性から解放され、そして人間の必要性からも解放されるのだと*……（労働を清算せよ、株式を清算せよ、農民を清算せよ、不動産を清算せよ……)。資本がユートピアを実現するとすればそれは、完全に自動化された工場で溢れかえった焼け野原のような惑星になるだろう。その工場では誰も買いたいとは思わないクソが生産されているが、いずれにせよそこには、それを買う人間はひとりも残っていない。というのも、そんな工場が存在し続けるためには、人間が生きることのできる環境が破壊されることが前提になるからだ。

現代の経済言説の大半が、経済的な諸力のみが重要なのだということをその公理としている。少なくとも西洋諸国では、こうした考え方は政治と混ざりあってきた。経済的諸力は、厳然たる真理の地位を与えられてきた。我々に与えられているシナリオ――必然的なものと感じるようにされているシナリオ――は、超資本主義的なディストピアである。そこにはかつてないほど好調な資本があり、あらゆる仕事をおこなうロボットが存在している。一方で人類の大部分はとくに何をするわけでもなく、手元のガジェットで楽しく遊んでいる(だがここで、仕事がないのだとしたら、いったい誰がそうしたガジェットを買うだけの余裕をもっているのかという疑問が生じてくることになる)【註4】。

豊かさの不在はすでに受け入れられている。かつては誰もが理解していたイメージを通して人間の心を描くという、自然詩人たちの用いた比喩は、今や的外れで不可解なものになっている。「冬の太陽/夏の月、そして囀り歌うあれら鳥たちは/ネズの樹を愛するヤドリギツグミを除いて皆/すっかり締め出されている」〔※エドワード・トーマスの詩「The Combe」の引用〕。えっとあの、ごめんなさい、ヤドリギツグミって何ですか? ネズの樹って収益化できます? このヤドリギなんちゃらってシロモノって売ってるんですか? 我々の子供たちはすでに、それらすべての生命が失われたことの意味を測るための安定した土台を持っていない。ゲーム・オーヴァーだ。

このことを念頭に置くことで、不本意ながらようやく私は、経済界の意見に同意するようになった。遅れている時間はない。滑走路を建設しよう。地球を窒息させよう。そんなくだらないことはさっさと終わらせてしまおう、何といっても、ビジネスという強大な神々によってその目的が意図されたものを避けることができるものなど何もないのだから。滅亡を急ぎ、我々の子供たちをその気の毒な血統の最後にすることにして、その子たちのこれから生まれてくる子孫にはこれ以上の苦しみを与えないようにしよう。我々はサイを救わないだろう。ハリネズミさえ救わないだろう。いったいどうしたら世界を救えるというのか？

実際、自分の心から安っぽい感傷を追い出すことができたなら、世界が居住不能になるのを見ることはなんと刺激的で魅力的なことになるだろう。すべてが焼き尽くされるのを目の当たりにできるなら、養生してあと六十年生き延びる価値もありそうだ。すべてのものの終わりという、畏敬の念さえ抱かせるような機会を、かつてどれだけの人間が経験しただろうか？【註5】

資本を（そしてもしそれだけのやる気があるなら自発的な資本の使用人たちを）すでに終わっている惑星に輸出したらどうだろう？　そうすれば資本は、そのユートピアの実現に取り掛かることができるし、我々の方も赤い豊かさのために地球の回復に取り掛かることができるようになる。

決定的なこととしてここで指摘しておくべきなのは、資本は「自分自身」を理解していない——また必然的に理解できない——ということである。資本とは、冬寂〔※ウィリアム・ギブスンの『ニューロマンサー』に登場するAI。

その半身であるＡＩ、ニューロマンサーとの完全な融合を企む〕に融合される前のニューロマンサーのようなものであり、自分こそが最終的な目的なのだとナルシスティックに勘違いしている構成要素のひとつなのである。あるいはそれは、世界的なネットワークの錯乱した擬人化であるウルトロン〔※『マーベル』シリーズのヴィラン〕のようなものだとも言える。部分的には凶悪な人工知能、部分的には人工的な愚かさ、部分的には怒りっぽい小児であるそれは、自らのコア・プログラムによって、その構成上盲目的な存在であらざるをえなくなっているのである。

『資本論』の記述のなかにおける事物の擬人化は、資本主義のなかにおける事物の擬人化を、つまり商品のフェティシズムを表現している。だがこれらふたつの擬人化の使用域に加えて、マルクスが序文のなかで注意を促しているさらにふたつの使用域が存在する。すなわちそれは、テクストおよびシステムの水準での、人物の擬人化である。資本は人物を擬人化しており、だからこそ『資本論』は人物を擬人化している。ブルジョワ経済学によって経済的行為主体として扱われる諸個人はテクストのなかで、「その被造物が残されている社会的諸関係」の擬人化として扱われる。このカテゴリーには何よりもまず資本それ自体が当てはまることになり、したがって「資本家」についての言及がなされる際、「すなわち、擬人化された資本」という修飾が伴われないことはめったにない。

人物が擬人化されるとき、その人物は原人物である資本のイメージをもとにして、それに似せて作られる。資本こそその世界における主体であり、その他すべての行為者は、そうした主体の比喩であり、仮面であり、顔であり、活喩的な擬人化なのである。こうした資本の優位は、非常に多くの一九世紀の小説が作品の主体に当てている場所である、『資本論』というタイトルにすでに刻印されている〔※『資本論』の原題（Das Kapital）

を直訳すると、たんに『資本』となる」。デイヴィッド・コッパーフィールドやジェーン・エアやダニエル・デロンダが『デイヴィッド・コッパーフィールド』や『ジェーン・エア』や『ダニエル・デロンダ』の主体であるように、『資本論』の主体は資本なのである。概説によってではなく、擬人化という修辞法に注目することによって促進されるこうした主体的地位の分析が重要なのは、それによって資本こそが近代の主人公なのだということが示されるだけではなく、資本主義の働きが、そんなふうに抽象的なものを主体化し具現化することによって描かれることになる点にある。『資本論』とは、資本が主体になることを描く物語であり、容赦ない自己構築の物語、その生産様式を推進する「価値の価値化」の物語なのだ。擬人化という修辞の巧妙さは、そうした主体の巧妙さと不安定性に注意を促し、その生成過程に、その形成（ビルドゥング）の冒険のなかにある亀裂と危機に注意を促すことになる【註6】。

資本によってプログラムされている限り、我々は資本とは何であるかを理解することはできない。資本をそれに相応しいかたちで理解する条件は、その外部に、つまり共産主義の科学のなかにこそあるが、この科学は——ニック・ランドの表現を奪い取って言うなら——それ自体が出現する条件を、ほとんど全面的に敵のリソースのなかから作り上げなくてはならない。（資本の）内部から見れば、資本はひとつの経済的システムであり、偶発的なかたちでのみ政治に依存するものである。だがその外部から見るなら資本とは、赤い豊かさの出現を阻止するために設計された、錯綜した一連の（リビドー的、イデオロギー的、暴力的な）メカニズムなのである。

経済など存在しない（哲学的な間奏——避けたい場合次節まで飛ばすこと）

経済など存在しない。純粋な経済、政治抜きの経済、リビドーなしの経済は存在しない。デイヴィッド・グレーバーがまったく正しくも述べる通り、新自由主義とは、

経済的要請よりも政治的要請を組織的に優先させる資本主義の形態である。資本主義が唯一の可能な経済システムだと思わせるような行動の方針と、資本主義を実行可能で長期的な経済システムに変えるような行動方針の間での選択を迫られた場合、新自由主義は常に前者を選ぶ。雇用保障を破壊しつつ労働時間を増大させても、より生産的な（ましてやより革新的で忠誠心のある）労働力は生まれないと考える理由はいくらでも挙げられる。経済的に見れば、その結果はおそらくネガティヴなものになるだろう——こうした印象は、八〇年代から九〇年代にかけて世界のほぼすべての場所で成長率が低下したことによって裏づけられる。だが新自由主義の選択は、労働を脱政治化し、未来を過剰に規定するうえでは効果的だった。経済的に言えば、軍隊や警察や民間の警備事業の成長は、もはや自力では動けない重さに達している。実際、そのイデオロギー的勝利を確実にするために作られた装置の重さそのものが、資本主義を沈没させる可能性もありうる。だが一方で、これもまた容易に見てとれることだが、我々の世界とは異なるものでありうる、必然的で救いのある未来についてのあらゆる感覚をどうやって妨げるかという点が、新自由主義というプロジェクトの重要な部分をなしてもいる【註7】。

その始まりから「経済」は、ブルジョワ「科学」の目的であり原因だった。この「科学」はハイパースティショナルなかたちで自らの手で自らを存在させて、その前提に沿うように、この世界と他のあらゆる世界の物質を捻じ曲げ、融解させた。それはまったく人間的ではなかった歴史のなかでおこなわれた神権政治の最も大きな達成であり、すべての神々を追い払ったと主張する、イングランドとスコットランドのあのじめじめとした灰色の経験論に覆われたうえでおこなわれていればこそよりいっそう上手く機能した、途方もない魔法のような詐術だった。サッチャーが「社会というものは存在しない」と述べたとき、彼女はただ、ヒュームやスミスの仮定を繰り返していたに過ぎなかった。「社会」などというものは支持しがたい抽象であり、適切な科学的思考がすぐに祓い清める亡霊でしかない……。検証可能なのは印象だけであり、それ以外のあらゆるものは投げ捨てるべき迷信的ながらくたなのだ。あらゆるものが、つまり、資本を除いて……（あの忌々しい野蛮人たちは連中の木彫りの神像群に権力を見ているが、いいかい、一方で我々は……）。

ヒュームの功績は、少なくともそれ自体を解体するまで経験主義を押し進めたことにある。ヒュームが示した通り、経験主義をその論理的な帰結まで追求していくと、世俗的な自由主義が依拠している前提条件の何ひとつとして残らないことが明らかになった。因果関係など存在しないのと同様（我々は原因や結果を経験しているのではなく、絶え間ない連接があるだけなのだ）、自己など存在しない（我々が自己と呼んでいるものに対応する印象は存在しない――あらゆる観念は印象に根ざしているとされていたからこそ、これは経験主義にとって二重のスキャンダルだった）。こうした蜘蛛のような懐疑論に当惑したヒュームは、理性が持つ、人間の世界からあらゆる物神や試金石や常套表現を奪ってしまう傾向に抗して、一種のホメオパシー療法を提示した。バックギャモンの椅子に座りながらヒュームは、理性は我々の生活に対してごく限られた影響力しか持たないのだと主張した。感情と習慣こそが、我々の考えや行動の大半を支配しているのだ。こうして自己と因果性が復活し、その混乱を一掃するためにカントの超越論的批判がやって来る。

だからイギリス人であってさえ、リビドーからは逃れられないのである……。この洞察は、スピノザがハーグのレンズ磨き工房で辛抱強く準備した急進的啓蒙主義にとって決定的に重要なものである。神権的権力と世俗的権力の擁護者たちがすぐに気づいた通り、急進的啓蒙主義はキリスト教世界のなかにおける最も危険な武器だった——とりわけそれは、神権的権力と世俗的権力の違いがでたらめであること、あらゆる政治権力のなかに神権的な要素があることを暴露するものだった。スピノザは、イギリスの経験論とカントが開始した「大陸の」軌跡を機先を制するかたちで排除している（ドイツ観念論がおこなった最大のトリックは、スピノザが存在しなかったことにすることだった）。自由意志と自己を信じている限りで、迷信に対する批判は無意味である。最初の擬人化行為は、存在しないだけではなく、存在しえるはずがなかった神（神でさえ自由意志を持ちえなかった）をでっちあげ、そのイメージが逆に投影されたものとして、人間なるものをでっちあげたことなのだ。

愛と自由の方向へ進むことを望む人間にとって、唯一の選択肢は、原因と結果という自然主義的な基盤に対し、理論的かつ実践的なかたちで自分自身を挿入するという、明らかなパラドックスに存している。それがもたらす効果は、ブルジョワ的な思考のものである感情と思考の「常識的な」分割を維持するために、ヒュームが感情のまわりに引いていた防疫線を取り除くことだ。この対立を拒絶することによって急進的（ラディカル）啓蒙主義は、リン・シーガルが根本的（ラディカル）な幸福と呼ぶものの可能性を民主化することになる（ただし、スピノザは幸福よりも喜びについて考えることを好んでいた——なぜなら幸福（ハピネス）は、偶然（ハプンスタンス）の出来事に結びつくものだからだ）。

感情はただ生じる（ハプン）ものではなく、分析可能な原因と結果の場から生じる。このことが意味しているのは、感情は——アカデミズムの哲学者たちが理性と呼ぶものよりも、ジャスティン・バートン〔※作家、哲学者。フィッシャーとの共同プロジェクトに『オン・ヴァニシング・ランド』など〕が「明晰さ」と呼ぶもの【註8】と関係している——ハイパースティショナルな螺旋のなかで、工学的に設計可能なのだということである。僕は今、はっきりと意図的に、「情動」ではなく「感情」という言葉を使っている。今現在アカデミズムのなかで決まって用いられている情動という言葉は、スピノザがそれによって言わんとしていたこととほぼ完全に対立してしまっている。こうした問題は、ドゥルーズから、つまり彼が、感情の工学についてのスピノザのプロジェクトと、創造性と予測不可能性に対するベルクソンの生気論的崇拝を致命的にも繋ぎ合わせてしまったことから始まっている。その根本的な前提や方向性において、スピノザとベルクソンほど対立し合っている思想家を考えるのは難しい。また僕の考えでは、ドゥルーズの短所は、多かれ少なかれ皆ベルクソンに対する熱中に結びついている。後期資本主義の真のイデオロギーだと言えるのは、スピノザ主義ではなくベルクソン主義なのだ。確かに後期資本主義において重要な科学の多く——リビドーと現実の工学、広告、ブランディング、メディア、幸福産業など——は、ある意味においてスピノザ主義的なものだが、しかしそれは捕獲されたスピノザ主義であり、資本の必要に繋がれた感情工学であって、喜びの生産に向けられているものではない。

それは動かず、変わらず、古びることなく、永遠に、氷のように沈黙している……

経済的変化の波が社会秩序に破壊的なものをもたらすと、社会はそれに抗して立ち上がる——こうした考え方は今や、可能性の領野から消え去ってしまったようである。しかし（フライとオズボーンによれば）二十年の間に四十七パーセントの雇用が失われるというのは、社会が耐えうるギリギリの線であるに違いない。ここでの問題は四十七パーセントという割合よりも、その時間的枠組にある。雇用がなくなるということ自体は何度も起きていることだ。だがこれだけの速さで職が失われるというのは新たな事態であり、たとえば何かを学べるような歴史的な前例を探してみても、すぐに行き詰まる。これほどの速さで職が失われることが広範なデフレと結びついた場合、いったいどんな展開になるのだろうか？　真実は誰にも分からない。定型や前例がない以上、経済のプロセスが、いかなる社会的・政治的な対抗勢力に阻まれることもなくひたすら突き進んでいく、という発想には無理がある。ロボットがすべての仕事を奪うことになるのは、我々がロボットに委ねると決める場合だけである。

——ジョン・ランチェスター「ロボットの到来」

何の反省もない資本の管理経営者たちは、福祉国家は憂慮すべき道徳の欠如であり、甘やかしだったという自分たちのプロパガンダを信じている。それは革命に対する保険だったのだという考えはもはや意味をなさないものになっている。いったい今誰が革命の心配をしているというのか？　現実は今やかつてないほど現実的であり、花崗岩のようなものとして、不活性な確実さとして確立され、変化の可能性はア・プリオリに排除されている。熱狂的な「生産性のシミュレーション」の下には、動くことなく、いつまでも氷のように沈黙している不毛な無人地帯が広がっている……。だが、より賢しらな資本の代理人たちは、そうした状況がもうこれ以上長くは続かないことに気づいているに違いない。ニヒリズム自由主義（niliberalism）による打ち壊しと強引な襲撃は、あとのすべては『オリクスとクレイク』〔※マーガレット・アトウッドの小説。文明後の世界を描く〕的なディストピアに委ねたまま、塀で守られた豪邸からヘリに乗って飛び去る前の、彼らの最後の悪あがきだと言える。

　金融資本という捻れた塔や櫓が投げかける歪んだ影のなかで、あらゆるものが萎縮しているこのゴーメンガースト城〔※作家マーヴィン・ピークの同名のファンタジー小説に登場する王国。巨大な城を中心にしたその領土のあり方は、しばしば無秩序な巨大構造物の比喩として用いられる〕のなかで、我々はすでにディストピアを生きている。だがそのディストピアは、イギリスのブルジョワジーのものである、退屈という名の由緒あるマントに覆われている。高解像度の気晴らし機構によってデジタル処理された極度の不安は、目を見張るような捕獲システムを作り出している。ミドル・イングランド〔※大都市以外の中流もしくはそれ以下の、イギリスの保守層〕の奥深く、下層の人間たちにばら撒かれるハッシュタグや、携帯端末や、その他の喧伝テクノロジーからすっかり隔絶されたところで、あれらの黒幕たちはあと少しでその完全な勝利を、その歴史的な任務の達成を祝うところだった。あと少し、だが叶わなかった……。あの厄介なギリシャ人たちさえいなければ……。それにスペイン人ども……。スコットランドの連中も……。忌々しい外国人たちは自分たちにとって何がいいことなのか分かっていないんだ……。

　イギリスのブルジョワジー。一七五〇年以来、精神を打ち砕き、すべてを退屈にしてきた者たち。宇宙のどこかに、知覚を持ちながら退屈でも惨めでもない生命体がいたなら、彼らはそれを見つけ出し無力化することだろう。

　すべての吸血鬼は、何よりもまずはじめに吸血されている。資本にとって最も古くからの信頼できる使用人である、あれらグールたちの浮かない顔とよく手入れされた灰色の指〔※gray fingers：園芸用語で「何でも枯らす者」の意〕を見てみれば、資本がその人材に対していったい何をするのかが見てとれる。

かつて資本主義を題材にしたホラーめいた物語に頻繁に登場し、「死んだ労働」というゴシック様式の要塞のなかでプロレタリアの生命力を吸い取っていた、迫力のある捕食者としての吸血鬼は、とうの昔に姿を消している。その代わりに、古びれてボロボロになった落伍者たちがよろよろとした足取りでうろつきまわり、薄暗く澱んだ共食いの回路のなかで数を増やしている。その回路は理性的な理解を拒むものであり、いずれにせよあまりの醜悪さゆえにまともに見据えることができないものになっている。悪魔たちは、自身を強化するために狩りをして食事をするのではなく、ただ何とか持ちこたえ、その腐りかかった老体を延命させるだけのグールに身を落としたのである【註9】。

こうした灰色のアングロサクソン系プロテスタントの資本主義の魔術師たちは、めったに光の当たる場所にはあらわれない。彼らはその手下たち――企業のCEOたち、政治家たち、コラムニストたち――に高い報酬を払い、――おそらく地球上に存在したなかで最も不景気な国である――二〇一五年のイングランドは、移民たちが何とかして入って来ようとしている自由と富で輝く島なのだといった台詞を紡ぎ出させている。そして彼らは、ただ秘密裏にだけ、資本の他の地下工作員たちに対して、イングランドの主な輸出品は「労働者階級の歴史的敗北」なのだと吹聴してまわっているのである。

イングランドの輸出品とは何か？　おそらくそれは金融だ。ある程度はアメリカ帝国の補佐として振る舞っているが、それも限定的なものである。そうした金融システムのうえには不動産バブルがある。というのも全世界の超富裕層はかならずロンドンに家を持つ必要があり、ゆえにロンドンや英南東部〔※ロンドンを含め、イギリスで最も富裕なエリア〕の一部が売りに出されている。

ではその魅力とはいったい何なのか？　まず、創造的だが従属的な労働者階級がいる。そこでは最高の使用人が見つかるのだ。また第二に、治安が挙げられる。まだ何かが起こる可能性のある場所であるバーレーンやシンガポールやマカオからやって来る場合、そこには政治的な安全性がある【註10】。

「民主主義とは喜びである」

新自由主義は今や、それ自体のリビドーとイデオロギーの基盤を損なわざるをえないところまで来ている。シリザを失脚させようとするトロイカ体制の剥き出しの試みは、資本主義リアリズムが依拠してきた資本主義と民主主義の自然な（というよりも自然化された）結びつきを解きほぐしてしまっている。この最終局面において資本主義リアリズムは、民主主義を容認するという建前を用いることができなくなり、ましてや、資本主義が民主主義と両立する唯一の政治システムなのだという建前などなおさら使うことができなくなっている。

ギリシャの国民投票は「極論化」していたらしい。だがはたして本当にそうなのか？　六十パーセントが否に投票し、どこの地域も同じように投票していたというのに？　両極化というよりも、団結していたといった方が良さそうだ。おそらくここに問題がある。コンセンサスはこれまで思われていたところにはないことが明らかになっているのだ。

そもそもイエスかノーかを尋ねるような問いは、いずれにせよ「極論化」しがちなものではないだろうか？

繰り返し用いられている「極論」は大抵、大衆が自分たちの生活にとって根本的な問題を考えるように求められていることを意味しているが、難しい問題だ。こうした質問はわざわざ取り組まないに限るし、いずれにせよ彼らには理解できないことなのだから、したがっていわゆる「極論化」は、思考や議論や論争を引き起こし、かつ大衆を政治的主体のストレスの数々にさらすのと同じことだ。政府はテクノクラシーを通じて人々を込み入った思考から守るのがその仕事であるにもかかわらず、よくもまあそんな差し迫った複雑な問題を大衆に差し向けたものだ。ここでいう二極化は、深刻な問いが、社会組織の根本的な側面に触れ、そこでの行動を要求するような問いがあることを意味しているのである。

だがそうした問いを問われ、それについて議論し論争することは、苛立ったり、心をかき乱したり、苦しんだりするようなことではなく、必要不可欠なことであり、歓迎すべきことなのだ。政治的な行為の主体になることは重荷ではなく、そうではないことの方が人を圧迫するのであって、見たところ「要求」としてあらわれるそれは、むしろ多幸感に満ちたもの、荷物の軽減、高揚として経験される。大衆的な参加における力強い情動的要素は、ジェレミー・ギルバートが『Common Ground』のなかで上手く捉えているところであり、そうした力強さに対する飢えと必要性は手に取るように理解できるものだ。

翻訳が正しければだが、昨晩の投票前の演説でツィプラス〔※アレクシス・ツィプラス。当時のシリザ党首〕は、「民主主義とは喜びである」と述べていた。（カール・ネヴィル）

ここで今度は、ツイッター上に居並んでいる、資本主義リアリズムの役に立つ愚か者たちの言葉に耳を傾けてみよう。

ダン・ホッジス――今自分のなかで国民投票をおこなってみたのだが、今月のクレジット・カードの請求にも住宅ローンの返済にも支払わない方に圧倒的な票が集まった【註11】。

サイモン・シャーマ――今日はクレジット・カードの請求書に否を投票する。これで返済スケジュールの交渉において有利な立場に身を置くことになるだろう【註12】。

僕は安易な素朴経済の戯言に否を投票する。僕は銀行救済策や公的資金から支払われる銀行家のボーナスに否を投票する。あぁ、だけどそうしたことには投票できないらしい。

私たちは資本主義のなかで生きていて、その権力は避けようのないものに思えます――ですが、王たちの神権もそうしたものでした【註13】。

しかし、ロボットの所有権や管理が目下の形態をとる資本から切り離されるというオルタナティヴもありうる。ロボットによって人類の大半が仕事から解放され、誰もがその収益から利益を得ることになる。工場や炭鉱で働いたり、トイレ掃除をしたり、長距離トラックを運転する必要はなくなるが、ダンスの振り付けをしたり、織物をしたり、ガーデニングをしたり、物語を語ったり、何かを発明したり、新たな欲求の世界を創造することに着手したりできる。それは経済学が描くような制限なき欲求の世界になるだろうが、しかし人間が満たす欲求と機械がおこなう労働は区別される。こうした世界が成立する唯一の方法は、所有のオルタナティヴな形式によってだと私には思われる。そうしたより良い世界がありうるのだと考える理由、その唯一の理由は、資本主義＋ロボットという未来が、政治的に実行されるにはあまりにも酷薄なものになるはずだからだ。そうしたオルタナティヴな未来は、ウィリアム・モリスが夢見たような、有意義で正当な報いが手に入る労働に関わる人間たちで溢れた世界になるだろう。ただしそこには、ロボットが加わっているわけだが。私たちは今、超資本主義的なディストピアにも社会主義的な楽園にも似ている可能性がある未来に直面しているが、両者のうち、後者の選択肢への言及がないことは現在の状況をよく物語っている【注14】。

【註1】プランC、「The Meaning of Oxi」（8 July 2015）、https://www.weareplanc.org/blog/the-meaning-of-oxi/

【註2】プランC、「On Social Strikes and Directional Demands」（7 May 2015）、https://www.weareplanc.org/blog/on-social-strikes-and-directional-demands/

【註3】メディア・モール、「What's this? Is Iain Duncan Smith visibly excited by prospect of hurting the poor?」、『ニュー・ステイツマン』（8 July 2015）、https://www.newstatesman. com/politics/2015/07/whats-iain-duncan-smith-visibly-excited-prospect-hurting-poor

【註4&14】ジョン・ランチェスター、「The Robots are Coming」、『ロンドン・レヴュー・オブ・ブックス』（第三十七巻第五号／二〇一五年三月号）、https://www.lrb.co.uk/v37/n05/john-lanchester/the-robots-are-coming

【註5】スチュワート・リー、「It's too late to save our world, so enjoy the spectacle of doom」『ガーディアン』（5 July 2015）、https://www.theguardian.com/commentisfree/2015/jul/05/too-late-to-save-world-heathrow-runway-stewart-lee

【註6】アナ・コーンブラ、「On Marx's Victorian Novel」、『Mediations: Journal of the Marxist Literary Group』（第二十五巻第一号／二〇一〇年秋号）、http://www.mediationsjournal.org/articles/on-marx-s-victorian-novel

【註7&10】デイヴィッド・グレーバー、「Of Flying Cars and the Declining Rate of Profit」、『Baffler』（第十九号／二〇一二年三月号）、https://thebaffler.com/salvos/of-flying-cars-and-the-declining-rate-of-profit

【註8】ジャスティン・バートン『Hidden Valleys: Haunted by the Future』（ゼロ・ブックス、二〇一五）参照。

【註9】ニック・ランド、『Suspended Animation』（二〇一三）

【註11】@dpjhodges（5 July 2015）、https://twitter.com/DPJHodges/status/617775404049399808

【註12】@simon_schama（6 July 2015）、https://twitter.com/simon_schama/status/617956623718449152

【註13】二〇一四年の全米図書賞授賞式において、同協会からアメリカ文学に対する特別な貢献を讃えるメダルを受けた際の、アーシュラ・ル＝グウィンのスピーチより。スピーチの全文は以下。https://www. youtube.com/watch?v=Et9Nf-rsALk

サイバーゴシック対スチームパンク

——Urbanomic, (2016), https://www.urbanomic.com/document/cybergothic-vs-steampunk-response-to-badiou/

二〇一五年一二月、ヒラリー・ベンは、庶民院でシリアに対する空爆を支持する演説をおこなった【註1】。この演説と、それが受けたヒステリックな喝采は、懐古癖のひとつの実践であり、映画における『スター・ウォーズ』の「新作」の政治版と言えるものだった。つまり同じ古いものがもう一度、しかしより悪く繰り返されたわけだ。ベンの介入はまさに、サダム・フセインへの攻撃を正当化するためにおこなわれ、それゆえにこそＩＳＩＳの出現に繋がることになった演説を反復するものだった。

バディウによる介入【註2】の大きな価値のひとつは、こうした展開のすべてをたんなる誤りだったと扱おうとする誘惑を制止している点にある。バディウが明らかにしている通り、資本の観点から見るなら、イラク戦争とその結果は馬鹿げた誤りの類いではなかった。それは、紛争状態によって資本蓄積のための一時的自律ゾーンを作り出し、国家の設立とその運営にともなう厄介な義務を負うことなく略奪を続けることができるようにする、(ポスト)植民地主義の新たな形態を試す機会だったのである。

資本主義的な「西洋」とはそもそも、その外にあるものからの独立と分離という構造的な幻想でしかなかったが、それが依存していた国境警備がもはや機能していないなかで、この幻想は今や破綻しようとしている。たとえ彼らがそう望んだとしても、犠牲者たちが立場にふさわしく画面の外側にとどまることはできなくなっているし、敵はすでに内部に存在している。

しかしバディウとベンは、ＩＳＩＳをファシストだと見なしている点で一致している。この分類は魅力的だが、ＩＳＩＳが持つ悪性がどのようなものかという点や、それが目下の（退廃的で破滅的な）資本主義支配の段階とどういった関係を持つのかという点を明らかにするのではなく、むしろ分かりづらくしてしまうものだ。バディウはＩＳＩＳをギャングと表現したが、こちらの方がより実態に近い。確かにそれは、部分的にはギャングであり、黙示録的なカルトであり、またフランチャイズでもある。いずれにせよＩＳＩＳは巧妙なブランドなのであり、現時点で資本が思いつくどんなものよりもはるかに効果的なブランドになっていると言える。

ＩＳＩＳは、二一世紀の資本主義のニヒリズムに鏡を差し向けている。このニヒリズムは、一九世紀の実存主義のようなメフィスト的な熱狂を持つものでもなければ、レイ・ブラシエの言う冷徹な科学的ニヒリズムでもない。それは退屈なニヒリズムであり、資本が今数多い人々をそのなかに追い込んでいる物質的な貧困に随伴する実存的な貧困である。ごく少数であれ物質的貧困から逃れている者たちはいるが、実存的貧困から逃れられるのは誰よりも献身的な資本の中毒者たちだけだ。

資本主義リアリズムとはひとつの幻想に過ぎず、資本がその成長のために必要とする人的資源は、その欲動と同様無限なのだという幻想に過ぎなかった。しかし資本は今、あらゆる種類の限界に直面しつつあり、実存的な領域に関わるものはそのなかのひとつであるに過ぎない。資本にケアをおこなうことはできないが、人間はケアをせずにはいられない。資本主義的なリアリズムが横行するなかにあってさえ、公然の秘密として、人間はケアや育成といった実践を――資本が提供するどんなものよりも重要であり続け、さらにその重要度を増している実践を――おこない続けている。もはや古びたものになっている広報の命令が、そうしたことを止めさせることはないだろう。自分自身や知り合いの誰もが失業中か不完全雇用の身であるなかで、いったいどうして「誰もが成功できる」と信じられるというのだろう？　低賃金の夜勤の報酬と寒い日に早起きして向かう仕事の報酬が大して変わらない場合、いったいどちらに当たるのが幸運だというのか？　資本のためにできることには際限がない。本当は誰も欲しくない粗悪な商品を生産し、それを商うだけでは十分ではない――そうすることに「情熱」を持たなくてはならないのである。

　ケン・リヴィングストン〔※元ロンドン市長〕がしばらく前に、ＩＳＩＳのメンバーは大義のために「命を捧げる」のだと口にした際、罵声を浴びせられたことは、資本主義メディアの絶望的な退廃を示す、数多くある例のひとつだと言える（イギリスのメディアはそうした例で溢れており、それが死の間際にいることを示している）。何かを理解することとそれを正当化することの区別は初歩的なことであり、リヴィングストンの指摘は、『ゴッドファーザー　ＰＡＲＴⅡ』（一九七四）でマイケル・コルレオーネがキューバの反乱について述べていた意見と同じようなものだった。「今日、奇妙なものを見た」とマイケルはハイマン・ロスに言う。「反乱軍の何人かが捕まるところだった。そのなかのひとりが手榴弾のピンを抜いたんだ。そいつは隊長を道連れにしたわけだ。ところで、兵士はカネをもらって戦っている。だけど反乱軍はそうじゃない」。「それで何がわかる？」とロスは尋ねる。「奴らは勝つだろう」とマイケルは答える。ＩＳＩＳが勝つことはないだろうが、しかしこのアナロジーは資本が今直面している非常に深刻な問題を指し示している。人々にカネを払うことが、彼らのもっと深い動機に触れることは決してない。何か別の大義や目的を示す必要があるのだ。では人々のやる気を失わせ、資本蓄積を超えた人生の目的に関わる能力を破壊し、そのうえ給料さえ支払わなかったら何が起きるだろうか？　搾取される可能性すら与えず、彼らを余剰人口として分類したらどうなるだろうか？

こうした問いに対して資本は取り立てて言うほどの答えを持っていないが、しかしISISにはそれがある。真偽の疑われているある世論調査によると、「フランスに占めるムスリム人口の割合は七〜八パーセントであるにもかかわらず、十八歳から二十四歳までのフランスの若者のうち四人にひとり以上がISISに好意的、あるいは非常に好意的」だとされる【註3】。この調査の真偽がどうであれ、それを信じようという気分があることは、資本に支配された社会は今や、大衆の不満と離反に遭遇しているのだという疑念が高まっていることを示している。「海外からISISに参加する者たちのうち四人に三人以上が、友人や家族と一緒に参加している。大抵は若く、移民や学生だったり、様々な職や交友関係を転々とし、実家を出て独り暮らしを始めたばかりだったりと、人生の移行期の段階にいる場合が多い。彼らは意義あることのために犠牲になる覚悟のある『兄弟（姉妹）の一団』に加わっていくのである」【註4】。つまりその動機は憎しみではなく、帰属意識や仲間意識なのだ。「アフガニスタン行きを志願し、後にボスニアやチェチェンで戦う、あるいはアル・カイダのキャンプで訓練を受けたサウジアラビアの男性たちを調査したところ、そのほとんどが西側への憎しみではなく、ムスリムの兄弟姉妹たちを助けたいという欲望に突き動かされていたことが判明した」【註5】。ISISは恐ろしく誤った解決策を示す一方で、現実的な問題に対応しているのである（バディウはイスラム主義をアイデンティティ主義と見なし、ISISが少なくとも部分的に、資本主義が多くの若いムスリムたちやその他多くの者たちに対して課している陰鬱なアイデンティティから逃れることを可能にしている点を認めていない）。

資本とは吝嗇でなければ存在しないものであり、過去三十年にわたってそれは、既存の実存的親密さの形態に依存することで自らを維持してきた。ナショナリズムや宗教など、死体安置所から這い出す準備のできた数多くの擬古主義(アルカイズム)とともにある既存のアイデンティティ化の形式への依存こそが、ポストモダニズムがそうであり続けてきたところのものなのである。「純粋な」擬古主義など存在せず、差異をともなわない反復など存在しないのであり、ISISは古いものと同時代的なものを組み合わせたサイバーゴシック的現象として理解されるべきものなのだ（ウェブ上での斬首映像を考えてみればいい）。一方で今それが相対しているのは、自信に満ちた資本主義的近代ではなく、未来はおろか現在からさえ後退している資本主義である。それ自体が持つ資源に――あるいはむしろ過去の搾取の形態から得ている資源に――委ねられている資本は今、新しい何かを生み出すことがまったくできなくなっている。ポストモダニズムはそのような資本にとって理想的な形態だったのであり、資本主義リアリズムという自然化されたポストモダニズムは、政治や文化の対立に応じた最適な解決策だった。なかでもイギリスは、スチームパンク的なモデルの開発に特化してきた。ヴィクトリア朝時代の社会関係、だがそこにiPhoneが加わっている。

だが資本主義リアリズムを支えた条件こそが今や蒸発してしまい、新自由主義という反革命を駆り立てたその真の敵が再び出現しつつある。この敵は、今にも死にかけているソ連のスターリン主義というモノリスではなかったし、ましてやほんの些細な動乱に過ぎなかったパリにおける毛沢東主義崇拝でもない。そうではなく新自由主義は、六〇年代から七〇年代にかけて非常に多くの場所で発生した民主主義的社会主義や、自由主義的共産主義の様々な系統を排除するために考案されたものだった。そうした可能性がどこで生じようと、資本はそれを粉砕した。なかでも最も容赦なく、最も見せしめ的なものだったのがチリの場合だった。だが今現在、実験的な政治の形態が世界中の非常に多くの地域で台頭していることは、人々が集団意識や集合的なものの持つ力能を再発見しつつあることを示している。コンシャスネス・レイジングの分子的実践と、永続的なイデオロギー的転換をもたらすために必要になる間接的な行動とが対立するものでないことは今や明らかである——それらは互いに異なる数多くの時間の軌道で同時に生じるプロセスのふたつの側面なのだ。自分たちの生活の主導権を握ろうとする集団のどよめきが高まっていることは、長いあいだ待ちに待たれた、資本にはもたらすことができない近代性への回帰を予告している【註6】。今まさに、帰属意識の新たな形態が発見され、発明されつつある。そうした形態こそが最終的に、スチームパンク的な資本もサイバーゴシック的なISISも擬古主義であり、すでに自ずと形を成しつつある未来に対する障害物であることを示すことになるだろう。

【註1】http://www.bbc.co.uk/news/av/uk-politics-34991402/hilary-benn-is-hold-our-democracy-in-contempt参照。

【註2】アラン・バディウ、『Our Wound is Not So Recent: Thinking the Paris Killings of 13 November』(Polity, 二〇一六)

【註3&4】スコット・アトラン、「Mindless terrorists? The truth about Isis is much worse」、『ガーディアン』(15 November 2015)、https://www.theguardian.com/commentisfree/2015/nov/15/terrorists-isis

【註5】カレン・アームストロング、「Wahhabism to ISIS」、『ニュー・ステイツマン』(27 November 2014)、https://www.newstatesman.com/world-affairs/2014/11/wahhabism-isis-how-saudi-arabia-exported-main-source-global-terrorism

【註6】マーク・フィッシャー&ジェレミー・ギルバート、『Reclaim Modernity: Beyond Markets Beyond Machines』(二〇一五)、http://www.compassonline.org.uk/publications/ reclaiming-modernityxbeyond-markets-

beyond-machines/

マネキン・チャレンジ

——未完成のまま投稿されなかった『k-punk』の最後の記事（二〇一六年十一月十五日付）。この記事には不完全で断片的な部分がある。〔※日本版は、不完全と思われる箇所は（——）で表記する〕

アメリカ大統領選以来僕に取り憑いて離れないイメージのひとつに、ヒラリー・クリントンとその側近たちがキャンペーン用の飛行機のなかで「マネキン・チャレンジ」〔※二〇一六年当時バイラル化していた、その場にいる全員がマネキン人形のように静止するさまを収める動画〕をやっている映像がある。腹立たしいのは、この場面の独りよがりさだけではない（とはいえ自己満足で溢れるヒラリーのにやけ面には一見の価値がある）。『ウエストワールド』〔※一九七三年の同名映画にもとづく二〇一六年スタートのドラマ〕のなかで、ホストと呼ばれるアンドロイドたちが一時的にスリープモードに入るぞっとする瞬間を思い出させるその場面は、そこに映し出された静止状態のシミュレーションによって、クリントン陣営が本当のところいったい何によって構成されているのかを——つまりそれが、永遠にオフラインになる前に、最後にもう一度だけ使い尽くされたプログラムを演じる廃棄された政治ロボットたちによって構成されていることを——明らかにしていた、という感覚があった。不愉快にも皮肉なことに、PR映像によるこの選挙戦最終日の命令——立ち止まっていないで、今日は投票に出かけよう——は、残念ながらクリントンのあまりにも多くの潜在的な支持者たちの状況を見事に言い当てているものだった。とはいえそれは、クリントンの選挙キャンペーン全体にも当てはまるものだった。つまりそれは、まさに立ち止まっているままだったのだ。トランプの選挙キャンペーンが、ほとばしるような興奮や、アナーキーな予測不可能性や、どんどんと盛り上がっていく運動に属しているのだという感覚を備えていた一方で、クリントンはただ変わり映えしないものを提示するだけだった。あるいはそこでは、同じものが、しかしより悪く提示されていた。そのメッセージは、大きく変わるものは何もないということだけではなく、大抵のものは変わる必要がないのだということでもあった。

こうした麻痺状態は、クリントン陣営の自己満足と偏狭さだけに起因するものではない。それは「中道左派」を苦しめているより広範な病理でもある。ここでいう「中道左派」に鉤括弧を付さなければならないのも、この集団が感じている倦怠感の主な原因が、自分たちが所属し、そしてよりどころとしている「中道」というものが消滅してしまったことを認識できていないことによるものだからなのだ。ブレグジットとの類似に加え、そこには前回のイギリス総選挙との明確な共鳴がある。エド・ミリバンドとほぼ同様に、クリントンの敗北は本質的に、自身の支持者を動員することができなかったことに由来する。結局のところ、右派の高まりはそれほどのものではなかった。非常に重要な記事のなかでギャリー・ヤングが指摘するとおり、トランプは「右派へ向かう動きを先導したかもしれないが、彼と足並みを揃える者たちは比較的少数だった【註1】」（実際彼は、ジョン・ケリー、ジョン・マケイン、ミット・ロムニー、ジェラルド・フォードといった敗北した過去の大統領選候補者たちよりも低い得票率で終わっている）。その代わりに生じたのは、中道の空洞化だった。ボリス・ジョンソン同様、トランプは日和見主義者である。だがその日和見主義こそが、変化した状況に対応することを可能にし、それに対応しているのだと見せることを可能にした——それはクリントンの民主党と同様、彼自身が属する共和党の支配層もまったくできていないことだった。

トランプやブレグジットの動きが捉えたムードは、資本主義リアリズムへの不満である。だがその茫漠とした反乱のなかで拒絶されていたのは資本主義ではなく、リアリズムの方だった。数週間前、サイモン・レイノルズはトランプについて書いているが、そこで彼は、『トランプ自伝――不動産王にビジネスを学ぶ』(一九八七)から引用した、「私は人々の幻想(ファンタジー)に向けて動いている」という言葉に留意していた【註2】。トランプやブレグジットに代表される目下の右派の成功にとって決定的なのは、そうした幻想への注目なのである。

トランプとブレグジット派がともに売り込んでいるのは、ナショナリズムの復活という幻想だ。資本主義リアリズムは、経済的な「良識」と企業的な「専門知識」への自動的な追従に依拠してきた。だがほんの数ヶ月前まで真剣に権力を追い求めようとする者に要求されていた(――)への屈従は、今や有害なものになっている。ヒラリー・クリントンがウォール街の人脈に近いことは、彼女の権威を高めるどころか、体制側の手先に過ぎないという評価を動かしがたいものにした。ちょうど――すでに随分昔の時代の人物であるように思われる――デイヴィッド・キャメロンが、「有識者たち」にアピールしたことが、結局のところ破滅的なまでに逆効果だったのと同じように。ナショナリズムの復活という幻想のなかにおいて「有識者たち」は、経済的な現実原則の権化としてではなく、再生への敵対者、たんなる皮肉屋や妨害者として再構成されているのである。

ブレグジットを問う国民投票は、ポール・ギルロイがポストコロニアルなメランコリーと呼ぶものの実践的なケーススタディだった。トランプの台頭――「アメリカをふたたび偉大な国に!(Make America Great Again!)」――は、同じ現象のアメリカ版だと言える。ギルロイが指摘するように、このメランコリーには躁病的でお祭り騒ぎ的なところがあるが、実際のところそれは、理想化された過去への憧れと、複雑で錯綜した現在の否定に根ざしている……。満たされることのありえない欲望を中心にして組織されているものであるがゆえに、ファンタジーへの逃避は、もちろん無害な現実逃避の類いとは程遠いものになる。これら回復と「純化」の（――）を守ろうとする試みのなかでは、避けがたく計り知れない損害がもたらされることになるだろう。ポストコロニアルなメランコリーは、「全能さというファンタジーの喪失」によって引き起こされるものであると同時に、全能感の消滅をたんなる一時的な問題に捉え、すぐに修正されるものだとする補償的な戦略でもある。トランプのレトリックのなかでは、他でもなく全能感におけるファンタジーの次元が否定されている。全能さは現実的なものだった――弱さや倦怠感に陥っているのは抑鬱からくる茫然自失状態のせいで、意志や信念を回復しさえすれば克服されるものなのだ。ここにあるのはすなわち、ナショナリズム版の魔術的自立主義だと言える。

経済的な条件が持つ――また究極的に言えばあらゆる条件が持つ――拘束力に対するお祭り騒ぎ的な否定は、部分的にではあれ、クリントンとトランプの選挙キャンペーンにおけるリビドー的な傾向の顕著な違いを説明している。クリントンの几帳面な態度や、その時代遅れな「良識」の表現や、自らが立っている「中道」の地盤がその足元から崩れ去っていることを認識できていないことは、資本主義リアリズムの最も旧弊で最も古びた部分を体現するものだった。彼女はインスピレーションを与える能力を完全に欠き、ノスタルジーを感じる者がほとんどいない近過去にはまりこんでいた。オバマは確かに資本主義リアリズムのひとつのヴァージョンを代表することになったが――結局のところ彼の任期中の物語の曲線は、多幸的な「変化」や「希望」から、すぐに行き詰まりや袋小路へと衰退していくものだった――、しかしそれでも彼には、クリントンが決して身につけられなかった気品や落ち着き、カリスマ性があった。彼は後期資本主義リアリズムと地政学的な現実政治に対し、真面目で品がある思慮深い顔を与えた。またあれほど失望や疲弊を感じさせるものだったにもかかわらず、彼が大統領であったということにはやはり、予期せぬことであり、画期的なことだという質が備わっていた。クリントンが大統領に就任していたとしたら、たしかにそれも画期的なことになっていたかもしれないが、いずれにせよオバマの場合と同じようではなかっただろう。名誉を汚された王朝のインサイダーとしての彼女の立場は常に、ジェンダー上のアウトサイダーとしての彼女のあり方の影を薄くしてしまっていた。

いずれにせよ、トランプの節操のなさは、それらすべてを断ち切るものだった。トランプによる鎖を解かれたリビドーの誇示には、パフォーマティヴな次元が備わっていた。「プロフェッショナルとは言えない」「失態」や、無作法とされる振る舞い、すぐに人種主義的な発言やミソジニーに近づく傾向、あるいは憎悪を煽る言動。これらはすでにそうした態度を取っている人々を惹きつけるという点において重要だっただけではない。同時にまたそれは、そうした態度を共有していない者たち、それを非難してさえいただろう者たちにとっても魅力のあるものだった。そうした激しい言動が意味することになるのは、「信憑性」――すなわち「率直に話すこと」のシミュレーション――であるとともに、同じように重要な点として、リビドー的な自由のパフォーマンスなのである。もっとも明白なトランプの前身である、シルヴィオ・ベルルスコーニとの類似に注目したのは、僕以前にいくらでもいる。フランコ・ベラルディは正しくも、ベルルスコーニの魅力は、「政治的レトリックと停滞したその儀式を嘲笑すること」から来ているのだと述べていた。有権者たちはこのとき、「ちょっとイカれた首相、自分たちに似ているヤンチャな首相」に共感するように誘われていたのだ。有権者たちもまた、常に正しいことを口にしているわけではない(また間違いなく彼らは、プライヴェートな場では公に放送されたくないようなことも口にするものだ)。彼らもまた、議会の旧弊な慣習を軽蔑している。とはいえ言うまでもなく、この種の「類似性」は常に、人為的に養われたものであり、工学的に操作されたものだ。有権者たちは、他の特徴を犠牲にして、自分たちの特徴のうちのあるものだけを選択し、それに同調するように仕向けられているわけである。ベルルスコーニ同様トランプは、「規則ではもはや御しきれない自発的なエネルギーの名のもとに」法と規則を軽視している。彼の人種主義やミソジニーに不快感を抱き、嫌悪感さえ抱いている者たちであっても、にもかかわらずやはり、礼儀や手続きや前例を無視するトランプの態度を見て興奮している可能性がある。トランプの過剰さこそ、彼が「変革の候補者」として登場することを可能にしたものであり、その支持者たちの多くが彼に投票した理由として執拗なまでに挙げていたのもその点だった。サイモン・レイノルズは以下の通り、トランプが示している「より退屈ではない政治というエッジの効いた約束」に言及している。

『ニューヨーク・タイムズ』は最近、面白半分にトランプに投票してみようかと考えているのだという有権者の告白を紹介していた。その人物いわく、「自分のなかのダーク・サイドが、何が起きるのかを見たがっているんだ……。何か変化が起きるはずで、その変化がナチスのような変化だったとしても、人間はドラマに満ちている。そういうことが起きるのを望んでいるんだよ」【註3】。

このようにトランプは、グラム・ロック的候補者というよりも、パンク的な候補者だった。彼は非常に多くのパンクを特徴づけているのと同じような熱しやすい激しさや、反動性と（――）の分裂的な混合を備えていた。パンクの政治的な（――）。退屈（――）。七〇年代なかばの停滞は、どんな変化であれ、な、い、よ、り、も、あった方がいいと思うほど人の気力を削ぐものだった。ともあれ、ブレグジットとトランプのあとで、我々は確信を持って言うことができる。退屈なディストピアは終わった。我々は今やまったく別の種類のディストピアのなかにいる。トランプの場合、国の再興という幻想が安心感を与え、彼の引き起こすリスクを緩和している。まるで幻想が興奮に浸る許可を与えているかのようだ……。眩暈がするような変化と、取り戻された過去を、まったく同じ瞬間に置くこと。トランプは、レーガンとサッチャー以来右派が成功裡に展開してきた手法を刷新する方法を見つけ出したのだ（革命的な左派にとって積年の問題のひとつは、それとともにこそ非知への飛躍が醸成される、人を安心させるような幻想への依拠も、取り戻された過去への誘いも、右派がおこなっているのと同じようにはできていないことにある）。

のみならず、トランプがずば抜けて得意としていた階級という幻想もある……。フランシス・フクヤマは以下のように述べている。

> 今回の選挙が語る真のストーリーは次のようなものだ。すなわち、数十年のときを経て、アメリカの民主主義はついに、国民の大半が経験している不平等の増大や経済の停滞に対応し出したのである。社会階級は今や——人種、民族、ジェンダー、性的嗜好、地理などといった——近年の選挙における議論を支配していた他の分断を凌いで（トランピング）（はは！）〔※動詞のtrumpには、「（切り札を出して相手に）勝つ」といった意味がある〕、アメリカにおける政治の中心に舞い戻っている【註4】。

マーティン・ジャックもまた、『ガーディアン』で同様の指摘をおこなっている。

> ポピュリズムの波は、イギリスとアメリカにおいて、政治における中心的な行為主体として階級が回帰したことをしるしづけている。このことは特にアメリカにおいて顕著なものになっている。何十年もの間、「労働

者階級」という概念は、アメリカの政治的言説のなかで周縁的なものになっていた。大抵のアメリカ人は自身のことを中流階級だと表現するが、これはアメリカ社会の核になる部分で向上心が脈打っていることを反映するものである。ギャラップ社の世論調査によるなら、二〇〇〇年の時点で自身を労働者階級と呼ぶアメリカ人は三十三パーセントに過ぎなかったが、二〇一五年には全人口のほぼ半数である四十八パーセントにまで達している。（中略）ブレグジットもまた、主として労働者階級の反乱だった。（中略）その勢力範囲の広さゆえに、階級の回帰は、他の何にも増して政治の風景を再定義する可能性を秘めている【註5】。

バーニー・サンダース（――）、だがトランプやブレグジットが提示した階級政治のヴァージョンは何ら新しいものではない。それはニクソンやサッチャーやその他数多くの右派たちが長年にわたって用いてきた分断統治の戦略を反復するものだ。トランプの勝利とブレグジットの両方に見出されるのは、人種とナショナリズムを通した階級の絶え間ない曖昧化である。「白人労働者階級」という表現そのものが示唆する通り、トランプとブレグジット派はともに、階級政治について実に人種差別化された論を提示している。新自由主義のもとで労働者階級が直面してきた略奪が、人種化された他者に――つまり移民たちや経済的に攻撃的な外国勢力等々に――容赦なく帰されることになったわけである。イギリス独立党の成功の中心にあったのは、階級的な対立を、人種差別化した国民主義的ルサンチマンに変換することだったが、とはいえそれは、何かを新たに発明したわけではなく、四十年間にわたって右派に利用されてきた戦略を強化しただけのことだった。

一見する限り、トランプがかくも説得力を持ったかたちで自らを民衆の一員であるように見せかけることができていること――彼の息子の驚くべき言葉を用いるなら、「巨大な貸借対照表（バランス・シート）を持っているだけのブルーカラーの男」としてまかり通っていること――は、およそ信じがたいことである。富を相続した（そして事実上その大半を浪費している）トランプを、質素な生い立ちから独力で成功した人間と見なすことなどできるはずもないことだ。間違いなくこれは、従属的な者たちが、自らを富裕層と同一化するよう誘惑されていることを示す、数ある例のひとつだと言える（だからこそ、たとえば彼らは、超富裕層への増税に反対することにもなるわけだ）。トランプが「巨大な貸借対照表を持っているだけのブルーカラーの男」なのだとしたら、そうした幻想的な同一化をおこなっている者たちは、たまたままだ巨大な貸借対照表を持っていないブルーカラーの人間（そしてその幻想のなかでは、最終的には必ずそれを手にすることになる人間）であることになる。だがこうした説明では、いったいいどうすれば、特にトランプのような人物が――よりにもよって――そうした幻想を生み出していることが可能になっているのかという問いの答えにはなっていない。私見によればそこには、少なくとも（相互に強く関連した）四つの理由があると考えられる。その理由とはすなわち、労働者階級の悩みや懸念に同調しているように見えるという彼の能力であり、その（――）専門的なリベラル・エリートとしてのあり方であり、その振る舞いであり、メディアの生態系のなかにおけるその立ち位置である。

主流派メディアのなかで描かれた彼の姿とは異なり、トランプは国境の壁や移住の禁止や強制送還ばかりについて語っていたわけではない。実際のところ、普段の彼はそうした主題にそれほど時間を費やしていなかった。（中略）彼のメッセージの核心には別のものが、つまり――すでにかなり広く指摘されてきた通りだが――模造された経済的ポピュリズムがあり、またそれだけではなく――一般には見過ごされてきたものとして――強い反戦のメッセージがあった。このふたつはどちらも、労働者階級の正当な懸念に訴えかけた。

（中略）トランプはバーニー流のポピュリズムを取り入れ、そこから真の意味での階級政治をすっかり取り除いたうえで、それを情動的な連想の雑多な寄せ集めに変えて、専門的経営者階級からなる思い上がったリベラルたちを打ちのめすために使ったのだ【註6】。

フランシス・フクヤマは六月に、「ポピュリズムとは、政治的なエリートたちが、一般市民には支持されているが自分たちの気に入るものではない政策に対して貼りつけるレッテルである」と述べていた【註7】。だがそうした政策は通常、「一般市民」の手で生み出されるものではない。大抵の場合それは、「一般市民」が持つとされる欲望や不安を、エリートたちが腹話術で表現しようと試みたものなのである。トランプやブレグジットに代表される右派のポピュリズムは、それぞれに異なるエリート間での闘争において先手を打つための計略だといえる。このプロセスにおいては、対立するエリートたちをどのように特徴づけるかが決定的に重要になる。少なくともニクソン以来、右派たちは「悪しき」エリートを「リベラルな」派閥と結びつけ、彼らにはコスモポリタン的な気楽さや、一般的な生活からの乖離や、従属的な階級が持つのだとされる品のなさや偏狭さや盲目的愛国主義への軽蔑があるのだと見なしてきた。そうしたエリートは言うまでもなく実際に存在しているし、一九六〇年代以来彼らが左翼のうちの大きな部分を支配してきたことは、今回の選挙戦で右派たちが次々に、トランプによって（――）ような、同じトリックの別ヴァージョンを繰り出すことを容易にした。トランプは支持者たちを安心させ、彼らを褒めそやす。問題は**君たちではない**。〈あの人たち（アザーズ）〉であり、壁さえできてしまえばすべては上手くいくのだと彼は言う。それに対して左派からのメッセージは、問題は**君たちであり**、〈あの人たち〉は悪くない、彼らには君たちが受けることのできない特別な恩恵を受ける資格がある、というものなのだとトランプは語りかける。

ジョーン・C・ウィリアムズは、問題含みではあるにせよ、いくつかの興味深い指摘をおこなっている論考のなかで、トランプの成功は、「白人労働者階級（WWC）」が、「専門職を恨みつつ、一方で金持ちに憧れる」という、ある種のルサンチマンの帰結でもあるのだと主張している【註8】。ウィリアムズによるなら、ヒラリー・クリントンが「有識者のエリートの生真面目でオタクっぽい傲慢さと自惚れを要約した存在」だとすれば、トランプは――（出来は悪いが社会のあり方を予言する先見の明を持った小説である）バラードの『Kingdom Come』（二〇〇六）の世界から出てきた何かのように――クリントンが陰鬱に体現している味気ないプロによる政治よりも今現在においてはるかに覇権的な魅力を持つ、セレブ文化とビジネスの融合から出て来たことになる。ポピュリズムのこうした形態は、テレビがおこなう親密さと親しみやすさのシミュレーションに依存している。マクルーハンが指摘した通り、映画スターが通りを歩いているのを見かけた場合、人々はその人物をその人だと認識するが、しかしTVのスターを見かけた場合、一般的に彼らは、その人物は自分が知っている人だと考える。トランプが『The Apprentice』〔※トランプがホストを務めた、会社経営をテーマにしたリアリティ番組〕を主宰し、『The Roast of Donald Trump』〔※毎回成功者をゲストに招き、周りから冗談めかして悪口を浴びせかけるコメディ番組のトランプ出演回〕のような番組に嬉々として出演していることは、彼が視聴者から個人的に知っている人間だと感じられているということを意味している。その一方でクリントンは、お固いプロのエリートを演じるには、彼女は元大統領夫人のイメージが浸透し過ぎていた。それとともにメディア生態系におけるトランプの立ち位置は、ある意味では、彼はヒラリー・クリントンよりも身近に感じられるかもしれないことを意味している。

我々が今目にしているのは明らかに、体制に対する外側からの（あるいは下からの）攻撃ではなく、体制のひとつの形態から、別の形態への入れ替えである。この反乱的な体制——新自由主義的というよりも新権威主義的で新ナショナリズム的な——が他のライバルたちに打ち勝つことができた理由のひとつは、それが——資本主義リアリズムの場合には弱められる傾向にあった——ポピュリストの政治的熱狂を掻き立てたことにある。資本主義リアリズムは、人々を政治的な行為主体として活動させず、その代わりに、起業家的な個人として改めて彼らに呼びかけることでヘゲモニーを確保した。それはうえからの政策を組織し、それを施行するのに都合がいいように、政治運動を作り上げるのではなくそれを閉鎖することを望んだ。

トランプによる鎖を解かれたリビドーのパフォーマンスに直面して（——）。

ここで危険なのは、そうした階級の回帰を、階級的な行為主体性と一緒にしてしまうことだ。EU加盟継続をめぐるイギリスの国民投票のあとに見られたもののなかで最も印象的な——そして痛烈な——現象は、離脱に投票した者たちの一部が表明したある種の狼狽だった。彼らが動揺することになったのは、「自分たちの票が重要だとは思っていなかった」からだった。またこれほど極めて重要な決断を自分たちに委ねるべきではないと主張する者も存在していた。ブレグジットは数多くの労働者階級の人々に支持されたかもしれないが、しかしそれは、労働者階級による自覚的な行為主体性の表現とは程遠いものだ。

目下の階級政治のこの形態を人種と対立させるのはあきらかに間違いである。新しさは、グローバリズムや自由貿易などの擁護者からの対抗圧力がなくなったことにこそある。四十年にわたって新自由主義右派を規定してきた緊張関係——そのなかでは、表向きには対立している立場が実際には互いに補完し合っていた——は、今や断絶してしまった。このことはいったい何を意味しているのか？

第一にそれは、そうした右派が近代性を主張することから退いたことを意味している。新自由主義のイデオロギーは、新自由主義化とは近代化と同義なものであるかのように見せていた。だが右派たちは今、まさにそうした意味における近代性を拒絶しつつある。新自由主義によるグローバル化した現在が受け入れられる代わりに、今存在しているのは、後ろ向きで内向きな方向転換だけだ。ブレグジットを決めた投票は、ポール・ギルロイが「ポストコロニアルなメランコリー」と呼んでいるものに突き動かされたものであり、そしてトランプの台頭は明らかに、その現象のアメリカ版によって推進されてきた。

しかし右派が近代性から退いたことは、左派がそれを取り戻すためのさらなる原動力をもたらす。現在の右翼ポピュリズムは新自由主義的な世界における現実的な問題に対応している。それは経済の停滞に対してだけではなく、現代資本主義のなかにおける実存的な欠陥――資本主義の命令によって中身を失った世界のもたらす陳腐なニヒリズム――に対して鎮痛剤を与えてもいる。その答えは当然、ナショナリズムである。しかしこれは、帰属意識の問題に対する唯一の回答ではまったくない。自分の生活を自分でコントロールすること。

【註1】ギャリー・ヤング、「How Trump Took Middle America」、『ガーディアン』(16 November 2016)、https://www.theguardian.com/membership/2016/nov/16/how-trump-took-middletown-muncie-election

【註2&3】サイモン・レイノルズ、「Is Politics the New Glam?」、『ガーディアン』(14 October 2016)、https://www.theguardian.com/books/2016/oct/14/politics-new-glam-rock-power- brand-simon-reynolds

【註4&7】フランシス・フクヤマ、「American Political Decay or Renewal: The Meaning of the 2016 Election」、『Foreign Affairs』(第九十五巻第四号/二〇一六年七・八月号)、https://ceulau.files.wordpress.com/2016/08/fa-politcal-decay-or-renewal-aug-2016.pdf

【註5】マーティン・ジャック、「The Death of Neoliberalism and the Crisis in Western Politics」、『ガーディアン』(21 August 2016)、https://www.theguardian.com/commentisfree/2016/aug/21/death-of-neoliberalism-crisis-in-western-politics

【註6】クリスティアン・パレンティ、「Listening to Trump」、『ジャコバン』(22 November 2016)、https://www.jacobinmag.com/2016/11/trump-speeches-populism-war-economics-election

【註8】ジョーン・C・ウィリアムズ、「What So Many People Don't Get About the US Working Class」、『ハーヴァード・ビジネス・レヴュー』(10 November 2016)、https://hbr.org/2016/11/ what-so-many-people-dont-get-about-the-u-s-working-class

セロトニン …… 303, 304, 355
ソーカル事件 …… 400
ダークコア …… 206
第一次湾岸戦争 …… 327, 328
大衆モダニズム、大衆的モダニスト …… 190, 191, 274, 278
ダブ …… 80, 89, 154, 219, 241
ダブステップ …… 194, 198, 204, 207–209, 210, 213–215, 219, 232, 258, 375
中産階級 …… 33, 393, 511
テックステップ …… 206
トランス …… 207
日常生活 …… 106, 227, 270, 380, 396, 439, 461, 547, 551
ネオアナキズム、ネオアナキスト …… 459, 461, 462, 485, 486, 487
ハードコア …… 203, 204, 206–208, 213
ハードコア連続体 …… 202, 203, 209, 210–213, 215, 216, 218–222, 257, 375
ハイムリッヒ、家庭的なもの …… 113, 114
パラテクスト …… 155
パルプ・ホラー …… 127, 144
パルプ・モダニズム、パルプ・モダニスト …… 120, 126, 129, 138, 140, 147, 148, 151, 154
ビート・カルチャー …… 212
憑在論 …… 188, 129, 202
ファーガソン暴動 …… 289
ファルマコン …… 146
フェミニズム …… 254, 280, 281, 287, 589
フォークランド紛争 …… 275, 341
フォーディズム …… 300, 301, 341, 350
不気味なもの（uncanny）…… 114, 125, 128, 257
フットボール …… 270, 386, 387, 389, 390
フットワーク …… 257–260
ブリットポップ …… 221
プレカリティ …… 301, 419
ブレグジット …… 625, 626, 629, 631, 633, 635, 636
プログレ …… 49, 140, 141, 154
ベース・ミュージック …… 258
ポスト・ダブステップ …… 202, 205, 214
ポスト・フォーディズム …… 300–303, 341, 348, 350, 381, 382, 387, 396, 413, 436, 437, 439, 448–450, 488
ポストモダニズム、ポストモダニスト …… 190, 191, 201, 212, 488, 569, 621
ホラー …… 97, 127, 136, 138, 611
ホワイト・トラッシュ …… 126, 137, 144
マルチチュード …… 133, 382, 396, 397
モダニズム、モダニスト …… 56, 67, 105, 106, 120, 122, 126, 127, 130, 133, 144, 150, 188–191, 198, 208, 209, 212, 216, 277, 568
幽霊 …… 28, 77, 81, 123–125, 129, 131, 135–138, 240, 255, 286
リトルネロ …… 113
リバタリアニズム、リバタリアン …… 277, 584, 600
レゲエ …… 219, 232, 376
ロカビリー …… 145
ロック …… 115, 125, 160, 179
ロックンロール …… 49, 131, 144, 145, 160, 248

『スレイト』…… 125
『セヴンティーン・セコンズ』…… 103, 106
『タイムレス』…… 259
『タゴ・マゴ』…… 160
『ダブル・カップ』…… 257
『チャブド・アップ：ザ・シングルズ・コレクション』…… 268, 269
『ディヴァイド・アンド・イグジット』…… 268–270
『テイク・ケア』…… 244
『トターレズ・ターンズ』…… 151
『ドラグネット』…… 124, 129, 138
『ナッシング・ワズ・ザ・セイム』…… 251–255
『ニュース・フロム・ノーウェア』…… 243
『ネクスト・デイ、ザ』…… 246–250
『ノー・ワン・ケアズ』…… 247, 248
『ノース』…… 204, 243
『ハイエナ』…… 97
“パパ・ワズ・ア・ローリン・ストーン”…… 286
“ヒーローズ”…… 248
『ヒーローズ』…… 249
“ビューティ・クィーン”…… 91
“ヒュムネン”…… 111
『ファイアワークス』…… 95
『ファイヴ・リーヴズ・レフト』…… 106
『フェイス』…… 103, 107–109
『フォー・ユア・プレジャー』…… 35, 38, 91
“プロール・アート・スレット”…… 151, 152
“ペインテッド・バード”…… 95
『ヘックス・エンダクション・アワー』…… 125, 130, 154–158, 160
『暴動』…… 286
“亡霊対牧師”…… 125, 129–131, 133, 139, 142
『ポルノグラフィー』…… 103, 109–111
『ホワイト・ブレッド、ブラック・ビア』…… 162, 163, 169, 170
『マーブル・インデックス、ザ』…… 160
『マイ・ビューティフル・ダーク・ツイステッド・ファンタジー』…… 244
『マイ・ライフ・イン・ザ・ブッシュ・オブ・ゴースツ』…… 81
“モデル、ザ”…… 45
“ライオンズ・アフター・スランバー”…… 66, 224
“ラヴ・イズ・ザ・ドラッグ”…… 24, 46
“ラヴ・ウント・ロマンス”…… 83, 225
“ラヴ・ライク・アンスラックス”…… 83, 225
“リップ・イット・アップ”…… 82
“リメイク／リモデル”…… 102
“リリース・ザ・バッツ”…… 90, 94
『ロウ』…… 106, 248
『ロジャー』…… 248
『ワイト島のジミ・ヘンドリックス』…… 106
“ワン・ハンドレッド・イヤーズ”…… 109
『ワンダー／ワンダー（Wander/Wonder)』…… 255

事項

2ステップ…… 207, 213, 215, 216
9/11 …… 177, 325, 327
R&B …… 120, 121, 162, 167, 233, 240, 243, 260, 283, 288, 375
UKガラージ…… 203, 218, 258
アウトノミア運動…… 484
アガルマ…… 163, 317
アナキズム、アナキスト…… 368, 459, 486, 487, 494, 593
アフロフューチャリスト…… 228
アラブの春…… 593
一時的自律ゾーン…… 525
イラク戦争…… 315, 617
インディ・ロック…… 25, 69, 120–122, 181, 206
インテリジェント・ダンス・ミュージック（IDM）…… 203, 210
エレクトロ…… 255
エレクトロニカ…… 241
エレクトロニック・ダンス・ミュージック…… 211
エレクトロニック・ポップ…… 204
エレクトロニック・ミュージック…… 190, 198, 239
オイ！…… 151
オートノミズム、オートノミスト…… 231, 238, 239, 348, 407, 411, 413, 438, 473
オキュパイ運動…… 233, 462
ガバ…… 206, 207
ガラージ…… 193, 198, 277, 287
奇妙なフィクション（weird fiction）…… 128, 133
奇妙なもの（weird）…… 125, 128, 137, 142, 144, 160, 257, 619
グライム…… 120, 203, 208, 213, 215, 216, 219, 220, 232, 233, 375
国家社会主義…… 337, 480, 483, 595
此のもの性…… 115
コミュニズム…… 320
サイエンス・フィクション…… 40, 221, 227, 228
左翼モダニズム…… 359
シーニアス…… 210
シチュアシオニスト…… 224, 496
シニフィアン…… 164, 166
シニフィエ…… 72, 82
ジャズ…… 115
象徴界…… 311
新自由主義…… 223, 226, 229, 274, 276, 278–281, 283, 287, 288, 302, 309, 334, 336–339, 342, 346–348, 350, 351, 356–358, 368, 373, 379, 381, 382, 386, 390, 393, 396, 401, 402, 407–412, 414, 423, 427, 437, 441–443, 446–451, 459, 460, 479–483, 485, 487–489, 494, 496, 497, 508, 510, 511, 513, 514, 523, 525, 528, 529, 532, 539, 541, 547, 550, 556, 557, 574, 575, 579–582, 587–590, 594–596, 598, 599, 605, 612, 621, 631, 635, 636
シンセポップ…… 202, 204, 219

『残虐行為展覧会』…… 81
『資本主義リアリズム』…… 221, 306, 376, 412, 448, 451
『資本論』…… 603, 604
『神話作用』…… 331
『ステップフォードの妻たち』…… 92
『善悪の彼岸』…… 29, 30
『千のプラトー』…… 113
『それでも新資本主義についていくか』…… 437
『チャヴ』…… 235
『つながっているのに孤独』…… 502
『〈帝国〉』…… 400
『ティンカー、テイラー、ソルジャー、スパイ』…… 152
『道徳の系譜』…… 29, 30, 583
『ニューロマンサー』…… 48, 80
『ノヴァ急報』…… 57
『爆発した切符』…… 260
『パンの大神』…… 153
『悲劇の死』…… 39
『フランソワ・ラブレーの作品と中世・ルネッサンスの民衆文化』…… 127
『ブレードランナー 2』…… 476
『プレカリアートの詩』…… 265, 440
『文明崩壊』…… 298
『ポストパンク・ジェネレーション　1978–1984』…… 77, 79, 89, 97, 225
『ボム・カルチャー』…… 61
『ミステリー・トレイン』…… 41
『未来のイヴ』…… 92
『夢幻会社』…… 97
『近代（モダン）という不思議』…… 212
『誘惑の戦略』…… 23, 48, 92, 94, 96
『ユビュ王』…… 143
『ユリシーズ』…… 148
『夜の果てへの旅』…… 116
『レイヴ・カルチャー』…… 204
『わが人生の幽霊たち』…… 557

映画・TV

『2001年宇宙の旅』…… 501
『TIME／タイム』…… 436
『アメリカン・グラフィティ』…… 208
『イグジステンズ』…… 400
『ウィッカーマン』…… 158
『エイリアン2』…… 328, 329
『エクソシスト』…… 131
『ゴッドファーザー』…… 495
『ジェイコブス・ラダー』…… 110
『地獄の黙示録』…… 110
『シザーハンズ』…… 101
『スカーフェイス』…… 255
『素敵な人生の終り方』…… 252
『スパイダー／少年は蜘蛛にキスをする』…… 79
『ターミネーター』…… 200
『地球に落ちて来た男』…… 110
『ハンガー』…… 96
『ビッグ・ブラザー』…… 88, 190, 296
『マトリックス』…… 523
『メリー・ポピンズ』…… 317
『リミットレス』…… 475

音楽

『808s・アンド・ハートブレイク』…… 244
"C・n・Cズ・ミザリング" …… 145, 146
"N・W・R・A、ザ" …… 147, 148
『Total State Machine』…… 274, 276
『アーリー』…… 67, 72
『愛のかたち』…… 169
"悪魔を憐れむ歌" …… 104
『アズ・ザ・ヴィニア・オブ・デモクラシー・スターツ・トゥ・フェイド』…… 54, 56, 61, 64, 237
『アストラル・ウィークス』…… 106
"アトロシティ・エキシビション" …… 109, 111
『アンアクセプタブル・フェイス・オブ・フリーダム、ジ』…… 237, 275
『アンノウン・プレジャーズ』…… 107
"イン・エヴリ・ドリームホーム・ア・ハートエイク" …… 91, 94
"ヴァージニア・プレイン" …… 41, 194
"ウィ・ハンガー" …… 97
『ウェア・ウァー・ユー・イン・92 ？』…… 206
『ヴォイス・オブ・アメリカ、ザ』…… 81
『エアリアル』…… 112, 113
"エイント・ナッシング・ゴーイン・オン・バット・ザ・レント" …… 288, 289
"エディションズ・オブ・ユー" …… 91
『オーヴァー・グロウン』…… 240, 242, 243, 245
『オーステリティ・ドッグス』…… 271
『怪奇骨董音楽箱』…… 140
『キッス・イン・ザ・ドリームハウス』…… 95, 104
『キューピッド＆サイケ85』…… 72, 73, 84, 165, 166, 168, 170
『キングス・オブ・ザ・ワイルド・フロンティア』…… 79
『クローサー』…… 107, 109
"黒くぬれ！" …… 104
『グロテスク（アフター・ザ・グラム）』…… 125, 140–145, 151, 154
『ゴルトベルク変奏曲』…… 188
『コントロール』…… 167
『サージェント・ペパー』…… 103
"シーズ・ロスト・コントロール" …… 44, 45
『ジェイムス・ブレイク』…… 241, 242
"ジェラス・ガイ" …… 39
『ジギー・スターダスト』…… 248
『ジャンクヤード』…… 93, 308
"スカンク・ブロック・ボローニャ" …… 75, 167
『スケアリー・モンスターズ』…… 248
『ストランデッド』…… 37
『スリー・イマジナリー・ボーイズ』…… 103, 106
『スリラー』…… 422

マルクーゼ、ヘルベルト …… 391
マルクス、カール …… 282, 318, 603
ミート・パペッツ …… 80
ミエヴィル、チャイナ …… 337
ミナージュ、ニッキー …… 233
ミノーグ、カイリー …… 25, 51, 189
ミリバンド、エド …… 339, 342, 399, 400, 505, 506, 512, 513, 516, 520, 521, 528, 540, 544, 565, 625
ミリバンド、デイヴィッド …… 339
ミルトン、ジョン …… 180
ミロウスキ、フィリップ …… 523, 524, 527, 528
メイソン、ポール …… 232–234, 375, 378, 383, 445, 458, 545, 546
メージャー、ジョン …… 342, 538, 540
モアーズ、エレン …… 88
毛沢東 …… 593, 621
モーグ、ロバート …… 190
モータウン …… 216, 270
モーダント・ミュージック …… 263
モーリー、ポール …… 73, 77, 78, 79, 180–183, 185, 188, 189
モス・デフ …… 67
モリス、ウィリアム …… 615
モリソン、ヴァン …… 106
モローダー、ジョルジオ …… 27, 167
モロコ …… 21–23, 25–27, 51
モンティ・パイソン …… 263
ライス、コンドリーザ …… 327
ラヴクラフト、H・P …… 127, 128, 131, 136, 143, 147, 158, 328
ラカン、ジャック …… 39, 71, 74, 91, 92, 94, 105, 179, 311, 354, 378, 379, 586
ラスカル、ディジー …… 200, 222
ラフィッジ・クルー …… 542
ラプチャー、ザ …… 67
リア、エドワード …… 263
リアーナ …… 233
リード、ジェイミー …… 84
リード、ルー …… 268
リーマン・ブラザーズ …… 421, 422, 522
リオタール、ジャン＝フランソワ …… 64, 84, 237
リシツキー、エル …… 277
リバティーンズ …… 378
リンチ、デイヴィッド …… 587
ル・カレ、ジョン …… 147, 152
ルイス、ウィンダム …… 126, 133, 147
ルーカス、ジョージ …… 208
ルカーチ・ジェルジュ …… 281, 282
ルシエ、アルヴィン …… 189
ルソー …… 32
ルブラン、キース …… 57
レイ、ジョニー …… 199
レイジ・アゲインスト・ザ・マシーン …… 229, 378
レイノルズ、サイモン …… 29, 43, 44, 67, 72, 77, 93, 95, 97, 118, 120, 163, 165, 166, 176, 178, 182, 185, 193, 197, 200–202, 204, 206, 209–211, 213, 218, 221, 222, 225, 243, 626, 629
レインコーツ、ザ …… 71
レヴィン、アイラ …… 92
レーガン、ロナルド …… 81, 630
レーニン …… 281, 487, 570, 593
レジデンツ、ザ …… 80
レスター、リチャード …… 362
レディオヘッド …… 205
レノン、ジョン …… 39
労働党 …… 221, 275, 276, 292, 293, 297, 339, 340, 342, 347, 348, 388, 425, 450, 465, 466, 486, 505, 506, 508, 510–514, 516, 519–523, 532, 537–541, 544–546, 548–551
ロード・ダンセイニ …… 127
ローリング・ストーンズ、ザ …… 104
ロキシー・ミュージック …… 24, 25, 35, 41–43, 48, 50, 89–91, 102, 166, 167, 194
ロジャース、ナイル …… 287
ロルドン、フレデリック …… 555
ワイリー …… 238

本

『Coming Up Short: Working-Class Adulthood in an Age of Uncertainty』 …… 279, 554, 579
『Energy Flash』 …… 193, 205
『Falling Rate of Learning and the Neoliberal Endgame, The』 …… 482
「Female Gothic」 …… 88
『Lipstick Traces: A Secret History of the 20th Century』 …… 226
『More Brilliant Than the Sun』 …… 47, 167, 201
『Postmodernism, or, the Cultural Logic of Late Capitalism』 …… 73,
『Sex Revolts, The』 …… 93
『Sonic Warfare: Sound, Affect, and the Ecology of Fear』 …… 228
「Wounded Attachments」 …… 583
『アメリカン・タブロイド』 …… 408
『荒地』 …… 126, 127
『淡い焔』 …… 191
『アンチ・オイディプス』 …… 474
『異端の鳥』 …… 95
『浮かびあがる』 …… 29
『エチカ』 …… 552
『オリクスとクレイク』 …… 610
『回想のブライズヘッド』 …… 82
『機械の花嫁』 …… 133
『吸血鬼ドラキュラ』 …… 127
『境界侵犯』 …… 127
『狂気の歴史』 …… 132
『偶像の黄昏』 …… 160
『クトゥルフの呼び声』 …… 127, 148
『クラッシュ』 …… 97, 98
『芸術とマルチチュード』 …… 395, 414
「コミュニケーションの恍惚」 …… 132, 500
『サイボーグ宣言』 …… 47

ビギー・スモールズ …… 289
ビズル、リーサル …… 233
ピットブル …… 243
ピノチェト、アウグスト …… 287
ヒューストン、ホイットニー …… 255
ヒューマン・リーグ、ザ …… 190, 198–200, 204
ヒューム、デイヴィッド …… 524, 606, 607
ビヨンセ …… 236
ヒルトン、パリス …… 177, 178, 182
ピンク・フロイド …… 378
ピンチョン、トマス …… 150
ファーン、アンドリュー …… 269
ファラージ、ナイジェル …… 507, 546
ファルベン（ヤン・イェリネック）…… 224
ファン・ゴッホ、フィンセント …… 115, 116
ファンカデリック …… 143
フー、ザ …… 270
フーコー、ミシェル …… 23, 60, 132, 301, 383, 483
プーチン、ウラジーミル …… 306, 374
フェスティンガー、レオン …… 524, 527
フェリー、ブライアン …… 24, 25, 35, 36, 39–46, 91, 92, 94, 112
フォイエルバッハ …… 318
フォール、ザ …… 124–126, 129–131, 133, 135, 140–144, 147, 150–153, 155, 159, 264
フォックス、ジョン …… 48
フクヤマ、フランシス …… 633
フセイン、サダム …… 617
ブッシュ、ケイト …… 112–115, 169
ブッシュ、ジョージ・W …… 307, 311, 315, 316
フューチャー（Phuture）…… 197
フューチャー・アサシンズ …… 197
フューチャー・サウンド・オブ・ロンドン、ザ …… 197
ブラウン、ウェンディ …… 281, 283, 468, 523, 583, 585
ブラウン、ゴードン …… 181, 340, 465, 522, 532
ブラウン、ジェームス …… 18, 151
ブラシエ、レイ …… 54, 618
ブラッグ、ビリー …… 73, 74, 276, 277
ブラック・パンサー党 …… 228, 286, 287
プラトン …… 164
フランツ・フェルディナンド …… 18, 21, 24, 25, 67, 69, 85, 225
ブラント、ジェイムス …… 120
ブランド、ラッセル …… 508–510, 537
フリースタイラーズ …… 21, 22
フリードマン、ミルトン …… 479
フリス、サイモン …… 16, 184
ブルーム、ハロルド …… 183
ブルトン、アンドレ …… 263
ブレア、トニー …… 19, 55, 174, 175, 276, 293–295, 297, 299, 308, 316, 322, 324, 340, 342, 450, 465, 505, 506, 513, 522, 532, 539, 540, 545, 546, 573–575, 579
ブレイク、ジェイムス …… 203, 240–244
ブレイスウェル、マイケル …… 101, 102, 108, 111
プレスリー、エルヴィス …… 40, 41, 179
ブレヒト、ベルトルト …… 346
フロイト …… 92, 97, 260, 299, 318, 354, 425, 467, 489, 577
フロー・ライダー …… 243
ブローデル、フェルナン …… 482
ブロック・パーティ …… 85
プロフェッサー・グリーン …… 233, 238
ブロンテ、エミリー …… 115
ペイヴメント …… 159
ベイトソン、グレゴリー …… 580
ベースメント・ジャックス …… 19, 213
ベケット、サミュエル …… 462
ヘブディジ、ディック …… 270
ベラルディ、フランコ・“ビフォ” …… 235, 238, 265, 348, 352, 414, 440, 473, 484, 536, 557, 628
ベリアル …… 200, 201, 206, 217, 240
ペリー、リー …… 155
ペル・ウブ …… 105
ベルクソン、アンリ …… 608
ベルルスコーニ、シルヴィオ …… 628
ヘンドリックス、ジミ …… 57, 106
ペンマン、イアン …… 16–18, 35, 36, 39, 42, 73, 79, 131, 180–183, 185
ボウイ、デイヴィッド …… 90, 91, 106, 110, 112, 246–249
ポー、E・A …… 127, 133
ボードリヤール、ジャン …… 23, 48, 92, 94, 96, 98, 118, 132, 133, 191, 327, 329, 373, 500–502, 517, 539
ボードレール、シャルル …… 127
ホール、スチュアート …… 283, 348, 481
ポジション・ノーマル …… 266
保守党 …… 181, 271, 272, 275, 276, 278, 292–294, 297, 342, 350, 372, 373, 455, 456, 464–466, 491, 511, 517–520, 526, 532, 536–541, 545, 547–550, 562, 585
ポップ・グループ、ザ …… 56, 71, 105
ポデモス …… 289, 537, 548, 586, 593
ボノ …… 333
ボム・スクワッド …… 227
ホワイト、アロン …… 127
マーカス、グリール …… 41, 176, 226, 227, 286
マーフィ、ロイシン …… 22–27, 51, 52
マイ・ブラッディ・ヴァレンタイン …… 105
マクドナルド、スキップ …… 57
マクラーレン、マルコム …… 223
マグリット、ルネ …… 37
マクルーハン、マーシャル …… 96, 133, 193, 634
マゾッホ …… 29, 38, 44
マッカートニー、ポール …… 18, 170
マッケン、アーサー …… 153
マッドネス …… 378
マドンナ …… 24, 51, 52, 112
マラッツィ、クリスティアン …… 299–302, 304, 414
マラブー、カトリーヌ …… 488
マラルメ、ステファヌ …… 127

スピノザ…… 46, 83, 524, 552, 553, 555, 556, 563, 578, 588, 607, 608
スピリチュアライズド…… 205
スプリングスティーン、ブルース…… 81, 82, 208
スミス、アダム…… 606
スミス、ザ…… 82,
スミス、パティ…… 116
スミス、マーク・E…… 125–127, 129–131, 133, 135–138, 141–143, 145, 147, 148, 151, 152, 155–158, 160, 265
スミス、ロバート…… 101–107, 109–111
スライ・アンド・ザ・ファミリー・ストーン…… 286
スライ＆ロビー…… 25
スリーフォード・モッズ…… 268–272
スリッツ、ザ…… 83, 225
スロッビング・グリッスル…… 264, 274
セヴェリン、スティーヴン…… 89, 97
セックス・ピストルズ、ザ…… 104, 226, 227
セネット、リチャード…… 437
セリーヌ、ルイ＝フェルディナン…… 116
〈ソウル・ジャズ〉…… 198
ソマーヴィル、ジミー…… 276
ソロス、ジョージ…… 332
ゾンビー…… 206, 208, 209
ダークスター…… 198–203, 242, 243
タークル、シェリー…… 502
ダービシャー、ディーリア…… 190
ダイアモンド、ジャレド…… 298
タイニー・テンパー…… 233
ダガン、マーク…… 234, 490–494
タキシードムーン…… 80
タビー、キング…… 160
ダブ・ピストルズ…… 22
チャック・D…… 228
ツィプラス、アレクシス…… 613
ディーヴォ…… 80
ディーン、ジョディ…… 354, 419, 467, 557
デイヴィス、マイルス…… 168, 270, 283
ディヴォート、ハワード…… 83
ディック、フィリップ・K…… 80, 142, 147, 174
ディドリー、ボー…… 42
デスティニーズ・チャイルド…… 26, 283
テスト・デパートメント…… 237, 274–278
デュシャン…… 34, 42, 43, 46, 60
デュルケム、エミール…… 318
デランダ、マヌエル…… 482
デリダ、ジャック…… 164
テンプテーションズ、ザ…… 286
トゥーツ＆ザ・メイタルズ…… 18
ドゥボール、ギー…… 56
ドゥルーズ、ジル…… 112, 122, 301, 412, 552, 608
ドゥルーズ＋ガタリ…… 96, 113, 396, 474, 571, 580
トールキン、J・R・R…… 128
ドストエフスキー…… 180
ドハーティ、ピート…… 121
トフラー、アルヴィン…… 193
〈トミーボーイ〉…… 56
ドラー、ムラデン…… 163, 164
トランプ、ドナルド…… 625–636
ドリー・ドリー…… 263, 266, 267
ドレイク…… 244, 251–255, 264
ドレイク、ニック…… 106
ナットール、ジェフ…… 31, 32, 39, 41, 61
ナボコフ、ウラジーミル…… 190
ニーチェ…… 23, 25, 29, 30, 39, 56, 160, 318, 387, 583
ニクソン、リチャード…… 81, 286, 631, 633
ニコ…… 160
ニュー・オーダー…… 107, 202
ニュートン…… 39
ニューマン、ゲイリー…… 50, 167, 190, 248
ニルヴァーナ…… 179, 180
ネグリ、アントニオ…… 348, 349, 395–397, 400, 414, 433, 473, 551
ノイ！…… 155
ノイバウテン…… 96
ノー・ユー・ターン…… 201
ノリエガ、マヌエル…… 228
バースデー・パーティ、ザ…… 89, 90, 93, 104, 105, 122, 144, 308
ハースト、ダミアン…… 421–423
ハート、マイケル…… 551, 568
バートン、ジャスティン…… 608
バートン、ティム…… 101
ハーバーマス、ユルゲン…… 59
バーン、デイヴィッド…… 81
ハイスミス、パトリシア…… 171
〈ハイパーダブ〉…… 209, 259
バウハウス…… 89
パスカル…… 345
バタイユ、ジョルジュ…… 39
バックストリート・ボーイズ…… 178–180
バッハ…… 188
バディウ、アラン…… 69, 617, 618, 620
ハネット、マーティン…… 130
バフチン、ミハイル…… 127
パブリック・イメージ・リミテッド…… 109, 219
パブリック・エネミー…… 227–229, 275
ハミルトン、リチャード…… 40, 41
バラード、J・G…… 39–41, 81, 97, 372, 634
ハラウェイ、ダナ…… 47
バラム・アカブ…… 255
ハリ、ヨハン…… 293, 298, 316, 399, 400
バルト、ロラン…… 156, 331, 383
バロウズ、ウィリアム・S…… 56, 57, 60, 61, 150, 254, 260, 261, 301, 408, 548
バロン・モーダント…… 263–265
ハワード、マイケル…… 293, 297
バングス、レスター…… 41
ハンリー、スティーヴ…… 130, 144
ピース、デイヴィッド…… 388, 401, 406, 587
ビートルズ…… 378

キング、マーティン・ルーサー …… 286
グールド、グレン …… 188, 189, 192
グッドマン、スティーヴ（コード9）…… 228
クラフ、ブライアン …… 388–390
クラフトワーク …… 45, 50, 167
グラムシ、アントニオ …… 571
クランプス、ザ …… 89, 144
グリーン、プロフェッサー …… 233, 238
グリシャム、ジョン …… 338
クリステヴァ、ジュリア …… 166
クリントン、ジョージ …… 143, 155
クリントン、ヒラリー …… 339, 624–627, 634
クルーグマン、ポール …… 521
グレーバー、デイヴィッド …… 605
クローネンバーグ、デイヴィッド …… 79
グローバル・コミュニケーション …… 203
クロスビー、ビング …… 310
ケアテイカー、ザ …… 193
ケイヴ、ニック …… 93, 94, 311
ゲイツ、ビル …… 307, 332
ケネディ、ロバート …… 383
コーガン、フランク …… 176, 179
ゴールディー …… 113, 219, 259
コールドプレイ …… 120
コシンスキ、イェジー …… 95
コツコ、アダム …… 468, 469
コミュナーズ、ザ …… 277
コリン、マシュー …… 204
サイボトロン …… 167
サヴィル、ジミー …… 585
サヴィル、ピーター …… 130
サヴェージ、ジョン …… 184
ザッカーバーグ、マーク …… 474
サッチャー、マーガレット …… 55, 64, 275, 293, 294, 341, 342, 346, 347, 356, 445, 449, 464, 465, 470, 525, 547, 573, 579, 585, 630, 631
サビーナ …… 203
サフォード、フランシス …… 568
サマー、ドナ …… 167
サン・ラー …… 155
サンダース、バーニー …… 631
ジーター、K・W …… 476
シェイクスピア …… 19, 39, 180, 266, 465
ジェイムズ、M・R …… 124, 127, 129, 135–138, 158, 160
ジェイムソン、フレドリック …… 73, 84, 85, 191, 196, 210, 212, 441, 569
ジェネシス …… 140
シェリー、パーシー・ビッシュ …… 224
ジェンキンス、サイモン …… 316, 325
シザー・シスターズ …… 18, 21
ジジェク、スラヴォイ …… 66, 68, 92, 93, 98, 332–334, 399
シスターズ・オブ・マーシー、ザ …… 89
シック …… 167, 287
シトン、イヴ …… 555
シナトラ、フランク …… 179, 247, 310
シャーウッド、エイドリアン …… 56, 57
ジャガー、ミック …… 25, 104, 178
シャガール、マルク …… 115
シャクール、トゥパック …… 289
ジャクソン、ジャネット …… 167
ジャクソン、マイケル …… 422
ジャパン …… 90
ジャム、ザ …… 151, 225, 270
ジャム&ルイス …… 167
ジャリ、アルフレッド …… 143, 160
自由民主党 …… 297, 337, 350, 364, 507, 546
〈シュガーヒル〉…… 56
シュトックハウゼン …… 111
ジュニア・ボーイズ …… 26, 200
ジュネット、ジラール …… 155
ジュパンチッチ、アレンカ …… 69–71, 91
シュプリームス、ザ …… 179
ジュリアーニ、ルドルフ …… 320
ジョイ・ディヴィジョン …… 44, 45, 96, 103, 104, 107–109, 111, 130, 180
ジョイス、ジェイムズ …… 115, 116, 126, 148, 150
ジョーダン、ルイス …… 199
ショーペンハウアー …… 104, 407
ジョーンズ、オーウェン …… 235, 466, 467, 470, 570
ジョーンズ、グレイス …… 24, 25, 44–47, 93, 94
ジョシ、S・T …… 136
ジョン、エルトン …… 307
ジョンソン、ボリス …… 625
シリザ …… 289, 537, 548, 586, 593, 594, 612
シルヴァ、ジェニファー・M …… 279, 280, 282, 283, 288, 554, 559, 579–582, 589
新労働党（ニュー・レイバー）…… 181, 292–294, 297, 303, 336, 338–340, 342, 346, 348, 362, 374, 426, 446, 452, 456, 461, 486, 513, 519, 521, 532, 573–576, 578–581, 583
スウィフト、ジョナサン …… 120
スージー・アンド・ザ・バンシーズ …… 89, 90, 95–97, 103, 105
スージー・スー …… 89–95, 97, 104
スクリッティ・ポリッティ …… 67–72, 74, 75, 83, 84, 105, 162–164, 166–168, 171, 224, 225
スコットランド国民党 …… 506–508, 512, 513, 516, 541, 545, 547, 548, 551, 593
スタージョン、ニコラ …… 507, 512, 533, 565
スターリン …… 338, 351, 452, 621
スタイナー、ジョージ …… 39
スタイル・カウンシル …… 277
スタリブラス、ピーター …… 127
スチュワート、マーク …… 56, 57, 60–63, 237, 292
スティーリー・ダン …… 80
ステレオフォニックス …… 21
ストゥージズ …… 104
ストーン、スライ …… 285, 286
ストライダー、ティンチー …… 222
ストラングラーズ …… 219
ストリーツ、ザ …… 75

索引

人物・団体

23スキドゥー …… 109
ABC …… 79, 165
BBCレディオフォニック・ワークショップ …… 189
CCRU …… 80
DJラシャド …… 257–261
IRA …… 315
ISIS …… 617–622
KRS・ワン …… 378
P-オリッジ、ジェネシス …… 190
TLC …… 83
U2 …… 68, 236
〈V/Vm〉 …… 193
XTC …… 103
アークティック・モンキーズ …… 119, 120, 182, 195
アイゼンハワー、ドワイト・D …… 226
アコムフラ、ジョン …… 276
アサンジ、ジュリアン …… 382, 399, 404
アジェンデ、サルヴァドール …… 287, 594
アダム&ジ・アンツ …… 79
アタリ、ジャック …… 229
アトウッド、マーガレット …… 29
アドルノ、テオドール …… 593
アパトー、ジャド …… 252
アリン、G・G …… 268
アル・カイダ …… 313–320, 327, 620
アルチュセール、ルイ …… 83, 345, 453, 556
アルトー、アントナン …… 56, 160
アンダーグラウンド・レジスタンス …… 228, 229, 239
アンディスピューテッド・トゥルース、ジ …… 285
イーエムエムプレックス …… 263, 264, 266
イーノ、ブライアン …… 81, 194, 248
イギリス独立党（UKIP） …… 507, 545, 546, 562
ヴァレリー、ポール …… 127
ヴァンゲリス …… 50
ヴィサージ …… 47, 48, 167
ヴィスコンティ、トニー …… 247
ウィリアムズ、アレックス …… 196, 201, 488, 581
ウィリアムズ、ロビー …… 173, 174
ウィリアムソン、ジェイソン …… 268, 269, 271, 272
ヴィリエ・ド・リラダン …… 92
ウィリス、エレン …… 284
ヴィリリオ、ポール …… 327–329
ウィル・アイ・アム …… 243
ウィルソン、ハロルド …… 388
ウィルソン、ブライアン …… 170
ヴィルノ、パオロ …… 431, 473
ウィンビッシュ、ダグ …… 57
ウータン・クラン …… 269
ヴェーバー、マックス …… 318
ウェスト、カニエ …… 244, 264
ウェストウッド、ヴィヴィアン …… 223
ヴェブレン、ソースティン …… 328
ウェラー、ポール …… 152, 276
ヴェルヴェット・アンダーグラウンド …… 80
ウェルズ、H・G …… 147
ウエルベック、ミシェル …… 104
ウォーホル …… 34, 42, 177, 422
ウルトラヴォックス …… 50, 167
ウルトラマリン …… 113
エコープレックス …… 263
エシュン、コジュウォ …… 45, 47, 185, 201, 210, 258, 598
エリオット、T・S …… 126, 127, 131, 147
エルロイ、ジェイムズ …… 408
エルンスト、マックス …… 114, 115
エレファント・マン …… 233
オアシス …… 18
オーウェル、ジョージ …… 54, 160
オーケストラル・マヌーヴァーズ・イン・ザ・ダーク …… 202
オールドフィールド、ポール …… 163, 166
オバマ、バラク …… 553
オレンジ・ジュース …… 82, 83
カーティス、アダム …… 409, 411, 413
カーティス、イアン …… 107, 109
カーテル、ヴァイブズ …… 233
ガートサイド、グリーン …… 67, 72, 84, 162–171, 237
カービー、ジェイムズ …… 193
カイザー・チーフス …… 181, 225
カジノ・イン・ジャパン …… 203
ガスリー、グウェン …… 288, 289
カリニコス、アレックス …… 367
カルロス、ウェンディ …… 188, 189
カント …… 34, 607
キノック、ニール …… 539, 540, 544
ギブスン、ウィリアム …… 48, 80
キプニス、ローラ …… 583–585
キャバレー・ヴォルテール …… 81, 264, 274
キャメロン、ジェームズ …… 328
キャメロン、デイヴィッド …… 181, 232, 271, 272, 372–374, 406, 411, 467, 507, 508, 516–519, 526, 533, 536, 549, 626
ギャラガー、リアム …… 175
キャラハン、ジェームズ …… 347, 362
キャロル、ルイス …… 263
ギャング・オブ・フォー …… 71, 72, 74, 83, 85, 225, 237
キュアー、ザ …… 101–103, 107–109, 111
キリング・ジョーク …… 109
キルケゴール、セーレン …… 68
ギルバート、ジェレミー …… 219, 221, 375, 462, 483, 513, 542, 613
ギルレイ、ジェイムズ …… 142
ギルロイ、ポール …… 626, 636

著者
マーク・フィッシャー（Mark Fisher）
1968年生まれ。ハル大学で哲学の学士課程、ウォーリック大学で博士課程修了。ゴールドスミス大学で教鞭をとりながら自身のブログ「K-PUNK」で音楽論、文化論、社会批評を展開する一方、『ガーディアン』や『ワイアー』などに寄稿。2009年に『資本主義リアリズム』（セバスチャン・ブロイ＋河南瑠莉訳、堀之内出版、2018年）を、2014年に『わが人生の幽霊たち』（五井健太郎訳、Pヴァイン、2019年）を、2016年に『奇妙なものとぞっとするもの』（五井健太郎訳、Pヴァイン、2022年）を上梓。2017年1月、48歳のときに自殺。邦訳にはほかに講義録『ポスト資本主義の欲望』（マット・コフーン編、大橋完太郎訳、左右社、2022年）がある。

訳者
坂本麻里子（さかもと・まりこ）
1970年東京生まれ。日本大学芸術学部映画学科卒業。ライター／通訳／翻訳者として活動。ロンドン在住。訳書にコージー・ファニ・トゥッティ『アート セックス ミュージック』、ジョン・サヴェージ『この灼けるほどの光、この太陽、そしてそれ以外の何もかも――ジョイ・ディヴィジョン　ジ・オーラル・ヒストリー』、マシュー・コリン『レイヴ・カルチャー』、マーク・フィッシャー『K-PUNK　夢想のメソッド』ほか多数。

髙橋勇人（たかはし・はやと）
1990年、静岡県浜松市出身。ロンドン在住。早稲田大学国際教養学部卒業後、ロンドン大学ゴールドスミス校で社会学修士課程と文化研究博士課程を修了。ウィンチェスター美術学校でメディア論を教える。音楽ライターとして、ハイパーダブの日本版ライナーノーツを執筆し、DJなどの音楽活動も行っている。

五井健太郎（ごい・けんたろう）
1984年生まれ。東北芸術工科大学非常勤講師。専門はシュルレアリスム研究。訳書にマーク・フィッシャー『わが人生の幽霊たち』『奇妙なものとぞっとするもの』、ニック・ランド『暗黒の啓蒙書』『絶滅への渇望』、共著に『統べるもの／叛くもの』『ヒップホップ・アナムネーシス』など。

K-PUNK　自分の武器を選べ——音楽・政治

2024年6月6日　初版印刷
2024年6月28日　初版発行

著者　マーク・フィッシャー
編者　ダレン・アンブローズ
訳者　坂本麻里子＋髙橋勇人＋五井健太郎

カバー・表紙写真　塩田正幸
装丁　鈴木聖
編集　野田努＋小林拓音（ele-king）
校閲協力　坂本麻里子
校正　中西淳貴

発行者　水谷聡男
発行所　株式会社Pヴァイン
〒150-0031
東京都渋谷区桜丘町21-2 池田ビル2F
編集部：TEL 03-5784-1256
営業部（レコード店）：
TEL　03-5784-1250
FAX　03-5784-1251
http://p-vine.jp

発売元　日販アイ・ピー・エス株式会社
〒113-0034
東京都文京区湯島1-3-4
TEL　03-5802-1859
FAX　03-5802-1891

印刷・製本　シナノ印刷株式会社

ISBN　978-4-910511-70-2